Man könnte glauben, in eine »Männerunterhaltung« hineingeraten zu sein, denn die Autorin hat es geschafft, Männer über ihre intimsten Gefühle und Bedürfnisse sprechen zu lassen: Was sie über Sex denken, was sie von Pornofilmen halten und was sie von ihren Partnerinnen erwarten.

Susan Crain Bakos, die jahrelang für Penthouse und Playboy in den USA Leserbriefe beantwortete, läßt die Männer, ihre Bedürfnisse und ihre Wünsche zu Wort kommen, denn nur wenn Frauen verstehen, wie anders Männer sind, kann es zu einer ausgeglichenen und erfüllten sexuellen Beziehung kommen.

Von Susan Crain Bakos ist außerdem erschienen:

S/M Sex, Gewalt und Liebe (Band 77148)

Vollständige Taschenbuchausgabe März 1997
Dieses Taschenbuch ist als Einzelband auch unter der
Bandnummer 04816 erhältlich.
Copyright © 1991 für die deutschsprachige Ausgabe Droemersche
Verlagsanstalt Th. Knaur Nachf., München
Das Werk einschließlich aller seiner Teile ist urheberrechtlich geschützt.
Jede Verwertung außerhalb der engen Grenzen des Urheberrechtsge-
setzes ist ohne Zustimmung des Verlages unzulässig und strafbar.
Das gilt insbesondere für Vervielfältigungen, Übersetzungen,
Mikroverfilmungen und die Einspeicherung und Verarbeitung in
elektronischen Systemen.
Titel der Originalausgabe: »Dear Superlady of Sex«
Copyright © 1990 by Susan Crain Bakos
Originalverlag: St. Martin's Press, New York
Umschlaggestaltung: Angela Dobrick, Hamburg
Satz: MPM, Wasserburg
Druck und Bindung: Ebner Ulm
Printed in Germany
ISBN 3-426-82130-3

2 4 5 3 1

Susan Crain Bakos

Liebe und Lust der Männer

Ihre geheimen sexuellen Wünsche und Ängste

Aus dem Amerikanischen
von Casa Nova

*Für Don Myrus, der mir den Namen SUPERLADY gab,
und für Jack Kaplan, der mir das beigebracht hat,
was ich noch nicht wußte.*

Dank

Ich bedanke mich an dieser Stelle bei folgenden Leuten für ihre Hilfe:

Bei Nancy Love, meiner Agentin, und Toni Lopopolo, meiner Lektorin, die mir halfen, das vorliegende Buch zu gestalten.

Bei Susan Windle-Posner, die die Superlady-Kolumne bei PENTHOUSE LETTERS redigierte.

Bei Liz McKenna, die bei FORUM »What Do Woman Want?« redigierte.

Bei Jack Heidenry und Merry Clark, guten Freunden und Vertrauten.

Bei Richard Bakos und Tamm Koerkenmeir, den besten Helfern bei den Recherchen.

Bei C. J. Houtchens und der Magazine Feature Writing Group der Washington Independent Writers für ihre moralische Unterstützung und ihren ausgesuchten Sinn für Ironie.

Bei all den Männern, die mir im Verlauf der Jahre bei FORUM und PENTHOUSE LETTERS geschrieben haben.

Und besonders bei den Männern, die meinen Fragebogen ausgefüllt haben.

Inhalt

Einführung: Hat dieses Paar irgend etwas gemeinsam?

»Das männliche und das weibliche Gehirn unterscheidet sich strukturell und wahrscheinlich auch in der chemischen Zusammensetzung. Das bedeutet, daß sich auch das männliche und das weibliche Verhalten unterscheidet. Es mag sich zwar an manchen Stellen überschneiden, aber grundsätzlich ist es verschieden.« – June Reinisch, Psychobiologin und Leiterin des Kinsey-Instituts.

Als ich vor einigen Jahren begann, für PENTHOUSE zu schreiben, glaubte ich, alles über Männer und Sex zu wissen. Ich war im Zeitalter der sexuellen Revolution aufgewachsen. Als Angehörige der ersten sexuell wirklich informierten Generation glaubte ich an die sexuelle Gleichheit von Mann und Frau. Doch dann begannen die Leser von PENTHOUSE allmählich, mich aufzuklären.

Ich richtete 1985 unter dem Pseudonym Carolyn Steele, Dear Superlady of Sex, einen Kummerkasten in PENTHOUSE LETTERS ein. Meine Ratschläge waren ursprünglich dazu gedacht, den Männern die Frauen näherzubringen. Sie waren frech und gleichzeitig persönlich und stützten sich auf Briefe und die Aussagen anderer Frauen. Zwei Jahre später fing ich unter meinem eigenen Namen für PENTHOUSE FORUM eine weitere Kolumne mit dem Titel »Was wollen Frauen?« an. Außerdem verfaßte ich für FORUM zahlreiche Artikel über sexuelle Praktiken und Therapien, die auf Tatsachen beruhten. Durch meine Arbeit für diese Zeitschriften lernte ich viel Neues.

Vor allen Dingen lernte ich, das männliche Sexualerleben so zu sehen, wie es tatsächlich ist, nicht so, wie meine romantischen oder politischen Neigungen es gerne sehen wollten. Die sexuellen Unterschiede zwischen Mann und Frau sind in der Biologie, nicht in der Ideologie, begründet. Doch der Mythos vom Macho ist genauso sehr unser Mythos wie der ihre.

Anfangs war ich über viele Briefe von männlichen Lesern entsetzt. Ähnlich wie Nancy Friday, die in ihrem Vorwort zu *Men in Love* (dt.: *Die sexuellen Phantasien der Männer*) bemerkte, sie wollte sich nach den Phantasien, die ihr die Männer für ihre Untersuchung gestanden, oft die Hände waschen, rümpfte ich innerlich die Nase über jene Seite der Männer, die die Frauen nur selten sehen. Sie schrieben über ihre Fixierung auf Brüste und über ihren Fußfetischismus, über ihren Wunsch zu dominieren und, erstaunlicherweise noch öfter, über ihren Wunsch, von einer Frau mit hochhackigen schwarzen Stiefeln gezüchtigt zu werden. Sie berichteten mir von ihren Phantasien über jüngere Frauen, eine *ménage à trois* – besonders häufig mit Zwillingen, die beide übergroße Busen hatten –, oder über lesbischen Sex, bei dem die Frauen sich voneinander abwenden, um sich dem Mann hinzugeben. Sie wollten wissenschaftlich exakte Auskünfte über die Penisgröße und die Dauer des Geschlechtsaktes. Sie schienen ebenso an diesen statistischen Daten interessiert wie an den Fußballergebnissen.

Ihre Sprache war oft ziemlich derb und anschaulich. Allmählich gewöhnte ich mich daran. Als mich ihre abstoßenden Worte nicht mehr ablenkten, begann ich nach und nach, hinter den Fragen die Ängste und Zweifel zu spüren.

Sie fürchten das sexuelle Versagen, und besonders fürchten sie, die Frauen zu enttäuschen. Inzwischen glaube ich, daß die Männer uns Frauen sehr lieben und ein stärkeres Bedürfnis haben, uns sexuell zu befriedigen, als selbst befriedigt zu werden. Aber sie sind nicht wie wir. Wir sind gleichberechtigt, was bedeutet, daß wir zwar verschieden sind, aber den gleichen Wert besitzen. Doch wir sind nicht gleich.

Alfred Kinsey enthüllte jene Unterschiede zwischen den Geschlechtern bereits in den frühen fünfziger Jahren. Seine Untersuchungen gelten nach wie vor als *die* statistische Quelle über das Sexualverhalten. Trotzdem haben wir uns durch unsere gesellschaftlichen und politischen Phantasien von jenem Gesamtbild ablenken lassen, das uns seine nüchternen statistischen Werte eigentlich zeigen.

Vor Kinseys Veröffentlichung von *Sexual Behavior in the Human Male* (1948) und *Sexual Behavior in the Human Female* (1953) ging man – sogar die Mediziner – im allgemeinen davon aus, daß der Mann mehr Vergnügen am Sex hat als die Frau. Man glaubte weiterhin an seine ständig wachsende sexuelle Potenz in den Jahren zwischen Zwanzig und Vierzig und an ihre Abnahme zwischen Vierzig und Sechzig. Sie endete dann nach einer allmählichen Reduzierung angeblich im »männlichen Klimakterium«, das den Wechseljahren der Frau ähnelt. Zu den überraschendsten Erkenntnissen Kinseys gehörte die Entdeckung, daß der Mann seine sexuelle Blütezeit bereits in der Pubertät, also mit sechzehn oder siebzehn, erreicht. Die Abnahme der Potenz vollzieht sich Schritt für Schritt, wird aber mit jedem Lebensjahrzehnt spürbarer. Und: Kinsey bestritt generell die Existenz eines männlichen Klimakteriums. Er stellte fest, daß sich Männer noch weit über das Alter hinaus, das gemeinhin als Schlußpunkt ihrer diesbezüglichen Aktivitäten galt, sexuell betätigen.

Die Frau hingegen reagiert nach der Pubertät, also in den Jahren zwischen Zwanzig und Dreißig, intensiver und erlebt ihre sexuelle Blütezeit Anfang Dreißig. Diese Blütezeit reicht bis weit ins mittlere Alter hinein, wo nur ein geringes Abflachen zu verzeichnen ist. Das weibliche Lustpotential ist viel größer, als man vermutet hatte.

Kinsey erkannte, welche Auswirkungen seine Entdeckungen auf die traditionelle Verbindung zwischen älterem Mann und etwas jüngerer Frau haben würden. Eine solche Beziehung begann erst nach dem männlichen Höhepunkt und schloß zwei Menschen zusammen, die nie sexuellen Gleichklang erreichen würden. Wenn die Ehe funktionierte, funktionierte sie seiner Meinung nach nicht wegen des Sex, sondern trotzdem. Viele Soziologen schreiben es seinen Erkenntnissen zu, daß der voreheliche Sex heutzutage akzeptiert wird. Vor Kinsey glaubte niemand an das *Bedürfnis* junger Männer, sich abzureagieren. Seine Analyse neigt ein wenig der männlichen Sicht zu, weil er den Mann zuerst untersuchte und dann die Frau mit ihm verglich. Die beiden Geschlechter, so schloß er, ähnelten sich eher, als daß sie sich unterschieden. Männer berichteten öfter über Seitensprünge, aber er war der Meinung, daß der Wunsch des Mannes nach unterschiedlichen Partnerinnen stärker einem psychologischen als einem physischen Bedürfnis entsprang. Doch der wesentliche, unerwartete und verblüffende Unterschied zwischen dem männlichen und dem weiblichen Sexualerleben war die oben beschriebene Alterskurve. Kinsey vermutete die Ursache dafür in chemischen Unterschieden beim männlichem und weiblichem Gehirn.

Außerdem raubte er dem männlichen Penis den Nimbus des alleinigen Mittels zur Befriedigung der Frau. Zum erstenmal behauptete ein Fachmann: die Penisgröße steht nicht in direktem Verhältnis zur Lust der Frau. Manche Frauen finden es vielleicht psychologisch befriedigend, wenn der Penis in sie eindringt, aber die klitorale Stimulation führt letztendlich zum Orgasmus. Ein Mann braucht also keinen großen Penis, um eine Frau zu befriedigen. Was für eine schockierende Vorstellung für das Jahr 1953!

Die berühmten Ärzte und Forscher Dr. William Masters und Virginia Johnson bestätigten in ihren eigenen richtungweisenden Werken *Human Sexual Response* (1966, dt.: *Die sexuelle Reaktion*) und *Human Sexual Inadequacy* (1970) viele von Kinseys Erkenntnissen, darunter besonders die sexuelle Alterskurve und die klinische Bedeutungslosigkeit des Penis für den weiblichen Orgasmus.

Ihre Untersuchungen neigten jedoch deutlich der Seite der Frau zu. Sie vergleichen den Mann mit der Frau, nicht umgekehrt, wie es noch Kinsey tat. In *Response* widmen sie der Frau dreimal so viele Seiten wie dem Mann. Und in *Inadequacy* geht es sehr viel öfter um die Unfähigkeit des Mannes als um die der Frau. (Masters und Johnson gehen nicht nur davon aus, daß der Mann für seine Probleme mit dem vorzeitigen Samenerguß selbst verantwortlich ist, sondern sie geben ihm auch die Schuld für die weibliche Frigidität, die einer extremen Beherrschung durch den Mann zugeschrieben wird.) Masters und Johnson treten für die sexuelle Vormachtstellung der Frau ein, doch sie verteidigen gleichzeitig die traditionelle Ehe und befassen sich eher mit dem Paar als »sexueller Einheit« als mit dem Individuum.

Hätte ihr Wertesystem anders ausgesehen, wären sie wahrscheinlich für Ehen zwischen älteren Frauen und jüngeren Männern oder polygame Beziehungen eingetreten. Kinsey vermutete, daß die sexuelle Alterskurve zu einer Doppelmoral geführt hatte. Vielleicht war das das Mittel des Mannes, eine Partnerin unter Kontrolle zu halten, die er sexuell nicht beherrschen konnte. Unter anderen gesellschaftlichen, politischen und persönlichen Voraussetzungen hätten Masters und Johnson sich möglicherweise für eine neue Doppelmoral mit umgekehrten Vorzeichen eingesetzt.

Doch als anerkannte Begründer der Sextherapie entwickelten sie statt dessen eine Art der Behandlung, die grundsätzlich das männliche Sexualverhalten so verändert, daß es sich an den sexuellen Bedürfnissen der Frau orientiert. In der Sextherapie erhalten die Frauen im allgemeinen die Führungsrolle. Sie nehmen die überlegene weibliche Position ein und sagen und zeigen ihrem Partner, was sie von ihm möchten. Masters und Johnson dachten sich außerdem die sogenannte »Squeeze«-Technik aus, eine Methode, bei der der Mann lernt, seinen Samenerguß zurückzuhalten, um so der Frau zu größerer sexueller Befriedigung zu verhelfen. Dabei drückt die Frau das vordere Ende des Penis und blockiert so den männlichen Orgasmus, bis sie selbst bereit ist.

Masters und Johnson haben einen unermeßlichen Beitrag zum sexuellen Wohlbefinden von Paaren geleistet. Ihre Pionierleistung hat dem sexuellen Potential der Frau unendliche Möglichkeiten eröffnet. Ironischerweise haben sie den Sex jedoch auch zur mühsamen Arbeit gemacht, einer Arbeit, die der Mann recht häufig im Dienste der Frau zu verrichten hat.

Die Selbsthilfebücher, die nach den Untersuchungen von Masters und Johnson überall erschienen sind, stellten praktisch alle den weiblichen Orgasmus in den Mittelpunkt. Sie wurden und werden hauptsächlich von Frauen gekauft. Teilen sie ihr neu entdecktes Wissen mit ihren Männern oder Geliebten? Wenn ja, wie? Auf liebevolle oder auf feindselige Weise? Oder behalten sie es für sich und schüren damit noch ihre negative Einstellung dem Mann gegenüber? Abgesehen von wenigen Ausnahmen – darunter besonders *Ultimate Pleasures: The Secrets of Easily Orgasmic Women* (dt.: *Schöner als Fliegen. Frauen verraten ihr Geheimnis, wie sie leicht zum Orgasmus kommen.*) von Marc und Judith Meshorer, das uns Frauen zeigt, was wir *selbst* für uns tun können –, sind die meisten Bücher Anleitungen für Frauen, wie sie ihren Mann zu einem besseren Geliebten machen können. In den Buchläden sind sie in der Abteilung »Psychologie und Selbsthilfe« zu finden, einem Gebiet, das seit Mitte der achtziger Jahre dominiert wird von Büchern über Beziehungen, die Fehler Männer sowie von Anleitungen, wie man sich am besten einen Mann angelt. Als Gruppe betrachtet, liefern diese Werke eine interessante Aussage über den traurigen Zustand, in dem sich die Kommunikation zwischen den Geschlechtern befindet.

All jene Bücher konzentrieren sich darauf, den Mann zu verändern – und darauf, was nicht mit ihm stimmt, wenn er sich nicht ändern will. Zu Recht stellt niemand die Tatsache in Frage, daß der Mann die weibliche Sexualität verstehen und respektieren soll, was bedeutet, wir brauchen einfach mehr Zeit als der Mann, um erregt zu werden. Aber inzwischen haben wir unser Denken aus der Zeit vor der Klitoris, die vom Freudschen Diktum des vaginalen Orgasmus beherrscht wurde, zu weit in die andere Richtung korrigiert. Heutzutage scheinen wir behaupten zu wollen, das einzig vernünftige männliche Sexualverhalten bestehe darin, auf *unsere* Reaktionen und Bedürfnisse einzugehen.

In der Sondernummer des *Ms*-Magazins vom Mai 1989 hieß es: »Als die männliche Sexualität noch der einzige Maßstab sexueller Freiheit war, ließen sich die Frauen auf physisch intensiven und einfühlsamen Sex ein. Heute fordert die Frau, daß der Mann ›wie eine Frau‹ lieben soll.«

Ich möchte Sie an dieser Stelle noch einmal an die wichtigste Entdeckung von Kinsey erinnern – an die sexuelle Alterskurve. Sie könnte sich im kommenden Jahrzehnt als wesentlichster Aspekt der männlichen Psychobiologie erweisen. Die »Babyboomer« sind mittlerweile jenseits der Vierzig. Die Frauen befinden sich nun auf dem Höhepunkt ihrer Sexualität, während die der Männer im Abnehmen begriffen ist. Werden solche Männer, denen die Lust jetzt längst nicht mehr so im Nacken sitzt wie früher, bereit sein, sich beim Sex noch genausoviel Mühe zu geben, nur um uns zu befriedigen?

Ja, ich glaube schon, denn sein Wunsch, uns zu befriedigen, ist stärker als sein Wunsch nach reiner Abreaktion. Er will eher uns befriedigen, als selbst befriedigt zu werden. Der Durchschnittsmann will keine Frau, die völlig erstarrt unter ihm liegt und sich ihm hingibt. Frauen, die glauben, er strebe nur nach seinem eigenen Orgasmus, irren sich. Ihm ist es wichtiger als alles andere, der Frau in seinem Bett Befriedigung zu verschaffen. Aber ob wir die Frauen sind, die er befriedigen will, hängt mit Sicherheit davon ab, wie wir sexuell und auch sonst mit ihm umgehen.

Die sexuelle Befreiung der Frau hat ihn in Verwirrung gestürzt – und uns auch. Der Zwiespalt ist beiden Geschlechtern gemein. Doch er ist derjenige, dem man sämtliche Konflikte und Zweifel anlastet. Letztlich läuft es darauf hinaus, daß die Frau zwischen der Freiheit schwankt, mit einem Mann zu schlafen, ohne ihn zu lieben, und ihrem Bedürfnis, den Sex zu einer tieferen Bindung zu führen. Genauso, wie wir noch immer zwischen dem Wunsch, nicht arbeiten zu müssen und von einem Mann versorgt zu werden, schwanken. Inzwischen haben wir Frauen wieder Probleme mit unserer eigenen Sexualität, aber wir können den Mann wohl kaum für das neuerliche Gefühl der Unterdrückung verantwortlich machen, mit dem wir uns Ende der achtziger Jahre auseinandersetzen mußten. Dieser Rückschlag hatte seinen Ursprung im christlichen rechten Flügel und der extremen feministischen Linken, zwei Gruppierungen, wie sie unterschiedlicher nicht sein könnten. Ihnen ist letztlich lediglich die Verachtung gegenüber der Grobheit der männlichen Sexualität und die nur spärlich verhüllte Angst vor dem schier endlosen Potential der weiblichen Sexualität gemeinsam. Der Rückschlag ist unter anderem von den Medien zu verantworten, die die Nachwirkungen der sexuellen Revolution aufzeigten und Geschichten über die wachsende Unzufriedenheit alleinstehender Karrierefrauen und die Angst der Öffentlichkeit vor Krankheiten verbreiteten.

Die Feministinnen konzentrieren sich fast ausschließlich auf die negativen Seiten des Sex: ungewollte Schwangerschaften, Abtreibungen, Vergewaltigungen, Inzest, sexuelle Belästigung und Mißhandlung. Sie betrachten jeden Mann als potentiellen Vergewaltiger. Die Anti-Porno-Aktivistinnen ziehen gegen die männliche Sexualität zu Felde, gegen die optischen Anreize, die oft nötig sind, um den Mann zu erregen, bei der Frau jedoch nur selten dieselbe Wirkung haben. Die Medien führen weit subtilere Attacken gegen den Sex. Was sie letztlich angreifen, ist das Geschlechtsleben der Frau – weil es das Sexualverhalten der Frau, nicht das des Mannes, war, das sich während der sexuellen Revolution veränderte.

In *Re-making Love: The Feminization of Sex* berichten Barbara Ehrenreich, Elizabeth Hess und Gloria Jacobs: »... es wird oft vergessen, daß sich die sexuelle Revolution im Grunde genommen um ein verändertes Verhalten der Frau, nicht des Mannes, drehte. Der Historiker Vern Bullough sagte 1984 gegenüber der Time: ›Im zwanzigsten Jahrhundert hat es bisher keine Veränderung im männlichen Sexualverhalten gegeben.‹ In jenem Artikel hieß es weiter: ›Die Untersuchungen scheinen zu zeigen, daß die Veränderungen im vorehelichen Sexualverhalten des Mannes seit den dreißiger Jahren eher bescheiden geblieben sind. Der Prozentsatz der Frauen hingegen, die vor der Ehe mit einem Mann schliefen, verdoppelte sich zwischen den dreißiger Jahren und 1971 und erreichte 1976 seinen neuen Höhepunkt ...‹«

Heutzutage genießen fast genauso viele Frauen wie Männer den vor- und außerehelichen Sex. Sogar noch im Rahmen der neuesten Umfragen wollten uns die Zeitschriften weismachen, daß die Männer uns zum »Gelegenheitssex« überredet hätten, der bei uns jedoch nicht funktionierte. Plötzlich landeten wir wieder bei dem konservativ-prüden Standpunkt unserer Mütter: der Sex wurde eingesetzt als Belohnung, Waffe, Mittel, um den Partner an sich zu binden. Statt uns mit der Verwirrung zu befassen, die die sexuelle Befreiung bei uns Frauen gestiftet hat, geben wir lieber dem Mann die Schuld, er habe uns zu oberflächlichem Sex verleitet und uns dann verschmäht, als wir beschlossen, nun sei die Zeit reif zum Heiraten und Kinderkriegen.

Wir messen ihn sexuell an ständig sich verändernden Kriterien, die nur zum Teil davon bestimmt werden, was wir im Bett wirklich wollen und brauchen. Er ist ein guter Liebhaber, wenn wir mehrere Orgasmen haben ... wenn er uns nach der ersten Nacht wieder anruft ... wenn er uns heiraten will. Er hingegen mißt sich selbst sexuell an unseren körperlichen Reaktionen auf seine Bemühungen. Der Wunsch des Mannes, die Frau zu befriedigen, wird ihm zum Bedürfnis.

In den vergangenen Jahren haben wir den Mann oft als Sexobjekt – oder besser als Erfolgsobjekt – behandelt und ihm die heftigsten Vorwürfe gemacht, wenn er unseren sexuellen Erwartungen nicht entsprach. Und wir haben seine Eignung als Partner an seinem Einkommen und gesellschaftlichen Status bemessen. Wir haben versucht, ihn uns in Liebe und Sex ähnlicher zu machen, während er in seiner Versorgerrolle eher wie ein Vater bleiben sollte.

Wir sind ganz schön hart mit ihm umgesprungen und davon ausgegangen, daß er lediglich so etwas wie eine Frau mit einer dickeren Lohntüte ist.

Aber das ist er nicht. Ich habe die Forschungsdaten zu Rate gezogen, und ich habe mich in seine sexuellen Geheimnisse, Phantasien, Ängste und Sehnsüchte einweihen lassen. Er ist primär ein Augenerotiker. Seine sexuelle Ausdrucksweise ist weit bildlicher als die unsere. Seine Biologie paßt nicht zu der unseren, die uns gerade dann zu größerer sexueller Lust

18

verhilft, wenn die seine auf dem absteigenden Ast ist. Während seine Hauptaufgabe darin besteht, Leistung zu bringen, ist es die unsere, für ihn attraktiv zu sein. Sein Orgasmus ist greifbarer, aber unsere Orgasmusfähigkeit übersteigt die seine.

Ja, die Männer unterscheiden sich von uns – aber sie sind weder besser noch schlechter als wir, sie sind lediglich anders. Merkwürdigerweise wehren sich gerade die Frauen am heftigsten gegen diese offensichtliche Schlußfolgerung. Ich habe mir von vielen wütenden Frauen sagen lassen müssen, ich gründe meine Erkenntnisse auf Briefe an PENTHOUSE – und PENTHOUSE-Leser seien doch »eine verdorbene Minderheit«. Deshalb arbeitete ich einen Fragebogen aus und verteilte ihn an Hunderte von Männern, mit denen ich über angesehene Zeitschriften und andere Quellen Kontakt aufgenommen hatte. Außerdem fand ich viele Freiwillige, die mir bei der Verteilung behilflich waren: Freunde, Kollegen, Sextherapeuten und Ärzte. Über tausend Männer antworteten mir, von denen mir viele lange Briefe schrieben, in denen sie mir ihre Gedanken und Erfahrungen, Ängste und Phantasien mitteilten. Darüber hinaus befragte ich mehr als hundert Männer persönlich. Was sie mir sagten, bestärkte mich in meinen Schlußfolgerungen.

Vielleicht lieben die Männer uns sogar noch mehr, als wir sie lieben. Ich für meinen Teil liebe die Männer jedenfalls jetzt, wo ich sie besser kenne, mehr als zuvor. Sie zu lieben, das bedeutet nicht, sich ihnen zu unterwerfen, die Augen vor ihren Fehlern zu verschließen – oder sich selbst und die anderen Frauen weniger zu lieben. Lieben bedeutet verstehen – Unterschiede hin oder her.

Frauen können Orgasmen, mehrere Orgasmen, ausgedehnte Orgasmen, extragenitale Orgasmen haben. Männer hingegen können nicht *immer* auf Kommando Leistung erbringen, und sie können auch nicht immer den Maßstäben gerecht werden, die unsere und ihre Mythen gesetzt haben.

Der Sex ist stärker von der männlichen als von der weiblichen Erregung abhängig. Darin liegt der wesentliche Unterschied. Und sie wissen das besser als wir.

TEIL EINS

Die Sprachen der Lust

Wessen Stimme würden Sie lieber im Fernsehen hören?

»Ich bin drei Tage mit Grippe im Bett gelegen. Da hab' ich mir die ganzen Talk-Shows im Fernsehen und im Radio angeschaut und angehört. Meistens geht's da um Sex. Ich hätte nie gedacht, daß Sex so langweilig sein kann. Ich frage mich, wie die netten, molligen Damen im Publikum über so etwas kichern und sich aufregen können.« – Ein Mann.

Wir sprechen mit Sicherheit genug über den Sex. Jede Zuschauerin einer Donahue-Show kann einem sofort sagen, daß der erste Schritt zur Lösung sexueller Probleme die Kommunikation ist. Und sie hat den richtigen Jargon parat. Der Sex ist in jener riesigen, durch und durch professionellen Selbsthilfeindustrie, die uns zeigt, wie wir an uns selbst und an unseren Beziehungen arbeiten können, zu einem wichtigen Slogan geworden. Wenn die Rede auf den Sex kommt, hören wir auf die Stimme dieser Industrie.

Die Amerikaner begreifen die Bedeutung des »Erotischen« ungefähr so, wie die Franzosen den Humor begreifen. Die Franzosen halten Jerry Lewis für ein Komikergenie, während die Amerikaner jene Ausklappbilder perfekter Frauenkörper als die Personifikation von Sex und Sünde verstehen. Die Franzosen erahnen die erotische Verbindung zwischen Mann und Frau lange vor dem Alter der Ehemündigkeit, und da sie keine Angst davor haben, beherrschen sie ihre Sprache auch in all ihren verbalen und nonverbalen Formen. *Sie* brauchen kein Team von Psychotherapeuten, die ihnen sagen, ob sie ihren Orgasmus an der richtigen Stelle haben oder nicht. Die Amerikaner hingegen fühlen sich am sichersten, wenn sie sich hinter medizinischen Fachausdrücken verstecken können. Sie legen das Thema fest, den Sex, und konzentrieren sich dann schon fast zwanghaft auf die rein mechanischen Aspekte, insbesondere auf die des Versagens.

Unsere Sprache der Lust besteht eigentlich aus drei Sprachen: männlich, weiblich und neutral. Ich gebe Ihnen im folgenden eine Beschreibung des weiblichen Orgasmus in jeder der drei Sprachen:

Neutral: »Die subjektive Erfahrung mag unterschiedlich sein, aber der physiologische Zyklus, den eine Frau durchläuft, nämlich der Aufbau der sexuellen Erregung, der Orgasmus selbst und die Rückkehr zum anfänglichen Ruhezustand, ist bei jeder Frau der gleiche ...« Aus: *For Yourself: The Fulfillment of Female Sexuality* (dt.: *Die Erfüllung weiblicher Sexualität*) von Lonnie Barbach.

Weiblich: »Ich weiß, daß ich komme, wenn mich ein Gefühl der Schwäche ergreift. Es ist die völlige Hingabe an den Mann, den man liebt, und an die Liebe selbst. Es ist gleichzeitig ein gefühlsmäßiges und ein körperliches Loslassen. Wenn ich wirklich liebe, spüre ich es im ganzen Körper.« Eine Dreißigjährige.

Männlich: »Ich hab' voll in sie abgespritzt und gespürt, wie sie meinen Schwanz ganz eingenäßt hat, als sie gekommen ist.« Aus einem Brief ans PENTHOUSE FORUM.

Der neutrale Tonfall ist natürlich die Sprache, derer sich Psychotherapeuten, Verfasser von Selbsthilfebüchern, Talk-Show-Master und seriöse Journalisten bedienen. Von ihnen stammen

Wörter und Ausdrücke wie »präorgasmisch«, »postkoital«, »vorzeitiger Samenerguß« oder »Zyklus des sexuellen Respons«. Sie sollen dazu dienen, den Sex seines mystischen Zaubers zu berauben und ihn auf dieselbe Stufe wie einen ganz alltäglichen Waschgang zu stellen. Die führenden Linguisten auf diesem Gebiet sind Experten wie Masters und Johnson oder Dr. Ruth, deren Autorität sich nicht nur aus ihren akademischen Graden, sondern auch aus ihrem Mangel an sexuellen Reizen herleitet. Stellen Sie sich den Sex als Thema vor, das in den täglichen Nachrichten abgehandelt wird, dann werden Sie feststellen, daß die neutrale Sprache genau der beherrschten, wenn auch drängenden, Stimme der Nachrichten entspricht. Nachdem Sie aufmerksam zugehört haben, sind Sie vielleicht immer noch nicht in der Lage, ohne Schwierigkeiten die Costa Brava oder Ihren »G-Punkt« (nach Dr. Gräfenberg) zu finden, aber wenigstens glauben Sie dann, mehr zu wissen als vorher.

Die Ratgeberspalten in den Frauenmagazinen und alles, was sich den Anschein des Wissenschaftlichen gibt, sind in der neutralen Sprache verfaßt. Auf dem Gebiet des rein Mechanischen handelt es sich dabei um eine absolute Ausdrucksform, selbst wenn zwei Experten, die grundsätzlich dieselbe Sprache sprechen, nicht zu demselben Schluß kommen. (Vielleicht gibt es einen »G-Punkt«, vielleicht aber auch nicht. Möglicherweise gibt es einen Unterschied zwischen klitoralem und vaginalem Orgasmus, möglicherweise aber auch nicht.) Im Bereich der Gefühle erlaubt diese Sprache sich jedoch keinerlei Urteil. In Talk-Shows wird sie gerne verwendet.

Die weibliche Sprache ist politisch fast genauso korrekt wie die neutrale. Sie klingt wie ein beruhigendes Murmeln, ein neuerliches Aufsagen des alten Spruches: Er liebt mich, er liebt mich nicht, er kann mich nicht lieben, er liebt mich, er ist ... Diese Sprache wird meist bei Frauen eingesetzt, und zwar von Frauen, und in der Öffentlichkeit auch von Psychotherapeuten, Talk-Show-Mastern und einigen wenigen aufgeklärteren männlichen Autoren. Die weibliche Sprache soll weniger dazu dienen, den Sex zu demystifizieren, als ihn zu remystifizieren. Dabei geht es um eine Ausrichtung nach den gerade gängigen Maßstäben hinsichtlich der im Augenblick als richtig angesehenen Anzahl der Orgasmen sowie der für sie richtigen Stelle des Körpers. Außerdem spielen natürlich die Umstände eine Rolle, unter denen der Körper sich hingeben darf, daß heißt die sogenannte »richtige« Liebe. Sie umfaßt sentimentale Exzesse, die man in der neutralen Sprache für gewöhnlich nicht findet – sie mag vielleicht die gefühlsmäßige Bindung würdigen, geht aber nicht so weit, alles, was sich außerhalb einer solchen Bindung abspielt, zu verdammen.

Abgesehen von den Medien bedienen sich die Frauen aller sozialen Schichten der weiblichen Sprache. Sie stellen sich immer wieder die weiblichste aller Fragen: Wird er anrufen? Rosafarbene Krägelchen und geschäftsmäßige Kostüme versichern einander: Ja, natürlich wird er anrufen, nachdem man sich törichterweise wieder einmal selbst zuerst gemeldet hat, oder: Nein, heute macht man das nur noch, wenn man sich wirklich liebt. Selbst wenn sie erst zwanzig und noch ungebunden sind, klingen sie, als hätten sie zwanzig Jahre damit zugebracht, Artikel zu lesen, die dem ehelichen Geschlechtsleben wieder mehr Schwung verleihen wollen. Die weibliche Sprache gibt sich den Anschein, als verrate sie Geheimnisse: Wie man ihn sich angelt, ihn hält, ihn zurückgewinnt oder sich sein plötzliches Verschwinden erklärt.

Die männliche Sprache kommt zwischen Männern zum Einsatz – und außerdem beherrschen auch jene wenigen Frauen sie, die in den Redaktionen der Sexmagazine sitzen oder für sie schreiben. Sie haben sich diese Sprache angeeignet, um zu überleben, genau wie ein Ausländer, der sein Lehrbuch beiseite legt, um beim ganz normalen Alltagsleben in die Schule zu gehen. Die männliche Sprache ist rauh und anschaulich und hat ihre Ursprünge in der ziemlich direkten Art und Weise, wie Jungs sich unterhalten, wenn sie sich ungestört fühlen. Der Sex wird auf seinen kleinsten physischen Nenner gebracht: Es geht dabei um kaum noch unterscheidbare Varianten des Vorganges, wie Riegel A in die Öffnung B geschoben wird. (»Ich würde gerne meinen a) Schwanz, b) Steifen, c) Pint, d) Ständer in ihre a) Möse, b) Fotze, c) Muschi, d) ihr Loch stecken.«) Die männliche Sprache hört man gewöhnlich dort, wohin sich nur selten Frauen verirren: in Männergruppen oder als Texte zwischen Fotos von nackten Frauen. Sie soll nicht dazu dienen, den Sex zu erklären oder zu demystifizieren. Bei der männlichen Sprache geht es um den Penis; und der Penis kennt nur ein Oben und ein Unten. Sie ist die Stimme des Wagemuts, der schwarze Humor des Soldaten, der fröhlich vor sich hin flucht, in der Hoffnung, daß seine Flüche und nicht er selbst der gegnerischen Seite zum Opfer fallen. Diesen Vorgang können Frauen nur selten verstehen. Die männliche Sprache ist so etwas wie ein »Cheerleading« des Penis.

Im allgemeinen erkennen die Männer den grundlegenden Unterschied zwischen den Geschlechtern besser als die Frauen. Sie wissen, daß die Verpflichtung, etwas zuwege zu bringen, bei ihnen liegt – und genau das *ist* der wesentliche Unterschied. Egal, wie egalitär sich unsere Gesellschaft gibt, der Sex, wie sie ihn definiert, hängt stärker von einem steifen Penis ab als von einer feuchten Vagina. Schließlich gibt es ja Vaseline. Die Männer leben in der Angst vor dem Versagen und dem Gefühl seiner Unausweichlichkeit, genauso, wie wir in der Angst leben, sexuell nicht mehr attraktiv zu sein, denn ein Hängebusen ist letztlich schlimmer als eine beginnende Glatze.

Kürzlich war ich mit einem Freund beim Mittagessen. Wir sahen, wie zwei attraktive Frauen an einem Tisch vorbeigingen, an dem zwei Männer im Anzug saßen und mit einem Auge das beobachteten, was sich auf der Straße tat, und mit dem anderen die beiden Frauen. In ihrer Unterhaltung waren ganz unverblümte Kommentare über gewisse körperliche Vorzüge zu hören. Männliche Sprache eben. »Eiertanz«, sagte mein Freund und freute sich über den Doppelsinn seiner Worte. »Männersprüche. Wenn man mitspielen will, muß man die ganze Zeit drüber reden.« Die Frauen, die den einen oder anderen Satz davon mitbekamen, rümpften die Nase.

Sie hatten sich natürlich gerade darüber unterhalten, daß sie ihm eine nette Karte schicken würden, weil er nicht zurückgerufen hatte.

Kapitel 1: Die Frauensprache – und wie sie für Männer klingt

»Frauen sollten von vornherein offener sein. Männer sind einfach direkter. Sie lassen sich nicht gerne auf Spielchen ein, wenn es darum geht, ob eine Frau Interesse am Sex hat oder nicht. Zuerst tut sie so, als wenn sie interessiert wäre, aber dann sagt sie genau das Gegenteil. Doch vielleicht stimmt das auch wieder nicht. Warum kann sie sich nicht klar und deutlich ausdrücken?« – Ein Manager Mitte Vierzig, der über 75 000 Dollar im Jahr verdient.

Selbst wenn das eigentliche Thema nicht der Sex ist, geht es doch oft unterschwellig darum. In der ersten Phase der gegenseitigen Anziehung ist die Alltagsunterhaltung mit sexuellen Andeutungen durchsetzt, seien sie nun absichtlich eingestreut oder nicht. Männer neigen dazu, sexuelle Anspielungen in alles hineinzudeuten, angefangen beim Minirock bis zur schwarzen Strumpfhose oder einem freundlichen Lächeln. Umgekehrt entsteht manchmal der Eindruck, daß es gar nicht um Sex geht, wenn das Thema tatsächlich der Sex ist. Während Männer glauben, daß wir Erotik signalisieren, wenn wir uns ihnen in Kleidern präsentieren, die wir gerade nach den neuesten Vorbildern in der VOGUE erworben haben und eigentlich nur tragen, um andere Frauen damit zu beeindrucken, sind sie der Ansicht, wir meinten etwas völlig anderes, wenn wir sagen, wir begehren sie sexuell. Wir kommt es dazu? Oder wieso denkt er, wir wollen mehr als nur Sex, zum Beispiel eine feste

Bindung oder ein Baby, obwohl wir sagen, daß wir nur ihn wollen?

Es gibt zwei Ebenen des Sprechens über den Sex: Ich will den Sex und: Ich will ihn auf diese oder jene Weise. Größere Verwirrung entsteht auf der ersten Ebene, während die Möglichkeit, einander wirklich zu verletzen, auf der zweiten größer ist. Sowohl Verwirrung als auch Schmerz sind höchst wirkungsvolle Kommunikationshindernisse. Selbst wenn sie das, was sie meint, klar zum Ausdruck bringt, hört er es unter Umständen nicht. Die Hauptfaktoren, die das, was Männer hören (oder nicht hören), beeinflussen, wenn Frauen auf Ebene eins etwas über den Sex sagen, sind der Macho-Kode des Mannes und die weibliche Täuschung.

Männer, die nach diesem Kode leben, betrachten das, was wir sagen, möglicherweise nur als Gestrüpp, durch das sie sich bei der Durchsetzung ihres *Machismo* hindurchkämpfen müssen. Dieser *Machismo* legt sogar noch mehr Wert auf das Motto »allzeit bereit« als das Handbuch für Pfadfinder. In ihrem Buch *The Intimate Male* (dt.: *Fühlst du mich? Männerphantasien*) beschrieben die Psychotherapeuten Linda Levine und Lonnie Barbach den *Machismo*, den spanischen Ausdruck für Männlichkeit, Dominanz, Mut, Potenz und Aggressivität folgendermaßen:

»*Immer* bereit zum Sex;

immer eine steinharte Erektion;

immer endloses Durchhaltevermögen;

immer die Fähigkeit zur Befriedigung der Frau.«

Das Schlüsselwort lautet »immer«, und es lastet schwer auf Männern, die zwar wissen, daß solche Forderungen nicht erfüllt werden können, sie aber trotzdem einzulösen versuchen. Der *Machismo* beeinflußt das, was der Mann hört. Sie sagt nein oder vielleicht, und er hört ja.

Dieser Kode macht aus den Geschlechtern außerdem Gegner. Er ist wild entschlossen zur Eroberung, sie versucht, sich seiner Angriffe zu erwehren. Er muß sich mit seinem eigenen Vergnügen zurückhalten, bis er ihre Bedürfnisse befriedigt hat; sie muß sichergehen, daß sie soviel wie möglich von ihm bekommt, bevor er sich endlich gehenlassen darf. Alle sind sich darüber einig, daß dies ein lächerlicher Zustand ist. Dennoch wird er weiterhin zu seinem Eroberungsdrang getrieben, und er ist nicht allein mit seiner Sturheit.

Gegner vertrauen einander gewöhnlich nicht die Wahrheit an. Sie begraben sie unter dicken Schichten manipulativer Lügen. Sie sagt, ich will erst mit dir schlafen, wenn ich dich ein bißchen besser kenne – das heißt: Ich will sicher sein, daß ich lange genug gewartet habe, bis ich mich dir hingebe und bis du von selbst zurückrufst. Der *Machisma*-Kode sieht folgendermaßen aus: *Männer sind allzeit bereit, es sei denn, irgend etwas ist mit ihnen nicht in Ordnung. Oder mit ihr. Eine attraktive Frau bekommt den Mann, den sie will, und indem sie den Sex als geeignetes Mittel einsetzt, werden auch ihre Bedürfnisse durch ihn befriedigt.*

Nein, wir Frauen meinen nicht immer, was wir sagen, und wir sagen auch nicht immer, was wir meinen. Viele Männer haben mir gestanden, daß sie folgendes hören, wenn wir über den Sex reden: Unaufrichtigkeit; Manipulation; alles andere als erotische Bedürfnisse; Verachtung oder Mißtrauen oder Ablehnung; manchmal auch positive Gefühle wie Zuneigung, Begehren oder Liebe. Bisweilen gründen sich ihre Annahmen ausschließlich auf den Klang des Gesagten und nicht auf den

Inhalt. Ein Mann erzählte mir: »Ich bin plötzlich zu ganz anderen Erkenntnissen darüber gelangt, was eine Frau mir eigentlich sagen wollte, als sie anfing, mir übers Haar zu streicheln.«

*Die wohl häufigste Frage über die sexuelle
Kommunikation ist:*

**»Warum sagen Frauen immer, sie schlafen nicht gleich
am ersten Abend mit einem Mann, wenn sie es ganz
offensichtlich doch tun?«**

*»Ich bin vierzig, geschieden und schon ganz schön in der Welt
herumgekommen. Kürzlich habe ich eine attraktive Blondine
Ende Dreißig in einer schicken Bar hier in der Gegend kennengelernt. Nachdem sie mir versichert hatte, daß sie eigentlich nie
in Bars geht und Männern (in den Bars, in die sie nie geht) auch
nie ihre Telefonnummer gibt, tat sie genau das. Ich habe sie angerufen. Bei unserer ersten Verabredung erklärte sie mir schon nach
fünf Minuten, daß sie bei der ersten Verabredung noch nicht mit
einem Mann schläft. Ein paar Stunden später erwiderte sie meine
Küsse bereits voller Leidenschaft. Sie legte ihre Hand auf meine
Hose, die sich über meinem steifen Schwanz wölbte, und drückte
so lange, bis ich nur noch nach Luft schnappte. Als sie mir den
Reißverschluß aufmachte, faßte ich das als Signal dafür auf, daß
sie genau das tun wollte, was sie eigentlich nicht tut. Die Frau
war ein grandioser Fick. Ich beklage mich nicht. Aber warum
sagen Frauen immer noch nein, wenn sie eigentlich ja meinen?«*

Ich kann mir schon vorstellen, welche Gedanken die Blondine
in ihm wecken wollte: daß sie nicht mit *jedem* schläft, den sie

gerade erst kennengelernt hat, und daß er etwas Besonderes ist. Wahrscheinlich war er das sogar. Offenbar passiert so etwas nicht nur in Romanen und Filmen. Die meisten von uns erinnern sich doch an einmal, oder? Oft jedoch mißtraut er ihrer plötzlichen Kapitulation und damit auch ihren Versuchen, ihm weiszumachen, er sei etwas ganz Besonderes gewesen.

»Ich habe eine großartige Beziehung mit einer Frau gehabt, die gleich am ersten Abend mit mir ins Bett gegangen ist«, erzählt Eric, ein fünfunddreißigjähriger Single. »Sie hat mir erst Monate später gesagt, daß sie das noch niemals zuvor gemacht hatte, und das glaubte ich ihr auch. Wahrscheinlich hätte ich es ihr nicht geglaubt, wenn sie es mir damals gesagt hätte. Aber uns war von Anfang an klar, daß wir uns auf ganz besondere Weise zueinander hingezogen fühlten. Ich bin froh, daß keiner von uns es durch etwas verdorben hat, was man als Lüge hätte auffassen können.«

Männer reagieren noch immer voller Überraschung, Entrüstung, Entsetzen oder Bestürzung, wenn sie genau die Dinge tut, die sie behauptet, nicht zu tun. Die Doppelmoral ist schwächer geworden, aber noch nicht völlig bezwungen. Die Männer handeln noch immer nach dem Macho-Kode, bedrängen sie und erwarten gleichzeitig von ihr, daß sie die eigentliche Verführung hinauszögert – so lange, bis die Lust unerträglich stark geworden ist, was selten bei der ersten Verabredung passiert. (Nein, das ist nicht fair. Schließlich sprechen wir hier über die Realität und nicht über Fairneß.)

Wenn der Mann der Frau nicht glaubt, daß er der einzige ist, mit dem sie gleich am ersten Abend ins Bett gegangen ist, glaubt er wohl auch kaum jene andere Superlative wie der beste oder der größte.

»Wenn eine Frau mir erzählt, ich bin der beste Liebhaber, den sie je gehabt hat«, sagt ein vierzigjähriger Chauffeur aus dem Mittleren Westen, »dann weiß ich, daß sie lügt. Das kann man möglicherweise glaubwürdig behaupten, wenn man eine Weile zusammen ist und sich wirklich liebt. Es entspricht dann vielleicht immer noch nicht der Wahrheit, aber jedenfalls klingt ein solches Bekenntnis dann glaubwürdiger. Sonst denke ich womöglich, eine Frau, die mich mit Komplimenten überschüttet, weil ich so gut im Bett bin, sagt so etwas zu jedem x-beliebigen Mann. Sie hat dann wahrscheinlich mehr intime Bekanntschaften hinter sich als ich. Und die Schmeichelei gehört einfach zu ihren Tricks.«

Ein Computeranalytiker aus Pittsburgh ist anderer Meinung: »Manchmal haben zwei Leute sofort die gleiche Wellenlänge, und zwar emotional und körperlich. Das ist das Beste überhaupt. Wir Männer sollten akzeptieren, daß eine Frau uns für den Besten hält, weil sie starke Gefühle für uns hat und das, was sie sagt, wirklich von Herzen kommt.«

Aber die Lüge mit der Penisgröße ist etwas, was Männer nicht verzeihen.

Ein geschiedener Architekt Mitte Vierzig meint: »Eine Frau hat mir alles verdorben, als sie gesagt hat: ›Mein Gott, ist der groß! Aber er wird mich doch nicht beißen, wenn ich ihn anfasse, oder?‹ Erstens ist er nicht groß, sondern einfach Durchschnitt. Warum mußte sie lügen und so die ganze Atmosphäre zerstören? Zweitens hat sie mich an meine Exfrau erinnert, die mir immer mit der folgenden Frage auf die Nerven gegangen ist, wenn sie mit mir schlafen wollte: ›Na, darf dein kleiner Peter rauskommen und ein bißchen spielen?‹«

Die zweithäufigste Frage über die sexuelle
Kommunikation ist:

Hat sie mir ihre Bedürfnisse nur vorgespielt?

»Kürzlich hat eine Frau, die ich schon eine ganze Weile oberfläch-
lich kenne, mir einen eindeutigen Antrag gemacht. Sie hat mich
in der Arbeit angerufen und gesagt: ›Wie wär's, wenn wir mit-
einander schlafen – keine Bindung, nur Sex.‹ Bevor sie mich
gefragt hat, war ich mir nicht so sicher, ob ich mit ihr schlafen
wollte oder nicht. Aber welcher Mann schlägt ein solches Angebot
schon aus? Mir ist so etwas zum ersten Mal passiert, und in unserer
Zeit der sexuellen Paranoia war es vielleicht auch das letzte Mal.
Im Bett war sie dann hyperaggressiv, wie eine Heldin aus einem
harten Krimi, die sich den Mann einfach nimmt, wenn sie Lust
dazu hat. Das hat mich zuerst ein bißchen abgeschreckt, aber
dann hab' ich mich wieder ganz gut gefangen. Sie ist ein paarmal
gekommen. Jetzt, sagt sie, hat sie kein Interesse mehr an einem
Schäferstündchen mit mir, weil der Sex nicht so besonders war.
Könnten Sie mir das bitte erklären? Wollte sie etwa doch mehr?«

Möglicherweise war er nicht gerade ein Superliebhaber, weil
er dabei keine besonderen Gefühle entwickelte. Vielleicht wollte seine Verführerin ihn lieber schonen, statt ihm zu sagen:
»Du bist ein lausiger Liebhaber.« Oder vielleicht hoffte sie
auch, daß aus dem arrangierten Sex mehr werden würde, weil
sie ihn begehren wollte. Die Unehrlichkeit ging möglicherweise auf ihr Konto, aber ganz gewiß auf das seine.
Er hätte nein oder vielleicht sagen sollen und nicht ja, denn
er hatte ja kein so großes Interesse daran, mit ihr zu schlafen.
Aber Männer können unglücklicherweise nicht nein sagen. Sie
glauben, daß sie die Bitte einer einigermaßen attraktiven Frau
genausowenig ausschlagen können wie das Brathähnchen, das

ihnen die Großmutter auf dem Lande anbietet. Egal, ob sie den Sex wollen oder nicht – sie glauben jedenfalls, daß sie auf Befehl oder doch zumindest auf eine Bitte hin etwas zuwege bringen müssen. Wenn die Erfahrung sich dann als nicht gerade außergewöhnlich herausstellt, beginnen sie, ihre Motive argwöhnisch zu überdenken.

Mit einem Mann ins Bett zu gehen, der nicht nein sagen kann, ist etwas anderes, als mit einem Mann zu schlafen, der begeistert zustimmt. Sie darf ihn nicht zuerst anrufen, es sei denn, er ruft aus einem guten Grund nicht an – zum Beispiel: Sie ist seine Chefin oder mit seinem Bruder verheiratet. Ein ungebundener Mann wird schon auf eine ungebundene Frau zugehen, wenn seine Lust groß genug ist. Man kann sich nicht darauf verlassen, daß er nein sagt.

Ein Professor Mitte Vierzig ist anderer Meinung, was Frauen anbelangt, die dreist ein intimes Stelldichein vorschlagen und sich dann gegen eine Wiederholung sträuben: »Manche Frauen halten die Eroberung für wesentlich. Es ist fast wie bei einem umgekehrten ›Liebe ihn und dann verlasse ihn‹-Szenario. Manche Dinge brauchen einfach Zeit, um sich zu entwickeln, besonders Gefühle und Bindungen. Oft verursacht ein Zuviel oder ein Zuschnell ein sofortiges Nachlassen des Interesses. Ich habe mehr als nur eine Frau kennengelernt, die sich nicht die nötige Zeit nehmen wollten. Sie sind der Meinung, daß der Sex auf der Stelle phantastisch sein soll – sonst suchen sie sich einen Neuen. Die Männer sind nicht die einzigen, die das machen.«

Warum setzen Frauen den Sex noch immer ein, um das von den Männern zu bekommen, was sie wollen?

»Ich hab' neulich abend zusammen mit einem Freund zu Abend gegessen«, sagt der neununddreißigjährige Juan, der nach fünfzehn Jahren Ehe nun schon seit drei Jahren geschieden ist. *»Er hat mich gefragt, wie's mir nach meiner Scheidung so geht. Ich hab' geantwortet, alle Frauen, die ich kennenlerne, wollen irgend etwas von mir. Man kann sie richtig in Typen einteilen: Das Supermiststück will einen beim Sex nur bis auf den letzten Tropfen aussaugen, alles andere interessiert sie nicht. Die Zukünftige will deinen Namen, dein Sperma und dein Einkommen, bevor sie zu alt ist, um Kinder zu kriegen. Und die Ehebrecherin ist grundsätzlich ganz zufrieden mit dem Sex, den sie zu Hause bekommt, aber es schadet ja nicht, sich auch sonst noch ein bißchen umzuschauen. Wenn du mehr Geld verdienst als ihr Mann, will sie dich. Mein Freund hat nur mit dem Kopf genickt und nicht widersprochen.«*

Aber ich habe Juan widersprochen. Oder haben Sie etwa gedacht, ich nehme es einfach so hin, wenn er die Frauen kurzerhand in drei Kategorien einteilt? Ich habe Beispiele verlangt. Und er konnte sie mir erzählen:

»Ich hab' gleich bei der ersten Verabredung gemerkt, daß Suzanne ein Supermiststück ist«, sagte er. *»Sie ist intelligent und hat Humor – ich hab' noch nie im Leben so viel Spaß gehabt –, sie aber will unbedingt hart sein. Wir haben gleich am ersten Abend miteinander geschlafen. Sie ist sensibel auf mich eingegangen, aber danach hat sie sich zurückgezogen. Am nächsten Morgen hat sie mich ziemlich Hals über Kopf vor die Tür gesetzt. Das hat mich verletzt. Ich wollte an diesem Morgen noch einmal mit ihr schlafen, aber sie war kalt und hat mich abgewiesen. Ein paar Tage*

später hat sie mich angerufen. Sie war wieder lieb und einfühlsam,
weil sie geil war. Vielleicht glauben Sie, daß Männer sich nie
sexuell ausgenutzt fühlen, aber das stimmt nicht. Einerseits ist es
natürlich schmeichelhaft, zu wissen, daß man eine sexuell an-
spruchsvolle Frau befriedigen kann; andererseits ist es aber auch
entwürdigend.«

Dann waren da noch die alleinstehenden Frauen, die nicht mit
ihm schlafen wollten, bevor sie nicht das Gefühl hatten, daß
die Beziehung ein Ziel hatte – nämlich die Heirat. Und die
leidenschaftlichen Neofeministinnen, die gleiche Rechte am
Arbeitsplatz, bevorzugte Behandlung bei der Bezahlung der
Restaurantrechnung und wiederholte Orgasmen verlangten.

»Die letzte verheiratete Frau, mit der ich es zu tun hatte, war
wütend, weil ihr Mann nicht das Haus baute, das er ihr verspro-
chen hatte. Der Sex mit ihm war in Ordnung, aber sie wollte das
Haus. Sie sagte, sie würde ihn meinetwegen verlassen, nachdem
ich ihr erzählt hatte, daß ich ein Haus kaufen wollte. Sie sagte,
sie würde im Bett Dinge mit mir machen, die noch nie zuvor
eine Frau mit mir gemacht hatte.«

Juans Geschichte mag extrem klingen, aber verheiratete oder
anders gebundene Männer beklagen sich oft, daß eine Frau
ihnen ihre sexuelle Gunst nur dann gewährt, wenn sie sich
materiell erkenntlich zeigen. (Viele Männer glauben sogar, daß
das Geldausgeben ihre erotischste Fähigkeit ist.) Auch sie geben zu, daß die eine Hand die andere wäscht, denn Cunnilingus läßt sich gut gegen Fellatio eintauschen, ein ausgedehntes,
zärtliches Beisammensein danach gegen bestimmte Lieblings-
stellungen oder die Erlaubnis, in ihrem Mund oder auf ihrem
Körper zu ejakulieren. Die meisten Männer jedoch schrieben
von Partnerinnen, die ihre sexuelle Gunst für materielle Güter

oder Dienste außerhalb des Schlafzimmers gewährten. Ein Mann schenkte seiner Frau zu Weihnachten ein Diamantarmband, und sie antwortete mit folgender Notiz: »... Berechtigt den Inhaber dazu, daß ihm im kommenden Jahr zweiundfünfzigmal einer geblasen wird ...«

»Wenn eine Frau den Sex bewußt einsetzt, damit sie den Mann zu einem bestimmten Verhalten bringt, manipuliert sie ihn«, sagt der siebenunddreißigjährige Matt. »Du hörst das ganz genau, wenn sie fragt, ob sie deine Eier in den Mund nehmen soll – dabei weißt du doch, daß sie das haßt. Du weißt, daß du noch dafür zahlen wirst. Ich vertraue bei einer Frau inzwischen nur noch auf die reine sexuelle Lust. Wenn eine Frau genauso geil ist wie ich und mir sagt, wie's sie möchte, tu ich ihr gern den Gefallen. Ich geb' ihr dann mehr, als ich selber kriege, solange es dabei wirklich um Sex geht.«

»Frauen setzen den Sex zu oft zur Erpressung ein«, schreibt ein Unternehmer aus dem Nordosten der Staaten. »Durch dieses Verhalten verstärken sie nur noch die ganzen alten Klischees. So haben sie letztendlich die Kontrolle über alles – und wenn Sie mich fragen, sind die Frauen auch gar nicht bereit, diese Kontrolle abzugeben. Sie sind noch immer diejenigen, die darüber entscheiden, ob es nun zum Sex kommt oder nicht, wie er aussieht, und wo und wann er stattfindet. Wenn in der Liebe wirklich Gleichberechtigung herrschen würde, hätten sie doch sicher nicht die ganze Kontrolle, oder?«

Nicht alle Männer schrecken vor emotional oder finanziell anspruchsvollen Frauen zurück. Manche Männer erregt es sogar, wenn sie glauben, daß eine Frau von ihnen abhängig ist oder es gerne wäre. Doch selbst solche Männer hätten gerne das Gefühl, daß der Sex von jenem anderen Bedürfnis unabhängig ist.

»Man hört es einer Frau an der Stimme an, wenn sie einen Mann braucht, um ihr Leben ganz auszufüllen«, sagt der neun-

undzwanzigjährige John. »Vielleicht tut sie fürchterlich unabhängig, aber irgendwie zittert ihre Stimme dann ein bißchen
und verrät sie. Sie setzt den Sex nicht bewußt ein, um dem
Mann die unterschiedlichsten Kleinigkeiten zu entlocken. Für
sie ist der Sex eher die Bühne, auf der sie die Rollen spielt,
die ihrer Meinung nach den Mann für sie gewinnen kann. Sie
hat alle wichtigen Bücher zu dem Thema gelesen und hält sich
bis zur dritten Verabredung zurück; deinen Schwanz nimmt
sie erst beim vierten oder fünften Mal in den Mund und so
weiter. Sie versucht den Mann von dem Augenblick an zu
gewinnen, wo sie ihm die Hand ganz leicht auf den Arm legt.
Nicht die geringste Spur von Impulsivität!«

Der neunundvierzigjährige Arthur sagt: ›Ich gehe inzwischen
immer häufiger mit Frauen Ende Vierzig aus, die sich nach
einer Altersversorgung umsehen. Wenn sie sagen, daß sie den
Sex mögen, ihn aber für eine besondere Gelegenheit aufsparen
wollen, meinen sie damit den Tag, wo der Mann sie als Be-
günstigte seiner Lebensversicherung einsetzt. Können Sie sich
den Sex mit einer Frau vorstellen, die ihn nur als Weg zur
Altersversorgung sieht? Sie beruhigt den Mann, wenn er Angst
hat, er könnte impotent sein – und hofft wahrscheinlich bereits
darauf, wenn er noch die Unterhose anhat.«

Der vierunddreißigjährige Bob sieht die Frauen, mit denen er
ausgeht, als »biologische Zeitzünder, die zwischendurch mal
ein Plätzchen für meinen Schwanz haben«. Er sagt: »Ich kann
verstehen, daß Frauen tiefe Bedürfnisse und Wünsche haben,
die nichts mit dem Sex zu tun haben. Genau wie wir Männer.
Ich verstehe allerdings nicht, warum sie all ihre Bedürfnisse durch Männer befriedigen wollen – und warum sie den
Wunsch nach der Ehe oder einem Kind oder einem besseren
Einkommen nicht vom Sex trennen können. Wenn ich mit
einer Frau schlafen will, vergesse ich meine beruflichen Frustrationen. Das tut sie nicht immer. Vielleicht läuft in ihrem

Hinterkopf dabei immer die folgende Leier ab: ›Wenn der Sex gut klappt, heiratet er mich. Dann kann ich meinen Beruf aufgeben und bei unserem Kind bleiben.‹«

Warum wirken manche Frauen abweisend, selbst wenn sie einen Mann anmachen?

»Mag sie bloß mich nicht, hat sie allgemein was gegen Männer oder was? Ich bin dreißig, und viele von den Frauen, mit denen ich zusammen war – sie sind alle so zwischen neunzehn und fünfunddreißig –, haben die Beziehung mit mir wie einen Kampf begonnen. Sie nehmen mich auf den Arm und machen sich über mich lustig und zeigen mir ständig die kalte Schulter. Und wenn ich dann genauer hinschaue, sehe ich, daß ihre Brustwarzen ganz hart sind. Gewöhnlich sind solche Mädchen im Bett das reinste Dynamit. Oft sind sie erstaunlich sanfte und einfühlsame Geliebte. Warum muß alles, was sie sagen, so zynisch und aggressiv klingen? Warum können sie nicht einfach nur ein bißchen flirten? Den Männern wird immer vorgeworfen, daß sie nicht sagen, was sie meinen, aber die Frauen sind in dieser Hinsicht manchmal noch schlimmer.«

Tja, wir leben eben in einer zynischen Zeit, mein Lieber. Wahrscheinlich glaubt sie sogar, daß sie flirtet. Vielleicht hat sie das richtige Alter zum Flirten erst dann erreicht, als die Frauenrechtlerinnen es nicht mehr so gerne sahen. Und dann ist die ganze Sache wieder in Mode gekommen. Woher hat sie ihre Technik? Aus Comics und der x-ten Wiederholung im Fernsehen, die sie sich an den seltenen Abenden angeschaut hat, wo sie am nächsten Morgen nicht schon wieder in aller Frühe ins Büro mußte. Also, habe ich bißchen Geduld mit ihr.

Hier sind die zehn Hauptgründe, warum Frauen
Männer gleichzeitig abweisen und anmachen:

10. Sie träumt lieber und/oder masturbiert, als es mit einem richtigen Mann zu machen – bis sie sich ganz sicher ist, daß er sie nicht enttäuschen wird.

9. Sie setzt ein aggressives verbales Feuerwerk in Gang, um einen möglichen Liebhaber einer Belastungsprobe zu unterziehen.

8. Sie will wirklich mit keinem Mann schlafen, bis ihre Oberschenkel wieder dünner sind.

7. Sie glaubt das, was die Medien über den Tod des Sex sagen.

6. Sie beklagt sich bei ihren Freundinnen gerne über den Mangel an guten Männern, so daß sie es nicht riskieren möchte, ihren angestammten Platz unter den Klageweibern zu verlieren, wenn sie herausfinden sollte, daß eigentlich mehr ganz gut sind.

5. Sie ist zu schüchtern, um über den Sex zu sprechen, also versetzt sie Ihnen statt dessen lieber verbale Schläge.

4. Sie hat gerade keine Kondome zur Hand und will Sie hinhalten, bis sie sich heimlich welche beschaffen kann.

3. Sie will Sie so einschüchtern, daß Sie nichts mehr dagegen haben, wenn sie oben liegt.

2. Sie hat Angst vor ihrer eigenen gewaltigen Leidenschaft, die Sie erweckt haben.

UND DER GRUND NUMMER EINS: sie will sich genausowenig verlieben wie Sie. Vielleicht hat sie Ihnen die Sache mit Ihrem Wunsch nach einer festen Bindung tatsächlich abgekauft.

Auch Männer verhalten sich oft abweisend – allerdings selten, wenn sie eine Frau verführen wollen. Sogar die abgebrühtesten Nörgler geben sich sanft, wenn sie mit ihr ins Bett wollen. Frauen, die aggressive Dinge sagen, während sie eigentlich Signale der Lust entsenden, tun dies wahrscheinlich, um echte Gefühle zu überspielen, die sie fürchten, nicht in den Griff zu bekommen – oder auch, um einen Mann abzuweisen, ohne direkt nein sagen zu müssen. Aber dadurch verwirren sie die Männer oft oder verletzen sie.

»Ich erwarte ja nicht, daß eine Frau gleich sagt: ›Na los, laß uns zusammen ins Bett gehen‹«, meint der siebenunddreißigjährige James, »aber ich glaube, daß sie zumindest den einen oder anderen verbalen Hinweis geben könnte. Ich habe zum Beispiel sechs Monate lang neben einer schönen Frau gearbeitet, die mir immer wieder gesagt hat, daß ich nicht ihr Typ bin, und mir ihre anderen Liebhaber knallhart beschrieben hat. Nachdem sie in eine andere Stadt versetzt worden war, hat mir eine Freundin von ihr erzählt, daß sie eigentlich scharf auf mich war. Mein Gott, ich hätt' so gerne mit ihr geschlafen, aber ich hab' Angst gehabt, ihr das zu zeigen.

Sie war die Sorte Frau, wo man Angst hat, wenn sie deinen Schwanz sieht. Man ist sich sicher, daß sie einen nur auslacht.«

Manchmal klappt es allerdings auch mit der Kommunikation.

Wenn meine Partnerin mit mir über Sex redet, wird ihr Blick ganz sanft.

»Sie ist ein bißchen zu schüchtern, um meinen Penis einfach zu packen. Wenn sie mit mir schlafen will, rollt sie sich neben mir auf dem Sofa zusammen und streichelt meinen Arm, bis sich die Haare aufstellen. Im Bett sagt sie mir dann, was sie möchte. Ich bin ganz versessen drauf, wie sie mir süße, sexy Dinge ins Ohr flüstert. Wenn sie sagt: ›Bitte leck mich‹, reiß ich mir fast ein Bein aus, um sie zu befriedigen«, schreibt der Inhaber eines Haushaltswarengeschäftes in Michigan.

In manchen der zufriedenen Briefe an PENTHOUSE FORUM geht es um tatsächliche oder erträumte sexuelle Erlebnisse. Oft stecken hinter dem Lob Hinweise darauf, wie Männer hinter den prosaischsten Gesprächen über den Sex noch geflüsterte Liebesgeständnisse, einen Ausdruck der Zuneigung, Achtung, Lust oder Leidenschaft vernehmen. Häufig loben Männer die Frau dafür, daß sie ihnen sagt, was sie sich sexuell wünscht, ohne ihnen dabei das Gefühl zu geben, sie seien nicht einfühlsam genug, nur, weil sie es nicht von selbst merken. Sie können ein einfaches »Ich will dich« auf vielerlei unterschiedliche Weise verstehen, je nachdem, wie die Stimme der Frau dabei klingt, welche Gesten sie dabei macht und wie sie ihn ansieht.

»Ich reagiere eher auf die Stimme einer Frau als auf das, was sie tatsächlich sagt, wenn es um sexuelle Dinge geht«, berichtet der zweiunddreißigjährige Alex. »Wenn ihre Stimme ehrlich klingt, kann sie mich führen; dann merke ich kaum, daß sie mich führt. Wahre Begierde läßt sich nicht verbergen. Sie verleiht der Stimme wunderbare Schwingungen.«

»Ich mag es, wenn eine Frau mir genau sagt, was sie will«, meint der vierunddreißigjährige Keith. »Es erregt mich, wenn sie sagt: ›Bitte streichle meine Klitoris‹ oder ›Leck die Innenseite meiner Oberschenkel und dann meine Muschi.‹ Es würde mich nur abstoßen, wenn sie mir so etwas in gönnerhaftem Tonfall sagt, wie zum Beispiel: ›Mein Gott, was bist du langsam, daß du das nicht merkst.‹ Wenn sie es mir dagegen auf andere Weise sagt, habe ich das Gefühl, daß sie mich wirklich will; sie hilft mir dabei, sie für mich zu gewinnen, wenn sie mich ein wenig anleitet.«

44

Für einen Mann gibt es nichts Schmeichelhafteres als das Gefühl, daß er tatsächlich das Objekt ihrer Begierde ist. Ich glaube nicht, daß man bei der Lust so tun kann »als ob«, genausowenig, wie man sich »bewußt« als Rührmichnichtan geben kann. Warum sollte jemand – sei es nun Mann oder Frau – auf diesem Gebiet so tun wollen als ob?

Was Sie wissen sollten, wenn sich das Gespräch um Sex dreht:

✳ Sagen Sie nicht nein, wenn Sie schon in zwanzig Minuten ja meinen könnten.

✳ Verlassen Sie sich nicht darauf, daß ein Mann etwas anderes als ja sagen könnte, auch wenn er nein meint.

✳ Wenn Sie die Lust nicht von dem trennen können, was Sie sich sonst vielleicht noch von einem Mann erwarten, dann gehen Sie lieber nicht mit ihm ins Bett, bis Sie wirklich nur noch an den Sex denken. Und sagen Sie ihm, daß Sie ihn wollen.

✳ Sagen Sie ihm nur dann, wie er Sie anfassen soll, wenn Sie sich wirklich wünschen, daß er Sie so berührt.

Kapitel 2: Die Männersprache – wie Frauen sie selten zu hören bekommen

»Was für mich toller Sex ist? Eine Frau mit einer geschickten Zunge und einer Menge Zeit. Ich möchte, daß sie mit ihrer Zunge um meinen Schwanz kreist und sich dabei besonders der Öffnung fürs Pinkeln widmet. Dann soll sie mit der Zunge entlang der Vene auf der Unterseite des Schaftes hin und her fahren. Ich möchte, daß sie so lange an mir herumleckt und an mir saugt, bis es an meinem Schwanz und an meinen Eiern kein trockenes Fleckchen mehr gibt. Ich hab's gern, wenn meine Schamhaare zwischen ihren Zähnen stecken, und dann drücke ich ihr mit den Knien die Beine auseinander und befriedige sie mit den Zehen.«
– Ein neunundzwanzigjähriger Systemanalytiker aus dem Mittleren Westen.

Die Platte, die da in seinem Kopf abläuft, spielt keine Liebeslieder. Der Text ist eher schmutzig. Der Rhythmus ist schnell und hart. Stellen Sie sich vor, daß die Rolling Stones PENTHOUSE vertonen, dann haben Sie seine Sprache des Sex, wie Sie sie selten hören. Die Frauen sind oft der Meinung, daß es Männer, die sich so ausdrücken, nur im dreckigen, verschwitzten Milieu drittklassiger Filme gibt. Falsch gedacht.
Solche Männer sind schlicht und ergreifend jedermann.
»Bis vor wenigen Jahren war das noch die einzige Art und Weise, wie Männer sich über den Sex auszudrücken wußten«, sagt ein sechsunddreißigjähriger Psychologe von der Westküste.

»Heutzutage beherrschen viele von uns auch die einfühlsame Sprache des Sex. Wir sind in der Lage, diese Worte auszusprechen – wenn auch mit einem unterschiedlichen Grad an Ehrlichkeit und Wohlbehagen. Aber ich kenne, außer in Filmen und Romanen, keinen einzigen Mann, der auch mit anderen Männern so reden könnte. Wir sitzen einfach nicht herum und sagen: ›Die Erde hat zu beben begonnen, als ich gestern nacht meine Angebetete geliebt habe.‹

Männer denken ziemlich schnell an den Penis. Aber sie sprechen, anders als die Frauen, nur selten vom Sex, von der Liebe zwischen zwei Menschen. Sie reden ganz anschaulich über rein physische Vorgänge, über die Zusammenfügung verschiedener Körperteile.«

Männer sprechen untereinander und mit Frauen, die sie wahrscheinlich nicht kennen, so über den Sex. Sie haben in Restaurants oder Bars oder auf Partys sicher schon solche leisen Gespräche zwischen Männern aufgeschnappt: »Schau dir mal diese Titten an. Würd' ich jetzt gern dran saugen. Die Brustwarzen sind schon ganz hart. Na komm schon, red mit ihr. Die hat doch schon 'nen ganz feuchten Slip.« Sie rümpfen dann die Nase und gehen schnell weiter.

Oder noch schlimmer: Irgendwelche Männer machen Sie auf der Straße an. »Na, Baby, du siehst aber gut aus ... Baby, ich könnt' dafür sorgen, daß es dir auch gutgeht, ich könnt' dir's machen, wie dir's noch keiner besorgt hat, Baby. Hast du's gerne groß, Baby? Da hab' ich was für dich! Ja!« Und Sie eilen dann mit gesenktem oder in die Ferne gerichtetem Blick weiter. Sie fragen sich, wodurch Sie ihn zu solchen Äußerungen veranlaßt haben. Ist der Rock zu kurz? Die Absätze zu hoch? Ist Ihr Dekolleté zu tief? Sie nehmen die Sprache persönlich, aber das sollten Sie nicht. An dieser Anmache ist nichts Persönliches. Die Männersprache ist unpersönliches Sprechen. Männer schüren das Feuer einfach, um die Flamme am Lodern zu halten. Die eigentlichen Worte, die wie Holzkohle düster und kalt wirken, gelten nicht einer bestimmten Frau. Sie sollen nur das Feuer, sprich den Penis, am Glimmen halten. Vieles von dem, was Männer zu anderen Männern über die Frauen sagen oder unbekannten Frauen auf der Straße nachrufen, dient sozusagen nur der Aufrechterhaltung der »Penismoral«.

Warum können Frauen nicht verstehen, daß Männer sie auf der Straße nicht als Individuen betrachten?

»Als ich noch aufs College ging, habe ich im Sommer öfter beim Bau gearbeitet«, erzählt der dreiunddreißigjährige Jeff. »Manche von den Typen dort haben das ihr ganzes Leben lang gemacht. Andere waren Studenten oder Lehrer, die sich im Sommer ein bißchen was dazu verdienen wollten. Auf der Baustelle waren wir alle gleich. Höhlenmenschen. Ein paar Kerle, die schreckliche Angst vor den Frauen und der sexuellen Macht haben, die sie über uns ausüben. Ein paar verschreckte Kerle, die einfach in die Offensive gehen, um sich gegenseitig zu beeindrucken. Selbst wenn man nicht selber gepfiffen oder einer Frau was nachgerufen hat, hat man doch so getan, als ob man mitmacht. Keiner hätte das bei einer Frau gemacht, die er persönlich kennt.«

Männer geben nicht einmal sich selbst gegenüber gerne zu, daß sie sich manchmal über die Macht ärgern, die die Frauen über sie ausüben. Man hat ihnen beigebracht, daß sie ihre Gefühle im Zaum halten müssen; und ihre Leidenschaft, insbesondere die leidenschaftliche Liebe, läßt sich nicht so leicht im Zaum halten. Während wir mit dem Mythos vom Prinzen aufgewachsen sind, der uns eines Tages entführen wird, sind sie mit der Last des Wissens großgeworden, daß sie dieser Entführer sein werden. Wir können es uns erlauben, einfach

48

in Ohnmacht zu fallen, aber sie müssen stark bleiben, kühlen Kopf bewahren, um uns aufzufangen. Außerdem müssen sie auf ein Zeichen von uns warten, damit sie uns überhaupt auffangen – und berühren dürfen. Manchmal verbergen sich hinter ihrer lautstarken und höchst anschaulichen Prahlerei Ärger und Gefühle, vor denen sie sich fürchten. Und so wird die unbekannte Frau zur Verkörperung und zum Ziel ihres Zornes und ihrer Angst.

»Ich erinnere mich noch, als ich jung und ziemlich abgebrannt war«, schreibt ein fünfunddreißigjähriger Ingenieur. »Ich habe ein Jahr lang als Hilfsarbeiter gearbeitet, um mir das Geld zusammenzusparen, damit ich das College abschließen konnte. Ich weiß noch, wie zornig ich auf all die schönen Frauen war, die an mir vorbeigingen, ohne mich eines zweiten Blickes zu würdigen. Ich war verdreckt, und ich stank. Und was noch wichtiger war: ich konnte sie mir nicht leisten. Ich schäme mich jetzt dafür, aber damals habe ich sie manchmal ›Mösen‹ genannt, so laut, daß sie mich hören konnten. In dem Jahr habe ich eine ganze Menge über analen Sex phantasiert. Ich wollte ihn ihnen ganz reinrammen und sie dazu bringen, daß ihnen das gefällt. Junge Männer ohne Geld sind oft wütend auf schöne, sexy junge Frauen, die nur solchen Männern ihre Gunst gewähren, die sie sich leisten können.«

Die Neigung zu rauher, derber Sprache beschränkt sich jedoch nicht nur auf die Arbeiter. Auch Männer, die normalerweise einen höflichen Umgangston pflegen, verhalten sich ganz ähnlich. Doch gerade die Männer, die einer völlig fremden Frau auf der Straße sagen, wie sie es ihr gerne besorgen würden, reden mit ihren besten Freunden nur selten über den Sex mit ihrer Frau oder Freundin. Anders als Frauen vertrauen sie einander keine intimen Einzelheiten an. Viele von ihnen empfinden unsere eigene Bereitschaft dazu als peinlich oder abstoßend.

Warum verstehen Frauen nicht, daß der Sex eine private Sache ist?

»Manche Dinge gehen nur den Mann und die Frau selbst etwas an. Es stört mich, wenn Frauen über solche Dinge reden. Das erste Mädchen, in das ich mich an der High-School verliebt hatte, hat mehreren anderen Mädchen von unserem ersten Kuß erzählt. Und eines von den anderen Mädchen hat es dann wieder mir erzählt. Ich weiß noch ganz genau, wie peinlich mir das gewesen ist. Ich bin nie mehr mit dem Mädchen ausgegangen, obwohl ich sie so gerne berühren wollte, daß mir manchmal fast die Luft wegblieb. Sie hat mir einen Zettel geschrieben, um sich zu entschuldigen, und den habe ich dann im Mathekurs herumgehen lassen. Ich wollte es ihr heimzahlen. Ich erinnere mich noch ganz genau an das Gefühl. Es kommt ab und zu wieder, wenn ich höre, wie meine Frau am Telefon mit einer ihrer besten Freundinnen redet. Manchmal habe ich dann den Verdacht, daß es um Sex geht, unseren Sex«, schreibt ein vierzigjähriger Manager aus dem Mittleren Westen.

Männer fühlen sich nicht wohl dabei, wenn sie auf dieselbe persönliche und doch distanzierte Weise über den Sex reden sollen. Wir beschuldigen sie manchmal der Gefühllosigkeit, weil sie ihre Emotionen nicht so ausdrücken können wie wir. Aber sie haben diese Gefühle trotzdem. »Mein Gott, ob wir Gefühle haben ...«, schreibt ein Jurist, der gerade erst sein Studium abgeschlossen hat. »Manchmal komme ich mir bei Frauen vor wie ein Tauber, der versucht, sich bei den Hörenden verständlich zu machen. Der eine von uns spricht mit dem Mund, der andere mit den Händen, und wir verstehen einander nicht.«

Männer haben Probleme dabei, uns ihre sexuellen Gefühle zu übermitteln, doch bei männlichen Freunden ist es ihnen fast völlig unmöglich. Sie haben keinerlei Möglichkeit, Informationen auszutauschen und sich über Ängste oder Schuld zu unterhalten. Als junge Männer geben sie an und werfen sich in Pose. Als Erwachsene achten sie den Kode des Gentleman und bewahren Stillschweigen über die Frauen, die sie lieben. Die anderen, die, die sie nicht lieben, werden reduziert auf eine recht anschauliche Sammlung einzelner Körperteile.

»Frauen verstehen oft nicht, daß (ein Mangel an Ausdrucksmöglichkeiten) nichts mit ... einer Sturheit der Männer zu tun hat«, sagt Bernie Zilbergeld, ein bekannter Psychologe von Human Sexuality Program an der University of California in San Francisco in dem Buch *Male Sexuality* (dt.: *Männliche Sexualität. Was (nicht) alle schon immer über Männer wußten* ...). »Wir hatten und haben einfach noch immer nicht die Erlaubnis dazu, uns so auszudrücken, wie die meisten Frauen es tun. Uns war es nicht einmal gestattet, uns selbst all jene Emotionen einzugestehen, die als unmännlich gelten, was dazu geführt hat, daß wir nicht in der Lage sind, sie zu erkennen und zwischen ihnen zu unterscheiden ... Nach den Vorbildern, mit denen wir aufgewachsen sind, haben diese Gefühle den Beigeschmack des Weiblichen.«

Männer wachsen in dem Glauben auf, daß echte Männer nicht so über den Sex reden wie Frauen. Aber sie haben auch in jungen Jahren bereits gelernt, daß die Frauen, die ihnen wichtig sind, von ihnen wenigstens ein paar Worte erwarten. »Man sagt ihnen einfach, was sie hören wollen«, schreibt ein sechsundzwanzigjähriger Buchhalter. »Und was sie hören wollen, ist Liebesgeflüster, nicht Sex. Der Mann will Sex – und redet über die Liebe. Damit ist jeder zufrieden.«

*Männer stellen oft die folgende Frage über die Lüge in
der Liebe:*

**Wissen die Frauen denn nicht, daß sie die Männer
dazu zwingen, sie anzulügen?**

*»Was mich am Thema Frauen und Sex am meisten stört, ist die
Tatsache, daß sie die Sache nicht einfach so belassen können, wie
sie ist. Man verliebt sich eben nicht immer. Ich habe das Gefühl,
daß viele Frauen sich verlieben wollen, bevor sie sich einem Mann
wirklich öffnen. Das ist ein Teufelskreis. Wie soll ich mich verlieben, wenn man sich nicht öffnet? Und wie soll man sich öffnen,
ohne daß man miteinander schläft? Solange eine Frau für einen
Mann nichts empfindet, geht sie mit ihm auch nicht ins Bett. Also
lügt sie sich selbst an wegen ihrer Gefühle. Ich liebe dich, Baby.
Ich ruf' dich an, Schatz. Ja, ja!«* schreibt ein New Yorker Computeranalytiker.

Männer sind Frauen gegenüber genausowenig ehrlich wie umgekehrt. Wir lügen sie manchmal an und behaupten, wir wollen Sex, wenn wir uns eigentlich nur Liebe oder materielle
Sicherheit wünschen, und sie lügen uns manchmal genauso
an, wenn sie behaupten, sie lieben uns oder wollen uns wiedersehen, wenn sie eigentlich nur auf ihre sexuelle Befriedigung
aus sind oder waren. Eine erstaunlich große Anzahl von Männern hat keinerlei Skrupel, uns die folgenden drei Grundlügen
zu erzählen, wenn wir sie hören »wollen«: Ich ruf' dich an.
Ich liebe dich. Du bist die einzige für mich. Vielleicht glauben
die Männer, daß diese Lügen besser klingen als der Text, der
eigentlich in ihrem Kopf abläuft: *Ich würde dir gern meinen
Schwanz reinstecken ...*
Die Redakteurin einer Frauenzeitschrift sagte mir neulich:
»Jede Nummer mit einer Titelgeschichte, die verspricht, end-

lich das Rätsel zu lösen, warum er nicht anruft, obwohl er es doch versprochen hat, verkauft sich gut. Die Frauen zerbrechen sich immer wieder den Kopf über diese Frage, besonders, wenn sie mit ihm ins Bett gegangen sind und er *danach* nicht angerufen hat.«

»Was sollen wir denn zu einer Frau sagen, mit der wir gerade geschlafen haben?« fragt ein Zahnarzt aus dem Süden. »›Laß uns zum Essen gehen? Wir wollen uns bald wieder treffen, ja?‹ Manchmal schläft man mit einer Frau, weil man ihr weisgemacht hat, daß man sich stärker für sie interessiert, als man das eigentlich tut. Und selbst wußte man vielleicht gar nicht, wie groß das Interesse sein würde, bis man mit ihr geschlafen hat. Möglicherweise war die Sache gar nicht so toll, aber beide lassen sich doch darauf ein. Man ruft sie dann wahrscheinlich nicht mehr an, weil man sich nicht sonderlich zu ihr hingezogen fühlt.

Frauen sehen darin gerne eine Eroberung und verurteilen die Männer für ihren Eroberungswillen – oder sie machen sich selbst Vorwürfe, weil sie sich zu schnell haben ›rumkriegen‹ lassen. Sie denken: ›Wenn ich bloß bis zur dritten Verabredung gewartet hätte, wie es im GLAMOUR-Magazin immer heißt, hätte er sich sicher in mich verliebt.‹ Nicht unbedingt. Drei Verabredungen oder fünf oder auch sechs sind noch keine Garantie, daß alles gut läuft. Frauen interpretieren zuviel in die ganze Angelegenheit hinein. Es geht erst einmal nur um den reinen Sex. Keine Frau hört das gerne, besonders heute, wo man doch von uns allen soviel mehr Einfühlungsvermögen erwartet als früher. Also lügt man und sagt: ›Ich ruf' dich an.‹«

Manche Männer gehen sogar soweit zu sagen: »Ich liebe dich« oder »Ich glaube, ich hab' mich in dich verliebt«, um eine Frau ins Bett zu bekommen. Vielleicht machen sie sich deshalb Vorwürfe. Dann verschwinden sie wieder, weil ihnen die Sache peinlich ist. Sie denken, daß sie ihnen jedes Wort geglaubt hat und jetzt eine ernsthafte Beziehung mit ihnen erwartet.

»Ich versuche, nur beim ›Ich will dich‹ zu bleiben«, erklärt ein vierunddreißigjähriger Anwalt aus Tulsa. »Das ist wenigstens ehrlich. Nein, ich nehme zurück, was ich gerade gesagt habe. Manchmal ist nicht einmal das ehrlich. Männern fordern ab und an Sex, wenn sie eigentlich nur die körperliche Nähe wollen. Aber dann klingt man ja wie ein Kätzchen, das gestreichelt werden will.«

Zilbergeld erklärt in *Male Sexuality*: »Wir neigen dazu, alle positiven Gefühle, die wir einem anderen Menschen entgegenbringen, als sexuell zu bezeichnen. Wir alle – Männer, Frauen, Kinder – brauchen Unterstützung, Bestätigung, körperliche Zuneigung, Zärtlichkeit und das Wissen, daß wir geliebt und gebraucht werden. Manchmal werden diese Bedürfnisse am besten durch sexuelle Aktivitäten befriedigt, oft dagegen auf andere Art. Aber da Männer nie gelernt haben, zwischen diesen Bedürfnissen zu unterscheiden, und da ihnen diese Bedürfnisse selbst suspekt sind – ist es wirklich in Ordnung, wenn ich nur will, daß sie mich im Arm hält, mit mir kuschelt oder mir sagt, daß sie mich mag? –, nehmen sie immer, wenn eines davon sich meldet, an, daß sie auf Sex aus sind. Durch den Sex lassen sich auch andere Bedürfnisse befriedigen, ohne daß dabei Zweifel an der Männlichkeit aufkommen müßten.«

Männer deuten alle Bedürfnisse nach körperlicher Nähe als sexuell. Der Sex ist gleichbedeutend mit dem allzeit bereiten erigierten Penis. Der Mann kann seine Bedürfnisse nur dann befriedigen, wenn dieser Penis tatsächlich bereit ist. Alles, was der Mann einer Frau sagen muß, um ihre sexuelle Gunst zu gewinnen, rechtfertigt sich durch die Ansprüche eben dieses Penis.

»Man sagt einer Frau einfach nicht, daß sie nicht die einzige ist«, schreibt ein Vertreter aus dem Nordosten der Staaten. »Sie vertraut einem nicht, wenn sie das Gefühl hat, mit der oder den anderen Frauen im Leben eines Mannes verglichen zu werden. Die Lüge läßt sich rechtfertigen, weil er sich dann wohler fühlt. Dadurch hat sie mehr Spaß am Sex. Der Mann will, daß Sex ihr genausoviel Spaß macht wie ihm, also läßt er sich auf ihre Bedingungen ein. Und glauben Sie mir: ihre Bedingungen sind weit komplexer als nur die Suche nach ihrer Klitoris.«

Wie man das, was er über den Sex sagt, übersetzt:

∗ Vertrauen Sie eher darauf, was er tut – wenn er Sie zum Beispiel anruft, um sich wieder mit Ihnen zu verabreden –, als auf das, was er sagt – zum Beispiel: »Ich ruf' dich an.« (Ihre Mutter hatte da schon recht: Taten sprechen lauter als Worte.)

∗ Fordern Sie keine Liebesschwüre oder Versprechen, wieder anzurufen. Sie bekommen sie schon – das heißt, die Versprechen. Ein Mann, der sich in die Enge getrieben fühlt, lügt und hat kein schlechtes Gewissen dabei.

∗ Vergessen Sie nicht: Er ist sich auch nicht sicher, was Sie eigentlich sagen.

Kapitel 3: **Die neutrale Sprache –
die Sprache der Autorität**

»*Unmittelbar vor und während des ersten Stadiums der Ejakulation (Kontraktionen der akzessorischen Geschlechtsorgane) entwickelt sich beim Mann ein Gefühl der Unvermeidbarkeit der Ejakulation … Dieses subjektive Erleben der Unvermeidbarkeit entwickelt sich, wenn sich der Samen vor dem Beginn der eigentlichen Austreibung in der* Pars prostatica urethrae *ansammelt. Die zwei- bis dreifache Ausdehnung des* Bulbus corporis cavernosi urethrae, *die sich am Ende der Plateauphase einstellt, kann auch propriozeptiv zur Empfindung der Unvermeidbarkeit beitragen.*

Während des zweiten Stadiums der Ejakulation (Austreibung des Samens vor der Pars prostatica urethrae *bis zum* Orificium urethrae externum) *erlebt der Mann subjektiv zwei Phasen: 1. Eine Empfindung der Kontraktionen wird durch die regelmäßig sich wiederholenden Kontraktionen des* Sphincter urethrae *bedingt. 2. Eine spezifische Wahrnehmung des Samens erfolgt, wenn dieser aus der verlängerten und erweiterten* Pars cavernosa urethrae *unter Druck herausgepreßt wird.*« – Masters und Johnson über den männlichen Orgasmus in *Die sexuelle Reaktion.*

»*Sie hat mich ganz wahnsinnig gemacht mit ihrem Lecken und Beißen und Saugen. In meinen Eiern hat es schon ganz heiß gebrodelt. Ich hab's nicht mehr länger ausgehalten, also hab' ich voll in ihren Mund abgespritzt.*« – Aus dem Brief eines FORUM-Lesers über einen seiner Orgasmen.

Die erste Passage könnte gut und gerne auf der Rückseite einer Kirchenschrift abgedruckt sein, ohne allzuviel Argwohn zu erregen, denn nur die beharrlichsten Leser würden sie überhaupt mit voller Aufmerksamkeit bis zum Ende lesen. Masters und Johnson sind wahrscheinlich die schlechtesten Bestsellerautoren der Welt. Die Tatsache, daß niemand sich an ihren Ausführungen aufgeilen konnte, hat der Sextherapie zu mehr Ansehen verholfen als dem Sex selbst. Die Wissenschaftler, die in die Fußstapfen des berühmten Paares getreten sind, schreiben zugänglicher, aber sie bedienen sich noch immer der neutralen Sprache, einer Sprache, die der Frauensprache ähnlicher ist als der der Männer. Sie beschäftigt sich mit Gefühlen, auch wenn sie sie nicht vermittelt.

Im Jahre 1978 interviewte ich Masters und Johnson für einen Artikel über die Sextherapie im St.-Louis-Magazin an ihrem Institut in St. Louis. Sie sagten mir, in den frühen Tagen der Therapie sei das vorrangige Problem der vorzeitige Samenerguß gewesen. Inzwischen seien an die Stelle des vorzeitigen Samenergusses und anderer »Fehlfunktionen«, die, wie sie erklärten, durch »mangelnde Information« hervorgerufen würden und »durch einfache physische Techniken ganz leicht zu beheben« seien, ein Mangel an Begierde bei einem oder beiden Partnern getreten. Heute, mehr als ein Jahrzehnt später, stellt dieser Mangel an Begierde noch immer das Problem Nummer eins dar.

Obwohl Masters und Johnson gleichberechtigt zusammenarbeiten, waren ihre Erkenntnisse aber – zumindest ein paar Jahre lang hauptsächlich auf die Tätigkeit von Masters zurückzuführen. Virginia Johnson erwarb ihren Doktortitel erst Jahre nach ihrem Partner. Nachdem ich sie kennengelernt hatte, konnte ich jedoch nicht mehr an ihrem umfangreichen Wissen und ihrem Einfluß auf Masters zweifeln. Ihre berufliche Gleichstellung war eine feministische Stellungnahme, die

die Richtung für alle künftigen Therapien angab, und diese Richtung war von der weiblichen Ausdrucksweise geprägt. Sie versuchten, einen Ausgleich zu schaffen für den Vorwurf der Frigidität, der sich einzig und allein darauf gründete, daß die Frauen bis dahin offiziell noch nichts von der Klitoris wissen durften.

Fast alle früheren Sextherapeuten wurden am Masters and Johnson Institute ausgebildet. Nachdem diese Therapeuten – unter ihnen Lonnie Barbach, Eve Margolies und andere – allgemein anerkannt waren, schrieben sie ebenfalls Bücher, die sich vorrangig mit dem bis dahin vernachlässigten weiblichen Orgasmus und seinen nahezu unbegrenzten Möglichkeiten beschäftigten. Sie verwendeten die neutrale Sprache und brachten Erklärungen und Erläuterungen zu Papier, die den Frauen eine ganz neue Welt der Erotik eröffneten.

Diese Sprache der Autorität wurde sehr schnell zu der Stimme, auf die wir hören, wenn es um den Sex geht. Die Gründe liegen auf der Hand.

Die neutrale Sprache im Kampf zwischen den Geschlechtern

Erstens bedienen sich Mann und Frau nicht der gleichen Sprache, wenn es um den Sex geht. Die neutrale Sprache ist für beide Geschlechter offen und läßt sich verwenden, ohne daß dabei irgend jemand erregt oder verlegen werden würde. Als Mittel zur Diskussion von sexuellen Problemen oder zur Vermittlung neuer Informationen ist sie allen anderen Ausdrucksweisen überlegen. Im Bett jedoch ist diese Sprache ein wenig zu ernsthaft und zu wissenschaftlich.

»Für eine Frau ist es einfacher, über ›klitorale Stimulation‹ zu sprechen, als dem Mann zu sagen, wie er sie anfassen soll und wie schön es ist, wenn er es tut«, schreibt ein Büroangestellter aus Chicago. »Aber mir ist es lieber, wenn sie unanständige Wörter sagt. Sobald ich höre, wie eine Frau ›klitorale Stimulation‹ sagt, habe ich das Gefühl, daß sie mir einen Vortrag hält.«

Zweitens läßt die neutrale Stimme unsere Ängste bewältigbarer erscheinen. Wir akzeptieren, daß Frauen die Männer fürchten, weil sie – tatsächlich oder angeblich – körperliche, politische oder finanzielle Macht über sie haben. Wir Frauen akzeptieren jedoch nicht, daß die Männer auch Angst vor uns haben. Nach Ansicht von Zilbergeld ist »die weibliche Sexualität für den Mann ein besonders schwieriges Gebiet gewesen, denn er hat vergeblich versucht, an viele exotische und widersprüchliche Ideen darüber zu glauben, wie die Frau zum Sex steht ... Unkenntnis erzeugt Zweifel und Ängste, und zu diesen Gefühlen gesellen sich andere – Neid und Zorn.«

Die Stimme der Autorität vermittelt Wissen, das dazu beiträgt, daß die Ängste aller unterdrückt werden, auch wenn männlicher Neid und Zorn sich dadurch vielleicht bewußt verstärken. »Meine Freundin glaubt alles, was sie über Männer und Sex liest, solange nur der Tonfall respekteinflößend genug ist, besonders, wenn der Artikel von einer Frau stammt«, schreibt ein Jungakademiker. »Ich habe ihr den Brief eines Mannes an PENTHOUSE vorgelesen, der meiner Ansicht nach genau meine eigenen erotischen Erfahrungen beschrieb, wenn mir einer geblasen wird. Sie hat gesagt, richtige Männer denken nicht so, nur die Perversen, die Briefe an Sexmagazine schreiben.«

Drittens macht die neutrale Sprache den Sex gesellschaftlich akzeptabler, zum Beispiel als Thema für Bücher, Artikel oder Talk-Shows. (Fördert die Tatsache, daß Frauen das hauptsächliche Zielpublikum dieser Medien darstellen, die weibliche Ausrichtung der Sprache oder lediglich ihre schnelle Verbreitung?) Vor Masters und Johnson unterhielten sich die Frauen in ihrer eigenen Geheimsprache über sexuelle Dinge: »da unten«, »meine Tage«, »in guter Hoffnung«, sein »Ding«. Das Wort »Schwangerschaft« war im Fernsehen noch nicht einmal in den fünfziger Jahren möglich, als Lucille Ball den kleinen Ricky erwartete.

Außerdem verleiht die neutrale Sprache den Gefühlen eine akzeptable Stimme. Sie ermöglicht es dem redegewandten Mann, über seine sexuellen Gefühle mit einem gewissen Gleichmut zu sprechen. Die neue Sprache hat die Gefühle der Frau von der Ebene des Schundromans auf die der psychologischen Literatur gehoben. Und sie gab den Frauen, die sich auf dem Gebiet der Gefühle ohnehin wohler fühlen als die Männer, ein Kommunikationsmittel an die Hand.

Wie man die Lautstärke der Expertenstimme erhöht

»Der G-Punkt war der letzte Strohhalm für mich. Wissen Sie, mir ist es wirklich wichtig, daß es der Frau Spaß macht. Ich verstehe nicht, warum die Stelle, wo sie ihren Orgasmus hat, sich alle paar Jahre ändern muß wie die Länge ihres Rockes«, schreibt ein siebenunddreißigjähriger Vertreter.

Die neue Sprache des Sex führte zu einer wahren Flut an Informationen und zu einigen Veränderungen in unserem kollektiven Denken über das Thema. Zum Beispiel betrachten heute nur noch wenige Leute den gleichzeitigen Orgasmus als *die* erotische Erfahrung; nur wenige glauben überhaupt noch daran. Die meisten Männer wissen, daß die meisten Frauen irgendeine Form der klitoralen Stimulation benötigen, um zum Orgasmus zu kommen. Nur eine Minderheit der Frauen kommt allein durch den Geschlechtsverkehr zum Orgasmus. Dem Mann gefällt es unter Umständen nicht, daß seine Frau nicht zu dieser Minderheit gehört. Manche Männer reden sich vielleicht ein, daß ihre Frau allein durch den Geschlechtsverkehr zum Orgasmus kommt, aber die meisten von ihnen akzeptieren die Tatsache, daß noch eine zusätzliche Form der Stimulation nötig ist. Mann und Frau betrachten den Orgasmus heute als Ziel, zu dem man sich getrennt, aber gleichberechtigt, aufmacht. Zuerst kommt sie und dann er.

»Ein Gentleman tut sein möglichstes, damit seine Partnerin wirklich zum Orgasmus kommt«, schreibt ein Mann aus Cleveland, der für viele andere spricht. »Das ist das Schwierigste am Sex, besonders mit einer neuen Partnerin. Der Mann will sich nicht so sehr auf die Sache einlassen, daß er dabei ihr gegenüber seine Manieren vergißt.«

Die Stimme der Autorität ist hier ganz offensichtlich vernommen worden. Unglücklicherweise haben wir unseren Preis dafür zahlen müssen. In *Re-making Love* schreiben Ehrenreich, Hess und Jacobs: »Die Experten rissen sich fast ein Bein aus, um Methoden zu entwickeln, wie Männer sich zurückhalten oder Frauen ein bißchen schneller werden können ... Sex ähnelte immer mehr dem Joggen: Es war besser, wenn man sich beim Sex nach seiner eigenen Geschwindigkeit richtete ... In *How to Make Love to a Man* (dt.: *So macht man Liebe mit einem Mann*) von Alexandra Penney kam stärker als in jedem anderen Handbuch zum Ausdruck, wie sehr sich die heterosexuellen Partner körperlich entfremdeten. Es fiel Männern und Frauen so schwer, sich gleichzeitig zu befriedigen, daß Penney ihnen den Rat gab, sich abzuwechseln, und zwar nicht am selben Abend, sondern an unterschiedlichen Tagen. Die Frau sollte dem Mann an einem Abend geben, was immer er sich wünschte, und er sollte sich dann an einem anderen revanchieren ... Das war Sextheater, und die Regieanweisungen ließen so wenig Spielraum, daß kaum noch eine Möglichkeit zu spontanen heterosexuellen Regungen bestanden.«

Es war sogar noch weniger Spielraum für die männliche Stimme des Sex, die als vulgär, derb, grob und technisch unpräzise galt. Frauen wollten letztlich nicht hören, wie der Mann seinen eigenen Orgasmus beschrieb, und seine Phantasien in allen plastischen Einzelheiten teilen. Und noch schlimmer: sie wollten auch gar nicht die Wahrheit darüber erfahren, was die Männer wirklich anmacht.

Zensur der Männersprache

»Ich hab's so satt, wenn Frauen mir Vorträge darüber halten, wie schlimm Pornos sind«, schreibt ein einundvierzigjähriger Fernsehproduzent. *»Ja, ich mag die Nacktfotos in* PLAYBOY *und* PENT-HOUSE. Ja, ich lese auch die Briefe gern. Gewalt macht mich nicht an, egal, ob sie nun gegen Frauen oder gegen Männer oder gegen Ratten im Labor gerichtet ist. Warum hat ein Nacktfoto für manche Frauen immer gleich mit sadomasochistischen Spielchen zu tun? Das ist nicht das gleiche. Ich hätte nie gedacht, daß ich in dem Alter meine Heftchen immer noch unter dem Bett verstecken muß.«

Unser Mißtrauen gegenüber allen Aussagen, außer der neutralen Stimme des Experten, erklärt nur zum Teil, warum die Männersprache als die minderwertigste der drei Sprachebenen gilt. Ihr anschaulicher, zupackender Wortschatz entspricht den schmutzigen Bildern auf der verbalen Ebene, er ist sozusagen vertonte Pornographie, die männliche Sprache, wie sie am lautesten und eindringlichsten klingt. Nach einer kurzen Zeit, in der die Pornographie einen so hohen gesellschaftlichen Stellenwert besaß, daß die Klatschspalten sogar über Jackie Onassis berichteten, die sich den Film *Deep Throat* ansah, zogen rechte Politiker, religiöse Führer und Feministinnen im Namen Gottes und der Frauenrechte mit vereinten Kräften dagegen ins Feld.

Die negativen männlichen Stereotypen nahmen überhand. In einem Leitartikel des Ms-Magazins schrieb Gloria Steinam nach ihren Ausführungen über die Kinderpornographie: »Doch wie sehr unterscheiden sich jene besessenen, machthungrigen Käufer von Kinderpornographie von den vielen ›normalen‹ Männern, die überzeugt sind von der Notwendigkeit und dem Freibrief, auf sexuellem Gebiet Gewalt anzuwenden?« Ähnliche Äußerungen, daß »alle Männer Vergewaltiger sind«, waren immer wieder in Ms und anderen Blättern zu lesen, die ein breiteres Publikum ansprachen.

Wenn Frauen keine pornographischen Darstellungen brauchen, um erregt zu werden, so argumentierten die Feministinnen, warum brauchen Männer sie dann? Die Antipornographiebewegung schert alles, von PENTHOUSE über Kinderpornographie bis zu Hardcorefilmen, über einen Kamm. Diese Haltung, sozusagen eine politisierte Version der »Squeeze«-Technik fürs Gehirn statt für den Penis, ist noch wesentlich stärker als jede Sextherapie darauf aus, die männliche Sexualität unter akzeptableren, *weiblicheren* Bedingungen neu zu gestalten. Sie weigern sich einfach, die unterschiedliche sexuelle Biologie des Mannes hinzunehmen.

Der Pornographie wird alles mögliche zur Last gelegt, von der Förderung eines gesellschaftlichen Klimas, in dem sexuelle Belästigung oder Gewalt gegen Frauen als positiv gilt oder zumindest toleriert wird, bis zu einer Anstachelung des Mannes zur Vergewaltigung. Während die Pornographie das offene Ziel ist, ist das eigentliche Objekt des Angriffs die männliche Sexualität an sich. Die nackten Männer oder die Striptänzer in den Nachtlokalen sind akzeptabel und unterhaltsam, weil sie Unterhaltung für die Frauen sind. Wenn wir Gefallen an nackten Männern finden, sind wir sexuell befreit; wenn die Männer Gefallen an nackten Frauen finden, sind sie sexistische Schweine.

»Die männliche Lust gilt heute wieder als Sünde«, schreibt Alan Bloom in *The Closing of the American Mind*, »weil sie im ›Sexismus‹ kulminiert. Die Frauen, so heißt es, werden zu Objekten degradiert, sie werden von ihren Männern genauso vergewaltigt wie von völlig Fremden, sie werden von Lehrern in der Schule und von Vorgesetzten am Arbeitsplatz belästigt. Gegen all diese Übergriffe müssen Gesetze und Strafen gefunden werden. Welcher sensible Mann kann sich heute noch davor drücken zu erkennen, wie gefährlich seine Lust ist?«

Die Feministinnen sind eigentlich gegen die Pornographie, schreibt er, weil »sie noch an die alte Liebesbeziehung erinnert, in der es differenzierte sexuelle Rollen gab – Rollen, die heute als erzwungene Unterwerfung und Dominanz gedeutet werden. Die Pornographie befriedigt und fördert die Sehnsucht, die die Männer nach den Frauen haben. Dagegen sind die feministischen Pornographiegegnerinnen eigentlich eingestellt, nicht gegen die Erniedrigung des Gefühls oder die Bedrohung der Familie. Deshalb schließen sie auch die homosexuelle Pornographie aus ihrer Zensur aus, denn sie ist laut Definition keine Bestärkung der Herrschaft des Mannes über die Frau und hilft sogar, sie zu unterminieren.«

Wer kann es dem Mann schon verdenken, daß er sich angegriffen fühlt, wenn seine Sexualität als vulgär gilt, wo doch seine Partnerin den Finger genau auf sein Versagen legen und ihm in schönster Therapiesprache ein Heilmittel dafür vorschlagen kann und dazu noch eine ganze Liste von Bestsellern, von denen sich mindestens einer mit der Frage beschäftigt, was emotional mit ihm nicht stimmt? Seine Stimme wird heute von der Frauensprache und der neutralen Sprache, also der Stimme der Autorität, übertönt.

In »Stop Blaming Men for Everything!«, einem Artikel in der

Ausgabe vom August 1989 der Zeitschrift MADEMOISELLE, schrieb Alex Heard etwas, was mir wie ein Warnschuß vorkam: »Viele Männer sind tatsächlich schlecht, aber wir sind nicht alle testosterongeschädigte Laboraffen, die man erst wieder völlig neu schulen muß, bevor wir durch Elektroschocks zum Traualtar getrieben werden können.«

Vorschläge, wie man am besten mit Sexbüchern und Artikeln von Experten umgeht:

* Zitieren Sie Ihrem Partner gegenüber nicht daraus, besonders nicht unmittelbar vor, während des oder nach dem Sex.

* Schlagen Sie ihm nicht vor, daß er Ihre »Sexführer« lesen soll, weil er daraus etwas lernen könnte.

* Bewahren Sie sie nicht im Schlafzimmer auf.

* Kaufen Sie Bücher und lesen Sie Artikel, die Ihnen sagen, wie Sie selbst den Sex schöner gestalten und Ihre eigene oder seine Sexualität besser akzeptieren können.

TEIL ZWEI

Die Verführung: Wer schläft mit wem und wann?

Das Geheimnis des sexuellen Verlangens

»Eigentlich ist das sexuelle Verlangen ein menschliches Rätsel, das noch nie zufriedenstellend definiert worden ist.« – F. Gonzalez-Crussi, *On the Nature of Things Erotic*

Bis in unsere Tage hatte der Mann die Rolle des Verführers zu spielen, und wenn sie glückte, steckte sie voll moralischer Gefahren für beide Beteiligten. Die Tatsache, daß so viel vom Ergebnis abhing, verlieh dem Werben eine Spannung, die im heutigen Amerika nach der sexuellen Revolution, wo die Verführung unmittelbar in die Anfänge einer *Beziehung* führen muß, ihresgleichen sucht. Was ist das doch für ein solides, ernstes, verantwortungsvolles und langweiliges Wort geworden! Sehen Sie sich doch nur mal an, was Lancelot und Ginevra mit Camelot gemacht haben. Können Sie sich vorstellen, daß eine *Beziehung* einen solchen Aufruhr in der Welt verursacht? Heutzutage würde ihr Verhältnis toleriert, bis sie von selbst ihr Ende findet – vorausgesetzt natürlich, daß alle Hauptdarsteller einmal ihren großen Auftritt gehabt haben.

In unseren Tagen wird die Verführung allgemein als das erste Mal betrachtet, wo Mann und Frau miteinander schlafen, oder, nach weniger verbreiteter Ansicht, als all die Male, wo einer der Partner den weniger bereiten dazu bringt, mit ihm zu schlafen, insbesondere, um eine nachlassende sexuelle Beziehung wieder zum Leben zu erwecken. Die Frau verführt oft den

Mann oder läßt sich auch von ihm verführen, weil sie das Gefühl hat, daß die Beziehung vorangetrieben werden muß. Frauen machen sich noch immer Gedanken darüber, wann sie das erste Mal mit ihm schlafen sollen, weil sie glauben, daß das eine wesentliche Rolle dabei spielt, ob der Mann sich dann an sie bindet oder nicht. Und sie machen sich auch Gedanken darüber, ob sie selbst die Verführerin spielen sollen. Offenbar wird von ihnen erwartet, daß sie in dieser Hinsicht Vorsicht walten lassen. Obwohl etwa achtzig Prozent der Männer sich in meiner Umfrage über die Passivität der Frauen im Bett beklagten, beschrieben sie auch die sexuell aggressive Frau, die den ersten Schritt macht.

Die sexuelle Revolution hat uns den Mythos des Mannes beschert, der allzeit bereit ist, und den der Frau, die immer willig ist – was letztlich keinerlei Erklärungsmöglichkeit für mangelnde Lust ließ. *Sie ist nicht attraktiv. Er ist kein richtiger Mann.* Da die Frau beides nicht als Entschuldigung akzeptieren will, stürzt sie sich auf alle verfügbaren Ratschläge über verführerische Kleidung und plant sexuelle Zwischenspiele mit ihrem Partner. Wenn diese fehlschlagen, legt sie es ihm zur Last, und/oder er sieht sich anderweitig um.

Auf dem Höhepunkt jener Revolution waren wir schließlich an den Nervenkitzel der Talk-Shows gewöhnt, die uns Geschichten verbotener Liebe zeigten zwischen Frauen und ihren Schwiegervätern, Männern und den Babysittern ihrer Kinder, Männern in Frauenkleidung und ihren stinknormalen Ehefrauen und sogar – früher wäre so etwas nicht möglich gewesen – lesbische Nonnen. Es gab keine leidenschaftliche, vorzugsweise monogame Verbindung mehr, die Phil oder Oprah nicht schon erkundet hätten. Nichts war zu abwegig, und alle Formen der Verführung waren grundsätzlich möglich.

Aber nun hatten wir es mit einer neuen Fehlfunktion zu tun, der mangelnden Lust, die manchmal der Frauenbewegung zur

Last gelegt und am besten durch das Yuppie-Paar illustriert wurde, das ständig darüber klagte, keine Zeit zu haben – denn die wurde ja gänzlich dem Verdienen, Zählen und Ausgeben von Geld gewidmet. Erotisierten sie die Gier, weil das Geld inzwischen schwerer zu bekommen war als der Sex und deshalb als romantischer galt? Während die Lust etwas Flüchtiges bleibt, läßt sich die Verführung – so glauben wir wenigstens – erklären, planen und ausführen, wenn nötig, mit Hilfe einiger grundlegender Schritte. Wenn man das Richtige tut, kann man den Sex ganz leicht herbeiführen.

Die Frau glaubt, daß die erfolgreiche Verführung von ihr abhängt, weil der Mann ja *immer* zum Sex bereit ist, egal, ob er wirklich Interesse hat oder nicht. Oder, wie Barry McCarthy in *Male Sexual Awareness* schreibt: »Starke sexuelle Begierde gilt als natürliches Charakteristikum der männlichen Sexualität und als Maßstab der Männlichkeit.« Wenn diese Begierde nachläßt, muß es einen Schuldigen für die Trägheit des Penis geben. »Die meisten Männer schreiben ihren Mangel an Lust äußeren Faktoren zu (ihrer Arbeit, dem Gewicht ihrer Partnerin, ihrem eigenen Mangel an Zeit, der sexuellen Routine usw.) und glauben, daß sie eine ›magische Pille‹ oder irgendeinen äußeren Faktor (zum Beispiel den Sex-Appeal einer Sechsundzwanzigjährigen) brauchen, um ihre Lust wiederzufinden. Es scheint fast so, als wäre die Begierde nicht ein Teil der Person des Mannes, sondern als unterliege sie äußeren Einflüssen oder dem kulturell vorgegebenen Klischee der Männlichkeit.«

»Die Begierde ist eine wunderbare, glückselige Erfahrung«, sagt mein Freund Jeff, der gerade im Alter von zweiundvierzig die Frau, mit der er zwanzig Jahre lang verheiratet gewesen ist, wegen einer anderen Frau verlassen hat. Er, der früher ein Meister der Doppelzüngigkeit war, läßt sich jetzt lang und breit über das aus, was er sich von einer Frau wünscht, jetzt, wo er sich so sehr nach ihr verzehrt. (Seine Ergüsse erzeugen in mir meist Abneigung, obwohl ich zugegebenermaßen neidisch bin auf sein blindes Glück, selbst wenn es nur vorübergehender Natur ist, was ich ja weiß.) »Es gibt keine geplante Verführung, keine Machtkämpfe«, erklärt er mir, »wenn die Zeit reif dafür ist, daß zwei Menschen zueinander finden.«

Trotz Jeff und seiner Entdeckung des gefühlvollen Sex setzen die Männer die Begierde noch immer mit der Lust gleich – mit dem körperlichen und manchmal auch emotionalen Bedürfnis, in die Frau hineinzukommen, die sie begehren. Vielleicht verstehen sie nicht, warum, aber jedenfalls wissen sie, daß sie sie für eine kurze, aber intensive Zeit körperlich besitzen wollen. Wenn sie in ihr sind, hoffen sie, sich selbst zu verlieren, akzeptiert zu werden und Wertschätzung zu finden – und das alles gleichzeitig. Die Wahrheit ist für die Frau vielleicht zu erschreckend und überwältigend, als daß sie sich diese anders als rein mechanisch oder sentimental eingestehen könnte.

Das Gefühl ist flüchtig, und wir haben keinerlei Garantie, daß es genauso lange hält wie die Beziehung. Manche Kulturen nehmen diese Tatsache mit Gleichmut hin. Ein Franzose erklärte mir neulich zum Beispiel kichernd: »Ihr Amerikaner seid ja so naiv – ihr seid schockiert, wenn die Menschen älter werden und sterben, und noch schockierter, wenn mit der Begierde das gleiche passiert. Ihr glaubt, ihr habt ein Anrecht auf die Wiedergeburt der Lust und nehmt sie nicht als Gottesgeschenk hin, wenn sie sich einstellt.«

Kapitel 4: **Das Spielfeld des Sex**

»Sie hat mich mit zu sich genommen; und ich habe gewußt, daß sie mich verführen würde. Ich hatte beim Abendessen ihre sexy Unterwäsche zwischen den Knöpfen ihrer nüchternen Geschäftsbluse hervorlugen sehen. Sie hatte die richtigen Signale ausgesandt, und ich hatte sie erwidert. In ihrer Wohnung hatte sie mit dem Dimmer für gedämpftes Licht gesorgt. Alles war weich und mit feingemusterten Kissen ausgelegt, geschmackvoll weiblich. Sie hatte Pflanzen, gesunde Pflanzen, das ist immer ein gutes Zeichen bei einer Frau. Sie hatte ihre Schuhe ausgezogen, ist aus der Jacke geschlüpft und hat mir gesagt, ich soll mich setzen, während sie den Wein einschenkt. Ich habe mich aufs Sofa gesetzt und eine Zeitschrift in die Hand genommen. Auf dem Umschlag war Roseanne Barr, diese Männerhasserin. Ich habe mich gefragt, ob es wohl etwas zu sagen hatte, daß sie mir hier, im Wohnzimmer dieser sexy Frau, vom Beistelltisch entgegengrinste?« – ein Zeitungsredakteur aus Chicago.

Die Geschichte dieses Mannes illustriert zwei altbekannte Weisheiten über weibliche Verführungsstrategien: Sie sind genauso offensichtlich wie die Spitzenunterwäsche, die unter der gestärkten weißen Bluse hervorschaut; und selbst der ausgeklügeltste Plan kann durch äußere Einflüsse unterlaufen werden. Offensichtlichkeit ist nicht unbedingt etwas Schlechtes. (Der Zeitungsredakteur aus Chicago freute sich und fühlte sich geschmeichelt über die kleinen Dinge, die sie als verführerisch erachtete.) Doch die Außenwelt mischt sich, sei es nun in guter oder in schlechter Absicht, ein. (Zum Glück, so be-

73

richtet er, gelang es ihm, Roseanne, die für ihn den Zorn der Frauen auf die Männer symbolisiert, mit dem Gesicht nach unten auf den Boden zu legen und unters Sofa zu schieben.) Manchmal stürzen sich Männer wie Frauen auf die kleinsten Störfaktoren, um sich zu drücken. (»Dann hab' ich gemerkt, daß sie ...« raucht, Kaugummi kaut, schlechte Zähne, breite Hüften, dünne Beine, einen Leberfleck auf der linken Brustwarze hat und so weiter und so weiter.)

Der perfekte Hintergrund für den Sex existiert, genau wie der perfekte Körper und der perfekte Sex, nur im Film. Die meisten Männer sagen, sie haben es am liebsten zu Hause, bei schummrigem Licht, aber bitte keine Kerzen neben dem Bett. Machen Sie ihn lieber nicht im Büro an. Beschränken Sie sich in der Öffentlichkeit am besten auf einen leichten Flirt.

Der ideale Zeitpunkt für die Verführung ist eine Erfindung der Autoren von Eheberatungsbüchern, aber die meisten Männer ergreifen beim ersten Mal, aber nicht bei der ersten Verabredung, am liebsten selbst die Initiative. Doch auch wenn Sie gleich am ersten Abend mit ihm schlafen, kann sich dadurch noch eine Beziehung entwickeln, vorausgesetzt natürlich, daß diese Möglichkeit von Anfang an bestanden hat. Frauen neigen nicht dazu zu denken, er hätte sowieso nicht angerufen. Sie erklären sich das stille Telefon viel lieber damit, daß sie zu früh mit ihm ins Bett gegangen sind. Die Männer sagen mir immer wieder, daß wir uns da täuschen.

Vielleicht haben sie die Verführung gerne im Griff, weil sie nicht wissen, wie sie zu einer attraktiven Frau nein sagen sollen. Eine der Fragen, die mir die von mir befragten Männer stellten, lautete: »Glauben Sie, daß ein richtiger Mann immer Lust haben sollte, mit einer attraktiven Frau zu schlafen?« Mehr als drei Viertel der Befragten – verschiedenster geographischer, rassischer und religiöser Herkunft und mit einem Einkommen von unter zehntausend bis über hunderttausend Dollar – antworteten mit ja. Ein Mann schrieb: »Ja, ich werde diese Überzeugung nicht los, obwohl ich weiß, daß sie albern ist.« Und fünfundachtzig Prozent, offenbar auch viele Männer, die die erste Frage mit nein beantwortet hatten, sagten ja auf die Frage: »Glauben Sie, daß ein Mann mit einer attraktiven Frau immer zum Sex in der Lage sein sollte?«

Seien Sie am Anfang lieber indirekt als zu direkt. Er weiß, was Sie machen, besonders, wenn Sie es bei der dritten Verabredung tun, die gemeinhin als richtiger Zeitpunkt dafür gilt, mit ihm zu schlafen. Aber ihm ist es am liebsten, wenn er Ihre Planung kaum merkt. (»Ich mag's, wenn eine Frau mich verführt, wenn ich spüre, wie mir ihre Begierde wie eine Hitzewelle entgegenschlägt«, sagt ein Kaufmann aus Georgia.)

Männer wissen ganz genau, wann sie verführt werden sollen. Selbst wenn sie das Interesse der Frau nicht unmittelbar spüren, entdecken sie es doch in der sexy Unterwäsche, auf die sie einen Blick erhaschen, oder in den weichen Sofakissen. (»Warum flirten Frauen immer weiter, wenn ich nicht reagiere?« fragt ein Mann aus Texas. »Schließlich bin ich auf diesem Gebiet nicht taub. Sie muß es mir doch nicht entgegenbrüllen, wenn ich ganz bewußt etwas nicht höre, was ich nicht hören will.«) Die Mehrheit der Männer läßt sich verführen und sexuell führen – auch wenn sie sich später ausgenutzt fühlen. (»Nachdem wir miteinander geschlafen hatten, habe ich mich noch ein bißchen mit einer Frau unterhalten, die mich fast ins Bett geschleift hatte. Sie hat mich aufgezogen von wegen ›wie kannst du mich nur so ausnützen‹, aber meine Güte, wie hab' ich mich selber dabei ausgenützt gefühlt!«) Vielleicht sagen sie, sie lassen sich lieber bei ihr zu Hause verführen, weil sie immer eine Ausrede finden, nicht dorthin zu gehen, wenn sie nicht mit ihr schlafen wollen.

Warum kann ein Mann eine willige Frau nicht abweisen, ohne dabei Schuldgefühle zu haben?

»Ich weiß, es ergibt nicht allzuviel Sinn, aber ich fühle mich nicht wie ein richtiger Mann, wenn ich eine Gelegenheit, mit einer attraktiven Frau zu schlafen, nicht ausnütze. Die Ausnahme wäre natürlich eine Klientin, die sich mir im Büro an den Hals wirft, was im Laufe der Jahre ein paarmal passiert ist. Frauen, die gerade in der Scheidung stecken, sind gefährlich, besonders wenn die Affären ihres Mannes dabei eine wesentliche Rolle gespielt haben. Ich würde das als Frontalangriff, nicht als Verführung bezeichnen, die entweder das Ergebnis eines langen Flirts oder einer spontanen körperlichen Zündung sein kann, der auf den anderen überspringt. Glauben Sie etwa, ich übertreibe und benutze die Verführung als Vorwand dafür, daß ich das direkte Angebot einer Fremden ohne Schuldgefühle ausschlagen kann?« schreibt ein Anwalt aus Cleveland.

Männer denken, sie bräuchten einen guten Grund, um die Annäherungsversuche einer Frau abzuweisen. Sie erzählen immer wieder Geschichten von »geilen« Kolleginnen, Ehefrauen oder Freundinnen von Brüdern, manchmal auch von Freundinnen der eigenen Frau oder Freundin, die sie verschmäht haben. Nur selten ist die Rede von Frauen, die sie aus einem guten Grund abgewiesen haben, der *nichts* mit Sex zu tun hatte.

»Man kann nein sagen, wenn eine wichtigere Verbindung einem vorgibt, nichts mit dieser Frau anzufangen«, erklärt der Inhaber eines Sanitärunternehmens aus den Südstaaten. »Andernfalls fühlt man sich wie eine Memme.«

Verschmähte Frauen, so schreiben die Männer, können dieses Gefühl noch ganz brutal verstärken.

»Eine Frau bei mir im Büro war hinter mir her«, schreibt der

Leiter der Kommunikationsabteilung eines Unternehmens im Mittleren Westen. »Ich habe mir das nicht nur eingebildet. Anderen Leuten ist es auch aufgefallen, und sie haben mich damit geneckt. Sie ist hübsch und intelligent, aber ich fühle mich sexuell nicht von ihr angezogen. Ich habe ihre Einladungen zu Drinks nach der Arbeit immer wieder abgelehnt, habe ihre Bemerkungen über meinen sexy Körper überhört und bin ihr unauffällig ausgewichen, wenn sie mich ganz ›zufällig‹ berührt hat. Eines Tages hat sie mich gefragt, warum ich solche Angst vor einer emotionalen Beziehung zu einer Frau habe, die mir gleichgestellt ist. Wie kann eine Frau zu so einem Schluß gelangen, nur weil ein Mann nicht mit ihr ins Bett will? Später hab' ich von Leuten gehört, daß sie mich für einen Frauenfeind oder für schwul hält. Wenn eine Frau mich nicht will, dann will sie mich eben nicht. Ich mache keine psychologische Fallstudie daraus. Aber um fair zu sein: wahrscheinlich machen Männer dasselbe, wenn sie einer Frau vorwerfen, frigide zu sein oder sie nur an der Nase herumzuführen, nachdem sie abgewiesen worden sind.«

Und ein Jungakademiker schreibt, daß der Zorn einer abgewiesenen Frau ihn zum Wahnsinn treibt: »Ich werd' sauer, wenn eine Frau glaubt, daß man ihren Annäherungsversuchen immer mit Begeisterung begegnet. Bei mir ist das nicht so!«

Seit die Frauen in puncto Sex selbstbewußter geworden sind, wehren sich die Männer immer mehr gegen die Beschränkungen, die ihnen der Machismo-Kode auferlegt. Es war einfacher, angeblich immer zum Sex bereit zu sein, wenn nur die Männer den Sex anregen durften. Ein Mangel an Begierde konnte immer noch mit dem Spruch von der »zu großen Achtung vor ihr« kaschiert werden. Jetzt haben sie keine so leichte Ausrede mehr, und das macht sie wütend.

Ihre Wut richtet sich jedoch viel eher gegen uns als gegen den Kode. Auch unser eigener Zorn bei mangelnder Begierde und dem Versagen aller Verführungsstrategien zielt eher auf sie als auf den Kode ab. Wir stellen doch nicht den Gedanken in Frage, daß jeder Mann, den wir wollen, auch uns wollen sollte, oder? Das ist der Kode der Machisma: *Jeder Mann, den ich begehre, muß auch mich begehren – es sei denn, ich bin nicht begehrenswert, oder mit ihm ist etwas nicht in Ordnung.*

Vielleicht ist das der Grund, warum so viele von uns, egal, ob Mann oder Frau, irgendeinen kleinen körperlichen Mangel als Rechtfertigung für ihre Ablehnung angeben.

Wissen Frauen denn nicht, wie wesentlich Kleinigkeiten sein können?

»Mir gefällt es, wenn Frauen den ersten Schritt unternehmen, solange sie wirklich Sex wollen und nicht durch den Sex etwas anderes beweisen wollen. Viele wütende Frauen kleiden und verhalten sich verführerisch. Sexuelle Vampire. Ich erinnere mich noch an eine Frau, die ich auf einer Party kennengelernt habe. Unglaublich sexy. Lange rote Fingernägel, wahrscheinlich falsch. Ich hab' mir vorgestellt, wie sie mir mit diesen Fingernägeln den Rücken zerkratzt, und das hat mich angemacht. Ich hab' ihr angeboten, sie nach Hause zu fahren, und sie hat angenommen. Sie war Kettenraucherin. Sie fuhr mir mit den Fingernägeln den Oberschenkel rauf und runter, immer knapp an meinem Penis vorbei, und in der anderen Hand hatte sie dabei eine Zigarette. Es hat mich abgestoßen, wie sie mit diesen langen, roten Fingernägeln Zigarettenasche aus meinem Fenster gestippt hat. Ein und dasselbe Bild kann sich ganz plötzlich von sexy zu unangenehm wandeln. Es war etwas unglaublich Feindseliges an der Art und Weise, wie sie die Zigaretten gehalten hat. Ich hab' sie nie wieder angerufen«, schreibt ein Werbetexter.

Wieder ein Beispiel für einen Mann, der das verführerische Verhalten der Frau als aggressiv, bedrohend und unheimlich beschreibt. Manche Männer empfinden die Verführung bei der sexuell aggressiven Frau als Wut. Sie haben das Gefühl, daß sie ihre Einwilligung eher fordern als sanft entlocken. Sie wollen mehr von ihnen als nur den Sex, sagen sie. Egal, ob die Männer nun auf die Frauen reagieren oder nicht, sie nehmen es ihnen übel, daß sie von ihnen etwas fordern, was sie gar nicht geben wollten – oder es ihnen nehmen, bevor sie überhaupt Gelegenheit hatten, es zu geben.

»Vielleicht ist das Rache. Rache für das, was ein anderer Mann oder mehrere andere Männer ihr angetan haben«, mutmaßt ein Mann. »Sie will deine Eier als Trophäe.« Ein anderer sagt: »Sie ist eines Morgens aufgewacht, hat beschlossen, daß sie jetzt heiraten und ein Kind haben will und daß du genau der Richtige bist, um ihr das zu geben. Und sie nimmt's dir ganz schön übel, wenn du andere Pläne hast!«

Sind das alles Männer, die nicht mit ihrem sexuellen Desinteresse an einer bestimmten Frau fertig werden, an der sie ihrer Meinung nach eigentlich Interesse haben sollten, oder wollen sie vielmehr betonen, daß der Zorn in der Verführungsstrategie der Frau eine wesentliche Rolle spielt?

Es überrascht kaum, daß sie jenen Zorn am häufigsten in Frauen zu spüren glauben, die die Initiative bei den Männern ergreifen, die sie nicht sehr gut kennen. Andererseits wünschen sie sich jedoch nach dem ersten oder zweiten Mal, daß Frauen beim Sex viel öfter den ersten Schritt machen würden. Ein Mann aus dem Nordosten der Staaten, der beim Telefonstörungsdienst arbeitet, schreibt: »Ich wünschte, die Frauen in meinem Leben hätten öfter die Initiative ergriffen. Mir wäre es am liebsten, wenn eine gewisse Ausgeglichenheit bestünde. Ich hasse es, wenn immer ich den ersten Schritt machen muß. Noch schlimmer ist es, wenn man die Initiative ergreift und dann abgewiesen wird, besonders wenn man erst ein- oder zweimal mit ihr geschlafen hat. Hat sie einen dann abgeschrieben?

Ich bin letzte Woche mit einer Frau ins Bett gegangen. Sie hat zu mir gesagt: ›Ich bin froh, daß du von selber gekommen bist, sonst wären wir hier jetzt nicht so beisammen.‹ Ich hab' geantwortet: ›Du meinst, wenn ich mich an der Tür verabschiedet hätte, hättest du mich einfach gehen lassen?‹ Sie hat geantwortet, daß sie ziemlich scharf war, aber sich nicht überwinden konnte, mich zu fragen, ob ich die Nacht mit ihr verbringen wollte. Das war nicht das erste Mal, daß ich mit ihr geschlafen habe. Wir waren schon über ein Jahr zusammen. Sie hat gesagt, sie hätte Angst gehabt vor einem Nein, weil sie mit Abweisung nicht so gut zurechtkommt. ›Und was ist mit den Männern‹, hab' ich gefragt, ›glaubst du nicht, daß wir auch so unsere Schwierigkeiten damit haben?‹«

Zu den Lieblingsphantasien der Männer gehört es, von einer attraktiven Frau verführt, vielleicht sogar mit Gewalt genommen zu werden – doch genau wie bei den weiblichen Vergewaltigungsphantasien kann auch hier ein falscher Eindruck entstehen. Frauen wollen nicht vergewaltigt werden. Sie wollen eine so starke Begierde empfinden, daß ihre Hemmungen und Schuldgefühle dadurch Lügen gestraft werden. Männer wollen genommen werden – wenn sie dazu bereit sind. Sonst haben sie unter Umständen das Gefühl, daß man ihnen vorwirft, versagt zu haben.

»Die beste Geliebte, die ich jemals gehabt habe«, sagt ein Manager aus Indiana, »war eine höchst verführerische Frau, die im Bett ausgesprochen aktiv war. Sie hat sich ganz auf meine Stimmung eingestellt. Wenn sie gespürt hat, daß ich zu müde war, hat sie mich nicht gedrängt. Dann hat sie mir den Rücken massiert oder meinen Kopf auf ihren Schoß genommen und mir die Schläfen gestreichelt, bis ich eingeschlafen bin. Wenn ich dann wieder wach wurde, hatte ich natürlich eine gute Ausgangsposition, um es mir anders zu überlegen.«

Manchmal kommt ein Mann im nachhinein zu dem Schluß, daß das Timing nicht gestimmt hat. Das ist genau die Art Mann, in dessen Kopf der Macho-Kode am stärksten verwurzelt ist. Nachdem er die Frau erotisch fast überfahren hat, achtet er sie am nächsten Morgen nicht mehr. Leider läßt sich dieser Mann nicht von vornherein mit völliger Sicherheit ausmachen, denn er gehört keinem bestimmten Typus an. Allerdings hat er oft eine südliche und/oder katholische Herkunft vorzuweisen. Andererseits kann er jedoch auch blonde Haare, einen uramerikanischen Namen wie Skip und einen ererbten Sitzplatz in der anglikanischen Kirche haben.

»Erst kürzlich war ich mit einer Frau zusammen, die ich sehr gut leiden konnte«, erzählt Carlos. »Ich hab' die erotische Spannung immer mehr angeheizt, weil sie mitgemacht hat. Wann soll ich noch in der Lage sein, damit aufzuhören, wenn sie mich nicht zurückhält? Also sind wir schon bald miteinander im Bett gelandet. Es war toll, aber als es vorbei war, hat es mir leid getan, daß sie sich mir so schnell hingegeben hat. Ja, ich weiß, daß immer zwei dazu gehören. Frauen haben mir gesagt, daß ich nicht so drängen soll, wenn ich insgeheim hoffe, daß sie sich weigern. Ich weiß, daß ich es nicht tun sollte. Aber ich mach's trotzdem.«

Sie sollten sich keine Sorgen darüber machen, was er denkt. Betrachten Sie die Erfahrung als eine Nacht der zügellosen Leidenschaft – und leben Sie Ihr Leben weiter. Die meisten Männer glauben, daß die Angst vor einem negativen Urteil uns sexuell zurückhält. Und viele glauben, daß wir uns zuviel Mühe geben, verführerisch zu wirken.

Warum strengen sich Frauen so sehr an, sexy zu sein?

»Was mich bei einer Frau als erstes anmacht, ist ihre Kleidung. Wenn ihre Kleider zu ihrem Körper und zu ihrer Persönlichkeit passen – und wenn man sehen kann, daß sie tatsächlich einen Körper darunter hat – hat sie für mich Sex-Appeal. Persönlicher Stil ist sexy für mich. Eine Frau muß keine Idealfigur haben, um Stil zu zeigen. Wenn sie gut küßt und auf meine Küsse und Zärtlichkeiten eingeht, gehöre ich ihr, wenn sie mich will«, schreibt ein Unternehmer aus St. Louis.

Was eine Frau trägt und wieviel Wärme sie ausstrahlt, ist wichtiger als ihre Verführungstechnik. (»Die Einstellung ist alles.«) Über sechzig Prozent der Männer in meiner Umfrage bewerten Reizwäsche als sexy. (»Ich liebe es, wenn man die Spitze erahnen kann, auch wenn sie sich nur durch ihre Bluse abdrückt.«) Die Kleidung über dieser Unterwäsche sollte eher unterschwellig sexy sein als ganz direkt. (»Ich fühl' mich nicht wohl bei Frauen, die man für Nutten halten könnte, wenn sie im falschen Viertel herumlaufen.«) Vielleicht gibt es ein paar Männer, die nicht auf Beine in schwarzen Strümpfen ansprechen, aber die haben sich bei mir noch nicht gemeldet.
»Die Frauen in New York tragen oft schwarze Strümpfe und hochhackige Schuhe zu ihren Karrierekleidern«, sagt ein Börsenmakler von der Wall Street. »Sie sind wahrscheinlich die Frauen mit dem stärksten Sex-Appeal der Welt. Ich weiß nicht, wie sie es machen, aber sie sehen schick, mächtig *und* sexy aus. Sogar die Sekretärinnen haben gleichzeitig den Blick, der sagt: ›Rühr mich nicht an‹ und dieses kleine Zwinkern, das hinzufügt: ›Aber würdest du's nicht gerne machen?‹
Das Verführerischste an den New Yorker Frauen ist die Art und Weise, wie sie bei Drinks oder beim Abendessen die Beine übereinanderschlagen. Wenn eine Frau die Beine im Laufe ei-

nes Abends die ganze Zeit übereinanderschlägt, macht sie dich an. Sie macht's nur ein paarmal? Dann setzt sie sich lediglich ein bißchen bequemer hin.«

Männer haben durchaus ein Auge für kleine Eigenheiten, und sie lesen in ihnen die mögliche positive oder negative Reaktion auf Annäherungsversuche. Wenn sie sich zu ihm herüberbeugt, während sie sich unterhalten, und dabei vielleicht den einen oder anderen Blick in ihr Dekolleté gestattet, hat sie Interesse. Wenn sie wegrutscht, hat sie keines.

»Eine Frau agiert verführerisch, wenn sie die Berührungen des Mannes duldet und erwidert und gleichzeitig den Blickkontakt aufrechterhält«, schreibt ein Mann aus Philadelphia. »In ihren Augen ist das Interesse ganz deutlich zu sehen. Frauen können das besser als Männer, ohne gleich geil zu wirken. Frauen verführen mit den Augen.

Ich kann einer Frau in die Augen schauen und darin ihre Einstellung zu Männern lesen – ob sie uns mag oder vertraut –, und ich weiß auch, ob sie im Bett gut ist oder nicht. Frauen, die die Männer lieben, sind bessere Geliebte als solche, die es nicht tun – egal, wie oft sie zur Übung an grünen Bananen lutschen.«

Interessanterweise ist es am verführerischsten, wenn sie nicht ein körperliches Abbild seiner Traumfrau darstellt.

»Frauen, die bei der ersten Verabredung herauszufinden versuchen, welche Kleidung und welches Verhalten ein Mann an einer Frau sexy findet, und sich dann bei der zweiten so anziehen und benehmen, stoßen mich ab«, sagt Michael. »Bei meiner ersten Verabredung mit Irene, die ich sehr attraktiv fand, habe ich ihr von meinen Phantasien von einer Frau erzählt, die ich in einer Bar treffe und die einen kurzen, engen Rock, einen Straps und Strümpfe und sonst keine Unterwäsche trägt. Außerdem duftet sie intensiv nach meinem Lieblingsparfüm Shalimar, nach dem Irene dann beim zweiten Treffen auch prompt roch. Sie hatte sich fast in dem Zeug gebadet und trug einen kurzen, engen Rock. Ich hab' mich neben sie auf den Barhocker gesetzt, und sie hat mir ins Ohr geflüstert: ›Ich hab' keine Unterwäsche an.‹ Dann hat sie an meinem Ohr geleckt, was mich normalerweise ganz wild macht.

Ich bin mir vorgekommen wie eine Ratte, die man in die Enge getrieben hat. Ich hab' ihr gesagt, daß etwas Unvorhergesehenes im Büro passiert ist und daß ich nur Zeit für einen kurzen Drink habe. Ich hab' sie nie wiedergesehen. Sie hat sich viel zu sehr angestrengt. Wissen Sie, wenn Sie es gemacht hätte, nachdem wir eine Weile zusammen gewesen wären, wäre es das reinste Paradies gewesen.«

Was Sie über verführerisches Verhalten wissen müssen:

* Sie können sich ohne weiteres an einem Modemagazin orientieren, dürfen es aber nicht bis ins Detail kopieren. Wählen Sie sorgfältig aus den Tips für Kleidung, sexy Gesten und Sprechen aus. Fügen Sie Ihrem ganz eigenen, persönlichen Stil neue Details hinzu. Überdecken Sie ihn nicht zugunsten eines fremden Stils.

* Es ist eine Todsünde, wenn Sie sich zu offensichtlich anstrengen.

* Hören Sie auf Ihren und seinen Körper. Vielleicht haben Sie sich aus Gründen, die nichts mit der Lust zu tun haben, für den heutigen Abend entschieden. Vielleicht sollten Sie es sich noch einmal überlegen.

* Vergessen Sie nicht: er hat das Recht, nein zu sagen. Aber seien Sie nicht niedergeschlagen, wenn er sie abweist.

Kapitel 5: **Die Spieler**

»*Die Phase der Verführung ist das interessanteste an einer Beziehung – nicht nur deshalb, weil sie im Bett endet. Man kann fast alles, was man über eine Frau wissen muß, dadurch erfahren, wie sie sich vor und nach dem Sex verhält. Beim Sex selber bin ich zu erregt, um noch gut beobachten zu können. Nachher weiß ich ganz genau, ob sie alles durch Übertreibung verdirbt, nur weil sie mir ihren Körper geschenkt hat: wiederholte Seufzer der Zufriedenheit, die in direkt proportionalem Verhältnis zu den Kontraktionen beim Orgasmus stehen, welchen sie mir wahrscheinlich nur vorgespielt hat; bedeutungsvolle, seelenvolle Blicke aus feuchten Augen; die nächste Begegnung der näheren Art steht schon auf dem Programm, bevor mein Schwanz noch richtig trocken ist. Oder ob sie den Sex als Belohnung einsetzt oder zur Strafe vorenthält: sie lobt mich nie für meine Leistung im Bett; stellt viele Fragen über ihre eigene, um ihren Einfluß auf mich besser einschätzen zu können; sie bittet mich um ein Glas Wein oder eine Tasse Tee, obwohl wir in ihrer eigenen Wohnung sind. Oder ob sie fast bis zur Besinnungslosigkeit bumsen und dann immer noch als derselbe Mensch aus dem Bett steigen kann, als der sie hineingefallen ist: sie ist sanft und zärtlich, aber nicht sentimental. Sie wird wahrscheinlich reden wollen, was toll ist, denn sie wird nicht über Sex oder Beziehungen reden. Während sie mir über den Kopf streichelt, fragt sie mich, wie ich als kleiner Junge war oder wo ich war, als Kennedy erschossen wurde.*« – Der Leiter eines Unternehmens aus dem Mittleren Westen.

Die Verführung ist schon immer ein sexuelles Kräftemessen gewesen, in dem die Verteilung der Macht in hohem Maße vom Status der Spieler abhängt. Am Ende war er gewöhnlich in der stärkeren Position, die er meist schon am Anfang innegehabt hatte. Bis vor kurzem hatten nur die Männer das Vorrecht, sich eine viel jüngere Partnerin zu wählen oder jemanden aus einer niedrigeren sozialen Schicht. Frauen heirateten oder schliefen sich nach oben, die Männer nach unten. Frauen verloren etwas, indem sie »nachgaben«, während Männer genau das gewannen, was die Frauen angeblich verloren. Sie hatten die doppelte Macht, wir die Doppelmoral. Doch all das hat sich ein wenig verändert. Ein Teil der Verwirrung, unter der die Männer heutzutage leiden, wenn es um Fragen wie die Vertauschung der Rollen oder die Gleichberechtigung im Schlafzimmer geht, hat vermutlich mit dieser neuen Verteilung der Macht zu tun.

Das Kräfteverhältnis verschiebt sich – und zwar dramatisch –, je nachdem, was die Spieler von Anfang an in das Spiel mitbringen und wie sie dann diese Macht einsetzen. Die stärksten Einflüsse auf das Gleichgewicht sind: Alter, Familienstand, soziale Schicht und Verletzlichkeit. Normalerweise hat der Ältere die stärkere Position, der Verheiratete, wenn die Beziehung zwischen einem Verheirateten und einem Single besteht, derjenige mit dem höheren gesellschaftlichen, insbesondere wirtschaftlichen, Status, und derjenige, der von den beiden weniger verletzlich ist.

Frauen schlafen mit jüngeren Männern, die unter Umständen sehr viel weniger Geld als sie selbst verdienen. Weibliche Manager gehen mit männlichen Chauffeuren ins Bett. Manchmal hat die Frau mehr sexuelle Erfahrung als der Mann. In vielen Fällen kommen die Männer mit dieser neuen Verteilung der Macht ganz gut zurecht.

»Meine Geliebte hat einen College-Abschluß und ich nicht«,

schreibt ein Arbeiter aus Mississippi. »Sie ist zehn Jahre älter als ich und hat mehr Erfahrung. Ich hab' eine Menge von ihr gelernt, sexuell und auch sonst. Deshalb fühle ich mich aber nicht weniger männlich.«

Andere Männer ziehen sich in die Passivität zurück: »Sie hat von Anfang an die Initiative ergriffen«, sagt ein junger Video-techniker. »Ich habe das zugelassen, weil sie mir an Alter, Ein-kommen und Erfahrung voraus war. Sie hat mich angerufen, um sich mit mir zu verabreden. Ich hab' sie nie von mir aus angerufen. Das hat sie zum Wahnsinn getrieben. Sie hat gesagt: ›Ich weiß genau, daß du mich sehen willst, weil du immer ja sagst. Warum rufst du mich nie an?‹ Darauf hab' ich ihr keine Antwort geben können.«

Oder die Männer ziehen sich unvermittelt aus einer solchen Beziehung zurück, ohne zu erklären, warum. Wir nennen sie Ex-und-Hopp-Lover oder Don Juans. Manchmal gehört er zu keiner der erwähnten Gruppen, sondern hat einfach nur Angst. Das trifft oft für den emotional verletzlichen Mann zu, den Mann, der erst vor kurzem und/oder unter unglücklichen Um-ständen wieder zum »Single« geworden ist.

»Das erste Mal, als ich nach meiner Scheidung mit einer Frau geschlafen habe, die mir wirklich etwas bedeutet hat, bin ich durchgedreht«, sagt John. »Ich hatte schreckliche Angst davor, mich wieder möglichen Verletzungen auszusetzen. Ich habe mich am Morgen aus dem Staub gemacht, während sie noch schlief, und ich habe sie nicht mehr angerufen. Ich habe mir eingeredet, daß ich ihr nicht vertrauen konnte. Die Frauen haben ja gar keine Ahnung, wieviel Macht sie über uns Männer haben. Jetzt, nach einem Jahr, denke ich immer noch an diese Frau. Ich bringe es immer noch nicht fertig, sie anzurufen. Es ist inzwischen einfach zuviel Zeit vergangen. Wahrscheinlich hält sie mich für ein Arschloch, wenn sie überhaupt noch an mich denkt.«

Oder sie treibt ihn dazu, ihr irgendwie die Kontrolle abzunehmen. Wer wüßte nicht von einer Beziehung zu erzählen, in der eine Frau in einer wirtschaftlichen und gesellschaftlichen Machtposition dem Mann die Führung überlassen hat – weil *sie* es nicht ertrug, daß er sich ihr unterlegen fühlen mußte?

»Ich habe gerade die schlimmste Beziehung meines Lebens hinter mir«, schreibt ein Maler aus dem Nordosten der Staaten. »Ich habe diese Frau geliebt, aber ich hab' sie schlecht behandelt. Sie hat mich fast angefleht, mich so zu verhalten. Als wir uns kennengelernt haben, hatte ich gerade meine Arbeit verloren, und sie war zur Vizepräsidentin ihrer Firma gemacht worden. Bei unserer ersten Verabredung hat sie ihre Leistungen und sich selbst heruntergespielt. Ich habe das als Zeichen für ihre Schwäche und für ihre abwertende Meinung von mir verstanden. Wir haben eine Beziehung voller Haß und Liebe begonnen und zwischendurch hemmungslos wild miteinander geschlafen.

Wir haben die Machtverhältnisse über den Sex ausgeglichen. Ich hab' sie zuerst mit der Hand geschlagen, dann mit dem Gürtel. Ich hab' nie so fest zugeschlagen, daß die Haut aufgeplatzt wäre, aber irgendwann bin ich an einen Punkt gekommen, wo ich erst erregt war, wenn ich sie geschlagen hab'. Am Ende unserer Beziehung hab' ich sie nur noch von hinten genommen. Ich hab' sie angelogen und angeschmiert und ihr gesagt, daß sie im Bett lausig ist. Irgendwann ist sie dann gegangen. Und wissen Sie was? Ich wünschte, sie hätte mich aufgehalten, bevor es zu spät war. Ich hab' das nämlich selbst nicht geschafft.«

Warum geben Frauen schon so bald so viel von sich her?

Am Anfang einer Beziehung hat die Frau die gesamte Macht. Ein Mann macht sich Sorgen, ob er verführt wird – aber sie hat ihn ganz in der Hand. Wenn er dann verführt wird, macht er sich Sorgen, ob das regelmäßig weiterhin passiert – und das liegt ganz an ihr. Wenn es dann regelmäßig passiert, macht er sich Gedanken, ob er so verführt wird, wie er das gerne hätte – und auch das liegt letzten Endes bei ihr. Wenn das schließlich der Fall ist, beginnt er, sie für selbstverständlich zu halten, weil sie es zuläßt. Sie gibt ihm sozusagen die Schlüssel zu allem in die Hand«, schreibt ein Siebenundzwanzigjähriger aus Philadelphia.

Im Lauf der Jahre haben mir viele Männer ähnliche Geschichten erzählt: Sobald eine sexuelle Beziehung gut läuft, gibt die Frau, die bis dahin die Kontrolle hatte, sie plötzlich auf. Die Männer wissen nicht so recht, warum sie das tut. Manchmal merken sie es nicht einmal. Sie sind sich jedoch darüber einig, *daß* sie es tut.

»Den Männern wird immer wieder vorgeworfen, daß sie das Interesse an einer Frau verlieren, sobald sie wissen, daß sie sie ohne weiteres haben können«, sagt der neunundzwanzigjährige Gene. »Ich persönlich habe nicht deshalb von einer Frau genug, weil ich mir sicher sein kann, daß sie weiterhin mit mir schläft. Ich habe genug von ihr, weil sie sich in einen Menschen verwandelt, der jetzt nicht mehr so interessant ist. Sie läßt es zu, daß ich sie in kleinen Dingen ausnütze, daß ich zum Beispiel zu spät komme, ohne sie vorher anzurufen. Vielleicht glauben Frauen, daß sie mehr in sexuelle Beziehungen investieren als Männer. Vielleicht glauben sie, eine solche Beziehung aufrechterhalten zu können, wenn sie in den Punkten Zugeständnisse machen, die nichts mit dem Sex zu tun haben.« Alle sind sich einig, daß es schwierig ist, eine Beziehung auf der Basis eines ausgeglichenen Kräfteverhältnisses aufrechtzuerhalten. »Einer von beiden liebt den anderen immer ein bißchen mehr oder braucht ein bißchen mehr«, sagt ein Bankier aus Chicago, »aber in einer guten Beziehung ist das nicht immer derselbe. Die Bedürfnisse verschieben sich.« Er gesteht auch, daß Frauen gegen ihre gesellschaftliche Konditionierung ankämpfen müssen, sich im Schlafzimmer wie auch außerhalb zu unterwerfen und die Kontrolle ihm zu überlassen.

»Was ich jetzt sage, ist reine Mutmaßung«, meint ein fünfundvierzigjähriger Makler aus Florida, »aber vielleicht geben Frauen ihre Kontrolle auf, weil ihnen beigebracht worden ist, daß genau das der Preis für den Sex ist. Ich habe im Verlauf der letzten fünfundzwanzig Jahre viele Beziehungen gehabt, mit Frauen aller Altersgruppen, und die meisten von ihnen waren nicht dazu in der Lage, den Sex zu genießen, ohne sich gleichzeitig einzureden, daß sie sich verliebt haben.«

Unter der Aufgabe dieser Kontrolle versteht er »zuviel von sich selbst herzugeben. Sie richtet ihre Aktivitäten nach den meinen aus, ißt Sushi, weil ich Sushi mag, und übernimmt in extremen Fällen sogar meinen persönlichen Geschmack, was Musik, Film und Sport angeht oder vertritt plötzlich meine politische Meinung. Und all das nur, weil wir miteinander schlafen.«

Ein anderer Mann sagt: »Eigentlich gibt die Frau gar nicht die Macht innerhalb der Beziehung auf, sondern sie halst einem die Verantwortung für ihr Leben auf. Das ganze verbrämt sie dann damit, daß sie etwas von sich weggibt. Dabei gibt sie lediglich die Verantwortung für sich selbst weg, die sie nicht mehr will.«

Manche Männer glauben, daß das Ungleichgewicht der Kräfte eher in traditionellen Konstellationen wie älterer Mann, jüngere Frau oder reicher Mann, arme Frau auftritt – insbesondere wenn der Mann viel älter oder reicher ist. In unkonventionelleren Verbindungen hat die Frau von Anfang an so viel Macht, daß sie selbst dann noch auf gleicher Stufe mit dem Mann steht, wenn sie ihm ein wenig davon abgibt. Wenn Männer beschreiben, warum sie jüngere Frauen mögen, schwingt oft der Aspekt der Macht mit:

»Jüngere Frauen sind im Denken noch nicht so eingefahren«, sagt ein vierundvierzigjähriger Professor, als er erklärt, warum er selten mit Frauen über fünfunddreißig zusammen ist. »Sie sind sich noch nicht sicher, daß sie für alles und jedes die richtige Lösung wissen, vom richtigen Zeitpunkt fürs Kinderkriegen bis zu der Frage, ob die Hemden von der Reinigung auf einem Hänger oder in der Schachtel geliefert werden sollen. Mit diesen ganzen besserwisserischen Frauen kann ich's einfach nicht. Das ist die einfache Wahrheit. Ihre ständigen Vorträge zermürben mich.«

»Frauen über fünfunddreißig sind die besten Geliebten«, sagt ein zweiundzwanzigjähriger Lastwagenfahrer. »Sie wissen, wie sie verführerisch sein können, ohne kokett zu wirken. Sie halten im Bett alles, was sie versprechen – und geben dann noch ein bißchen mehr. Vielleicht brauchen sie jüngere Männer. Wahrscheinlich überfordern sie die Typen in ihrem Alter.«

Abgesehen von Kinsey, der unterschiedliche Verbindungen zwischen sozialer Schicht und Sexualverhalten herstellte, schrecken die Fachleute vor diesem Thema zurück. Kinsey stellte fest, daß die niedrigeren sozialen Schichten früher Geschlechtsverkehr haben, schneller Seitensprünge begehen und sich nicht so lange dem Vorspiel hingeben wie die höheren. Heutzutage würde er vermutlich weniger Unterschiede im Sexualverhalten der sozialen Schichten finden und dafür mehr klassenüberschreitende Beziehungen, in denen andere Faktoren den Sex beeinflussen. Vielleicht würde er sich heute eher auf das Kräfteverhältnis konzentrieren.

»Ich war mit einer Frau verheiratet, die plötzlich sehr viel mehr Geld verdient hat als ich«, erzählt ein Postangestellter aus Georgia. »Das hat unsere Ehe kaputtgemacht, besonders den Sex. Ich kann nicht ihr die ganze Schuld geben. Nicht sie hat mir meine Kraft geraubt, sondern das Geld.«

»Ich bin mit einer Weißen gegangen«, sagt Miguel, ein New

Yorker puertoricanischer Abstammung. »Ich habe wahnsinnig gern mit dieser Frau geschlafen. Aber dann sind alle möglichen kulturellen Probleme aufgetaucht. Ich wollte, daß sie sich ein bißchen ziert, aber ihr waren Ehrlichkeit und Offenheit in der Diskussion ihrer Bedürfnisse und Wünsche besonders wichtig. Sie hat ›Spiele‹ gehaßt, obwohl ich genau wußte, wie man sie spielen muß, damit sie Spaß machen. Ich glaube, sie hat mich als Menschen gemocht und sich keine Gedanken über meine Hautfarbe gemacht. Wenn wir zusammen ausgegangen sind, hab' ich uns immer genauso gesehen, wie die anderen uns auch gesehen haben – als eine weiße Frau mit einem Puertoricaner. Ich hab' gedacht, wenn ein Weißer uns anschaut, denkt er sicher: ›Mein Gott, diese Latinos, die packen's die ganze Nacht.‹ Ich hab' dieses Gefühl nicht ausstehen können – wie wenn ich bloß ihr Hengst aus der Unterschicht wäre.«

Vielleicht trifft ein fünfundvierzigjähriger Investmentmakler bei der Diskussion des Verhältnisses zwischen Sex und Macht noch am ehesten den wahren Sachverhalt: »Ich bin schwarz, und ich fühle mich unbehaglich, wenn ich mit schwarzen Frauen meines Alters zusammen bin. Die sind völlig übergeschnappt. Die lassen sich nichts mehr gefallen. Und das sagen sie mir auch, und zwar als allererstes. Natürlich sind diese Beschwerden darüber, wie die Welt mit ihnen umspringt, berechtigt ... aber ich bin nicht die Welt.

Bei jüngeren schwarzen oder weißen Frauen oder Asiatinnen jeglichen Alters begegne ich dieser Wut gegen den schwarzen Mann nicht. Sie versuchen nicht, mir die Kontrolle innerhalb der Beziehung zu entreißen. Frauen unter Dreißig sind noch nicht so aggressiv. Und weiße Frauen sehen mich als jemanden, der innerhalb des weißen Establishments genauso hart wie sie selbst hat arbeiten müssen, um es zu etwas zu bringen. Wir verstehen uns auf Anhieb. Sie sind wütend auf die älteren Weißen, aber nicht auf mich.«

Ein Teil des weiblichen Sex-Appeals hat mit der Macht zu tun, die eine Frau hat oder nicht hat. Möglicherweise fühlt er sich nur von einer starken oder nur von einer schwachen Frau angezogen – oder von einer starken Frau, die er in die Knie zwingen kann. Ihre Chancen, ihn zu beeindrucken, wenn sie nicht sein »Machttyp« ist, sind sehr gering.

»Nicht, daß sie irgend etwas falsch gemacht hat oder etwas anderes hätte besser machen können«, erklärt Miguel. »Sie hat für mich eine Situation bedeutet, die ich nicht im Griff hatte, und das hat mir nicht gepaßt – das Gefühl darüber, mit ihr zusammenzusein, nicht sie selbst.«

Was Sie bezüglich Sex und Macht erinnern sollten:

* Die Partner sind nie absolut gleichberechtigt.

* Frauen sind besessen von dem Gedanken, den Sex bis zum richtigen Moment zu verwehren, und geben ihre Macht dann in anderen Bereichen als beim Sex auf. Die meisten Männer wünschen sich, daß sie das nicht tun würden. Aber wie jeder, der einen Fußabstreifer vor sich hat, treten sie darauf.

* Egal, ob Sie ihm nun lieber über- oder unterlegen sind: Lassen Sie nie einen größeren Spielraum als maximal fünf bis zehn Prozent der gesamten Macht zu. Ein gezielter Einsatz der Macht ist richtig; diese auszunützen, nicht.

* Männer unter Dreißig fühlen sich unter Umständen wohler bei Frauen mit mehr Macht, weil ihr Penis sie bisher noch nicht auf nennenswerte Weise im Stich gelassen hat.

TEIL DREI

Die Stimulierung

Der Neid auf die Erregung der Frau

Vielleicht sind Männer deshalb so versessen darauf, unsere Motive kennenzulernen, warum wir den Sex wollen, weil sie sich unserer Erregung nie so sicher sein können, wie wir uns der ihren. Eine Erektion kann man nicht simulieren. Ironischerweise macht der Penis, das Symbol männlicher Macht, den Mann verletzlicher, als Frauen wissen. Der Penis befindet sich sozusagen außerhalb des Körpers, wo er immer genau beobachtet werden kann. Und der Geschlechtsverkehr hängt in hohem Maße von seiner begeisterten Beteiligung ab. Ja, es kann durchaus Begierde geben, auch wenn keine Erektion zustande kommt – genauso wie es eine Erektion geben kann, ohne daß eigentlich Lust vorhanden ist. Es kann sogar Sex geben – wunderbaren, befriedigenden Sex –, ohne daß es zur Erektion kommen muß. Und doch reagieren nur wenige Männer auf die fehlende Erektion mit einem optimistischen Lächeln.

Der erigierte Penis symbolisiert für den Mann und die Frau gleichermaßen die männliche Erregung. Vor Jahren las ich einen Ausschnitt aus Gail Sheehys *Passages* (dt.: *In der Mitte des Lebens. Die Bewältigung vorhersehbarer Krisen*), in dem eine Frau erklärt, wie man einen schlaffen oder nur teilweise erigierten Penis trotzdem in die Vagina bekommt. Irgend etwas störte mich damals an dieser Beschreibung, aber ich wußte nicht, was. Jetzt weiß ich es. Nämlich, daß Sheehy weder an dieser Stelle noch sonst irgendwo in diesem Kapitel erwähnte, daß das gar nicht nötig ist, weil guter Sex auch ohne erigierten Penis möglich ist. Wenn sie und die Frau, die sie zitierte, das damals nicht begriffen hatten, können wir es den Männern dann verübeln, wenn sie heute nach wie vor damit Probleme haben?

Wir sagen, wir wollen keine Macho-Männer – bis wir es mit einem schlaffen Penis zu tun haben, der doch eigentlich hart sein sollte. (Es geht hier übrigens um denselben Penis, der nicht hart sein sollte, wenn er uns dadurch in peinliche Situationen bringt oder aggressiv auf uns wirkt.) Dann überschütten wir ihn und den Mann mit Ermutigungen und Verständnis. Wenn unsere Versuche mißglücken, suchen wir die Schuld auf seiner Seite des Bettes oder auch auf unserer.

Viele Schriftstellerinnen haben im vergangenen Jahrzehnt gesagt oder angedeutet, daß der schlaffe Penis die Waffe des Mannes ist, mit der der Mann die sexuell aggressive Frau in die Schranken verweist. Sie sehen die Erektion als Mittel in einem Machtkampf, den er auf die eine oder andere Weise unbedingt gewinnen will. Entweder beharrt der Mann auf seinem Recht, wenn wir nicht wollen, oder er enthält ihn uns vor, wenn wir wollen. Ihre Annahmen gründen sich auf einen Glauben, den sie gar nicht offen zugeben würden: den Kode der Machisma, der besagt, daß der Penis immer von einem Mann oder einer sexuell erfahrenen und entschlossenen Frau kontrolliert werden kann. Wenn es weder ihm noch ihr gelingt, stimmt irgend etwas mit ihm oder ihr nicht.

Vielleicht ließe sich die Erregung des Penis vortäuschen, genau wie unsere, wenn er nicht so sichtbar wäre. Ein bißchen Vaseline und ein wenig Schauspielerei ermöglichen es uns, auch dann mit jemandem zu schlafen, wenn wir nicht unbedingt in der Stimmung sind. Das ist ein angenehmes Privileg, das es uns erlaubt, die Liebe langsam angehen zu lassen, bis sich unsere Leidenschaften wirklich entzünden, dann können wir mit dem Tempo immer noch ein bißchen nachziehen. Er jedoch muß von Anfang an voll da sein. Sollte sie vor ihm in der Stimmung sein, konzentriert sie ihre ganze Energie darauf, ihn so schnell wie möglich zur Erektion zu bringen. Sie widmet sich dann zuerst dem Penis und dann dem Mann. Wir, und sie, verhalten uns weiterhin so, als wäre der Mythos wahr, auch wenn die Realität uns eines besseren belehrt.

Als Erica Jong kürzlich befragt wurde, wie sich die sexuellen Gewohnheiten der Amerikaner verändert hätten, seit sie 1973 *Fear of Flying* (dt.: *Angst vorm Fliegen*) geschrieben hatte, sagte sie: »Heute gibt es mehr oralen Sex und mehr Impotenz.« Sie ist nicht die einzige, der das auffällt. Mehrere Forschungsprojekte sind zu demselben Ergebnis gekommen. Sextherapeuten unterstützen diese Erkenntnisse mit Fallbeispielen aus der eigenen Praxis.

Die Gründe für den Vormarsch des oralen Sex werden folgendermaßen angegeben:

- Aufgrund der umfassenden Information über den Sex neigen wir heute stärker dazu, ihn wirklich nur so zum Spaß zu betreiben.

- Wir wissen um das Bedürfnis der Frau nach klitoraler Stimulation und akzeptieren deshalb eher getrennte Orgasmen, die durch orale Stimulation herbeigeführt werden, ja, suchen sie sogar.

- Männer versagen oft bei sexuell gleichberechtigten Frauen und behelfen sich deshalb mit oralem Sex.

Impotenz ist heute häufiger anzutreffen als früher, weil:

- das Streben nach Erfolg den Geschlechtstrieb unterdrückt,

- der oberflächliche Sex dem Geschlechtsverkehr seine Faszination geraubt hat,

- Männer oft bei sexuell gleichberechtigten Frauen versagen.

Folgende Dinge erfahren wir hingegen nicht:

- Der orale Sex ist ein Mittel, bei dem der Mann sich sicher sein kann, daß er der Frau wirklich zum Orgasmus »verholfen« hat.

- Das Durchschnittsalter der Bevölkerung erhöht sich; ältere Männer haben nicht immer automatisch eine Erektion, sobald sie an eine attraktive Frau denken. Mit zwanzig ist der Penis nicht sonderlich wählerisch. Mit dreißig, vierzig und später schon eher.

- Die neue Freiheit der Frau, zu verführen, hat unmittelbar zur neuen Freiheit des Mannes geführt, sich *nicht* verführen zu lassen. Natürlich war der Penis vor fünfzig Jahren immer erigiert, wenn die Frau mit ihm zu tun hatte. Schließlich hatte der Mann ja solange gewartet, bis er es war.

- Der Zwang zum Sex zwischen Mann und Frau, seien sie nun verheiratet oder nicht, hat zu immer mehr Situationen geführt, in denen der Sex nicht nach dem Kode funktioniert.

Die sexuelle Befreiung setzt den Mann stärker unter Druck, vorzeigbare Ergebnisse zu produzieren, als früher, und der Penis ist wichtiger denn je. Nach den neuen Regeln des Machismo ist es wesentlich, ihr zu mehreren Orgasmen zu verhelfen. Stellen Sie sich einmal vor, Ihre eigenen vaginalen Sekretionen stünden genauso im Blickpunkt der Öffentlichkeit wie seine Erektionen. Dann würde man Vaseline unter dem Ladentisch verkaufen, und zwar in den natürlichen Duftnoten der Frau.

100

Kapitel 6: Die Feinde der Lust

»Wenn eine Frau sagt: ›Komm, laß uns bumsen‹, interessiert mich das nicht – es sei denn, ich weiß, daß sie zu bumsen nicht unbedingt bedeutet, daß sie mir auch gehört. Ich kann das nicht so richtig erklären. Sie muß sozusagen einen eingebauten Widerstand haben. Wenn sie den nicht hat, dann sollte sie ihn lieber aufbauen, indem sie mir den Sex hin und wieder vorenthält. Ohne Widerstand kann ich meine Erregung nicht aufrechterhalten. Genau das ist faul an der Ehe, besonders in der Ehe mit der modernen Frau, die glaubt, alles sein zu müssen, auch die immer verfügbare Geliebte.« – John, fünfundvierzig Jahre.

Die Feinde der Lust greifen im Stadium der Erregung an. Diese Feinde sehen genauso aus, wie Frauen sie sich vorstellen: Wiederholung des immer gleichen Aktes, das Alter – alternde Körper, Doppelkinn und Hängebrüste altgedienter Ehefrauen oder Geliebter, und, noch wichtiger: alternde Beziehungen. Gerade wenn der Mann den biologischen Zeitpunkt erreicht, wo er stärker erregt werden muß, stellt er fest, daß seine langjährige Partnerin das immer weniger tut. Vielleicht macht er sich dann auf die Suche nach einer anderen, meist jüngeren Frau. Im Laufe der Jahre habe ich immer wieder Briefe von Männern bekommen, die mich im Grunde alle dasselbe fragten:

– Wie kann ich meine Frau dazu bewegen, bei Gruppensex oder Partnertausch mitzumachen?

- Wie bekomme ich sie dazu, etwas Neues auszuprobieren (besonders analen Sex)?

- Obwohl ich meine Frau liebe, habe ich ein Verhältnis mit einer anderen (oder onaniere heimlich oder habe die wildesten Phantasien über andere Frauen), und ich habe Schuldgefühle dabei. Ist das normal?

Auch Frauen stellen fest, daß sich heftige Leidenschaft innerhalb einer lang andauernden Beziehung nicht pausenlos aufrechterhalten läßt. Die Lust nimmt bei beiden Geschlechtern zu und ab. Nach den Erkenntnissen demographischer Umfragen der Princeton University, die durch nationale und internationale Forschungen bestätigt werden, nimmt die Häufigkeit des Geschlechtsverkehrs nach dem ersten Jahr der Ehe (oder des Zusammenseins) rapide ab. Am Ende des zweiten Jahres ist die Aktivität nur noch halb so groß wie im ersten Jahr. Wichtiger als das Alter des Paares ist die Dauer der Beziehung. Auch meine eigene Umfrage bestätigt diese Ergebnisse: Während weniger als ein Drittel der befragten Männer angaben, mit zunehmendem Alter stärker von erotischer Stimulierung wie Reizwäsche, Obszönitäten oder Pornographie abhängig zu werden, sagte mehr als die Hälfte, diese Dinge würden zunehmend wichtiger, je länger die Beziehung andauere.
Vielleicht konzentrieren sich Frauen, die weniger stark von optischen Reizen abhängen, dafür im Lauf der Zeit eher auf romantische Phantasien. Doch egal, wie die Motivationen letztlich tatsächlich zusammenspielen, eines steht fest: Frauen haben heutzutage mehr Affären als früher. Kinsey stellte noch fest, daß nur etwa sechs bis sechsundzwanzig Prozent der verheirateten Frauen einen Seitensprung begangen hatten. Heutige Umfragen geben die Zahl mit etwa fünfzig Prozent an. Männer haben noch immer mehr außereheliche Verhältnisse

– laut Forschungsergebnissen angeblich bis zu achtzig Prozent. Sie behaupten, das sei auf ein Bedürfnis der Abwechslung zurückzuführen, nicht auf eines nach Romantik. Manche Männer glauben, daß wir Frauen besser mit der Langweile sexueller Routine umgehen können, solange wir das Gefühl haben, geliebt zu werden und/oder zum Orgasmus kommen. Mit zunehmendem Alter werden wir leichter erregt. Wir unterliegen weit weniger sexuellen Zwängen als der Mann – und müssen die Erregung auch nicht vorzeigen.

Egal, ob die Antwort auf diese Konstellation nun »Partnertausch« oder »Seitensprung« lautet, die Frage ist jedenfalls:

Wie soll ein Mann es nur schaffen, sein ganzes Leben, Tag für Tag, von ein und derselben Frau erregt zu werden?

»Der Mann reagiert auf erotische Behaglichkeit mit Unruhe. Wir brauchen einfach die richtige Kombination aus Behaglichkeit und Herausforderung. Wenn die Frau immer verfügbar ist, wenn sie jederzeit das macht, was der Mann von ihr will, wo liegt dann noch der Unterschied zwischen ihr und irgendeinem Sexsklaven aus den Schriften de Sade?« schreibt ein dreißigjähriger Texaner.

Da haben wir also wieder einmal die Geschichte mit dem Widerstand! Fachleute geben Frauen immer wieder den Rat, die sexuelle Routine ein wenig abzuwandeln und/oder dem Mann das zu geben, was er im Bett will, so daß er sich nicht anderswo umsehen muß. Abwechslung ist die Würze des Geschlechtslebens. Doch es ist wahrscheinlich kein guter Gedanke, ihm immer das zu geben, was er sich einbildet – ganz abgesehen davon, daß es gar nicht möglich ist. (Sagt er denn nicht auch, daß er weniger will, nicht mehr?)

Alle Männer haben in ihren sexuellen Phantasien natürlich mehr und anderen Sex als im richtigen Leben. Aber im Regelfall gilt es auf dem Weg zu diesem Ziel erst einmal, den weiblichen Widerstand zu überwinden – das ist ein wichtiger Teil des Szenarios. Seine sexuelle Traumidentität – die sich teilweise durch seine persönliche Interpretation des Kodes speist – besteht eigentlich aus einem Mann, der erotische Schlachten schlägt und sie zum Wohle aller gewinnt, sich selbst dabei befriedigt und auch die Frau gegen ihren Willen befriedigt. Natürlich ist er dabei immer erregt. Es fällt ihm schwerer, diese Phantasien rund um eine willige Frau herum aufzubauen.

Warum verstehen Frauen nicht, daß Männer nichts dafür können, wenn sie mit jeder Frau ins Bett wollen, die sie sehen?

»Meine Freundin dreht durch, wenn wir zusammen ausgehen und ich anderen Frauen nachschaue. Sie versteht nicht, daß Männer einfach nicht monogam sind. Ich bringe ihr wirklich ein Opfer, wenn ich ihr treu bin. Wenn andere Frauen mich erregen, kann ich sie besser befriedigen. Sollte sie nicht glücklich sein über die Ergebnisse und sich keine Gedanken darüber machen, wie es dazu kommt?« schreibt ein neunundzwanzigjähriger Einzelhandelskaufmann aus dem Südwesten der Staaten.

Jeder Mann schaut – mehr oder weniger oft – anderen Frauen nach und stellt sich vor, wie es wohl wäre, mit ihnen ins Bett zu gehen. Die Männer machen die Frauen sexuell zu Objekten, während die Frauen die Männer in einem romantischen Licht sehen. Männer betrachten Frauen als eine Sammlung von einzelnen Körperteilen, nicht als Menschen. Wenn ein Mann sagt, seine wandernden Blicke bedeuten nicht, daß er unzufrieden mit seiner Partnerin ist, dann sagt er vermutlich die Wahrheit. Der frühere amerikanische Präsident Jimmy Carter verhalf dieser männlichen Eigenheit zu einer gesellschaftsfähigen Bezeichnung: »Die Begierde des Herzens.« Offenbar verstand Rosalyn, daß diese Blicke genau wie das Imponiergehabe dazu dienen, den Penis in Erregung zu halten.

Die meisten Männer wissen, daß es tatsächlich nur bei Blicken bleibt, aber manche reden sich auch ein, daß sie wirklich mit jeder Frau schlafen wollen, die sie sehen. (»Sogar mit den häßlichen. Alle Frauen sind grundsätzlich gleich gebaut, was macht's da im Dunkeln schon aus, wenn sie häßlich ist?«) Lediglich die gesellschaftlichen Beschränkungen und die Bande der Liebe halten ihren wilden Geschlechtstrieb im Zaum – das glauben sie zumindest.

»Männer haben einen Geschlechtstrieb, Frauen nicht«, erklärt allen Ernstes ein Mann. »Wir Männer wollen mit einer Frau ins Bett, so oft es geht.«

Männer, die dieser Philosophie anhängen, haben den Macho-Kode so verinnerlicht, daß sie nicht die geringsten Zweifel bei der Beantwortung der Frage: »Sollte ein richtiger Mann *immer* mit einer attraktiven Frau schlafen wollen?« haben. Sie hängen dem alten Kode genauso unbeirrbar an wie dem neuen: Es ist wesentlich, so oft wie möglich mit einer Frau ins Bett zu gehen und ihr dabei zu so vielen Orgasmen wie möglich zu verhelfen. Sie brüsten sich damit, als Superliebhaber genau zu wissen, was eine Frau will.

In manchen Fällen leben solche Männer ihre Philosophie auch tatsächlich aus. Immer neue Eroberungen sind nötig, um ihr Selbstverständnis und ihre sexuelle Erregung aufrechtzuerhalten. Frauen, die solche Männer lieben, fügen sich entweder in die Tatsache, eine Beziehung mit einem Schürzenjäger zu haben, oder sie verlassen diesen Mann. (So ein Mann würde einen Seitensprung seiner Frau als Todesstoß verstehen, denn für sie »bedeutet das ja etwas«.)

»Ich verberge meine Affären vor meiner Frau, aber ich glaube, daß sie doch – zumindest von einigen – weiß«, schreibt ein siebenunddreißigjähriger Anwalt. »Ich liebe meine Frau, aber Männer sind von Natur aus nun mal nicht monogam. Eine der Lieblingsgeschichten meines Vaters handelt von Präsident Coolidge und dem Hahn. Coolidge und seine Frau besichtigten eine Farm. Mrs. Coolidge fragte, wie denn ein einziger Hahn so viele Hennen ›versorgen‹ könnte. Als man ihr antwortete, daß er mehrmals täglich eine Henne besteigen könne, meinte sie: ›Erzählen Sie das Mr. Coolidge.‹ Sie verstehen, was ich meine. Es liegt einfach in der Natur. Der Mann ist praktisch das einzige monogame männliche Wesen in der ganzen Tierwelt. Das ist nicht natürlich, sondern von der Gesellschaft vorgegeben.«

Viele Männer, die dieser Auffassung sind, sind monogame Ehemänner und Liebhaber. Sie führen nur in ihrer Phantasie ein Leben wie Don Juan. Bei ihnen ist die Traumwelt genauso wichtig für die Erregung wie für den Schürzenjäger seine tatsächlichen Eroberungen. Während sie behaupten, nur »ihr zuliebe« treu zu sein, sind sie vermutlich ganz froh, ihr sexuelles Stehvermögen nicht ständig an neuen Frauen erproben zu müssen.

»Wenn ich gleichzeitig glücklich verheiratet sein und mit so vielen Frauen schlafen könnte, wie ich wollte, würde ich es tun«, sagt ein zweiunddreißigjähriger Mann aus Georgia. »Ich sehe schöne Frauen und will mit ihnen ins Bett gehen. Aber ich kann meine Begierden nicht ausleben. Männer verbringen viel Zeit damit, sexuell frustriert zu sein. Ich habe festgestellt, daß ich mir diese Frustrationen zunutze machen und auch meine Frau besser befriedigen kann, wenn ich meine aufgestauten Wünsche zu Hause lustvoll auslebe. Muß sie unbedingt wissen, daß der Auslöser für diese Lust nicht immer sie selbst ist? Nein.«

Andere Männer sprechen über erotische Veränderungen innerhalb der Beziehung – das hat nichts mit Partnertausch zu tun –, wenn von Abwechslung die Rede ist.

Warum versteht eine Frau nicht, daß guter Sex von erotischer Abwechslung abhängig ist?

»Meine Frau ist der Meinung, daß die Liebe allein genügen sollte, um meine Leidenschaft anzufachen. Vor zehn Jahren war das auch noch so. Heute ist es oft nicht mehr so. Sie verweigert mir den Sex nie. Sie ist immer einfühlsam und liebevoll und beklagt sich nicht, wenn es einmal nicht so gut klappt. Aber sie beklagt sich über die Häufigkeit. Ich möchte auch öfter mit ihr schlafen, aber ich hätte gerne, daß sie die Frau meiner Träume ist, die sich sexy kleidet und sich mir hemmungslos hingibt, als würde sie einzig und allein für meinen Schwanz leben«, schreibt ein Mann nach zehn Jahren Ehe.

Höchstwahrscheinlich wäre er nicht sonderlich angetan, wenn seine Frau sich plötzlich wirklich in die lüsterne Geliebte seiner Phantasie verwandeln würde. Ja, er hätte gerne seine erotische Abwechslung – aber nicht eine völlige Veränderung. Eigentlich will er sagen: ich möchte genauso oft und genauso leicht erregt werden wie noch vor zehn Jahren, aber das klappt nicht, und deshalb mache ich mir Sorgen. Während ein Mann, der dem Macho-Kode anhängt, immer neue Frauen als einziges Heilmittel sieht, glaubt dieser Mann an die erotische Abwechslung mit ein und derselben Frau. Er will nicht hinnehmen, daß der Sex eben oft nicht außergewöhnlich ist. Häufig teilt seine Partnerin diese Überzeugung.

107

»Als wir vor fünf Jahren zusammengezogen sind, wollte meine Freundin nicht so oft mit mir schlafen, wie ich mit ihr«, schreibt ein Siebenundzwanzigjähriger. »Jetzt will sie öfter mit mir ins Bett. Wir haben uns damals gestritten, und wir streiten uns auch heute. Das liegt zum Teil daran, daß wir in unterschiedlichen Schichten arbeiten. Früher hat's mich immer wahnsinnig erregt, wenn sie mich aufgeweckt hat, indem sie meinen Schwanz in den Mund genommen hat. Heute glaube ich manchmal, daß dafür keine Zeit ist oder daß ich zu müde bin. Trotzdem denke ich gleichzeitig heute viel mehr an andere Frauen als noch vor fünf Jahren. Ich habe Schuldgefühle, wenn ich mir andere Frauen vorstelle und masturbiere, während sie in der Arbeit ist und ich dann zu müde bin, sie zu befriedigen, sobald sie nach Hause kommt.«

Diese Männer und ihre Partnerinnen sind der Ansicht, daß ein Mann erregt sein sollte, sobald sie zum Sex bereit ist. Wenn die Dauer einer Beziehung die Erregung dämpft, machen sie sich selbst oder einander Vorwürfe, weil sie nicht genug Abwechslung in ihr Geschlechtsleben bringen. Ja, natürlich: Abwechslung ist gut, mit Sicherheit viel besser, als zwanzig Jahre lang zweimal pro Woche zehn Minuten in der Missionarsstellung zu verbringen. Aber Abwechslung – genau wie dieses andere vielstrapazierte Wort, die Kommunikation – ist kein Allheilmittel gegen Beziehungsprobleme.

»Es ist unrealistisch, zu glauben, daß ein Mann immer erregt ist, wenn seine Partnerin das will«, schreibt ein Bezirksverkaufsleiter aus dem Nordosten der Staaten. »Manchmal ist Sex etwas anderes als Geschlechtsverkehr, nämlich Streicheln und gegenseitiges Masturbieren, wenn einer mal gerade nicht so in Stimmung ist. Ich wette, viele Leute versagen sich angenehme Körperkontakte, weil sie glauben, daß Sex nur Geschlechtsverkehr bedeutet. Manche Männer würden sogar noch weiter gehen: Sex ist lediglich dann richtiger Geschlechtsverkehr, wenn sie sich stark genug fühlen, die Frau beim Sex völlig fertigzumachen. Sie fühlen sich nicht wie richtige Männer, wenn ihr Schwanz nicht hart wie eine Eisenstange ist. Also schlafen viele Leute mit dem Gefühl ein, nicht geliebt zu werden, nicht wahr?«

Andere Männer gestehen, daß zu der Abwechslung, die sie sich vom Sex erwünschen, auch gehört, einmal nicht mit Volldampf an die Sache heranzugehen oder vielleicht sogar auch einmal abwinken zu können.

»Ich bin das zweite Mal verheiratet«, schreibt ein Geschäftsinhaber aus Kentucky. »Meine erste Frau hat die Nummer mit der Sexbombe abgezogen, als unser Sexleben ein bißchen ruhiger geworden ist. Anfangs war es natürlich aufregend, zu einer Frau heimzukommen, die nackt auf dem Boden liegt und in deren Möse allmählich kleine Stückchen Halbbitterschokolade vor sich hinschmelzen. Aber das wird nach einiger Zeit langweilig. Und schließlich wurde es – ich zögere, das Wort zu gebrauchen, weil sie mich dann vielleicht für eine Memme halten – bedrohlich. Wieviel wollte sie denn noch von mir? Ließ sie mir meinen schlaffen Schwanz nie durchgehen, ohne daß ich deswegen gleich einen Minderwertigkeitskomplex haben mußte?

Meine zweite Frau hat nicht immer Lust auf Sex. Sie kann genauso heiß werden wie die erste, aber zum Glück hat sie auch mal Tage, wo sie nicht will. Sie können sich gar nicht vorstellen, wie schön der folgende Satz klingen kann: ›Nicht heute nacht, Schatz, ich habe Kopfweh.‹«

Und ein Arzt aus Chicago sagt: »Der Mann glaubt gerne, daß er nicht soviel bekommt, wie er eigentlich noch schaffen würde. Er freut sich über kleine sexuelle Frustrationen, besonders wenn er älter wird. Sein Geschlechtstrieb speist sich hauptsächlich aus dem Widerstand. Frauen hören das nicht gerne, aber er mag das lieber, was er nicht so leicht haben kann. Keinesfalls will er sich fragen müssen, ob er in der Lage ist, mitzuhalten, oder ob er sie enttäuschen muß.«

Dieses ganze Gerede vom Widerstand vermittelt fast den Eindruck, als wünschten sich Männer jede Nacht eine erotische Schlacht. Das stimmt nicht. Aber der Verdacht, daß es doch so sein könnte, verführt viele Frauen zu dem Ratschlag: »Zieren Sie sich ein bißchen.« Männer wünschen sich, daß die Frau ihre Sexualität mit ihren ganzen Höhen und Tiefen akzeptiert. Sie haben mit ihrem eigenen Mythos schon genug zu tun. Sie verstehen ihre Entschlossenheit, sie zu erregen, wenn sie nicht erregt sind – oder ihre fast völlige sexuelle oder anderweitige Unterwerfung –, als Manifestationen ihres eigenen Mythos. Sie erwartet von ihnen, daß sie allzeit bereit sind, sie völlig zu befriedigen, für sie die Verantwortung übernehmen. Verständlicherweise haben die Männer davor Angst.

Der »Widerstand«, den die Männer sich wünschen, läßt sich nicht planen. Auch die Frau, die sich »ziert«, kann ihre Lust nicht verbergen, wenn sie da ist. Männer sagen mir immer wieder, daß sie sich eine intelligente Frau wünschen, keine »Nutte«, keine »fanatische Spielerin« und auch keine Frau, »die bereit ist, sich in einen anderen Menschen zu verwandeln, nur um es dem Mann recht zu machen«. Intelligente, unabhängige Frauen besitzen einen ganz natürlichen Widerstand, den Männer sexy und attraktiv finden. (»Eine dumme Frau ist okay, wenn ich einen geblasen haben will«, erklärt ein neunundzwanzigjähriger Mann aus Texas, »aber nicht für richtigen Sex. Wenn man mit einer Frau schläft, braucht man noch etwas anderes als nur einen Körper, an dem man sich festhält.«) Diesen natürlichen Widerstand bieten:

- Partner, die ihre gegenseitigen sexuellen Bedürfnisse und Wünsche kennen und akzeptieren;

- Frauen, die von ihm nicht immer die Erfüllung dieser Bedürfnisse erwarten, weil sie ganz genau wissen, daß auch sie selbst nicht *immer* die seinen erfüllen können;

- Frauen, die sich nicht völlig selbst aufgeben, nur weil sie sich verliebt haben.

»Frauen können ganz schön blöde sein«, sagt John. »Wenn sie es ihrem Partner – im Bett oder auch außerhalb – recht machen wollen und sich selbst dabei aufgeben, sind sie verrückt. Außerdem nehmen sie ihm damit auch etwas weg. Sie machen es ihm zu leicht. Sie nehmen ihm die Herausforderung, machen es ihm zu leicht, fett, faul und selbstzufrieden zu werden. Natürlich strampelt er sich ab, um die Oberhand zu gewinnen. Aber das bedeutet nicht, daß er sie auch tatsächlich will, wenn er sie bekommen hat.«
Mit fast völliger Sicherheit tut er das nicht.

Was Sie zum Punkt männlicher Erregung nicht vergessen sollten:

* Weil er stärker auf optische Reize anspricht als sie, wird er von einer attraktiven Frau vielleicht erregt, während Sie einen attraktiven Mann wahrscheinlich nur aus der Ferne bewundern.

* Selbst wenn er gerne glauben würde, daß er dieser Erregung nachgeben könnte oder sollte, wird er es wahrscheinlich nicht tun.

* Wenn Sie ihn nicht mehr so leicht oder so oft wie früher erregen können, dann glauben Sie nicht, daß das Problem

sich dadurch lösen läßt, daß Sie ihm mehr von dem geben, was er Ihrer Ansicht nach mag. Akzeptieren sie die ganz natürlichen Höhen und Tiefen der Begierde.

* Sexuelle Abwechslung ist etwas Wunderbares. Doch eine der Variationen, die Sie nicht aus dem Auge verlieren sollten, ist die einfache Zuneigung ohne Leistungsdruck. Halten Sie ihn in den Armen oder streichen Sie ihm übers Haar. Vermitteln Sie ihm nicht das Gefühl, daß das unbedingt zu mehr führen muß.

Kapitel 7: **Die freundliche Möse**

»*Wenn es die Frauen erregen soll, sind's Erotika. Wenn es den Mann erregen soll, ist's Pornographie. Halten Sie das etwa für fair?*« – James, ein Verfasser von Erotika.

Fair nicht, aber wahr. Wenn Sie Zweifel an dieser Aussage haben, schauen Sie sich mal die Erotika im nächsten Homosexuellen-Bücherladen an. Andrea Dworkin, die mit radikalfeministischen Ansichten gegen die Pornographie zu Felde zieht, verfaßt gleichzeitig gepfefferte lesbische Geschichten, die sich oft in den Bereich des Sadomasochismus vorwagen. (Nein, ich kann Ihnen nicht erklären, warum eine Frau eine andere Frau verletzen darf, während ein Mann eine Frau nicht verletzen darf. Vielleicht kann die Autorin das.)

Seit Hugh Hefner 1954 am Küchentisch seines Hauses in einem Vorort von Chicago die Idee zum PLAYBOY hatte, werden alle Arten von Publikationen und Videos, die darauf abzielen, Männer zu erregen, von Frauen, Predigern wie Jim Bakker und »besorgten Bürgern« angegriffen. (Von Kinderpornographie und Hardcore-Pornos, die sich weder rechtlich noch moralisch rechtfertigen lassen, soll in diesem Buch nicht die Rede sein. Auch extrem gewalttätige sadomasochistische Praktiken haben meiner Meinung nach hier nichts zu suchen.) Andererseits sind Erotika von Frauen, so zum Beispiel Lonnie Barbachs *Pleasures* und *Erotic Interludes* sowie *Deep Down: The New Sensual Writing by Woman,* herausgegeben von Laura Chester, von vielen gelobt worden. Allerdings muß man eines zugestehen: Frauenerotik spielt sich fast ausschließlich im verbalen Bereich ab, kaum jemals im visuellen.

Die meisten Männer werden von pornographischer Literatur und Videos für Erwachsene erregt. Über neunzig Prozent der von mir befragten Männer gaben eine oder beide Kategorien als Stimulationsmittel an. Die Mehrheit von ihnen benützt diese Materialien sozusagen als »Sprungbrett« für die Masturbation oder andere sexuelle Erlebnisse. (Hier ist nicht von dem geringen Prozentsatz der pornobesessenen Männer die Rede – jene Männer, die sich stundenlang mit ihrer Sammlung beschäftigen können und die Masturbation dem Sex mit Frauen vorziehen.) Shere Hite schreibt in *The Hite Report on Male Sexuality* (dt.: *Hite-Report,* 2. Bd.), daß die überwältigende Mehrheit der Männer die ästhetisch anspruchsvollen Nacktfotos in PENTHOUSE und PLAYBOY dem unverblümteren Sex in den billigeren Publikationen vorzieht.

Lonnie Barbach sagt: »Für die meisten Männer stellt die Betrachtung von PLAYBOY, PENTHOUSE oder FORUM eine Möglichkeit der Erregung dar; der Mann sucht nicht nach einer anderen Frau und vergleicht auch seine Partnerin nicht mit der Frau auf der Seite des Magazins. Er schaut sich die Fotos einfach deshalb an, weil es ihm Spaß macht. Für ihn hat das nichts mit Abwertung zu tun. Männer verwenden Bilder als sexuelle Stimulation, Frauen nicht. Sie reagieren eher auf Berührungen und emotionalen Austausch.«

Die Frage, die Männer mir über die Pornographie am häufigsten gestellt haben, lautet:

Wie bringe ich eine Frau dazu, mit mir zusammen pornographische Bücher, Magazine oder Videos anzuschauen?

»Ich glaube, es könnte sie auch anregen, wenn sie mal was Neues sehen würde. Sie ist überhaupt nicht für Abwechslung zu haben, nicht einmal für Reizwäsche. Sie sagt, die Magazine, die ich mag, sind ›schmutzig‹ oder ›abartig‹. Sie sagt, daß die Frauen darin ausgenützt werden. Ich sage, die Bilder sind doch nur zur Stimulation gedacht, und in den Geschichten geht's um tollen Sex, für Mann und Frau. Was soll daran so schlimm sein?«

Ich persönlich halte die Magazine, die dieser Mann mag, nicht für schlimm. Männer finden darin handfeste Informationen über sexuelle Techniken und die sexuellen Bedürfnisse der Frau, also die gleichen Informationen, die wir Frauen über unsere Magazine bekommen, nur sie lesen sie eben in ihrer Sprache. Sie sind ein sicheres Ventil für die Phantasien der Männer. Und öfter, als man eigentlich erwarten würde, wenn man solche Hefte nicht regelmäßig liest, enthalten sie Geschichten und Briefe von Frauen, die im Bett die Initiative übernehmen.

Frauen, die etwas gegen solche Magazine haben, argumentieren, daß Frauen darin zu Objekten gemacht werden, was sie abstoßend finden. Die Pornographie macht Frauen tatsächlich zu Objekten, weil sie dazu dient, Männer zu erregen, und Männer machen Frauen beim Sex nun einmal zu Objekten. Sie tun dies, weil sie in der Lage sind, Liebe und Sex voneinander zu trennen. Die meisten Frauen können das nicht, weil sie entweder wirklich anders reagieren oder aber von der Gesellschaft dazu gebracht werden, anders zu reagieren. Ob Frauen das nun angenehm finden oder nicht, es ändert nichts an der Realität. Die Haltung der Frau bringt den Mann unter

115

Umständen dazu, hoch und heilig zu schwören, daß er sich eine Frau *nie* nur als eine Ansammlung einzelner erotischer Körperteile vorstellt, aber damit lügt er sie an und wahrscheinlich auch sich selbst.

»Ein Mann sagt Ihnen sofort, ob er auf Brüste, Beine oder Hinterteile steht«, sagt James. »Eine Frau hingegen sieht vielleicht auch einmal ganz gerne einem knackigen männlichen Hintern nach, aber sie würde niemals sagen, daß sie auf knackige Hintern steht. Selbst eine Frau, die sich ihrer besonders attraktiven Körperteile bewußt ist, ist nicht auf diese Teile fixiert und legt sich auch keine Phantasien darüber zurecht. Wenn sie sich die Liebe mit einem Mann vorstellt, ist das eine Angelegenheit, die den ganzen Körper und alle Gefühle umfaßt. Der Mann jedoch sieht diese Riesentitten vorbeilaufen, und vor seinem geistigen Auge sieht er sich schon dazwischen abspritzen. So ist das eben.«

Die Fähigkeit des Mannes, die Frau körperlich zu objektivieren, unterscheidet ihn von der Frau. Wir Frauen jedoch machen ihn auf andere Weise zum Objekt, nämlich zum leistungsorientierten Erfolgsobjekt. Viele Frauen, die Pornographie abstoßend finden, merken nicht, daß unsere Bücher und Magazine vielleicht den Mann abschrecken, weil sie ihn als Gegenstand behandeln, den wir durch unseren Charme, unsere Schläue und unsere Schönheit erringen können. Diese Frauen fühlen sich wohl dabei, weil in unsere puritanischen Gesellschaft der Sex für Sünde steht, während die finanzielle Abhängigkeit der Frau etwas mit Gott und allem Guten zu tun hat. Sie sehen die Pornographie als weiteren Beweis dafür, daß der Mann eine niedrigere Spezies ist. Doch die Männer merken allmählich, daß ein Objekt tatsächlich ein Objekt ist, egal, wie die Verpackung aussieht.

»Meine Exfrau war päpstlicher als der Papst, wenn's um Pornographie ging«, schreibt ein Installateur. »Sie hat mir Schuldgefühle gemacht, weil ich mir jeden Monat PENTHOUSE und PLAY-

116

BOY gekauft habe. Sie hat mir gesagt, ich bin pubertär und pervers, weil ich mehr brauche als nur die reine Liebe, um erregt zu werden. Dann bin ich sechs Monate arbeitslos gewesen. Sie mußte sich selbst einen Job suchen, damit Geld ins Haus gekommen ist. Sie war wütend auf mich, weil ich sie im Stich gelassen habe, und sie hat Angst gehabt, daß ich nie wieder eine Arbeit finde ... unser Verhältnis war schrecklich, bis ich wieder einen Job gefunden habe. Sie wollte die ganze Zeit über nicht mit mir schlafen. Daraus habe ich gelernt: meine Lohntüte hat sie mehr angemacht als mich die Fotos von nackten Frauen.«

Sogar Frauen, die nichts dagegen haben, wenn ihr Mann Pornohefte liest, behaupten, selbst durch Pornographie nicht erregt zu werden. Doch Untersuchungen haben gezeigt, daß Frauen genau wie Männer körperlich auf pornographische Sprache und Bilder reagieren. Der Pulsschlag beschleunigt sich, die Vagina sondert mehr Sekrete ab – die üblichen Zeichen der Erregung. Die Frauen in den Tests behaupten, nicht erregt zu sein, während ihr Körper doch ganz klar zeigte, daß sie es waren. Offenbar waren sie in der Lage, ihre Erregung vor sich selbst zu verbergen, weil man ihnen beigebracht hat, daß Pornographie moralisch verwerflich ist, besonders wenn Frauen damit zu tun haben. Viele Männer würden diese Art der Stimulation jedoch gerne mit ihren Partnerinnen teilen.

»Ich hab' meine Frau dazu gebracht, mit mir zusammen die PENTHOUSE LETTERS zu lesen, und jetzt bringt sie die Hefte sogar selber mit nach Hause«, erzählt ein Leser. »Wir lesen einander die Briefe und Geschichten laut vor, und das macht uns beide heiß. Manchmal probieren wir die Ideen aus den Briefen aus, oder etwas Ähnliches. Dadurch wird unser Sexleben viel interessanter.«

Die zweite Frage, die Männer zur Pornographie oft stellen, lautet:

Warum fühlen Frauen sich durch Pornofilme bedroht?

»Ich liebe den Körper meiner Frau. Sie hat phantastische Brüste. Am liebsten spritze ich voll drüber ab. Sie sagt, daß ich das von den Videos hab', und das macht sie nervös. Die ganze Sache macht sie nervös, weil sie glaubt, daß sie sich mit den Frauen in den Filmen nicht vergleichen kann. Ich hab' auch keinen von diesen Superschwänzen, aber es macht mich an, wenn einer bei einer Frau unterwegs ist. Warum hat sie solche Komplexe wegen ihrem Körper?«

Wahrscheinlich hat er die Idee tatsächlich von den Videos. Die wachsende Anzahl von Briefen, in denen diese spezielle Technik erwähnt wird, fällt eindeutig mit dem Videoboom zusammen. Viele Männer fragen mich, warum sie weniger Samen haben als sie auf dem Bildschirm sehen. (Antwort: Das ist wie mit dem Tomatenketchup – nicht alles ist echt, was echt erscheint ...)

Die meisten Männer bekommen keine Minderwertigkeitskomplexe, wenn sie Videos ansehen (obwohl manche Männer gestehen, von der Penisgröße der männlichen Darsteller ziemlich beeindruckt zu sein). Sie können nicht verstehen, warum wir unseren eigenen nackten Körper als minderwertiger ansehen als die Idealfiguren auf dem Bildschirm – und wir verstehen dafür ihre Sorge um die Penisgröße nicht. Wir haben Angst, daß sie unseren Körper mit dem der Pornostars vergleichen und nicht attraktiv finden. Manche Frauen glauben sogar, daß Männer lieber Videos ansehen als die Frau, die neben ihnen im Bett liegt. Das stimmt nicht.

Die Männer gehen mit uns Frauen längst nicht so hart ins Gericht wie wir mit uns selbst. Sie sagen vielleicht, daß sie schlanke Frauen attraktiv finden, aber ihre Definition von schlank ist bei weitem nicht so eng gefaßt wie die unsere. Sie übersehen schon mal ein paar Gramm zuviel und konzentrieren sich dafür lieber auf die besten Seiten (oder objektivieren sie). Den meisten Männern gefällt das Ideal der fünfziger Jahre à la Marilyn Monroe, also ein Typ Frau, der heutzutage bei den Trendsettern als »dick« gilt. Die Frau mit den »phantastischen Brüsten« ist in den Augen ihrer Geschlechtsgenossinnen vielleicht einfach nur dick.

Männer betrachten Pornofilme als Sexhilfen. Sie haben das Gefühl, daß sie sie am intensivsten zusammen mit ihrer Partnerin genießen können. Genau wie sie wäre auch der Mann gelangweilt, wenn er einfach nur zusehen würde. Bei dieser Erotika geht's ums Mitmachen.

»Zu meiner Zeit hat man heiße Filme draußen in der Garage gezeigt«, erzählt ein Mann aus Virginia. »Das war furchtbar schlechte Qualität, körnige Bilder, stümperhafte Aufnahmen, kein Ton. Das war nicht mal sonderlich aufregend. Wir haben sie angeschaut, weil man als richtiger Mann solche Dinge eben zusammen gemacht hat, genauso wie Zigarren rauchen, Pokern und sich besaufen. Diese Dinge haben sich zum Besseren gewandelt. Die Videos heute werden eigens fürs Schlafzimmer produziert, wo sie viel Gutes bewirken können.«

Ein Mann aus South Dakota sagt: »Normalerweise holt meine Frau die Videos, weil sie in einer Einkaufsstraße arbeitet, wo's auch eine Videothek gibt. So einmal die Woche bringt sie einen Film heim, den wir dann gemeinsam genießen. Durch die Videos sind wir erst auf die Idee gekommen, uns beim Vorspiel gegenseitig zu masturbieren. Es macht sie an, wenn sie mir dabei zusieht, wie ich komme. Wir machen jetzt auch mehr oralen Sex. Ich würde sagen, unser Geschlechtsleben hat dadurch ziemlich gewonnen.«

Egal, ob die Pornographie Paare zu Experimenten ermutigt, ihre Leidenschaft entzündet oder nur ihrer Phantasie neue Nahrung gibt, sie ist jedenfalls zu einem verbreiteten Hilfsmit-

119

tel beim Sex geworden. In den letzten Jahren ist viel über die wachsende Grausamkeit in manchen Formen der Pornographie gesprochen worden. Weniger die Rede ist von dem neuen Trend der paarorientierten Videos mit romantischen Geschichten, sanfterer Pornographie und romantischer Musik. Viele davon werden von Produzentinnen und Regisseurinnen gemacht, zum Beispiel von der ehemaligen Pornofilmdarstellerin Candida Royalle, der Inhaberin von Femme Productions. Wenn Sie sich bis jetzt geweigert haben, zusammen mit ihrem Partner Erotika anzusehen, dann holen Sie sich einen von Royalles Filmen. Vielleicht ändern Sie dann Ihre Meinung über Pornographie.

Warum Sie die ganz normale Pornographie nicht überbewerten sollten:

* Sein Bedürfnis nach anderen Mitteln der sexuellen Stimulation bedeutet nicht, daß Sie zu wenig Sex-Appeal haben.

* Er erwartet von Ihnen nicht, daß Sie wie die Frau auf dem Bildschirm aussehen oder sich so verhalten.

* Auch Sie können von den Sextechniken profitieren, die er aus den Pornos lernt, und von seiner größeren Erregung.

* Schließlich zensiert er Ihre Lektüre doch auch nicht, oder?

120

Kapitel 8: Vielleicht ist es Ihnen lieber, wenn Sie's nicht wissen

»Eine ganze Zeit nach der Scheidung hatte ich gewalttätige Phantasien über meine Frau. Ich ließ sie fesseln und knebeln und von einem goldenen Haken an der Decke herunterbaumeln. Ich ließ sie dort hängen, bis ihr der Schweiß in Strömen herunterlief und sie Muskelkrämpfe bekam. Sie weinte und stöhnte trotz des Knebels. Dann peitschte ich sie aus – den ganzen Körper, vom Hals bis zu den Knien. Mein Schwanz schwoll auf die doppelte Größe an. Manchmal hab' ich sie im Stehen genommen, manchmal hab' ich sie auch losgemacht, auf den Boden geworfen und es ihr von hinten besorgt. Als alles vorbei war, gab sie zu, daß es ihr bei niemandem so gut gekommen war wie bei mir. Es war sozusagen ein therapeutisches Erlebnis.« – Ein zweiundvierzigjähriger Manager aus dem Mittleren Westen.

Dieser Mann hat nie ein wirklich sadomasochistisches Erlebnis gehabt. Er ist auch seiner Exfrau gegenüber nie gewalttätig gewesen. Die Scheidung liegt zwei Jahre zurück, und er ist inzwischen mit einer anderen Frau zusammen, die er liebt. Er hat nach wie vor Phantasien, manchmal sogar gewalttätige, aber nie über seine Exfrau. Die meisten Männer haben solche Phantasien. Bisweilen kommt es darin zu Gewalt, gewöhnlich in Form von leichten Schlägen oder Peitschenhieben, die die Partnerin sich wünscht, um zum Orgasmus zu kommen. Auch der umgekehrte Fall ist möglich – die Frau tut ihm Gewalt an, und zwar aus ganz ähnlichen Gründen: es handelt sich dabei sozusagen um eine Erlaubnis, zu fühlen.

Der Durchschnittsmann hat pro Stunde acht sexuelle Phantasien, die von der flüchtigen Wahrnehmung schöner Beine bis zum Gedanken an den tatsächlichen Geschlechtsverkehr reichen. Genau wie die Frau benutzt er diese Phantasien, um sich bei Masturbation oder Geschlechtsverkehr zu stimulieren. Die Phantasien des Mannes lassen sich in ähnliche Grundkategorien einteilen wie die der Frau.

– Ersatz des eigentlichen Partners durch einen eingebildeten oder real existierenden;
– Gruppensex;
– homosexueller Sex;
– Sex mit Gewalt;
– exhibitionistischer Sex;
– und eine Kategorie, die fast ausschließlich männlich ist: analer Sex.

Nancy Friday stellt in *Men in Love,* gewissermaßen *der* Sammlung männlicher Phantasien vom Sex, fest, daß seine erotischen Tagträumereien gewöhnlich gewalttätiger und weit weniger persönlicher sind als die der Frauen. Wenn wir einen Mann sehen oder kennenlernen, der uns gefällt, bauen wir rund um ihn herum eine romantische Geschichte mit einer Einleitung und einer Verführungsszene und dann schließlich auch mit Sex auf. Wir verleihen diesem Mann dabei romantische Qualitäten, die ihm in der Realität häufig fehlen. Manchmal sehen unsere sexuellen Phantasien ganz ähnlich aus wie eine Liebesgeschichte aus dem Hollywood der fünfziger Jahre und enden weder im Geschlechtsverkehr noch im Orgasmus. Selbst in unserer Vorstellungswelt kommt es selten zum anonymen Sex oder zum Sex nur um der körperlichen Entspannung willen.

Die Lieblingsvorstellung der Frau hat mit Vergewaltigung und/oder Gewalt zu tun, oder wie Nancy Friday es ausdrückt, mit einem Szenario des: »Er hat mich dazu gezwungen!« Natürlich wollen Frauen in der Wirklichkeit nicht vergewaltigt werden. Solche Phantasien zeigen nur, wie sehr wir nach einer Erlaubnis suchen, den Sex zu genießen. Und die bekommen wir von einem verwegenen Helden, der uns gegen unseren Willen nimmt und uns so sexuell befreit. Man möchte meinen, daß unsere eigenen Phantasien in denen der Männer ihre Entsprechung finden, die sich selbst als »romantische Vergewaltiger« sehen.

Doch Nancy Friday stellte das genaue Gegenteil fest: *»Eines der Hauptthemen in den männlichen Phantasien ist die Aufgabe der Aktivität zugunsten der Passivität ...* Die Lieblingsphantasien der Männer drehen sich letztlich nicht um Vergewaltigung und Zwänge. In ihrer Vorstellungswelt wünschen die Männer sich genau dasselbe wie die Frauen, nämlich daß der Partner den aktiven Part übernimmt.«

Genau wie wir brauchen auch die Männer sozusagen eine Erlaubnis, um den Sex genießen zu können. Ihre Phantasien von lüsternen Frauen oder Frauen, die sie sexuell dominieren oder strafen, bieten ihnen eine Ausrede, sich gehenzulassen. Die Peitsche in ihrem Kopf nimmt ihnen auch die Schuldgefühle. Wenn wir jedoch das, was sich vor dem geistigen Auge des Mannes abspielt, sehen könnten, wären wir wahrscheinlich so bestürzt, verängstigt oder verlegen, daß wir es nicht deuten oder mit unseren eigenen Träumen vergleichen könnten. Manchmal ist er selbst auch verwirrt oder besorgt über das, was sich da in seinem Kopf abspielt. Die Frage, die mir Männer im Zusammenhang mit ihren Phantasien am häufigsten stellen, lautet:

Bin ich anormal?

»*In der Phantasie bin ich oft mit einer Frau und einem anderen Mann im Bett. Sie saugt an meinem Schwanz, während ich ihn mit der Hand masturbiere. Dann verändern wir die Stellung; ich sauge an ihren Fingern, während sie ihm einen bläst, und er holt mir einen runter. Sein Geschmack an ihrer Hand erregt mich. Der andere Mann und ich haben schon wieder einen Ständer, und sie fleht uns an, daß wir sie befriedigen. Sie setzt sich auf meinen Schwanz, und er besorgt's ihr von hinten. Ich spüre meinen Schwanz in ihrem Körper. Es ist fast so, als würde ich sie beide bumsen, etwas Aufregenderes habe ich noch nie erlebt. Wir kommen alle drei gleichzeitig. Ich bin weder schwul noch bisexuell. Ist es anormal, solche Phantasien zu haben?*« schreibt ein Steuerberater aus Cleveland.

Männer machen sich oft Sorgen über ihre homosexuellen oder gewalttätigen Phantasien, aber diese Phantasien sind nach Aussagen der Experten *normal*, solange sie nicht in Besessenheit ausarten. Es gibt nicht viele psychologische Schriften, die sich mit sexuellen Phantasien befassen, was erstaunt, wenn man bedenkt, wie wichtig sie in unserem Leben sind. Vor Nancy Friday hatte sich noch niemand systematisch dieser Erfahrung zugewandt, und nicht einmal C. G. Jung wußte viel zu dem Thema zu sagen. Die Therapeuten sind im allgemeinen der Meinung, daß eher die Häufigkeit dieser Vorstellungen als ihr Inhalt das Problem darstellen.

Etwas zu denken, bedeutet nicht unbedingt, daß man es wirklich getan hat, tut oder noch tun wird. In meiner eigenen Umfrage bekannte sich weniger als ein Fünftel zu einer tatsächlichen homosexuellen Erfahrung, und fast die Hälfte der Männer, die es taten, betrachteten solche Erfahrungen als isolierte Erlebnisse, die sich in der Jugend zugetragen hätten. (Ich habe nur von einigen bisexuellen Männern gehört, was die Theorie vieler bestätigt, die Leserbriefe an Sexmagazine schikken: offenbar gibt es mehr bisexuelle Frauen als Männer.) Mehr als die Hälfte der Befragten hatte jedoch hin und wieder homosexuelle Phantasien.

Tagträume von Vergewaltigungen und/oder. Fesselungsspielchen sowie Sadomasochismus waren sogar noch häufiger. Die tatsächliche Teilnahme an solchen Fesselungsspielen beschränkt sich auf etwas mehr als ein Drittel der Befragten (meist nur ein- oder zweimal, hauptsächlich aus Neugierde); sadomasochistische Praktiken wurden von weniger als einem Drittel erwähnt. In ihrer Untersuchung über den männlichen Masochismus beschreibt Nancy Friday das Verhältnis der Masochisten zu dem der Sadisten mit vier zu eins. Meine eigene Umfrage und die Briefe, die mir zugesandt werden, bestätigen ihre Ergebnisse.

Nancy Friday meint: »Hinter der sadistischen Fassade steckt eine gänzlich gegenläufige Geschichte: der Mann scheint zu sagen, daß er dem Opfer seinen Willen nicht aufzwingt, um grausam zu sein, sondern um die gehemmte Frau dazu zu bringen, sich so gehenzulassen, wie sie es sonst nicht könnte. Er verletzt seine Partnerin ›gerade so sehr, daß es ihr noch Spaß macht‹.«

Nancy Friday hat des weiteren festgestellt, daß die sadomasochistischen Phantasien den tiefen Zwiespalt des Mannes gegenüber der Frau ausdrücken. Einerseits begehrt er sie, andererseits ist er wütend darüber, daß sie solche Macht über ihn hat. Ihrer Meinung nach illustrieren masochistische Phantasien »eine Umkehrung des Zornes ... die derselben Wut wie die des ... Sadisten entspringt«.

Wiederum sollte man diese Tagträume nicht mit der Realität verwechseln.

Ein Professor aus dem Nordwesten der Vereinigten Staaten

schreibt: »In meinen Phantasien kommt es nicht zu Gewalttätigkeiten im Sinne von körperlichem Schmerz oder Schlägen (ich bin gegen jegliche Gewalt). Trotzdem erregt es mich sehr, wenn ich mir vorstelle, wie eine hübsche, attraktiv gekleidete Frau gefesselt und geknebelt, gefügsam gemacht, langsam entkleidet und von ihrem Wächter/Herren auf jede nur erdenkliche Weise vernascht wird.

Mir ist sehr wohl bewußt, daß solche Phantasien, in denen ich die Frauen, die ich begehrlich finde, zu Sexsklaven mache, für diese Frauen objektiv degradierend sind. Doch möglicherweise gründen diese Phantasien in meinen bisweilen gewaltigen Frustrationen und meinem Ärger darüber, welche Macht die Frau durch den Sex über mich und andere Männer ausübt.«

Ein Mann, der sich in seinen Träumen eher devot erlebt, sagt über seine Phantasien und sein Schamgefühl: »Ich stelle mir eine große, kräftig gebaute Frau wie Brigitte Nielsen vor, die einen schwarzen Lederbikini und hochhackige Stiefel trägt, die ihr bis zu den Oberschenkeln reichen. In der einen Hand hat sie eine neunschwänzige Katze. Sie schlägt damit leicht gegen ihren Stiefel, während ich mich ausziehe und vor ihr hinknie. Wenn ich nackt bin, beuge ich mich vor und küsse ihre Füße. Sie läßt die Peitsche auf meinen Hintern heruntersausen, und mein Schwanz wird hart. Sie schlägt immer wieder zu. Ich habe das Gefühl, daß ich es nicht mehr aushalte, und plötzlich hört sie auf zu schlagen. Sie hängt sich einen riesigen Dildo um und besorgt es mir von hinten. Ich hab' das Gefühl, daß sie mich von oben bis unten aufreißt. Der Schmerz wogt in Wellen durch meine Eier. Ich komme.

Ich würde vor Scham im Erdboden versinken, wenn meine Frau von meinen Phantasien erführe. Wir haben ein ganz normales Sexleben miteinander. Ich weiß nicht, was diese Gedanken bedeuten, vielleicht bin ich krank.«

Trotz der Sorgen über ihre Träume fragen mich Männer immer

wieder, ob sie sie nicht ihren Frauen oder Freundinnen erzählen sollen. Viele glauben, daß dieses Erzählen auch zum gemeinsamen Ausprobieren führt oder führen könnte. Die zweithäufigste Frage über sexuelle Phantasien lautet:

Wie bringe ich eine Frau dazu, daß sie Phantasien mit mir zusammen ausprobiert?

»Ich stelle mir Sex mit meiner Frau und ihrer besten Freundin vor. In meinem Lieblingstraum komme ich unerwartet mitten am Tag nach Hause und erwische sie zusammen im Bett. Sie sind grad heftig bei der Sache, Mund auf Möse, Stöhnen und Ächzen, also merken sie gar nicht, daß ich auch im Zimmer bin. Ich kriege einen Ständer. Ich mache den Gürtel auf, weil ich die Hose ausziehen will. Dann lasse ich den Gürtel auf den süßen Hintern meiner Frau heruntersausen, der gerade höchst attraktiv in der Luft herumwackelt. Sie stöhnt noch mehr und läßt sich auf ihre Freundin sinken. Sie schauen mich an und werden rot, aber jetzt können sie nicht mehr aufhören. Ich zieh' mich aus und spring' zwischen ihnen ins Bett. Sie wenden sich beide mir zu. Meine Frau will auf mir reiten, aber ich sage ihr, daß ich ihre Freundin zuerst will. Dann klettert ihre Freundin auf mich, während sich meine Frau auf mein Gesicht setzt. Ich mach's ihr mit der Zunge, bis sie kommt, während ihre Freundin wild auf mir reitet. Der Nachmittag ist himmlisch, und ich treib's oral, anal und auf jede nur erdenkliche Art und Weise mit beiden Frauen. Wie bringe ich meine Frau bloß dazu, wirklich mal einen Dreier auszuprobieren? Sollte ich ihr von meinen Phantasien erzählen?« schreibt ein Leser.

Seine erste Frage ist nur eine Variation der Grundfrage: Wie bringe ich meine Partnerin dazu, mir sexuell das zu geben, was

127

ich mir wünsche? Meine Antwort lautet: Artikulieren Sie diesen Wunsch als Thema, nicht als Bitte. Suchen Sie, wenn möglich, eine erotische Passage in einem Buch oder in einem Film, in der Ihr Wunsch in die Tat umgesetzt wird. Lesen Sie sie ihrer Frau vor oder zeigen Sie sie ihr. Versuchen Sie, herauszufinden, wie sehr sie sich für das Thema interessiert, bevor Sie sie darum bitten. Und dann stellen Sie die Frage in nettem Tonfall.

Die zweite Frage des Lesers ist nicht leicht zu beantworten. Ich habe noch nie eine eindeutige Antwort auf diese oder ähnliche Fragen gegeben, die eher mit psychologischem Wissen als festgelegten Fakten zu tun haben, und auch nicht auf Fragen, deren Beantwortung mehr als nur gesunden Menschenverstand und gute Manieren im sexuellen Bereich erfordert. Die Fachleute sind sich uneinig, geben aber fast alle den Rat, dem Partner die eigenen Phantasien nur mit größter Vorsicht mitzuteilen, egal, wie gut man ihn kennt oder wie sehr man ihm vertraut.

»Die vielleicht größte Irrmeinung über sexuelle Phantasien ist, daß sie eigentlich nur unterdrückte Wünsche sind«, schreibt Nancy Friday.

Deshalb behalten viele Männer ihre Phantasien voller Schuldgefühle für sich, während andere sie mitteilen, um diese vielleicht in die Tat umzusetzen. (Wieder andere sagen ebenfalls nichts darüber, jedoch ohne die Schuldgefühle, und benutzen sie im gegebenen Fall, um sich zu erregen.) Wie aus den Leserbriefen hervorgeht, sind die Männer, die ihre Phantasien mitteilen, jedoch wählerisch. Sie entscheiden sich für solche Träume, die in der Theorie, wenn auch nicht unbedingt in der Praxis, noch am ehesten akzeptabel sind; so zum Beispiel Sex mit einem anderen Partner oder zwei Frauen, analer Sex, Fesselungsspielchen, Sex an exotischen oder öffentlichen Orten oder auch moderate sadomasochistische Szenen. Homosexuelle oder gewalttätige Phantasien werden weit weniger häufig mitgeteilt.

Das Erzählen führt nicht unbedingt zur Verwirklichung, und wenn es tatsächlich dazu kommt, ist dies unter Umständen alles andere als befriedigend oder raubt der Vorstellung ihren erotischen Reiz.

»Wenn ich mit Frauen über meine Phantasien spreche, macht sie das heißer«, schreibt ein dreißigjähriger Geschäftsmann aus dem Südwesten der Vereinigten Staaten. »Ich bin mit Frauen aller Altersgruppen zusammen. Doch die Älteren fühlen sich weniger bedroht, wenn sie hören, daß ich davon träume, von einer Gruppe lüsterner Amazonen festgehalten zu werden, die mich dazu zwingen, täglich den ganzen Stamm zu befriedigen. Jüngere Frauen sind verletzt, wenn sie hören, daß man auch nur daran denkt, jemand anders zu bumsen.

Wenn man sich vom Reden aufs Tun verlegt, wird die ganze Sache meistens ziemlich enttäuschend. Ich habe einmal zum Beispiel eine Frau dazu gebracht, eine meiner Lieblingsphantasien in die Tat umzusetzen. Ich hatte mir immer vorgestellt, in einer Bar ein teures Callgirl aufzutun. Sie hat sich entsprechend angezogen, trug auch keine Unterwäsche, und hat die Rolle toll gespielt. Sie aus dieser Bar rauszukriegen, war eine heiße Sache, aber der Sex daheim war auch nur Sex, nicht anders als sonst. In der nächsten Woche wollte sie dann die Nuttennummer wieder abziehen. Mir war's zuviel Mühe, die ganze Show für ein einziges Mal Bumsen zu inszenieren, und es hat mir leid getan, daß ich die ganze Geschichte überhaupt aufgebracht habe. Das hab' ich ihr natürlich nicht sagen können. Das hätte ziemlich blöde ausgesehen.«

Ein anderer Mann um die Dreißig schreibt: »Sobald ich über meine Phantasien gesprochen habe, hat ihnen das den Reiz genommen. Ich hab' diese ganzen ausgeklügelten Sexszenen in meinem Kopf gehabt, aber ich hab' sie alle aufgeben und neue erfinden müssen, weil sie kaputtgegangen sind, als ich sie erzählt habe. Nein, meine Partnerin ist der Sache nicht kritisch gegenübergestanden. Es war nicht ihre Schuld. Solche Phantasien sind nur einfach nicht für die Realität gemacht.«

Für manche Männer bedeuten Phantasien den Ausdruck eines Tabus. Wenn man ein Tabu mit jemandem teilt, vielleicht sogar in die Tat umsetzt, ist es nicht mehr verboten. Doch wenn's kein schmutziges Geheimnis mehr ist, wirkt's auch nicht mehr erregend. In anderen Fällen hat die Realisierung der Träume nicht zur Folge, daß sie ihren Reiz verlieren, aber sie funktionieren in der Wirklichkeit einfach nicht so wie im Kopf.

»Meine Freundin und ich hatten uns ausführlich über unser beider Fesselungs- und Analsexphantasien unterhalten«, schreibt ein Mann aus Connecticut. »Dann haben wir uns geeinigt, es auszuprobieren. Ich hab' sie ausgezogen, ihr die Hände hinter dem Rücken zusammengebunden und sie übers Knie gelegt, um sie zu versohlen. Ich hab' mit leichten Schlägen angefangen, die dann allmählich fester wurden, zwischendurch hab' ich dann immer mal wieder aufgehört, um mit ihrer Klitoris herumzuspielen. Irgendwann ist sie so heiß geworden, daß ich schon Angst hatte, sie kommt zu früh. Wir hatten uns darauf geeinigt, daß ich sie solange wie möglich errege, bevor ich sie befriedige. Ich hab' wieder angefangen, sie zu schlagen. Sie hat sich auf meinem Schoß hin und her gewunden und hat versucht, von meiner Hand wegzukommen. Aber dann hat mich die ganze Bewegung und ihr wackelndes rosiges Hinterteil so angemacht, daß ich zu früh gekommen bin.

Ich war überrascht, wie stark ich selbst auf die Schläge reagiert hatte. Wenn sie mir zu diesem Zeitpunkt gesagt hätte, ich soll sie losmachen und aufhören, hätte ich's gemacht. Aber sie war immer noch ganz heiß. Sie hat zu mir gesagt: ›Hör jetzt nicht auf.‹ Ich hab' gedacht, sie meint damit, ich soll mit dem Spiel weitermachen. Ich hab' ihr gesagt, dann muß sie zuerst sehen, daß ich wieder einen Ständer kriege. Also hab' ich sie dazu gezwungen, daß sie sich vor mich hinkniet und an meinem Schwanz lutscht, während ich mit den Fingern an ihren Brustwarzen herumgemacht hab'. Wie ich in ihrem Mund wieder ganz hart und groß war, hat sie sich zurückgezogen und gesagt: ›Jetzt besorg' mir's.‹

Ich hab' das so verstanden, daß wir jetzt wieder mit dem ersten Spielchen anfangen. Also hab' ich sie übers Knie gelegt und angefangen, ihr wieder mit der Hand aufs Hinterteil zu schlagen. Sie hat sich lautstark gewehrt. Ich hab' gedacht, das gehört zum Spiel dazu und hab' ihr ihren Slip als Knebel in den Mund gesteckt. Mir hat die Hand schon richtig weg getan. Dann hab' ich den Gürtel genommen und ihr ein Dutzend oder so harte Schläge versetzt. Sie hat sich so stark auf meinem Schoß hin und her gewunden, daß ich Angst gehabt hab', ich würde wieder kommen. Ich hab' sie mit dem Gesicht nach unten aufs Bett gelegt, die Hände immer noch gefesselt, die Beine unter dem Körper, so daß ihre Möse nach hinten rausgestanden ist, damit sie ihre Klitoris nicht nach unten auf die Matratze drükken und es sich selbst besorgen konnte. Ich hab' ihr den Knebel aus dem Mund genommen. Sie hat nach Luft geschnappt und geweint: ›Du tust mir weh.‹

Ich hab' mein Gesicht in ihrem glühenden Hinterteil vergraben und ihr Arschloch und ihre Möse geleckt, die geschwollen und mit Absonderungen verklebt war. Sie hat mich angefleht, daß ich sie bumse. Das hab' ich gemacht, und zwar anal, wie wir's besprochen hatten, aber ich war zu grob, und in dieser Position hat sie davon nichts an der Klitoris gespürt. Ich bin wieder gekommen, aber es war enttäuschend, weil sie nach unserer Phantasie jetzt den Orgasmus ihres Lebens hätte haben sollen. Aber statt dessen hat sie inzwischen schon fast hysterisch geschluchzt. Endlich hab' ich gemerkt, daß sie das Spiel schon vor einiger Zeit hatte beenden und nur noch gebumst werden wollen. Als sie sich beruhigt hatte, hat sie's zugelassen, daß ich sie oral befriedige. Aber wir waren noch eine ganze Weile danach ziemlich unsicher miteinander. Wir hatten beide Angst vor den mächtigen Gefühlen, die wir freigesetzt hatten.«

Offenbar sollten Phantasien, die sich um Fesselungen, analen Sex und Sadomasochismus drehen, nur mit größter Vorsicht ausgelebt werden. (Noch eine weitere Phantasie: Der Mann wird von einer lüsternen Frau überwältigt, die ihn benutzt, bis sie beide zusammenbrechen. In der Realität stellt die unersättliche Frau eine seiner größten sexuellen Ängste dar.) Manchen Männern ist es gelungen, ihre eigenen Phantasien sowie die ihrer Partnerin erfolgreich in die Tat umzusetzen. Das Geheimnis, so sagen sie, liegt darin, den Traum sozusagen »herunterzutransformieren«. Oder, wie ein Mann es ausdrückt: »Leichte Schläge, aber harte Gedanken. Einen ziemlich großen Teil muß man immer noch im Kopf ausleben.«

Was Sie über Phantasien wissen sollten:

* Sie sind zum größten Teil keine wirklichen Wünsche. Mit wenigen Ausnahmen erregen sie nur dann, wenn sie nicht ausgelebt werden.

* Seine Träume sind nicht so schön wie Ihre.

* Sie werden nur zum Problem, wenn er davon besessen ist. (Das ist genau wie bei Schokolade oder ähnlichen Dingen.)

* Sie dienen ihm zur Erregung. Suchen Sie dahinter nicht nach zu vielen verborgenen Bedeutungen.

132

Kapitel 9: **Selektive Erregung**

»Mir macht der Sex nur mit ausgesprochen attraktiven Frauen Spaß. Sie müssen einen besonders schönen Körper haben, sonst habe ich Probleme, erregt zu werden. Ich mag jüngere Frauen und habe in den letzten zehn Jahren ausschließlich Beziehungen mit Frauen gehabt, die zwanzig bis fünfundzwanzig Jahre jünger waren als ich. Ich bin dreiundfünfzig. Meine Idealfrau ist zwischen Mitte und Ende Zwanzig, vorausgesetzt, sie ist ausgesprochen attraktiv.« – Der Vizepräsident eines Unternehmens im Nordosten der Vereinigten Staaten.

Die Bedingungen, die dieser Mann stellt, klingen wie Hugh Hefners ganz persönliche Kriterien der Erregung. Frauen über Dreißig haben Angst, sich mit ihm einzulassen und halten ihn für weit typischer, als er tatsächlich ist. Er ist unter Umständen der frustrierendste, enttäuschendste, ja sogar verletzendste Mann, den Sie jemals kennengelernt haben – wenn Sie unbedingt glauben, ihn verändern zu müssen. Obwohl er vielleicht wegen seiner strikten Auswahl Schuldgefühle hat, wird er sich doch kaum ohne Therapie ändern – in die er so lange nicht geht, wie schöne junge Frauen sich von älteren, reicheren und mächtigeren Männern angezogen fühlen. Die Kriterien der selektiven Erregung sind: Haarfarbe, Größe und/oder Typ sowie Alter. Sie stellen die einzigen gesellschaftlich akzeptablen Fetische dar. Es ist nicht in Ordnung, wenn man einen Fuß anbetet; wenn man's bei einer Brust tut, ist es in Ordnung. Es gibt einige wenige Männer, die nur Blondinen wollen oder dünne Frauen oder Fünfundzwanzigjährige. Sie

133

können nichts dafür. Wie dieser Mann schreibt: er hat bei allen anderen Probleme mit der Erektion.

Wenn Sie nicht der gewünschte Typ sind, werden sie wohl oder übel das verändern müssen, was sich verändern läßt. (Aber ist es das wert, wenn es doch so viele andere Männer gibt, die Sie genau so lieben, wie Sie sind?) Ansonsten können Sie ihn vergessen.

Männer, die sich in bestimmte Haarfarben verlieben, fragen oft:

Wie viele andere Männer werden nur von Blondinen erregt?

»Ich bin neunundzwanzig und hab' in meinem ganzen Leben nur Blondinen gehabt. Mir sind Frauen lieber, die von Natur aus blond sind, aber die sind eher selten. Ich hab' auch nichts dagegen, wenn die Haare gut gebleicht sind. Oft merkt man den Unterschied gar nicht. Aber warum färben sich die Frauen, die sich die Kopfhaare färben, nicht auch die Schamhaare? Dunkle Schamhaare können ganz schön ablenken«, schreibt ein Golfprofi.

Manche Frauen färben sich tatsächlich die Schamhaare so wie die Kopfhaare. Blond ist noch immer die erste Wahl weißer Männer, die eine *starke* Vorliebe haben – doch das sind nur zehn Prozent der Leute, die mir Leserbriefe schicken. Nach Ansicht von Fotografen, die sich auf die großen, ausklappbaren Bilder in der Mitte von Zeitschriften spezialisiert haben, sind die Brünetten seit einigen Jahren auf dem Vormarsch. Rothaarige stoßen sowohl auf starke Ablehnung als auch auf Zuspruch. Die Männer lieben sie entweder oder sie hassen sie. Schwarzen Männern scheinen bei weißen Frauen die Rothaarigen genauso gut zu gefallen wie die Blonden. Egal, was ein Mann bevorzugt – seine Vorlieben haben wahrscheinlich mit frühen erotischen Erfahrungen zu tun, guten wie schlechten.

»Die erste Frau, mit der ich geschlafen habe, war blond«, schreibt ein Dreißigjähriger. »Sie war einfach toll. Von da an war ich ganz scharf auf Blondinen. Immer wenn ich blonde Haare wie die ihren sehe, macht mein Schwanz einen kleinen Freudensprung.«

Ein neununddreißigjähriger Polizist aus Minnesota glaubt, daß seine Fixierung auf blonde Frauen in der Pubertät begann: »Ich hab' immer mit den Nacktfotos in Penthouse und Playboy masturbiert. Damals waren das fast immer Blondinen, typisch amerikanische Mädchen mit großem Busen. Als ich dann alt genug für den richtigen Sex war, hab' ich mir Blondinen gesucht, die – zumindest in meiner Vorstellung – diesen Pin-up-Girls so ähnlich wie möglich waren. Wenn ich's recht bedenke, waren's bei den meisten eigentlich nur die Haare. Ich hab' mich wahrscheinlich einfach von den Haaren anmachen lassen und mir den Rest dazugedacht.«

Ein fünfzigjähriger Redakteur aus New York, dem große, kräftige Brünette lieber sind als jede Blondine, erklärt seine Vorliebe: »Ich versuche, in jeder Frau meine erste Frau wiederzufinden. Sie hat mich vor sechs Jahren wegen eines anderen Mannes verlassen. Seitdem bin ich nur mit großen Brünetten ausgegangen.«

Und manche Männer mögen nur Frauen mit einer bestimmten Hautfarbe.

»Ich bin weiß«, schreibt ein Neunundzwanzigjähriger, »aber mir gefallen nur Hispanos oder schwarze Frauen mit heller Hautfarbe. Ich hab' noch nie mit einer Frau meiner eigenen Rasse geschlafen.«

Männer, die sich an bestimmten Körpertypen und/oder -größen orientieren, fragen:

Warum erregen mich nur Frauen mit großen Titten?

»Ich habe eine Frau, die ich kenne, sehr gerne und würde gerne eine Beziehung mit ihr aufbauen. Sie mag mich auch. Das wäre toll – eine Frau, die ich lieben, mögen und achten könnte. Aber sie hat keinen Busen. Wir haben einmal miteinander geschlafen. Das war nicht besonders toll. Ich hab' mir einen ganz anderen Körper vorstellen müssen, um auch was davon zu haben. Soll ich das einfach weiterhin machen, sie mir aus dem Kopf schlagen oder sie bitten, sich die Brust chirurgisch vergrößern zu lassen?« schreibt ein »Gentleman aus dem Süden«.

Viele Männer fragen mich, wie sie Frauen davon überzeugen können, daß sie sich den Busen vergrößern lassen sollen. Mein erster Gedanke war: mein Gott, wie oberflächlich. Aber dann habe ich mir gedacht, daß sie auch nicht oberflächlicher sind, als all die Frauen, die sich jedes Jahr operieren lassen, weil sie schon immer einen größeren Busen haben wollten. In unserer Gesellschaft wird der weibliche Körper, so wie er ist, nicht ohne weiteres akzeptiert. Und unsere Bereitschaft, diesen Körper kosmetisch oder chirurgisch zu verändern, ist bei den Männern nicht unbemerkt geblieben. Also ist zu erwarten, daß viele von ihnen die gleiche Einstellung zu unserem Körper bekommen wie wir selbst: er läßt sich verändern.

Männer konzentrieren sich im allgemeinen auf Busen, Beine und Hintern. Die meisten von ihnen haben eine gewisse Vorliebe, die durch ihren rassischen, ethnischen und kulturellen Hintergrund bestimmt ist. Nur wenige *fordern* bestimmte Merkmale. Der Typ, den ein Mann sich vorstellt, definiert sich zum Beispiel über die Brustgröße, die Länge und Beschaffenheit der Beine oder über die Körpergröße insgesamt. Manche Männer mögen nur kleine Brüste. Andere entscheiden sich für schlanke oder dicke Frauen. »Meine Frau hat fünfzig, vielleicht sogar sechzig Pfund Übergewicht«, schreibt ein Busfahrer aus Chicago. »Und genau so mag ich sie auch. Ich hab' gern was zum Festhalten, wenn ich auf ihr liege. Mir gefällt's, wie ihr Fleisch ausschaut und sich anfühlt und wie die ganzen Speckfalten hin und her schwabbeln, wenn sie sich auszieht. Dünne Frauen lassen mich kalt. Sie könnten mich nackt mit einer ins Bett stecken, und ich schwöre Ihnen, mein Schwanz würde neben ihr einschlafen.«

Monroe, ein schwarzer Schriftsteller, der in New Orleans lebt, schreibt: »Je eher sich ein Mann dem ärmeren Teil seiner Rasse zurechnet, desto dicker mag er auch seine Frauen. Das bedeutet, daß sie gesund ist und er es sich leisten kann, sie zu ernähren. Weiße Männer mit Geschichte haben lieber schlanke Frauen. Aber sehen Sie sich einmal den polnischen Einwanderer in Chicago an oder den Puertoricaner in der Bronx oder den schwarzen Arbeiter in Mississippi. Der will Fleisch, sexuelle Sicherheit. Ein schlanker Körper, Mann, da geht überhaupt nichts bei ihm.«

Monroe selbst jedoch hat »das Training seiner Rasse überwunden«. Er sagt, er mag »alle Typen, Farben, Größen, solange sie clever, frech oder über einundzwanzig sind. Das einzige, was mich überhaupt nicht anmacht, sind Nutten. Da bekomme ich Panik. Da denke ich dann: ›Mein Gott, erwartet sie, daß ich die Sache ganz allein schaukle?‹«

Männer, die von Frauen eines bestimmten Alters nicht erregt werden, fragen:

Warum erregen mich Frauen über Dreißig oder Fünfunddreißig nicht?

»Sobald man ihnen ihr Alter ansieht, bringe ich ihn nicht mehr hoch. Falten und Narben machen einen Körper für mich abstoßend. Ich bin gebildet und intelligent, aber ich kann meine Ab-

neigung gegen alternde Frauenkörper einfach nicht überwinden.
Männer sehen im Alter einfach nicht so aus. Ich liebe eine hübsche
junge Frau und würde sie gerne heiraten, aber dieser Punkt hält
mich zurück. Werde ich sie nicht mehr lieben, wenn sie älter wird?
Ist das eine Angst, die jeder Mann hat?« schreibt ein neunundvierzigjähriger Unternehmer aus dem Südwesten der Staaten.

Glücklicherweise leiden nicht alle Männer unter dieser Angst.
Die meisten Männer fühlen sich natürlich von festen jungen
Körpern angezogen, aber nur wenige werden ausschließlich
von ihnen erregt. (Zum Ausgleich ziehen manche junge Männer ältere Frauen als Partner beim Sex vor.) Die Psychiater
sagen uns, daß die Angst des Mannes vor dem Sex mit einer
älteren Frau nur der Ausdruck seiner Angst vor dem eigenen
Alter und dem Tod ist. Wenn diese Furcht übermächtig wird,
ist er nur noch bei jungen, hübschen Mädchen potent. »Ich
fühle mich wieder jung, wenn ich mit einer Frau zusammen
bin, die nur halb so alt ist wie ich«, gesteht ein fünfundfünf-
zigjähriger Unternehmer. »Da blüht mein Schwanz so richtig
auf. Darum geht's doch, oder? In meinem Alter muß man sich
entscheiden zwischen dem Schwanz und der Frau, mit der man
schon eine ganze Zeit beisammen ist. Aber egal, wofür man
sich letztlich entscheidet: der Schwanz läßt sich nicht zwingen.
Entweder man beugt sich ihm oder man muß ohne ihn auskommen.«
Offenbar kann keine Frau diesen Mann dazu bringen, seine
Meinung zu ändern. Für ihn ist Sex auf ewig mit weiblicher
Jugend verbunden. Wenn er sich ändern *wollte*, könnte er das
sicher mit Hilfe eines Therapeuten. Aber das will er gar nicht.
Ein weiteres Motiv des Mannes, der sich nur nach jüngeren
Frauen umsieht, ist die Unsicherheit. Er wählt, so ist jedenfalls
der logische Schluß, eine jüngere Frau, die sexuell weniger
erfahren ist als er selbst, weil er sich vor dem sexuellen Ver-

gleich mit anderen Männern drücken will. Und er erwartet von ihr, daß sie nicht nur weniger verlangt, sondern auch weniger weiß. Das mag auf manche Altersfetischisten zutreffen, doch im allgemeinen sprechen sie nicht darüber. Vielleicht entgeht ihnen diese eigene sexuelle Unsicherheit.

Ein sechzigjähriger Unternehmer sagt: »Es ist mir egal, warum mich nur junge und schöne Frauen anmachen. Ich kann sie mir leisten. Das ist das einzige, was zählt. Fragt vielleicht jemand, warum mich nur ein Mercedes anmacht und kein Ford? Natürlich nicht. Es wäre doch albern, den Autogeschmack eines reichen Mannes in Zweifel zu ziehen, nicht wahr?«

Er klingt zwar nicht unsicher, aber er klingt auch nicht wie jemand, den ich unbedingt kennenlernen möchte.

Der springende Punkt der selektiven Erregung:

* Vielleicht geht es Ihnen besser, wenn Sie verstehen, warum seine Erregung von gewissen körperlichen Vorstellungen abhängt ... aber dieses Wissen verändert ihn nicht.

Kapitel 10: **Warum er sie bittet, DAS zu tun**

»Ich hätte gern, daß meine Frau ihre Möse rasiert, aber sie macht das nicht gerne. Eine glattrasierte Möse macht mich so richtig an. Ich stelle sie mir so vor, und dann hängen die Tautropfen der Lust an ihrem Geschlecht.« – Ein frischgebackener Ehemann.

Sie stellt sich unter sexueller Abwechslung wahrscheinlich noch am ehesten eine andere Stellung, eine Nacht in einem teuren Hotel oder einen Orgasmus durch Stimulation mit dem Mund vor. Die meisten weiblichen Vorschläge zur Verbesserung des abgekühlten Geschlechtslebens haben eher mit den Umständen der Verführung zu tun als mit der sexuellen Technik. Ihr macht die sexuelle Routine weniger aus als ihm, doch sie wünscht sich mehr Atmosphäre. Sie hat eher das Bedürfnis nach erotischer Sicherheit, damit ihre Sexualität voll erblühen kann. Bei ihm geht es stärker um erotische Abwechslung. Er möchte noch etwas anderes als ein Dutzend Rosen und einen Liebesbrief auf dem Kopfkissen.

Ich habe Hunderte von Leserbriefen von Männern erhalten, die mich fragten, warum ihre Frauen oder Freundinnen sich das Schamhaar nicht abrasieren, im Bett nicht auch mal was Vulgäres sagen, nicht zum Sex in Straps, schwarzen Strümpfen und hohen Schuhen bereit sind, nicht für sie masturbieren oder es ihnen nicht gestatten, im Rahmen des Vorspiels, unter ihrer Achsel oder an ihren Genitalien zu schnuppern. Viele Männer wünschen es sich, vor Zeugen mit ihrer Partnerin zu schlafen oder mit ihr auszugehen, wenn sie keine Unterwäsche trägt. Die Männer bei meiner Umfrage hatten ganz ähnliche Wünsche. Fast neunzig Prozent von ihnen betrachteten mehrere der erwähnten Punkte als erregend, manche erklärten auch, warum sie sich nach Stimulierungsmethoden sehnten, die den Frauen nicht wichtig sind.

»Als ich siebzehn war, bin ich schon beim Anblick einer halb oder ganz nackten Frau fast gekommen«, schreibt ein achtunddreißigjähriger technischer Direktor. »Im Lauf der Jahre habe ich dann diese Faszination verloren. Inzwischen brauche ich mehr als nur eine nackte Frau, um erregt zu werden. Ich war fünf Jahre lang verheiratet, und am Anfang war der Sex toll, aber wir haben immer wieder dasselbe gemacht. Ich hab' mein möglichstes getan, um ein bißchen Abwechslung ins Spiel zu bringen, aber sie wollte einfach nichts anderes machen.

In einer Beziehung mit einer neuen Frau werde ich ziemlich leicht erregt, aber wenn ich längere Zeit mit ein und derselben Frau zusammen bin, brauche ich stärkere optische Stimulierung. Sie muß meinem Penis sozusagen einen Schock versetzen, mir etwas zeigen, was ich nicht erwarte – ihre rasierte Möse oder einen Büstenhalter, bei dem die Brustwarzen ausgespart sind. Sie muß einfach mehr machen, um mich zu erregen.«

Viele Frauen empfinden solche Bitten als bedrohlich. Sie zeigen ihnen die männliche Sexualität in einem dunkleren Licht als sie sie sehen wollen. Und sie vermitteln uns Frauen das Gefühl, nicht attraktiv genug zu sein. Nach unserer Logik sollte er nicht mehr brauchen als unseren warmen, liebevollen Körper in einem neuen Negligé; wenn er noch etwas anderes will, ist mit einem von uns etwas nicht in Ordnung. Wir verstehen nicht, wie sehr seine Erregung von optischer Stimulierung abhängt. Das Neue ist aufregend. Alles, was sich immer wiederholt, wird auf die Dauer uninteressant. Das hat überhaupt nichts mit der Liebe zu tun.

Wie bringe ich eine Frau dazu, daß sie sich die Schamhaare rasiert?

»Ich bin ganz hinüber, wenn ich eine rasierte Möse sehe. Und ich mag's, wie sie sich anfühlt. Es geht nichts über eine Frau, die keine Schamhaare hat. Keinerlei Widerstand da unten. Sie wirkt ganz und gar verletzlich. Wenn sie heiß ist, sammelt sich die Flüssigkeit in Tröpfchen auf ihren Schamlippen. Warum machen nicht mehr Frauen so etwas, wenn's doch so sexy ist?« schreibt ein Drucker aus dem Nordwesten der Staaten.

Ich würde vermuten, daß die meisten Frauen schon Probleme genug haben, die Haare auf ihren Beinen und unter den Armen zu entfernen. Außerdem: Wer hat dafür schon ständig Zeit? Und im übrigen juckt die Haut, sobald die Haare wieder anfangen nachzuwachsen. Was noch wichtiger ist: Frauen haben Angst, daß Männer, die sich glattrasierte Mösen wünschen, eigentlich Lust auf kleine Mädchen haben.

»Ich glaube nicht, daß das stimmt«, schreibt ein Psychologe aus Kalifornien, der bei meiner Umfrage mitmachte. »Die erwähnte Vorstellung gehört nicht zu denen, die mich persönlich anmachen, deshalb glaube ich, mich hierzu neutral äußern zu können. Rasierte Genitalien gefallen Männern manchmal, weil sie die Frau verletzlich erscheinen lassen. Wenn es eine starke Frau ist, oder wenn der Mann sich im Augenblick ziemlich schwach fühlt, kann das sehr sexy wirken. Es stellt einen gewissen Ausgleich dar. Wir Männer sind immer verletzlich, weil unser Schwanz immer offen herunterhängt.«

Rasierte Genitalien sind besonders beliebt bei Anhängern sadomasochistischer Praktiken. (De Sades Frauen waren glattrasiert.) Doch diese Form der Stimulation funktioniert auch bei Männern, die sich nicht für Sadomasochismus oder junge Mädchen interessieren. Am besten, so meint ein Mann, wirkt sie »in kleinen Mengen. Wenn sich eine Frau ein- oder zweimal im Jahr rasiert, ist das ganz schön heiß. Wenn sie's immer macht, wird's langweilig.«

Warum sagen Frauen im Bett keine vulgären Wörter?

»Meine Partnerin ist beruflich ziemlich erfolgreich. Sie arbeitet in einer Hypothekenbank und würde nie ein Schimpfwort in den Mund nehmen. Wenn sie sagt: ›Bums mich, leck mich, ramm ihn mir rein‹, macht mich das ganz wild. Aber ich muß sie darum bitten. Warum macht ihr das so viel aus?« schreibt ein neunundzwanzigjähriger Anwalt.

Viele Männer finden Obszönitäten sexuell stimulierend, aber nur im Privatbereich. Sie wollen keine Frau, die es mit einem Bauarbeiter in einer Bar aufnehmen kann. Nein, sie möchten, daß ihre Partnerin diese Worte nur für sie in den Mund nimmt. »Das Aufregende daran ist«, gesteht ein einundfünfzigjähriger New Yorker, »daß sie einem anderen niemals so etwas sagen würde. Es ist, wie wenn ich sie nackt sehe, nur noch besser. Ein nackter Körper ist längst nicht so persönlich.«
Ein anderer Mann fügt hinzu: »Ich hab' Obszönitäten gerne, aber ich will derjenige sein, der darum bittet. Wenn sie von selber damit anfängt, weiß ich, daß sie's schon mal für einen anderen Mann gemacht hat. Das hat dann er ihr beigebracht.«

Und erstaunlicherweise haben es viele Männer gerne, wenn sie nicht alles auszieht:

Ist es verrückt, wenn ich mir wünsche, daß die Frau dabei etwas anläßt?

»Heutzutage kann man an jeder Ecke nackte Frauen sehen, deshalb macht es mich viel mehr an, wenn sie noch ein bißchen was anhat. Es macht mich ganz wild, wenn ich mit einer Frau schlafe, die noch einen Straps oder Strümpfe anhat. Es ist einfach unglaublich erregend, wenn ich das Nylon auf meiner Haut spüre, während sie ihre Beine um mich windet«, schreibt ein Labortechniker.

Ich erinnere mich noch gut an den ersten Brief eines Mannes, der wollte, daß seine Frau ihre Stöckelschuhe anläßt, während sie miteinander schlafen. Ich konnte mir gut vorstellen, wie sie versucht, mit ihm im Bett zu liegen, ohne daß sie ihm dabei die Stöckel in den Rücken rammt. Vielleicht hätte der eine oder andere Stich ja sein Vergnügen noch erhöht. Möglicherweise hätte es ihm aber auch Spaß gemacht, sie ihr auszuziehen, wenn sie ihn störten. Doch egal, wie Männer letztlich mit der Logistik fertig werden: manche wollen einfach, daß ihre Partnerin mit den Schuhen ins Bett geht.

Strapse und Strümpfe sind jedoch weitaus beliebter. Reizwäsche ist die Stimulation Nummer eins für Männer, Schwarz die Farbe Nummer eins, knapp gefolgt von Rot. Sie haben es gerne, wenn die Frau mit Seidenunterwäsche ins Bett kommt, die sie dann entfernen oder in den Sex einbeziehen können.

»Meine Frau hat ein paar Tangas aus Seide«, schreibt ein Mann Ende Zwanzig. »Ich mach's ihr wahnsinnig gern mit dem Mund, wenn sie einen davon trägt. Ich schiebe die Seide mit der Zunge beiseite. Wenn sie kommt, ist die Seide ganz naß, und ich reibe meinen Penis noch gerne daran, bevor ich den Tanga herunterziehe und sie richtig bumse.«

Ein anderer Mann schreibt: »Manchmal macht es mich an, eine Frau mit Reizwäsche zu sehen, zum Beispiel mit diesen Büstenhaltern, bei denen die Brustwarzen ausgespart sind. Aber das funktioniert bloß, wenn die Frau wirklich toll ist, und wenn man sie darum bitten muß. Es macht mich an, wenn ich sie auf mein sexuelles Niveau herunterziehe.«

Wie viele Männer glaubt dieser Mann offenbar, daß wir Frauen ein höheres moralisches und/oder sexuelles Niveau haben als die Männer. Vielleicht drückt sein Bedürfnis nach »schmutzigen« Sexpraktiken seinen geheimen Wunsch aus, die Frau noch als etwas anderes als eine Madonna zu sehen.

Doch egal, was die Gründe letztlich sind: manche Männer wünschen sich weniger makellose Frauen.

Warum duscht sie, bevor ich sie lecke?

»Ich mag den Geruch und den Geschmack von Frauen. Besonders gerne rieche ich an den Falten ihrer Möse, wenn es heiß gewesen ist und wenn sie geschwitzt hat. Das macht mich ungeheuer an, aber sie hält es für schmutzig und nimmt zuerst ein Bad«, schreibt ein Vertreter aus Seattle.

Manche Männer finden den natürlichen Geruch und Geschmack der Vagina und der Achsel erregend. Sie wünschen sich, daß wir ein bißchen weniger reinlich wären, aber wir haben gelernt, unseren (und seinen) natürlichen Körpergeruch abstoßend zu finden. Manche Frauen erklären sich nur dann zum Cunnilingus bereit, wenn sie den Genitalbereich im Verlauf der letzten zehn Minuten gewaschen haben. Vielleicht ist das ein Ausdruck mangelnder weiblicher Selbstschätzung, vielleicht auch der übertriebener Sauberkeit.

»Ich wünsche mir, daß die Mädels sich da ein bißchen auf Kompromisse einlassen könnten«, sagt ein Footballprofi. »Ich will ja kein Mädchen, das sich schon wochenlang nicht mehr gebadet hat, aber eine Mischung aus ihrem eigenen, ganz natürlichen Körpergeruch und ein bißchen gutem Parfüm macht mich an. Mir ist es lieber, Stunden, nicht Minuten, nachdem sie geduscht hat, mit ihr zu schlafen. Übrigens bin ich selbst immer sauber, wenn ich mit einer Frau ins Bett gehe. Männer riechen eben von Natur aus nicht so gut wie Frauen.«

Andere Männer haben es gerne, wenn die Frau sich in der Öffentlichkeit in Szene setzt.

Warum macht es einer Frau soviel aus, wenn andere Leute sie sehen?

»Ich schlafe gerne in lauen Sommernächten mit meiner Frau drau-ßen im Garten. Sie macht sich Gedanken, daß die Nachbarn uns dabei zuschauen. Ich sage, na ja, wenn die nichts besseres zu tun haben, dann sollen sie eben zuschauen. Sie geht nicht mal in Shorts an die Haustür. Ich bin stolz auf ihren Körper, und ich würde mir wünschen, daß sie ihn nicht wie den einer Nonne behandelt. Bin ich denn verrückt, nur weil ich sie gerne vorzeigen würde?« fragt ein Versicherungsvertreter aus Nevada.

Viele Männer wünschen sich Sex an halböffentlichen Orten. Sie machen es gerne auf dem Balkon oder im Innenhof, in Bädern oder bei Partys in Nebenräumen oder im alten Kin-derbett, wenn man die Eltern besucht. Die Lieblingsvorstel-lung der FORUM-Leser ist immer noch der Geschlechtsverkehr im Flugzeug oder im Zug, danach folgt die Fellatio, während

146

er den Wagen auf der Autobahn lenkt. Zum Teil macht es ihn optisch an, wenn sie etwas tut, was sie normalerweise nur nach langem Bitten machen würde. Und zum anderen Teil erregt ihn die Möglichkeit, erwischt zu werden.

»Ich glaube, jeder hat in seinem Leben schon einmal an einem öffentlichen Ort mit einer Frau geschlafen«, schreibt ein Geheimagent, der früher in Washington D.C. lebte. »Meine eigene Erfahrung wurde angeregt durch einen der bekannteren Sexskandale in Washington. Ich wollte unbedingt auf den Stufen zum Kongreß Sex machen und brachte schließlich auch meine Partnerin dazu. Ich hab' den Reißverschluß meiner Hose geöffnet, mich auf die Stufen gesetzt, und sie hat sich auf meinem Schoß niedergelassen. Sie hat sich die Knie dabei ein bißchen aufgeschürft, aber insgesamt war es ziemlich aufregend. Als wir später im Bett darüber geredet haben, war's sogar noch besser als in der Realität.«

Das Lieblingskleidungsstück für Frauen ist dabei jede Art von Rock oder Kleid ohne Slip. Manche Männer sind schon zufrieden, wenn die Frau ohne Unterwäsche mit ihnen ausgeht und sich den Sex für später aufspart.

»Es ist toll, wenn man weiß, daß die Partnerin keine Unterwäsche trägt«, schreibt ein Mann aus dem Mittleren Westen, »weil das dann ein Geheimnis zwischen den beiden Betroffenen ist. Meine Frau überrascht mich manchmal damit, daß sie mir irgendwann sagt, sie trägt keinen Slip. Letzten Samstag wollten wir den Wagen aus der Werkstatt holen. Aber er war noch nicht fertig, deshalb haben wir warten müssen. Wir saßen gerade auf einem billigen Vinylsofa und warteten, als sie mir ins Ohr flüsterte: ›Hoffentlich schwitze ich nicht und klebe hier an. Ich hab' nämlich keinen Slip an.‹ Da hab' ich eine Erektion bekommen, die die halbe Stunde Warten und die zehn Minuten Heimfahrt überstanden hat. Im Auto hab' ich die ganze Zeit mit ihrer Möse herumgespielt. Als wir dann daheim waren, haben wir wie wild gebumst.«

Manchen Männern gefällt es, wenn andere Männer ihre verführerisch gekleidete Partnerin bewundern. »Wenn meine Frau zu einer Party ein freizügiges Kleid trägt, haben wir tollen Sex, sobald wir wieder zu Hause sind«, schreibt ein neunundzwanzigjähriger Mann aus dem Süden der Staaten. »Einmal haben wir's nicht mal mehr bis nach Hause geschafft. Wir haben den Wagen an den Straßenrand lenken und noch im Auto bumsen müssen.«

Warum masturbiert die Frau nicht für mich?

»Ich werd' so richtig heiß, wenn ich einer Frau dabei zusehe, wie sie onaniert. Das gehört zu den schärfsten Sachen, die eine Frau für einen Mann machen kann. Aber nur die wenigsten Frauen, mit denen ich zusammen gewesen bin, waren dazu bereit. Ich hatte mal eine Geliebte, die mir die ganze Zeit in die Augen geschaut hat, während sie ihre Klitoris mit dem Finger umspielt hat. Als ihr Becken zu kreisen begonnen hat und ihre Augen schwer geworden sind, bin ich fast gekommen. Mein Gott, war diese Frau heiß«, schreibt ein Chemotechniker.

Eine Frau empfindet diese Bitte des Mannes wahrscheinlich als die schwierigste. Schließlich ist es noch nicht so lange her, daß Frauen den Sex überhaupt nicht genießen durften. Heutzutage heißt es, Frauen dürfen den Sex auch genießen, solange sie den Mann lieben. Die Masturbation ist für viele Frauen noch immer nicht akzeptabel, auch wenn sie's trotzdem tun. Er möchte, daß sie es für ihn tut. Ihr ist es peinlich, zuzugeben, daß sie's überhaupt macht. Wenn sie für ihn masturbiert, schenkt sie ihm sozusagen einen geheimen Bereich ihrer selbst, was für manche Frauen völlig unmöglich ist.

»Männer betrachten die weibliche Masturbation als Pornovideo für eine einzige Person«, erklärt ein Psychologe aus Kalifornien. »Er schätzt Masturbation als ihr Geschenk an ihn, nicht als gefühlsmäßiges Teilen wie die Liebe. Er steht dieser Erfahrung distanzierter gegenüber. Das optische Element zusammen mit dem Wissen, daß sie es ganz allein für ihn tut, erregt ihn. Er glaubt sogar, ihr einen Gefallen zu tun, wenn er sie bittet, für ihn zu masturbieren, denn schließlich hilft er ihr damit, sich zu entspannen, und Männer denken, daß Frauen das nicht können oder nicht oft genug tun.«

Ihnen gefallen vielleicht nicht alle, möglicherweise überhaupt keine, dieser erotischen Praktiken. Unter Umständen ermutigt Sie das Wissen um die Hintergründe solcher Wünsche zu mehr Experimentierfreude, vielleicht aber auch nicht. Sagen Sie ihm nicht, daß er merkwürdig, krank oder pervers ist, weil er von anderen Dingen erregt wird als Sie selbst. Alles, was wir in diesem Kapitel besprochen haben, ist sozusagen ein bißchen mehr als die Standardversion des Sex. Das bedeutet aber noch lange nicht, daß es »unnormal« ist.

Was Sie bei der abwechslungsreichen Stimulation bedenken sollten:

* Es handelt sich *nicht* um Fetische. Ein Fetisch ist normalerweise ein bestimmter weiblicher Körperteil oder ein Kleidungsstück, von dem die Erregung des Mannes völlig und ausschließlich abhängt.

* Solche Formen der Stimulation können auch Sie erregen. Betrachten Sie seine Bitte als sexuelles Spiel.

* Sie sind weder mit Schmerzen verbunden noch ungesetzlich. Wäre es wirklich so schlimm, sie einmal auszuprobieren?

* Wenn Sie's wirklich nicht machen wollen, können Sie ohne weiteres nein sagen, ohne sich dabei wie ein prüdes Weibchen vorkommen zu müssen.

Kapitel 11: Ist er hart genug?

»Niemand hält die Sache für ein sonderliches Problem, bis er plötzlich keine Erektion mehr bekommt. Dann hat das Kind einen Namen: Impotenz. Worüber im allgemeinen nicht gesprochen wird, ist der Zustand dazwischen. Ich nenne das den Zwitterzustand. Ich bin sehr erregt, aber meine Erektion ist nicht hart genug. Man kann meinen Schwanz richtiggehend in der Mitte abknicken. Mir passiert das heute viel öfter als noch vor fünf Jahren.« – Ein fünfundvierzigjähriger Leser.

Der richtige Mann ist ... *immer* hart. Oder? Jedenfalls sagt das der Macho-Kode.

Es ist leichter, zu akzeptieren, daß Männer oft durch gewisse Techniken erregt werden müssen – die über das Küssen, Streicheln und Berühren während des Vorspiels hinausgehen –, wenn wir Frauen verstehen, wie wichtig die Erektion für die Männer und für uns ist. Die Härte ist eines der beiden Kriterien, nach denen Männer ihre Potenz bewerten. Das andere ist die Penisgröße. Sie räumen der Größe den ersten Platz ein und der Härte den zweiten. Wir können nichts an der Größe ändern, aber wir, oder er, sollten dazu in der Lage sein, die Härte zu beeinflussen.

»Ich weiß, daß Frauen ganz wild auf einen harten Schwanz sind, weil sie glauben, daß ein weniger harter Schwanz ein negatives Licht auf sie selbst wirft«, sagt David, ein ehemaliger Tänzer. »Wenn sie sich über die Härte nicht genauso viele Gedanken machen würden wie die Männer, würden sie von einem schlaffen Penis nicht so irritiert sein, wie sie es sind. Ich bin jetzt über Fünfunddreißig und stelle fest, daß meine Erektion während des Sex kommt und wieder verschwindet. Meine Partnerinnen haben meist Schwierigkeiten damit, wenn mein Penis zwischendurch ein wenig schlaff wird. Ihre Reaktionen reichen von ›Du hast eine andere, stimmt's?‹ bis ›Vielleicht stimmen die Gerüchte doch, daß Tänzer alle schwul sind.‹ Aber es wäre nicht fair, die Frauen dafür zu kritisieren, denn ich bekomme auch Panik, wenn er schlaff wird. Vermutlich übertrage ich meine Sorge auf die Frau. Das andere Geschlecht neigt dazu, das zu glauben, was man über sich selbst glaubt. Wir glauben den Frauen eine Menge weiblicher Mythen, und sie übernehmen dafür die unseren.«

Viele Männer fragen mich in ihren Briefen, was Frauen von ihren Erektionen halten, so daß mich die Ergebnisse meiner Umfrage etwas überrascht haben: weniger als ein Drittel der Befragten behauptete, daß sie hin und wieder mit ihren Erektionen unzufrieden seien. Die Mehrzahl davon war über dreißig Jahre alt. Diese kleine Gruppe drückte jedoch genau die gleichen Ängste aus, die ich bereits früher gehört hatte.

Wie hart muß der Schwanz des Mannes für die Frau sein?

»Meine Erektionen sind nie so besonders hart. Manchmal gelingt es mir nur, in die Frau einzudringen, wenn sie sich auf mich setzt. Wenn wir eine Weile bumsen, kann ich die Erektion jedoch in jeder Stellung halten, solange ich in ihr bleibe. Bevor ich komme, habe ich das Gefühl, richtig hart zu sein. Manche Frauen haben das Problem zur Sprache gebracht, auch wenn sie mir sofort versichert haben, daß es ihnen nichts ausmacht. Wenn es ihnen nichts ausmacht, warum erwähnen sie's dann überhaupt? Gibt es irgendeinen vorgegebenen Maßstab für Härte? Wie merkt man, daß man darunter liegt?« schreibt J. G. aus Maine.

Die Härte, die er beschreibt, sollte eigentlich das Bedürfnis seiner Partnerin nach Penetration befriedigen. Obwohl er ihr ohne Erektion zum Orgasmus verhelfen kann, ist es ihnen offenbar beiden lieber, wenn er eine Erektion hat. Ich versuche die Männer zu beschwichtigen, die sich wegen der Größe und der Härte Gedanken machen, aber ich glaube nicht, daß sie die Worte des Trostes immer annehmen. Ein Mann kann von fünfzig Frauen hören, daß die Größe seines Penis oder dessen Härte keine Rolle spielt, aber er wird immer noch seine Zweifel haben.

Alan, ein Sextherapeut, meint: »Die Beteuerungen der Frauen helfen nicht wesentlich, die männlichen Ängste und Frustrationen über Größe und Härte zu lindern. Sie kann schwören, daß er unglaublich männlich ist, und er wird es ihr immer noch nicht glauben. Er denkt dann, sie ist nur nett zu ihm. Denn wenn sie ihn liebt, was soll sie dann anderes sagen?«

Die Männer haben nur wenige Beispiele für befriedigenden Sex mit einem schlaffen Penis. (Abgesehen von dem Film *Coming Home*, in dem Jon Voight einen verwundeten Vietnamveteranen spielte, kann ich mich an kein Beispiel erinnern.) Ihre wie unsere erotische Literatur hat den harten Penis als Hauptdarsteller. Auf Video sieht man den Penis des Helden kaum jemals anders als im erigierten Zustand. Wie sollte da jemandem der Zusammenhang zwischen Härte und männlicher Sexualität entgehen?

»Über den schlaffen Penis liest man höchstens in den Kapiteln der Sexbücher, die sich mit den Problemen des Geschlechtslebens und ihren Lösungen befassen«, schreibt ein neunundzwanzigjähriger Manager. »Meine Erektionen sind jetzt schon nicht mehr so hart, wie sie mit neunzehn mal waren. An manchen Tagen sind sie noch schwächer als sonst. An solchen Tagen fühle ich mich alt.«

Realistisch betrachtet hängt die Erektion des Mannes von vielen Faktoren wie Krankheit, Streß, Müdigkeit, Medikamenten, Drogen oder Alkohol ab. Auch die Harmonie mit seiner Partnerin spielt eine Rolle.

»Die Qualität meiner Erektion hängt proportional von der Partnerin ab, mit der ich zusammen bin«, schreibt ein Neununddreißigjähriger aus dem Nordosten der Staaten. »Wenn die betreffende Person mich wirklich erregt, bin ich hart und bleibe es auch bis zum Orgasmus. Wenn sie es nicht tut, werde ich nicht so hart. Dann wird mein Penis schlaff, und wir müssen ihn wieder aufrichten, was ärgerlich ist. Denn guter Sex ist nicht möglich, wenn man sich ärgert. Vielleicht sollte man einfach nicht mit einer Frau schlafen, wenn sie einen nicht wirklich erregt, egal, wie attraktiv oder willig sie ist.«

Vielleicht sollte er das wirklich nicht. Wir sollten auf jeden Fall nicht davon ausgehen, daß wir nicht attraktiv sind, nur weil er nicht mit uns schlafen will oder weil er keine Erektion zustande bringt.

Warum bleibe ich nicht während des ganzen Geschlechtsverkehrs hart?

»Ich versuche es meiner Partnerin zu verheimlichen, wenn ich schlaff werde, aber es ist natürlich schwierig, so etwas zu verbergen. Ich ziehe ihn raus und mach's ihr mit dem Mund. Oder ich bumse sie von hinten, so daß ich die Wurzel festhalten und mit der Hand stoßen kann. Mir wär's lieber, ich könnte so lange und so hart bumsen, wie wir beide es wollen. Was kann ich machen, damit ich diese Fähigkeit wieder bekomme?« schreibt ein fünfunddreißigjähriger Mann aus Philadelphia.

Männer haben genausoviel Angst davor, die Erektionskraft ihrer Jugend zu verlieren, wie wir uns vor den Anzeichen des

Alterns an unserem eigenen Körper fürchten. Die Partnerin des soeben zitierten Mannes hält ihn unter Umständen für den besten Liebhaber, den sie je gehabt hat. Sie würde sich wahrscheinlich darüber wundern, wie viele Gedanken er sich über die Veränderung der Härte während des Geschlechtsverkehrs macht. Auch wenn sie ihn lobt, hört er aufgrund seines eigenen Kummers möglicherweise ihre Lobeshymnen überhaupt nicht. Oder noch schlimmer: vielleicht macht sie sich über das »Problem« ebenso Sorgen wie er.

In *Sexual Solutions: A Guide for Men and the Women Who Love Them* (dt.: *Der erotische Mann. Liebesprobleme und wie man(n) ihnen begegnet.*) schreibt Michael Castleman: »Manche Frauen verlieren die Fassung, wenn die Erektion ihres Partners während der Liebe nachläßt. Viele Männer – und Frauen – geben sich selbst die Schuld dafür, wenn ihr Partner nicht leidenschaftlich erregt ist. Wenn die Erektion des Mannes nachläßt, glaubt die Frau unter Umständen, daß sie ihn nicht mehr erregt oder daß sie irgend etwas getan hat, was ihn abschreckt. Möglicherweise stimmt das ... Sehr häufig lassen Erektionen jedoch ganz von allein nach.«

Manche Männer geben sich selbst die Schuld, andere der Partnerin.

»Ich kann's einfach nicht mehr«, beklagt sich ein Dreiundvierzigjähriger aus Atlanta. »Früher bin ich mit einer Erektion aufgewacht, die war so hart, daß ich dachte, ich könnte damit Nägel in die Wand schlagen. Aber das ist vorbei. Jetzt fühle ich mich wie ein Profisportler im ersten Jahr nach seiner aktiven Laufbahn – ein bißchen schlaff. Manchmal läßt er mich mitten im Bumsen im Stich.«

Ein Mann aus Connecticut ist gegenteiliger Ansicht: »Ich betrüge meine Frau seit einem Jahr. Ich hab' mich das erste Mal mit anderen eingelassen, wie ich Probleme bekam, bei meiner Frau während des ganzen Geschlechtsverkehrs hart zu bleiben.

155

Das hat mich nervös gemacht. War ich dran schuld oder sie? Wahrscheinlich war sie es. Bei den anderen Frauen bin ich hart.«

Vielleicht hat die männliche Midlife-crisis zum Teil ihre Ursache in der Veränderung der Erektion. Mir kam das erst in den Sinn, als ein Mann mich auf die Verbindung hinwies: »Niemand, weder Mann noch Frau, hätte eine Midlife-crisis, wenn wir nicht Veränderungen an unserem Körper wahrnehmen würden, die wir nicht sehen wollen. Natürlich spielt da auch immer die ganz existentielle Frage mit: ›War das schon alles?‹ Sagen Sie mir jetzt nicht, daß wir diese Frage einfach bis zum Tod ignorieren könnten, wenn uns unser Körper nicht im Stich lassen und uns dazu zwingen würde, uns über Alter und Tod Gedanken zu machen.

Für die Frauen kommt der Wendepunkt, wenn sie in den Spiegel schauen. Das Gesicht verrät sie. Für die Männer ist es der mächtige Penis, der einfach nicht mehr so mächtig ist wie früher.«

Die meisten von uns, Männer wie Frauen, müssen diese Krise durchstehen, und wir hoffen, schließlich als wirkliche Erwachsene daraus hervorzugehen. Aber erwarten Sie nicht, daß der Mann Probleme bekommt, wenn sich seine Erektionsfähigkeit verändert, was Sie unter Umständen überhaupt nicht stört. Seine Angst davor, schlaff zu werden – seine Männlichkeit zu verlieren und Sie zu enttäuschen –, ist die Ursache für Stimulationswünsche, gegen die Sie sich vielleicht wehren.

Wie Sie nicht mit der Situation umgehen sollten:

* Erzählen Sie ihm nicht, er ist hart, wenn er es gar nicht ist.

* Sagen Sie ihm nicht, daß es Ihnen nichts ausmacht, wenn er nicht mehr so hart wird wie früher – es sei denn, er bittet sie darum.

* Erwarten Sie nicht, daß Ihre Beruhigungsversuche ihn tatsächlich beruhigen. Auf lange Sicht gesehen, nützt nur guter Sex gegen seine Unzufriedenheit. Haben Sie keine Angst vor einfallsreichem Sex, der ihn stärker erregt, aber lassen Sie sich auch nicht davon verrückt machen, daß er unbedingt erregt werden muß. Achten Sie auf Ihr eigenes Vergnügen. Nichts erregt den Mann mehr, als es seiner Partnerin recht zu machen.

TEIL VIER

Der Geschlechtsakt selbst

Der Quickie – *die* männliche Erfahrung?

»Es wird nicht nur von uns erwartet, daß wir sexuelle Erfahrung vorweisen, wenn uns eigentlich nichts darüber gesagt worden ist, nein, wir sollen auch jedes Mal und allzeit bereit sein, und zwar ohne Fehl und Tadel.« – Barry McCarthy in *Male Sexual Awareness*.

Der Quickie ist heutzutage nicht mehr als Ausdruck der männlichen Sexualität akzeptabel.

Vor Masters und Johnson und der sogenannten »Squeeze«-Technik machten sich Männer offenbar nur darüber Gedanken, wie oft sie kamen, nicht, wie lange »es« dauerte – wobei dieses »es« der Geschlechtsverkehr war. Nicht daß sie die Frau nicht hätten befriedigen wollen, aber wichtiger war die Anzahl der Eroberungen. Sie dachten entweder, sie brauche oder wolle keine sexuelle Lust, oder aber, sie habe alle Befriedigung dieser Welt in den oft nur kurzen Begegnungen mit ihm.

»Wenn ich mir's recht überlege«, sagt mein sechzigjähriger Freund Gil, »haben die Männer damals auch nicht so furchtbar viel Spaß beim Sex gehabt. Es ist alles viel zu schnell gegangen, als daß irgend jemand dabei wirklich Spaß hätte haben können. ›Bumsfallera, herzlichen Dank, meine Dame‹ – das war eben der Sex damals, als einem der Sex noch so peinlich war, daß man sich nicht richtig liebte.«

Vielleicht ist der Mann über Vierzig »auf dem absteigenden

Ast«, sagt Gil, aber er hat heute beim Sex größeres Vergnügen als früher. Genau wie die Männer, die mir geschrieben oder bei meiner Umfrage mitgemacht haben, erwartet sich Gil mehr vom Sex als einen Quickie. Viele Männer wollen, daß der Sex einschließlich des Geschlechtsverkehrs länger dauert, als er es tatsächlich tut. Manchmal machen sie sich etwas über die Dauer vor. Und manchmal machen sie sich auch Vorwürfe, weil sie keine olympischen Höchstleistungen erbringen.

Die Männer in meiner Umfrage sagten, daß der Geschlechtsverkehr zwischen zehn Minuten und mehreren Stunden dauern solle. Die Mehrheit sprach sich dabei für einen Zeitraum von zwanzig bis dreißig Minuten aus (51 Prozent). Doch sie gaben gleichzeitig zu, daß er ihrer Erfahrung nach nur selten tatsächlich so lange dauert, was nicht sonderlich überrascht, wenn man bedenkt, daß die durchschnittliche Dauer des Geschlechtsverkehrs bei fünf bis zehn Minuten liegt. Etliche Männer schrieben mir, sie suchten die Schuld dafür, daß er nicht länger dauere, einzig und allein bei sich selbst. (»Schließlich ist das die Aufgabe des Mannes. Die Frau hält es stundenlang aus. Er läßt sie im Stich, wenn er nicht eine ganze Weile mithält.«)

Sie haben die Mythen der Zeit nach der sexuellen Revolution verinnerlicht: Ein richtiger Mann hat *immer* endloses Durchhaltevermögen, und alle Frauen sind zu mehreren Orgasmen fähig, zu denen sie im Verlauf sexueller Marathonveranstaltungen kommen.

Diese sexuellen Mythen sind genausowenig verwirklichbar wie alle anderen. (Ein richtiger Mann ist *allzeit* bereit, und er ist *immer* hart.) Das größere Wissen um die Sexualität hat für uns alle zwar den Sex angenehmer gestaltet, weil wir nun auch um die Möglichkeiten jenseits des Quickie wissen, aber gleichzeitig hat sich dadurch auch der Druck auf den Mann erhöht. Der

Sex ist nun eine Gleichung mit zwei Unbekannten: seine Erektionen und ihre Orgasmen.

In *Male Sexual Awareness* schreibt McCarthy: »Für viele Männer ist der Sex ein Bluff, ein verzweifelter Kampf, das Bild von der ständig funktionierenden ›männlichen Maschine‹ aufrechtzuerhalten. Wenn der Sex so leistungsorientiert wird, bleibt nur noch wenig Raum für das Vergnügen ... Ein guter Liebhaber ist kein Techniker; er ist vielmehr jemand, der Gefühle wie Zärtlichkeit, Vertraulichkeit und Emotionalität genießen kann, die während der sexuellen Interaktion auftreten.«

Rein intellektuell gesehen, wissen die Männer das. Doch gefühlsmäßig haben sie Probleme, es zu akzeptieren. Wenn der Sex nicht richtig klappt, geben sie sich eher selbst die Schuld dafür als uns. Sie erinnern sich an die negativen Kommentare der Frau, als hätten sich die Worte in ihr Gehirn eingebrannt. »Ich weiß, daß es beim Sex nicht nur um Leistung geht«, schreibt ein Mann, »aber trotzdem verhalte ich mich so, als wäre es so. Wenn eine Frau über den Sex reden will, zucke ich innerlich zusammen. Sie will mir wahrscheinlich sagen, was sie sich sexuell erwartet, und ich soll dann das große Aha-Erlebnis haben. Aber mir ist es eher peinlich, daß ich es nicht gewußt habe. Ich hab' was falsch gemacht. Ich hab' nicht genug geleistet. Ich hab' Angst, daß sie mich als Versager abstempelt. Ich bin gedemütigt. Einmal hat mir eine Frau gesagt, daß ich es zu lange hinauszögere, und hat gefragt: ›Worauf wartest du denn noch, auf einen Zug?‹«

Laut McCarthy ist »die schlimmste Angst des Mannes die Angst vor der Demütigung durch die Frau. Diese Angst vor der Demütigung ist stärker als die vor dem Versagen des Penis ... Obwohl ich mir nicht vorstellen kann, daß eine solche Angst reale Grundlagen hat, existiert sie doch in den Köpfen der Männer.«

163

Diese Furcht vor der Demütigung ist die Grundlage der Angst vor dem Versagen. Wenn er sich nur einen Quickie wünschen würde, hätte er nie Angst. Dann müßte er sich nur um einen Teil der Angelegenheit kümmern, nämlich um den seinen. Aber er will bedeutend mehr, und zwar für beide Beteiligten.

Kapitel 12: Vorspiel – nicht nur für Frauen

»Ich hätte es gerne, wenn eine Frau mich hin und wieder einfach nur gern hat, in die Arme nimmt, mich leidenschaftlich küßt und mich ins Schlafzimmer führt. Wenn sie mich dann langsam auszieht und dabei jeden Teil meines Körpers küßt und liebkost. Einmal hat eine Frau so etwas mit mir gemacht. Sie hat bei meinen Füßen angefangen und meine Haut geküßt und an ihr gesaugt. Dann ist sie weiter nach oben gegangen, an meinen Waden und Knien entlang bis zu meinen Oberschenkeln. Inzwischen hatte ich eine unglaubliche Erektion. Sie ist an meinen Genitalien vorbei hoch zum Nabel und hat sich von da aus wieder nach unten vorgearbeitet. Ich war schon ganz heiß. Nach einer ganzen Zeit hat sie meinen Penis in die Hand genommen und angefangen, ihn zu küssen und an ihm zu saugen. Ich hab' mich schrecklich zurückhalten müssen, daß ich noch nicht gekommen bin. Das nenne ich richtiges Vorspiel!« – Ein neununddreißigjähriger Mann aus Philadelphia.

Vorspiel ist ein negatives Wort. Shere Hite schreibt in *The Hite Report:* »Es erinnert an die Beschreibung des Sex in Handbüchern ... als ob die Liebe ein Spiel wäre, in dem es darum geht, sich zum ›Hauptereignis‹, nämlich dem Geschlechtsverkehr und der Penetration, vorarbeiten zu müssen.« Vorspiel ist meist gleichbedeutend mit der sexuellen Arbeit, die Männer verrichten, um die Frau auf den Geschlechtsverkehr vorzubereiten. Gleichzeitig geht man davon aus, daß er solche

Vorbereitung nicht nötig hat. Ein Mann beschrieb das Vorspiel als »die Zeit, in der sie sich ihm noch verweigert, während er sie heiß macht«. Fehlt da nicht etwas?

Männer sind mit Sicherheit der Meinung, daß etwas fehlt. Ich bekomme mehr Briefe von Männern, die sich mehr Berührungen, Streicheln, Küsse, Lecken und Lieben wünschen als von solchen, die sich exotischere sexuelle Praktiken ersehnen. Ungefähr die Hälfte der Männer in meiner Umfrage sagten, sie selbst kämen beim Vorspiel zu kurz. Weitere fünfunddreißig Prozent gaben an, sie seien mit dem zufrieden, was sie bekämen. Nur fünfzehn Prozent gaben die zu erwartende männliche Antwort: Danke, er braucht so etwas nicht; ihm ist der Geschlechtsverkehr genug.

»Manchmal macht sie mit«, schreibt ein zweiundvierzigjähriger New Yorker bedauernd, »aber ich wünschte, sie würde es öfter tun.«

Der Gedanke, daß der Mann kein Vorspiel braucht, hängt eng mit dem Glauben zusammen, daß er *immer* zum Sex bereit ist. Wir behandeln ihn oft wie einen überhitzten Motor kurz vor der sexuellen Explosion. Wenn wir ihn zu sehr streicheln, kommt er vielleicht »zu früh« oder außerhalb der Vagina, was er ja nicht soll. Viele Frauen sehen sein Bedürfnis nach mehr Streicheln als einen Beweis für ihren mangelnden Sex-Appeal. (»Meine Frau denkt, daß es mir als Vorspiel reicht, wenn ich sie ausziehe.«) Vielleicht würden wir weniger streng mit dem Sex umgehen, wenn wir das Wort »Vorspiel« über Bord werfen könnten.

In *Sexual Solutions* schreibt Michael Castleman: »Der Sex wird oft in drei Stufen eingeteilt: Vorspiel, Geschlechtsverkehr und die Entspannung danach. Schon das Wort ›Vorspiel‹ weist darauf hin, daß es vor der ›eigentlichen Sache‹ passiert. Dieser Gedanke ist jedoch indirekt die Ursache für viele sexuelle Probleme der Männer. Es gibt kein Vorspiel oder eine Entspannung danach, es gibt lediglich ein *Liebesspiel*.«

Männer erwarten sich tatsächlich mehr vom Sex als nur Geschlechtsverkehr und Orgasmus. Die häufigste Frage, die sie mir stellen, lautet:

Warum streichelt sie mich nicht öfter?

»Entgegen der sexuellen Klischees wünsche ich mir mehr Vorspiel als viele der Frauen, die ich kenne. Es wäre schön, wenn die Frauen lernten, daß Männer im Bett auch Zärtlichkeit und Zuneigung brauchen und dazu ein langes Vorspiel. Ich möchte, daß sie mir mit den Händen über den ganzen Körper streicht, besonders über den Rücken. Ich möchte, daß sie mir das Ohr leckt, die Haare küßt, mit den Haaren auf meiner Brust spielt. Ich möchte gestreichelt werden«, schreibt ein vierzigjähriger Collegeprofessor aus dem Nordosten der Staaten.

Männer wünschen sich dieselbe körperliche Zuneigung wie wir. Viele schreiben, daß ihre Brustwarzen empfindlich reagieren auf Lecken, Küssen und Saugen. Sie lassen sich gerne am ganzen Körper massieren. Ja, und sie lassen sich sogar gerne in den Arm nehmen.

»Frauen nehmen einen nur dann in den Arm, wenn man sie zuerst in den Arm genommen hat«, beschwert sich ein Sechsundzwanzigjähriger. »Sie umarmen andere Frauen, Kinder, alte Leute und Hunde. Aber offenbar glauben sie, daß richtige Männer so etwas nicht wollen. Wahrscheinlich liegt das Problem zum Teil bei den Männern selbst, und ich schließe mich da nicht aus. Ich lasse mich gerne umarmen, festhalten und streicheln. Aber ich bitte nicht darum. Ich habe Angst, wie ein Schwächling zu klingen. Frauen können sagen: ›Nimm mich in den Arm.‹ Und wir sollen eigentlich auch dazu in der Lage sein.«

Männer hätten oft auch gerne mehr Berührungen an den Genitalien.

»Ich bin schon mit Frauen zusammengewesen, die mich am Penis packten als Zeichen dafür, daß sie soweit sind«, schreibt ein fünfundvierzigjähriger Chiropraktiker aus Memphis. »Abgesehen von der einen oder anderen Berührung haben sie damit nichts zu tun, es sei denn, er rutscht beim Geschlechtsverkehr heraus und muß wieder hineingeschoben werden. Ich bin auch schon mit Frauen zusammengewesen, die ihre ganze Aufmerksamkeit auf den Penis und die Eier konzentrieren, einem aber dabei das Gefühl geben, daß sie nur ihre Fähigkeiten demonstrieren wollen. Mir sind die Frauen am liebsten, die im Bett spielen.

Sie berühren mich überall im Bereich der Genitalien, am Penis, an den Eiern, am Anus und an der empfindlichen Stelle zwischen Anus und Eiern. Oft lecken und küssen sie auch, aber nicht immer. Manchmal spielen sie nur mit den Händen, und das ist himmlisch. Ich habe das wahnsinnig gern.«

Wenn Männer nicht die Berührungen bekommen, die sie sich wünschen, geben sie sich oft selbst die Schuld, weil sie ihre Bedürfnisse nicht klar genug formulieren. Sie gestehen zwar, daß es »albern«, »falscher Stolz« und »dumm« ist, die Bitte um mehr Berührungen zu unterdrücken, aber sie schweigen trotzdem. Ein Anwalt aus Chicago sieht darin »genau das Gegenteil von dem, was Frauen tun. Ihnen ist es peinlich, um Genitalkontakte zu bitten, die zum Orgasmus führen. Wir scheuen uns davor, um einfache Zeichen der körperlichen Zuneigung zu bitten. Es ist kein Wissenschaftler nötig, um herauszufinden, warum. Schließlich kommen wir nicht von unseren eigene Mythen und Stereotypen los. Beide Geschlechter bekommen sozusagen den halben Laib und sehnen sich nach der anderen Hälfte, obwohl wir doch beide alles genießen könnten.«

Doch die Männer machen sich auch in anderer Hinsicht Vorwürfe. Sie glauben, die Frauen können sie nicht berühren, ohne gleich Angst haben zu müssen, daß sie kommen.

»Es ist mir schon passiert, daß ich zu früh gekommen bin, wenn mich eine Frau zu sehr gestreichelt hat«, sagt ein Fünfunddreißigjähriger. »Ich kann verstehen, warum sie sich zurückhalten; weil sie sich den Orgasmus des Mannes für später aufsparen wollen. Eigentlich sollte es keinen Unterschied machen, wer zuerst kommt, weil der Mann auch dann noch die Frau verwöhnen sollte, wenn er schon gekommen ist. Aber in der Realität macht es einen Unterschied. Die Frauen sind enttäuscht, wenn man zu früh einen Orgasmus hat. Vielen ist es peinlich, wenn es danach nur noch um sie selbst geht. Sie haben das Gefühl, als würde man ihnen dabei zusehen, wie sie kommen, und das gefällt ihnen nicht.«

Ein anderer Mann sagt: »Frauen fühlen sich wie Exhibitionisten, wenn sie mit ihrer Lust alleingelassen werden. Wenn der Mann zu schnell kommt, läßt er sie im Stich. Er wird zum Voyeur. Also haben die Frauen Angst, den Mann zu sehr zu streicheln, zu schnell zu erregen.«

Viele Männer meinen jedoch, daß sie im Gegensatz zu ihrer Jugendzeit nicht mehr so schnell zu erregen sind.

»Ich kann eine ganze Menge Berührungen am ganzen Körper vertragen, ohne gleich einen Orgasmus zu bekommen«, schreibt ein Zweiunddreißigjähriger Mann aus Philadelphia. »Und ich bin mir sicher, daß es den meisten Männern genauso geht. Wenn ihr Streicheln mich wirklich zu sehr erregt, kann ich ihre Hand ja führen und sie bitten, statt dessen eine Weile nur meinen Körper zu liebkosen. Der Wechsel zwischen Berührungen im Genitalbereich und am ganzen Körper verlängert für mich das Liebesspiel.«

Und Gil, mein sechzigjähriger Freund, sagt: »Zu den Freuden des Alters gehört es, daß man sich jetzt endlich ganz nackt küssen und umarmen kann, ohne sich darüber Sorgen machen zu müssen, daß man gleich kommt.«

Wie kann ich eine Frau dazu bringen, daß sie mich so berührt, wie ich es gerne hätte?

»Ich hab's besonders gern, wenn sie mit meinen Eiern spielt. Aber nur wenige Frauen machen das. Vielleicht glauben sie, daß die Eier zu empfindlich sind. Natürlich müssen sie sanft damit umgehen, aber sie dürfen sie ruhig anfassen. Ich habe Frauen schon darum gebeten, dann rollen sie sie ein paarmal in der Hand hin und her, küssen sie vielleicht sogar kurz, und das war's dann. Ich mag's auch, wenn die Frau mir einen Finger in den Anus steckt. Aber ich hab' Angst, darum zu bitten, weil sie dann vielleicht denken, daß ich schwul bin«, schreibt ein Geschäftsmann aus den Südstaaten.

Die Antwort auf die Frage »Wie bringe ich sie dazu, …« liegt auf der Hand: fragen Sie einfach. Doch Männern fällt das Fragen schwer. Genauso wie wir Frauen glauben, die Männer mit den richtigen Tricks dazu bringen zu können, daß sie das tun, was wir wollen, glauben das die Männer auch von uns. Man möchte meinen, daß Menschen, die in einer Gesellschaft leben, in der die »Kommunikation« als Antwort auf jede Frage gilt, inzwischen gelernt haben müßten, sich in einfachen und verständlichen Sätzen auszudrücken, aber das haben wir nicht. Denn jemanden um etwas zu bitten, macht einen selbst verletzlich.

Auch wenn Männer nur selten darum bitten, gefällt es ihnen doch oft, wenn die Frauen mit ihren Hoden spielen. Die Empfindlichkeit ist dabei bei jedem Mann verschieden und damit auch das, was er unter »Spiel« versteht. Ein Mann schreibt: »Ich werd' ganz wild dabei, wenn sie minutenlang an meinen

Eiern saugt und mir dabei den Finger in den Arsch steckt.«
Ein anderer hingegen meint: »Mir gefällt es, wenn sie meine
Eier ganz sanft massiert; es ist nicht einfach, die richtige In-
tensität zu lernen.«

Genau aus diesem Grund meiden Frauen oft jenen Teil der
männlichen Anatomie. Denn er ist höchst empfindlich. Jeder
Mann wünscht sich etwas anderes. Und keine der Techniken
zu seiner Befriedigung scheinen sich ganz von selbst zu ergeben.

»Jeder Mann hofft natürlich insgeheim, daß sie ihn genau das
fragt, was er hören will«, sagt Alan, der Leiter einer Männer-
gruppe. »In den fünf Jahren, in denen ich mit Männergruppen
arbeite, habe ich immer wieder dieselben Dinge gehört über
den Sex, den sich Männer wünschen. Der Satz beginnt normalerweise: ›Ich wünschte, sie würde . . .‹ Aber teilt er ihr seine
Wünsche auch mit? Nein. Er verhält sich so, als würden diese
Wünsche wie durch Zauberhand erfüllt werden, wenn er sie
nicht ausspricht.

Wenn sie dann tatsächlich fragt, ist er nur zu bereit, ihr zu
zeigen und zu sagen, was er möchte. Ich würde einer Frau
raten, einmal ganz vorsichtig an seinen Eiern zu lecken, sie
dann ganz sanft mit der Hand zu umfassen und ihn dann zu
fragen, was sie als nächstes mit ihm anstellen soll.«

Vielleicht fragen Sie sich, warum derselbe Mann, der Sie darum bittet, für ihn zu masturbieren, solche Probleme hat, Sie
um einfache Zeichen der Zuneigung wie das Streicheln seiner
Hoden anzugehen. Männer haben bei allem Schwierigkeiten,
was als Wunsch nach mehr »Vorspiel« interpretiert werden
könnte. Vielleicht denken Sie nun, daß es letztlich den gleichen
Effekt hat, wenn Sie an seinen Genitalien saugen oder für ihn
masturbieren – nämlich seine Erregung. Doch der Mann sieht
das anders.

»Von Männern erwartet man, daß sie Sex wollen, nicht Zuneigung«, sagt Alan. »Sie sollen sich für exotische Sexpraktiken interessieren, nicht für Umarmungen und Streicheln.«

Es gibt auch noch andere Gründe, warum Männer sich scheuen, bestimmte Bitten auszusprechen. (»Ich will sie nicht noch auf meinen kleinen Schwanz aufmerksam machen, indem ich sie bitte, daß sie ihn anfaßt.«) Viele Männer mögen es, wenn die Frau an ihrem Anus herumspielt, aber sie denken, daß sie das unter Umständen als »etwas Schmutziges« empfindet oder mit homosexuellen Praktiken in Verbindung bringt. Dieser Bereich ist empfindlich, nicht nur körperlich, sondern auch psychisch.

»Ich mag's, wenn sie meinen Hintern berührt, die Backen streichelt und daran herumknabbert, an meinem Anus leckt und mich mit dem Finger nimmt«, schreibt ein Mann. »Ich hab's gerne, aber ich bitte sie nicht darum, weil Frauen heute gleich denken, man könnte bisexuell sein. Ein empfindlicher männlicher Hintern wird ziemlich schnell mit Homosexualität in Verbindung gebracht.«

Es überrascht nicht, daß Männer sich ein langes Vorspiel genauso sehr wünschen wie wir selbst.

Wie kann ich das Vorspiel verlängern?

»Entgegen den gängigen Klischees habe ich den Eindruck, daß Frauen oft mehr Interesse daran haben, zum eigentlichen Geschlechtsverkehr zu kommen, als ich. Sie wollen gerade so viel Vorspiel, daß sie heiß werden. Dann soll ich sie lecken oder masturbieren, bis sie kommen und danach noch bumsen. Ich würde das Vorspiel gerne ein bißchen verlängern, vielleicht noch ein wenig lecken und dann den Körper des Partners weiter erkunden. Aber wenn eine Frau deinen Kopf zwischen ihren Beinen eingeklemmt hält, ist es schwer, das Thema noch zu wechseln«, schreibt ein Mann um die Dreißig aus dem Nordosten der Staaten.

172

Die Männer haben nicht das Monopol auf zielorientierten Sex. Viele von uns glauben, daß der Sex einen bestimmten Zweck hat, nämlich den, mindestens einen Orgasmus zu bekommen. Eine erstaunlich hohe Anzahl von Männern hat mir gesagt, daß ihre Partnerinnen schon nach wenigen Minuten des Liebesspiels einen Orgasmus erwarten, zu dem sie durch orale Stimulation gelangen.

»Heute sind die Frauen sexuell weitaus besser informiert, als sie es noch vor zwanzig Jahren waren«, schreibt der Inhaber einer Agentur. »Ich war sozusagen fünfzehn Jahre lang aus dem Verkehr gezogen, und das ist der größte Unterschied, den ich nun in der Singleszene feststelle. Sie wissen genau, was ihnen zusteht, und sie wissen auch, wie sie es vom Mann fordern können.«

Ein anderer Mann, der auch gerade wieder in die Singleszene zurückgekehrt ist, bemerkt ebenfalls den Unterschied zwischen seinen jetzigen Partnerinnen und denen vor einigen Jahren, aber er schreibt diese Veränderung anderen Faktoren zu: »Heute schlafe ich mit Frauen, die über Dreißig und sexuell selbstbewußter sind. Sie lassen sich schneller erregen als junge Frauen. Das ist gut und gleichzeitig schlecht. Das Schlechte daran ist, daß sie einen manchmal einfach durchs Vorspiel hetzen. Wenn Sie mir vor zwanzig Jahren gesagt hätten, daß ich mich heute über die Verkürzung des Vorspiels beklagen würde, hätte ich es wahrscheinlich nicht geglaubt.«

Und hier noch eine weitere Perspektive: »Ich bin verheiratet und lasse mich außerhalb der Ehe noch mit anderen verheirateten Frauen ein. Dabei ist nicht immer Zeit für ein Vorspiel. Oft brauchen wir es auch gar nicht, weil wir schon stundenlang daran gedacht haben, manchmal sogar tagelang. Wenn wir anfangen, sind wir schon ganz heiß. Das ist ganz anders als beim Sex in der Ehe.«

All diese Ansichten über die Veränderungen beim Sex treffen

zu. Wir Frauen sind heute beim Sex viel zielorientierter als früher. Und wir wissen, wie wir zu diesem Ziel gelangen können. Wenn wir älter werden, reagieren wir schneller als früher auf erotische Stimulation. Die meisten von uns jedoch, Männer wie Frauen, würden sich ein längeres Liebesspiel wünschen, wenigstens manchmal. Und hin und wieder verlassen sich die Männer darauf, daß wir es verlangsamen.

Was Sie über das Vorspiel wissen sollten:

* Die Bezeichnung ist nicht korrekt. Das Konzept geht manchmal nach hinten los. Betrachten Sie die ganze Angelegenheit einfach als Liebesspiel. (Wir vergessen immer wieder, daß Sex schließlich Spaß machen soll.)

* Haben Sie keine Angst davor, ihn zu berühren. Es ist eher unwahrscheinlich, daß er bereits bei Ihrer bloßen Berührung kommt; und wenn es doch passiert, wird er wahrscheinlich gerne noch einmal kommen wollen.

* Fragen Sie ihn, wie Sie ihn berühren sollen.

* Wenn er darauf besteht, daß »Vorspiel« nur etwas für Frauen ist, dann lehnen Sie sich einfach zurück und genießen Sie es.

Kapitel 13: Die Angst vor der klitoralen Stimulierung

»Ja, natürlich finde ich ihre Klitoris. Welcher Mann würde schon zugeben wollen, daß er sie nicht findet? Wenn er es nicht schafft, muß er schon ziemlich unerfahren sein. Ja, natürlich weiß ich, wie ich sie berühren soll, fest und schnell, bis sie kommt.« – Ein siebenunddreißigjähriger Manager.

Wenn ihr das tatsächlich Spaß macht, ist sie die Ausnahme. Wahrscheinlich hat er nur die große Richtung ausgemacht und konzentriert darauf nun seine Stimulierungsversuche. (Unter Umständen täuscht sie den Orgasmus auch nur vor.) Die Mehrheit der Frauen bevorzugt die indirekte klitorale Stimulation in Form von verhältnismäßig sanften Kreisbewegungen der Finger oder der Zunge. Stellen Sie sich die Klitoris als den Mittelpunkt vor, den die Bewegung rhythmisch umgibt. Genau das mögen Frauen, und das brauchen sie auch, um zum Orgasmus zu kommen. Viele Männer sind noch immer darüber verirrt, wo die Klitoris sich befindet und wie sie sie berühren sollen.

»Die Klitoris hängt über dem armen Penis wie ein Damoklesschwert«, schreibt ein Illustrator aus dem Südosten der Staaten. »Über die Klitoris ist mehr geschrieben worden als über Prinzessin Diana. Wir verehren ihn, diesen schlüpfrigen kleinen Liebesknopf, auch wenn wir nicht so genau wissen, wo er sich versteckt.«

Diese anschauliche Schilderung kann nicht ganz über die eigentliche Verwirrung des Mannes hinwegtäuschen. Wie die Hälfte der Befragten berichtete auch dieser Mann, seine Partnerin käme allein durch den Geschlechtsverkehr zum Orgasmus. (»Eine Stimulierung der Klitoris mit Hand oder Mund ist nicht immer nötig«, schreibt ein Mann. »Wenn sie heiß ist, kann ich sie auch zum Orgasmus bringen, indem ich ihn ihr immer schneller reinramme.«) In ihrer inzwischen klassischen Studie über die weibliche Sexualität stellte Shere Hite fest, daß nur dreißig Prozent der Frauen ohne direkte klitorale Stimulation zum Orgasmus kommen. Offenbar besteht ein deutlicher Widerspruch zwischen den Aussagen der Männer und denen der Frauen.

Die Briefe, die ich bekomme, weisen darauf hin, daß die Klitoris für den Mann noch immer ein rätselhaftes Gebilde ist, obgleich in der Zwischenzeit so viele Bücher und Artikel darüber erschienen sind, wo sie sich befindet, welche Bedeutung sie hat und wie man sie am besten berührt. Die Männer sind sich verständlicherweise nicht so ganz sicher, wie sie vorgehen sollen, weil:

– Frauen ihnen den Orgasmus immer wieder vorspielen und ihnen damit weismachen, daß sie doch ohne klitorale Stimulation kommen können;

– die versteckte Stelle, an der die Klitoris sich befindet, ihre Rätselhaftigkeit noch erhöht;

– Männer fürchten, mit ihren Zärtlichkeiten zu direkt oder nicht direkt genug zu sein;

– sie Angst haben, daß das Bedürfnis der Frau nach klitoraler Stimulation auf ihren Mangel an Männlichkeit verweist. (Schließlich sind sie nicht dazu in der Lage, sie mit dem Penis allein zu befriedigen.)

Diese letzte Aussage ist lediglich die Version der Männer unseres eigenen Mythos: eine richtige Frau sollte bereits durch den Geschlechtsverkehr zum Orgasmus kommen. Solange wir uns selbst und unseren Partnern unsere Bedürfnisse verschweigen, bleiben solche Mythen weiter bestehen. Und genau das tun wir: verschweigen oder unterdrücken. Über die Hälfte der Männer in meiner Umfrage schrieben, ihre Partnerinnen sagten ihnen nicht, wie sie ihre Klitoris am besten stimulieren könnten.

Gibt es eine narrensichere Methode, um die Klitoris zu finden?

»Alle Frauen, mit denen ich bis jetzt zusammen gewesen bin, haben unterschiedlich darauf reagiert, wenn ich sie so ziemlich an der gleichen Stelle berührt habe. Ich habe langsam das Gefühl, daß ich es nicht allen recht mache. Bei manchen Frauen ist der kleine Knopf ganz deutlich zu spüren, bei anderen nicht. Errege ich die Frauen, bei denen ich ihn nicht richtig spüre, auch nicht richtig? Oder unterscheidet sich die Lage von Frau zu Frau?« schreibt ein achtundzwanzigjähriger Mann aus Atlanta.

Shere Hite hat ebenfalls festgestellt, daß Männer Schwierigkeiten haben, die Klitoris zu finden. Das ganz offen zu gestehen, wäre jedoch das gleiche, wie wenn eine Frau zugäbe, daß sie noch nie einen Orgasmus gehabt hat. Nur wenige sind so ehrlich. Über neunzig Prozent der Männer, die ich befragte, sagten, sie wüßten genau, wo sie sich befinde. (»Ich weiß, wo ihre Klitoris ist; sie mag's, wenn ich sie zuerst sanft und dann fest bumse.«) In manchen Fällen überzeugte mich die Folgefrage, wie die Partnerin gern daran stimuliert werde, davon, daß der betreffende Mann doch nicht so ganz im Bilde war.

(»Sie mag's, wenn ich sie zuerst reinkneife und dann massiere.«)
Andere scheinen sich besser auszukennen. (»Sie hat's nicht so
gern, wenn ich sie direkt an der Klitoris anfasse – lieber außen
herum, das heißt an der Haut darüber.«)

»Sie ist normalerweise gleich am oberen Ende der Vagina, unmittelbar unterhalb des Venushügels«, schreibt ein Unternehmensberater. »Aber sie ist klein. Bei meiner gegenwärtigen Partnerin habe ich manchmal Schwierigkeiten, sie zu finden, nicht
jedoch bei meinen früheren Freundinnen.«

Die »narrensichere Methode«, sie zu finden, ist ziemlich einfach: fragen Sie. Oder nehmen Sie die Hand der Frau und
sagen Sie: »Zeig sie mir.« Doch vielen Männern fällt es schwer,
einer Frau Fragen zu ihrer Anatomie zu stellen oder darüber,
was sie machen sollen, wenn sie die entsprechende Stelle gefunden haben.

»Ich wünschte, Frauen würden mir zeigen, was sie wollen«,
schreibt ein Chemotechniker aus Los Angeles. »Ich habe sozusagen eine Grundmethode: Ich drücke den fleischigen Teil der
Schamlippen mit der einen Hand weg, mache den Zeigefinger
der anderen naß und lasse ihn dann abwechselnd kreisen und
von vorne nach hinten gleiten. So entgeht mir wahrscheinlich
nichts. Aber es wäre mir lieber, wenn die Frau meinen Finger
nimmt und mir zeigt, wo und wie sie's gern hätte und wie fest.
Wenn eine Frau das macht, bin ich mir sicherer, daß ich auch
das tue, was sie will. Schließlich ist jede Frau anders.«

Ja, in der Tat, jede Frau ist anders, aber trotzdem suchen Männer nach der »Grundmethode« die mehr oder minder bei allen
Frauen funktioniert.

Welche Art der klitoralen Stimulation wünschen sich Frauen?

»Manche leiten einen, aber viele verhalten sich, als müßte man es selber wissen. Ich lasse meist meine Zunge von vorne nach hinten gleiten, parallel zur Klitoris, das scheint bei den meisten Frauen zu funktionieren. Aber gibt's eine bestimmte Technik mit der Zunge oder mit dem Finger, die ihnen besonders gut gefällt?« schreibt ein Leser aus Texas.

Die Mehrheit meiner Leser und der Befragten ist der Meinung, daß Frauen die Stimulation mit dem Mund lieber ist als die mit der Hand. Vielleicht haben sie auch mehr Vertrauen zu den Fertigkeiten der Zunge als zu denen der Finger.

»Die Feuchtigkeit ist besonders wichtig bei dieser prekären Angelegenheit«, schreibt ein geschiedener Mann aus dem Nordosten der Vereinigten Staaten. »Selbst wenn man die Hand naß macht, genügt das vielleicht nicht, besonders, wenn sie nicht gleich feucht wird. Deswegen habe ich mit dem Mund weniger Probleme. Frauen haben's gern, wenn man an ihrer Klitoris leckt und saugt. Und ich mach's gern.«

Ein Redakteur aus dem Südwesten der Staaten sagt: »Ich kann sie mit meiner Zunge ganz heiß machen. Bei meinen Fingern bin ich mir da nicht ganz sicher. Sie sagt, daß der Druck nicht so ganz stimmt. Damit habe ich Probleme. Manchmal, sagt sie, bin ich zu sanft. Hände sind rauher als Zungen, deshalb ist es schwer, das richtige Maß herauszufinden.«

Manche Männer schreiben jedoch, daß die Stimulation mit der Hand genauso wirkungsvoll ist wie die mit dem Mund. (»Sie liebt es, wenn ich ihren Mund küsse, während ich mit ihrer Klitoris spiele. Man kann schließlich nicht überall gleichzeitig sein.«) Andere betrachten eine Kombination beider Methoden als das Wirkungsvollste.

»Meine Methode funktioniert bei fast allen Frauen«, schreibt ein geschiedener Unternehmensdirektor Anfang Vierzig. »Ich lasse meinen feuchten Mittelfinger ganz sanft kreisen, während ich mich mit dem Mund zu ihrem Bauch vorarbeite. Oft rolle ich sie auf den Bauch, während ich ihren Rücken küsse und weiter mit meinem Finger um ihre Klitoris kreise.

Meine gegenwärtige Freundin macht es am meisten an, wenn ich mit ihrer Klitoris spiele, während ich ihr zwei Finger in die Vagina schiebe und gleichzeitig in ihren Hintern beiße. Gestern nacht habe ich zum Teil ganz schön zugebissen, und sie hat ziemlich stark gestöhnt und sich gewunden. Dabei habe ich mit dem Daumen gegen ihren Anus gedrückt. Ich habe den Daumen hochgedrückt, während ich zugebissen habe, und sie hat ihren Hintern fest gegen meinen Daumen gepreßt. Dann habe ich ihr Bein über meinen Kopf geschlungen, mit den zwei Fingern und dem Daumen weitergemacht, ihre Klitoris mit der Zunge geleckt und sie schließlich in den Mund genommen. Da ist sie dann gleich mehrmals gekommen.«

Auf ihrer Suche nach den »richtigen« klitoralen Stimulierungstechniken sind manche Männer ziemlich mutig und einfallsreich. Andere haben Angst davor, ihre Partnerin zu verletzen oder Unbehagen bei ihr zu erzeugen und gehen deshalb übertrieben langsam und sanft zu Werke.

»Ich berühre ihre Klitoris ganz, ganz sanft«, schreibt ein Lehrer. »Sie mag es, wenn ich sie außenherum liebkose, denn schon die leiseste Berührung bereitet ihr großes Wohlbehagen. Sie ist so empfindlich, daß sie keine direkte Berührung der Klitoris benötigt. Es reicht, wenn ich ganz leicht mit Zunge oder feuchtem Finger darüberfahre. Dann kommt sie schon.«

Manche Männer scheinen sich ihrer klitoralen Stimulierungstechniken ziemlich sicher. Ihre Partnerinnen, so sagen sie, leiten sie selten bis nie, aber das scheint ihnen nichts auszumachen. (»Ich weiß, wo's lang geht, weil ich auf die Reaktionen ihres Körpers achte. Wenn ich den richtigen Punkt erwische und ihn streichle, flippt sie fast aus.«) Andere Männer hätten dagegen nichts gegen ein wenig Anleitung.

»Das ist vermutlich der wichtigste Teil der Befriedigung für eine Frau, doch er ist noch immer ein Rätsel«, schreibt ein Mann aus Connecticut, der bereits zum dritten Mal verheiratet ist. »Ich bin noch nie mit einer Frau zusammengewesen, die ohne direkte klitorale Stimulation zum Orgasmus gekommen wäre – obwohl mir meine erste Frau die Wahrheit erst Jahre später gestanden hat. Offensichtlich ist das der Schlüssel zu allem. Warum sagen uns die Frauen nicht genau, wie sie's haben möchten? Ich habe schon öfter das Gefühl gehabt, daß ich einer Frau mehr Vergnügen hätte bereiten können, wenn sie mich nur ein wenig angeleitet hätte.«

Angesichts der Verwirrung über die Klitoris ist es nicht weiter verwunderlich, wenn Männer wissen wollen:

Warum braucht eine Frau zusätzlich zum Geschlechtsverkehr noch klitorale Stimulation?

»Glauben Sie nur nicht, daß ich einer von den Schwarzen bin, die eine Frau nicht auslecken wollen. Ich liebe den Geschmack und den Geruch einer Möse. Ich hab' da keine Hemmungen. Ich bringe meine Partnerin gern zuerst mit der Hand oder mit der Zunge zum Orgasmus und bumse sie dann. Aber ich kann nicht verstehen, warum sie während des Geschlechtsverkehrs wieder mit der Hand stimuliert werden muß, damit sie noch einmal kommt. Ist das bei allen oder den meisten Frauen so?« schreibt ein Agent aus Los Angeles.

Shere Hite stellte fest daß die »überwältigende Mehrheit« der Männer es lieber sähe, wenn ihre Partnerin allein durch den

Geschlechtsverkehr zum Orgasmus käme. Obwohl diese Männer die biologischen Bedürfnisse ihrer Partnerin verstehen, wäre es ihnen doch lieber, wenn sie sie während des Geschlechtsverkehrs nicht noch zusätzlich stimulieren müßten. Sie hätten es gerne, wenn der Penis genauso wie für sie selbst, »genug« wäre. Das bedeutet nicht, daß sie selbstsüchtig sind. Die Erkenntnis, daß Frauen klitorale Stimulierung brauchen, ist in der Geschichte des Sex noch ziemlich neu, und viel zu viele Frauen sind bisher davon ausgegangen, daß die Männer sich diese Information auch ohne sie beschaffen. Selbst wenn die Frauen heute ihre Bedürfnisse klar formulieren, war das bei denen der Vergangenheit vielleicht nicht so.

»Ich kann jede Frau mit meinem Penis zum Orgasmus bringen«, schreibt ein vierunddreißigjähriger Anwalt. »Natürlich weiß ich, daß Frauen direkte klitorale Stimulation brauchen, aber die gebe ich ihnen durch die Art und Weise, wie ich sie bumse. Eigentlich ist nur enger genitaler Kontakt nötig.«

Am Anfang meiner Laufbahn als Sexberaterin neigte ich noch dazu, auf solche Äußerungen mit entrüsteten oder spöttischen Kommentaren zu antworten. Dann wurde mir klar, daß der Mann nur zum Teil für seine Einstellung verantwortlich ist. Auch seine Partnerinnen haben Schuld an seinem überentwickelten Sexego. Offenbar hat ihm noch keine gesagt, daß mehr als »enger genitaler Kontakt nötig« ist.

»Ich war zehn Jahre lang mit einer Frau verheiratet, die nicht über Sex sprechen wollte«, sagt ein vierzigjähriger Mann aus dem Süden der Staaten. »Meine erste Geliebte nach der Scheidung hat mich über die Klitoris aufgeklärt. Wenn wir uns geliebt haben, ist mir aufgefallen, daß sie die Hand zwischen unsere Körper gesteckt und sich selbst erregt hat. Es hat mich gestört, daß sie das gemacht hat. Ich hab' sie danach gefragt, und sie hat mir erklärt, daß sie es braucht, um zum Orgasmus zu kommen. Ich war damals dreißig und bin mir vorgekommen wie ein Schuljunge. Kein Wunder, daß meine Frau nie Sex mit mir haben wollte.«

Der Mythos vom Penis als dem Befriedigungsmittel schlechthin ist zäh. In der erotischen Literatur genauso wie in der Hardcore-Pornographie verhilft der Held seiner Partnerin nach wie vor allein durch seinen Penis zu den höchsten Höhen der Ekstase. Vielleicht hat er sie vor dem Geschlechtsverkehr durch Cunnilingus oder andere Methoden zum Orgasmus gebracht, aber die Hauptsache läuft immer noch ohne Hände ab und bringt die Erde zum Beben.

Über die Hälfte der Männer in meiner Umfrage berichteten, daß weder sie noch ihre Partnerin selbst ihre Klitoris während des Geschlechtsverkehrs stimulierten.

»Ich mach's manchmal, aber das macht sie nicht an«, schreibt ein neunundzwanzigjähriger Mann. »Manchmal nimmt sie meine Hand sogar weg. Einmal hat sie gesagt, sie will mich so nahe bei sich fühlen, wie nur irgend möglich, wenn wir uns lieben, und da stört die Hand.« Er fährt fort: »Ich bin mir nicht so sicher, ob sie beim Geschlechtsverkehr kommt oder nicht.«

Ein sechsunddreißigjähriger Vertreter sagt: »Ich hab' mit über zwanzig verschiedenen Frauen geschlafen, seit ich sexuell aktiv geworden bin. Ich kann mich an zwei oder drei erinnern, die sich während des Geschlechtsverkehrs noch zusätzlich mit der Hand stimuliert haben. Die meisten Frauen, die ich kenne, machen es nicht. Sie bitten auch nicht darum. Ich würd's gern machen, wenn sie es sich wünschen.«

Manche Männer glauben, daß ihre Partnerin weder erwartet, während des Geschlechtsverkehrs zum Orgasmus zu kommen, noch es überhaupt will. Was die Theorie zu bestätigen scheint, daß die Befriedigung im Zeitalter der Sextherapie zu einer Sache des »Erst du, dann ich« geworden ist.

»Meine Frau möchte zuerst selbst was davon haben, bevor wir richtig bumsen«, sagt ein Mann aus Philadelphia. »Diese Frage der Stimulierung kommt während des Geschlechtsverkehrs gar nicht auf, es sei denn, wir machen's von hinten, was ich mag, sie aber nicht. Dann spiele ich von hinten mit ihrer Klitoris, damit sie auch was davon hat.«

Ein Restaurator aus New York sagt: »Ich bemühe mich gar nicht mehr, meine Frau beim Bumsen zum Orgasmus zu bringen. Sie kommt dabei einfach nicht. Dazu braucht sie andere Sachen. Das hat mich lange Zeit gestört, aber inzwischen hab' ich mich angepaßt. Ich bin achtundvierzig. Ich bin mit der Vorstellung vom gleichzeitigen Orgasmus aufgewachsen. Meine Frau ist halb so alt wie ich, aber ich glaube, sie weiß genau, was sie will und wie sie es will.«

Andere sagen, daß die Stimulierung mit der Hand oder dem Mund vor dem Geschlechtsverkehr die Partnerin so sehr erregt, daß sie während des Aktes zum Orgasmus kommt.

»Der Trick besteht darin, sie bis kurz vor den Orgasmus zu bringen, dann mit der Hand- oder Mundstimulierung aufzuhören und sie zu bumsen«, erklärt ein Mann aus dem Mittleren Westen. »Sie ist dann so heiß, daß allein schon der Druck unserer Körper sie kommen läßt. Das ist nur eine Frage des Timing. Ich mach' das zwischendurch ganz gerne, statt sie immer nur mit der Hand oder der Zunge zum Orgasmus zu bringen – obwohl ihr selbst es egal ist, wie sie kommt, solange sie überhaupt kommt.«

Egal, wie der Mann damit umgeht, er fühlt sich wahrscheinlich unbehaglich bei dem Gedanken, daß sie durch den Geschlechtsverkehr allein nicht zum Orgasmus kommt. Oft macht er sich deshalb Vorwürfe.

»Am Anfang hatte meine Freundin noch beim Geschlechtsverkehr einen Orgasmus«, schreibt ein achtundzwanzigjähriger Manager aus dem Südosten der Staaten. »Jetzt nicht mehr. Ich komme. Dann masturbiert sie, während ich sie küsse und streichle, bis sie auch kommt. Ich mache mir Vorwürfe deswegen. Vielleicht hab' ich heute nicht mehr soviel Durchhaltevermögen wie früher. Eigentlich sollte ich doch dazu in der Lage sein, sie während des Geschlechtsverkehrs wenigstens einmal zum Orgasmus zu bringen. Sie hat grundsätzlich kein Problem zu kommen. Also muß das Problem bei mir liegen. Ich komme einfach zu schnell.«

Oder vielleicht hat sie ihm auch einfach nicht gesagt, was sie braucht. Viele Frauen täuschen zu Beginn einer Beziehung den Orgasmus vor, weil es ihnen zu peinlich ist, zuzugeben, daß sie eigentlich direkte klitorale Stimulation brauchen. Später ist es dann noch schwieriger, die Lüge zuzugeben. Wenn der Mann ihr jetzt sagen würde, was er denkt, würde sie ihm wahrscheinlich die Wahrheit sagen.

Aber die Wahrheit schützt auch nicht immer die Gefühle des Mannes.

»Ich geb's ungern zu, aber ich mag's nicht, wenn meine Partnerin sich während des Geschlechtsverkehrs selbst stimuliert«, schreibt ein Geschäftsmann aus Chicago. »Ich habe das Gefühl, daß sie mich eigentlich gar nicht braucht. Sie hat mir erklärt, warum sie's macht. Natürlich verstehe ich die technische Seite. Ich weiß über die Klitoris Bescheid. Und trotzdem habe ich damit meine Probleme. Ich bin jedoch froh, daß sie das gleich von Anfang an gemacht und mir versichert hat, daß sie das mit jedem Partner tut.«

Vielleicht hätte er ein besseres Gefühl bei der Sache, wenn er sie selbst stimulierte.

»Ich will ihre Klitoris spüren, wenn wir miteinander bumsen«, schreibt ein Manager aus dem Nordosten der Staaten. »Dann fühle ich mich ihr näher. Wenn wir's in der Missionarsstellung machen, muß ich sie einfach gleichzeitig masturbieren. Wenn sie oben ist, spielen wir manchmal beide mit ihre Klitoris. Sie legt ihre Hand auf die meine oder umgekehrt, was ich ziemlich sexy finde.«

Die Einstellung des Mannes zur manuellen Stimulierung während des Geschlechtsverkehrs, sei sie nun positiv oder negativ, gründet sich auf zwei Faktoren: auf seinen Glauben, daß er eigentlich dazu in der Lage sein sollte sie mit dem Penis allein zu befriedigen, und auf die Ansicht, daß ihr Orgasmus unnatürlich ist, wenn sie ihn auf andere Art und Weise bekommt. Dazu kommen noch seine früheren Erfahrungen mit Frauen, ob sie ehrlich zu ihm gewesen sind oder nicht.

Sie können ihm mehr Sicherheit bei der klitoralen Stimulierung verleihen, wenn Sie:

* von Anfang an dazu stehen;

* Ihre früheren klitoralen »Lügen« zugeben und nicht ihm die Schuld dafür geben, daß er Sie nicht befriedigt hat;

* ihm die Statistiken zeigen, damit er nicht glaubt, Sie und er wären nicht normal.

Kapitel 14: Sein sexueller Stil

»Ich hab' einen guten Schwanz, und ich bin stolz drauf! Frauen sagen, sie machen sich nichts aus der Größe. Sie behaupten, sie wünschen sich einen einfühlsamen Mann. Sie schwören, daß ihnen der Orgasmus nicht so wichtig ist, die ›Nähe‹ ist viel bedeutsamer. Denkste! Frauen wollen einen richtigen Schwanz. Sie wollen ihn groß, dick und hart, und sie wollen, daß er lange so bleibt und von einem richtigen Mann eingesetzt wird. Sie sind nur zu schüchtern, um das so zu sagen.« – Ein Texaner.

Nicht jeder Mann ist so vernarrt in seinen Penis wie dieser Texaner. Er ist die Personifikation des Macho-Kodes. Offenbar hat er bis jetzt genügend Machismas gefunden, die ihm helfen, diesen Kode aufrechtzuerhalten, oder ihn zumindest nicht auf die Idee bringen, ihn ernsthaft in Zweifel zu ziehen. Alle Männer sind von diesem Kode betroffen, doch nur wenige leben ihn wirklich bis zum Extrem aus.

Aber jeder Mann hat seinen eigenen sexuellen Stil, eine Art zu lieben, die davon beeinflußt wird, ob er glaubt, seine Partnerin hauptsächlich durch seinen Penis, seine Technik oder seine Aufmerksamkeit gegenüber romantischen Details befriedigen zu können. Sein Stil ist letztlich die Verkörperung seiner Einstellung zum Sex. Er ändert sich – oder auch nicht – durch seine Erfahrungen.

Alle Männer sind grundsätzlich dazu in der Lage, gute Liebhaber zu sein, ganz unabhängig von ihrem Stil. Sogar Männer mit schwerwiegenden sexuellen Problemen können im Bett wunderbar sein. Es gibt Männer, die Sie in jeder Hinsicht befriedigen können. Doch die meisten Frauen wählen immer wieder denselben Typ. Daran ist auch nichts auszusetzen, solange das nicht zu ständigen Enttäuschungen oder Verletzungen führt. Die Antwort liegt mit Sicherheit nicht darin, ihn zu »ändern«. Nur er selbst kann sich ändern, und er tut das nicht unbedingt, wenn Sie das wollen.

Der penisorientierte Mann setzt sein ganzes Vertrauen in seinen Penis.

Warum kommt meine Frau bei der Fellatio nicht zum Orgasmus?

»Anderen Frauen, mit denen ich zusammengewesen bin, hat es genausoviel Spaß gemacht, an meinem Schwanz zu saugen, wie mir, gesaugt zu werden. Ich bin ungewöhnlich groß gebaut, was den Frauen gefällt. Bedeutet es, daß wir ein Problem miteinander haben, wenn sie nichts davon hat, meinen Schwanz zu lutschen? Ich habe das Gefühl, es könnte ihre Art sein, ihre Unzufriedenheit auch auf anderen Gebieten des Zusammenlebens auszudrücken, aber sie bestreitet das. Sie fährt einfach nicht auf Schwanzlutschen ab«, schreibt ein siebenundzwanzigjähriger Ehemann aus dem Mittleren Westen.

Vielen Frauen macht die Fellatio Spaß, einige wenige gelangen sogar auf diesem Weg zum Orgasmus. Manche Männer denken jedoch, daß alle so reagieren sollten. Allerdings haben viele Angst davor, daß sie sie nicht als vollwertige Liebhaber oder Ehemänner betrachten. Dabei geht es um eine »Liebe mich, liebe meinen Penis«-Philosophie, die längst nicht so selbstsüchtig ist, wie sie klingt. Seine sexuelle Identität hängt zum großen Teil von seinem Penis ab.

In jedem Mann steckt ein wenig von einem Penisomanen, von

der Personifikation des Macho-Kodes. Sie werden nicht mit ihm auskommen, wenn Sie nicht auch seinen Penis lieben. Andererseits sollten sie Ihre eigenen Bedürfnisse vor keinem Mann verbergen oder ihm nur einen Gefallen tun – ob beim Penis oder anderswo. Frauen sehen manchmal nicht den Unterschied zwischen dem Versuch, den Mann nach ihren Vorstellungen zu verändern, und der Mitteilung ihrer eigenen Bedürfnisse, so daß der Mann sich nach ihnen richten kann.

»Bevor ich Angela letztes Jahr kennengelernt habe, habe ich gedacht, ich könnte jede Frau mit meinem Schwanz befriedigen«, sagt ein fünfunddreißigjähriger Mann. »Warum sollte ich das auch nicht denken? Keine Frau vor Angela hat mir je etwas Gegenteiliges gesagt. Ich hatte mir angewöhnt, mich beim Bumsen solange wie möglich zurückzuhalten. Was kann sich eine Frau denn noch mehr wünschen? Als sie mir gesagt hat, daß sie nur kommen kann, wenn ich sie lecke oder mit ihrer Klitoris spiele, während wir bumsen, war ich beleidigt. Ich hab' sie für eine Männerhasserin gehalten. Sie hat gesagt, für mich besteht Vorspiel darin, daß ich meine Hose aufmache, meinen Schwanz raushole und sie ihn bewundern lasse.

Ich weiß nicht mehr so genau, warum uns die Beziehung doch so viel wert war, weiterzumachen, aber jedenfalls haben wir's getan. Ich hab' gelernt, ihr das zu geben, was sie möchte, und sie hat sich als die aufregendste und einfühlsamste Geliebte herausgestellt, die ich je gehabt habe. Sie vermittelt mir das Gefühl, daß sie meinen Penis doch mag. Inzwischen frage ich mich, was ich mit den anderen Frauen überhaupt getrieben habe.«

Männern, die glauben, sie sollten in der Lage sein, ihre Partnerin ausschließlich mit dem Penis zu befriedigen, fällt es schwer, das zuzugeben. Eine Frau wie Angela ist sicher die beste Ermutigung. Aber nicht alle Männer haben das Glück, einer solchen Frau zu begegnen.

»Ich war schon fünf Jahre lang verheiratet, als ich gemerkt habe, daß meine Frau sich immer noch selbst zum Orgasmus gebracht hat, nachdem ich eingeschlafen war«, schreibt ein Makler aus Colorado. »Sie ist ins Bad, hat die Tür zugesperrt und ein Handtuch unter die Türritze geklemmt, damit sie mich nicht höre. Gewöhnlich schlafe ich ziemlich fest. Aber eines Nachts hat dann das Telefon geklingelt, die falsche Nummer, und ich bin aufgewacht. Ich hab' nicht gewußt, wo sie ist, hab' sie gesucht und hab' festgestellt, daß die Tür zugesperrt ist. Als sie schließlich aufgemacht hat, hat sie geweint und mir gesagt, was sie gemacht hat. Ich hab' mich gefühlt, als hätte mir einer einen Schlag in die Eier versetzt. Es hätte auch nicht schlimmer sein können, wenn sie's da drinnen mit einem anderen getrieben hätte.

Dann hat sie mir alles erzählt. Sie hat mir gestanden, daß sie so gut wie nie zum Orgasmus kommt. Sie hat gesagt, das ist meine Schuld, weil ich sie nicht so berühre, wie sie's eigentlich braucht. Und wissen Sie, was mir am meisten Kummer gemacht hat, abgesehen davon, daß unser ganzes Sexleben eine einzige Lüge gewesen ist? Sie hatte einen Spitznamen für meinen Penis. Sie nannte ihn den ›Befriediger‹. Vielleicht war das so etwas wie ein sehr persönlicher Scherz.«

Viele Männer sind der Meinung, daß technische Fähigkeiten einen Mann zum guten Liebhaber machen.

Gibt es eine Technik, mit der man die Frau bis kurz vor den Orgasmus bringen und eine Weile dort halten kann?

»Ich habe nur einen kleinen Schwanz, also muß ich ihn durch besonders gute Technik ausgleichen. Ich möchte ihr zum besten Orgasmus ihres Lebens verhelfen – eine langsame Hinführung und

*schließlich einen langen, heftigen Orgasmus, wie sie ihn nie zuvor
erlebt hat. Ich habe festgestellt, daß sich Länge und Intensität des
Orgasmus je nach der Stellung und der Stimulierung durch Hand
oder Mund beeinflussen lassen. Aber was hält sie davon ab zu
kommen, bevor ich es will?«* schreibt ein Reporter.

Viele der Fragen, die mir gestellt werden, sind technischer
Natur. Die überwältigende Mehrheit der Männer macht sich
Gedanken darüber, wie sie der Partnerin am besten zu ihrem
Vergnügen verhilft. Manche glauben, daß eine Mischung aus
ausgeklügelter Technik und eigener Zurückhaltung jeder Frau
den erotischen Himmel beschert. Ironischerweise sind meist
die Männer, die sich kühl und kontrolliert geben, um wie
großartige Liebhaber zu wirken, die extremste Ausprägung dieses Typs. Sie sind erotische Schauspieler und nehmen am eigentlichen Liebesspiel nicht teil.

Vielleicht bringen Sie mehr Verständnis für den Mann auf,
wenn Sie wissen, daß seine ausgeklügelte Technik und sein
distanzierter Stil letztlich nur in seinem Bedürfnis gründen, es
Ihnen recht zu machen, und in seinem Glauben, daß er das
nur mit einer außergewöhnlichen Aktion schafft. Vielleicht
kompensiert er auch nur einen kleinen Penis, den er tatsächlich
hat oder zu haben glaubt. Indem er seinen eigenen Orgasmus
so lange wie möglich zurückhält, glaubt er, Ihnen mehr zu
geben als alle anderen Männer.

»Ich bin der Meinung, daß es jedesmal toll sein sollte«, sagt
ein neununddreißigjähriger Unternehmensberater aus dem
Nordosten der Staaten. »Wenigstens sollte man es jedesmal
versuchen. Vorspiel heißt für mich Streicheln, Lecken und
Küssen am ganzen Körper, besonders die Schamlippen vor dem
Cunnilingus, und danach die 69er Stellung, bei der ich sie
zum Orgasmus bringe. Man muß mehrere Stellungen ausprobieren, am besten endet man in der Position von hinten, wenn

sie Analverkehr nicht mag. Sie muß mindestens einmal kommen, sonst taugt der Sex nichts, sonst bin ich nicht zufrieden.«
Dieser Mann ist zielorientierter als die meisten anderen Männer. Er glaubt, daß jede Frau mehrere Orgasmen haben kann, solange er nur aufs richtige Knöpfchen drückt. Er geht an den Sex heran wie an eine Arbeit und plant den Ablauf genau. Er übernimmt die volle Verantwortung für den Sex, egal, ob er nun gut oder schlecht ist.

»Ich halte die Technik beim Sex für das Wichtigste«, schreibt ein vierundvierzigjähriger Bankier. »Und die ist die Aufgabe des Mannes. Meiner Erfahrung nach ist den Frauen die Technik wichtiger als die Penisgröße. Und heute wissen Frauen mehr über den Sex als zu der Zeit, als ich noch jung war. Sie haben ausreichende Vergleichsmöglichkeiten. Wenn man sie nicht so leckt, wie sie eigentlich geleckt werden könnten, reagieren sie einfach nicht. Ich mache ihnen deswegen keine Vorwürfe oder behaupte, daß das schlecht ist. Das ist das natürliche Ergebnis einer freizügigeren Gesellschaft. Sie erlegt dem Mann eine schwerere Last auf, weil er sich ständig seiner Technik bewußt sein muß.«

Manche Männer glauben, daß ein großes Repertoire von Stellungen sie schon zum Superliebhaber macht. Ganz im Stile des *Kamasutra* treiben sie's dann auf dem Bett, dem Boden, dem Sofa, der Anrichte in der Küche.

»Ich hab' meine Partnerin neulich damit überrascht, daß ich sie mit einem Bein am Boden zum Orgasmus gebracht habe«, schreibt ein Sexakrobat aus dem Nordosten der Staaten. »Ich hab' mit einer knienden Position auf dem Bett angefangen, dann hab' ich sie, ohne aus ihr herauszurutschen oder meinen Stoßrhythmus zu verlieren, auf eine Seite des Bettes hinübergeschoben, so daß ich ein Bein auf dem Boden behalten konnte, während ich weitergemacht habe. Frauen lieben die Abwechslung und das Gefühl, während des Geschlechtsverkehrs auch körperlich von einer Stellung in eine andere gebracht zu werden.

192

Weil ich groß bin, kann ich sie auch auf die Anrichte in der Küche setzen und sie stehend bumsen.«

Die meisten Frauen würden die akrobatischen Fähigkeiten dieses Mannes wohl eher als anstrengend empfinden, wenn sie sich ständig damit auseinandersetzen müßten.

»Ich war ungeheuer stolz darauf, bei jedem Mal in mehreren verschiedenen Stellungen zu bumsen«, schreibt ein Mann aus dem Mittleren Westen, »bis ich eine Frau kennengelernt habe, die mir gesagt hat, ich soll das doch lieber den Akrobaten im Zirkus überlassen. Ich hab' den Wink verstanden. Ich hab's nur gemacht, weil der ständige Stellungswechsel mir dabei geholfen hat, mich besser unter Kontrolle zu halten. Wenn ich kurz vor dem Orgasmus war, hab' ich die Stellung gewechselt. So hab' ich ihr gegenüber nicht eingestehen müssen, daß ich mich zusammenreißen muß.

Aber vielleicht macht es den Frauen ja gar nichts aus, wenn ich eine Pause einlege. Jedenfalls habe ich jetzt diesen Eindruck.«

Ein Mann, der Selbstdisziplin und Technik für die Hauptkriterien beim Sex hält, gibt nur selten zu, warum er ständig die Stellung wechselt oder darauf besteht, daß sie vor ihm kommt.

Sogar ein Mann, der durch den Kommentar seiner Partnerin so stark beeinflußt wird, daß er seinen Stil verändert, wird ihr wahrscheinlich nicht sagen, warum er diesen Stil ursprünglich überhaupt entwickelt hatte. Ihr das mitzuteilen, würde bedeuten, einzugestehen, daß er sich letztlich nur als Akrobat betätigt. Es würde ihn verletzlich machen.

Die beste Art und Weise, mit ihm umzugehen, besteht darin, ihm zu sagen, was Sie wollen, ohne dabei jedoch seinen Stil anzugreifen oder in Frage zu stellen.

Der schwierigste Liebhaber ist wahrscheinlich der »Romantiker«, der immer noch der Meinung ist, daß Leidenschaft, nicht die klitorale Stimulation, zum Orgasmus führt.

Warum ist es heutzutage so schwierig, um eine Frau zu werben?

»Ich bin achtunddreißig und habe meine Unschuld mit siebenundzwanzig verloren. Ich habe, abgesehen von den Prostituierten, mit denen ich heute ab und zu ins Bett gehe, nur eine einzige Partnerin gehabt. Vor ein paar Monaten haben wir uns getrennt. Mein Geschlechtstrieb ist genauso stark oder schwach wie der anderer Männer, aber ich will keine Beziehung zu einer Frau beginnen, die nur auf Sex aufgebaut ist. Die Frauen tun gerade so, als wäre irgend etwas nicht in Ordnung, wenn man sie nach ein paar Verabredungen immer noch nicht ins Bett locken will. Wie wirbt man heutzutage um eine Frau?« schreibt ein Softwarespezialist aus dem Nordosten der Staaten.

Fast zwanzig Prozent – eine erstaunliche Zahl – der Männer, die ich befragt habe, haben erst mit zwanzig Jahren und später das erste Mal mit einer Frau geschlafen. Nicht alle davon wirkten auf mich wie Romantiker, aber doch ziemlich viele. Der späte Verlust der Unschuld ist nicht das einzige Erkennungszeichen des Romantikers. Auch Männer, die ihre Unschuld bereits früher verloren haben, zeigen bisweilen eine »romantische« Einstellung Frauen und Sex gegenüber. Sie sind diejenigen, die das weibliche Geschlecht am bereitwilligsten in Heilige und Huren aufteilen.

In jedem Menschen steckt ein Funken Romantik, aber diese Männer übertreiben.

»Meine Frau wühlte meinen Schreibtisch durch und fand die American-Express-Quittungen von meinen Geschäftsreisen. Sie war schockiert, als sie entdeckte, daß ich Kunde bei einem Export-Service bin, denn sie wußte ganz genau, daß das nur ein Euphemismus für Callgirls ist. Sie sagt, sie tut alles für mich, was diese Mädchen für mich tun. Ich muß sie nur darum bitten. Aber ich kann sie schließlich nicht bitten, daß ich sie von hinten nehmen darf oder daß sie mir's mit dem Mund besorgt. Wie soll ich ihr bloß klarmachen, daß ich Dinge will, die sie nicht tun soll?« fragte ein Manager aus dem Mittleren Westen.

Tja, manche Männer denken immer noch so, und sie sind beileibe nicht alle über Fünfzig. Sie werden von einer ziemlich engstirnigen Betrachtungsweise der Menschheit gequält, in der alle Männer zu schlecht für die guten Frauen sind. Die Prostituierte ist seine Strafe und seine Entspannung gleichermaßen. Vielleicht haben Sie als die böse andere Frau mit ihm zusammen Spaß, aber als seine eigentliche Frau werden Sie feststellen, daß das Spektrum erotischer Abenteuer ziemlich beschränkt ist.

Doch Sie müssen ihn nicht erst heiraten, um herauszufinden, daß das so sein wird. Sein sexueller Stil ist bereits an seinem Verhalten bei der Werbung zu erkennen. Er ist der attraktive, »unheilbar romantisch veranlagte« Mann, dessen Suche nach der Richtigen ihn zu zahlreichen Verabredungen geführt hat, die alle nicht in Beziehungen endeten. Sein gehauchtes »Ich glaube, ich habe sie endlich gefunden«, wird schon bald zu einem eine Nuance trauriger gehauchten »Tja, das war's wohl wieder mal«. Er lobt die Frau überschwenglich, berührt sie selten und sieht ihr dabei um so tiefer in die Augen.

Das Geheimnis, wie man mit ihm zu gutem Sex kommt: Sie müßten eine andere sein.

»Meine Frau trägt manchmal billige Reizwäsche«, schreibt ein Südstaatler. »Dazu noch eine Federmaske, die wir während unserer Flitterwochen gekauft haben. Wenn sie sich so anzieht, kann ich mit ihr Dinge machen, die ich sonst nicht kann. Ist das normal?«

»Normal« ist natürlich das, was wir selbst als normal empfinden. Die meisten Männer wollen gleichzeitig normal und der beste Liebhaber sein, den Sie je gehabt haben.

195

Was macht einen Mann zum besten Liebhaber, den eine Frau je gehabt hat?

»Ich würde gerne wissen, was ich machen soll und wie ich sein soll, damit ich der Frau, die ich liebe, den besten Sex schenken kann, den sie je erlebt hat. Sie ist einfühlsam und geht auf mich ein, und sie ist sexuell verhältnismäßig leicht zufriedenzustellen. Ich bringe sie zum Orgasmus, aber ich würde ihr gerne mehr gebe. Sie ist offen für Neues. Gibt es Ihrer Meinung nach bestimmte Spielarten oder Techniken, die Frauen für die besten halten?« schreibt ein Systemanalytiker aus Michigan.

Jede Frau mit einem vernünftigen Maß an sexueller Erfahrung hat einen oder zwei Lieblingsliebhaber. Sie betrachtet ihn wahrscheinlich als den »Besten«, den sie je gehabt hat. Die Männer haben Angst davor, nach jenem »Besten« zu kommen und wollen gleichzeitig selbst dieser »Beste« werden. Sie können nicht verstehen, daß die meisten Frauen diese Bezeichnung für den Mann reservieren, der sie nicht nur körperlich, sondern auch gefühlsmäßig bewegt hat. Penisgröße und Technik, sei sie nun erotisch oder romantisch, sind gegenüber dem undefinierbaren Faktor X zweitrangig. Dieser Faktor besteht zum Teil aus starker Anziehung und zum anderen Teil aus der »genauen Kenntnis des anderen«, die sich durch eine tiefe körperliche Harmonie ergibt.

Solchen Sex kann man nicht erzwingen, aber Männer versuchen es trotzdem. Sie denken viel darüber nach, was zu einer solchen Erfahrung führt, und wie sie diese der Frau schenken können, die sie lieben. Zweifelsohne glauben sie, daß die größere Verantwortung bei ihnen selbst liegt. (Toller Sex ist eher das, was sie mit und für uns machen, als das, was wir für sie und mit ihnen machen dürfen.) Sie halten sich nur selten für die »Besten«, aber sie streben ständig danach.

»Ich persönlich mache gerne lange Liebe, bis zu drei Stunden, wenn ich es schaffe«, schreibt ein Mann aus dem Nordosten der Staaten. »Zu den tollsten Erfahrungen gehört es, gemeinsam zu duschen. Ich liebe das Bumsen unter fließendem Wasser. Aber ich halte es nur für toll, wenn ich genau weiß, daß es ihr auch gefällt und daß sie zufrieden ist.«

Und ein neununddreißigjähriger Mann aus dem Mittleren Westen schreibt: »Die Intensität macht den Sex besser als nur gut. Wenn ich meiner Partnerin Vergnügen bereiten kann, ist es toll. Mir macht es Spaß, wenn ich eine Frau dazu bringe, daß sie sich völlig vergißt. Ich will sie dazu bringen, daß sie mich bittet aufzuhören.«

Ein siebenundvierzigjähriger Manager meint: »Toller Sex ist eine komplexe Mischung aus Zuneigung, ›heißen‹ Küssen, Parfüm und Körpergerüchen, sexy Kleidung zum Anschauen, Anfassen und Ausziehen, langen Spannungsbögen und wirklicher Bemühung um den anderen. Und vor allen Dingen: daß sie es mit mir mehr genießt als mit jedem anderen.«

Andere definierten tollen Sex folgendermaßen:

»Ein herzlicher, zärtlicher Augenblick der körperlichen Liebe als Höhepunkt ausgefeilter sexueller Technik meinerseits.«

»Ein Gefühl der Nähe, und dann der Versuch, sie beim Sex an den Rand des Wahnsinns zu treiben.«

»Sie in ekstatischer Verzückung, und ich lange Zeit kurz vor dem Orgasmus.«

»Vierundzwanzig Stunden allein mit jemandem, aus dem ich mir wirklich etwas mache – wobei wir natürlich nicht die ganze Zeit bumsen würden.«

»Völliger sexueller Gleichklang. Der Körper übernimmt die Führung, der Kopf folgt.«

»Das Wissen, daß ich sie voll befriedigt habe, Körper und Seele.«

Nur sehr wenige Männer bei meiner Umfrage definierten den

Sex lediglich über ihr eigenes Vergnügen. Nur ein einziger Mann, der behauptet, mit über fünftausend Frauen geschlafen zu haben, gab die Antwort, die man bei ihm auch erwarten würde: »Nonstop, die ganze Nacht, mit jeder Menge Mädels, bis wir alle ohnmächtig sind oder einschlafen.«

Egal, wie ihr sexueller Stil aussieht, die meisten Männer wollen, daß ihre ganz persönliche Art, Sie zu lieben, Sie so bewegt, wie kein Mann zuvor Sie bewegt hat. Wenn Sie das wissen, sollte es Ihnen eigentlich leichter fallen, ihm zu sagen, was Sie wollen.

Was Sie an seinem Stil zu lieben beachten sollten:

* Wie er mit seinem Lebensstil zusammenpaßt. Der übervorsichtige Mann zum Beispiel, der nicht mit Ihnen aus demselben Glas trinkt, wird wahrscheinlich auch nicht gerade erfreut über die Aussicht auf einen Cunnilingus sein.

* Wie er seine Einstellung zu Frauen im allgemeinen darstellt.

* Wie offen er für die Veränderung seines Stils ist. (Wenn er es nie schafft, Ihnen die Führung zu überlassen, ist er es nicht.)

Kapitel 15: Vortäuschung – rücksichtsvoll oder gemein?

»Während ich Ihren Fragebogen ausfüllte, fragte ich ganz beiläufig meine Frau, mit der ich seit zwei Jahren verheiratet bin, ob sie bei mir schon jemals einen Orgasmus vorgetäuscht hätte. Sie antwortete ganz ruhig: ›Na klar.‹ Ich fragte sie, wie viele. Sie sagte: ›Ich weiß nicht, ein paar.‹ Ich fragte sie: ›In letzter Zeit?‹ Und sie antwortete: ›Letzte Nacht.‹ Ich fühlte mich, als hätte sie mir einen Tritt in die Eier versetzt. Schließlich soll ich doch dieser Frau mehr als irgend jemand anders auf der Welt vertrauen, oder?« – Ein Syndikus aus dem Nordosten der Staaten.

Ich bezweifle, daß es einen halbwegs gebildeten Mann gibt, der nicht um die Fähigkeit der Frau weiß, den Orgasmus vorzutäuschen. Manche Männer schwören jedoch, daß ihnen noch nie eine Frau einen Orgasmus vorgemacht hat, und noch mehr sind sich absolut sicher, daß eine bestimmte Frau ihn noch nie vorgetäuscht hat. Doch die Fakten sprechen nicht für diese Überzeugung. Weniger als ein Drittel der Frauen kommt nur durch den Geschlechtsverkehr zum Orgasmus. Doch weit mehr als ein Drittel der Männer glaubt, die Frau nur durch den Geschlechtsverkehr zum Orgasmus zu bringen. Offenbar täuschen ihn also immer noch viele Frauen vor.
Genau wie die Leser meiner Kolumne sind sich auch die Männer meiner Umfrage darüber bewußt, daß Realität und Wunsch oft nicht miteinander übereinstimmen. Ungefähr vierzig Prozent sagten, Frauen hätten ihnen den Orgasmus schon

einmal vorgetäuscht. Weitere vierzig Prozent waren sich nicht sicher. Nur zwanzig Prozent schworen, daß keine ihrer Partnerinnen ihnen jemals den Orgasmus vorgetäuscht hätte. Die Mehrheit von neunzig Prozent machte sich jedoch Gedanken darüber, daß die Partnerin ihn – vielleicht – vorgetäuscht haben könnte.

Ein Vertreter aus dem Mittleren Westen schreibt: »Ich kann wirklich nicht sagen, ob mir meine Partnerinnen je etwas vorgemacht haben oder nicht. Wenn man ihnen selbst Glauben schenken will, nicht. Aber es gibt außer dem Cunnilingus keinerlei Möglichkeit, das festzustellen. Mit der Zunge kann man das Zucken fühlen. Ansonsten muß man einfach glauben, was sie einem sagen.«

Und ein High-School-Football-Coach aus dem Süden meint: »Als ich noch jung war, hat man mir viel vormachen können. Heute geht das nicht mehr so leicht, aber ich würde immer noch nicht schwören, daß eine Frau mir nichts vormachen kann, wenn sie das will. Wenn ich das herausfinden würde, würde ich mich von ihr trennen.«

Nichts verletzt einen Mann mehr als die Aussage seiner Partnerin, sie haben den Orgasmus immer vorgetäuscht. Oft betrachtet er sich dann als sexuellen Versager. Die Vortäuschung ist ein äußerst prekäres Thema, dem viele Männer aus dem Weg gehen, indem sie lieber nicht fragen, während andere sich ständig ihres Erfolges versichern müssen.

Ist es besser zu fragen, ob sie gekommen ist, oder nicht?

»Als ich noch verheiratet war, habe ich geglaubt, ich merke, ob meine Frau kommt oder nicht. Ich hab' sie nie gefragt. Als wir uns scheiden ließen, hat sie mir gesagt, sie hat mir oft etwas vorgemacht, damit wir mit dem Bumsen aufhören, weil es ihr

nichts brachte. Heute will ich sicher sein, daß ich meine Partnerin befriedige, aber wenn ich sie frage ›War's schön für dich‹, klingt das unheimlich kitschig. Außerdem habe ich das Gefühl, ich sollte es wissen, ohne sie zu fragen. Halten Frauen einen für unsensibel, wenn man fragen muß?« schreibt ein vierzigjähriger Mann aus Washington.

Die Experten geben andere Gründe an, warum es heute immer öfter zum Cunnilingus kommt, aber meiner Meinung nach ist das Hauptmotiv folgendes: Er kann sicher sein, daß sie ihm nichts vormacht, wenn er sie mit dem Mund befriedigt. Viele Männer drücken sich um die Frage »Hat sie nun einen Orgasmus während des Geschlechtsverkehrs gehabt oder nicht?«, indem sie die Frau zuerst mit dem Mund befriedigen.

»Ich hab' das Gefühl, es ist nicht ganz so schlimm, wenn sie mir beim zweiten Mal was vormacht«, sagt ein vierundzwanzigjähriger Mann. »Wenigstens kann ich dann sicher sein, daß sie auch was davon gehabt hat. Und ich hasse es, zu fragen. Man kommt sich so blöd dabei vor.«

Egal, ob Männer diese Philosophie nun aussprechen oder nicht – sie glauben jedenfalls, daß ein richtiger Mann wissen sollte, wie er seine Partnerin befriedigen kann. Folglich sollte er dann natürlich auch wissen, ob es ihm gelungen ist oder nicht. Deshalb sollte er nicht fragen müssen.

»Wenn man sie später fragt, bedeutet das, daß man nicht gewußt hat, wie man's ihr machen muß«, sagt ein neununddreißigjähriger Mann. »Man macht sich Vorwürfe, weil man's nicht gewußt hat. Also macht man einfach weiter, auch wenn man das Gefühl hat, daß sie einem etwas vormacht. Man fragt nicht. Wenn man fragt, muß man sich mit der Tatsache auseinandersetzen, daß man nicht gewußt hat, wie man sie zum Orgasmus bringt.«

Manche Männer fragen zwar, bezweifeln jedoch die Richtigkeit der Antwort.

»Wenn ich eine Frau frage, antwortet keine mit nein«, schreibt ein Geschäftsmann aus Atlanta. »Bei manchen hatte ich Zweifel, ob sie mir die Wahrheit sagen. Zwei Frauen haben mir mitgeteilt: ›Ich glaube, ich bin gekommen.‹ Ich bin mir ziemlich sicher, daß sie nicht gekommen sind. Wenn eine Frau nicht weiß, ob sie gekommen ist, kann sie doch keinen Orgasmus gehabt haben, oder? Ich meine, sie sollte das doch eigentlich wissen. Es ist nicht gerade toll für einen Mann, das zu hören. Das ist fast so, wie wenn sie sagt: ›Ich glaub', ich hab' deinen Penis in mir gespürt, aber ich bin mir nicht so sicher.‹«

Und ein Nachrichtensprecher sagt: »Vor zwanzig Jahren, als ich zum erstenmal mit Mädchen ins Bett bin, hat man nicht gefragt, wie's für sie gewesen ist. Man hat einfach angenommen – gehofft und gebetet –, daß es gut gewesen ist. Dann sind wir alle schlauer geworden. Man hat herausgefunden, daß es für sie wahrscheinlich nicht so gut gewesen ist, wie man ja bereits vermutet hat. Also fragt man jetzt. Heute hofft und betet man, daß es für sie wirklich so gut ist, wie sie sagt, auch wenn man vermutet, daß es das nicht ist. Tja, wir haben ganz schöne Fortschritte gemacht.«

Manche Männer können sich in die Lage der Frau versetzen: Sie weiß, wie enttäuscht er sein wird, wenn sie ihm sagt, daß sie keinen Orgasmus gehabt hat. Vielleicht hat sie ihm nicht einmal etwas vorgemacht, sondern ihn nur in dem Glauben gelassen, daß sie auch gekommen ist. In dem Fall denken Männer, sie zwingen sie zum Lügen, wenn sie sie fragen.

»Man treibt sie in die Enge, wenn man sie fragt«, sagt ein Mann aus dem Süden der Staaten. »Kein Mann möchte wirklich hören, daß sie nicht gekommen ist. Klar soll sie ehrlich sein, aber will man das wirklich, wenn der Schwanz noch ganz feucht ist von ihr? Nein, und sie weiß das auch. Also frage ich nicht. Falls es eine längere Beziehung ist, versuche ich, darüber zu reden, wenn wir gerade nicht miteinander im Bett sind. Dann ist es für beide leichter.«

Die Mehrheit der Männer sucht nach einer narrensicheren Methode, herauszufinden, ob sie nun gekommen ist oder nicht, damit sie nicht die Rolle des Großinquisitors übernehmen müssen.

Wie kann ich absolut sicher sein, daß eine Frau gekommen ist?

»Wenn ich mit der Zunge an ihrer Klitoris lecke, kann ich absolut sicher sein. Sonst kann ich nur raten. Gibt es denn keine eindeutigen körperlichen Reaktionen für den Orgasmus, die alle Frauen haben? Oder können diese Reaktionen auch ohne den tatsächlichen Orgasmus auftreten? Ich muß zugeben, daß ich verwirrt bin. Ich hab' versucht, Masters und Johnson zu lesen, aber ich hab's nicht geschafft«, schreibt ein Marketingdirektor aus dem Südosten der Staaten.

Viele Männer betrachten die Zeichen weiblicher Erregung – harte Brustwarzen, kurzer, schwerer Atem, beschleunigter Puls, verstärkte vaginale Sekretionen – als Beweis für den Orgasmus. Umgekehrt sagen sie, sie wüßten, daß die Frau ihm nur etwas vorgemacht hat, wenn:

»Ihre Brustwarzen waren weich. Alle anderen Frauen, mit denen ich zusammengewesen bin, hatten harte.«

»Sie war zu trocken.«

»Viel Lärm, aber weder Atmung noch Puls waren beschleunigt.«

Manche Männer erwarten, die Kontraktionen ihrer vaginalen Muskeln zu spüren, wenn sie zum Orgasmus kommt, und gehen davon aus, daß sie nicht gekommen ist:

»Keine inneren Kontraktionen. Alles nur außen.«

»Ich habe innen nichts gespürt, auch nicht das Zusammenziehen und Lockern der Muskeln beim Orgasmus. Außerdem war sie eine lausige Schauspielerin.«

Kein einziger Mann in meiner Umfrage erwähnte die Rötung, die bei Frauen nach dem Orgasmus im allgemeinen an Brust und Schultern auftritt. Viele meiner Leser schrieben jedoch, daß sie diese Rötung als den definitiven Beweis für den Orgasmus betrachten. (Manche sagen, daß sie deswegen gerne das Licht anlassen.) Andere geben zu, daß all diese körperlichen Anzeichen einschließlich der Rötung auch bei Frauen auftreten können, die nur *fast* zum Orgasmus gekommen sind.

»Wenn ein Mann gut mit seiner Partnerin harmoniert, sollte er es eigentlich wissen«, schreibt ein achtundzwanzigjähriger Ehemann. Doch andere Ehemänner waren überrascht zu hören, daß ihnen etwas vorgemacht wurde. Egal, ob ein Mann nun verheiratet ist oder nicht, er ist meist verzweifelt, wenn er erfährt, daß seine Partnerin ihm etwas vorgelogen hat.

Warum täuscht eine Frau ihrem Partner einen Orgasmus vor?

»Das ist doch, wie wenn sie ihn anlügt. Ich kann's ja verstehen, wenn sie einem Typ was vormacht, den sie nicht so gut kennt, wenn der Sex nicht so gut war und wenn sie nicht mehr mit ihm zusammen sein will. Dann könnte man die Vortäuschung als höfliche Möglichkeit betrachten, wieder aus der Geschichte herauszukommen, in die man eigentlich gar nicht hineinschlittern wollte. Aber warum lügt man jemanden an, den man liebt? Was hat das für einen Sinn?« schreibt ein Selbständiger aus dem Südwesten der Staaten.

204

Frauen täuschen den Orgasmus bisweilen vor, um den Sex zu Ende zu bringen, auf den sie von vornherein gar nicht so scharf waren – oder um ihn für seine Bemühungen zu »belohnen«, auch wenn sie nicht zum Orgasmus geführt haben. Fast jede Frau hat in ihrem Leben schon einmal den Orgasmus vorgetäuscht, weil sie nicht von Anfang an nein zum Sex gesagt hatte. Wieder andere Frauen machen dem Mann immer etwas vor, weil sie nicht wissen, wie sie ihm sagen sollen, daß sie das seit dem Beginn der Beziehung getan haben. So schließt sich der Teufelskreis: sie sagt ihm nie, was sie will, um zum Orgasmus zu kommen. Deshalb kann er es ihr auch nicht geben, und sie muß ihm weiterhin etwas vormachen. Wenn ich den Briefen Glauben schenken darf, die ich tagtäglich bekomme, gibt es diesen Mechanismus nach wie vor.

Unglücklicherweise wird die Frau dann im Regelfall immer zorniger über die ungleiche Verteilung des Vergnügens beim Sex. Schließlich bricht diese Wut aus ihr heraus, und sie sagt dem Mann, daß sie ihm die ganze Zeit etwas vorgemacht hat. Natürlich ist er dann am Boden zerstört. Seine Reaktionen können folgendermaßen aussehen:

»Ich war wütend und habe gleichzeitig das Gefühl gehabt, impotent zu sein.«

»Sie hat es mir während eines Streits gesagt. Ich habe gute Lust gehabt, sie zu verprügeln, aber so ein Typ bin ich nicht.«

»Ich war deprimiert und hab' mich ungeliebt gefühlt.«

»Mir war lausig zumute. Was hat sie denn die ganzen vier Jahre gemacht – nur aus Mitleid mit mir gebumst?«

»Ich hab' ihn bei ihr nicht mehr hochgebracht. Ich bin der Meinung, daß das, was der Mann sexuell bringt, in direktem Verhältnis zu dem steht, wie seine Partnerin sich ihm gegenüber verhält und wie sehr er sich von ihr eingeschüchtert fühlt. Es gibt nichts Einschüchternderes, als von ihr zu hören, daß man ihr kein Vergnügen bereiten kann und es noch dazu nicht gemerkt hat.«

»Ich bin mir ziemlich blöd vorgekommen. Sie muß innerlich die ganze Zeit über mich gelacht haben.«

»Ich war verletzt. Es ist ziemlich erniedrigend für einen Mann, so behandelt zu werden.«

Er ist im allgemeinen zu verletzt, um ihre Motive rational überlegen zu können. Wenn er sich die Frage stellt: »Warum hat sie mich angelogen?«, kommt die Frau dabei oft recht schlecht weg. Männer sagen:

»Offenbar hat sie mich für etwas anderes als den Sex gebraucht. Geld. Ich bin mir sicher, daß es das Geld war.«

»Sie hat den Sex eingesetzt, damit ich sie heirate, und dabei hat er ihr nicht einmal Spaß gemacht. Warum will man bloß jemanden heiraten, der einen nicht zum Orgasmus bringen kann? Deswegen haben Männer kein Vertrauen zu Frauen.«

»Ich bin der Meinung, daß Frauen, die den Orgasmus vortäuschen, den Sex oder auch die Männer nicht sonderlich mögen, wahrscheinlich sogar beides.«

Nur wenige Männer haben so viel Verständnis wie dieser Computeranalytiker aus New York: »Wenn eine Frau den Orgasmus vortäuscht, gibt es sicher einen triftigen Grund dafür. Ich habe nicht unbedingt das Gefühl, dieser Grund zu sein. Selbst wenn sie das behauptet, wie kann sie sich dessen sicher sein? Ich bezweifle, daß die ganze Schuld beim Mann liegt, wenn sie nicht kommt. Im allgemeinen stecken viele Gründe dahinter.«

Oder dieser Bahnangestellte aus Texas: »Ich würde wetten, daß alle Frauen schon einmal einen Orgasmus vorgetäuscht haben. Die meisten von ihnen wollen das Ego des Mannes schützen – sie sehen ihren Liebhaber als ihre sexuelle Erfüllung an. Und wir sind schließlich ganz zufrieden damit! Wenn die Frauen die Männer nicht auf diese Weise schützen würden, wäre ein großer Prozentsatz der männlichen Bevölkerung sicherlich ein bißchen weniger großspurig, was die Potenz angeht.«

Die meisten Männer behaupten, ihnen ist die Wahrheit lieber als gutes Vortäuschen. Doch manche geben nun selbst zu, den Orgasmus nur vorzutäuschen. Die ersten Briefe in dieser Richtung überraschten mich. Ich hatte bis dahin immer gedacht, daß ein Mann so etwas nicht kann. Aber er kann es.

Wissen Frauen, daß Männer den Orgasmus auch vortäuschen können?

»Ich hab's ein paar Mal gemacht. Immer bei einer Frau, die mir nicht sehr viel bedeutet hat. Sie wollte mit mir schlafen, und ich hab' ihr den Gefallen getan. Ihn hochzukriegen, ist die eine Sache, einen Orgasmus zu haben, die andere. Als ich gemerkt habe, daß ich keinen Samenerguß haben würde, habe ich das Tempo erhöht und hab' gestöhnt und mich gewunden, als wäre ich gekommen. Wenn eine Frau selbst ganz feucht ist, wenn ich sie vorher geleckt habe und sie schon ziemlich erregt ist, merkt sie nicht, daß der Mann keinen Samenerguß hat. Oder tut sie es doch? Waren meine Partnerinnen einfach nur zu höflich, um es mir zu sagen?« schreibt ein Mann aus dem Nordwesten der Staaten.

Andere Männer haben Ähnliches beschrieben. Die Frau hatte den ersten Schritt gemacht, und er hatte sich verführen lassen, obwohl er eigentlich zu müde oder nicht sonderlich interessiert war. Er brachte dann zwar eine Erektion zustande, nicht aber einen Samenerguß. Da er sie mit dem Mund befriedigt hatte, ging er davon aus, daß sie nichts davon merken würde.

In anderen Worten: Männer können auch nicht nein sagen. Levine und Barbach schreiben in *The Intimate Male:* »Der Hauptgrund, warum Männer den Orgasmus vortäuschen, liegt darin, daß sie die Verletzlichkeit ihres Machismo verbergen wollen. Heutzutage, wo sich die Geschlechterrollen verschieben und immer mehr Frauen beim Sex die Initiative ergreifen, finden sich die Männer plötzlich in unerforschten Gewässern wieder. Sie sind nun nicht mehr allein diejenigen, die entscheiden, wann und wo der Sex stattfindet. Da vom Macho-Mann noch immer erwartet wird, daß er immer zum Sex bereit ist, muß er nun voller Unbehagen feststellen, daß die Frau unter Umständen von ihm Sex will, wenn er gar nicht dazu aufgelegt ist. Folglich übernehmen Männer, die sich von ihrer Partnerin nicht so sonderlich angezogen fühlen oder im Moment nicht sehr erregt sind, die uralte Rolle der Frau und täuschen den Orgasmus vor oder müssen lernen, auch einmal nein zu sagen.« Die überwältigende Mehrheit der Männer, die gesteht, den Orgasmus schon einmal vorgetäuscht zu haben, hat dies nicht mit der festen Partnerin getan. (»Die feste Partnerin kann man befriedigen und dann aufhören, ohne große Erklärungen geben zu müssen, oder man kann einfach sagen: ›Ich bin heute abend zu müde zum Orgasmus.‹«) Doch ein solches Ende macht den Mann auch irgendwie unsicher. Er hofft, ihr etwas vorgemacht zu haben, aber bei ihm selbst ist ihm das nicht gelungen. Vielleicht ist ihm sein Mangel an Begierde sogar peinlich.

Ein Mann schreibt: »Ich hab' einmal den Orgasmus vorgetäuscht, und ich hab' dabei das Gefühl gehabt, kein richtiger Mann zu sein. Wir hatten schon einmal miteinander geschlafen, und das war toll. Ich hatte mich darauf gefreut, sie wiederzusehen. Sie hat mich im Büro angerufen, bevor ich selbst dazu Gelegenheit hatte, und mich gebeten, nach der Arbeit vorbeizuschauen. Als ich bei ihr war, war klar, daß sie das Erlebnis vom ersten Mal wiederholen wollte. Ich war nicht so ganz bei der Sache, weil mir immer noch ein Problem aus der Arbeit im Kopf herumging. Ihre Monatsblutung neigte sich dem Ende zu, und sie mußte natürlich ehrlich sein und mir das sagen. Alles hat zusammengepaßt, um meine Lust zu vermindern, aber sie wollte mit mir schlafen.

Ich weiß nicht, ob sie gemerkt hat, daß ich ihr was vorgemacht habe oder nicht, aber ich hab' sie danach nicht mehr angerufen. Mir ist es immer noch ein bißchen peinlich, wenn ich an diese Nacht denke.«

Männer reagieren meist nicht sehr verständnisvoll auf den vorgetäuschten weiblichen Orgasmus, aber sie sagen, sie sind zu höflich, um der Frau mitzuteilen, daß sie selbst nicht gekommen sind.

»Der Mann soll jedesmal einen Orgasmus haben, sonst ist was nicht mit ihm in Ordnung«, schreibt ein Berater aus dem Mittleren Westen. »Natürlich glaubt die Frau, daß sie das Problem darstellt. Sie denkt, sie hat den Mann nicht genug erregt. Ihr etwas vorzumachen, ist ein eleganter Weg aus der Misere – wenigstes in der Theorie. Ich hab's bis jetzt dreimal gemacht. Die dritte Frau hat mich dann erwischt. Sie hat ihren Finger in ihre Vagina gesteckt, daran gerochen und geleckt und gesagt: ›Keine Chance, José.‹ Ich bin mir ganz schön bescheuert vorgekommen.«

Ein anderer Mann, der von einer ähnlich argwöhnischen Frau ertappt wurde, meint: »Was lernen wir daraus? Mach ihr nichts vor. Man tut das, was man für das geringste Übel hält, und wenn man dann dabei erwischt wird, stellt sich heraus, daß es das Schlimmste und Verletzendste überhaupt war.«

Ich stimme ihm zu. Es gibt bereits genug Mißtrauen zwischen Mann und Frau. Warum sollte man noch weiteres aufbauen?

Wichtiges zum Punkt Vortäuschung:

* Tun Sie's nicht.

* Wenn es Ihnen selbst passiert, dann nehmen Sie es auch nicht persönlicher als er es nehmen sollte, wenn Sie es gemacht hätten.

Kapitel 16: Beschränkungen

»*Ich würde mir mehr analen Sex wünschen. Dieses Gefühl, daß der Penis so richtig gepackt wird, ist einfach unvergleichlich. Analer Sex ist jedesmal gleich erregend, wie wenn man eine Frau entjungfert.*« – Ein achtunddreißigjähriger Redakteur.

Analer Sex und Fellatio führen die Wunschliste der Männer an. Viele der Briefe, die ich bei PENTHOUSE FORUM und PENTHOUSE LETTERS erhalten habe, drehen sich darum, wie Männer ihre Partnerinnen dazu bringen können, sich auf solche und andere, eher vom Standard abweichende Praktiken einzulassen. Die Männer in meiner Umfrage gaben außerdem an, sie bekämen nicht genug: analen Sex (fünfzig Prozent), Fellatio (fünfundsiebzig Prozent), Cunnilingus (fünfundfünfzig Prozent), verschiedene Stellungen, Techniken usw. (vierzig Prozent), mehrfache Orgasmen (fünfundzwanzig Prozent).

Frauen beklagen sich im allgemeinen, daß sie nicht genug Abwechslung oder oralen Sex bekommen. Nur selten jedoch beschweren sie sich über einen Mangel an analem Sex. Diese Variante und die Fellatio, die zur Ejakulation führt, sind vorrangig männliche Bedürfnisse. Manche Frauen stehen solchen Praktiken ausgesprochen ablehnend gegenüber.

Die Männer wissen das, und manchmal glauben sie auch zu wissen, warum. »Frauen hassen Schmutz«, erklärt ein Mann. Andere berufen sich auf die Angst der Frau, etwas »Schmutziges«, »Unnatürliches«, »Unmoralisches« oder »vielleicht Schmerzhaftes« zu tun. Sie sind sich sicher, daß sie solche Vorbehalte beseitigen können, wenn sie nur Gelegenheit dazu

211

bekommen. »Ich weiß, daß es ihr gefallen würde, wenn ich ihr's von hinten besorge, doch sie läßt mich's einfach nicht beweisen«, schreibt ein siebenundzwanzigjähriger Ehemann.

Wie kann der Mann eine Frau dazu bringen, daß sie analen Sex mit ihm macht?

»Auf anderen Gebieten ist sie aufgeschlossen und hat keine Hemmungen, aber ihr Arschloch hütet sie, als wäre es vom Papst höchstpersönlich gesegnet. Ich hab' ihr versprochen, ganz viel Gleitmittel zu verwenden, sanft zu sein und mich nach ihr zu richten. Ich bin inzwischen so scharf auf ihren Arsch, daß ich kaum noch an was anderes denken kann, wenn wir miteinander bumsen. Wenn ich ihn sehe mit seinen runden, festen Backen, würde ich diese Backen gern mit meinem Schwanz teilen. Wie kann ich sie dazu bringen, daß sie mir dieses magische Loch öffnet?«

Ich gebe Männern, die einen besonders starken Wunsch nach analem Sex (oder anderen sexuellen Praktiken) haben, den Rat, sie sollen der Frau sagen, wie sehr sie es sich wünschen. Genau wie der oben zitierte Mann sollten sie allerdings versprechen, sich dabei ganz nach ihr zu richten und ein bestimmtes Signal vereinbaren, bei dem sie nicht mehr weitermachen dürfen. (»Nein« funktioniert in diesem Zusammenhang nicht besonders gut, weil viele Menschen in der höchsten Lust nein, nein, nein ausrufen, wenn sie eigentlich ja, ja, ja meinen.) Außerdem muß er ihr zum Ausgleich die Erfüllung ihres dringendsten sexuellen Wunsches anbieten.

Meiner Meinung nach sollte die Frau durchaus bereit sein, den Wunsch ihres Geliebten zu erfüllen – und umgekehrt –, es sei denn, die Umstände sprechen dagegen. (Männer mit ausgesprochen großem Penis werden zum Beispiel einsehen müssen,

212

daß sie im Leben nicht sehr oft zum analen Sex kommen werden.) Es einmal, vielleicht auch ein paarmal, auszuprobieren, mag ihm möglicherweise nicht genug sein, aber dauerhafte Beziehungen führen zu Kompromissen auf beiden Seiten. Außerdem liegt der Reiz des analen Sex wahrscheinlich in hohem Maße darin, daß man ihn nicht allzu oft bekommt.

»Wenn wir regelmäßig analen Sex hätten, würde ich ihn wahrscheinlich nicht mehr für so exotisch halten wie jetzt«, gesteht ein siebenundvierzigjähriger Mann aus Philadelphia. »Natürlich hätte ich gerne öfter analen Sex, aber wenn ich ihn öfter hätte, würde ich dann nicht vielleicht wieder etwas anders wollen?«

Ein anderer Mann erzählt: »Ich hab' sie erst überzeugen müssen, daß analer Sex nicht schmutzig und schmerzhaft ist. Als ich sie davon überzeugt hatte, daß es nicht schmutzig ist, solange man den Schwanz nicht aus ihrem Arsch herauszieht und dann in ihre Möse steckt, hat sie sich bereit erklärt, es auszuprobieren. Zu ihrer großen Überraschung hat es auch gar nicht so weh getan. Und zu meiner großen Überraschung war die Sache gar nicht so toll, wie ich sie mir vorgestellt hatte. Vielleicht wollte ich nur, daß sie mir dadurch ihre Liebe beweist.«

Heutzutage ist Sex im allgemeinen vielleicht nicht mehr der letzte Beweis der Liebe, aber manche Männer schreiben diese Bedeutung bestimmten Praktiken zu. (»Ich wollte analen Sex mit ihr haben, weil sie das noch mit keinem andern Mann gemacht hatte. Ich wollte etwas ganz Besonders für sie sein.«) Und für viele Männer ist analer Sex tatsächlich mit einer engen und intimen Beziehung gleichbedeutend. Einige Männer sagte, sie halten nicht viel von einer Frau, die sich in einer Beziehung zu früh auf so etwas einläßt. (»Wenn sie mich in ihren Arsch läßt, bevor ich sie richtig kenne, glaube ich, daß sie keine Selbstachtung hat.«) Andere meinen, analer Sex erfordert ein größeres Maß an Vertrauen und gegenseitigem Kennen als üblich, und die Frau, die sich zu früh dazu hergibt, vertraut ihm wahrscheinlich auch zu schnell.

»Meine Frau und ich machen's nicht sehr oft«, schreibt ein Mann aus Connecticut. »Wenn wir's tun, fühle ich mich ihr besonders nahe. Es ist eine ganz merkwürdige Form der Nähe, die zum Teil davon herrührt, daß sie bei der Liebe eine ausgesprochen weibliche, unterwürfige Rolle einnimmt. Aber es macht uns beide mehr an als normales Bumsen. Sie hat tolle Orgasmen, wenn wir's anal machen, aber sie läßt es nur zu, wenn sie in der richtigen Stimmung dafür ist. Wie gesagt, es ist merkwürdig, und es ist toll, aber man macht's nicht jeden Tag.«

Manchen Männern gefällt auch die anale Stimulation. Sie mögen es, wenn ihre Partnerin ihnen während der Fellatio oder während des Geschlechtsverkehrs den Finger in den Anus steckt. Wahrscheinlich würden mehr Männer darum bitten, wenn sie nicht Angst hätten, deshalb für homosexuell gehalten zu werden.

»Ich hab's wahnsinnig gerne, wenn sie mein Arschloch leckt und mit den Fingern daran herumspielt«, schreibt ein Mann aus dem Nordosten der Staaten, »aber ich bitte nur sehr selten darum. Wegen AIDS sind Frauen besonders empfindlich gegenüber allem, was sich vielleicht als Bisexualität interpretieren ließe. Ich muß eine Frau sehr gut kennen, bevor ich ihr diesen Wunsch gestehe.«

Ein anderer Mann fügt hinzu: »Die anale Stimulierung wird leicht mit Passivität in Verbindung gebracht. Jeder, egal, ob Mann oder Frau, hat eine passive Seite. Doch heutzutage haben die Männer Angst davor, sie zu zeigen, weil die Frauen, die sich diese Eigenschaft früher gewünscht haben, sie heute nicht mehr wollen. Sie halten einen gleich für schwul, wenn man sich passiv gibt.«

Die andere Praktik, die sich Männer oft wünschen, ist die

Fellatio. Obwohl es sich auch dabei um eine Technik der Homosexuellen handelt, wird sie doch nicht ganz so stark mit ihnen in Verbindung gebracht wie der anale Sex. Manche Männer glauben, daß es nichts Männlicheres gibt, als im Mund der Frau zu ejakulieren.

Warum wird sie wütend, wenn ich in ihrem Mund komme?

»Der Geschmack kann's nicht sein. Manchmal bringt sie mich dazu, daß ich abspritze, weil sie das gerne sieht – und dann leckt sie mir den Rest von meinem Schwanz. Wo liegt also das Problem? Ich liebe das Gefühl der Macht, das man hat, wenn man in den Mund einer Frau abspritzt. Das ist einfach unvergleichlich.«

Dieser Mann faßt das Hauptargument des Mannes für die orale Ejakulation zusammen: sie gibt ihm ein Gefühl der Macht. Oft glaubt er, daß das Verschlucken seines Samens die Stärke ihrer Liebe für ihn und/oder seine Macht über sie beweist. Manche Männer halten das Schlucken auch für erniedrigend und würden ihre Frau deshalb nie darum bitten.
Ein Mann schreibt: »Bei der Fellatio habe ich Probleme. Ich kann im Mund einer Frau nicht kommen. Irgendwie habe ich das Gefühl, daß das nicht richtig ist.«
Das Vergnügen liegt bei der Fellatio weniger im Samenerguß selbst als in dem Erlebnis. (»Der Samenerguß fühlt sich im Mund genauso an wie in der Möse; aber man hat ein anderes Gefühl beim Saugen und Bumsen.«) Die Mehrheit der Männer würde sich über mehr Fellatio freuen, egal, ob sie nun mit der Ejakulation endet oder nicht. Vielen ist es sogar lieber, nicht so zum Orgasmus zu kommen. Sie können die Bedenken der Frau verstehen:

»Wenn ich ihn ihr fest genug in den Mund stecke, um zum Samenerguß zu kommen, ersticke ich sie.«

»Eine Frau muß sich völlig schwach fühlen, wenn ein Mann in ihrem Mund kommt. Ich habe eher das Gefühl, daß für sie das Vergnügen in einem Gefühl der Macht über den Mann bestehen muß. Wenn sie weiß, daß er gleich kommt und ihr so die Luft nimmt, verliert sie die Gewalt über die Situation. Dann macht die Sache nicht mehr viel Spaß, nicht wahr?«

Männer wollen uns damit ebenfalls so viel Spaß wie möglich bereiten, und zwar aus ganz offensichtlichen Gründen: Männer haben mich gefragt, ob es irgendeine Technik gibt, die die Frau daran hindert, sich zu verschlucken. (Manchmal stellen mir Frauen dieselbe Frage.) Ich gebe ihnen den Rat, den Penis nicht in die Mitte des Mundes, sondern eher auf die Seite zu nehmen, oder den Schaft mit den Fingern zu halten. Beides hindert den Penis daran, so tief einzudringen, daß die Frau einen Würgereiz bekommt. Außerdem behält die Frau so auch die Kontrolle. Wie der Mann oben ganz richtig gesagt hat, haben Frauen mehr von der Fellatio, wenn sie dabei das Gefühl behalten, die Situation noch kontrollieren zu können.

Männer verstehen nur selten, daß Frauen sich nicht zur Fellatio überreden lassen, weil sie Angst haben, dabei zu versagen. Diese Männer sagen zwar, sie würden gerne mehr Informationen darüber bekommen, wie sie sie am besten mit dem Mund befriedigen, aber sie selbst sagen den Frauen nur selten, was sie sich sexuell von ihnen wünschen. Und entgegen dem Mythos, der besagt, daß man »dabei nichts falsch machen kann«, hat jeder Mann so seine eigenen Vorlieben in puncto Stimulation mit dem Mund. Manche mögen es, wenn die Frau an der Spitze des Penis saugt, während andere das fast als schmerzhaft empfinden. Statt ihr zu sagen, was sie falsch macht, ziehen sich manche Männer lieber zurück und vermitteln ihr so das Gefühl, daß sie ihn oral nicht befriedigen kann.

»Es fällt mir schwer, einer Frau zu sagen, wie sie mir's mit dem Mund machen soll«, sagt ein vierundzwanzigjähriger Vertreter. »Ich bin ja schon froh, wenn sie meinen Schwanz überhaupt in den Mund nimmt. Ich will sie dann nicht verschrecken, indem ich sage: ›Saug doch bitte da noch ein bißchen.‹«

Häufiger geht es bei den Klagen eher um einen Mangel an Zeit als um einen Mangel an Technik. »Sie macht's nicht lang genug«, sagen manche Männer. Weil Frauen Angst davor habe, daß der Mann zu früh kommt, nehmen sie den Penis nicht so lange in den Mund, wie der Mann es eigentlich gerne hätte.

»Wir Männer sind selbst daran schuld«, sagt ein vierzigjähriger Mann aus Georgia. »Schließlich brauchen wir es unserer Partnerin nur zu sagen. Wenn man einer Frau sagt: ›Ja, bitte, noch ein bißchen‹, tut sie's gerne, vorausgesetzt natürlich, sie kann einem vertrauen. Wenn ich das Gefühl habe, daß ich gleich komme, nehme ich ihren Kopf in die Hände und sage ihr, daß sie ein bißchen Pause machen soll. Dann machen wir eine Weile was anderes, und sie nimmt mich wieder in den Mund, wenn ich sie darum bitte. Ich selbst lecke und befriedige sie auch gerne mit dem Mund. Vielleicht bekommen die Männer, die selbst nicht genug geben, auch nicht genug zurück.«

Manche Männer verstehen unter oralem Sex nur Fellatio, doch die meisten praktizieren auch Cunnilingus, weil sie ihrer Partnerin Vergnügen bereiten wollen. Manchen ist Cunnilingus sogar lieber als Fellatio. Ich bekomme viele Briefe, in denen Männer fragen:

Warum läßt sie sich von mir nicht auslecken?

»Ich lecke ihre Möse wahnsinnig gern. Das macht mich so richtig an. Ich liebe den Anblick, den Geruch und den Geschmack weiblicher Genitalien. Ich finde sie schön, und alle Frauen sind anders

217

gebaut. Ich bin schon beim Cunnilingus gekommen – soviel habe ich selbst davon. Ich frage mich, was mit meiner neuen Partnerin los ist. Es sollte ihr doch eigentlich den größten Spaß machen. Aber jedesmal, wenn ich meinen Kopf zwischen ihre Beine lege, schiebt sie mich nach ein paarmal Lecken weg.«

Entgegen der weiblichen Erwartung ist die Anzahl der Männer, die die weiblichen Genitalien lieben, viel höher als die der Männer, die sie unästhetisch finden. Shere Hite fand heraus, daß mehr als die Hälfte der von ihr befragten Männer den Cunnilingus nach dem Geschlechtsverkehr als zweitliebste sexuelle Technik betrachten. Meine Ergebnisse bestätigen diese Feststellung. Keiner der Männer, die den Fragebogen ausfüllte, fanden Cunnilingus abstoßend. Vielleicht ist dieses Ergebnis bei einer Gruppe von tausend Befragten ziemlich überraschend, aber jedenfalls glaube ich, daß die Männer die Vagina mehr lieben als wir selbst.

»Ich befriedige meine Partnerin gerne mit dem Mund, aber ich habe nicht oft dazu Gelegenheit«, schreibt ein Mann aus dem Nordwesten der Staaten. »Ich liebe den Geschmack und die Beschaffenheit der Möse ... diese ganzen kleinen Falten und Kanäle. Außerdem gefällt es mir auch, wie Frauen darauf reagieren. Meine gegenwärtige Partnerin kommt manchmal zum Orgasmus, wenn ich mit der Nase an ihrer Klitoris reibe und gleichzeitig an den kleinen Schamlippen lecke.«

Und ein Mann Anfang Vierzig meint: »Beim Cunnilingus schwellen die Schamlippen der Frau an. Sie blüht auf wie eine Blume. Und sie sondert einen Geruch ab, der mich ganz wild macht.«

Manche Männer betrachten den Cunnilingus auch als Mittel, die Verbindung zum Partner enger zu gestalten, so auch der fünfunddreißigjährige Mann, der sagt: »Paare befriedigen einander gewöhnlich erst dann mit dem Mund wenn sie sich sexuell gut kennen. Meiner Meinung nach erhöht das dann das Vertrauen der Frau in den Mann. Es verbindet sie auf eine Art und Weise, wie keine andere Form des Sex es tut.«

Manche Männer führen den Cunnilingus aus genau demselben Grund aus wie die Frauen die Fellatio, nämlich um einzig und allein den Partner zu befriedigen.

»Die Zunge gehört nicht zu meinen erogenen Zonen«, schreibt ein siebenunddreißigjähriger Aktuar. »Es erregt mich nicht, wenn ich ihre Klitoris mit der Zunge berühre. Aber ihre Erregung erregt mich. Sie hat das sehr gerne. Ich kann sie so dazu bringen, daß sie immer wieder kommt, und das verschafft mir ein tolles Gefühl, wie wenn ich ein Superliebhaber wäre. Außerdem bereite ich ihr gern Vergnügen.«

Nur wenige Männer mögen den Geruch und den Geschmack weiblicher Genitalien nicht. Viele behaupten, daß ihre Partnerin sich ihrer eigenen Gerüche während der sexuellen Erregung schämt.

»Ich befriedige die Frau sehr gern mit dem Mund«, sagt ein neunundzwanzigjähriger Mann. »Ich habe einmal eine Freundin gehabt, die das nicht mochte. Sie wollte unbedingt meinen Schwanz in den Mund nehmen, aber ich durfte sie nicht lekken. Sie sagte, sie könnte sich nicht vorstellen, daß ›irgend jemand seine Nase gern da unten reinsteckt‹. Wir haben uns schon sehr bald wieder getrennt.«

Der nächste Punkt auf der Wunschliste des Mannes ist die größere Abwechslung.

Wie kann ich sie dazu bringen, die sexuelle Routine aufzugeben?

»Ich liebe meine Frau. Sie will keinen analen Sex mit mir haben. Wir haben einfach ganz stinknormalen Sex miteinander. Das ist

*schön, aber es ist, wie wenn man jeden Abend Apfelkuchen mit
Vanilleeiskrem ißt. Ich habe Verhältnisse mit anderen Frauen gehabt, und zweimal hat sie mich dabei erwischt. Sie glaubt, daß
ich die Faszination einer neuen Frau suche. Aber das ist es nur
zum Teil. Wenn ich sie betrüge, dann nur mit einer Frau, die die
Dinge macht, die sie selbst nicht tun will.«*

Warum sagt er ihr das nicht, war meine erste Reaktion auf die
vielen Briefe, in denen als Rechtfertigung für Affären mit anderen Frauen der Wunsch nach Abwechslung angegeben wurde. Ich dachte mir, die Partnerin sollte doch wenigstens wissen,
wie sehr er sich die Art von Sex wünscht, die sie ihm nicht
geben will. Aber hier sind ein paar Antworten, die mir die
Männer darauf gegeben haben:
»Ich war sechs Jahre verheiratet, als ich mein erstes Verhältnis
mit einer anderen Frau hatte. In diesen sechs Jahren hatte ich
sie wer weiß wie oft um analen Sex, mehr oralen Sex, alles
mögliche gebeten. Ich kann einfach nicht glauben, daß Sie's
nicht gewußt hat.«
»Sollte sie das nicht selber merken?«
»Ich hab' ihr nicht gesagt, daß ich nur deshalb mit einer anderen Frau zusammen bin, weil ich bei ihr die Form von Sex
bekomme, die ich mir wünsche, weil ich kein Konkurrenzdenken in ihr erzeugen wollte. Glauben Sie denn, daß ich ein
gutes Gefühl dabei hätte, wenn sie endlich meinen Schwanz
in den Mund nimmt, nur weil sie herausgefunden hat, daß
eine andere Frau das tut?«
»Ich wollte die ganze Sache nicht zu einer Bedrohung machen:
Gib mir das, was ich will, sonst hol' ich mir's woanders.«
Vielleicht haben solche Männer Angst, das eigentliche Problem
anzugehen: wie sehr das, was sie im Bett bringen, von der
Abwechslung abhängt. Der Machismo hindert den Mann daran, zuzugeben, daß er noch etwas anderes als die Gelegenheit

braucht, sich zu beweisen. Wie kann er ihr sagen, daß er mehr braucht?

Ich bin mir immer noch nicht so sicher, ob die Durchschnittsfrau weiß, daß ihr Mann sich hauptsächlich deshalb außerhalb der Ehe umsieht, weil er sexuelle Abwechslung sucht. Unsere eigenen Affären haben andere Gründe. Wir machen Seitensprünge, weil wir mit dem Mann unzufrieden sind. Oder wir suchen nach mehr Romantik im Leben. Er hingegen sieht sich wahrscheinlich eher nach einer Frau um, die seinen Penis oft und lang in den Mund nimmt.

Am Anfang einer Beziehung sind die beiden Partner im Normalfall miteinander zufrieden. Wenn sie dann länger zusammen sind, brauchen sie Abwechslung im sexuellen Bereich, er noch mehr als sie. Wenn man die Zusammenhänge betrachtet, fällt es nicht schwer, zu verstehen, warum er größere Abwechslung sucht als sie und warum er sich unter Umständen verletzlich fühlt, wenn er das zugibt.

Nicht alle Männer bringen ihren Wunsch nach mehr sexueller Abwechslung mit der Frage der Treue in Verbindung. Viele versuchen das, was sie sich wünschen, bei der Partnerin oder in der Phantasie zu finden. Und viele Männer behaupten, mehrere Orgasmen haben zu können, wenn sie unterschiedliche Formen der Stimulation erfahren.

Warum haben Frauen nicht manchmal Lust, Männer noch zu einem zweiten Orgasmus zu bringen?

»Ich kann öfter als einmal kommen, wenn ich außer dem Geschlechtsverkehr noch die Möglichkeit zur Fellatio oder zum analen Sex habe. Sie muß sich nur ein wenig anstrengen, um mich noch ein zweites Mal hart zu bekommen. Sie schafft das durch Fellatio und gleichzeitiges Massieren des Bereichs zwischen meinen

Eiern und meinem Anus. Außerdem wäre es schön, wenn sie mir
den Finger in den Anus steckt und hin und her bewegt, während
sie an meinem Schwanz saugt. Wenn ich sie darum bitte, sagt sie,
daß sie zu müde ist oder daß es zu lange dauert, oder noch
schlimmer: ›Du hast schon einen Orgasmus gehabt‹ – als ob Män-
ner nicht mehr als einmal kommen dürften.«

Viele Männer glauben, daß ihnen die Chance auf einen zweiten Orgasmus entgeht, weil die Partnerin nicht genug Geduld
hat, den Penis wieder hochzubringen. Natürlich sind solche
ausgedehnten Liebesspiele nicht das richtige für jede Nacht.
Aber Männer wünschen sich zumindest ab und zu eine Ma-
rathonveranstaltung und glauben, genauso ein Recht auf mehrere Orgasmen zu haben wie Frauen.
»Ich weiß, daß die Frau schneller wieder kommen kann als der
Mann«, sagt ein zweiunddreißigjähriger Anwalt aus Colorado.
»Ich will auch nicht sagen, daß man Orgasmen nicht gegen-
einander aufrechnen sollte. Aber wenn Männer auf den
Wunsch der Frau eingehen sollten, daß sie sie noch nach ihrem
eigenen Orgasmus weiter stimulieren, sollte sie sich dann nicht
auch ab und an auf schönes langes Bumsen einlassen?«
Ein anderer Mann sagt: »Ich glaube, Frauen stimulieren den
Mann nach seinem Orgasmus deshalb so ungern noch einmal,
weil sie Angst davor haben, er könnte sich unter Druck gesetzt
fühlen oder vielleicht nicht in der Lage sein, noch einmal zum
Samenerguß zu kommen, obwohl sie sich beide wie verrückt
abmühen. Außerdem sind viele von uns in dem Glauben aufgewachsen, daß nur eine Erektion mit Ejakulation eine gute
Erektion ist.«
Manche Männer haben herausgefunden, daß sie ihre Partnerin
dazu bringen können, länger Liebe zu machen, wenn sie ihr
mehr Aufmerksamkeit schenken.
»Man kann von einer Frau im Bett fast alles bekommen«,

schreibt ein zweiundvierzigjähriger Unternehmer, »wenn man ihr sexuell das gibt, was sie sich wünscht. Beim Sex, genau wie im alltäglichen Leben, ist es falsch, der Partnerin zu sagen, was sie für einen machen kann. Es ist besser sie zu fragen, was man für sie tun kann. Dann zeigt sie sich erkenntlich, es sei denn, sie hat Hemmungen.«

Wie bekomme ich mehr Sex?

»Ich hab' nie genug Sex bekommen – egal, ob nun ganz normal, anal oder oral. Ich kann einfach nicht genug kriegen. Warum sind Frauen nicht genauso geil wie Männer? Und falls einige Frauen es sind, wie unterscheide ich sie dann von den anderen?«

Meine Leser und die Männer, die auf meine Umfrage antworteten, sind nicht alle Sexmonster. 1989 richtete *USA Today* eine telefonische »Hotline« zum Thema Sex und Ehe ein. Die meisten Anrufer waren Männer, und ihr Kummer Nummer eins war: nicht genug Sex. Im selben Jahr druckte THE NEW YORK TIMES in der Rubrik Wissenschaft einen Artikel über eine Studie der University of Michigan ab, die von dem Psychologen David M. Buss über Männer und Frauen durchgeführt wurde. Er fand heraus, daß den Mann die folgenden Punkte am meisten an der Frau stören:

– Sexuelle Zurückweisung: die Weigerung, mit ihm zu schlafen; sie geht nicht auf seine sexuellen Annäherungsversuche ein; sie führt ihn sexuell an der Nase herum.

Die Frau hingegen stört am Mann am meisten:

– Sexuelle Forderungen: das Gefühl, daß sie sexuell ausgenutzt wird; er versucht, ihr den Sex aufzuzwingen oder fordert ihn von ihr.

Offenbar besteht bezüglich der Häufigkeit des Sex ein unterschiedliches Bedürfnis zwischen den Geschlechtern. Im Jahre 1988 behaupteten die Leserinnen von GLAMOUR und REDBOOK jedoch, sie bekämen auch nicht genug Sex. Offensichtlich läuft hier etwas schief. Ich weiß nicht so genau, was, aber ein Mann glaubt, die Antwort zu kennen:

»Wenn Frauen sagen, sie wollen mehr Sex, bedeutet das, daß sie sich mehr körperliche Zuneigung von ihrem Freund wünschen. Wenn Männer sagen, sie wollen mehr Sex, bedeutet das, daß sie öfter und auf mehrere unterschiedliche Arten bumsen wollen – wahrscheinlich sogar noch mit verschiedenen Frauen. Selbst wenn sie es nicht wollten, würden Männer sagen, daß sie es tun.«

Wie Sie und er mehr Sex, trotz Beschränkungen, haben können:

* Verhandeln Sie über Mindestzahlen – zum Beispiel zweimal monatlich analen Sex oder einmal pro Woche eine lange Sitzung mit Fellatio als Gegenleistung für das, was Sie selbst sich sexuell wünschen.

* Handeln Sie mit Sex. Lassen Sie den Haushalt aus dem Spiel.

* Jammern Sie nicht nach mehr, solange die Mindestansprüche erfüllt werden. (Was nicht ausschließt, daß Sie nett darum bitten.)

Kapitel 17: **Der wichtigste Maßstab für seine Leistung: Ihr Orgasmus**

»Ein Mann ist kein guter Liebhaber, wenn seine Partnerin nicht immer oder fast immer zum Orgasmus kommt. Ansonsten masturbiert er lediglich in ihrer Vagina.« – Ein Leser.

Die »Babyboom«-Generation war die erste, die den Mann sexuell an den Orgasmen seiner Partnerin gemessen hat. Sex ist heutzutage nicht mehr länger etwas, das ein Mann von der Frau nimmt, sondern etwas, das er ihr gibt. Er versorgt sie nicht nur materiell, sondern auch sexuell.

Ein richtiger Mann »bringt sie dazu, daß sie kommt«.

Die meisten Männer sind sich des Drucks, der auf sie ausgeübt wird, sehr wohl bewußt. Selbst wenn sie wissen, daß die »Durchschnittsfrau« während des Geschlechtsverkehrs nicht zum Orgasmus kommt, setzen sie ihre Fähigkeit, ihre Erektion möglichst lange zu halten, doch mit ihrer Fähigkeit gleich, der Frau Vergnügen zu bereiten. Und wahrscheinlich setzen wir alle den »Durchschnitt« mit einem Standard gleich, den wir verbessern sollten. Männer glauben, daß alle oder die meisten Partnerinnen durch den Geschlechtsverkehr allein zum Orgasmus kommen können, wenn sie nur »lange genug durchhalten«. Viele betrachten auch den Orgasmus durch orale oder manuelle Stimulation als das Vorspiel oder die Dreingabe, nicht als das eigentliche Ziel. In ihrem Kopf verbinden sich ihr Orgasmus und sein Durchhaltevermögen untrennbar miteinander.

Bernie Zilbergeld meint in *Male Sexuality:* »Heute ist der Prüfstein für eine gute Leistung im Bett gewöhnlich die Fähigkeit, die Partnerin zu befriedigen. Diese Fähigkeit definiert sich im allgemeinen dadurch, ihr während des Geschlechtsverkehrs zu einem, besser noch zu mehreren Orgasmen zu verhelfen. Diese veränderte Definition der sexuellen Potenz des Mannes hat zuerst das Interesse, dann die Sorge und schließlich schon fast eine Besessenheit mit sich gebracht, es so lange wie möglich durchzuhalten.«

Wir haben es hier noch immer mit der alten Auseinandersetzung über Klitoris und Vagina zu tun, auch wenn wir es heute anders ausdrücken. Früher ging man davon aus, daß die Frau durch den Penis in ihrer Vagina zu einem vaginalen Orgasmus kommen soll. Laut Freud war dieser vaginale Orgasmus ein Zeichen dafür, daß die Frau »erwachsen« reagierte. Klitorale Orgasmen hingegen waren »unreif« oder »infantil«. Nach der heutigen Meinung des Mannes ist der klitorale Orgasmus nur »Durchschnitt« oder »zweite Wahl« – für ihn also etwas, was die Frau bei anderen Männern erlebt.

Diese Überlegungen schieben die Last der Verantwortung für guten Sex dem Mann und seinem Penis zu, insbesondere seiner Fähigkeit, lange genug »durchzuhalten«, um bei der Partnerin einen vaginalen Orgasmus herbeizuführen (und zwar, indem er seinen eigenen Orgasmus zurückhält). Ob wir das nun zugeben wollen oder nicht – der Leistungs- und Befriedigungsdruck liegt beim Mann. Würden wir denn einen Orgasmus vortäuschen, statt ihn spüren zu lassen, daß er nicht gut genug war, wenn wir die Verantwortung für unsere eigene sexuelle Befriedigung nicht hauptsächlich bei ihm suchten? Wenn alle wirklich daran glauben würden, daß die Frau für ihren eigenen Orgasmus verantwortlich ist, würde das Vortäuschen zum Aufbau des männlichen Egos schon bald aus der Mode kommen, genauso, wie heute auch kaum noch ein Mann zuerst beim Vater um die Hand der Tochter anhält, bevor er sie selbst fragt. Auf lange Sicht gesehen, kann der Sex für uns und die Männer nur besser werden, wenn wir die Verantwortung für unser Vergnügen und auch die Macht, die damit einhergeht, übernehmen. Aber die kurzfristigen Hindernisse, die der sexuellen Gleichberechtigung entgegenstehen, nehmen in unserem Denken einen breiten Raum ein. Wenn wir die Ansicht über Bord werfen, daß der Orgasmus etwas ist, was der Mann uns »gibt«, dann müssen wir uns eben selbst darum kümmern und vielleicht auch lernen, die Hand zwischen den Körper unseres Partners und unseren eigenen zu schieben, wenn es nötig ist. Manche Frauen tun das natürlich bereits. Wenn ich von meinen Leserbriefen ausgehe, reagieren die Männer im allgemeinen positiv darauf. Ein Mann schreibt: »Wenn ich mit einer Frau zusammen bin, die beim Sex selbstbewußt ist, entspanne ich mich und genieße es. Bei Frauen, die sich ganz auf mich verlassen, verkrampfe ich mich. Ich kann mich nicht gehenlassen, bis ich sie nicht befriedigt habe. Das ist genau der Unterschied zwischen einem Solo und einem Duo. Man muß nicht die ganze Show allein bestreiten.«

Die meisten Männer glauben jedoch, daß sie genau das tun. Und die Mehrheit von ihnen ist doch ein wenig enttäuscht, wenn ihre Partnerin nicht zum Orgasmus kommt. Nur wenige reden sich ein, daß ihnen das nie passiert. Vielleicht können sie den Gedanken an eine Partnerin, die nie einen Orgasmus hat, nicht ertragen.

In meiner Umfrage behaupteten ungefähr fünfzehn Prozent der Männer, ihre Partnerin käme immer zum Orgasmus. Die Mehrheit, über siebzig Prozent, sagte, sie käme normalerweise und fünfzehn Prozent davon, sie käme sogar mehrmals zum Orgasmus. Wiederum stimmen ihre Aussagen nicht ganz mit den Erkenntnissen von Shere Hite und anderen über den weiblichen Orgasmus überein. Keine dieser Untersuchungen kam zu dem Ergebnis, daß der Prozentsatz der Frauen, die gewöhnlich oder immer zum Orgasmus kommen, bei fünfundachtzig Prozent liege. Die Zahlen schwanken zwischen dreiunddreißig und fünfundsiebzig Prozent.

Deshalb überrascht es kaum, daß achtzig Prozent der Männer, die von Erlebnissen mit Frauen berichteten, welche nicht zum Orgasmus kamen, sich selbst die Schuld dafür gaben. Daß ihre Partnerin ihnen keine Vorwürfe machte, schien dabei nicht wesentlich zu sein.

Folgende Kommentare waren zu lesen:

»Ich hab' mir jedesmal Sorgen gemacht, wenn es passiert ist. Ich hab' mich über mich selbst geärgert. Ich glaube, es geschieht hauptsächlich deshalb, weil ich zu schnell zur Sache komme.«

»Ich hatte eine Partnerin, die trotz gewaltiger Anstrengungen von meiner Seite aufgegeben hat. Sie hat gesagt: ›Mach du mal, ich kann's nicht.‹ Sie hat versucht, mir mein schlechtes Gewissen zu nehmen, weil ich sie nicht zum Orgasmus bringen konnte.«

»Meine gegenwärtige Partnerin sagt, sie kann nur beim Masturbieren kommen, und selbst dann muß sie sich völlig darauf konzentrieren. Ich weiß nicht so recht, ob ich ihr das glauben soll oder nicht. Ich bin bereit, alles zu tun, damit eine Frau zum Orgasmus kommt. Wenn ich irgend etwas darüber nicht weiß, würde ich mir wünschen, daß sie es mir sagt.«

»Sie macht mir keine Vorwürfe, wenn sie nicht kommt, aber ich gebe mir trotzdem die Schuld dafür.«

Deshalb verwundert die Frage nicht, die Männer am häufigsten über den weiblichen Orgasmus stellen:

Wie bringe ich eine Frau dazu, daß sie kommt?

»Ich bin schon mit Frauen zusammen gewesen, die sagten, sie hätten Probleme, zu kommen, aber ich hab' sie immer dazu gebracht, und wenn's oral war. Meine neue Partnerin sagt, sie hat nur selten einen Orgasmus. Sie meint, ich soll mir deswegen keine Sorgen machen, aber das tue ich trotzdem. Ich bin mir sicher, daß ich sie dazu bringen kann. Das Problem ist nur, daß sie sich nach einer gewissen Zeit beim Cunnilingus nicht mehr wohl fühlt. Sie läßt sich nicht genug gehen, um auf diese Weise zum Orgasmus zu kommen. Kann ich sonst noch etwas tun?« schreibt ein vierundzwanzigjähriger Mann.

Auf diese Frage gibt es nur eine ehrliche Antwort, die eigentlich kein Mann hören möchte: man kann nicht jede Frau dazu bringen, daß sie einen Orgasmus bekommt. Manchmal frage ich mich, wie die Frau wohl reagieren würde, wenn sie wüßte, daß ihr Partner an mich geschrieben hat, um mich zu fragen, wie er sie am besten zum Orgasmus »bringen« kann. Wäre sie wohl beleidigt über die Wahl des Wortes »bringen«, oder würde sie es ebenfalls als das richtige ansehen? Wäre sie überrascht oder berührt durch seine Sorge? Wäre sie erstaunt, weil er zugibt, über den Sex nicht Bescheid zu wissen? Oder wäre sie schockiert, festzustellen, daß er sich selbst die Schuld für etwas gibt, was sie als »ihr Problem« betrachtet? Männer begreifen nur schwer, daß Frauen, die selten oder nie zum Orgasmus kommen, sich selbst die Schuld dafür geben. Solche Frauen fürchten insgeheim, frigide zu sein – doch der Mann seinerseits ist sich sicher, daß er nicht Mann genug ist, sie zu befriedigen. Sie sucht Trost bei den unterschiedlichsten Stellen, Freundinnen oder Illustrierten, er jedoch kann sich kaum an jemanden wenden. Mit seinen Freunden kann er darüber jedenfalls nicht sprechen. Wenn er mich um Rat fragt, erkläre ich ihm das

Bedürfnis der Frau nach klitoraler Stimulation und schlage ihm vor, er solle sie doch bitten, ihm zu zeigen, was ihr gefällt. Manche Frauen brauchen ganz spezielle Formen der Stimulation. Oft schlage ich auch vor, daß er ihr zuerst sagt, was er sich sexuell wünscht, um es ihr leichter zu machen. Kann sie sich durch Masturbation zum Orgasmus bringen? Wenn ja, kann sie ihm zeigen oder sagen, wie sie es macht?

Aber manchmal wissen es die Frauen selbst nicht, können oder wollen es nicht sagen.

Das Problem ist schon alt – es mangelt an der Kommunikation. Es ist für viele Paare noch immer erstaunlich schwierig, über Sex untereinander zu sprechen.

»Das Reden stellt für mich eine größere Intimität dar als das Bumsen selber«, schreibt ein Geschäftsmann aus dem Mittleren Westen. »Man muß wirklich seine ganzen Schutzwälle abbauen, um ehrlich über den Sex sprechen zu können. Und das fällt einem schwer bei jemandem, den man gerne beeindrucken möchte. Außerdem glauben beide Geschlechter aus unterschiedlichen Gründen, daß man eigentlich nicht darüber reden, sondern es einfach nur richtig machen müßte.

Die Frauen schweigen sich aus. Sie glauben, daß sie nur mit einem Mann ins Bett gehen sollen, wenn sie ihn tatsächlich lieben, und wenn sie ihn lieben, dann passiert es auch. Wortlose Verzückung, genauso, wie sie es in den Filmen sehen. Auch die Männer schweigen sich aus, weil sie ja allwissende Liebhaber sind. Von ihnen erwartet man die Antworten, nicht die Fragen.«

Die andere Seite des sexuellen Kommunikationsproblems sieht folgendermaßen aus: wir reden zuviel und hören zuviel zu. Statt uns im persönlichen Bereich damit auseinanderzusetzen, wird das Problem zu einem öffentlichen, sei es in den prahlerischen Unterhaltungen der Männer oder in den Talk-Shows. Diese öffentlichen Auseinandersetzungen haben in uns den

Glauben erzeugt, daß jede Frau mehrere Orgasmen haben kann oder soll, wodurch es für Paare nur noch schwieriger wird, mit den Orgasmen umzugehen, die sich in ihrem Bett nicht ereignen.

Michael Castleman schreibt in *Sexual Solutions:* »Wie groß ist letztlich der Anteil der Frauen, die tatsächlich mehrere Orgasmen haben können? Niemand kann das mit Sicherheit sagen, aber es ist vermutlich nur eine Minderheit ... Die tragische Ironie der gegenwärtigen Diskussionen über den Sex ist die Aufmerksamkeit, die dem Phänomen des mehrfachen Orgasmus geschenkt wird, wo doch die weit typischere Erfahrung der Frau darin besteht, überhaupt zu einem einzigen zu kommen.«

Die zweithäufigste Frage über Frauen und Orgasmen scheint sich logisch aus der ersten zu ergeben:

Warum fällt es ihr so schwer, zum Orgasmus zu kommen?

»Ich weiß Bescheid über die Klitoris und wie man mit ihr umgehen muß. Ich weiß, daß Frauen länger brauchen, um erregt zu werden, als Männer. Trotzdem verstehe ich nicht, warum sie manchmal immer noch nicht kommt, wenn ich ihr das, was sie sich wünscht, gegeben habe«, schreibt ein vierundvierzigjähriger Mann.

Der männliche Orgasmus ist schon fast selbstverständlich, deshalb fällt es Männern schwer, zu begreifen, daß der weibliche eher eine Möglichkeit als eine Gewißheit darstellt. Besonders verwirrt und besorgt sind sie, wenn sie glauben, alle nötigen Schritte zum Glück der Frau zu beherrschen. Es fällt dem amerikanischen Mann – und auch der Frau! – schwer, zu akzeptieren, daß sich nicht jedes Ziel erreichen läßt, indem man einem bestimmten Plan folgt.

»Ich hab's doch so gemacht, wie sie gewollt hat«, sagen die Männer. »Warum funktioniert's dann nicht?«

Egal, wie geschickt ein Liebhaber ist, es gibt zwei Größen, auf die er keinen Einfluß hat: auf den Körper und auf den Geist der Frau. Der weibliche Körper läßt sich nicht mit Hilfe einer sexuellen Landkarte erkunden. Manche Frauen reagieren nicht auf die gewünschte Weise, weil sie ihren eigenen Körper nicht genug kennen oder ihm nicht genug vertrauen, um den Mann zu leiten. Und manche Frauen tun es nicht, weil ihr Geist sie zurückhält. Die Frauen sind in unserer Kultur sexuell stärker unterdrückt worden als die Männer, und vielleicht sind die Probleme der Frau mit dem Orgasmus das Ergebnis davon. Jedenfalls haben mir viele Männer über die Schwierigkeiten ihrer Partnerin in dieser Hinsicht geschrieben.

»Ich habe einmal eine Frau geliebt, die nur ganz selten zum Orgasmus gekommen ist, nur dann, wenn sie sich ein Handtuch, das sie zu einer dicken Wurst zusammengerollt hatte, zwischen den Beinen durchgezogen hat«, gesteht ein Mann aus dem Süden der Staaten. »Sie hatte nie die Ermahnungen ihrer Mutter überwunden, daß sie ihre Genitalien nicht berühren soll. Sie war einmal zufällig zum Orgasmus gekommen, als sie sich ziemlich heftig nach dem Baden abtrocknete. Sie war eine liebe, herzliche und einfühlsame Frau, die sich leider sexuell nicht gehenlassen konnte.«

Ein weiterer Mann schreibt: »Meine Frau, eine gute Katholikin, hatte gelernt zu kommen, indem sie immer wieder die Oberschenkel zusammenpreßte und sich dabei gegen das Bett drückte. Ziemlich kompliziert. Ein ganzes Jahr lang konnte sie nur zum Orgasmus kommen, wenn sie sich ganz flach auf mir ausgestreckt hat. Ziemlich unbequem.«

Wenn der Mann eine eindeutige Verbindung zwischen der Vergangenheit der Frau und ihren Schwierigkeiten beim Orgasmus sieht, gibt er sich vielleicht weniger selbst die Schuld für die Situation. Doch er ist trotzdem traurig darüber, daß sie beim Sex nicht soviel Vergnügen haben kann. Die Männer wünschen sich vor allen Dingen, uns sexuell zu befriedigen. Und sie haben Probleme zu glauben, daß der Orgasmus weniger wichtig ist als das Liebesspiel. Denn für sie selbst trifft das selten bis nie zu.

Lügt sie mich an, wenn sie sagt, sie macht sich eigentlich nicht sehr viel aus dem Orgasmus?

»Manche Frauen behaupten, daß sie sich nach der Nähe und den Berührungen sehnen, aber das kann ich nicht akzeptieren. Ich würde keinen Sex ohne Orgasmus wollen. Liebe ist wunderbar, aber der Orgasmus ist noch wunderbarer. Ich habe den Eindruck, Frauen sagen das nur, um uns nicht zu verletzen, wenn sie nicht kommen. Vielleicht spiegelt das auch ihr zwiespältiges Gefühl gegenüber ihrem starken Geschlechtstrieb wider. Es klingt weiblicher und liebevoller, wenn sie sagen, sie wünschen sich eigentlich die Berührungen und nicht den Orgasmus. Jedenfalls glauben sie das«, schreibt ein Mann aus Atlanta, der in der Öffentlichkeitsarbeit tätig ist.

Wahrscheinlich lügt sie nicht einmal, aber sie streitet gewisse Bedürfnisse ab – ihm wie auch sich selbst gegenüber. Vermutlich interpretieren die Männer manche ihrer Wünsche als sexuell, während wir das genaue Gegenteil tun. Wie der Mann aus Atlanta bin ich nicht völlig davon überzeugt, daß Frauen sich nicht soviel aus dem Orgasmus machen. Schließlich handelt es sich dabei doch um eine der größten Freuden im Leben. Aber ich kann verstehen, daß der Orgasmus für manche Frauen nicht immer nötig ist.

In unserer Gesellschaft fällt es Frauen leichter als Männern, ohne Sex sinnlich zu sein. Wir dürfen Freunde und Freundinnen und Kinder berühren, umarmen und küssen. Männer hingegen haben oft das Gefühl, daß sie das nicht so offen tun dürfen. Denn man könnte sie ja für schwul halten. Oder jemand könnte auf die Idee kommen, daß sie ein Kind sexuell belästigen. Für uns sind Berührungen natürlicher als Sex, während für sie Berührungen, die nichts mit Sex zu tun haben, weder natürlich noch einfach sind.

Frauen geben bei Umfragen immer wieder an, daß sie durchaus Spaß am Sex haben, wenn sie dabei nicht zum Orgasmus kommen, beziehungsweise, daß Sex mit Orgasmus auch unbefriedigend sein kann. (In der neuesten Umfrage von REDBOOK behaupteten sechzig Prozent der Frauen, sie kämen immer oder fast immer zum Orgasmus, aber fast ein Viertel von ihnen hielt das eigene Sexleben nicht für gut oder ausgezeichnet.) Viele Männer verstehen jedoch nicht, wie wir den Sex, der im Orgasmus endet, *nicht* als gut bezeichnen können.

»Was würden Sie zu der mißglücktesten Fellatio ihres Lebens sagen? – Fabelhaft!« schreibt ein New Yorker Redakteur. »Der Sex ist für Mann und Frau unterschiedlich, weil der Mann einen stärkeren Trieb hat. Kein Mann würde jemals sagen: ›Es ist mir egal, ob ich komme oder nicht, Schatz, mir ist es genug, wenn ich dich nur lieben darf.‹ Unter Umständen befriedigt ein Mann, der müde ist, schon mal nur seine Partnerin, die schrecklich geil ist. Aber das dürfte eher selten sein.«

Und ein Redakteur aus Kalifornien schreibt: »Ich hab' im Bett eigentlich nur mit den Frauen schlechte Erfahrungen gemacht, die immer noch nicht gekommen sind, obwohl ich mich redlich abgemüht hatte. Aber sogar dann noch war der Sex für mich selbst gut. Ich hab' nur ein schlechtes Gefühl gehabt, weil ich mein eigenes Vergnügen nicht so richtig mit ihr teilen konnte. Natürlich ist Sex nicht gleich Sex. Aber ich glaube, daß man bei gut anfängt und sich dann nach oben vorarbeitet, nur selten nach unten.«

Männer in dauerhaften Beziehungen sehen noch eher ein, daß Frauen sich manchmal mit Sex ohne Orgasmus zufriedengeben.

»Meine Frau hat mich inzwischen davon überzeugt, daß sie den Sex auch genießt, wenn sie dabei nicht kommt«, schreibt ein Mann, der seit zwanzig Jahren verheiratet ist. »Ich verstehe es zwar nicht, aber ich bin bereit, es hinzunehmen. Frauen sind soviel komplizierter und subtiler als Männer. Manchmal hat sie einen weit stärkeren Orgasmus als ich selbst, und manchmal kommt sie überhaupt nicht. Wenn es dabei nur um klitorale Stimulation ginge, würde sie jedesmal kommen. Aber die Sache ist komplizierter.«

Ein anderer Ehemann schreibt: »Anfangs habe ich gedacht, sie verwendet es (die Tatsache, daß sie fast nie kam) gegen mich. Sie sagte, sie braucht nicht unbedingt kommen; dadurch hatte ich den Eindruck, sie hielte sich für besser als ich oder ihre Liebe für reiner als die meine. Schließlich ist mir dann aber klargeworden, daß sie mir nur sagen wollte, wir unterscheiden uns darin, wie wir an den Sex herangehen und was wir uns davon erwarten. Ich weiß, wie sehr ich ihr Vergnügen bereiten will. Deshalb war es schwer, zu akzeptieren, daß sie manchmal eher mit mir schläft, um mir Vergnügen zu bereiten als umgekehrt. Manchmal ist sie eben einfach diejenige, die geben muß.«

Die Männer, die nach wie vor darauf bestehen, daß der Mann derjenige sein sollte, der seine Partnerin zum Orgasmus »bringt«, fragen oft:

Wie lange sollte ein Mann durchhalten, um eine Frau zu befriedigen?

»Mir ist es wichtig, meiner Partnerin Vergnügen zu bereiten. Ich würde gern die ganze Nacht durchhalten, wenn es ginge. Der Geist ist willig, aber ... Manche Frauen haben mir das Gefühl gegeben, daß ich sie nicht befriedigen kann, weil ich nicht die ganze Nacht durchgehalten habe. Ich errege immer zuerst ihre Klitoris, bevor ich sie bumse. Ich verwende auch Cremes, die den Schwanz ein bißchen betäuben, um länger durchzuhalten. Ich würde nur gerne wissen, wie lange. Gibt es einen bestimmten Punkt, an dem jede Frau kommen muß?« schreibt ein siebenundzwanzigjähriger Mann.

Der Brief dieses Mannes verdeutlicht zwei der am meisten verbreiteten und schädlichsten Irrtümer über den Sex.

- Klitorale Stimulation ist Vorspiel – oder man setzt sie nur ein, um die Frau für den eigentlichen Geschlechtsverkehr zu erregen.

- Das Vergnügen der Frau hängt von der Fähigkeit des Mannes ab, seine Erektion so lange wie möglich aufrechtzuerhalten.

Offenbar teilen Mann und Frau diesen Irrtum, falls sie noch immer glauben, daß er sie befriedigen kann, wenn er nur »die ganze Nacht durchhält«. Und offenbar hat die Frau hier wieder einmal ihre Bedürfnisse nicht ganz klargemacht – ein Thema, das Männer in ihren Briefen an mich immer wieder ansprechen. Der folgende steht für viele andere:

»Keine meiner Partnerinnen hat mir je gesagt, wie ich ihr Vergnügen bereiten kann«, schreibt ein neununddreißigjähriger

Mann. »Halte ich lange genug durch? Berühre ich sie an den richtigen Stellen? Mein Gott, ich kann nur Vermutungen darüber anstellen. Meine Partnerinnen sprechen über so etwas nicht. Ich wünschte, sie würden es tun. Ich habe das Gefühl, daß sie im Bett irgendwie eingeschüchtert sind. Entweder das, oder sie wollen nicht als zu erfahren wirken, weil ich sie sonst für unmoralisch halten könnte. Ich habe früher meine damalige Frau gefragt, was sie sich wünscht, aber sie hat nur nervös gekichert. Sie hat gesagt, mach nur so weiter, du machst das schon richtig so. Das hat mich fürchterlich geärgert. Es hat nicht gestimmt, und ich hab's gewußt. Seit meiner Frau bin ich mit anderen zusammengewesen, die im Bett sehr passiv sind. Es stört mich, daß Frauen so passiv sind. Das heißt, daß sie die ganze Verantwortung auf mich abschieben; ich muß wissen, wieviel Streicheln, wieviel Bumsen genug ist.«

Er gibt – wie die meisten anderen Verfasser der Briefe an mich auch – nicht an, wie lange er den Geschlechtsverkehr durchhält, bis er zum Samenerguß kommt. Doch er ist sich sicher, daß es irgendeine definitive Grenze gibt. Wenn er diesen Punkt erreicht, kommt seine Partnerin auf jeden Fall zu einem oder mehreren Orgasmen. Er hat sie dann dazu »gebracht«.

Viele der Selbsthilfebücher aus dem letzten Jahrzehnt unterstützen diesen Gedanken. David Reuben stempelt in *How to Get More out of Sex* Männer, die zu schnell einen Samenerguß haben, als »unreif« ab und betont, daß es »die Aufgabe des Mannes« ist, den Penis so lange in der Vagina hin und her zu bewegen, bis sie »zufriedengestellt« ist. Nach Ansicht von *The Sensuous Man* ist der vorzeitige Samenerguß »eine Katastrophe«. Sogar Masters und Johnson, die es wirklich besser hätten wissen müssen, griffen den Mann mit ihrer Definition des vorzeitigen Samenergusses an. Sie bezeichneten ihn als den Fluch des Mannes, »die Frau in fünfzig Prozent der Fälle beim Geschlechtsverkehr nicht befriedigen zu können«. Und dann wundern wir uns noch, daß Männer Sex mit Geschlechtsverkehr gleichsetzen!

Kinsey stellte fest, daß fünfundsiebzig Prozent der von ihm befragten Männer innerhalb von zwei Minuten zum Samenerguß kamen. Die Mehrheit der Männer würde das wohl als das vorzeitige Ende eines vergnüglichen Erlebnisses bezeichnen. (Die durchschnittliche Dauer des Geschlechtsverkehrs liegt nach allgemeiner Ansicht zwischen fünf und zehn Minuten.) In den frühen Tagen der Sextherapie konzentrierte man sich vor allen Dingen darauf, den »vorzeitigen Samenerguß« zu heilen – auch wenn nie jemand eine befriedigende Definition dieses Begriffes entwickelte. Das Ergebnis sind nicht nur ein längeres Liebesspiel, sondern auch stärkerer Druck auf den Mann, länger »durchzuhalten.«

Die überwältigende Mehrheit der Männer macht sich Gedanken darüber, Kontrolle über den Samenerguß zu behalten, und über die Techniken, die dazu dienen. Dazu folgende Beispiele: »Ich versuche, mich auszublenden und andere Dinge zu denken.«

»Ich beiße die Zähne zusammen, verkrampfe mich und halte mich zurück. Das funktioniert nicht immer. Manchmal hat die Verkrampfung auch den gegenteiligen Effekt, so daß ich komme.«

»Zu Beginn einer Beziehung, wenn ich noch am ehesten ohne Vorwarnung abspritze, benutze ich Cremes, um meinen Schwanz ein wenig zu betäuben. Das macht zwar nicht soviel Spaß, aber dafür hat man sich besser unter Kontrolle.«

Diese beliebten Methoden haben einen ganz offensichtlichen Nachteil: sie zwingen den Mann, einen Teil seiner sexuellen und emotionalen Gefühle zurückzuhalten, um seine Erektion nicht zu verlieren. Die Therapeuten raten meist zu einer Variation der »Stop-Start«-Methode, bei der der Mann nicht auf seine sexuellen Gefühle verzichten muß, um länger durchzu-

238

halten. Es handelt sich dabei darum, mit der Stimulierung aufzuhören, wenn der Orgasmus kurz bevorsteht, und dann wieder anzufangen, wenn der Drang nachläßt. (In dem Buch *Male Sexuality* von Bernie Zilbergeld befinden sich die besten Anweisungen dafür, die ich kenne.)

Männer, die diese Methode verwenden, sind der Meinung, daß sie gut funktioniert.

»Ich kann meinen Samenerguß ganz gut unter Kontrolle halten, indem ich die Stellung wechsle oder langsamer mache und dann wieder schneller werde«, schreibt ein Mann aus dem Mittleren Westen. »So kann ich den Geschlechtsverkehr fünfzehn bis zwanzig Minuten durchhalten, was oft mehr ist, als meine Partnerin möchte.«

Und ein Mann um die Vierzig sagt: »Im Lauf der Jahre bin ich langsamer geworden und kann mich auch besser unter Kontrolle halten. Ich kann eine halbe Stunde lang bumsen, wenn ich das will – und die ganze Sache von Anfang bis Ende genießen. Ich gehe gerne bis kurz vor den Orgasmus, ziehe ihn dann heraus und liebkose meine Partnerin mit Zunge oder Mund, bis ich wieder ein bißchen ruhiger geworden bin, dann bumse ich sie wieder. Ich habe gelernt, die Erregung fast genausosehr zu genießen, wie den Orgasmus selbst. Das ist das ganze Geheimnis.«

Den Geschlechtsverkehr über die von Kinsey angegebene Grenze von zwei Minuten hinaus zu verlängern, macht beiden Partnern Spaß, aber es ist noch lange keine Garantie dafür, daß die Frau zum Orgasmus kommt.

»Egal, wie lange ich durchhalte, meine Partnerin hat keinen Orgasmus während des Geschlechtsverkehrs, wenn nicht einer von uns mit ihrer Klitoris spielt«, schreibt ein vierunddreißigjähriger Mann aus Atlanta. »Ich bumse gerne so lange wie möglich, aber das ist kein Hilfsmittel gegen die Probleme einer Frau, zum Orgasmus zu kommen.«

Er hat recht. Die Verbindung zwischen den Stößen des Penis und dem Orgasmus ist für viele Frauen eher gering. Allein die Dauer zu verlängern, bringt sie noch nicht zum Orgasmus.

Bernie Zilbergeld schreibt: »Es ist nur natürlich, davon auszugehen, daß noch ein paar Minuten mehr die Erfüllung bringen (größeres Vergnügen, mehr Orgasmen), aber das ist oft nur eine Illusion. Wenn man bereits zehn oder fünfzehn Minuten durchhalten kann, vielleicht sogar noch länger, stehen die Chancen, daß die Partnerin danach noch zum Orgasmus kommt oder noch stärkeres Vergnügen findet, nicht sehr gut.«

Wie man den Zwang vermindern kann:

* Setzen Sie Ihre Fähigkeit zum Orgasmus nicht mit seiner Fähigkeit gleich, so lange wie möglich durchzuhalten.

* Übernehmen Sie selbst die Verantwortung für Ihr Vergnügen. Sie wissen selbst am besten, was Sie brauchen, um zum Orgasmus zu kommen. Machen Sie es sich selbst oder zeigen Sie ihm, wie es Ihnen am liebsten ist.

* Gestalten Sie eine spielerischere Atmosphäre für den Sex. Es geht dabei schließlich nicht um Kernphysik.

* Loben Sie ihn, aber lassen Sie das Lob nicht wie eine gute Note in der Schule klingen.

TEIL FÜNF

Emotionale Beteiligung

Über Liebe und Lust

»Ich war mit einem Freund beim Mittagessen, und er hat mir erzählt, daß er eine ganz besondere Frau kennengelernt hat. Er hat zu mir gesagt: ›Ich treibe jetzt keine Spielchen mehr.‹ In dem Moment ist eine Superfrau an unserem Tisch vorbeimarschiert. Ich hab' ihn gefragt: ›Na komm schon, wenn die die Beine für dich breitmachen würde, was würdest du dann sagen? Ja?‹ Und er hat geantwortet: ›Verdammt noch mal, ja, sofort.‹ So sind Männer eben.« – Bob Berkowitz, Autor von *What Men Don't Tell Women – and Women Need to Know* (dt.: *Was Männer nicht sagen ... was Frauen aber wissen wollen).*

Wenn diese »ganz besondere Frau« diese Unterhaltung hätte hören können, wäre sie bestimmt verletzt gewesen. Sie würde denken, er liebt mich sicher nicht, wenn er so etwas sagt. Aber die beiden Männer redeten gar nicht über die Liebe. Sie redeten über den Sex.

Die Männer betrachten Sex anders als die Frauen. Wir sehen ihn als Ausdruck der Liebe, als Weg zur Nähe, als Mittel, eine Beziehung und eine Familie aufzubauen. Sie sehen ihn als ... Sex. Das alte Sprichwort, daß Männer vom Sex zur Liebe kommen und Frauen von der Liebe zum Sex, gilt nach wie vor, zumindest bis zur Mitte unseres Lebens, wenn sich die Frauen eher auf den Sex und die Männer eher auf die Liebe konzentrieren. Es ist fraglich, ob der Unterschied zwischen den Geschlechtern biologischer Natur ist oder von der Gesellschaft anerzogen. Wichtig ist letztlich nur, daß wir uns unterscheiden.

Männer trennen Liebe und Sex ... und Bindung. Die Verbindung aller drei Aspekte ist eine bewußte Entscheidung, was unseren romantische Vorstellungen widerspricht, daß wir ihn dazu bringen können, sich in uns zu verlieben und uns zu heiraten, wenn wir nur das richtige Knöpfchen drücken. Die Beispiele von Tausenden von Geliebten, denen es nicht gelungen ist, den Mann von seiner Frau wegzulocken, beweisen, daß Männer durchaus Verhältnisse haben (können), ohne sich dabei zu verlieben.

Wir könnten etwas von der Art und Weise lernen, wie sie mit ihrem Sexleben umgehen. Die Frauen sind so versessen darauf, Sex und Liebe und Bindung miteinander zu verflechten, daß sie sich nur deshalb auf eine »Beziehung« mit einem Mann einlassen, weil sie mit ihm geschlafen haben. (Wenn ich mit ihm geschlafen habe, liebe ich ihn wohl auch.) Oder sie unterdrücken ihre sexuellen Begierden, weil kein geeigneter Kandidat für die Liebe in Sicht ist. (Wenn ich ihn nicht liebe oder zumindest lieben könnte, sollte ich auch nicht mit ihm schlafen.) Und sie machen sich verrückt, wenn ein Mann, mit dem sie geschlafen haben, nicht noch an mehr interessiert ist. (Hab' ich zu früh mit ihm geschlafen? Hab' ich was falsch gemacht? Warum liebt er mich nicht, nachdem ich mit ihm geschlafen habe?)

»Für Männer gibt es Sex und Liebe«, sagt Bob Berkowitz. »Manchmal will er mehr von der Frau als nur Sex und manchmal nicht. Der Sex ist für ihn eine losgelöste Sache. Vielleicht schläft er schon bei der ersten Verabredung mit ihr und will sie dann sechs Monate später heiraten. Frauen verstehen das nicht. Sie wollen ›die Beziehung‹ unbedingt unter Kontrolle halten, indem sie den Sex rationieren. Wenn ein Mann eine Frau liebt, liebt er sie, egal, ob sie sich nun an ihre Regeln hält oder nicht. Das verstehen die Frauen auch nicht.«

Und die Frauen, so fügt er hinzu, »interessieren sich ohnehin viel stärker für feste Beziehungen als Männer. Für Männer kommt das erst an zweiter Stelle, nach der Karriere.«

Sie sehen den Sex nicht als Mittel zum Zweck, und sie wachen auch nicht am Morgen danach auf und planen sofort die Hochzeit. Die männliche Suche nach dem Sex kann genauso unerfreulich sein, wie unsere eigene Suche nach der Liebe und der Ehe. Für sie stellt der Sex innerhalb des Macho-Spielchens ein Ziel dar, einen Ersatz für Berührungen und Nähe, einen Beweis ihrer Männlichkeit, ja sogar einen Weg, um echte Nähe zu vermeiden. Und manchmal ist das Gefühl der Eroberung hinterher doch nicht so schön.

Ein Mann sagt: »Vielleicht fühlt es sich an, als wenn man in einen anderen Menschen nur abgespritzt hat. Die Minuten danach können grauenvoll sein, wenn man eine Frau so richtig angelogen hat, um sie ins Bett zu bekommen. Sie will ein bißchen Zärtlichkeit, und man selber möchte am liebsten nur wegrennen, vor sich selbst genauso sehr wie vor ihr.«

Die Mehrheit der Männer in meiner Umfrage meint, daß die Liebe den Sex für sie besser macht. Unter ihnen befindet sich auch dieser Mann, der sagt: »Die Nähe gibt einem das Gefühl, daß das alles nicht nur ein sinnloses Ritual ist. Ich finde den Sex mit einer Partnerin, die ich nicht liebe, zwar aufregender, aber weniger befriedigend.«

Die Liebe verbessert den Sex vielleicht, aber deshalb garantiert sie noch lange kein monogames Verhalten. Etwa die Hälfte der Männer, die behaupteten, die Liebe verbessere den Sex, waren in ihrer festen Beziehung nicht monogam. Trotz ihrer Fähigkeit zum Sex ohne Liebe scheinen die Männer jedoch genauso viele emotionale Probleme mit der Trennung zu haben wie die Frauen.

Sie lieben zwar vielleicht nicht »härter« als wir, dafür aber anders. Die Frau verbringt im Regelfall ziemlich lange damit, eine neue Beziehung »aufzubauen«. Sie ist eher diejenige, die ihre Zeit mit Freunden, Kindern und Karriere dafür opfert. Wer hat nicht schon einmal von einer Freundin gehört, ihre Beziehung nehme sie so in Anspruch, daß sie gar nicht mehr dazu komme, ihre Strumpfhosen zu waschen oder frisches Mascara zu kaufen? Ihre Welt schrumpft in der Anfangsphase der Beziehung zusammen, seine nicht. Doch sobald sie ein richtiges Paar sind, streckt sie die Fühler nach Freunden und Beruf wieder aus. Und seine emotionale Welt schrumpft rund um sie herum zusammen.

Wenn es irgendwann vorbei ist, nennt er sie nicht nur seine Geliebte, sondern auch seine beste Freundin. Sie ist das emotionale Zentrum seines Lebens. Diese Beziehung kommt in seinem Kopf vielleicht erst nach der Karriere, aber wenn es sie nicht mehr gibt, klafft doch ein Loch in seinem Leben.

Männer verlieben sich vielleicht nicht jedesmal, wenn sie mit einer Frau ins Bett gehen, aber sie verlieben sich.

Kapitel 18: Angst vor der Trennung

»Noch drei Monate nach meiner Scheidung hatte ich Probleme, eine Erektion zu bekommen. Ich habe mich gezwungen, mich gleich wieder umzusehen – der alte Spruch: ›Am besten gleich wieder aufs Pferd aufsteigen, wenn's einen abgeworfen hat.‹ Mehr als einmal bin ich mit einer Frau im Bett gelandet, die ich nicht sonderlich gut gekannt habe. Wir haben uns dann beide abgemüht, meinen Schwanz höher zu kriegen als nur bis halbmast.«
– Ein siebenundvierzigjähriger Maler.

Viele Frauen glauben, daß Männer bei Trennungen mehr Probleme haben als wir. Das stimmt wahrscheinlich nicht. Jedes Geschlecht hat seine eigenen Heilmittel für ein gebrochenes Herz, und unseres ist in dieser Hinsicht vermutlich einfach gründlicher. Männer gehen anders mit der Situation um als wir. Wir weinen uns bei unseren Freundinnen aus; die Männer behalten ihren Kummer für sich. Obwohl wir das nicht immer tun, glauben wir doch, daß wir uns ein wenig Zeit lassen sollten, bevor wir mit einem anderen Mann ins Bett gehen. Die Männer hingegen denken, sie müssen sofort wieder loslegen, am besten gleich am ersten Tag, nachdem sie weg ist.

Auch die Probleme, mit denen sich frischgebackene Singles auseinandersetzen müssen, sind unterschiedlich. Bei einer Scheidung bekommen die Frauen gewöhnlich die Kinder und den schlechteren Lebensstandard; die Männer die Unterhaltszahlungen und die Chance, eine Jüngere zu heiraten und es noch einmal zu versuchen. Nach der Trennung erhalten Frauen von Freundinnen Rat und Unterstützung; Männer Einladungen zum Abendessen, bei denen sie neben einer alleinstehenden Frau sitzen. Seine Kumpels raten ihm: sieh zu, daß du dich beschäftigst.

Die Gesellschaft ermutigt Frauen dazu, ihren Kummer auszusprechen; Männer jedoch sollen ihn für sich behalten. Sie unterstützt auch den schwierigsten aller Männertypen, nämlich den vor kurzem Getrennten, vor dem wir gewarnt werden, seit wir achtzehn sind. Einige Zeit nach der Trennung – je nach Mann ein paar Wochen oder sogar Jahre – kann er schlicht und ergreifend tödlich sein. Das System zwingt ihn nicht dazu, sich mit seinen Gefühlen auseinanderzusetzen, so daß sie in ihm möglicherweise noch viel länger gären als in uns. Er hat es in dieser Zeit entweder darauf abgesehen, seine Männlichkeit unter Beweis zu stellen, oder aber darauf, sich am weiblichen Geschlecht zu rächen. Oder er kommt überhaupt nicht darüber hinweg.

Warum macht mir der Sex, jetzt, wo ich wieder frei bin, nicht so viel Spaß, wie ich eigentlich gedacht habe?

»Vielleicht hat mir die ganze Rumbumserei während meiner Ehe nur deshalb so viel Spaß gemacht, weil ich sie betrogen habe. Seit wir uns getrennt haben, ist die Luft raus aus dem Sex. Ich habe keinerlei Probleme, Frauen um den kleinen Finger zu wickeln. Aber manchmal kann ich die Erektion nicht halten. Manchmal kann ich auch nicht kommen. Dazu ist einfach mehr nötig. Das einzige was funktioniert, ist analer Sex, und es ist schwer, eine Frau beim ersten Mal schon dazu zu bringen. Ist das normal, und wie lange wird dieser Zustand dauern? Könnten das noch Schuldgefühle gegenüber meiner Frau sein?« schreibt ein dreiunddreißigjähriger Mann aus Kalifornien.

Männer überrascht es oft, wenn sie feststellen, daß ihre emotionale Ausgeglichenheit Einfluß auf ihre Sexualität hat. Eine Frau würde wissen, daß der Sex noch nicht sehr sinnvoll ist, weil sie noch nicht dazu bereit ist. Der Mann jedoch glaubt, daß er immer zum Sex bereit sein muß – und wenn er es nicht ist, hat er Angst, daß etwas mit ihm nicht in Ordnung sein könnte.

Etwa ein Drittel der Männer in meiner Umfrage sprachen von sexuellen Problemen nach der Trennung – von der Unfähigkeit, eine Erektion zu bekommen oder zu halten bis zu postkoitalen Depressionen oder vagen Gefühlen der Unzufriedenheit. Doch nur selten hörten sie auf ihren Penis.

Ein Mann, der es tat, schreibt: »Ich habe jetzt endlich gelernt, mich eine Weile zurückzuhalten, nachdem ich mich von einer Frau getrennt habe. Mindestens einen Monat, vielleicht sogar länger, je nachdem, wie lange ich mit der Frau zusammen gewesen bin, habe ich kein sonderliches Interesse am Sex. Dann masturbiere ich nicht einmal. Als ich mich noch zum Sex gezwungen habe, habe ich damit immer die Frau und mich in Verlegenheit gebracht. Einmal habe ich sogar angefangen zu weinen. Das hat die Frau zu Tode erschreckt. Ich kann's ihr nicht verdenken. Schließlich hat sie mich ja kaum gekannt.«

Doch folgende Aussage ist typischer für die Einstellung des Mannes: »Vielleicht habe ich nach der Trennung von meiner Frau oder von meiner Freundin nicht die gleiche Leistung im Bett gebracht, aber ich hab's trotzdem gemacht. Ich halte es für wichtig, weiterzuspielen. Klar, manchmal war das schon schmerzlich, und vielleicht hat es mich auch daran gehindert, den Sex wirklich zu genießen. Andererseits ist das immer noch besser als überhaupt kein Sex.«

Wie viele Männer hat dieser den Sex wahrscheinlich als Mittel verwendet, um dem Trennungsschmerz zu entgehen – und der Nähe. Der vor kurzem Getrennte sucht nicht nach einer neuerlichen engen Bindung, wenn er eine Frau verführt. Im Gegenteil: Er benutzt den schnellen Sex, um sie nicht besser kennenlernen zu müssen. Manche Männer geben das auch zu.

»Ich bin, seit ich siebzehn bin, nach jeder Trennung sofort wieder eine sexuelle Beziehung mit einer anderen Frau eingegangen«, schreibt ein Anwalt aus Nashville. »Ich habe die Frauen benutzt. Immer wenn mich eine Frau verletzt hat, habe ich diese Verletzung sexuell an der nächsten ausgelassen. Ich will damit nicht sagen, daß ich das absichtlich getan habe. Ich habe es einfach gemacht, ohne nachzudenken. Wenn es mir dann besser gegangen ist, hab' ich mich immer nach einer anderen umgesehen. Deshalb sollte sich keine Frau mit so einem Mann einlassen, der gerade vom Scheidungsrichter kommt. Er sucht nur nach jemandem, bei dem er seinen Kummer loswerden kann. Sobald ihm das gelungen ist, ist er wieder weg.«

Wenn Sie eine dauerhafte Beziehung suchen, sollten Sie den vor kurzem getrennten Mann wahrscheinlich tatsächlich meiden. Mit sehr wenigen Ausnahmen will er sich nicht sofort wieder binden. Wenn es ihm wieder besser geht, wird er Sie trotzdem mit dieser schlechten Zeit in seinem Leben in Verbindung bringen. Unter Umständen ist ihm auch peinlich, was er als seine emotionale Schwäche ansieht und seine alles andere als makellose Leistung im Bett.

»Wenn es einem Mann peinlich ist, wie er die Frau gebumst hat, läßt er sie fallen«, schreibt ein Geschäftsmann aus dem Nordosten der Staaten. »Er kann ihr nicht mehr ins Gesicht sehen. Ja, klar ist das feige und gemein. Aber Männer können eben feige und gemein sein.«

Manchmal ist sein Problem nicht sexueller Natur. Vielleicht macht er beim Sex eine glänzende Figur, aber trotzdem ist er nicht fähig, irgendeiner Frau zu vertrauen. Und vielleicht betrachtet er dieses Mißtrauen sogar als *sein* Problem.

»Ich hab' überhaupt keine Schwierigkeiten mit dem Sex, aber

seit der Scheidung von meiner Frau vor drei Jahren habe ich noch keine getroffen, der ich vertrauen könnte«, schreibt ein vierzigjähriger Unternehmer. »Frauen wollen einen auslutschen, körperlich, finanziell und emotional. Wenn man ihnen vertraut, setzen sie nur die Schwäche des Mannes gegen ihn selbst ein. Sie wollen einfach zu viel. Sogar die Frauen, die nur Sex wollen, wollen jede Nacht den besten Sex, den sie je gehabt haben.«

Das ist die Stimme eines zornigen Mannes, und Sie machen sich etwas vor, wenn Sie glauben, daß die Liebe einer guten Frau ihm helfen kann.

Vielleicht hätte er sich mit der Verbitterung über seine Scheidung auseinandersetzen müssen, wenn ihn sein Penis irgendwann im Stich gelassen hätte. Männer setzen den Sex bisweilen ein, um Gefühle und Gedanken abzublocken, die ihnen unangenehm sind. Und manchen Männern gelingt das sogar über Jahre hinweg. Sie scheinen von der Vergangenheit einfach nicht loszukommen. Fast ein Viertel der Männer in meiner Umfrage berichteten, daß sie mindestens einmal im Leben große Probleme damit gehabt hätten, eine Frau zu vergessen, die sie verlassen hatte. Mehrere sagten, sie hätten dazu mehr als drei Jahre gebraucht.

Ist es unnormal, an eine alte Liebe zu denken, während man mit einer neuen Frau bumst?

»Manchmal habe ich das Gefühl, als wäre ich sexuell abhängig von meiner Exfrau. Es ist vorbei, und das weiß ich auch. Aber wenn ich meine Nase in einer Möse vergrabe, rieche ich die ihre. Ich schmecke sie, egal, an wem ich lecke. Ich küsse sie, berühre sie, bumse sie. Bin ich von ihr besessen?« schreibt ein siebenunddreißigjähriger Mann, der seit vier Monaten geschieden ist.

Lebhafte sexuelle Phantasien von der ehemaligen Partnerin mögen dem betroffenen Mann wie eine »Besessenheit« erscheinen. Wenn er sich etwas Zeit gelassen hätte, bevor er wieder mit einer Frau ins Bett ging, hätte er diese Phantasien bei der Masturbation nutzen und sie als das begreifen können, was sie sind: ein Teil der emotionalen Rekonvaleszenz. Aber Männer gestehen sich oft keine langsame Erholung zu.

»Ich hab' einmal schreckliche Probleme gehabt, über eine Trennung hinwegzukommen, weil der Sex mit ihr so gut gewesen war«, schreibt ein sechsundzwanzigjähriger Mann. »Ich hab' sie immer wieder angerufen, bis sie irgendwann aufgelegt hat. Das hat mich davon kuriert, aber nicht von meinen Phantasien über sie. Ich hab' mit Frauen gebumst, die ihr so ähnlich gesehen habe wie nur irgend möglich, und in meinem Kopf hab' ich immer nur sie gebumst. Das hat sich nach fünf oder sechs Monaten endlich gegeben. Da hab' ich gemerkt, daß Frauen, die nicht so aussehen wie sie, auch ganz hübsch sexy sein können.«

Ein anderer Mann, der sich ebenfalls wie »besessen« von seiner letzten Partnerin in den Sex stürzte, sagt, er hätte es getan, um nicht soviel zu masturbieren. »Ich hab' mir vier- oder fünfmal täglich einen runtergeholt, immer mit Phantasien von ihr im Kopf. Ich hab' sie im Geiste auf alle nur erdenklichen Arten genommen. Das ist so weit gegangen, daß ich nach ein paar Wochen selbst Angst bekommen habe. Also hab' ich angefangen, in irgendwelche Klubs zu gehen und dort Frauen anzusprechen. Trotzdem hab' ich nach wie vor an sie gedacht, wenn ich mit ihnen gebumst habe. Aber wenigstens hab' ich so meinen Schwanz nicht sinnlos halbtot masturbiert. Ich hab' den größten Teil des Abends darauf verwenden müssen, die Frauen erst einmal ins Bett zu bekommen.«

Nur wenige Frauen spielen wohl gerne den Ersatz für das eigentliche Objekt der Begierde – wenn sie es wissen. Aber die meisten Frauen erfahren es nicht, weil solche Männer ihnen ihre ganze Aufmerksamkeit schenken und sie schamlos anlügen. Sie sind möglicherweise die beharrlichsten Verehrer überhaupt. Hier sind ein paar Geständnisse, die mir Männer bezüglich ihrer Verführungstaktiken nach einer schwierigen Trennung gemacht haben:

»Alles ist erlaubt, wenn ich geil bin. Ich sage alles, tue alle, nur, damit ich eine Möse kriege. Und ich brauche ganz schön viel Möse, um mir diese Frau aus dem Kopf zu schlagen.«

»Nach meiner Scheidung waren Frauen für mich eigentlich nichts anderes als austauschbare Mösen. Ich bin nicht stolz darauf. Ich war auch vorher nie so gewesen. Sechs Monate lang hab' ich mich aufgeführt wie ein Schwein – aber mit einer silbernen Zunge. Ich hab' alles gesagt, was sie von mir hören wollten, sogar ›Baby, ich liebe dich‹. Es war mir egal, was ich gesagt habe. Der Zweck hat einfach die Mittel geheiligt.«

»Ich war zehn Jahre lang verheiratet. Ich bin ein Latino. Sie hat mich betrogen, während ich ihr treu war. Nur als Latino können Sie verstehen, was so etwas für das Ego bedeutet. Zwei Jahre lang hab' ich meine Lust nach ihr gepflegt und bin den anderen Frauen nachgestiegen. Ich hab' mehr Blumen verschickt und mehr Lügen erzählt, als ich es je für möglich gehalten hätte.«

»Sie war rothaarig, und sie hat mich verlassen. Daraufhin bin ich jeder sexy Rothaarigen nach, die ich gesehen habe. Ich hab' allen gesagt, ich liebe sie, ich will sie haben. Einer hab' ich sogar bei der zweiten Verabredung versprochen, sie zu heiraten. Na ja, wenn sie's geglaubt hat ...«

Wenn Sie sich nach einem tollen sexuellen Erlebnis sehnen, ist dieser Mann wahrscheinlich der Richtige für Sie. Aber nehmen Sie's nicht persönlich. Bei ihm geht's um Sex, nicht um Liebe.

Wie man den emotional verletzten Mann erkennt:

* Er ist zu schnell. Er will sie zu schnell ins Bett bekommen. Und er redet schon bei der zweiten oder dritten Verabredung von Liebe und Heirat, jenem Balsam auf die Herzen alleinstehender Frauen.

* Er haßt seine Expartnerin. Sie ist ein selbstsüchtiges Miststück, das ihm etwas weggenommen hat.

* Er ist ein Lügner. Sie erwischen ihn bei kleinen Lügen und fragen sich, warum er sich überhaupt die Mühe gemacht hat. Er zieht sich sofort nach dem Sex von Ihnen zurück, und zwar emotional oder körperlich oder beides.

Kapitel 19: **Eifersucht**

»Eifersucht ist eine merkwürdige Sache. Wenn ich wirklich eifersüchtig bin, bin ich noch heißer als sonst. Aber wenn sie bewußt versucht, mich mit einem anderen Mann eifersüchtig zu machen, geht der Schuß nach hinten los. Ich lache sie dann innerlich aus, weil es ziemlich jämmerlich ist, wie sie ihre Bedürfnisse zum Ausdruck bringt. Offenbar braucht sie mich dann mehr als ich sie.« – Ein Mann aus dem Süden der Staaten.

Frauen raten ihren Freundinnen oft, »ihn eifersüchtig zu machen«, wenn ein Mann allzu selbstgefällig wird und/ oder sich nach einer gewissen Zeit noch immer nicht binden will. Wir tun dies, weil wir davon ausgehen, daß die Eifersucht auf den Mann dieselbe Wirkung hat wie auf uns: nämlich ein neuerliches Interesse am Objekt der Liebe. Wir Frauen ziehen mit Veränderungen und einem neuen Straps ins Feld. Wir »kämpfen« um ihn. Wenn wir dann feststellen, daß er trotz der heroischen Schlachten, die wir um ihn geschlagen haben, mit der anderen ins Bett gegangen ist, sind wir unter Umständen zu verletzt oder wütend, um mit ihm zu schlafen. Wir fühlen uns nicht sexy, sondern gekränkt.

Männer sind weniger bereit, sich auf einen romantischen Kampf um die Zuneigung der Dame einzulassen, als sich von dem Gedanken daran erregen zu lassen, daß ein anderer Mann den Körper der besagten Dame ebenfalls kennt. (Egal, wie oft wir das schon in romantischen Komödien gesehen haben – Männer überbieten sich kaum jemals mit Rosen an die Angebetete, um ihre Hand zu gewinnen.) Ein wirklicher Rivale macht die Männer eher körperlich leidenschaftlicher, weil sie schließlich mit dem Konkurrenzdenken aufgewachsen sind.

Nur zehn Prozent der Männer, die ich befragt habe, sagten, daß Eifersucht sie je dazu getrieben habe, eine Beziehung intensiver zu gestalten. Die meisten standen der vermeintlichen Macht dieser Leidenschaft, die immer neue Leiden schafft, eher hochmütig gegenüber.

Warum strengen sich Frauen an, daß sie die Männer eifersüchtig machen?

»Eifersucht bedeutet Unsicherheit, und in diese Kategorie würde ich selbst mich nie stecken. Es macht mir nichts aus, wenn die Frau, mit der ich zusammen bin, auch noch jemand anders hat. Warum auch nicht?« schreibt ein fünfunddreißigjähriger Mann aus dem Nordosten der Staaten.

Erstaunlich viele Männer, vielleicht sogar die Mehrheit, scheinen sich wirklich nichts aus der Monogamie der Frau zu machen, solange sie mit dieser Frau nicht verheiratet sind oder mit ihr zusammenleben. In der Schule funktionierten die Versuche der Mädchen, sie eifersüchtig zu machen, vielleicht noch, heute jedoch nicht mehr – jedenfalls meistens nicht.

Ein Bauarbeiter aus dem Süden sagt: »Am dümmsten und durchsichtigsten ist es, wenn eine Frau einem sagt, sie hat zu tun, sobald man sie am Samstag abend treffen möchte. Das passiert meistens, nachdem man sie sechs oder sieben Samstagabende hintereinander gesehen hat. Sie versucht, einen zu drängen, indem sie so tut, als wäre sie bereits mit einem anderen Mann verabredet. Dann soll man eifersüchtig werden und sie darum bitten, eine feste Beziehung einzugehen.«

Ein anderer Mann meint: »Wir Männer sind emotional gesehen ziemlich einfältig, aber nach ein paar Jahren durchschauen selbst wir ein paar von den kleinen Tricks, mit denen uns die Frauen manipulieren. Wenn sie uns vormacht, daß da noch ein anderer ist, ist das Schnee von gestern. Ich kann ziemlich genau vorhersagen, wann sie so etwas macht, normalerweise nach drei bis sechs Monaten Zusammensein ohne feste Bindung.«

Männer verstehen auch nicht, warum die Eifersucht uns dazu verleitet, noch mehr für unser Äußeres zu tun. Warum, so fragen sie sich, gehen wir davon aus, daß die andere Frau hübscher ist? Sie sind der Meinung, daß der Wettbewerb bestenfalls unsere Lust erhöhen sollte – wenn überhaupt etwas –, und nicht unser Bankkonto belasten, weil wir uns so viele neue Kleider kaufen.

»Ich bin mit zwei Frauen zusammen, die erst vor kurzem voneinander erfahren haben«, schreibt der Vizepräsident eines Unternehmens. »Beide haben mir gesagt, daß ich mich irgendwann für eine entscheiden muß. Sie haben mir ein Ultimatum gestellt, die eine drei, die andere vier Monate. Nachdem sie das gesagt hatten, haben beide Frauen ihre Haarfarbe verändert. Die Brünette ist jetzt blond, und die Blondine ist jetzt rotblond. Die eine hat sich eine neue Kollektion von Seidenunterwäsche gekauft. Die andere hat sich für Kleider entschieden, die sie zwar in der Öffentlichkeit tragen kann, die aber trotzdem sehr sexy sind. Aber keine hat die Art und Weise verändert, wie sie mit mir schläft. Frauen sind neugierig. Ein Mann in der gleichen Lage würde um sein Leben bumsen.«

Wenn ein Mann wirklich cifersüchtig ist, würde er das eher dadurch zeigen, daß er sie die ganze Nacht liebt, als dadurch, daß er seinen Rivalen durch romantische kleine Gesten auszustechen versucht.

»Ich war unheimlich eifersüchtig auf den anderen Mann, mit dem meine Frau zusammen war, als wir uns kennengelernt

257

haben«, schreibt ein dreißigjähriger Automechaniker. »Er hat mehr Geld gehabt, und ich hätte ihn in puncto Restaurant-besuche und große Einladungen nie ausstechen können, selbst wenn ich es gewollt hätte. Ich hab' mir gedacht, wenn sie die Richtige für mich ist, dann kann ich sie im Bett gewinnen, nicht mit einer Flasche französischem Wein. Wie ich sie ge-bumst habe, hab' ich mir vorgestellt, daß er mit seinem Bauch und seinem winzig kleinen Schwanz in der Ecke steht und uns zuschaut. Ich hab's ihr besorgt wie keiner zuvor. Und sie hat sich von ihm getrennt.«

Manchen Männern macht es Spaß, mit einer Frau zu schlafen, kurz nachdem sie mit einem anderen Mann zusammengewesen ist. Vielleicht haben die Männer dann das Gefühl, sie würden sozusagen auf sein angestammtes Territorium übergreifen. Im Verlauf der Jahre habe ich Briefe von vielen Männern bekom-men, die mich gefragt haben, wie sie ihre Frau dazu bringen können, zuerst mit einem anderen Mann und dann erst mit ihnen zu schlafen.

Wie kann ich meine Frau davon überzeugen, daß es völlig in Ordnung ist, mit jemand anderem zu schlafen?

»Ein Freund von uns beiden hat sie sehr gerne, und ich glaube, sie mag ihn auch ganz gern. Aber sie streitet das ab. Es macht mich ziemlich an, wenn ich mir vorstelle, wie die beiden mitein-ander schlafen. Ich würde mir wünschen, daß sich die beiden im Hotel treffen, daß sie dann heimkommt und mir alles erzählt, während ich sie bumse. Sie sagt, das ist abartig. Stimmt das?« schreibt ein Leser.

Die eben beschriebene Phantasie haben viele Männer. In ihrer Vorstellung sind sie die weit potenteren Liebhaber als der Rivale. Und manche wollen den Traum auch in die Tat umsetzen. Die meisten Männer würden eine solche Situation zwar nicht bewußt herbeiführen, aber sie reagieren mit Leidenschaft, wenn sie merken, daß ihre Partnerin noch mit einem anderen schläft.

»Ich habe meine Frau einmal mit einem anderen Mann im Bett erwischt«, gesteht ein fünfzigjähriger Mann. »Das hat meine Libido ganz schön in Schwung gebracht. An dem Tag, wo's passiert ist, hab' ich's ihr besorgt, bevor sein Samen in ihr trocken geworden war, und ich war die ganzen Wochen danach sexuell aktiv wie selten zuvor. Ich war ganz wild nach ihr. Ich hab' ihr das nie gesagt, aber ich hätte nichts dagegen gehabt, wenn ich sie noch mal erwischt hätte.«

Männer, die die Frau nicht direkt beim Seitensprung erwischen, fragen sie jedoch häufig nach Einzelheiten. Vielleicht ist das für sie eine Methode, sich ihre Affäre anzueignen. Oder möglicherweise ist es wirklich nur das, was sie behaupten: ein starkes verbales Stimulans.

»Meine Frau hält mich für verrückt, aber ich würde gerne alles über sie und ihren Liebhaber wissen«, schreibt ein vierzigjähriger Mann. »Alles – wie groß sein Schwanz im Vergleich zu dem meinen ist, wie lange er durchhält und wie er sie mit dem Mund befriedigt. Sie sagt, ich will ihr dadurch ihre Affäre wegnehmen, Stückchen für Stückchen. Wenn das stimmt, ist es mir nicht bewußt. Ich will's einfach nur wissen, weil es mich ganz heiß macht. Seit sie mit dem Kerl zusammen ist, hab' ich öfter auch zwei Orgasmen gehabt.«

Weil Frauen nicht so ganz verstehen können, wie sexuelle Konkurrenz den Mann beeinflußt, beschuldigen sie ihn oft der latenten Homosexualität, wenn er sich zu sehr für ihre Affären interessiert.

»Meine Partnerin glaubt, daß ich insgeheim schwul bin, weil ich gerne sehen würde, wie sie's mit einem anderen Mann treibt«, schreibt ein fünfundzwanzigjähriger Mann. »Ich höre auch gerne, was passiert ist, wenn sie mit anderen Männern im Bett war. Aber ich glaube nicht, daß ich deshalb schon schwul bin. Manche Dinge verstehen Frauen einfach nicht, wenn's um Männer geht. Man denkt gerne, daß es ihr kein anderer Mann so besorgen kann wie man selbst. Aber man würde gleichzeitig gerne sehen, wie's einer probiert.«

Es ist in der Tat ein Irrtum, zu glauben, daß Eifersucht gleich Eifersucht ist. Bei Mann und Frau gibt es da die verschiedensten Nuancen.

Was man zum Punkt Männer und Eifersucht nicht vergessen sollte:

* Versuchen Sie nicht, ihn eifersüchtig zu machen, um ihn zur festen Bindung zu zwingen.

* Halten Sie sein Interesse für die sexuellen Einzelheiten einer Affäre nicht für pervers.

* Nehmen Sie sich in acht vor Männern, die übertrieben eifersüchtig sind. Wenn dieser Impuls die erste Zeit der Werbung überdauert, haben Sie es möglicherweise mit einem besitzergreifenden, dominierenden Mann zu tun.

Kapitel 20: **Männliche und weibliche Monogamie**

»Männer schlafen mit einer Frau, wenn sie geil sind, genauso, wie man eben ißt, wenn man Hunger hat. Frauen (die meisten, wenn auch nicht alle) glauben, daß ein Mann eine Frau lieben sollte, wenn er mit ihr schläft, aber das ist einfach nicht der Fall. Ein Mann kann seine Frau lieben und sie nie verlassen wollen, aber trotzdem mit einer anderen schlafen, weil sie ihm etwas gibt, das er zu Hause nicht bekommt, oder weil die andere einfach eine bessere Geliebte ist. Das bedeutet nicht, daß er seine Frau weniger liebt, oder daß er sich unbedingt in die andere verliebt.« – Ein vierunddreißigjähriger geschiedener Berater.

Möglicherweise war die Exfrau dieses Mannes anderer Meinung. Aber ihre Ehe hätte durchaus auch aus anderen Gründen zerbrechen können. Alle Statistiken von Kinsey bis Shere Hite sagen uns, daß etwa achtzig Prozent der verheirateten Männer Affären haben. (In den letzten Jahren haben die Frauen in dieser Hinsicht aufgeholt.) Ein Großteil der Leserbriefe, die ich bekomme, hat mit Fragen rund um die Untreue zu tun. Und etwas weniger als fünfzig Prozent der (verheirateten oder geschiedenen) Männer, die ich befragt habe, bekannten sich zu Seitensprüngen.

Manche Männer sagen es ihren Frauen. Die meisten jedoch tun es nicht. Viele von ihnen werden trotzdem erwischt. Nur wenige Ehen werden von vornherein »offen« geführt, das heißt, die Partner gestehen einander außerehelichen Sex zu. Wenn es um die Bedeutung solcher Affären geht, herrscht immer noch die altbekannte Doppelmoral. Die überwältigende Mehrheit der Männer betrachtet ihre eigenen Seitensprünge als »bedeutungslos«, während sie die der Frauen als Bedrohung für die Ehe empfinden.

»Frauen lassen sich nicht nur mit den Genitalien auf einen anderen ein, sondern auch mit dem Gefühl«, sagt ein Mann. »Wenn sie sich außerhalb der Ehe umsehen, suchen sie auch nach neuen Gefühlen. Männer suchen nur nach Sex.«

Das ist zwar eine starke Vereinfachung der Motive, die Männer und Frauen für den außerehelichen Sex haben, aber viele Ehemänner sind eben dieser Ansicht. Vielleicht wollen sie glauben, daß Frauen sich eher nach Liebe und Romantik als nach Sex umsehen, weil sie es leichter hinnehmen können, bei der Romantik nicht der Beste zu sein als beim Sex. Ihre eigenen Gründe für außereheliche Affären sind folgende:

»Ich wollte analen Sex und Fellatio, und das bekam ich daheim nicht.«

»Normalerweise waren solche Sachen ganz spontan. Einmal habe ich mit einer Nachbarin ein paar Drinks getrunken. Am Abend sind wir dann zusammen zum Tanzen gegangen und dann in einem Hotelzimmer gelandet. Es war eine tolle Nacht.«

»Ich bekomme zu Hause nicht genug Sex.«

Und hier noch die alte Macho-Entschuldigung: »Männer sind einfach nicht von Natur aus monogam. Wir brauchen keinen Grund, nur eine Gelegenheit.«

Ein Mann sagte: »Ich war unzufrieden mit der Ehe und mit ihr.« Und ein anderer meinte: »Ich glaube, ich habe mir irgendwie gewünscht, daß wir uns trennen, und ich habe gewußt, daß sie mich verläßt, wenn ich sie betrüge. Also hab' ich das gemacht und hab' ihr alle möglichen Hinweise zugespielt.«

Nur wenige Männer bedauern ihre Affären. Einer, der es tat, sagte: »Ich weiß nicht, ob meine erste Frau etwas von meinen Seitensprüngen geahnt hat, oder ob sie einen Einfluß auf meine Ehe gehabt haben, aber diesmal gehe ich das Risiko jedenfalls nicht ein. Ich habe ein schlechtes Gewissen wegen der Fehler, die ich in der ersten Ehe gemacht habe, und will sie nicht wiederholen.«

Oft stellen Männer zum außerehelichen Sex folgende Frage:

Wie schaffe ich es, daß meine Frau nichts von meiner Geliebten erfährt?

»Ich bin das zweite Mal verheiratet, und ich will nicht versagen. Frauen haben offenbar einen sechsten Sinn, wenn's um Seitensprünge geht. Was verrät uns bloß? Schließlich komme ich nicht mit Lippenstift am Kragen oder neuen Telefonnummern auf Streichholzheftchen heim. Was ist es dann? Wie kommen die Frauen uns auf die Schliche?« schreibt ein dreiundvierzigjähriger Mann aus Houston.

Ich denke, es gibt Frauen, die es wissen, und Frauen, die es lieber gar nicht wissen wollen. Letztere werden es auch nicht herausfinden, es sei denn, er demütigt sie mit den offensichtlichen Beweisen – zum Beispiel mit besagtem Lippenstift am Kragen. Die erste Sorte Frauen jedoch weiß es einfach. Vielleicht kann er spontane Quickies verheimlichen, aber längere Affären bekommen diese Frauen auf jeden Fall mit.

In nur sehr wenigen Zeitungsartikeln können Frauen erfahren, wie sie herausfinden können, ob der Mann eine Affäre hat oder nicht. In dieser Hinsicht brauchen sie keine Hilfe. Die Mehrheit der Artikel bietet eher Rezepte dafür, wie die

Frau ihn im eigenen Bett behalten kann. Die kritische Frage, die Frauen stellen, lautet: Wie kann ich ihn dazu bringen, daß er mir treu bleibt? Ich habe diese Frage an mehrere Männer weitergegeben, darunter auch an solche, die sich besonders viele Gedanken darüber machten, ihre Seitensprünge vor ihrer Frau zu verbergen. Sie gaben mir folgende Antworten:

»Meine Frau könnte mir alles geben, was ich möchte, und ich würde mich wahrscheinlich immer noch mit einer anderen einlassen, weil sie einfach anders ist.«

»Wahrscheinlich wäre es eine Kombination aus einer Erfüllung meiner sämtlichen sexuellen Wünsche und dann als Wechselbad völlige Ablehnung. Dann würde ich einfach nie wissen, was mir bevorsteht,. Aber, wie gesagt, wahrscheinlich. Ich bin mir nicht so sicher.«

»Analer Sex. Daß sie mich in ihrem Mund kommen läßt.«

»Wahrscheinlich hätte ich zuviel Angst, eine Frau zu betrügen, die sich ihrer selbst so sicher ist, daß sie nicht sämtliche Bücher liest, die ihr sagen, wie sie ihren Mann am besten an sich bindet.«

»Letztlich betrachtet jeder, sei es nun Mann oder Frau, die Monogamie irgendwann einmal als den Preis, den man eben bezahlen muß, um etwas aufrechtzuerhalten, was wichtiger ist als alles andere im Leben. Ich habe andere Frauen betrogen, aber bei dieser Frau werde ich es nicht tun, weil sie mir das Gefühl gibt, daß dieses Opfer im Vergleich zu dem, was sie mir schenkt, gering ist.«

»Wenn sie die fünfzig Pfund abnehmen würde, die sie seit unserer Hochzeit zugelegt hat, und wenn sie etwas gegen ihr anderes Problem unternehmen würde – daß sie die Beine nie breitmacht.«

»Ich würde eine Frau, die ich liebe, nicht betrügen, wenn ich wirklich der Meinung wäre, daß ich sie dadurch verlieren könnte. Viele Frauen sagen, sie verlassen einen, ›wenn man dieses oder jenes‹ tut. Neunzig Prozent bluffen, und der Mann weiß das auch. Sie finden immer wieder eine Entschuldigung für ihren Partner. Aber ein paar Frauen meinen tatsächlich, was sie sagen. Wenn eine Frau mich die meiste Zeit glücklich macht – mehr kann man eigentlich von niemandem verlangen –, und wenn ich ihr glauben würde, daß sie mich verläßt, sobald ich ihr einen Grund dafür gebe, dann würde ich ihr diesen Grund nicht geben.«

Die Gefühle der Männer gegenüber der Geliebten reichten von »rein sexuell« bis zur »Liebe«. Doch nur wenige Männer sagten, daß ihre Affären unmittelbar zur Scheidung führten. Und wenn sie es taten, wurde die Geliebte selten zur zweiten Frau.

Die Geschichte dieses Mannes ist ziemlich typisch: »Ich habe nach zweiundzwanzig Jahren treuer, liebevoller, aber sexuell unbefriedigender Ehe eine Affäre gehabt, und zwar mit einer verheirateten Frau, die fünfzehn Jahre jünger war als ich selbst. Sie hat sich scheiden lassen, und ich bin fast durchgedreht. Ich hab' nur noch an sie denken können. Das ging ungefähr eineinhalb Jahre so. Aber ich wollte meine Frau nicht wegen ihr verlassen. Schließlich habe ich eine andere verheiratete Frau gefunden, und seitdem leben wir alle in friedlicher Eintracht. Tut mir leid, aber die Geschichte ist wahr.«

»Die andere« bekommt den Mann weit öfter in Kinofilmen als im richtigen Leben. Ironischerweise nimmt die Ehefrau die Geliebte im Regelfall ernster, als der Mann das tut. Die meisten Ratschläge für die Ehefrau zielen darauf ab, ihn zu beschwichtigen, sexuell wie auch auf anderen Gebieten, und ihm dann das Ultimatum zu stellen: sie oder ich. Aber die Männer sagen mir folgendes: Ja, natürlich wünschen wir uns ein erfülltes Sexleben, aber das allein hindert uns noch nicht an einem Seitensprung. Eine Frau voller Selbstachtung jedoch, die sich nicht damit abfindet, schafft das möglicherweise.

Die Affären der Frauen beschäftigen die Männer, doch vielleicht nicht so sehr, wie die ihren uns beschäftigen.

Warum hat sie eine Affäre mit einem anderen Mann?

»Es ist nicht so, daß sie daheim nicht genug Sex kriegt. Normalerweise möchte ich öfter mit ihr schlafen als sie mit mir. Sie schwört, daß er keinen größeren Schwanz hat als ich und daß er im Bett auch nichts anderes mit ihr macht als ich. Was will sie also von ihm? Wonach suchen Frauen bloß, wenn sie sich keinen besseren Sex wünschen?« schreibt ein zweiunddreißigjähriger Mann.

Die Frau sieht die Seitensprünge des Mannes als Ablehnung ihres Körpers. Sie stellt sich die andere als jünger, hübscher, schlanker vor und ist sich sicher, daß ihre breiten Hüften ihn in die Arme der anderen getrieben haben. Ein Mann sieht die Affäre der Frau eher als sexuelle Ablehnung. Er ist davon überzeugt, daß der andere einen größeren Penis hat, die Erektion länger aufrechterhalten kann oder das Geheimnis entdeckt hat, wie er sie zu mehreren Orgasmen bringen kann.

Sogar Männer, die sich durch die Seitensprünge ihrer Frau nicht bedroht fühlen, machen sich Sorgen, wenn solche »Eintagsfliegen« zu Affären werden.

»Meine Frau hat sich auf Geschäftsreisen schon hin und wieder mal in anderen Betten umgesehen«, schreibt ein fünfundvierzigjähriger Mann. »Für mich ist das auch nichts anderes als meine eigenen Seitensprünge. Sie hat mir davon erzählt, und wir haben beide festgestellt, daß unsere kleinen Affären unserem Sexleben mehr Würze geben. Seit kurzem ist sie jetzt mit einem Mann zusammen, der bei ihr im Büro arbeitet. Das ist etwas anderes. Sie trifft sich regelmäßig einmal die Woche mit ihm. Ich glaube nicht, daß sie das tun würde, wenn sie von ihm nicht etwas bekäme, was sie von mir nicht haben kann. Anfangs war ich eifersüchtig. Jetzt bin ich wütend.«

Viele andere Männer sahen einen Unterschied zwischen den realen oder eingebildeten Seitensprüngen ihrer Partnerinnen, die sie ihnen mitteilten, und der ausgewachsenen Affäre, einer Verbindung zweier Liebender, die Geheimnisse miteinander haben. Meist sind es ihrer Meinung nach die Frauen, die sich zugunsten solcher Affären gegen die Ehe entscheiden. Eine Möglichkeit, die ehelichen Bande zu stärken, besteht unter Umständen darin, das Vertrauen zum Geliebten zu schwächen. »Sexuelle Geheimnisse, nicht nur der reine Sex, können eine Beziehung zerstören«, sagt ein Mann, der seit fünfzehn Jahren verheiratet ist. »Meine Frau hat einen sehr viel stärkeren Geschlechtstrieb als ich. Ich habe das inzwischen akzeptiert und sage nichts, wenn sie sich anderswo Befriedigung sucht, solange sie das nicht vor mir verheimlicht. Ich will alles wissen, was sie mit den anderen Männern macht. Eine Weile hat sie mich wirklich hintergangen, und das hätte fast zur Trennung geführt. Jetzt weiß ich, mit wem sie schläft, und wie das vor sich geht.«

Ein anderer Mann schreibt: »Ich war dreißig, als wir geheiratet haben, und sie war dreiundzwanzig. Sie ist in England aufgewachsen, auf dem Lande. ... Ich hatte vor der Ehe schon mit ein paar Frauen geschlafen, und auch sie hatte bereits sexuelle Erfahrung. Sie hat sich gefragt, was sie wohl versäumt hat, und – noch wichtiger – ihr Sextrieb war stärker als der meine. Sie wollte öfter mit mir Geschlechtsverkehr haben, als ich dazu bereit war ... Sobald ich ihre Bedürfnisse verstand, hatte ich nichts mehr dagegen, daß sie mit bestimmten anderen Männern schläft, vorausgesetzt, wir haben uns vorher darüber unterhalten. Das funktioniert sehr gut so.«

Die meisten würden sich bei einem solchen Arrangement wahrscheinlich nicht sonderlich wohl fühlen. Doch viele Männer haben mir geschrieben, daß sie die Affären ihrer Frauen »verstehen« oder »vergeben«, sobald die Frau ihnen nähere Einzelheiten darüber mitteilt. Vielleicht gibt das Wissen ihnen wieder etwas von der Kontrolle zurück, die sie verloren zu haben glaubten.

Diese Kontrolle ist ein wichtiger Faktor beim Partnertausch, einer immer noch recht beliebten Form der Abwechslung in Amerika. Manche Paare suchen sich Gleichgesinnte, um mit ihnen die Vorstellung von Monogamie und Seitensprung innerhalb eines vorgegebenen Rahmens miteinander zu verbinden. Viele Männer fragen mich in ihren Briefen:

Wie bringe ich meine Frau zum Partnertausch?

»Wir sind gut mit zwei anderen Paaren befreundet, und die sexuellen Schwingungen zwischen uns sind ziemlich stark. Jeder von uns hat schon mal im Scherz etwas von Gruppensex oder Partnertausch angedeutet. Ich weiß, daß die Männer dazu bereit sind, und bei den Frauen würde es auch nicht sonderlich viel Überredungskunst erfordern. Wenn meine Frau und ich so etwas anfangen würden, würden die anderen vier auch mitmachen. Wie kann ich sie dazu überreden, daß wir das machen?« schreibt ein Leser.

Ich rate jedem Mann, der seiner Frau gegenüber einen sexuellen Wunsch hat, sich erst einmal in einem Gespräch darüber vorzutasten. Wenn sie dann nicht angewidert oder wütend reagiert, *fragen* Sie sie einfach. Männer hoffen genau wie Frauen darauf, daß klug geführte Gespräche zu dem führen, was sie sich wünschen. Aber nur wenige versuchen es zuerst ganz direkt.

Mein Fragebogen fiel einem Mann in die Hände, der schon lange den Partnertausch praktiziert. Er fragte mich, ob er den Fragebogen kopieren und an die anderen verteilen dürfe. (Viele der Befragten kopierten ihn und schickten ihn an Freunde, was vermutlich die hohe Zahl der Rücksendungen erklärt.) Schließlich nahmen fünfundzwanzig Leute an der Umfrage teil, die Partnertausch praktizieren. Von ihnen gaben zwanzig an, daß sie selbst, nicht ihre Frau, den ersten Partnertausch initiiert hatten. Die anderen fünf äußerten sich nicht dazu. Was mich zu der Vermutung veranlaßt, daß sich Männer eher für diese Form des Sex interessieren als Frauen, weil es dabei um Verbindungen geht, die sich hauptsächlich oder ausschließlich um den Sex drehen. Keine Geheimnisse. Keine Romantik.

Ein Mann erklärt: »Wir gehören nicht zu einer festen Gruppe, obwohl es auch das gibt. Wir nehmen über Anzeigen Kontakt miteinander auf. Die Entscheidung, es so zu handhaben, statt eine feste Gruppe aufzubauen, lag bei meiner Frau. Sie wollte die Gefahr der emotionalen Bindung ausschalten, denn sie glaubte, das könnte passieren, wenn wir die ganze Zeit mit denselben Leuten schliefen. Natürlich verlangen wir vorher negative AIDS-Befunde, die wir selbst auch vorlegen.«

Ein anderer Mann erklärt seine Motive: »Ich habe meine Frau vom Partnertausch überzeugt, indem ich ihr gesagt habe, daß ich mich mit ihr, aber auch ohne sie nach mehr Sex umsehe. Ich habe einen ziemlich starken Geschlechtstrieb und brauche viel Abwechslung. Ich liebe meine Frau sehr. Und ich will ihr treu bleiben, das heißt, ich will ihr gegenüber ehrlich sein und sie nicht aus meinem anderen Sexleben ausschließen. Es funktioniert nicht unbedingt reibungslos. Sie wird trotzdem manchmal eifersüchtig. Aber es funktioniert jedenfalls besser, als wenn ich mich allein auf die Suche nach Mädchen mache.«

Ich habe noch keinen Brief bekommen, in dem ein Mann mir mitteilte, daß seine Frau ihn zum Partnertausch gebracht hat, doch ich bin mir sicher, daß es auch das gibt. Manche Männer schreiben mir auch, daß sie selbst oder ihre Frau eine emotionale Bindung mit einem der Sexpartner eingegangen sind:

»Ich habe mich in eine Frau verliebt, die ich Ende der siebziger Jahre in Boston in einer Partnertauschgruppe für gehobene Ansprüche kennengelernt habe, und ich habe sie schließlich geheiratet. Wir haben beide gemerkt, daß wir da eigentlich nichts zu suchen hatten. Um Ihnen die Wahrheit zu sagen: meiner Meinung nach haben damals viele Leute den Partnertausch ausprobiert, weil's eben gerade Mode war, nicht, weil sie so etwas wirklich wollten. Die Paare sind einfach ins Schlafzimmer oder in eine dunkle Ecke verschwunden und haben hinterher dann erzählt, wie toll es gewesen ist. Da war oft überhaupt nichts dahinter. Ich hab' damals öfter einen Orgasmus vorgetäuscht. In solchen Gruppen gab's schließlich genug Gleitmittel in verschiedenen Geschmacksrichtungen, um einen richtigen Saftladen aufzumachen.«

Die Monogamie mag ihre Nachteile haben, aber die haben die anderen Alternativen auch.

Was Sie gegen seine Untreue unternehmen können:

* Tun Sie so, als wenn er Ihnen gar nicht untreu wäre.

* Stellen Sie ihm ein Ultimatum, aber nur, wenn sie tatsächlich vorhaben, die angedrohten Konsequenzen in die Tat umzusetzen.

270

* Sagen Sie ihm, daß Sie davon wissen, aber fürs erste darüber hinwegsehen werden.

Und was nicht:

* Sie können ihm die Monogamie wahrscheinlich nicht wieder schmackhaft machen, indem Sie Ihr Äußeres verändern.

Geheime Ängste und Zwänge

Nein, Vernon, den Penis kann man nicht vergrößern

»Gibt es irgendeine Möglichkeit, einen kleinen Penis zu vergrößern? Meiner ist ziemlich kurz, und ich glaube, daß ich damit eine Frau nicht befriedigen kann. Das macht mich sehr unglücklich. Funktionieren diese Mittel, die die Länge angeblich vergrößern, und wenn ja, haben sie Nebenwirkungen?« – Ein Leser.

Die winzigen Anzeigen in den Frauenmagazinen preisen »Brustvergrößerer«, Cremes, Lotionen und alle möglichen Hilfsmittel an, um sich fit und schön zu halten. Die Anzeigen in den Männermagazinen versprechen, daß der sogenannte »Vacuum«-Vergrößerer, ein häßliches kleines Saugmaschinchen, den Penis tatsächlich vergrößert. (»Manche Männer sind vielleicht immer noch der Meinung, daß ihrer nicht einer von den größten ist, aber ... würde nicht jeder eher mit einer Lanze als mit einem Dolch in die Schlacht ziehen?«) Viele Frauen sind der Meinung, daß die männliche und die weibliche Sorge um die Penisgröße sich in etwa entsprechen, aber da täuschen sie sich. Wir haben keinen einzelnen Körperteil, über den wir uns so viele Gedanken machen würden, wie die Männer über ihren Penis.

Männer leiden unter Penisneid, Frauen tun das nicht. Der Durchschnittspenis ist im schlaffen Zustand etwa siebeneinhalb Zentimeter lang und im erigierten etwa fünfzehn Zentimeter. Je kleiner der Penis, desto mehr wächst er bei der Erektion, so daß das Endergebnis im Regelfall ähnlich ist. Aber Männer wollen das einfach nicht glauben. Sie sind sich sicher, daß sie kleiner sind als der Durchschnitt, das heißt also, kleiner als der Mann in den Pornomagazinen. (Der dort darge-stellte Penis ist in der Tat oft größer als der Durchschnitt, wird aber meist noch durch besondere fotografische Hilfsmittel »ge-schönt«.)

Wie wichtig ist Frauen die Größe des Penis?

Egal, wie oft wir ihnen sagen, daß die Penisgröße nicht wichtig ist, sie glauben uns nicht. (Und manche Frauen sind tatsächlich der Meinung, daß sie wesentlich ist. Ich habe schon Briefe von Männern bekommen, deren Partnerinnen ihnen sagten, sie sei-en zu klein, um sie zum Orgasmus zu bringen!) Etwa fünf-undsiebzig Prozent der Männer in meiner Umfrage sagten, daß die Penisgröße für sie wichtig sei, sechzig Prozent meinten, die Frau mache sich etwas daraus. Ich habe unter anderem fol-gende Kommentare erhalten:

»Ich bin klein gebaut, aber Gott sei dank komme ich im eri-gierten Zustand auf fast neunzehn Zentimeter. Außerdem ist mein Schwanz ein bißchen gebogen. Den Mädchen gefällt das.«

»Ich bin durchschnittlich gebaut, deshalb mache ich mir nicht allzu große Gedanken darüber. Wenn ich eher klein wäre, wäre es wahrscheinlich ein Problem für mich.«

»Ich glaube, Frauen macht es nichts aus, wenn man nicht so groß ist, solange man richtig hart wird. Wenn man klein ist und noch dazu nicht hart wird, hat man's schwer.«

»Das ist sozusagen die Meßlatte meines Lebens.«

»Ist den Frauen wahrscheinlich längst nicht so wichtig, wie die Männer denken. Wahrscheinlich.«

»Ich habe das Gefühl, daß Frauen die Größe für wichtiger halten, als die Umfragen uns weismachen wollen. Frauen sagen nur ungern, daß sie sich einen großen Schwanz wünschen. Aber eigentlich macht es sie ganz schön an, wenn der Mann nett was in der Hose hat.«

Jeder, der sich mit der Frage der männlichen Sexualität auseinandersetzt, wird auch mit der Penisgröße konfrontiert. Die Mehrheit der Männer hält sich für zu klein gebaut, doch eine Minderheit (etwas fünfundzwanzig Prozent der Männer, die mir an die Magazine geschrieben haben und zwanzig Prozent der Männer aus der Umfrage) behauptet, groß bis riesig zu sein. Laut Kinsey sind weniger als zwei Prozent der Penisse tatsächlich groß beziehungsweise größer als fünfzehn Zentimeter im schlaffen Zustand. Weiße Männer halten Schwarze für von Natur aus größer gebaut als Weiße. Laut Kinsey sind schwarze Männer im Durchschnitt höchstens um einen halben Zentimeter größer als weiße Männer.

Shere Hite stellte fest, daß die Bedeutung der Penisgröße für die Männer »in engem Zusammenhang steht mit dem Druck, der auf sie ausgeübt wird, häufig sexuell aktiv zu werden«. Ich würde sogar noch einen Schritt weitergehen. In sexueller Hinsicht hält der Mann sich für mit seinem Penis identisch.

Selbst ein aufgeklärter Mann, der weiß, daß die Vagina sich an jede Penisgröße anpassen kann und der weibliche Orgasmus zum größten Teil von der klitoralen Stimulation abhängt, wird noch immer behaupten, daß ein von der Natur großzügig ausgestatteter Mann eine Frau besser befriedigen kann als ein klein gebauter, obgleich ihm doch bewußt ist, daß die Klitoris sich keineswegs innerhalb der Vagina befindet.

Männer sind Augenerotiker. Sie sind davon überzeugt, daß der Anblick eines schönen, großen Penis eine Frau erregt. Sie selbst stellen eine starke Verbindung zwischen Auge und Penis her und glauben auch bei der Frau an einen engen Zusammenhang

277

von Anblick und erotischer Stimulierung. Das mag erklären, warum so viele männliche Manien sich auf einzelne Körperteile und Fetische beziehen, was bei Frauen nicht so ist. Fetischisten sind immer Männer.

Männer neigen öfter zu visuellen Perversionen oder anderen Bedürfnisse, die von der Norm abweichen, als Frauen es tun. Und weil der Sex stärker von der männlichen als von der weiblichen Erregung abhängt, setzen sie ihre Phantasien auch eher in die Tat um als wir.

Alle Menschen haben sexuelle Geheimnisse. Das wahrscheinlich meist verbreitete männliche Geheimnis ist, daß er masturbiert, obwohl er eigentlich mit seiner Partnerin schlafen könnte. Doch es gibt auch andere Geheimnisse: die Angst davor, schwul zu sein, die Abhängigkeit von einem Fetisch, um zur Erektion oder Ejakulation zu kommen, das Bedürfnis nach sexuellen Praktiken, die mit Macht und Unterwerfung zu tun haben.

Das sind die geheimen Bedürfnisse des Penis, und manchmal sind sie so stark, daß sie aus dem Dunkel heraus ins Licht müssen, wo er sie auch sehen kann. Der Penis ist mehr als nur das primäre Geschlechtsorgan des Mannes. Er ist sozusagen das Maß des Mannes. Wenn er das nicht wäre, würde er sich nicht so viele Gedanken über die Penisgröße machen.

Kapitel 21: Bin ich schwul?

»Meine Frau versteht nicht, warum Männer sich im Pissoir nicht die Schwänze der andern anschauen. Schließlich mustern sich die Frauen im Umkleideraum doch auch gegenseitig. Sie begreift einfach nicht, daß Männer schreckliche Angst davor haben, der andere könnte denken, sie sind schwul. Oder noch schlimmer: sie halten sich selber für schwul, und das ist die größte Angst eines jeden heterosexuellen Mannes.« – Ein New Yorker.

Männer leiden unter Homophobie. Fast jeder Mensch hat einmal homosexuelle Phantasien, doch Männer scheinen sich darüber mehr Gedanken zu machen als Frauen. Männer fürchten außerdem, daß jedes Zeichen körperlicher Zuneigung einem anderen Mann gegenüber gleich als sexueller Annäherungsversuch interpretiert wird, also kommt es dazu nur selten. Sie schätzen einander nicht im Umkleideraum ab, wie wir Frauen das oft nach dem Aerobic-Kurs machen. Wir zeigen unsere Neugierde ganz offen. Sie haben Angst davor, denn es könnte sie ja jemand für schwul halten.

Der Ausdruck »latente Homosexualität« wird von Therapeuten und verschmähten Frauen gleichermaßen verwendet, und er hat dazu beigetragen, den Macho-Code zu stützen. Wenn ein richtiger Mann immer zum Sex bereit, immer hart, immer in der Lage ist, die ganze Nacht durchzuhalten und seine Partnerin immer befriedigt, folgt daraus, daß ein Mann, der all diese Erwartungen nicht immer erfüllt, auch kein richtiger Mann ist. Vielleicht ist er schwul. (Tja, diese Definition macht jeden Mann irgendwann einmal verdächtig.) Wenn er dann noch seine Zuneigung für einen Geschlechtsgenossen gesteht und zugeben muß, daß er eine attraktive Frau nicht begehrt, verstärkt sich der Verdacht.

Männer glauben, vorsichtig sein zu müssen. Ihr Blick, ihre Hände und ihre Gedanken sollten sich nicht zum Körper anderer Männer vorwagen. Aber an einer attraktiven Frau dürfen sie nicht vorbeigehen, ohne sie gleich berühren zu wollen. Sie müssen ständig ihre Reaktionen überprüfen und sich vor versteckten Hinweisen auf »latente Homosexualität« in acht nehmen. Viele Männer haben mich in ihren Briefen gefragt:

Bin ich schwul?

»Als ich dreizehn war, hatte ich ein homosexuelles Erlebnis mit einer Gruppe von Jungen. Ich hab' nie jemandem etwas davon erzählen können, weil ich solche Schuldgefühle hatte. Seit meiner Scheidung letztes Jahr habe ich mit anderen Frauen Probleme im Bett. Eine hat mich gefragt, ob ich schwul bin. Ich habe Angst, daß ich insgeheim schwul oder bisexuell bin und mir das all die Jahre nicht eingestanden habe«, schreibt ein Leser.

Natürlich ist es gut möglich, daß dieser Mann tatsächlich sein Bedürfnis nach homosexuellen Erlebnissen unterdrückt hat, aber das ist eher unwahrscheinlich. Frühe homosexuelle Erfahrungen sind bei Männern häufig anzutreffen, genauso häufig, wie die Schuldgefühle, die sie deshalb haben. Auch die »Probleme im Bett« sind nach einer Scheidung oder einer Trennung nichts Ungewöhnliches, insbesondere, wenn diese auch schon während der Beziehung bestanden haben.

Lonnie Barbach schreibt in *The Intimate Male*: »Manche Männer hatten keinerlei Problem, zur Erektion zu kommen, aber

280

es fiel ihnen schwer, sie aufrechtzuerhalten – besonders in Situationen, in denen sie sich ausgesprochen verletzlich fühlten. Diese Schwierigkeiten waren ziemlich weit verbreitet bei Männern, die gerade eine Trennung hinter sich hatten und nun wieder in die Singleszene zurückkehrten, besonders, wenn die frühere Beziehung mit Problemen behaftet war.«

Wir können uns gut in Frauen hineinversetzen, die nach der Scheidung Probleme haben, sich sexuell gehenzulassen, bei Männern hingegen fällt uns das schwer.

»Alleinstehende, auch geschiedene Männer müssen sich oft den Vorwurf gefallen lassen, Frauen zu hassen oder latent homosexuell zu sein«, schreibt ein Lehrer aus Kentucky. »Vielleicht werden die Frauen einfach wütend, wenn ein Mann sich nicht bindet. Vielleicht denken sie sich, mein Gott, kein Wunder, daß es so schwer ist, einen Ehemann zu finden, wenn ein Kerl wie du nicht heiratet. Wahrscheinlich haßt du die Frauen, oder du bist schwul.

Frauen wissen nicht, wie empfindlich wir sind, wenn's um die Homosexualität geht. Insgeheim fürchtet doch jeder alleinstehende Mann, daß er tatsächlich schwul sein könnte, besonders, wenn sexuell im Moment nicht viel los ist. Schließlich ist das verbreitete Bild vom ungebundenen Mann doch eher das vom Schürzenjäger. Wenn man nicht so ist, macht man sich Gedanken, was mit einem los ist.«

Sogar Männer, die beim Gruppensex mitgemacht haben, schreiben oft, um zu fragen, ob sie schwul sind, oder um ganz deutlich herauszustreichen, daß sie es nicht sind:

»Ich war mit einem Freund und seiner Freundin im Bett«, schreibt ein neunundzwanzigjähriger Mann. »Aber mein Freund und ich haben nichts miteinander gemacht. Sie hat uns beide bedient.«

Ein weiterer Mann schreibt: »Ich hab' ein paarmal bei kleinen Gruppen mitgemacht, aber keine schwulen Sachen. Ein

Freund von mir und ich haben uns mit zwei Mädels getroffen, und wir sind dann in irgendeiner Wohnung gelandet. Wir haben Strippoker gespielt, und plötzlich waren wir alle nackt und haben im selben Zimmer gebumst. Danach haben wir Partnertausch gemacht. Aber wir Männer haben einander nicht angerührt.«

Männer mit bisexuellen Erfahrungen machen sich oft Gedanken über ihre Sexualität und/oder haben Angst, ihrer Partnerin etwas davon zu sagen. Sie schreiben Briefe, in denen sie ihre Geschichte erzählen, und fragen dann: »Bedeutet das, daß mir Männer lieber sind als Frauen?« oder »Was würde sie wohl über mich denken, wenn sie davon wüßte?«

»Wenn ich was trinke, werde ich normalerweise ziemlich heiß«, schreibt ein Mann aus dem Nordosten der Staaten. »Es hat folgendermaßen angefangen: Ich bin eines Abends in eine Peep-Show am Times Square gegangen. Da ist ein junger Mann zu mir in die Kabine gekommen und hat mich gefragt, ob er mir's mit dem Mund machen darf. Ich war schockiert, aber der Gedanke an das, was gleich passieren würde, hat mich auch angemacht. Ich weiß noch, daß ich es wahnsinnig genossen habe, und ich habe einen tollen Orgasmus gehabt. Kurz danach habe ich festgestellt, daß diese Männerkinos sogar noch besser sind. Da habe ich dann bei solchen Männersexorgien mitgemacht. Ich hab' den Sex mit Männern wirklich genossen, weil sie klipp und klar gesagt haben, was sie wollten. Man hat nicht lange fragen müssen, man hat's einfach gemacht, und alle waren zufrieden. Ich hab' solche Sachen gemacht, als ich noch allein war, sogar noch, nachdem ich verheiratet war. Ich habe mich normalerweise nicht von Männern angezogen gefühlt, aber wenn ich da hin bin und erregt war, ging alles. Ich hab' sofort damit aufgehört, als die Geschichte mit AIDS aufkam, und hab' seitdem keine solchen Erlebnisse mehr gehabt.

Ich glaube nicht, daß ich es vermisse. Was halten Sie davon?«

Eine gewisse Zeit war es schick, bisexuell zu sein. Aber AIDS hat das verändert. Heute suchen Frauen bei Männern nach Anzeichen für Bisexualität, und die Männer wissen das auch.

Wie sehen die Kriterien für die Bisexualität aus?

»Ich bin ein paarmal mit einer Frau ausgegangen – wir haben noch nicht miteinander geschlafen –, und sie hat mir gesagt, ich weise alle Anzeichen für einen schwulen oder bisexuellen Mann auf. Sie hat alle möglichen Fakten ausgespuckt. Nach Ansicht einer Illustrierten hätten dieses Jahr schon achtzig Prozent der schwulen Männer mit einer Frau geschlafen, ohne ihr zu sagen, daß sie schwul sind. Und manche Berufe würden von Schwulen oder Bisexuellen beherrscht werden. Sie hat meinen Beruf erwähnt, die Öffentlichkeitsarbeit, aber andererseits hat sie so viele andere Berufe genannt, daß es fast jeden Mann betreffen würde, den ich kenne. Weshalb könnte sie mich sonst noch im Verdacht haben? Sende ich denn irgendwelche versteckten Bi-Signale aus? Ich schwöre, daß ich hetero bin«, schreibt ein einunddreißigjähriger Mann.

Ich habe ein paar Artikel in Frauenmagazinen gelesen, bei denen man den Eindruck bekommen könnte, daß die Jagd nach den Bisexuellen so etwas wie die moderne Version der Hexenjagd ist. Offenbar verbergen manche Männer ihre bisexuellen Tendenzen tatsächlich vor ihrer Partnerin, und manche von ihnen hassen auch die Frauen. Doch die Angst vor AIDS und der Zorn der Frauen darüber, daß die Männer eben nicht all das sind, was sie unserer Meinung nach sein müßten, stützen den Macho-Kode und bestrafen jeden Mann, der nur die engsten Anzeichen für Weiblichkeit aufweist – oder, um Himmels willen, vielleicht sogar noch Friseur ist.

Frauen täten gut daran, erst mit einem Mann zu schlafen, wenn sie ihn besser kennen, wenn sie ihrem Instinkt vertrauen, und *immer* Kondome zu verwenden, statt nach Anzeichen seiner Bisexualität zu suchen.

»Heutzutage ist es schwer, zu gewinnen«, schreibt ein Mann. »Wenn man sie nicht zum Sex drängt, hält die Frau einen gleich für schwul. Holt man ein Kondom heraus, fängt sie an zu weinen und sagt: ›Das bedeutet doch, daß du noch mit jemand anders zusammen bist, oder?‹ Ich persönlich mache mir mindestens genauso viele Sorgen, AIDS zu bekommen, wie Frauen.«

Ein anderer Mann meint: »Meine Freundinnen sind jetzt wild darauf festzustellen, ob ein Mann bisexuell ist oder nicht. Sie haben mich gefragt, ob ich es merke. Das ist nur wieder ein Beweis dafür, daß Frauen sich auf die falschen Sachen konzentrieren. Statt zuzugeben, daß der Sex heute für alle eine ernste Frage ist, und Kondome zu fordern, versuchen sie, uns Männern wieder alle Verantwortung und Schuld aufzuhalsen. Sie sagen, es wäre alles in Ordnung, wenn sie sich nicht ständig darüber Gedanken machen müßten, ob der Partner nicht insgeheim schwul ist.«

Wenn Frauen besser verstehen würden, wie sehr Männer insgeheim fürchten, schwul zu sein, würden sie seine Sorge nicht noch vergrößern, indem sie ihm homosexuelles oder bisexuelles Verhalten vorwerfen, nur weil er im Bett versagt oder den falschen Beruf ausübt.

Ein Pfleger aus Chicago schreibt: »Sie könne sich gar nicht vorstellen, unter welchen Zwängen ich wegen meines Berufes leide. Ich arbeite in einer AIDS-Station für Kinder, und ich weiß ganz genau, daß ich die wichtigste Arbeit verrichte, die ich im Moment überhaupt tun kann. Ich weiß außerdem, daß ich hundert Prozent heterosexuell bin. Zum Glück habe ich genug Selbstvertrauen, weil viele Frauen nichts mit mir zu tun haben wollen, sobald sie erfahren, daß ich Pfleger bin. Sie sagen mir ins Gesicht: ›Dann bist du sicher schwul.‹ Was ist bloß aus all den Frauen geworden, die sich sensiblere Männer gewünscht haben?«

Gute Frage. Und viele Männer stellen sie in letzter Zeit.

Eine Methode, um seine sexuellen Neigungen festzustellen:

* Stellen Sie ihn ihren homosexuellen Freunden vor. Wenn er schwul ist, merken die es wahrscheinlich.

Kapitel 22: **Sexuelle Lakaien**

»Es hat damit angefangen, daß mir das Gefühl gefallen hat, wenn der Seidenslip über die Spitze meines Schwanzes gleitet. Als Teenager hab' ich oft so masturbiert, und zwar mit den Slips meiner Mutter aus dem Wäschekorb. Später hab' ich dann angefangen, daheim selbst Seidenslips unter meiner Kleidung zu tragen. Ich kann nur mit einer Frau schlafen, wenn sie ihren Slip noch trägt. Dabei sind mir die mit eingenähtem Schritt am liebsten. Manchmal komme ich allein davon, daß ich mir ein Paar getragene Seidenslips vors Gesicht halte und den Duft einatme.« – Ein Physiker aus dem Nordosten der Staaten.

Dieser Mann leidet unter einem Wäschefetischismus, genauer gesagt, unter dem für Seidenslips, die bereits von einer Frau getragen wurden. Ein solcher Fetisch mag nun ein bestimmter Teil des Körpers sein – am häufigsten die Füße – oder ein bestimmtes Kleidungsstück – am häufigsten getragene Slips. Manche Männer haben Vorlieben für Körperteile oder Kleidungsstücke, sind deshalb aber noch keine Fetischisten. Der Mann oben ist ohne getragene Seidenslips nicht in der Lage, zum Orgasmus zu kommen. Wenn das Bedürfnis so extrem wird, handelt es sich bei dem Objekt der Begierde um Fetischismus. Erregung und Ejakulation hängen davon ab. Obwohl viele Männer sich bei der Liebe gewisse erotische Elemente wünschen, sind doch nur die wenigsten echte Fetischisten. Die meisten Experten sind der Ansicht, daß der Fetisch für solche Männer ein Mittel darstellt, ihre Sexualität auszudrücken, die durch die Familie, die religiöse Erziehung oder durch sexuellen Mißbrauch in der Kindheit unterdrückt wurde. (Auch männliche Kinder können das Opfer sexuellen Mißbrauchs werden.) Weil sich die Bedürfnisse der Fetischisten von denen »normaler Männer« unterscheiden, können sie Frauen unter Umständen erschrecken, und das wissen die Männer auch. Die häufigste Frage in dieser Hinsicht lautet:

Wie kann ich Frauen dazu bringen, daß sie mich ihre Füße verehren lassen?

»Ich liebe den weiblichen Fuß. Wenn ich einen schönen Frauenfuß in sexy, hochhackigen Schuhen sehe – je höher, desto besser –, bekomme ich eine Erektion. Wenn der Fuß zu einer attraktiven Frau gehört, mit der ich gerne zusammen wäre, würde ich mich am liebsten vor ihr auf den Boden werfen und ihre Füße verehren. Ich würde ihr gerne die Strümpfe und Schuhe ausziehen, ihre Füße baden und eincremen und ihr die Fußnägel polieren. Und wenn ihre Füße dann perfekt sind, würde ich gerne an jedem Zehen einzeln saugen und an ihrem Spann lecken, bis sie vor Wohlbehagen eine Gänsehaut bekommt. Aber warum fühlen so viele Frauen sich von der Verehrung des Fußes abgestoßen?« schreibt ein Leser.

Ich gebe Fußfetischisten den Rat, ihre Verehrung weiter oben zu beginnen und sich dann nach unten vorzuarbeiten. Vielleicht ist der Fuß sein Objekt der Begierde, aber Frauen betrachten diesen Teil ihres Körpers nicht unbedingt als sonderlich erotisch. Doch es kann eine angenehme erotische Erfahrung sein, wenn der Mann an den Zehen der Frau saugt und am Spann leckt, besonders, wenn auch der restliche Körper vorher verwöhnt wurde. Der Mann hingegen, der gleich auf ihre Füße losgeht, wird seine Partnerin wohl eher nervös machen.

Fetischisten, die nicht ganz so vorsichtig zu Werke gingen, berichten von niederschmetternden Erlebnissen:

»Vor ein paar Jahren habe ich einmal den Fehler gemacht, nach ihrem Mund gleich ihre Füße zu küssen«, schreibt ein neunundreißigjähriger Mann. »Zuerst hat sie gekichert und gesagt, ich kitzle sie. Dann war es ihr peinlich, und sie hat mich gebeten aufzuhören, weil ihre Füße nicht sauber waren. Aber natürlich waren sie sauber. Schließlich hat sie mir die Füße aus dem Mund gerissen und zu schreien angefangen, daß ich pervers bin. Unglücklicherweise war ich bereits gekommen, während ich an ihren Zehen saugte. Seitdem bin ich vorsichtiger geworden. Manchmal komme ich, wenn ich dabei ihre Füße sehen kann; am besten funktioniert die neunundsechziger Stellung, wenn es ihr dabei nichts ausmacht, daß ich in ihrem Mund komme oder wenn ich spüre, wie sie mir die Beine um den Hals schlingt.«

Manche Fetischisten entwerfen ganze Sexdramen, die den Situationskomödien im Fernsehen würdig wären, damit ihre Bedürfnisse sich befriedigen lassen, ohne daß die Frau es merkt. »Ich komme nur zum Orgasmus, wenn ich mit einer Frau schlafe, die hohe Absätze trägt«, schreibt ein vierzigjähriger Mann. »Manchmal kann ich eine Frau dazu überreden, die Stöckel im Bett anzulassen. Ich bitte sie erst darum, wenn ich sie wirklich gut kenne. Am Anfang einer Beziehung muß ich ihr unter Umständen ein paarmal vormachen, daß ich komme. Dann vertraut sie mir genug, um die Schuhe im Bett anzulassen. Oder noch besser: ich ziehe ihr nur den Slip aus und liebe sie, wenn sie noch alle anderen Kleider anhat. Eine Frau findet es sexy, wenn sie glaubt, man ist von seiner Leidenschaft so hingerissen, daß man sie bumsen muß, sobald man in der Wohnung ist.«

Der Wäschefetischismus ist noch vergleichsweise harmlos. Männer, die gewisse Kleidungsstücke zur Erregung brauchen, sind besser dran als Fußfetischisten. Reizwäsche gilt bei den meisten als akzeptable Form der Stimulation, und vielen Frauen macht es nichts aus, sie zu tragen, weil sich dadurch das eine oder andere überflüssige Pfund verbergen läßt. So betrachten viele diese Neigung überhaupt nicht als Fetischismus.

»Mir war gar nicht klar, daß ich völlig von schwarzen Strapsen und Strümpfen abhängig geworden war, bis ich eine Frau kennengelernt habe, die sie nicht tragen wollte«, schreibt ein dreiunddreißigjähriger Mann. »Mit meinen früheren Partnerinnen hatte ich ein erotisches Spiel daraus gemacht, ihnen teure Spitzenstrapse und Seidenstrümpfe geschenkt und sie ihnen dann als Teil des Vorspiels angezogen. Wenn sie sie bei späteren Gelegenheiten nicht tragen wollten, konnte ich trotzdem kommen, weil ich sie mir einfach darin vorstellte. Bei Frauen, die dieses Spiel überhaupt nicht mitmachen wollten, hab' ich's auch mit der Phantasie probiert, aber das hat nicht funktioniert. Und seitdem klappt's mit Phantasie überhaupt nicht mehr.«

Andere Männer haben mir gesagt, daß ihr Abhängigkeit von einem Fetisch im Lauf der Zeit stärker zu werden scheint. Sie stellen ihn sich zuerst nur vor und brauchen ihn dann später tatsächlich, um zum Orgasmus zu kommen, am Ende sogar bereits für die Erregung. In der Jugend lassen sie sich noch leichter erregen. Sie sind erotische Spezialisten, wenn auch keine extremen Spezialisten. Doch jenseits von dreißig, fünfunddreißig oder vierzig Jahren erregt sie auch der Fetisch nicht mehr.

»Ich komme mir inzwischen vor wie so ein alter Perverser«, gesteht ein Mann, dessen Fetisch lange, dunkle Haare sind. »Als meine Freundin sich die Haare abschnitt, wurde ich impotent. Ich hab' sie dazu überredet, eine Perücke zu tragen, aber sie haßt sie. Indem sie sich die Haare hat abschneiden lassen, hat sie das Problem offengelegt, aber wir fühlen uns beide nicht wohl dabei.«

Einige Männer berichten auch, daß ihr Fetisch sie in kompromittierende Situationen gebracht hat.

Wie komme ich an getragene Damenslips, ohne dabei erwischt zu werden?

»Ich habe eine Vorliebe für Damenslips, besonders für solche aus Seide mit Spitzenrändern, aber sie müssen erst vor kurzem getragen worden sein. Ich trage sie dann gern selbst eine Weile, weil ich dabei spüre, wie mein Schwanz an der Stelle pocht, wo vorher noch ihre Möse war. Dann ziehe ich sie aus und verwende sie zum Masturbieren. Manchmal komme ich noch in den Slips. Manchmal hebe ich sie mir auch auf, um daran zu riechen und um sie später noch einmal zu benützen. Aber das Problem liegt natürlich im Nachschub. Erst vor kurzem hat mich eine Freundin dabei erwischt, wie ich in ihrem Wäschekorb gewühlt habe. Das war, gelinde gesagt, peinlich. Gibt es Möglichkeiten, getragene Damenslips zu kaufen?« schreibt ein Leser.

Vielleicht ist diese Idee nicht einmal so weit hergeholt, aber ich persönlich wüßte nichts von einem solchen Nachschublager für getragene Damenslips. Doch es gibt zahlreiche Produkte und Publikationen für solche erotischen Wünsche. Es gibt Rundschreiben für Sadomasochisten und Versandfirmen, die sich auf »Werkzeuge« für diesen Kundenkreis spezialisiert haben. Bestimmte Magazine bilden ausschließlich große Busen, andere nur Füße ab. Die meisten Wünsche der Männer lassen sich erfüllen, doch bei manchen ist es schwierig. Dazu gehören auch die Wünsche nach getragenen Damenslips. Dennoch würde ich nicht vorschlagen, sie aus dem Wäschekorb zu stehlen. Vielleicht wirkt ja ein offenes Gespräch mit einer Freundin, die sich bereit erklären würde, die alten Slips gegen neue einzutauschen? Manche Männer haben mir geschrieben, daß ihnen ein solches Arrangement gelungen ist. Andere »leihen« sich die Slips von ihrer Freundin.

»Meine Freundin weiß nicht, daß ich mit ihren getragenen Slips masturbiere«, schreibt ein Anwalt aus Kalifornien. »Aber vielleicht wird sie irgendwann mißtrauisch. Sie zieht mich damit auf, daß sie ziemlich viele Slips bei mir verliert. Manchmal bittet sie mich darum, ihr ihre Slips vorzuführen, und das mache ich dann auch. Vielleicht glaubt sie, daß ich sie heimlich anziehe, aber wahrscheinlich denkt sie nicht, daß ich mir darin einen runterhole. Soll ich ihr es sagen, oder würde ihr davon übel werden?«

Fetischisten behalten ihr Geheimnis normalerweise so lange wie möglich für sich. Es verletzt sie zwar, die Wahrheit zu verbergen, doch noch unangenehmer können die Vorwürfe und Abweisungen werden, die sie nach einer solchen Eröffnung erfahren.

»Frauen glauben offenbar, daß eine Art der Perversion automatisch alle anderen einschließt«, schreibt ein Fußfetischist von der Ostküste. »Man erzählt ihnen von seiner Vorliebe für Füße, und sie sagen, sie können einem die Kinder nicht anvertrauen, weil man sie vielleicht belästigt. Das ist mir schon passiert. Ich gebe den Frauen dafür nicht die ganze Schuld. Wenn man etwas verbirgt, geht man schließlich selbst wie mit einer Krankheit damit um.«

Der Fetischismus gehört zu den Gebieten männlicher Sexualität, die den Frauen nicht unbedingt zugänglich sind. Wenn Sie mit einem Fetischisten zusammensein sollten, sehen Sie sich am besten nach der Hilfe eines Spezialisten um, der Ihnen sagt, wie Sie mit Ihren Gefühlen und Einstellungen zurechtkommen.

Was Sie in puncto Fetischisten nicht vergessen sollten:

✻ Er ist weder gewalttätig noch gefährlich.

✻ Er hat zwei Geheimnisse, die ihm Sorge bereiten: seinen Fetischismus und eine negative Kindheitserfahrung.

✻ Es Ihnen zu sagen, ist schwieriger als alles andere, was er je in seinem Leben zu tun hatte.

✻ Der Fetisch ist seine optische Verbindung zu seiner Sexualität. Wenn er ihn ohne Hilfe eines Therapeuten aufgibt, wird ihm jeder Bezug zu seiner Sexualität geraubt, und er hat keine Möglichkeit mehr, erregt zu werden oder zum Samenerguß zu kommen.

Kapitel 23: Liebessklaven

»Ich fühle mich ganz normal. Ich führe ein normales Leben, nur daß ich zusätzlich noch ein besonderes Privileg genießen darf. An einem Nachmittag pro Woche gehe ich zu meiner Herrin. Sie zwingt mich dazu, mich auszuziehen und mich nackt vor ihr niederzuknien, um ihre Schuhe zu lecken. Manchmal uriniert sie auch auf mich. Bisweilen zwingt sie mich dazu, eine schwierige Stellung zu halten. Es endet jedesmal mit Schlägen auf meinen nackten Po. Dabei komme ich immer.« – Ein vierzigjähriger Manager.

Manche Männer setzen die Phantasien, die viele ihrer Geschlechtsgenossen haben, in die Tat um. Für sie ist der Sex – oft sogar unauflöslich – mit Demütigung, Strafe und Schmerz verbunden. Viele Leute würden sie als »degeneriert« oder »pervers« bezeichnen. Bei Psychiatern und Medizinern sind ihre Perversionen als »Paraphilien« bekannt.

Frauen, die unter Perversionen leiden, sind fast ausschließlich Masochistinnen. Bei Männern hingegen kommen mehrere verschiedene Arten von Paraphilien vor. Sie können Masochisten, Sadisten oder extreme Fetischisten sein oder tragen vielleicht gerne Frauenkleider. Die männlichen Paraphilien sind visuell orientiert: man denke dabei nur an die Hilfsmittel bei Fesselungsspielchen und sadomasochistischen Praktiken, an Kleidung und Schminke von Transvestiten oder den Anblick einer Herrin oder Sklavin. Die starke optische Ausrichtung des Mannes ist jedoch nur ein Grund für die große Bandbreite heimlicher sexueller Praktiken. Nach Meinung der Experten liegt allen Perversionen eine Unfähigkeit zugrunde, sich auf eine romantische Beziehung einzulassen. Männer sind dazu in der Lage, Liebe und Sex voneinander zu trennen, deshalb fällt es ihnen unter Umständen schwerer als den Frauen, die beiden Dinge zusammenzubringen.

Dr. John Money, ein führender Wissenschaftler der Erforschung der Paraphilie, sagt: »Praktisch allen Paraphilien liegt die Tatsache zugrunde, daß seit den frühen Sexspielen in der Kindheit Lust und Liebe voneinander getrennt werden. Alles unter der Gürtellinie ist Lust und muß deshalb bestraft werden, und Liebe, Zuneigung und Liebesgedichte spielen sich zusammen mit dem Küssen oberhalb der Gürtellinie ab.«

Money hat *keinen* Kausalzusammenhang gefunden zwischen der Pornographie und abwegigen sexuellen Praktiken. Er ist eher der Meinung, daß die Pornographie zum Sündenbock einer Öffentlichkeit geworden ist, die für bestimmte sexuelle Verhaltensweisen keine Erklärung hat, sie aber trotzdem nicht ignorieren kann. Schon vor den Enthüllungen sexueller Praktiken von prominenten, rechten, religiösen Führern brachte Money übertriebene Rechtschaffenheit mit Perversion in Verbindung.

»Wenn ich jemanden sehe, der die Rechtschaffenheit bis zum Extrem kultiviert«, meint er, »sage ich mir sofort: ›Wenn ich da ein bißchen an der Oberfläche kratze, stoße ich sicher auf die dunklen Seiten.‹«

Anhand der Briefe, die ich bekomme, bin ich zu der Überzeugung gelangt, daß die Männer, die sich gerne einer Domina unterwerfen, oft aus repressiven und/oder übertrieben religiösen Familien stammen. Sie sind meist stur, zwanghaft und über alle Maßen auf Leistung bedacht und finden ihre einzige Entspannung in demütigender Unterwerfung. Sie haben genau wie alle anderen Menschen ein Anrecht auf sexuelles Vergnügen – egal, ob wir das nun verstehen oder nicht –, solange dieses Vergnügen nicht auf Kosten anderer geht.

294

Während nur wenige Menschen sich tatsächlich versklaven lassen, haben schon viele einmal sadomasochistische Praktiken und Fesselungsspielchen ausprobiert. (Vielleicht hängt das zum Teil mit der Popularisierung des Sadomasochismus in den achtziger Jahren zusammen – man denke nur an die Lederkleidung, Punkhaarschnitte und -schmuck, Dominierungs- und Unterwerfungsszenarien bei Musikvideos.) Über ein Drittel der Befragten hatte schon einmal bei solchen Fesselungsspielen teilgenommen oder sich schlagen lassen. Die meisten hatten es entweder aus Neugierde oder auf Bitten der Partnerin getan.

Bin ich pervers?

»Meine Freundin und ich haben eines Tages im Bett herumgealbert. Sie hat mir im Spaß auf meinen nackten Hintern geschlagen. Ich hab' zurückgehauen. Eins hat zum andern geführt, und schon bald haben wir uns geliebt. Sie lag auf mir. Plötzlich hat sie mich gebeten, daß ich ihr noch einmal auf den Hintern schlage. Das habe ich getan. Sie hat gesagt: ›Noch mal. Ein bißchen fester.‹ Ich hab' sie in dem Rhythmus versohlt, wie wir miteinander gebumst haben. Das hat sie so richtig heiß gemacht. Ich hab' davon nur was gehabt, wenn ich ihren roten Hintern dabei gesehen habe. Aber da bin ich wahnsinnig geil geworden, und wir haben noch mal miteinander gebumst, aber viel leidenschaftlicher als vorher. Ist irgend etwas mit uns nicht in Ordnung?« schreibt ein Leser.

Solche Briefe bitten sozusagen »um Erlaubnis«. Der Verfasser hat Schuldgefühle, die ihm eine Autoritätsperson nehmen soll. Bei den meisten Anfragen in dieser Hinsicht handelt es sich jedoch um eher harmlose Ängste. Ich habe bisher noch keinen einzigen Brief bekommen, in dem ein Mann geschrieben hätte, er wolle eine Frau vergewaltigen oder ihr gegen ihren Willen weh tun. Solche Männer wenden sich nicht an Beraterinnen wie mich. Doch Männer, deren sexuelle Bedürfnisse sich nur ein wenig außerhalb der Norm bewegen, brauchen oft eine Rückmeldung von Außenstehenden.

»Mit zwanzig hatte ich eine Affäre mit einer verheirateten achtunddreißigjährigen Frau«, schreibt ein Mann aus dem Mittleren Westen. »Sie hat sich gern schlagen lassen, während ich ihre Klitoris mit der Hand stimuliert habe. Nach einer gewissen Zeit hat mir das auch Spaß gemacht. Ich bekomme heute immer noch sofort eine Erektion, wenn ich eine Frau beim Sex schlage. Ist das so etwas wie eine Konditionierung? Sollte ich mir deshalb Sorgen machen?«

Ein anderer Mann meint: »Ich hab' da mit meiner Freundin komische Sachen angefangen. Wir fesseln uns abwechselnd. Manchmal werden dem Gefesselten auch noch die Augen verbunden. Der andere erregt den Partner, indem er ihn stimuliert, dann aufhört und so weiter. So soll sie (oder ich) so heiß wie nur irgend möglich werden, bevor der Betreffende kommt. Manchmal hat sie's auch gern, wenn ich sie mit dem Gürtel leicht auf die Innenseite der Oberschenkel schlage. Heißt das, daß wir irgendwann auch härtere Sachen machen?«

Die Masochisten sind gegenüber den Sadisten in der Überzahl. Ich habe mehr Briefe von Männern bekommen, deren Partnerinnen sich wünschten, geschlagen zu werden, als von solchen, die die Frau dazu bringen wollten, daß sie sich schlagen läßt. Und außerdem übersteigt auch die Zahl der Briefe von Männern, die sich als »Sklaven« bezeichnen, bei weitem – das Verhältnis ist mindestens vier zu eins – die der »Herren«.

Hier ist ein ziemlich typischer Brief von einem Sklaven, der mit seiner Herrin zusammenlebt: »Am Disziplinierungstag zwingt meine Herrin mich dazu, einen schwarzen Lederkragen zu tragen, der mit einer Leine verbunden ist, und dazu schwere Brustklammern und einen Schwanzring (eine Vorrichtung, die

296

die Erektion schmerzhaft macht). Ich muß ihr zu Gefallen sein, ohne ein Wort zu sagen. Wenn ich ihr mißfalle, schlägt sie mich mit einer Reitpeitsche. Sie stimuliert mich immer wieder, und ich verhelfe ihr mit dem Mund zu zahlreichen Orgasmen, aber ich selbst darf die ganze Zeit nicht kommen. Wenn ich es trotzdem tue, muß ich meinen eigenen Samen auflecken. Am Ende des Tages bin ich ganz wund und ausgelaugt, aber zu aufgedreht, um einschlafen zu können. Ich liege fast die ganze Nacht wach, und mein Schwanz pulsiert voller Schmerz und Vorfreude auf den Morgen, wenn ich sie endlich bumsen darf.«

Eine kleinere Gruppe von Männern übt Sexpraktiken aus, die das Urinieren beinhalten.

»Ich hab's gern, wenn eine Frau über mir steht und mich anpinkelt«, sagt ein neunundzwanzigjähriger Geschäftsmann. »Wenn sie den Urin dabei immer wieder zurückhalten kann, komme ich sogar so.«

Ein anderer Mann meint: »Das ist die tiefste Demütigung, die ich mir vorstellen kann – einen anderen als Toilette zu benützen. Manchmal brauche ich das. Ich muß mich ab und zu so richtig in der Pisse, der Scheiße und dem Schleim der Menschheit suhlen.«

Egal, wie die »Perversion« des Mannes aussieht, er weiht die Frau, die er liebt, nur selten ein. Viele Männer verbergen ihre dunklen Begierden jahrelang vor ihren Frauen. Sie zahlen Prostituierte oder »Herrinnen« dafür, ihnen das zu geben, wofür ihnen die Ehefrau zu schade ist. Doch andere Männer wollen endlich nach Jahren, vielleicht sogar Jahrzehnten des Versteckspielens, aus ihren dunklen Kämmerchen der Leidenschaft heraus.

Wie soll ich es ihr bloß sagen?

»Ich trage gerne Frauenkleider, aber meine Verlobte weiß das nicht. Ich hab' schon als kleiner Junge damit begonnen. Mein Vater hat mich einmal dabei erwischt, wie ich mit den Stöckelschuhen meiner Mutter, mit ihrem Make-up und einem Kleid von ihr durch die Wohnung marschiert bin, und hat mir den Hosenboden versohlt. Er hat gesagt: ›Damit du dir's merkst‹, und das hab' ich auch getan. Ich habe gelernt, mich zu verstecken. Ich habe zwei Schrankkoffer voll mit allen möglichen Kleidern – ausgestopfte Büstenhalter, Strapse, hochhackige Schuhe. Außerdem habe ich auch Perücken und einen Kosmetikkoffer. Und ich sehne mich danach, einer Frau, die ich liebe, diese Seite zu zeigen, aber ich habe Angst, daß sie mich dann zurückweist. Wie kann ich es ihr schonend beibringen?« schreibt ein vierunddreißigjähriger Geschäftsmann.

Nur wenige Männer tragen gerne Frauenkleider. Manche geben sich damit zufrieden, sich nur zu Hause zu verkleiden. Andere gehen auch als Frauen aus. Eine Minderheit kann nur mit Seidenunterwäsche, Lippenstift und Lidschatten mit einer Frau schlafen. Der eben zitierte Mann hat seine »Perversion« nur deshalb vor seiner Partnerin verbergen können, weil seine sexuelle Erregung und sein Orgasmus nicht völlig von dieser Stimulierung abhängen.

Er hat ganz recht mit seiner Annahme, daß seine Frau nicht sonderlich glücklich über diese Eröffnung sein dürfte. Ich würde ihm raten, zuerst einen Experten zu konsultieren. Etliche Männer haben mir geschrieben, daß sie sich bei solchen Fragen haben beraten lassen. In manchen Fällen hat das dazu geführt, daß die Frau diese Seite des Mannes akzeptieren konnte; in anderen gelang es ihm wenigstens, mit ihrer Ablehnung fertig zu werden.

»Ich habe es falsch angepackt«, schreibt ein Mann aus dem Mittleren Westen. »Ich hab' den Schrank aufgesperrt und ihr meine Kleider gezeigt. Sie ist völlig ausgeflippt. Und was noch schlimmer ist: sie hat's allen ihren Freundinnen erzählt – ich lebe in einer kleinen Stadt. Aber ich kann's ihr nicht verübeln. Vielleicht hätte sie es, wenn schon nicht akzeptieren, doch wenigstens verstehen können, wenn ich ein bißchen behutsamer vorgegangen wäre.«

Frauen fällt es jedoch schwer, zu verstehen, warum ein Mann sich wie eine Frau anziehen möchte. Sie glaubt, daß er mit Männern schlafen will, was nicht der Fall ist. Solche Männer sind normalerweise heterosexuell. Sie erklären ihre Vorliebe folgendermaßen:

»Es hat alles als Scherz angefangen, als ich noch im College war. Ein paar Mädchen haben mich festgehalten und mein Gesicht geschminkt. Und mir hat's gefallen.«

»Ich liebe das sinnliche Gefühl von Frauenkleidern, besonders von Unterwäsche. Der Gegensatz zwischen der Seide, der Spitze und meinem eigenen groben, haarigen Körper erregt mich.«

»Wenn ich Damenunterwäsche trage, habe ich irgendwie das Gefühl, androgyn zu sein, aber wenn ich bumse, will ich eine Frau bumsen.«

»Es ist ein tolles Gefühl, sinnlich, gefährlich und aufregend. Wenn ich als Frau verkleidet ausgehe, weiß ich, daß ich mein Leben selbst in die Hand nehme. Schließlich könnte irgendein Kerl mich umbringen. Das versetzt mir einen richtigen Adrenalinstoß.«

»Ich hab' das erste Mal erfolgreich in einer Frauenumkleidekabine masturbiert, wo ich einen Straps gefunden und angezogen habe. Schon allein der Druck des Kleidungsstückes auf meinen Körper hat mich zum Samenerguß gebracht. In den darauffolgenden Jahren habe ich mich meist mit solcher Damenwäsche stimuliert. Selbst heute noch komme ich manchmal allein dadurch, daß ich Straps, Miederhöschen und Strumpfhose trage. Abgesehen davon ist an mir nichts Weibliches. Ich habe feststellen müssen, daß Frauen diese Seite meines Wesens weder verstehen noch gutheißen.«

Und ein Psychologe, der gerne Frauenkleider trägt, sagt: »Vielleicht würden wir kein so starkes Bedürfnis haben, unsere schwache, weibliche Seite zu unterdrücken, andererseits zur Schau zu stellen, wenn wir sie auch einmal zeigen dürften. Genau das steckt für mich hinter meinem Drang, mich als Frau zu kleiden: jenes Tauziehen von männlicher und weiblicher Seite in mir. Aber das ist nicht als wissenschaftliche Erklärung gedacht. Das ist lediglich die Erklärung, die ich mir selbst gebe.«

Frauen fällt es unter Umständen schwer, zu verstehen, warum Männer gerne Frauenkleider tragen, weil es für sie selbst keine vergleichbaren Bedürfnisse gibt. Schließlich können sie selbst fast jede Männerkleidung tragen, die sie wollen, und tun das auch. Eine Frau in einem Herrenanzug gilt als modisch schick und muß ihre Motive, warum sie ihn gerne trägt, deshalb nie hinterfragen.

Wie man am besten damit umgeht:

* Holen Sie sich kompetenten Rat.

* Richten Sie nicht vorschnell über ihn.

* Vertrauen Sie seine Neigung nicht den gemeinsamen Freunden an.

* Wenn Sie sich abgestoßen und angewidert fühlen, haben Sie das Recht, ihm das zu sagen – aber konzentrieren Sie

sich dabei eher auf ihre eigenen Emotionen als darauf, wie »krank«, »unmoralisch« oder was auch immer er Ihrer Meinung nach ist.

Kapitel 24: Das letzte Kapitel – über die Impotenz

»Ich bin bisher bei zwei verschiedenen Frauen impotent gewesen. Sie sind beide auf die gleiche Weise darauf eingegangen: saugen, saugen und noch mal saugen. Aber das ganze Saugen hat nichts genützt. Ich war schrecklich wütend auf mich selbst – endlich hat mal eine meinen Schwanz so lange in den Mund genommen, wie ich mir das immer gewünscht hatte, und was war? Es hat mich nicht im mindesten erregt. Das war ziemlicher Streß für mich. Ich hab' schließlich einfach aufhören müssen, daran zu denken.«
– Ein vierunddreißigjähriger Managementberater.

Mit vierzig Jahren hat fast jeder Mann schon einmal die Erfahrung der Impotenz gemacht, das heißt, er konnte während des Geschlechtsverkehrs nicht zur Erektion kommen oder sie nicht aufrechterhalten. Die Ursachen sind im physischen Bereich – Drogen, Alkohol, Medikamente, Erschöpfung – oder im emotionalen – Streß, Ängste, Gleichgültigkeit gegenüber dem oder des Partners – zu suchen. Bei den meisten Männern tritt die Impotenz nicht so häufig auf. Doch ihre Wirkung auf die männliche Psyche ist oft verheerend.

Männer fürchten nichts so sehr wie sexuelles Versagen und Demütigung vor einer Frau. Sie definieren den Sex noch immer als Geschlechtsverkehr, und der hängt nun mal von einem erigierten Penis ab. Die Unfähigkeit, zur Erektion zu gelangen, ist gleichbedeutend mit Versagen, auch wenn die Partnerin unter Umständen Spaß am Sex hatte und durch orale oder manuelle Stimulierung zu mehreren Orgasmen gelangt ist.

Von den Männern in meiner Umfrage war mindestens die Hälfte schon einmal impotent gewesen. Von jener Gruppe reagierte nur ein Drittel optimistisch. Ein Mann erzählt: »Ich habe mich entschuldigt und bin eingeschlafen, weil ich wußte, daß es am nächsten Tag besser gehen würde; und so war es auch.«

Doch andere berichten:

»Ich weiß, daß das ab und zu passiert. Ich versuche es dann durch mehr Streicheln, Küssen und oralen Sex auszugleichen. Aber für den Schwanz gibt es eben keinen richtigen Ersatz.«

»Ich bin zum Arzt gegangen. Aber der hat gesagt, mit mir ist alles in Ordnung.«

»Ich hab' nicht so gut damit umgehen können. Meiner Frau hat's nichts ausgemacht.«

»Ich hab's ihr mit der Zunge gemacht – vorne und hinten. Ich hab' alles getan, was ich konnte.«

»Ich bin ruhig geblieben und einfach eingeschlafen. Aber es ist bis jetzt auch nur einmal passiert.«

Für viele Männer bedeutet das erste »Versagen« des Penis den Vorboten des Alters, des abnehmenden sexuellen Durchhaltevermögens und des Todes.

Was denkt die Frau über den Mann, wenn er ihn nicht hochkriegt?

»Das ist mir in letzter Zeit häufiger bei Frauen passiert, die ich nicht gut kenne. Sie waren sehr verständnisvoll und nett und haben sexuell getan, was sie konnten. Ich frage mich, was sie wirklich denken, wenn sie sich an meinem schlaffen Penis abrackern. Glauben, daß ich langsam alt werde?« schreibt ein zweiundvierzigjähriger Mann aus St. Louis.

Wenn ein Mann sich mit der Impotenz konfrontiert sieht, macht er sich weniger Sorgen über das sexuelle Vergnügen, das ihm entgeht. Viel wichtiger ist ihm seine Partnerin. Enttäuscht er sie? Denkt sie nun schlecht von ihm? Und egal, was sich sonst noch abspielt, glaubt er, daß der Sex sozusagen gar nicht »stattgefunden« hat, weil es nicht zum Geschlechtsverkehr gekommen ist?

»Sex bedeutet, daß der Mann ihn hochkriegt«, schreibt ein achtunddreißigjähriger Mann. »Sie muß ja den Eindruck haben, daß alles nur Vorspiel war, wenn er ihn nicht hochkriegt.«

Ein anderer Mann meint: »Ich bin bisher zweimal impotent gewesen, und beide Male hat sie geweint. Sie hat gedacht, es ist ihre Schuld, weil ich sie nicht mehr begehre. Jetzt leide ich noch unter dem zusätzlichen Druck zu wissen, daß sie sich selbst die Schuld gibt, wenn ich ihn nicht hochbekomme.«

Doch auch die Frauen sind für die eingeengte Definition des Sex als Geschlechtsverkehr verantwortlich. Indem wir das gelegentliche Versagen des Penis als Zeichen für unsere nachlassende sexuelle Attraktivität deuten, unterstützen wir die Ansicht, daß ein Mann jederzeit in der Lage sein sollte, mit einer attraktiven Frau zu schlafen. Wir erwarten zwar von den Männern Verständnis dafür, daß wir den Sex auch ohne Orgasmus genießen können, aber wir gestehen ihnen das gleiche nicht zu. Manchmal gefällt es ihnen genauso sehr wie uns, einfach nur zu streicheln, zu liebkosen und dem anderen zum Orgasmus zu verhelfen.

»Ich bin schon ein paarmal impotent gewesen«, schreibt ein Mann, der seit dreiundzwanzig Jahren verheiratet ist. »Das hätte mir persönlich nicht soviel ausgemacht – ich wußte, daß die Ursache extremer Streß war –, wenn meine Frau nicht so schlecht damit fertig geworden wäre. Sie hat schon davon gesprochen, zu einem Schönheitschirurgen zu gehen, weil sie sich sicher war, daß ihr Gesicht und ihr Körper, die übrigens immer noch sehr attraktiv sind, der Grund für meine Impotenz sind.« Immer wieder oder länger auftretende Impotenz kann tatsächlich auf ein Problem innerhalb der Beziehung hinweisen. Die Männer deuten sie noch immer falsch und geben sich selbst, nicht der Beziehung, die Schuld für ihr Versagen.

»Sechs Monate, bevor ich mich von meiner Frau getrennt habe, bin ich bei ihr impotent geworden«, sagt ein fünfundvierzigjähriger Anwalt. »Wir haben beide gewußt, daß unsere Ehe nicht mehr funktioniert, aber wir hatten die rationale Entscheidung getroffen, zusammenzubleiben. Unglücklicherweise hat mein Körper sich dieser Entscheidung widersetzt. Meine ganze Wut ist in meinen Schwanz gewandert. Wenn mein Penis nicht aufgehört hätte zu funktionieren, wären wir wahrscheinlich heute noch zusammen. Nachdem wir uns getrennt hatten, war ich wieder okay. Es ging zwar eine ganze Weile noch nicht toll, aber ich war bei anderen Frauen wenigstens okay. Es war eine verheerende Erfahrung. Jetzt im nachhinein verstehe ich, was damals passiert ist. Damals hab' ich gedacht, jetzt ist es ganz vorbei mit dem Sex.«

Wenn die Impotenz immer wieder und über längere Zeiträume hinweg auftritt, gebe ich Männern den Rat, zum Arzt zu gehen. Wenn dieser nichts feststellen kann, ist es das vernünftigste, sich an einen Therapeuten zu wenden, mit dem die Männer über ihre Gefühle sprechen können. Der Körper des Mannes ist keine Maschine und tut nicht immer das, was der Mann oder die Frau will. Manchmal fühlen sich die Frauen sogar noch schuldiger als die Männer, wenn sie eine rein mechanische Lösung für das »Problem« suchen. Wir gehen mit dem schlaffen Penis um wie mit einem aufsässigen Spieler, den wir wieder aufs Spielfeld zurücklocken wollen.

Wenn Frauen mir zum Thema männliche Impotenz schreiben, stellen sie mir immer wieder die Frage:

Was soll ich bloß machen, um ihn wieder hart zu bekommen?

»Ich gehe gerne mit älteren Männern ins Bett, aber die haben manchmal Schwierigkeiten, eine Erektion zu bekommen. Ich hab' schon alles versucht und sie mit dem Mund befriedigt, bis mir der ganze Kiefer weh getan hat. Ich weiß, wie ich einen schlaffen Penis halten muß, damit ich ihn immer noch einführen kann. Gibt es irgendeinem Trick, eine geheime Stelle, die man berühren muß, damit er auch ohne so viel Mühe hart wird?« schreibt eine Leserin.

Männer sagen mir, daß Frauen bei der Fellatio dann am leidenschaftlichsten werden, wenn die Männer impotent sind. Manchen Männern gefällt diese Reaktion. Sie berichten wenigstens manchmal, daß sie zum gewünschten Ziel – zur Erektion – führt. Die meisten Männer hätten es jedoch gerne, wenn die Frau nicht mehr, sondern weniger Aufmerksamkeit auf den schlaffen Penis verwenden würde.

»Wenn weder orale noch manuelle Stimulation etwas ausrichten, würde ich mir wünschen, daß sie aufhört«, schreibt ein fünfunddreißigjähriger Mann. »Wenn sie sich nicht ausschließlich auf meinen Penis stürzt und dafür andere Teile meines Körpers küßt und streichelt, kann ich mich besser auf den Sex und auf meine Phantasien konzentrieren und denke nicht ständig daran, daß ich eine Erektion zustande bringen muß. Wenn ich nicht mehr dran denke, werde ich meistens ganz von selber hart.«

Ein anderer Mann meint: »Ich habe manchmal Probleme, mit einer neuen Partnerin die Erektion aufrechtzuerhalten. Ich verkrampfe mich dann so, daß ich überhaupt nichts mehr zuwege bringe. Das ist meist eine Katastrophe. Einmal hat eine Frau die Situation einfach ignoriert. Sie hat einen tollen Orgasmus bekommen, und das hat mich so erregt, daß ich wieder hart geworden bin und keine Probleme mehr hatte, mit ihr zu schlafen. Wir leben jetzt zusammen.«

Die meisten Männer wären wohl froh über eine Frau, die so reagieren kann. Nichts erregt einen Mann mehr als das Vergnügen der Frau. Die beste Antwort auf Impotenz ist der Versuch, sich selbst völlig gehenzulassen oder zuzulassen, daß der Mann einem soviel Vergnügen verschafft wie möglich. Entspannen Sie sich und genießen Sie – und lassen Sie die Psychoanalyse aus dem Spiel.

»Sobald sie sich entspannt, kann ich es auch«, sagt ein neunundvierzigjähriger Mann. »Das Schlimmste ist, wenn die Frau einen fast erstickt mit ihrem Verhältnis. Wenn ich ihn nicht hochkriegen kann, will ich nicht, daß die Frau mir sagt, das ist schon recht so, besonders wenn sie sich die größte Mühe mit mir gibt. Ich habe dann das Gefühl, als würden wir gemeinsam meinen Penis zu Grabe tragen. Ich möchte, daß sie sich entspannt und sich von mir verwöhnen läßt.«

Ein anderer Mann mittleren Alters schreibt: »Ich will nicht, daß meine Partnerin ein großes Trara darum macht, wenn ich meine Erektion nicht aufrechterhalten kann. Die Frauen sind beim Sex genauso zielorientiert wie wir Männer. Ein Gesinnungswandel bei beiden Geschlechtern wäre an der Zeit. Sex soll doch Spaß machen und nicht in Arbeit ausarten, oder?«

Ja, er soll tatsächlich Spaß machen aber das haben wir bei unserer unermüdlicher Suche nach dem perfekten Sex bei jeder Gelegenheit völlig vergessen.

Wie Sie mit seiner Impotenz umgehen sollten:

∗ Ignorieren Sie sie, und konzentrieren Sie sich statt dessen lieber auf ihr eigenes sexuelles Vergnügen.

* Falls es ständig passiert, schicken Sie ihn am besten zum Urologen, um zu sehen, ob ein medizinischer Grund dahintersteckt. Danach sollten Sie mit ihm reden – nicht über seinen schlaffen Penis, sondern über seine Gefühle. Vielleicht gehen Sie beide einem Problem innerhalb ihrer Beziehung aus dem Weg, und sein Körper zwingt Sie nun zur Auseinandersetzung damit. Vielleicht ist Ihnen der Sex heute auch nicht mehr so wichtig wie früher – aber Ihr Mangel an Leidenschaft läßt sich weit besser kaschieren als der seine.

Schluß: Ein größeres Bedürfnis als ihr eigenes – der Wunsch, sexuelle Befriedigung zu schenken

»Die Frauen glauben, daß dem Mann nur sein eigenes sexuelles Vergnügen wichtig ist – aber da täuschen sie sich. Den Männern ist das Vergnügen der Frau viel wichtiger als das eigene. Abstrakt ausgedrückt, würde ich einer Frau lieber Vergnügen bereiten, als ihr gefallen.« – Ein dreiundfünfzigjähriger Anwalt aus New York.

Der Wunsch nach Berührung ist ein menschliches Grundbedürfnis, und zwar ein männliches genauso wie ein weibliches. Doch das Bedürfnis, sexuelles Vergnügen zu bereiten, ist beim Mann stärker ausgeprägt. Wenn wir Frauen das erkennen würden, hätten wir im sexuellen Bereich auch größeres Selbstvertrauen. Wir würden uns beim Sex mehr gehenlassen, weil wir dabei nicht ständig an unsere breiten Hüften denken würden.

Ein großer Teil der weiblichen Identität hängt noch immer vom Bewußtsein der Frau als Sexobjekt ab. Wir spielen durch die Art und Weise, wie wir uns nach außen geben, sozusagen der sexuellen Natur des Mannes in die Hände, der eher visuell orientiert ist und mehr von der Lust als von der Liebe getrieben wird. Einerseits hadern wir mit dem sexuellen Status quo und werfen dem Mann vor, daß er uns nicht richtig liebt oder daß er eine Schwäche für Pornographie hat. Andererseits bestärken wir eben diesen Status quo und den Macho-Kode, indem wir den Mann durch unsere Kleidung zu betören versuchen und den Sex einsetzen, um Liebe und Sicherheit zu bekommen.

Ein Freund, der von Beruf Eheberater ist, hat einmal zu mir gesagt: »Die Frauen, die sich mit ihrer Sexualität am wohlsten fühlen, sind auch diejenigen, denen es nichts ausmacht, Sexobjekt zu sein. Ich will damit keine Frau abwerten. Sie kann durchaus eine höchst gebildete, erfolgreiche und unabhängige Frau sein und gleichzeitig erkennen, daß die eigene Rolle darin besteht, den Mann sexuell anzuziehen, während es die des Mannes ist, sexuelle Leistung zu erbringen. Die Frauen mit dem größten Sex-Appeal sind nur selten klassische Schönheiten. Sie strahlen dafür Erotik aus. Sie halten sich für begehrenswert, und die Männer glauben das auch. In einer idealen Welt wären beide Geschlechter zum Teil Objekt und zum Teil leistungsorientiert, aber wir leben eben nicht in einer idealen Welt.«

Die männliche Identität ist untrennbar mit der sexuellen Leistung verbunden. Der Mann ist noch immer bereit, für den Sex zu bezahlen, und zwar finanziell, und/oder indem er einen Teil seines Wesens dem Willen der Frau unterwirft. Er mißt seine Männlichkeit an der Länge seines Penis und an seinem Durchhaltevermögen. Wir behaupten, das wäre nicht so, obwohl wir uns so verhalten.

Beide Geschlechter haben im Alter ihre eigenen Ängste. Die Frau fürchtet den Verlust der sexuellen Anziehungskraft, der Mann den der sexuellen Potenz. In diesem wie auch in vielen anderen Punkten haben wir die gleichen Voraussetzungen, auch wenn sich die Ausrichtung unterscheidet. Und darüber dürfen wir uns nichts vormachen. Wir können einen Mann nicht in ein Wesen verwandeln, das wie eine Frau liebt. Und das würden wir auch sicher nicht wollen.

Wir könnten viel glücklicher mit den Männern sein, so wie

sie sind, wenn wir in der Lage wären, ein wenig von unserem Zorn, unseren Ängsten und Mißverständnissen aufzugeben – besonders den Glauben, daß Männer einzig und allein an ihrem eigenen Vergnügen interessiert sind, denn sie würden viel lieber uns Vergnügen bereiten als sich selbst. Oft ist ihnen das sogar wichtiger als die Liebe oder Zuneigung zu uns. Dieses Bedürfnis macht den Mann verletzlich. Wir Frauen können jeden Mann in unserem Bett mit ein paar kühlen Worten vernichten. Er ist längst nicht so hart, wie alle glauben.

So ist es nur logisch, daß hier ein Mann das letzte Wort haben soll. Die Äußerung stammt von einem Collegeprofessor aus dem Nordosten der Staaten:

»Angesichts der komplexen und zwiespältigen sexuellen Dynamik in unserem Zeitalter weiblicher Bewußtheit scheinen manche Frauen gegenüber der Tatsache, daß die männliche Sexualität in hohem Maße von optischen Reizen abhängig ist, nicht tolerant oder einfühlsam genug zu sein. Manche Frauen urteilen zum Beispiel gerne über gewisse Zeitschriften. Ich bin der festen Überzeugung, daß es beunruhigende Unterschiede zwischen den Geschlechtern gibt, über die man sich einfach auseinandersetzen muß. Das Machtmittel Sex kommt sowohl im Beruf als auch im täglichen Leben zum Einsatz. Aber über solche Fragen können wir uns nicht im Schlafzimmer unterhalten. Für viele von uns herrschen schwere Zeiten, und zwar für Männer und Frauen gleichermaßen. Sie sind durch die kategorische Verurteilung des männlichen Geschlechts sogar noch schwerer geworden. Damit müssen wir aufhören. Schließlich brauchen wir einander.«

Bücher, die Sie lesen sollten

BARBACH, LONNIE: *For Yourself. Die Erfüllung weiblicher Sexualität* (Ullstein 1982);

BERKOWITZ/GITTINES: *Was Männer nicht sagen... was Frauen aber wissen sollten* (Bastei-Lübbe 1990);

CASTLEMAN, MICHAEL: *Der erotische Mann. Liebesprobleme und wie man(n) ihnen begegnet* (Goldmann 1982)

FRIDAY, NANCY: *Die sexuellen Phantasien der Männer* (Rowohlt 1984);

HITE, SHERE: *Hite-Report* (Goldmann 1984);

LEVINE, ¹INDA/BARBACH, LONNIE: *Fühlst du mich? Männerphantasien* (Ullstein 1989);

MASTERS & JOHNSON: *Die sexuelle Reaktion* (Akademische Verlagsgesellschaft 1967);

McCARTHY, BARRY: *Male Sexual Awareness* (Carroll & Gwarf);

MESHORER, JUDITH und MARC: *Schöner als Fliegen. Frauen verraten ihr Geheimnis, wie sie leicht zum Orgasmus kommen* (Heyne 1990).

SHEEHYS GAIL: *In der Mitte des Lebens. Die Bewältigung vorhersehbarer Krisen* (Fischer 1989);

ZILBERGELD, BERNIE: *Männliche Sexualität. Was (nicht) alle schon immer über Männer wußten...* (DGVT 1989).

Fragebogen

Ich habe den folgenden Fragebogen ausgearbeitet, weil es mich interessierte, ob eine bunt zusammengewürfelte Gruppe von Männern das, was ich bereits über Männer und Sex wußte, bestätigen würde. Der Fragebogen wurde von Freunden und Kollegen im ganzen Land ausgeteilt und außerdem auch an Männer geschickt, die sich auf Anzeigen in Stadtzeitungen gemeldet hatten. Die Ergebnisse haben mein Wissen tatsächlich bestätigt – auch wenn ich keinen wissenschaftlichen Anspruch erheben möchte.

*

Mein Name ist Susan Crain Bakos. Ich schreibe für COSMOPOLITAN, PENTHOUSE FORUM und andere Magazine zu den Themen Sex und Beziehungen. Ihre Antworten werden in ein Buch über Männer und Sex aufgenommen, das nächstes Jahr bei St. Martin's Press herauskommt. Falls Sie bei manchen Fragen noch zusätzlichen Raum benötigen sollten, verwenden Sie bitte die Rückseite des Blattes. Sie brauchen weder Name noch Adresse oder Telefonnummer angeben – es sei denn, sie haben Interesse an einem längeren telefonischen Interview.

Herzlichen Dank für Ihre Hilfe bei meiner Untersuchung!

DEMOGRAPHISCHER HINTERGRUND:

Familienstand: Ledig Verheiratet Geschieden
Alter: 19 29 30 39 40 49 50 59 60 69 über 70
Schulbildung: High-School Ein paar Jahre College BAV (Abschluß der höheren Schule) MAA (Magistergrad) Doktorgrad
Rasse: Weiß Schwarz Hispano Orientale Andere
Religion: Evangelisch Katholisch Jüdisch Andere
Ist ihr religiöser Glaube: Stark? Durchschnittlich? Rein symbolischer Natur? Überhaupt nicht vorhanden?
Einkommen: Unter $ 10 000 $ 10 20 000 $ 20 30 000 $ 30 40 000 $ 40 50 000 $ 50 75 000 Über $ 75 000
Wohnort: Nordosten Südosten Nordwesten Südwesten Mittlerer Westen Süden Oberer Mittlerer Westen
Ungefähre Größe der Stadt, in der Sie leben:
Berufsbezeichnung:

DEMOGRAPHISCHE DATEN:

Familienstand

      Ledig: 29%
      Verheiratet: 31%
      Geschieden: 39,5%
      Verwitwet: weniger als 1%

Alter (bei der Umfrage lag das Alter etwas über dem Durchschnittsalter der P. L.- oder FORUM-Leser.)

      19–29: 24%
      30–39: 25%
      40–49: 40%
      50–59: 10%
      Über 60: 1%

Schulbildung:

High-School: 10%
Ein paar Jahre College: 25%
BA: 50%
MA: 10%
Doktorgrad: 5%

Rasse

Weiß: 69%
Schwarz: 19%
Asiatisch: 1%
Hispano: 12%
Andere: weniger als 1%

Religion

Evangelisch: 37%
Katholisch: 28%
Jüdisch: 34%
Andere: 1%

Religiöser Glaube

Stark: 5%
Durchschnittlich: 40%
Rein symbolischer Natur: 50%
Überhaupt nicht vorhanden: 5%

Einkommen:

Unter $ 10 000:   1%
$ 10–20 000:   5%
$ 20–30 000: 11%
$ 30–40 000: 50%
$ 40–50 000: 13%
$ 50–75 000:   5%

Wohnort:

> Nordosten: 39%
> Südosten: 21%
> Nordwesten: 9%
> Südwesten: 7%
> Mittlerer Westen: 12%
> Süden: 10%
> Oberer Mittlerer Westen: 2%

75% der Befragten wohnen in Städten.

SEXUELLE ERFAHRUNG

Wann haben Sie mit masturbieren begonnen? Durchschnittsalter 14 Jahre.

Erinnern Sie sich an elterliche Ermahnungen gegen diese oder andere sexuelle Praktiken? Mehrheit: Ja.

Wann haben Sie Ihre Unschuld verloren? Durchschnittsalter 17 Jahre; aber 20% waren über 20 Jahre alt.

Haben Sie jemals ein homosexuelles Erlebnis gehabt? 31%; die Mehrheit davon in der Kindheit oder Jugend.

Wie viele verschiedene Partnerinnen haben Sie bisher gehabt? 1 bis 5000.

Haben Sie in den letzten beiden Jahren weniger Partnerinnen gehabt als sonst? Mehrheit: nein.

Wenn ja, welchen Faktoren schreiben Sie das zu? Angst vor Krankheiten Monogame Beziehung Nachlassender Geschlechtstrieb Zeitmangel Altersbedingte sexuelle Ängste Andere: Von denen, die mit ja antworteten, gaben 61% eine monogame Beziehung und/oder Zeitmangel als Hauptfaktoren an. Nur 32% hatten Angst vor Krankheiten.

ERREGUNG

Werden Sie erregt durch: Obszönitäten Reizwäsche Pornovideos Pornographische Bücher oder Artikel Masturbation der Frau Gewalttätige Pornovideos Andere: 92% werden durch alle oder fast alle genannten Punkte erregt, wobei die Reizwäsche die Nummer eins ist.

Werden Sie von solchen oder anderen erotischen Anregungen abhängiger:

Wenn Sie älter werden? 49%: ja; 42%: nein; 9% kann ich nicht sagen.

Wenn die Beziehung länger andauert? 73%: ja.

Sind Sie im allgemeinen mit Ihren Erektionen (und ihrer Härte) zufrieden? 32%: nein; 68%: ja.

Wenn nicht, warum nicht?

Wie lange haben Sie dieses Problem schon?

Glauben Sie, daß ein richtiger Mann immer bereit sein sollte, mit einer attraktiven Frau zu schlafen? 80%: ja.

Glauben Sie, daß dieser richtige Mann bei einer solchen Frau immer eine Erektion haben sollte? 85%: ja.

Haben Sie sich kürzlich in einer Situation befunden, die Sie eigentlich hätte erregen sollen, es aber nicht getan hat? (Beschreiben Sie sie!)

GESCHLECHTSAKT

Wie lange sollte der Geschlechtsverkehr Ihrer Meinung nach dauern? Zwei Minuten bis die ganze Nacht; die Mehrheit 20–30 Minuten.

Tut er das Ihrer Erfahrung nach auch? 91%: nein.

Betrachtet die Frau (die Frauen) in Ihrem Leben das Vorspiel als etwas, das Sie für sie tun? Zeigt sie sich dafür erkenntlich? 54% tun es für die Frau; 46% zeigen sich erkenntlich.

Würden Sie sich mehr Vorspiel von ihr wünschen? 50%: mehr, 35%: zufrieden, 15%: brauch' ich nicht.

In welcher Form?

Wissen Sie, wo die Klitoris der Frau ist?

Können Sie beschreiben, wie Sie sie berühren sollen? 57%: nein.

Kommt sie ohne direkte klitorale Stimulation zum Orgasmus? 53%: ja.

Wenn ja, wie?

Wenn nein, stimulieren Sie oder die Frau die Klitoris dann während des Geschlechtsverkehrs? 55%: nein.

Sagt sie Ihnen, was sie sexuell will und braucht?

Wenn ja, tut sie es auf positive oder negative Weise? Bitte erklären Sie es genauer. Überwältigende Mehrheit: positiv.

Hat Ihnen schon einmal eine Frau den Orgasmus vorgetäuscht? 40%: ja; 40%: nicht sicher; 20%: nie.

Wie haben Sie's gemerkt?

Was hatten Sie für ein Gefühl dabei? 90%: ein bißchen bis ziemlich aus der Fassung.

Haben Sie es ihr gesagt?

Kommt Ihre Partnerin gewöhnlich zum Orgasmus? 15%: immer; 70%: gewöhnlich; 15%: mehrmals.

Wenn nicht, gibt sie Ihnen die Schuld dafür? Oder geben Sie sich selbst die Schuld? Weniger als 10%: Partnerin gibt ihm die Schuld; 80%: gibt sich selbst die Schuld.

Bekommen Sie genug: Cunnilingus? Nein: 55%; *Fellatio?* Nein: 75%; *annalen Sex:* Nein: 50%; *unterschiedliche Stellungen etc.?* Nein: 40%.

Wenn nein, was würden Sie sich öfter wünschen?

Was bedeutet für sie »toller Sex«?

EMOTIONALE BETEILIGUNG

Macht die Liebe den Sex für Sie besser? Wie? 65%: ja.

Waren Sie schon jemals von der Liebe besessen? Bitte erklären Sie es genauer.

Haben Sie jemals nach einer Trennung mit dem Sex Probleme gehabt? 24%: ja; 70%: nein; der Rest wußte es nicht oder gab keine Antwort.

Macht Eifersucht Sie leidenschaftlicher? 33%: ja; 50%: nein.

Haben (hatten) Sie eine feste Bindung? 85%: ja.

Waren Sie monogam? 50%: nein.

Wenn nein, haben Sie es ihr gesagt? 5%; *oder hat sie es selbst herausgefunden?* 60%.

Warum haben Sie sie betrogen? Mehrheit: unterschiedliche Gründe.

Welche anderen sexuellen Geheimnisse haben Sie vor ihr? 70%: Masturbation.

GEHEIME ÄNGSTE

Halten Sie Ihren Penis für: *klein:* 41%; *Durchschnitt:* 38%; *Groß:* 21%.

Wie wichtig ist Ihnen die Penisgröße? Ein bißchen bis sehr: 75%.

Für wie wichtig halten die Penisgröße Ihrer Meinung nach die Frauen? Ein bißchen bis sehr: 60%.

Haben Sie homosexuelle Phantasien? Gewalttätige Phantasien? 32%: homosexuelle Phantasien; 31%: gewalttätige Phantasien.

Frauen und sexuelles Erleben – immer noch ein Tabuthema, belastet von vielen Mythen und falschen Vorstellungen. Susan Crain Bakos hat Frauen jeden Alters über ihre Vorstellungen und Erfahrungen befragt und kommt so zu einem Lebensbild weiblicher Sexualität. Dabei wird deutlich, welche Schwierigkeiten Frauen in den verschiedenen Altersgruppen mit der Sexualität haben und wie diese zu meistern sind – ohne Zwang, aber mit viel Genuß.

Von Susan Crain Bakos ist außerdem erschienen:

S/M Sex, Gewalt und Liebe (Band 77148)

Susan Crain Bakos

Liebe und Lust der Frauen

Ihre geheimen sexuellen
Wünsche und Ängste

Aus dem Amerikanischen
von Casa Nova

Der Familie Kaplan gewidmet –
Alex, Marilyn, Robert, Linda, Jack, Carol und Mel Pine.
Und der Erinnerung an Fanny Pine.

Dank

Folgenden Personen danke ich für ihre Hilfe:

meiner Agentin Nancy Love;

meinen Verlegern Toni Lopopolo, Michael Sagalyn und Ed Stackler;

Richard Bakos und Tamm Koerkenmeier, meinen immer verläßlichen und einfallsreichen Helfern bei der Recherche, mit besonderem Dank an Tamm, die außerdem intensive Gespräche mit ihren etwa zwanzig Altersgenossinnen führte;

Mel Pine und Al Freedman, die die erste Fassung lasen und kritisierten;

allen meinen Freunden, die jetzt mehr über den Orgasmus der Frau wissen, als sie jemals zu fragen wagten – besonderes Jack Heidenry, der immer für mich da ist; den Frauen, die an meiner Untersuchung teilgenommen hatten, besonders jenen, die zu persönlichen Gesprächen bereit waren.

Inhalt

Teil 6: Die wiedergewonnene Lust

Vorwort: Die Tyrannei von »wenn und aber«

Heute vor zwanzig Jahren war ich einmal Zeuge eines Gesprächs einiger meiner Freundinnen beim Lunch über Sex. Sie verglichen Größen und Ausdauer der Männer miteinander, die sie gekannt hatten. (Ja, sie sprachen über Penisgrößen und Dauer der Erektionen; Themen, von denen Männer insgeheim fürchten, daß wir Frauen über sie reden.) Und sie tauschten ihre »merkwürdigsten Sexgeschichten« aus. Zum Beispiel hatte bei einer der Frauen während ihres ersten Treffens mit einem verheirateten Liebhaber in einem teuren Hotelzimmer die Menstruation eingesetzt. Danach, so erzählte sie, hatte er sich von ihr zurückgezogen. Beide waren sie mit ihrem Menstruationsblut beschmiert gewesen. Er hatte sich die Bescherung auf dem Bett angeschaut und gesagt: »Sieht aus, als hätten wir hier drinnen kleinere Tiere geopfert.« Sie hatte das Bett abgezogen und in eine Wanne voll kaltes Wasser gelegt, um dem Zimmermädchen den Anblick zu ersparen.

Können Sie sich vorstellen, daß der Mann, der in *dieser* Geschichte mitspielte, jemals mit seinen Freunden beim Lunch darüber gesprochen hat?

Frauen sprechen miteinander offener über Sex als Männer, aber was wir einander tatsächlich mitteilen, ist immer noch sehr wenig. Ich könnte Ihnen sagen, welche aus dieser Gruppe meiner Freundinnen den Liebhaber mit dem größten Penis hat (vorausgesetzt natürlich, die diesbezüglichen Angaben sind verläßlich), oder wie oft pro Woche jede von ihnen Geschlechts-

verkehr hat, wo und wie sie ihre Jungfräulichkeit verloren hat
– aber ich weiß nicht, wie lange meine Freundinnen brauchen,
um einen Orgasmus zu bekommen; ob sie wie die meisten
Frauen orale oder manuelle Stimulierung brauchen; oder ob
sie in Wahrheit oft Probleme haben, einen Orgasmus zu erreichen, oder ihn vielleicht sogar nie erleben. Obwohl Gegenstand endloser Diskussionen in schriftlicher oder verbaler Form
umgibt den *Orgasmus* immer noch ein Geheimnis. Moderne
Frauen mögen sich damit brüsten, daß sie multiple Orgasmen
haben. In Wirklichkeit war das vielleicht niemals der Fall, aber
ihre Macho-Seite verlangt nach dieser Prahlerei. Trotzdem ist
es ihnen zu peinlich, zuzugeben, daß beim Beischlaf ihre Klitoris stimuliert werden muß, damit sie überhaupt einen Orgasmus haben können.

Die Mauer des Schweigens, die wir um gewisse wesentliche
sexuelle Wahrheiten errichten, macht uns verwundbarer für
Mythen darüber, wie sich eine Frau in sexuellen Dingen verhalten »sollte«. Je weniger wir über die Wirklichkeit der weiblichen Sexualität wissen – bei anderen Frauen und bei uns
selbst –, desto eher sind wir bereit, die Phantasie als eine Art
sexuelle Theologie anzuerkennen. Ich nenne eine Gruppe dieser Mythen – unter deren Regime wir schon viel zu lange
gelebt haben – das »Wenn und Aber«. Dieses Wenn und Aber
findet sich in den Satzanfängen: »Es ist in Ordnung, den Sex
zu genießen, wenn ...« Die Fortsetzung kann lauten: »... er
mich liebt, er mich heiratet, er der geeignete Partner in den
Augen der Welt ist, ein Baby dabei herauskommt.« Aber das
wichtigste Wenn, das in allen übrigen Bedingungen enthalten
ist, lautet: *Wenn ich von romantischen Gefühlen fortgeschwemmt
werde.*

Dieses große Wenn stellt eine Entschuldigung für uns dar, daß
wir keine Verantwortung für unser sexuelles Verhalten übernehmen – und genau aus diesem Grund gefällt es uns. Wir

brauchen nicht zuzugeben, uns für den Sex entschieden zu haben, denn durch diese Wahl verletzen wir die Lehren der Kirche und der Mütter oder ignorieren die gesellschaftlichen Verbote bezüglich bestimmter Arten sexuellen Verhaltens. Wir können wie die Heldin in einem romantischen Roman behaupten, von einer höheren Macht über unsere Grenzen getragen worden zu sein, gegen die wir uns nicht wehren konnten, eine akzeptable Erklärung für weibliche Leidenschaft, die – wie zu viele von uns immer noch glauben – *nicht* unter unsere Kontrolle fallen sollte.

Leider warten diejenigen, die diese Wahl nicht treffen, bis sie erwählt werden – und sie warten darauf, daß ihre Bedürfnisse von denjenigen auf magische Art erkannt und erfüllt werden, die sie erwählen. Von Männern.

Es ist die Absicht dieses Buchs, die sexuellen Gespräche, die Frauen miteinander führen, zu erweitern und zu vertiefen, stärker als dies bisher in den *chambres séparées* der Restaurants geschehen ist. Mein persönlicher Wunsch war es, einen Sinn in meine eigene sexuelle Vergangenheit zu bringen; eine Vergangenheit, die mit der damaligen Verhaltensnorm niemals völlig in Einklang stand, ins rechte Licht zu rücken. Und ich wollte der Wahrheit näherkommen – nicht nur meiner Wahrheit, sondern Ihrer Wahrheit und der Wahrheit aller Frauen –, der Basis der sexuellen Realität, wo das, was tatsächlich geschieht, schöner als alle Phantasien ist, die nur selten verwirklicht werden, wenn überhaupt. Wenn wir dieses Wahrheiten herausfinden, kann uns das helfen, das Wenn und Aber zu verbannen, das hübsch verpackte Paket romantischen Unsinns, das uns bisher alle – Männer wie Frauen – dazu verführt hat, zu großes Gewicht auf den Penis und auf »Liebe« zu legen. Diese Zwänge verhindern, daß der Beischlaf – die wichtigste Art, einen Orgasmus zu erreichen – für Frauen wie auch für Männer befriedigend verläuft.

15

Ich begann mit der Idee, die sexuelle Entwicklung der Frau anhand der Berichte zahlreicher Frauen nachzuvollziehen, um ein Muster zu finden, das uns allen helfen könnte, unseren eigenen sexuellen Zyklus zu verstehen. Als ich anfing, mit Frauen über ihr sexuelles Leben zu sprechen, stellte ich mir vor, ein Buch in der Art von *Passages* zu schreiben, bezogen auf die weibliche Sexualität. Ich stellte mir vor, daß die Stufen der sexuellen Erregung einer Frau einem erkennbaren Muster folgen würden, das grob ihren Lebensjahrzehnten entspräche, vom sexuellen Erwachen gegen Ende des ersten Lebensjahrzehnts bis zu den Jahren nach der Menopause. Ich war außerdem der Meinung, daß die jüngeren Frauen Anfang Zwanzig sexuell freier sein sollten, als ihre Mütter es im selben Alter gewesen waren.

Die 871 Frauen in meiner Untersuchung haben mir ein ganz anderes Bild von dieser Entwicklung vermittelt – und gewiß eines von der Realität der sogenannten sexuellen Befreiung der Frau.

Ja, es gibt drei Stufen. Aber viele Frauen durchleben sie nicht alle. Eine Frau gelangt vielleicht niemals über die erste Stufe hinaus, bei einer anderen kann die Entwicklung Ende Dreißig beendet sein. Bei Männern sind der Beginn der sexuellen Aktivität und das Erreichen eines Orgasmus faktisch immer Synonyme, aber nicht bei Frauen. Eine Frau mag sexuelle Beziehungen mit einem oder vielen Männern haben – fünf, zehn, zwanzig oder mehr Jahre lang –, ohne jemals einen Orgasmus zu erreichen. Sie bleibt auf der ersten Stufe stehen, unabhängig von ihrem Alter und der Anzahl ihrer Partner.

Ich fand die Frauen in diesem Buch durch Anzeigen in Stadtmagazinen des ganzen Landes, durch Freundinnen, die Fragebögen bei ihren Bekannten und Berufskolleginnen verteilten, und in der International Women's Writing Guild, in der ich Mitglied bin. Die Frauen, die sich für meine Untersuchung zur Verfügung stellten, sind für alle Teile des Landes repräsen-

tativ und schließen auch einige Frauen aus Kanada und Auswanderinnen mit ein, die mittlerweile in Europa oder Südamerika leben. Für sie trafen folgende Punkte zu:

* *Sie lebten eher in großstädtischen Regionen als in Kleinstädten oder ländlichen Bezirken.* Siebenundfünfzig Prozent waren Städterinnen, besonders in den Städten des Nordostens (einunddreißig Prozent).

* *Sie waren wohlhabender und gebildeter als der Bevölkerungsdurchschnitt.* Siebzig Prozent verfügten über ein jährliches privates oder Familieneinkommen von mehr als 25 000 Dollar, zweiundsechzig Prozent hatten einen Collegeabschluß.

* *Sie übten, wenn sie Angestellte waren, eher eine Büroarbeit aus.* Etwas mehr als zwei Drittel hatten Positionen auf Verwaltungsebene inne oder juristische, medizinische (einschließlich in Krankenhäusern) oder Lehrberufe. Es waren auch mehr Schriftstellerinnen, Journalistinnen, Verlegerinnen und Angehörige anderer Kommunikationsberufe (insgesamt neunzehn Prozent) darunter als bei den Frauen, die nach Zufallskriterien für Untersuchungen ausgesucht wurden. (Diese Untersuchungen sind übrigens so kostspielig, daß selbst das Kinsey Institute sie nicht länger finanzieren kann.)

* *Sie waren vorwiegend über dreißig Jahre alt.* Das Alter der Frauen, die auf meine Aktionen reagierten, reichte von achtzehn bis achtundneunzig Jahren, aber die meisten von ihnen waren in den Dreißigern (39,6 Prozent) oder Vierzigern (19,3 Prozent).

* *Die meisten von ihnen waren mit dem Ehestand vertraut.*
34,2 Prozent waren verheiratet, 18,9 Prozent geschieden,
32,5 Prozent lebten allein, und 14,4 Prozent lebten mit
einem Mann zusammen.

Die Ergebnisse meiner Studie sorgten für viele Überraschungen. Zum Beispiel zeigte sich, daß die jungen Frauen heute trotz der enormen gesellschaftlichen Veränderungen der letzten dreißig Jahre im weiblichen sexuellen Verhalten vielleicht nicht freier sind, als ihre Mütter es waren. Die Formen der Beschränkungen mögen anders sein, aber die Botschaft ist dieselbe: Warte auf die große Liebe.

Andererseits berichteten die Teilnehmerinnen an meiner Untersuchung von einer großen Bandbreite sexuellen Verhaltens und nicht selten von einer Vielzahl von Partnern. Die Zahl der Partner reichte von einem bis viertausend. Mehr als ein Drittel der Frauen haben mit Analverkehr, Fesseln und sadomasochistischen Praktiken Bekanntschaft gemacht. Von den Frauen, die sich selbst als vorwiegend heterosexuell bezeichneten, hatten wenigstens 31,3 Prozent lesbische Begegnungen.

Durch die Antworten auf dem im Anhang dieses Buchs abgedruckten, fünfseitigen Fragebogen über sexuelle Praktiken und Gewohnheiten hatte ich mir Informationen erhofft, die mich befähigten:

* *den Frauen ein Mittel zur sexuellen Selbstentdeckung zu geben*
  – und die Möglichkeit, sich selbst anhand typischer sexueller Verhaltensweisen einzuordnen;

* *den Frauen zu zeigen, wo auf der Skala der Entwicklung der Lust sie sich befinden* – und sie bei der Weiterentwicklung zu ermutigen und zu unterstützen;

* *ihnen zu helfen, ihre eigenen sexuellen Muster zu erkennen* und zu lernen, sie zu verändern, sofern sie es wollen, wie andere Frauen es auch getan haben;

* *ihnen zu helfen, ihre eigene sexuelle Lust vollständig aus sich selbst heraus zu leben.*

Wir als Frauen erleben unsere sexuelle Lust aus uns selbst heraus. Sie kommt nicht von außerhalb. Weibliche Sexualität – voll erkannt und frei genossen – ist kein Geschenk der Männer. Sie ist auch nichts, was die Frau nur dann haben kann, wenn die Mutter, die Kirche, die Altersgenossinnen oder Männer es ihr zugestehen. Einige Frauen haben niemals Lust erlebt. Andere – wie etwa Vergewaltigungsopfer – haben sie erlebt und verloren und dann vielleicht wiedererlangt, oft trotz großer Schwierigkeiten.

Die überwältigende Mehrheit der Frauen in meiner Studie haben Lust erlebt oder wiederentdeckt.

Aber das überrascht nicht. Man muß bei solchen Studien berücksichtigen, daß Menschen, die sich im allgemeinen wohl fühlen und positiv über Sex denken, lange Fragebögen ausfüllen und einverstanden sind, für die Veröffentlichung über ihr sexuelles Leben zu sprechen; jene, die unglücklich sind oder sich unwohl fühlen, sind im allgemeinen nicht so freimütig. Deshalb haben die Frauen, von denen hier die Rede ist, vermutlich ein ausgefüllteres und abwechslungsreicheres sexuelles Leben geführt, als es bei 871 zufällig ausgesuchten Frauen der Fall gewesen wäre. Und das ist die gute Nachricht für die Leser. Diese Frauen haben ihre Geheimnisse mitgeteilt; und ihre Geheimnisse können Sie freier werden lassen.

TEIL 1:

Wer sind Sie?

Kapitel 1 Eine Methode zur Klassifizierung der sexuellen Identität

»Die meisten Männer wünschen und erleben Geschlechtsverkehr in einer von gegenseitiger Zuneigung geprägten Beziehung. Die meisten Frauen hingegen genießen Geschlechtsverkehr nur dann, wenn die Beziehung eine festere Bindung impliziert.« – Aus »Disired and Experienced Levels of Premarital Affection and Sexual Intercourse During Dating«, THE JOURNAL OF SEX RESEARCH, 23. Februar 1987.

Die junge Frau, die nicht älter als fünfundzwanzig Jahre ist oder zu sein scheint, ist in den amerikanischen Medien der Inbegriff der sexuell attraktiven Frau. Auch wenn sich über dreißig Jahre alte Supermodels großer Beliebtheit erfreuen, ist es immer noch das Gesicht der Fünfundzwanzigjährigen, das die Umschläge der meisten Magazine schmückt. Ihr Körper wird am heftigsten von Männern aller Altersgruppen begehrt. Ihre sexuelle Haltung macht in der Tat einen großen Teil der Verlockungen aus: Sexuell ist sie orgasmisch*, oder sie wird es bald sein, aber sie ist unwissend, unerfahren und fordernd. Ihr Verlangen, zu gefallen, ist in dieser Zeit am stärksten. Liebe ist ihr wichtiger als Sex, und wenn es nicht so ist, gibt sie es wenigstens vor. Ein Mann kann sie anschauen und ein sexuelles Potential sehen, das er in seiner Phantasie als einziger mit ihr verwirklichen kann.

---

* engl. *orgasmic*: im folgenden in der Bedeutung von Fähigkeit zum Orgasmus verwendet

Einige Frauen verbleiben in diesem Zustand der nicht eindeutigen sexuellen Verlockung unabhängig von ihrem Alter. Eine Freundin von mir – sie ist achtunddreißig Jahre alt – erzählte mir kürzlich voller Stolz, ein Mann der Art, wie wir ihn heute als einen Casanova bezeichnen, habe sich wegen ihres »unschuldigen Mundes« zu ihr hingezogen gefühlt. Daß das Wort »unschuldig« bei einer Frau ihres Alters und ihrer Erfahrung unpassend ist, wurde ihr nicht bewußt. Auch, daß er mit »unschuldig« gewiß »naiv und leicht zu einem Spiel nach meinen Bedingungen zu verführen« meinte, entging ihr, bis sie wieder einmal eine Runde verloren hatte.

Was wir über Frauen und Sex zu wissen glauben, ist in Wahrheit das, was wir über diese idealisierte junge oder zumindest in ihrer sexuellen Haltung junge Frau wissen: die sexuell Unschuldige. Sie ist die Frau, über die Sie lesen, wenn eine Forschungsstudie über sexuelle Verhaltensweisen oder Einstellungen etwas darüber aussagt, was *Frauen* tun, fühlen, erleben, denken oder was auch immer. Die Mehrzahl der Studien – nahezu 85 Prozent der Untersuchungen über Frauen, die in den beiden letzten Jahren in der profilierten Zeitschrift THE JOURNAL OF SEX RESEARCH erschienen – wurden von Psychologen, Psychiatern oder Soziologen an Colleges oder Universitäten durchgeführt und stützen sich auf Fragebögen, die unter dem an leichtesten erreichbaren Teil der Bevölkerung verteilt wurden: Studentinnen zwischen achtzehn und zweiundzwanzig Jahren. Das Hauptergebnis dieser Studien: Frauen können nicht zwischen Liebe und Sex unterscheiden.

Diese Resultate werden ausgewertet und auf die weibliche Gesamtbevölkerung übertragen. Das Ergebnis dieser Analyse begrenzter Daten ist ein pseudowissenschaftliches Profil der Frau als sexuelles Wesen, das mit den Modellen sexuellen Verhaltens harmoniert, wie man es in den meisten Bereichen der Gesellschaft als akzeptabel betrachtet. Entweder verhält sich die Frau so, wie es die Mutter, die Kirche oder ihre Altersgenossinnen

erwarten, oder sie tut es nicht und fühlt sich schuldig und/oder leidet darunter, daß sie die Regel gebrochen hat, die Sex von Liebe abhängig macht.

Obwohl niemand erwartet, daß eine zwanzigjährige Frau über ein beliebiges anderes Gebiet stellvertretend für dreißig-, vierzig-, fünfzigjährige und ältere Frauen spricht, scheint sie in sexueller Hinsicht unsere Fürsprecherin zu sein.

Frauen – so sagt man uns – können oder wollen keinen Sex ohne Liebe haben.

Aber was ist, wenn es bei *Ihnen* anders ist? Viele der Frauen in meiner Untersuchung unterscheiden sich in dieser und in manch anderer Hinsicht von den weiblichen sexuellen Verhaltensstereotypen. Anhand der persönlichen sexuellen Vorgeschichten der 871 Frauen in meiner Studie habe ich fünf Stufen und viele verschiedene Kategorien der sexuellen Entwicklung der Frau identifiziert, die durch bestimmte sexuelle Verhaltensweisen definiert waren. Keine auf Collegebesucherinnen begrenzte Studie, die vorgibt, für »die Frauen« typisch zu sein, ist tatsächlich für alle Frauen gültig.

Die vier Kategorien, die für weibliche sexuelle Individualität stehen und hauptsächlich durch den Zeitpunkt in ihrer sexuellen Entwicklung gekennzeichnet sind, an dem eine Frau orgasmisch wird, sind die folgenden:

Früherblühte: 34,4 Prozent der Frauen in meiner Studie. Frauen, die zum ersten Mal mit zwölf Jahren masturbierten und im Alter von neunzehn Jahren mit Partnern orgasmisch waren. Sie genießen es, zu masturbieren und sich beim Beischlaf selbst zu berühren – und berichten, kaum Probleme beim Erreichen des Orgasmus zu haben. Obwohl die gesellschaftliche Ächtung bestimmter sexueller Gewohnheiten sie nicht davon abhält, ihre Bedürfnisse zu befriedigen, fühlen sie sich häufig schuldig und unbehaglich oder beschämt bezüglich ihrer Sexualität.

Perfekte Knospen: 23,3 Prozent der Frauen in der Studie. Diese Frauen haben mit sechzehn Jahren masturbiert und ihren ersten Orgasmus – gewöhnlich durch Masturbation – mit einundzwanzig Jahren erlebt. Sie scheinen sich gemäß der vorherrschenden Theorie der weiblichen Sexualität zu entwickeln. Der hohe Grad ihrer Befriedigung in ihren Beziehungen mag teilweise darauf zurückzuführen sein, daß sie keine Probleme haben, der Norm zu entsprechen.

Späterblühte: 23,2 Prozent der Frauen in der Studie. Sie masturbieren – wenn überhaupt – erst nach dem einundzwanzigsten Lebensjahr und werden erst Ende zwanzig oder noch später orgasmisch. Diese Gruppe berichtete über mehr Probleme beim Erreichen des Orgasmus als andere. Sie scheinen auch häufiger unglücklich in der Wahl ihrer Partner zu sein. Aber wenn diese Frauen die Hindernisse auf ihrem Pfad überwinden, können sie tiefe sexuelle Freuden erleben.

Wildblumen: 19,1 Prozent der Frauen in der Untersuchung. Sie berichten von größerer Bereitschaft zu sexuellen Spielarten und mehr Partnern – aber nicht unbedingt auch größerer Lust. Einige von ihnen »leben sich sexuell aus« und treffen ungünstige Partnerwahlen. (Andere Frauen, die im Kapitel 23 besprochenen sexuellen Forscherinnen, leben ihre Sexualität überschwenglich. Ich habe in einem späteren Kapitel ausführlicher über sie gesprochen, weil Frauen aus allen vier Kategorien in ihrem späteren Leben Forscherinnen werden können.)

Die Stufen der weiblichen sexuellen Entwicklung sind:

Die Entdeckung der Lust: Die Entdeckungsphase betrifft im hohem Maß die Fähigkeit zum Orgasmus, sowohl allein als auch mit einem Partner.

Die Verleugnung der Lust: Die Verleugnungsphase ist durch die bewußte Entscheidung gekennzeichnet, vorrangig ein anderes Ziel zu verfolgen – gewöhnlich »die Partnerschaft« –, als eine Vertiefung der sexuellen Lust zu erreichen. Frauen in dieser Phase benutzen den Sex, um einen Mann zu erobern, einen Mann festzuhalten, eine Bindung zu erzwingen, oder sie sind mehr an einer Empfängnis als an Lust interessiert.

Das Erleben der Lust: Frauen, die wirklich Lust erleben – in höherem Maß, als sie es in der Entdeckungsphase taten –, haben gelernt, in bezug auf ihre sexuellen Bedürfnisse und Wünsche bestimmter zu sein – sie suchen aktiv die Lust. Einige Frauen erreichen diese Stufe niemals, andere gelangen nie über sie hinaus.

Der Verlust der Lust: Zu den Frauen, die ihre Fähigkeit zu sexueller Lust verloren haben, gehören Opfer von Vergewaltigung, Inzest und anderen Formen sexuellen Mißbrauchs; Opfer von sexuell übertragbaren Krankheiten, insbesondere Herpes; Frauen, die unter wiederholten Schwangerschaften, Fehlgeburten, Geburten mit Komplikationen gelitten haben; Ehefrauen, die von ihren Männern sexuell abgelehnt wurden; Ehefrauen und Geliebte, die lange Zeit von ihren Partnern sexuell unterdrückt wurden.

Die Wiederentdeckung der Lust: Es ist schwierig, aber durchaus möglich, daß Frauen ihre verlorengegangene Fähigkeit des Lustempfindens wiedererlangen. Viele Frauen haben das bewiesen, und ihre Berichte sind eine Ermutigung für alle Frauen.

Die Stadien lassen sich klar abgrenzen, aber sie sind nicht so unvermeidlich wie Geburtstage. Die sexuelle Entwicklung einer Frau ist nicht einfach durch ihr Alter zu definieren, wie

ich anfangs geglaubt hatte. Der Zeitpunkt, zu dem sie »blühte«, ist bei der Bestimmung ihrer künftigen Entwicklung viel wichtiger als ihr Alter. Zum Beispiel scheint eine Späterblühte größere Schwierigkeiten zu haben, die religiösen, familiären, gesellschaftlichen und anderen Zwänge zu überwinden, die ihr sexuelles Leben nachteilig beeinflussen – aber das bedeutet nicht, daß sie es nicht könnte.

Ich habe außerdem entdeckt, daß Frauen, die ihre Lust gelebt haben – in welchem Alter auch immer –, bestimmte Verhaltensweisen gemeinsam sind. Zu ihren überraschendsten Eigenschaften gehört ihre Fähigkeit, während des Beischlafs eine Liebesbeziehung zu phantasieren – und diese Phantasie wieder zu beenden, wenn der Sex vorbei ist. Auf diese Weise sind viele Frauen fähig, Sex ohne Liebe zu haben. Wir benutzen diese Liebesphantasien auf dieselbe Art, wie manche Männer Erotika verwenden – als Anregungshilfen.

Diese sexuellen Kategorien sollen Frauen ihre sexuelle Vergangenheit verstehen helfen, und sie nicht etwa in eine weitere Wolke modischen Psychogeschwätzes einhüllen. Manchmal überschneiden sich die Kategorien. Einige Frauen passen in eine dieser Kategorien, andere scheinen in zweien zu Hause zu sein. Sich selbst mit einer oder mehreren dieser Kategorien zu identifizieren, wird Ihnen erkennen helfen, wer Sie sind – und was andere Frauen tun oder getan haben, um ihr sexuelles Leben zu verändern oder zu intensivieren.

In Anbetracht der Vorurteile unserer Gesellschaft gegenüber Frauen, Liebe und Sexualität überrascht es nicht, daß die Entdeckung der Lust am Sex häufig als Abstecher auf ihrer wichtigeren Reise betrachtet wird: der Suche nach Liebe. Sie wird mit Botschaften bombardiert, die sie auf die Liebessuche schicken und sie davor warnen, zuviel Interesse an einer Lust zu zeigen, die nicht unmittelbar mit einer Liebesbeziehung verknüpft ist. Dieses Buch befaßt sich weniger mit Beziehungen

und mehr mit sexueller Lust, aber es ist meine durch die Untersuchungsergebnisse bestätigte Überzeugung, daß Frauen, die ihre Lust bejahen, bessere Beziehungen zu Männern haben.

In der traditionellen Definition der weiblichen Sexualität sind alle jungen Frauen geschlossene Knospen, die sich allmählich öffnen. Einige von ihnen öffnen sich in der Tat allmählich, aber andere platzen förmlich auf. Sie werden sich selbst in einer der oben erstellten Kategorien wiederfinden; aber keine von ihnen ist der einzig »richtige« Ort. Zusammen stellen die Kategorien das prachtvolle Bouquet der weiblichen Sexualität dar, in dem jede Blüte ihre eigene Schönheit entfaltet.

Kapitel 2 Früherblühte

»*Ich habe schon früh angefangen, über Sex nachzudenken. Ich kann mich nicht erinnern, nicht daran gedacht zu haben.*« – Eine Neunundzwanzigjährige aus Georgia.

Ich war irgendwann in den frühen Sechzigern in der High School, und ich machte gerade Hausaufgaben an einem Schreibtisch, der in einer Ecke meines Schlafzimmers stand«, schreibt eine dreiundvierzig Jahre alte Journalistin. »Es war im Spätherbst. Das Fenster stand einen Spaltbreit offen, genug, um den Geruch verbrannten Laubs einzulassen. Mein Geist wanderte von der Trigonometrie zu einem bestimmten Jungen, der meine Brustspitzen küßte. Die Brüste schwollen unter meinem weißen Baumwoll-BH, während die dummen Spitzen flach blieben.

Er ließ seine Hände unter den BH, meinen Körper entlang, in mein Höschen gleiten. Wir legten uns vollständig angekleidet auf das Sofa und rieben uns aneinander, bis wir kamen. Wenn es vorbei war, drückte er mich an sich und sagte: ›Ich liebe dich.‹

Natürlich sagte er, daß er mich liebte.

Ich hatte ihn in die psychologische Verkleidung eines Prinzen gesteckt, und ein Prinz würde seine Prinzessin nicht berühren, wenn er sie nicht liebte. Meine sexuellen Phantasien waren immer von romantischen Gedanken erfüllt, das machte sie für mich akzeptabel.«

Für sie waren es *Liebes*phantasien. Sein geflüstertes »Ich liebe dich« war die Akzeptanz ihres erregten Zustands. Der Unter-

schied zwischen ihr und anderen Mädchen war – abgesehen von ihrer eindeutigen sexuellen Frühreife – ihre Fähigkeit, von der Phantasie loszulassen, sobald sie ihren Sinn erfüllt hatte.

»Ich schrieb seinen Namen nicht hundertmal in mein Notizbuch, und es kam mir auch nicht in den Sinn, am nächsten Tag auf dem Flur der Schule ›zufällig‹ mit ihm zusammenzustoßen oder zu glauben, mein Leben werde wundervoll, wenn er mir nur den Ring überreichte.

Nein. Als ich an meine Arbeit zurückging, war ich noch so von Wärme erfüllt, daß – wenn ich einen von der Schulter gerutschten BH-Träger wieder hochschob – durch die Berührung des Stoffs an meiner Brust meine Brustwarzen noch Minuten später wieder hart wurden und mich erschauern ließen. Noch heute, dreißig Jahre später, kann ich mich an dieses Erschauern erinnern.«

Sie war eine Früherblühte; das gilt auch für mich. In den frühen sechziger Jahren – als sich Amerika auf dem Gipfel der sexuellen Revolution befand – war es nicht angenehm, zu den Knospen im Garten der weiblichen Sexualität zu gehören, die am frühesten aufbrachen. Ich schätze, daß es auch für die Mädchen heute unangenehm ist. Wie die Jungen, die plötzliche Erektionen hatten, gegen die sie nichts unternehmen konnten, machte uns die Hitze und die Gewalt unserer ungebetenen sexuellen Reaktionen Probleme.

Ich hatte meinen ersten Orgasmus mit dreizehn Jahren. Ich kletterte eine Eiche hinab, nachdem ich in meinem Baumhaus einen erotischen Roman gelesen hatte, und berührte mich vielleicht selbst. Ich kann mich nicht mehr genau erinnern. Möglicherweise habe ich die Berührung aus meinem Gedächtnis gelöscht, weil solche Dinge im Gegensatz zu Liebesphantasien nicht statthaft waren. Ich erinnere mich an Phantasien über Sexualität und Liebe und besonders an den Eindruck, von Gelüsten überfallen zu werden, die aus dem Nirgendwo zu kommen schienen – aus

dem Himmel –, die meine erhitzte Haut trafen. Ich kann mir nicht vorstellen, daß meine männlichen Zeitgenossen mehr durch ihre Gelüste geplagt wurden als ich.

Meine persönliche Erfahrung widerspricht wie die meiner Schwester, einer Journalistin, der Theorie über die weibliche Sexualität der sich »öffnenden Knospe«, die besagt, daß heranwachsende Mädchen geschlossene Knospen sind, deren sexueller Appetit sich im Lauf der Zeit allmählich entwickelt. Und wir waren nicht die einzigen Knospen, die sich explosionsartig öffneten. Aber wir Frühreifen waren anscheinend in der Minderzahl.

Als ich das erste Mal einen Orgasmus erlebte, während ich mich an einen Jungen schmiegte, sagte er: »O, *wow*, du warst aber bereit!« In seinen Augen zeigte sich Erregung, Staunen und das völlige Erschrecken über diese Entdeckung. Ich bin sicher, er war noch nie zuvor mit einem Mädchen zusammengewesen, das einen Orgasmus hatte. Danach fühlte ich mich durch meinen Körper so erniedrigt, daß ich den Jungen nicht wiedersehen wollte. Ich hatte mich gehenlassen, die Kontrolle verloren, zuviel von mir selbst preisgegeben, mich bloßgestellt. Sie kennen diese Klischees. Sie beschämten mich wie der geflüsterte Tadel einer Nonne. In jener längst vergangenen Nacht weinte ich mich in den Schlaf – ungefähr zwei Jahrzehnte, bevor der Begriff »leicht orgasmisch« einen positiven Klang bekam.

Die schon früh wütenden Hormone machten es mir schwer, ein »gutes« Mädchen zu sein, das »nicht bis zum Letzten« ging und sich nicht mit den falschen Jungen abgab, das heißt mit Schmutzfinken. Meine Freundin Carol und ich waren beide Frühreife, die einzigen in unserer aus einem halben Dutzend Mädchen bestehenden Clique. Wir wußten aber, daß wir in unserem Alter nicht schwanger werden durften. Es war die Zeit, bevor Abtreibung legal wurde. Man hatte nur die Wahl, entweder früh zu heiraten oder die Stadt sechs Monate lang zu einem »Verwandtenbesuch« zu verlassen. Und es war lange

bevor die Frauen Kondome in der Handtasche bei sich trugen. Durch reines Glück oder dank einer guten Auswahl unserer Freunde schafften wir es, uns auf sexuelle Praktiken zu beschränken, die uns und unsere Partner ohne Penetration zum Orgasmus brachten – obwohl keine von uns einen solchen »Aktionsplan« jemals in Worte gefaßt hatte –, bis wir »High-School-Seniors« waren und uns mit Jungen vom College trafen, die Kondome in ihren Taschen hatten.

Heute kommen durchschnittliche junge Frauen eher an Kondome heran, aber sich vor Schwangerschaft und Krankheiten zu schützen, ist noch nicht genug. Die Altersgenossinnen sind jenen gegenüber, die die Verhaltensregeln brechen, immer noch feindselig eingestellt, wie die Erfahrungen jüngerer Frauen in meiner Untersuchung zeigten. Es ist niemals leicht, die erste in einer Gruppe Gleichaltriger zu sein, bei der sich ein neuer körperlicher Zustand von der Entwicklung der Brüste bis zur sexuellen Ansprechbarkeit einstellt.

Wer sind sie?

34,4 Prozent der Gruppe waren Früherblühte; Frauen die

* *vor ihrem zwölften Lebensjahr zum ersten Mal masturbiert haben;*

* *ihren ersten Orgasmus beim Masturbieren erlebten und den ersten Geschlechtsverkehr etwa mit sechzehn Jahren hatten;*

* *mit etwa neunzehn Jahren mit einem Partner orgasmisch wurden.*

Ich hatte erwartet, daß ihr familiärer Hintergrund liberaler als bei den übrigen Teilnehmerinnen sein würde – besonders bei

33

den Früherblühten unter Dreißig. Immerhin, so dachte ich, hatten Frauen über Dreißig mehr Zeit, eigenständige sexuelle Gewohnheiten zu entwickeln, und sie mögen in jüngeren Jahren sehr wohl geglaubt haben, daß Sex und Liebe eng verbunden sein sollten. Ich erwartete, liberalere familiäre Hintergründe unter den Früherblühten und besonders unter jenen zu finden, die jünger als dreißig Jahre waren, als bei der gesamten Untersuchungsgruppe. Aber derartige große Unterschiede im Hintergrund zeichneten sich nicht ab.

Früherblühte aller Altersgruppen hatten über Sexualität mehr von ihren Altersgenossinnen und aus Büchern als von ihren Eltern erfahren. Über ein Drittel von ihnen kamen aus – wie sie es nannten – »konservativen« bis »repressiven« Familien. Nur ein kleiner Prozentsatz – weniger als fünfzehn Prozent der Früherblühten unter Dreißig und elf Prozent unter den übrigen – hatten vorwiegend positive sexuelle Botschaften von Mutter und Vater erhalten, wenn auch weitere annähernd fünfundzwanzig Prozent aller Früherblühten vom Fehlen negativer Botschaften berichten.

»Meine Eltern sprachen nie über Sex«, schreibt Jane, eine vierundzwanzigjährige, multi-orgasmische Frau mit zwei ständigen Sexpartnern. »Ihre Haltung in meiner sexuellen Aufklärung war die einer großzügigen Unterlassung. Alles in allem finde ich sie positiv. Sie ließen mich meine eigenen Schlüsse ziehen, statt mir ihre Folgerungen aufzuzwingen.«

Nicht alle der Frauen, die es ablehnten, Sex und Liebe miteinander zu verbinden, berichteten auch über ein solches aktives geschlechtliches Leben. Aber was sie miteinander sowie auch mit den Früherblühten jeden Alters verband, war eine frühe sexuelle Erfahrung. Diese Erfahrung brachte ihnen in dem meisten Fällen Kritik von seiten ihrer Altersgenossinnen ein, oder sie empfanden es so.

Die Reaktion der Altersgenossinnen

Jennifer, eine zwanzigjährige Collegestudentin aus Seattle, trug hinter der Frage »Anzahl der Sexualpartner« ein: »Fünfzehn, aber ich war nur in fünf von ihnen ›verliebt‹. Nennen Sie mich ›locker‹, wie meine Freundinnen es tun.«

Als ich Jennifer interviewte, sagte sie: »Ich bin nicht typisch für meine Generation. Ich mag Sex. Es ist mir peinlich, aber so ist es nun mal.«

Sie hatte ihren ersten Orgasmus, als sie mit zwölf Jahren unter der Dusche mit der Duschdüse masturbierte, und verlor ihre Jungfräulichkeit an ihrem fünfzehnten Geburtstag – so hatte sie es auch geplant gehabt. Ihre Erinnerung an diesen Vorfall ist positiv, bis auf »den unangenehmen Teil, der folgte, als die anderen Mädchen herausfanden, was geschehen war«. Aber Jennifer soll selbst erzählen.

»Wir hatten eine Menge oralen Sex, bevor er in mich eindrang«, sagte sie. »Er war drei Jahre älter als ich, keine Jungfrau mehr, und er wußte, wie er mich auf das erste Mal vorbereiten mußte. Ich war sehr glücklich. Ich hatte einen Orgasmus durch Cunnilingus. Ich fühlte, wie mich dieser Orgasmus öffnete, so daß sein Eindringen kaum noch schwierig war. Ich genoß es. Ich genoß den Sex wirklich, vom ersten Mal an. Während ich Sex mit ihm hatte, glaubte ich, daß ich ihn auch liebte.

Aber am folgenden Tag waren meine Schamlippen rot und entzündet und geschwollen. Er hatte sich nicht rasiert. Erinnern Sie sich, wie Don Johnson in ›Miami Vice‹ aussah? Er hatte einen starken Bartwuchs, und sein ungefähr zwei Tage alter Bart hatte meine Haut gereizt, aber damals wußte ich das nicht. Ich glaubte, er hätte mir beim Geschlechtsverkehr eine Krankheit angehängt. Also erzählte ich Kara, meiner besten Freundin, davon. Ich war in Panik. Sie ging mit mir ins Schulklo, um es sich anzuschauen, und verkündete, es sei Herpes.

Fragen Sie mich nicht, wieso ich ihr glaubte. Hatte sie jemals Herpes gesehen? Nein! Aber ich war fünfzehn Jahre alt.

Ich mußte es meiner Mutter beichten. Sie ging mit mir zum Arzt, der sagte, es handele sich um eine Barthaarreizung. Was für eine Erleichterung! Mom war sehr gefaßt. Sie sagte, sie sei nicht glücklich darüber, daß ich schon sexuell aktiv war, aber wenn es schon so sei, sollte ich Schutzmaßnahmen treffen. Sie bat den Arzt, mir die Pille zu verschreiben, *und* sie kaufte mir Kondome! Sie war wirklich prima.

Mit meinen Freundinnen war es anders. Während ich beim Arzt war, erzählte Kara allen, ich hätte Herpes. Als ich wiederkam, behandelten mich alle wie eine Aussätzige. Sie mieden meine Nähe. Ich ging auf Kara los und sagte allen Mädchen die Wahrheit, aber ich denke, sie glaubten mir nicht. Es war fast das Ende des Schuljahrs, und im Sommer zogen wir um – Gott sei Dank, denn ich gehörte niemals mehr zur Gruppe. Bevor ich ging, sagte Kara, es spiele keine Rolle, daß ich kein Herpes gehabt hätte, denn ich hätte ihn haben können. Es war sehr dumm!«

Wie Jennifer sagt, hat sie aus dieser Erfahrung eines gelernt: »Man kann Frauen nicht trauen.« In ihrer neuen Schule schwieg sie über ihre sexuellen Aktivitäten. Es war nicht schwer, denn ihre Partner waren wieder ältere Jungen, keine Schüler ihrer Schule. Jetzt, im letzten Collegejahr, spricht sie mit ihren Freundinnen offener über ihr Geschlechtsleben.

»Sie weisen mich sanft zurecht«, sagte sie. »Im letzten Jahr war ich monogam, also ist alles in Ordnung. Alles ist vergeben. Jennifer, du kannst nach Hause an den Busen der schwesterlichen Gemeinschaft zurückkommen! Im Jahr davor hatte ich fünf Partner und bekam immer Vorträge über meine ›Moral‹ zu hören. Die große Frage lautete: ›Willst du keine Beziehung mit einem netten Burschen haben?‹ – was bedeutete, daß ich keinen netten Burschen mitbekommen würde, wenn ich zu locker war. Die Frauen glauben, Sex und Liebe müßten zusammentreffen.

Ich denke, das ist das Ideal, aber es ist nicht realistisch zu erwarten, daß es immer so sein wird. Es ist ohnehin schwer, dies auseinanderzuhalten, wenn man Sex hat. Wenn ich mich mit jemandem liebe, kann ich glauben, daß ich verliebt bin. Danach, wenn mein Körper abgekühlt ist, sind auch meine Gefühle weniger erhitzt. Um den anderen Frauen einen Gefallen zu tun, habe ich gesagt, daß ich das ›leere‹ Gefühl nach Sex ohne Liebe nicht mag.

Nun, man muß einfach etwas sagen!«

Die Verhaltensanpassung der Frühreifen

Frauen sagen einander oft: du *solltest* keinen Sex ohne Liebe haben. In den achtziger Jahren gab es eine Überfülle von Artikeln in Frauenzeitschriften, die mit »Gelegenheitssex« hart ins Gericht gingen. Als Gelegenheitssex wurde meistens jede sexuelle Aktivität außerhalb einer festen Beziehung bezeichnet. Wenn Sie die GLAMOUR- und MADEMOISELLE-Ausgaben Ende der achtziger Jahre aufmerksam gelesen haben, sind Sie vielleicht zu der Schlußfolgerung gelangt, daß »Sex ohne Liebe« sowohl für die Aids-Epidemie verantwortlich schien als auch für sich allein betrachtet fast ebenso schlimm wie die Immunschwäche ist. Unglücklicherweise verführt diese Logik die Frauen dazu, sich noch mehr dem Glauben zu verschreiben, der aus dieser Logik folgt: Sex mit Liebe ist »sicher«. Aber nicht alle Frauen glauben an diese Botschaft. Einige – wie Jennifer – zollen diesem Konzept ein Lippenbekenntnis und gehen ihren eigenen Weg.

Bedenken Sie bitte auch hier, daß man Frauen, die sich für sexuelle Untersuchungen zur Verfügung stellen, für sexuell liberaler als den Bevölkerungsdurchschnitt hält. Auch ich hatte so gedacht, als überwältigende neunzig Prozent der Frauen in meiner Studie sagten, daß Sex ohne Liebe *nicht* falsch ist

37

(26,6 Prozent der Frauen, die sich gemeldet hatten, waren zwischen zwanzig und dreißig Jahre alt). Fast sechzig Prozent aus der gesamten Gruppe hatten wenigstens einmal im Leben Sex bei einer ersten Verabredung gehabt, aber die meisten Frauen gaben an, jetzt sei es nicht mehr so. Am häufigsten führten sie »Angst vor Krankheiten« als Grund für diese Änderung des Verhaltens an, fast achtzig Prozent der Frauen unter fünfunddreißig Jahren fügten hinzu: »Wenn man zu früh Sex hat, bindet sich der Mann nicht.«

Neuere Untersuchungen sprechen dafür, daß Frauen über Fünfunddreißig Sex eher aus körperlichen als emotionalen Gründen suchen, im Gegensatz zu Frauen unter Fünfunddreißig, bei denen – wie uns wiederholt versichert wurde – das Emotionale den Vorrang vor dem Körperlichen hat. Kein Sexualforscher muß lange suchen, um zu beweisen, daß Frauen *unter* Dreißig Sex ohne Liebe genießen können. Die jüngeren Teilnehmerinnen an der Studie berichten im Prinzip von denselben sexuellen Gewohnheiten, wie sie ihre Mütter in ihrem Alter hatten.

Aber Frühreife gehen mit größerer Wahrscheinlichkeit ihren eigenen Weg. Als Gruppe lehnen sie sicherlich viele negative Aussagen einschließlich des unausrottbaren Spruchs ab: »Berühre dich nicht selbst dort unten«. Ob allein oder mit einem Partner; *sie* berühren sich.

Frauen, die sich selbst berühren

Es folgt, was einige Frauen über die manuelle Stimulierung ihrer Klitoris sagten:

»Meine Mutter schärfte mir ein, mich in der Badewanne nicht selbst zu berühren, als ich acht Jahre alt war. Also berührte ich mich das nächste Mal außerhalb des Wassers und lernte zu masturbieren.«

»Das große Geheimnis um den Sex ist, mit seiner Klitoris zu spielen. Man liest niemals in erotischen Romanen: ›und dann rieb sie sich selbst wie verrückt, während er sie fickte, und sie kam‹. O nein! Sie wollen, daß Sie denken, der Penis vollbrächte das Werk allein. Ich entdeckte das Geheimnis schon früh. Ich war ein neugieriges Kind.«

»Ich sage zu den Jungs, daß dieser kleine Finger uns nicht trennt. Daß er uns enger verbindet. Es sei denn, ich darf ihn nicht benutzen. Und dann trennt uns dieser kleine Finger aus gutem Grund!«

Diese Frauen glauben, daß die manuelle Stimulierung – nicht das Herz – beim Sex *nötig* ist.

Anne, eine sechsundzwanzigjährige mit der Kundenwerbung betraute Junior-Geschäftsführerin aus Kalifornien hielt die manuelle Stimulierung beim Geschlechtsverkehr für überaus wichtig. Sie war das Opfer einer Vergewaltigung bei einer Verabredung und stammt aus einer Familie, über die sie sagte: »Mom war so liberal, daß man sie fast als ›locker‹ bezeichnen könnte, während Dad extrem auf Anstand bedacht war.

Ich sah ihn tatsächlich niemals jemanden küssen. Jetzt sind die beiden geschieden. Ich war sehr überrascht. Mag sein, daß ich eine gute Einstellung zum Sex entwickelt habe, indem ich ihre Extreme addierte, das Ergebnis durch zwei dividierte und so einen Mittelwert erhielt. Wirklich, ich bin nicht einmal sicher, wo ich aufgeklärt wurde. Ich kann mich nicht erinnern, daß Mom oder Dad jemals über sexuelle Dinge gesprochen hätten.«

Anne masturbierte mit dreizehn Jahren bis zum Orgasmus – nachdem sie ihre Klitoris »zufällig unter der Dusche entdeckt« hatte – und verlor ihre Unschuld mit fünfzehn. Sie hat vierzehn Partner gehabt, eine Abtreibung hinter sich und lebt seit drei Jahren mit einem Mann in einer monogamen Beziehung. Sie

haben fünf- bis siebenmal pro Woche Geschlechtsverkehr, und sie sagte, er sei »außerordentlich befriedigend«. Sie ist fast jedesmal orgasmisch.

»Ich war mit allen Partnern außer zweien orgasmisch«, erzählte sie. »Diese beiden waren sehr jung, und ich war es damals ebenfalls. Beide berührten mich nicht und wünschten auch nicht, daß ich mich selbst berührte. Und sie kamen zu schnell. Ich habe einige Male mit ihnen geschlafen und bin dann meiner Wege gegangen. Wenn ein Mann nicht wünscht, daß ich mit mir selbst spiele, während ich mit ihm im Bett bin, brauche ich ihn nicht. Ich weiß, wie ich mein Vergnügen erreiche. Manchmal muß ich es mir auf diese Art verschaffen, und wenn ich es tue, will ich nicht, daß mir das Ego eines Mannes dabei im Weg steht.

Der Mann, mit dem ich zusammenlebe, ist in dieser Hinsicht großartig. Er liebt es, mich kommen zu sehen, und er fragt nicht danach, wie, solange es nur geschieht.«

Es ist aufschlußreich, daß Anne der Meinung ist, diese Beziehung habe sie »respektabel« gemacht.

Sie sagt: »Ich hatte immer mehr Partner als meine Freundinnen; und ich kam damit zurecht, indem ich einige von ihnen geheimhielt und für einen gewissen gesellschaftlichen Status und gepflegtes Aussehen sorgte. Mit diesem Mann bin ich eine richtige Frau. Wir leben zusammen. Wir lieben uns. Wir sind monogam. Meine Freundinnen würdigen es. Sie haben sich jahrelang Sorgen um mich gemacht.

Ich erinnere mich, als ich sechzehn Jahre alt war, sagte mir jemand, wenn ich nicht aufhörte, mit so vielen Jungen herumzumachen, würde ich keine gute Verabredung zum Collegeball bekommen. Heute ist es komisch, aber damals war ich deswegen unglücklich. Ich war immer anders als meine Freundinnen. Sie mußten immer in jemanden ›verliebt‹ sein. Ich gab es die meiste Zeit über nur vor.«

Was Früherblühte Ihnen über Sex beibringen können

Der Zustand einer Frühreifen wirkt in der Rückschau beneidenswerter als zu der Zeit, in der sich die Blüte entfaltete. Wenn Sie keine Früherblühte waren, verschwenden Sie keine Zeit damit, uns nachträglich zu beneiden. Wir wollten damals mehr wie Sie sein. Frauen jeder Kategorie haben etwas, das sie mit ihren Schwestern teilen können. Die positiven Züge im Verhalten der Frühreifen lassen sich in folgende Ratschläge für alle Frauen fassen.

* *Masturbieren Sie.* Sexualtherapeuten sagen, Masturbation sei der sicherste Weg, wie Frauen lernen können, Orgasmen zu haben. Selbst wenn Sie nur wenige oder gar keine Schwierigkeiten haben, bei den meisten Begegnungen einen Orgasmus zu erreichen, ist Masturbation eine sexuelle Ausdrucksform, sowohl für die alleinlebende Frau als auch für die Frau mit Partner.

* *Bestehen Sie auf einer manuellen Stimulierung beim Beischlaf, wenn Sie darauf angewiesen sind.* Die meisten Frauen bestehen darauf. Wenn ein Mann sagt: »Keine andere Frau hat sich selbst berührt, während ich mit ihr zusammen war«, sagten Sie ihm: »Ich bin keine andere Frau. Ich bin ich.« Es hat keinen Sinn, ihm zu sagen, daß die anderen Frauen wahrscheinlich Orgasmen vorgetäuscht haben. Er würde es nicht glauben.

* *Lassen Sie nicht zu, daß ein Unbehagen, das Sie eventuell wegen der Mißbilligung anderer Frauen empfinden, Ihre Libido beeinträchtigt.* Wenn Sie ein Verhältnis mit einem Mann haben, den Ihre Freundinnen nicht für den geeigneten Partner halten, oder wenn Sie eine außereheliche Af-

färe oder Sex mit mehreren Partnern haben, hören Sie auf sich selbst. Wenn Sie Zweifel bezüglich Ihres sexuellen Verhaltens haben, sprechen Sie mit einem Therapeuten darüber. Lassen Sie nicht zu, daß Ihre Freundinnen über Ihr Sexualleben bestimmen.

* *Lernen Sie, Phantasien einzusetzen, statt von ihnen beherrscht zu werden, wie es vielen Frauen geht.* Einige Frauen müssen »Liebe« vorgeben, um sich sexuell gehenlassen zu können. Aber suchen Sie keine Beziehungen, die allein auf sexuelle Attraktion und starke Liebesphantasien aufgebaut sind.

Die Liebesphantasie

Liebesphantasien sind romantische Szenarien, mit denen Frauen ihre sexuellen Wunschobjekte umgeben. Viele Frauen sind Gefangene dieser Phantasien. Sie sind in schillernden Spinnennetzen gefangen, die sie selbst gewoben haben. Sie müssen ihre Lust durch Liebesphantasien rechtfertigen, und dann fühlen sie sich verpflichtet, diese Phantasien in die Wirklichkeit umzusetzen. Als Opfer eines Zirkelschlusses sind sie bereit, sich einem Mann hinzugeben, sobald ihre Libido mit ihm befaßt ist. Manche Männer denken mit ihrem Unterleib, und manche Frauen hören auf ihren Unterleib.

Eine Frau, die von sich selbst sagte, daß sie »zuviel liebt«, eine Spätblüherin, die vor ihrem vierunddreißigsten Lebensjahr nicht orgasmisch war, bezeichnet ihr Verhalten als »sexuell idealisierend«.

»Ich habe mich immer mehr darauf konzentriert, wie gut eine Beziehung sein konnte, statt darauf, wie alltäglich sie war«, schreibt sie. »Ich habe Männer, Sex und Beziehungen idealisiert. Ich habe mich von meinen Idealisierungen zum Narren

halten lassen. Wenn man so lebt, ist man halb blind. Man tastet sich durchs Leben, hält stets nach ›Zeichen‹ seiner Liebe Ausschau und übertreibt jedes gute Detail. Man konditioniert sich selbst dazu, mittelmäßigen Sex für außergewöhnlich zu halten! Andernfalls müßte man zugeben, daß die ganze Sache nur der eigenen Phantasie entsprungen und der Sex einfach nur Sex war.«

Andere Frauen – darunter die Früherblühten, die ich interviewt habe – setzen ihre Liebesphantasien während der Erregung und Masturbation oder beim Geschlechtsverkehr ein und lassen von ihnen ab, sobald der Sex vorbei ist. Die Phantasien sind ihre Rechtfertigung, sich ihren erotischen Gefühlen hinzugeben (»Es ist in Ordnung ... wenn ich verliebt bin. Ich will vorgeben, richtig verliebt zu sein«). Häufig verstehen sie nicht, was sie tun, nicht einmal, während sie es tun. Es folgen einige Aussagen von Frauen, in denen sie erklären, wie oder weshalb sie Liebesphantasien benutzten:

»Phantasien waren für mich immer ein wichtiger Teil des Sexes. Wenn ich masturbiere, stelle ich mir das ganze Verhältnis von der ersten Begegnung mit dem Mann bis zur Erfüllung vor, während ich an mir herumspiele. Selbst in der Masturbationsphantasie schiele ich nach ihm, wenn es vorbei ist.«

»Es ist schwierig für mich, mich mit einem Mann einzulassen, wenn ich ihn nicht in meiner Phantasie als meinen wahren Liebhaber sehen kann. Bei einigen Männern, die ich kannte, war dazu ein ziemlich großer gedanklicher Sprung nötig, den ich nur auf der Höhe der Lust ausführen kann. Danach denke ich: ›Wieso er?‹«

»Jetzt, wo ich älter bin (dreiunddreißig), kann ich zu wirklich schmutzigen und gemeinen Szenen in meinem Kopf masturbie-

ren. Männer, die mich in jedes Loch ficken; solche Sachen. Als ich jünger war, mußten immer die Herzen und Blumen dabeisein.«

»Man sagt, Sex fände vor allem im Kopf statt, und ich kann das nur bestätigen. In meinem Kopf liebe ich sie immer. Ich könnte die Dinge, die ich mit ihnen tun möchte, nicht tun, wenn ich sie nicht zu dieser Zeit in meinem Kopf lieben würde.«

Wissen, was man braucht

Cheryl, eine achtunddreißigjährige Lehrerin aus Georgia, beschreibt ihre frühen sexuellen Erfahrungen als »eine Orgie der Gefühle und eine Prise körperliche Zutaten.« Sie hatte ihren ersten Orgasmus mit vierzehn Jahren durch Masturbation. Sie scheute sich nicht, ihrem Freund zu zeigen, wie er sie berühren mußte, damit auch sie einen Orgasmus bekam. Sie gab um ihrer Lust willen auch vor, daß jeder Junge, der sie berührte, ein »Seelengefährte« war, der »Torturen einschließlich Auspeitschen überlebt« hatte.

»Ich war Cheerleader in der High School«, sagt sie. »Mädchen im Süden können ungestraft einen Mord begehen, wenn sie Cheerleader sind. Nun, vielleicht nicht gerade einen Mord. Aber bestimmt kommen sie nicht mit einer Schwangerschaft durch. Schwanger zu werden, das war das Ende des Lebens, wie wir es kannten. Also lautete die Devise: Du gehst nicht bis zum Letzten. Du tust alles außer dem einen. Wir führten die Jungen perfekt an der Nase herum. Sie glaubten, daß wir ihretwegen in Ohnmacht fielen – und wir selbst glaubten es ebenfalls. Aber es war Sex, es waren nicht sie. All das Schwärmen darüber, wie ›toll‹ sie waren, bedeutete in Wahrheit, wie heiß sie waren! Sie müssen wissen, daß es

mir damals nicht bewußt war. Ich begriff dies erst in den letzten Jahren.

Und sie glaubten, wir wären zu gut, um bis zum Letzten zu gehen. Aber die Wahrheit war, daß wir es nicht riskieren wollten. Weshalb hätten wir es riskieren sollen, wenn wir auch ohne Beischlaf köstliche Orgasmen haben konnten? Mein fester Freund im letzten Jahr der High School war so etwas wie ein erklärter Experte im Cunnilingus. Er liebte es, mich ›auszuschlecken‹. Es dauerte Jahre, bis ich es wieder so gut besorgt bekam. Ich war verrückt nach ihm. Ich könnte heute noch nicht sagen, ob ich vom Sex verblendet war oder ihn liebte.

Diese Art von Sex war tatsächlich besser, weil man immer einen Orgasmus hatte. Als ich im College anfing, Sex zu haben, war ich anfangs ein wenig enttäuscht. Sobald ich mit einem Jungen Geschlechtsverkehr hatte, verschwendete er nicht mehr soviel Zeit damit, mich zu erregen. Ich lernte, mich zu melden und zu sagen, was ich wünschte, oder für mich selbst zu sorgen. Mit anderen Worten, oft liegt es an der Frau selbst, ob sie sexuell befriedigt wird. Ich glaube fest, daß es so ist.

ich weiß nicht, weshalb manche Frauen in diesem Punkt so zurückhaltend sind. Wenn ich kommen muß, ist die Not so groß, daß ich nicht lange darüber nachdenken will. Ich tue einfach, was nötig ist, um die Spannung abzubauen.«

Mit »Not« meint sie das intensive Verlangen nach Berührung des Klitorisbereiches; eine Not, die viele Frühreifen mit ähnlichem Nachdruck beschrieben haben. Vielleicht ist ihre Not stärker als die anderer Frauen, oder möglicherweise sind sie sich dieser Not, aus welchen Gründen auch immer, bewußter.

Der Beitrag der Hormone

Wir kennen die Rolle der individuellen hormonellen Entwicklung bei den Früherblühten im Unterschied zu ihren sexuell weniger aktiven Geschlechtsgenossinen nicht genau. Aber Fachleute sagen, daß der Grad des sexuellen Verlangens oder der sexuelle Trieb stark variiert. Seine Stärke wird durch das männliche Testosteron bestimmt, das bei beiden Geschlechtern vorhanden ist, aber bei Frauen in geringerem Maß. Dr. Ruth Westheimer erzählt, mehr als die Hälfte ihrer Post von Ehepartnern handele von dem »grundsätzlichen Problem, daß der eine Partner mehr Sex als der andere will«.

Früherblühte verlangen mehr Sex, und zwar vielleicht deswegen, weil ihre Körper anders als die anderer Frauen sind, weil sie mehr Testosteron produzieren. Frauen sind von Mitte bis Ende ihres dritten Lebensjahrzehnts zum Teil deshalb leichter erregbar, weil sich das Verhältnis der weiblichen Hormone zugunsten der Androgene in ihren Körpern verändert: Die natürliche Produktion von Östrogen läßt nach, während der Androgenspiegel unverändert bleibt. Aber viele Frauen haben von Natur aus ihr Leben lang einen höheren Androgenspiegel. Vielleicht trifft das auf die Früherblühten zu. Es ist auch möglich, daß es in größerem Umfang, als wir erkennen, von der Körperchemie abhängt, ob eine Frau schon früh orgasmisch oder in jedem Lebensalter leicht orgasmisch ist.

Ich war mit dreizehn Jahren leicht orgasmisch. Auch andere Frauen, die von einer frühzeitigen sexuellen Entwicklung berichten, hatten frühe Orgasmen durch Masturbation – Jahre bevor andere junge Frauen auch nur daran dachten. Fast sechs Prozent der Frauen in meiner Studie haben masturbiert, bevor sie *zehn* Jahre alt waren, drei davon schon mit *fünf* Jahren. Achten Früherblühte weniger auf Verbote, sich selbst zu be-

rühren? Werden sie durch stärkere sexuelle Gefühle als andere Mädchen getrieben?

Aus welchen Gründen auch immer, Früherblühte sind keine perfekten Knospen, die auf die Liebe warten. Und sie warten nicht auf ein »schickliches« Alter, bis sie sich öffnen.

Kapitel 3 **Wildblumen**

»Im nachhinein kann ich sehen, daß ich keine Grenzen kannte. Ich wußte einfach nicht, wie man nein sagt. Ich tat alles, was ein Junge von mir wollte, weil ich keine klare Vorstellung von mir selbst und meinen sexuellen Bedürfnissen und davon hatte, wie ich dafür sorgen konnte, daß sie befriedigt wurden.« – Renée, neununddreißig Jahre alt, eine ehemalige Wildblume.

Sie kann sich zügelloser benehmen als jede Früherblühte, und doch keine sein. Früherblühte wünschen die Befriedigung ihrer Bedürfnisse, ohne daß sie schwanger werden oder ihren Status innerhalb der Gruppe von Gleichaltrigen verlieren und als »Nutten« bezeichnet werden. Wildblumen hingegen geben mit ihrem Verhalten an. Es geht ihnen um etwas anderes als um ihre persönlichen sexuellen Bedürfnisse; sie scheinen sich geradezu nach abfälligen Bezeichnungen, nach negativer Aufmerksamkeit, nach den Kritiken zu sehen, die ihnen ihr Verhalten zwangsläufig einbringt.

Einige Wildblumen sind – oder werden später – sexuelle Forscherinnen; eine Kategorie, mit der wir uns in Kapitel 23 näher befassen werden. Sexuelle Forscherinnen haben wie alle Wildblumen mehr Partner und/oder berichten von größerer Anteilnahme an sexuellen Spielarten, aber sie unterscheiden sich von anderen Wildblumen darin, daß sie hauptsächlich durch ihr eigenes Vergnügen motiviert sind, *und* sie schützen sich vor negativen Folgen ihres sexuellen Lebens, vor Krankheiten und unerwünschten Schwangerschaften. In ihrer Jugend ist kaum eine Frau eine echte sexuelle Forscherin.

»Ich war jahrelang ein schlechtes Mädchen«, sagt die neunundzwanzigjährige Jessica. »Im letzten Jahr auf der High School war ich ganz wild. Ich hielt mich nicht zurück. In einer Woche hatte ich fünf Partner. Fragen Sie mich nicht, weshalb. Keiner von ihnen war besonders gut. Ich weiß nicht, wie ich es geschafft habe, nicht von der Schule verwiesen zu werden.

Ich mußte nur jemanden berühren, von jemandem in die Arme genommen werden. Es hört sich verrückt an, aber es ging mir nicht um Sex, es ging mir ums Berührtwerden, ums Umarmtwerden. Ich brauchte die körperliche Nähe, wie die Jungen sie brauchten, um einen Orgasmus zu haben.

Auf dem College war es ein wenig anders. Ich verlegte die sexuell ausschweifenden Zeiten in die Ferien. Ich war entweder sehr diszipliniert und studierte ernsthaft – oder ich war völlig außer Kontrolle. Meine Zimmergenossin auf dem College erfuhr erst im zweiten Jahr, in dem wir uns ein Zimmer teilten, von meinem Doppelleben, als ich sie in den Ferien mit zu mir nach Hause nahm. Meine Eltern waren in Europa. Am ersten Abend gab ich eine Party. Ich sehe heute noch ihren Gesichtsausdruck, als sie in mein Schlafzimmer kam und mich nackt sah, mit Strümpfen ans Bett gefesselt. Der Junge, der mich festgebunden hatte, war gerade ins Bad gegangen.

In diesen wilden Jahren hatte ich nicht viele Orgasmen. Ich masturbiert nicht, bis ich zwanzig Jahre alt war.

Orgasmen waren nicht so wichtig. Es ist komisch, aber damals glaubte ich, ich täte es zu meinem Vergnügen. Es war verrückt. Selbst als ich soweit war, Orgasmen zu bekommen, hatte ich keinen guten Sex. Ich fühlte mich von einem Jungen angezogen und ging mit ihm ins Bett, aber für mich war es nur eine Abwechslung.

Ich weiß nicht, weshalb ich so fühlen mußte. Ich weiß es nicht.«

Wer ist sie?

19,1 Prozent aller Frauen in der untersuchten Gruppe sind Wildblumen. Sie sind Frauen, die

* *von fünf oder mehr Partnern pro Jahr berichten;*

* *mehr als die für ihre Altersgruppe durchschnittliche Anzahl an Partnern hatten; Männer, mit denen sie wenigstens einmal Geschlechtsverkehr hatten.* Die mittleren Zahlen sind: acht Partner bei den Frauen zwischen einundzwanzig und dreißig Jahren, neunundzwanzig Partner bei den Frauen im dritten, siebenundvierzig bei den Frauen im vierten Lebensjahrzehnt und neunzehn Partner bei den Frauen über fünfzig.

* *über Teilnahme an Analverkehr, Fesselungen und sadomasochistischen Praktiken berichten, und zwar häufiger als »gelegentlich« oder »nur einmal«.*

Fast die Hälfte sind sexuelle Forscherinnen, Frauen, die ihr Sexualleben selbst gestalten, aus eigenem Antrieb an sexuellen Spielarten teilnehmen und sich für mehrere Partner entscheiden oder entschieden haben. Die Forscherinnen sind oft leichter oder multipler orgasmisch als andere Wildblumen. Ihr Verhalten ist durch die Suche nach erregenderen Erfahrungen, nach mehr oder besseren Orgasmen und durch das Bedürfnis nach größerer Vielfalt und Stimulation motiviert, als sie die durchschnittliche Frau erlebt. Sie verwenden generell Empfängnisverhütungsmittel und Kondome und schützen sich vor den negativen Folgen ihres sexuellen Experimentierverhaltens.
Aber die andere Hälfte der Gruppe der Wildblumen – von der dieses Kapitel handelt – war während des Beischlafs kaum oder niemals orgasmisch. Vierzehn Prozent der Frauen aus dieser

Gruppe hatten niemals einen Orgasmus mit einem Partner. Im Gegensatz zu den Forscherinnen und Früherblühten sind diese Frauen nicht stark auf den Orgasmus fixiert. Und sie sind in bezug auf Maßnahmen zur Verhütung von unerwünschten Schwangerschaften und Krankheiten erschreckend nachlässig.

Wie die Mitmenschen auf sie reagieren

Obwohl Wildblumen eine Minderheit darstellen, erfreuen sie sich großer Aufmerksamkeit. Journalisten führen sie in Artikeln über Sexualität und Beziehungen mit kaum verhohlenem Ärger als negative Beispiele an. Die Mütter anderer Mädchen deuten mit dem Finger auf sie und ermahnen ihre Töchter: »Männer heiraten kein Mädchen wie dieses!« Sie werden als Beispiele für den modernen Sittenverfall hingestellt. Feministinnen und Konservative greifen sie mit gleichem Eifer an.

Wilde Jungen und Männer sind natürlich etwas anderes. Sie werden akzeptiert oder toleriert. Sogar Frauen – die Gruppe, die durch ihr Verhalten am meisten verletzt wird – verzeihen ihnen ihre Unbeständigkeit. Neuere Untersuchungen über die doppelte Moral – ebenfalls anhand der leicht verfügbaren Gruppe der achtzehn- bis zweiundzwanzigjährigen Collegestudentinnen ausgeführt – zeigen, wie wenig sich die Einstellungen geändert haben. Laut einer in THE JOURNAL OF SEX RESEARCH veröffentlichen Untersuchung tadeln Studentinnen eher ihre Geschlechtsgenossinnen dafür, daß sie herumprobieren – oder im therapeutischen Jargon ausgedrückt »an extraprämaritalem Geschlechtsverkehr teilnehmen« –, als die männlichen Studenten, die sich vergleichbar verhalten. Das Urteil der Frauen über andere Frauen fiel ebenfalls härter aus als das der männlichen Studenten. Eine weitere Studie in einer ande-

ren Ausgabe des Journals schloß, daß die an der Untersuchung beteiligten Frauen ihre Geschlechtsgenossinnen mit mehreren Partnern »weniger verantwortungsbewußt« als Männer mit mehreren Partnerinnen fanden. Und die Autoren einer dritten Studie schlossen – kaum überraschend –, daß die doppelte Moral zwar »abnimmt, aber immer noch existiert; besonders im Herzen der Frauen.«

Und doch wird Wildblumen fast immer verziehen, wenn sie ihre Wildheit aufgeben, indem sie sich in einer monogamen Beziehung »zur Ruhe setzen«, in eine Periode freiwilliger Enthaltsamkeit eintreten oder sich als sexsüchtig betrachten und Hilfe durch die Behandlungsindustrie oder durch *Love and Sex Addicts Anonymous* suchen, den neuesten Sproß des Zwölfstufenprogramms.

Was gibt ihnen der Sex, wenn nicht die üblichen Orgasmen? Eine Menge Aufmerksamkeit.

Das Bedürfnis nach negativer Aufmerksamkeit

Die einundzwanzigjährige Karen hatte bereits »mehr als fünfzig« Sexualpartner, obwohl sie mit kaum einem Partner orgasmisch war. Sie war das jüngste von vier Kindern in einer »sittenstrengen«, aber nicht übermäßig religiösen Arbeiterfamilie. »Es begann, als ich sechzehn war. Ich nahm mir vor, siebzehn Partner zu haben, bevor ich siebzehn würde. Die Sache verselbständigte sich. Ich sagte ohne nachzudenken ja. Manchmal glaube ich, es bringt mir mehr, wenn ich über die Sache rede und sehe, wie meine Freundinnen reagieren, als die Sache selbst.«

Karen beschreibt sich selbst als Einzelgängerin. Sie gehört keiner Gruppe von Gleichaltrigen an. Sie hat zwei enge Freundinnen, und obwohl beide nicht in ihrer Nähe wohnen, er-

stattet sie ihnen »ziemlich regelmäßig Bericht« über ihre sexuellen Eskapaden. Ihre Freundinnen sind nicht kritisch. Tatsächlich denkt Karen manchmal, daß sie stellvertretend für sie lebt.

»Sie haben beide monogame Beziehungen seit mindestens zwei Jahren«, sagte sie. »Kerry lebt mit ihrem Freund zusammen, mit dem sie sich bereits traf, als sie beide sechzehn Jahre alt waren. Sie ist einundzwanzig, hat seit fünf Jahren Sex und hatte immer nur einen Partner. Das haut mich vom Hocker! Wir sind völlig verschieden.

Sie schimpft mit mir, weil ich nie Kondome benutze. Ich weiß, daß sie recht hat, aber ich tu's einfach nicht. Ich habe Glück gehabt, keine Krankheiten, nur eine Abtreibung. Wenn die Jungen Kondome benutzen, bin ich froh, aber ich bitte sie nicht darum. Ich sehe mir auch den Penis an, ob ich Anzeichen von Krankheiten sehe, und ich spiele daran herum und achte auf Ausfluß.

Ich glaube nicht, daß sie sich vorstellen kann, wie es mit Jungs sein kann, die nicht ernsthaft an einem interessiert sind. Sie sind nicht so besorgt. Aber sie ist fasziniert von dem, was ich tue. Als ich einmal am selben Tag Sex mit drei verschiedenen Jungs hatte, rief ich sie an und erzählte ihr davon. Sie tat so, als würde sie ausrasten, aber es gefiel ihr. Ich mußte ihr alle Einzelheiten erzählen, zum Beispiel, wer von den Jungs den größten Schwanz hatte und was ich mit dem auslaufenden Sperma tat und ob der eine merkte, daß ich es schon mit anderen getrieben hatte.«

Karen kann frei über Sex sprechen. Sie sagt, daß ihr große Penisse gefallen: »Man spürt sie mehr.« Und daß sie Sex an halböffentlichen Orten genießt. Sie kann hingegen nicht so gut beschreiben, was ihr der Sex gibt.

»Ich weiß nicht, weshalb ich so viele Partner habe. Ich halte mich deswegen sogar für verrückt. Ich hatte eine kurze mono-

game Zeit. Ich war bereit, den Jungen zu heiraten, als ich herausfand, daß er mit einer anderen zusammen war. Danach trieb ich es um so wilder mit anderen. Ich mußte mein Selbstvertrauen zurückgewinnen. Er hat mich wirklich verletzt. Ich war in dieser Phantasie über Liebe, Heirat und Kinder gefangen, und er wies mich zurück.

Ich kann ohne Sex leben. Ich habe einmal vier Monate lang aufgehört; vollständiger Entzug. Manchmal glaube ich, daß es mir gar nicht um Sex geht. Ohne festen Freund komme ich mir unvollständig vor, aber ich habe kaum je einen festen Freund gehabt. Meistens bin ich allein und habe Sex mit einer Menge Jungs, um mein Leben auszufüllen. So bin ich eben. Ich denke nicht an einen Orgasmus, wenn ich in Fahrt bin. Ich will nur etwas tun; jemanden in meiner Nähe haben. Orgasmus bedeutet mir nicht soviel, wie jemanden in meiner Nähe zu haben.

Nur wenige von den Jungs waren gute Sexpartner, aber es war immer noch Sex. Es zu tun, macht bereits Spaß, wissen Sie. Ich kann auch abheben, wenn ich masturbiere, aber es gefällt mir nicht so gut. Ich muß Sex haben. Ich weiß nicht, warum ich so fühle, aber es ist so.«

Ich habe mehreren Psychologen, Psychiatern und Sexualtherapeuten die Frage gestellt, die Karen sich selbst stellte: Weshalb?

Die psychoanalytische Sicht

Die nicht in den Behandlungsbereichen der Sexsucht tätigen Fachleute, mit denen ich sprach, spielten die Theorie der Sexsucht entweder herunter oder lehnten sie völlig ab. Sie sagten, Frauen wie Karen setzen sich gegen ihre repressive Kindheit zur Wehr oder sie reagieren auf wirkliches oder empfundenes Verlassensein, besonders seitens des Vaters. Ihre Suche nach

Sex kann in Wahrheit eine Suche nach Liebe und Aufmerksamkeit bedeuten, die sie zu Hause nicht erhalten oder das Gefühl haben, nicht zu erhalten. Ich muß an dieser Stelle davor warnen, prompte Antworten auf schwierige Fragen zu geben. Interessant ist jedenfalls, daß Karen niemals ihren Vater kennenlernte, der sie verließ, als sie noch ein Kind war. Die vielen Freunde, die ihre Mutter anschließend hatte, ignorierten sie. Einige Wildblumen sind als Kinder sexuell mißbraucht worden. Von den fünfzehn Prozent der Frauen in meiner Studie, die über einen solchen Mißbrauch berichteten, waren nahezu drei Viertel Wildblumen.

Die Meinungen darüber, weshalb sich die Wildblumen so benehmen, wie sie es tun, mögen geteilt sein; aber über *einen* Aspekt ihrer Lebensweise herrscht Einmütigkeit: Ihr Verhalten ist mit ernsthaften Risiken verbunden.

Die Risiken

»Ich habe mich aus einigen kitzligen Situationen herausreden müssen«, sagt die fünfundzwanzigjährige Linda. Sie hat im Schnitt zweimal monatlich Geschlechtsverkehr mit Fremden. »Einmal war ich in einem Hotelzimmer an ein Bett gefesselt. Mein Partner war ein Wachmann. Er drohte, aus dem Raum zu gehen und mich bei geöffneter Tür allein zu lassen. Er ließ mich betteln. Ein anderes Mal stieß mich ein Mann so brutal, daß ich blutete. Sein Penis war überdurchschnittlich groß, aber es war seine Rücksichtslosigkeit, nicht die Größe, die mich verletzte. Ich bin nie zuvor oder seitdem so hart gefickt worden.

Einmal hatte ein Bursche gewisse Schwierigkeiten. Ich blies ihm einen, bis mir der Kiefer weh tat, aber er wurde nicht hart genug. Er war so wütend, daß ich dachte, er würde mich schlagen. Also versicherte ich ihm, es sei mein Fehler; ich sei

in sexuellen Dingen ungeschickt. Danach klappte es besser. Aber er hatte mich erschreckt. Ich glaube, er wäre fähig gewesen, eine Frau zu verletzen.«

Frauen wie Linda bringen sich selbst in Situationen, in denen sie unglaublich leicht verletzlich sind, wenn sie Sex mit einem Fremden haben. Er könnte gewalttätig werden oder sie mit sexuell übertragbaren Krankheiten anstecken. Wenn sie keines der üblichen Verhütungsmittel benutzen, schwängert er sie vielleicht, bevor er aus ihrem Leben verschwindet.

Ein Abenteuer für eine Nacht ist kaum mit jenem fiebrigen Sex verbunden, wie er bei solchen Begegnungen in Kinofilmen und kitschigen Romanen dargestellt wird. Laut einer in THE JOURNAL OF SEX AND MARITAL THERAPY veröffentlichten Studie mit 805 Krankenschwestern hatten etwa zwei Drittel der Frauen einen Orgasmus vorgetäuscht, nach Angaben der meisten Frauen bei zufälligen Begegnungen, die oft nur eine Nacht dauerten. Andere Untersuchungen – besonders mit jüngeren Frauen – gelangen zu ähnlichen oder noch dramatischeren Ergebnissen.

Weshalb setzen sich die Wildblumen für so wenig Vergnügen so hohen Risiken aus? Die Fachleute sagen uns, einige dieser Frauen seien auf Bestrafung statt Vergnügen aus. Aber andere suchen zweifellos das Abenteuer. Gefahr erregt sie.

»Vermutlich ist es krank«, sagt Linda, »aber das Element der Gefahr erregt mich. Immer wenn ich mit einem Mann, den ich nicht kenne, in ein Zimmer gehe, sitzt mir die Angst in der Magengrube. Es erregt mich. Es ist eine erotisierende Angst. Ich bin zwar in solchen Fällen nicht orgasmisch, aber ich masturbiere noch Tage später und habe Orgasmen bei der Erinnerung an das, was wir getan haben.«

Bei vielen Frauen ist die wilde Zeit eine kurze Phase im Leben, die später eindeutig als Reaktion auf sexuelle Ablehnung identifiziert wird. Eine Frau Mitte Fünfzig beschrieb es als Reak-

tion, die man unter dem Motto »Ich will die ganze Welt ficken, um abzurechnen« betrachten könnte. Andere Frauen nennen es »Rache-Sex«. Sie tun es, um dem Mann, der sie verlassen hat, zu zeigen, daß sie für andere Männer immer noch attraktiv sind, wenn auch nicht für ihn. Oder um sich sexuell wieder zum Leben zu erwecken.

»Ich heiratete mit neunzehn, wurde mit zwanzig geschieden und war mit einundzwanzig Jahren die Wildeste in der Stadt«, schreibt eine vierundzwanzigjährige Texanerin, die seit einem Jahr zum zweiten Mal verheiratet und mit ihrem ersten Kind schwanger ist. »In jenem Jahr schlief ich mit vierzig Männern, aber sie waren eigentlich keine Fremden. Ich kannte sie von der Schule oder der Arbeit. Ich arbeitete als Sekretärin bei einem Rechtsanwalt, und viele der Männer waren seine Klienten. Sie müssen wissen, daß ich fast nie geplant habe, Sex mit einem bestimmten Mann zu haben. Es geschah einfach. Ich habe nur drei der Männer öfter als einmal getroffen. Ich weiß nicht, wie viele von ihnen mir zu einem Orgasmus verhalfen. Ich dachte damals nie an einen Orgasmus.

Ich hatte wirklich Glück. Keine Gewalt außer Schlägen. Aber ich mußte ein paar merkwürdige Sachen machen. Nackt auf allen Vieren herumkriechen, etwas in der Art. Meistens wollten sie etwas über meine Phantasien hören. Zwei ältere Männer verlangten, daß ich schmutzige Sachen erzählte, während sie onanierten. Wir trieben es nicht einmal miteinander.

Ich war das ganze Jahr über bei keinem Frauenarzt. Ich bat die Jungs oft, ihn zur Verhütung vorzeitig herauszuziehen, weil ich die Pille nicht nahm. Es ist ein Wunder, daß ich nicht früher schwanger wurde. Es dauerte fast ein Jahr. Dann hatte ich eine Abtreibung, und das ernüchterte mich. Ich sagte mir: ›Das wird mir nie wieder passieren.‹ Ich wurde auf alle möglichen Krankheiten untersucht und hatte keine einzige. Haben Sie eine Ahnung, wieviel Glück dazu gehört?«

74,1 Prozent der Wildblumen in meiner Studie berichteten von mehreren Abtreibungen – verglichen mit nur vierzehn Prozent der gesamten Gruppe –, und einundfünfzig Prozent hatten sich mehrere sexuell übertragbare Krankheiten zugezogen, dagegen nur 27,7 Prozent der Gesamtgruppe.

Ihre Berichte weisen unter anderem folgende Gemeinsamkeiten auf:

* *Sie sind sich der Risiken ihres Verhaltens bewußt.* Anders als Frauen, die schlechte Partnerwahlen treffen, weil sie in Phantasien befangen sind, wissen Wildblumen, was sie tun.

* *Aber sie wissen nicht, weshalb sie diese Risiken auf sich nehmen.* Wenn sie zur Zeit der Befragung immer noch riskante sexuelle Beziehungen hatten, waren sie sich nicht sicher, weshalb sie es taten. Sie sind orgasmisch und masturbieren, also wissen sie genau, was sie bei ihren Begegnungen mit Partnern vermissen. »Was genau bringt es mir?« fragen sie sich selbst.

* *Sie berichten allerdings, daß sie von dem Verlangen getrieben werden, um jeden Preis berührt und umarmt zu werden.* Mehr als die Hälfte dieser Frauen kommen aus sexuell repressiven Familien und/oder wurden sehr religiös erzogen. Fast sechzig Prozent verloren in frühen Jahren ihren Vater durch Tod oder Scheidung.

* *Sie wissen sehr genau, wie andere ihr Verhalten – das sie nie geheimhalten – beurteilen.* Viele von ihnen beschreiben ihre Abenteuer sogar detailliert ihren Freundinnen, anders als die sexuellen Forscherinnen, die ihre Geheimnisse eher für sich behalten.

Im Rückblick

Frauen, die ihre wilde Zeit hinter sich haben, scheinen eher Antworten auf ihre eigenen Fragen über ihre Motive und Lustgefühle gefunden zu haben.

Meagan, die sich selbst ein »schlechtes Mädchen« nennt, analysiert ihr sexuelles Verhalten. Sie ist mit ihren achtunddreißig Jahren eine erfolgreiche leitende Angestellte in einem konservativen Unternehmen. Sie ist die letzte Person, von der man erwarten würde, daß sie fremde Männer in Bars anspricht, wenn sie auf Geschäftsreise ist, aber sie hat genau das noch vor gar nicht allzulanger Zeit getan.

»Anfang bis Mitte Zwanzig war ich ein wirklich wildes Mädchen«, erzählt sie. »Ich hatte Affären für eine Nacht und wilde Wochenenden mit Fremden. Ich tat alles, wofür es einen Namen gibt. Fesseln, sadomasochistische Praktiken, Analverkehr; einfach alles. Ich hatte Hunderte von Partnern. Als meine Karriere Fortschritte machte, wurde ich vorsichtiger, weil mein Job mit mehr Öffentlichkeit verbunden war und ich mein Image wahren mußte.

Ich war zu Hause gut und auf der Straße schlecht. Zum Beispiel verbrachte ich eine Woche auf den Bahamas, wo ich einen französischen Maler traf, den soeben eine reiche ältere Frau verlassen hatte. Sie hatte ihn von ihrer Yacht geworfen und war davongesegelt. Er war der dekadenteste Mensch, den ich je getroffen habe. Ich bin sicher, daß er mit Männern wie Frauen geschlafen und Drogen genommen hat. Er stellte ein ernsthaftes Risiko dar, und ich nahm es, ohne nachzudenken, auf mich. Aber er war der letzte meiner ›schlechten‹ Partner. Auf der Heimfahrt fing ich an, mir über Aids Sorgen zu machen. Ich ließ mich untersuchen. Als sich herausstellte, daß mir nichts fehlte, beschloß ich, mein Verhalten zu ändern.

Als ich jünger war, hatte ich mit den meisten Partnern keinen Orgasmus. Ich lebte mich sexuell aus. Ich weiß, das hört sich nach Therapiejargon an, aber ich war schließlich in Therapie. Ich war zornig. In meiner Kindheit sind mir eine Menge Dinge passiert – sexuelle Dinge –, mit meinen älteren Brüdern, sogar mit meinem Vater, obwohl er immer kurz vor der Penetration aufhörte. Ich erinnerte mich nicht an diese Vorfälle, bis ich Anfang Dreißig in Therapie ging. Ich hatte alles verdrängt.

Eines Tages, während einer Therapiesitzung, erkannte ich, daß etwas in mir war – wie ein großer schwarzer Kokon. Als dieser Kokon schließlich aufbrach, konnte ich meinen Vater und meinen Bruder sehen. Sie waren nackt und hatten riesige Penisse. Dann erinnerte ich mich wieder an alles.

Bis diese Erinnerungen zurückkehrten, war ich in bezug auf Sexualität unbekümmert. Manchmal spielte es keine Rolle, mit wem ich es trieb, solange ich es nur trieb. Heute bin ich wild, wenn ich mir vornehme, wild zu sein, weil es Spaß macht. Es gefällt mir. Ich bin immer diejenige, die die Kontrolle hat. Früher war es anders. Einige Male hatte ich mich in recht gefährliche Situationen gebracht. Einmal mußte ich einen Mann von einem verrückten psychotischen Trip herunterholen. Er tat mir weh und war im Begriff, mir noch mehr weh zu tun, aber ich redete es ihm aus. Ein anderes Mal warf mich ein Mann nackt aus seinem Apartment. Ich stand vor seiner Tür und bettelte so lange, bis er mir meine Kleider herausbrachte. Aber er behielt meine Schuhe und die Handtasche. Ich mußte zu Fuß nach Hause gehen. Mehr als dreißig Blocks weit, barfuß und mitten in der Nacht.

Aber die guten Nachrichten lauten, daß ich solche Sachen nicht mehr mache. Ich habe großartigen Sex, und ich bin zu keinem Preis bereit, mich auf eine monogame Beziehung mit irgend jemandem einzulassen. Ich benutze Kondome. Und ich

passe auch in anderer Hinsicht auf mich auf, indem ich nur Sex habe, wenn ich ihn selbst haben will, und nicht, weil ein Mann danach fragt – und indem ich sicherstelle, daß es die Art Sex ist, die ich haben will.«

Was Sie tun können, um Ihr eigenes Verhalten zu ändern

Wenn Sie eine Wildblume sind, haben Sie vielleicht Sex im Überfluß, aber nicht genug Lust daran. Aber das können Sie ändern, wie es Meagan und andere Frauen getan haben.

* *Nehmen Sie Urlaub vom Sex.* Gönnen Sie sich Erholung von Ihren Sexualpartnern – und sei es auch nur eine Woche oder zehn Tage lang –, und verbringen Sie diese Zeit damit, Ihr sexuelles Verhalten zu überprüfen. Schauen Sie sich an, was Sie getan haben, und was es für Sie getan hat – nicht, was es Ihrer Meinung nach *über* Sie aussagt. Was erwarten Sie vom Sex? Bekommen Sie es? Wenn nicht, weshalb nicht? Wenn Sie es sich leisten können, sprechen Sie mit einem Therapeuten über diese Dinge.

* *Geben Sie sich selbst die Erlaubnis, »nein« zu sagen.* Therapeuten sagen, daß man nicht wirklich »ja« sagen kann, wenn man nicht gelernt hat, »nein« zu sagen. Sie müssen nicht auf die sexuellen Forderungen oder Bitten der Männer in Ihrem Leben eingehen. Wenn Sie immer und auf jede Forderung eingehen, sagen Sie nicht »ja«, sie sagen nur nicht »nein«.

* *Finden Sie positive Wege, Ihren Wunsch nach Aufmerksamkeit und sexuellem Körperkontakt zu befriedigen.* Einige Frauen

holen sich Haustiere und/oder zeigen Freunden der Familie ihre Zuneigung mehr auf körperliche Art. Sie nehmen Sportstunden, tragen sich für Kurse ein oder treten Laienspielgruppen bei – alles, was geeignet ist, positive Aufmerksamkeit für ihre Aktivitäten zu erhalten.

* *Masturbieren Sie.* Betrachten Sie Masturbation als einen Akt der Selbst-Liebe und eine Möglichkeit, sexuelle Spannung abzubauen. Träumen Sie von Liebesabenteuern mit Männern, die Sie sexuell ansprechen.

* *Treffen Sie eine bessere Partnerwahl.* Fertigen Sie eine Liste mit Qualitäten an, die Sie sich bei einem Mann wünschen. Achten Sie darauf, wie sich diese Qualitäten darin widerspiegeln, wie er Sie behandelt. Und gehen Sie mit keinem Mann mehr ins Bett, wenn Sie nicht sicher sind, daß er Ihren Ansprüchen genügt.

* *Das wichtigste: Kritisieren Sie nicht Ihr sexuelles Verhalten, und lassen Sie nicht zu, daß andere es kritisieren.* Hören Sie auf, Ihren Freundinnen Einzelheiten aus Ihrem sexuellen Leben zu erzählen. Viele Menschen leben durch das Leben anderer und ermutigen Sie vielleicht unbewußt zu einem fortgesetzt hemmungslosen Verhalten.

Kapitel 4 Perfekte Knospen

»Ich beneide die Mädchen, die nicht von sexuellen Anwandlungen gequält wurden. Ich glaube, sie waren dieselben, die auch nie Pickel bekamen. Es muß da eine Verbindung geben.« – Margot, eine neununddreißig Jahre alte Früherblühte über perfekte Knospen.

Perfekte Knospen scheinen alles »richtig« zu machen. Sie entsprechen der »Geschlossene-Knospen-Theorie« der allmählichen Entwicklung der weiblichen Sexualität. Oft erst Anfang Zwanzig orgasmisch, ist die perfekte Knospe sexy, aber nicht bedrohlich, weil ein Mann sie in der Regel als »Herausforderung sowie unbeschriebes Blatt« betrachtet, auf das er seine eigenen Phantasien schreiben kann. Sie ist die sexuell Unschuldige, eine Rolle, die viele Frauen selbst dann noch weiterspielen, wenn sie erwachsene Kinder haben.

In meiner Jugend habe ich sie beneidet; vielleicht ist es Ihnen ebenso ergangen. Selbst jetzt noch, in der Mitte meines Lebens, nachdem sich die Differenzen zwischen uns Frauen geglättet haben und die Falten, die uns gemeinsam sind, langsam erscheinen, sind die Knospen in meiner Vorstellung Frauen, wie sie sein sollten. Aber viele von ihnen sagen mir, daß sie sich als gewöhnlich, reizlos oder langweilig betrachten. Es ist wahrlich niemand jemals völlig mit dem zufrieden, was er hat, gleichgültig, ob es um Erfolg, Schönheit oder sexuellen Trieb geht.

Perfekte Knospen berichten häufiger als die anderen Frauen in meiner Untersuchung, daß es ihnen immer gelungen ist, Sex und Liebe zu verbinden.

»Bis zu meinem zwanzigsten Lebensjahr habe ich nicht an Sex gedacht«, sagt Madeleine, eine dreiundvierzig Jahre alte perfekte Knospe aus dem südlichen Illinois. »Ich dachte an Liebe. Sex war das, was man selbst nicht tat, wenn man klug war. Liebe war das, was man von den Jungen bekam, wenn man gut war.

Meine Mutter schärfte mir zwei Dinge ein: Erstens, sorge dafür, daß du in der Schule niemals besser als Zwei stehst, denn die Jungen mögen keine Mädchen, die Einsen bekommen. Und zweitens, laß nicht zu, daß dich ein Junge unterhalb der Taille berührt, solange du nicht mit ihm verlobt bist.

Es war in den frühen sechziger Jahren, und einige Mädchen hörten nicht auf ihre Mütter, aber mir fiel es niemals ein, nicht auf meine Mutter zu hören. Ich dachte, sie wüßte, wovon sie redete. Sie hatte meinen Dad und ein wunderschönes Haus mit Zwischenstockwerk und meinen Bruder und mich; alles, was sie wollte. Ich wollte dieselben Dinge haben.

Noch genoß ich die Küsse und Liebkosungen oberhalb der Taille. Also tat ich diese Dinge mit den Jungen, mit denen ich mich regelmäßig traf. Als ich neunzehn war, verlobte ich mich mit Michael. Wir waren sechs Monate lang verlobt, bevor wir heirateten. Wir taten vieles, wir liebkosten uns bis zum Orgasmus, aber weiter ging es nicht. Mein erster Orgasmus kam überraschend und erschütterte mich. Er brachte mich mit der Hand in meinem Höschen dazu. Ich wußte, ich wäre verloren, wenn er mir schließlich das Höschen auszöge, weil seine Hand sich so angenehm anfühlte.

Ich weiß ehrlich nicht, weshalb es für mich so wichtig war, eine jungfräuliche Braut zu sein, aber so war es. Als ich heiratete, war ich davon erschöpft, Michael abzuwehren. Meine Nerven waren erledigt. Ich schrie bei der geringsten Kleinigkeit auf. Die beiden letzten Monate vor der Hochzeit waren

schrecklich – er drängte mich zum Geschlechtsverkehr, und meine Mutter fragte mich, ob ich noch Jungfrau sei –, und ich stand dazwischen. Als ich wegen der vorehelichen Untersuchung zum Arzt ging, verschrieb dieser mir Librium.«

Madeleine und Michael feiern in etwas mehr als einem Jahr ihren fünfundzwanzigsten Hochzeitstag. Sie hatte niemals eine Affäre und ist sicher, daß dies auch auf ihn zutrifft. Ihr Geschlechtsleben war – und ist immer noch – »*in hohem Maß* befriedigend«.

»Eine jungfräuliche Braut zu sein bedeutet nicht, daß man verklemmt durchs Leben gehen muß«, sagte sie. »Wir haben alles gemacht: oralen Sex, Analverkehr, Fesseln. Er ist ein sanfter und sehr phantasievoller Liebhaber. Als ich diese Sätze auf Ihren Fragebogen schrieb, hat er mir über die Schulter geschaut und gesagt, er würde dasselbe über mich sagen.

Was unser geschlechtliches Leben so befriedigend macht, ist der Grad der Vertrautheit, den wir erreicht haben. Ich könnte niemals mit solcher Hemmungslosigkeit lieben, wenn ich ihm nicht vollkommen vertrauen würde und wüßte, daß er mich so gut kennt, wie Menschen einander nur kennen können.«

Perfekte Knospen scheinen häufig zu heiraten und sind wahrscheinlich – wenn auch nicht immer – monogam. Sie legen großen Wert auf Vertrautheit und genießen den Sex – die Zielgruppe für das Magazin REDBOOK. Sie passen recht genau in die »Geschlossene-Knospen-Theorie« für weibliche Sexualität: Wenn die Zeit gekommen ist, da sie erblühen, erfreuen sie sich ihrer neuentdeckten Sinnlichkeit.

Wer ist sie?

23,3 Prozent der untersuchten Gruppe sind perfekte Knospen. Sie sind Frauen, die

* *nach ihrem sechzehnten Lebensjahr zu masturbieren anfingen, aber nicht später als mit einundzwanzig;*

* *ihre erste sexuelle Erfahrung mit einem Partner zwischen dem siebzehnten und dem einundzwanzigsten Lebensjahr hatten;*

* *ihren ersten Orgasmus beim Masturbieren vor dem einundzwanzigsten und ihren ersten Orgasmus mit einem Partner vor dem fünfundzwanzigsten Lebensjahr hatten.*

In den Familienvorgeschichten dieser Frauen fiel mir nichts auf, was von der Norm abgewichen wäre, etwa sozioökonomische Hintergründe, religiöse Mitgliedschaften und andere Faktoren – aber sie schienen als Heranwachsende mehr von ihren Müttern beeinflußt worden zu sein als andere Frauen. Vielleicht waren sie – wie Madeleine – den Ermahnungen ihrer Mütter gegenüber, sich nicht selbst zu berühren, aufgeschlossener als Früherblühte oder Wildblumen. Sie berichten von seltenerem sowie später einsetzendem Masturbieren als Früherblühte.

Spätes Masturbieren

»Ich habe erst mit einundzwanzig Jahren masturbiert«, sagt Jane, eine siebenundzwanzigjährige Jurastudentin. Sie ist Ehefrau und Mutter eines kleinen Sohnes. »Niemand hat mich ermahnt, mich nicht selbst zu berühren. Ich tat es einfach nicht. Es kam mir nie in den Sinn.

Mein Freund zeigte mir, wie man es macht. Er war mein erster Liebhaber. Wir gingen schon seit fast zwei Jahren miteinander, als er mir ein Exemplar von PENTHOUSE FORUM mitbrachte. Wir lasen die Storys und Briefe gemeinsam, und das regte mich an. Er sagte, er würde mir die Zeitschrift dalassen, damit ich sie zum Masturbieren verwenden konnte. Ich erwiderte, daß ich nie masturbierte. Er glaubte mir nicht.

Aber als wir das nächste Mal zusammen waren, konnte ich ihn davon überzeugen, daß es mein Ernst war. Er sagte, es sei an der Zeit, daß ich masturbieren lernte. Er nahm meine Hand und zeigte mir, wie ich mich berühren mußte: genauso, wie er mich berührte, wenn er mich liebte. Ich war verwirrt, und ich brauchte lange, bis ich erregt war. Aber ich wurde erregt. Dann nahm er seine Hand fort und sagte, ich solle weitermachen. Ich wollte es nicht allein tun, also onanierte er ebenfalls. Es war ein unglaublich erregendes Erlebnis. Er hatte gleichzeitig mit mir einen Orgasmus.«

Andere perfekte Knospen berichten von ähnlichen Erfahrungen. Über das späte Masturbieren erzählen diese Frauen:

»Ich verlor meine Jungfräulichkeit mit achtzehn, hatte meinen ersten Orgasmus mit zwanzig, und zwei Jahre später masturbierte ich zum ersten Mal. Angesichts dieser Zahlen frage ich mich, ob die zeitliche Reihenfolge verkehrt war. Aber ich hatte kein Interesse am Masturbieren.«

»Ich habe zum ersten Mal mit neunzehn oder zwanzig Jahren masturbiert (ich habe es nicht so mit Jahreszahlen). Ich brauchte sehr lange, um ein Interesse daran zu entwickeln, mich selbst zu berühren. Ausgerechnet in einem Corvair! Ich war mit meiner Freundin weggefahren, und sie hatte vor dem Haus ihres Freundes angehalten. Ich saß allein im Wagen an der Straße und fragte mich, was die beiden im Haus taten. Sie erzählte mir immer

erotische Geschichten von ihrem Zusammensein mit ihm. Ich kam in Stimmung und tat es – so war das. Ich hatte keinen Orgasmus, aber ich kam nahe heran. Ich fürchtete, die Kontrolle zu verlieren, und sie käme heraus. Also hörte ich auf. Als ich wieder zu Hause war, brachte ich es zum Abschluß.«

»Ich masturbierte zum ersten Mal mit zweiundzwanzig Jahren – weil ich dachte, es sei an der Zeit, es endlich zu tun.«

»Ich war Zweiundzwanzig und schwanger, als ich zum ersten Mal masturbierte. Meine Hormone wirkten sich damals aus.«

Perfekte Knospen gaben wiederholt an, erst spät masturbiert zu haben, weil sie einfach nicht daran interessiert waren. Viele dieser Frauen sagten, sie seien zwar ermahnt worden, sich nicht selbst zu berühren, hätten aber nicht mehr oder scheinbar nicht mehr einschüchternde, negative Botschaften von ihren Müttern erhalten als die Frühreifen. Wie es eine Frau ausdrückt: »Natürlich sagte meine Mutter, ich solle es nicht tun. Meine Mutter sagte, tue nichts, was Spaß machen könnte.«

Was sie außer dem späteren Masturbieren von anderen Frauen unterscheidet, ist, daß sie sich schon früh als wertvolle Menschen erkennen. Viele der perfekten Knospen wiederholten den Ausdruck: »Ich wollte mich nicht zu leicht hingeben« in der einen oder anderen Formulierung, wenn sie erklärten, weshalb sie mit dem Geschlechtsverkehr später als viele ihrer Altersgenossinnen begannen. Sie sprachen seltener vom »Standhaft bleiben« als andere Frauen, wenn sie den Kampf mit Männern um ihre sexuelle Hingabe beschrieben. Sie schienen früh zwischen einer freiwilligen sexuellen Hingabe und einem sexuellen Nehmen des Partners unterschieden zu haben, und sie entschieden, wann sie gaben.

Sie werden nicht nur erwählt, sie wählen auch selbst. Anders

als viele andere junge Frauen wählen perfekte Knospen ihre Partner sorgfältig aus. Es überrascht kaum, daß die Männer, die sie als ideale Gefährten bezeichnen, recht herkömmlichen Anforderungen genügen: Sie sind älter, größer, stärker, reicher oder fähig und bereit, gut zu verdienen.

Aber wie auch immer sie ihre Männer beschreiben, perfekte Knospen sprechen an erster Stelle über ihren Wunsch nach »Vertrautheit«, und erst dann von ihren sexuellen Bedürfnissen. Früherblühte beschreiben ihre sexuellen Triebe; Wildblumen sprechen von dem überwältigenden Bedürfnis, nicht allein zu sein, das sie zu einem frühreifen Verhalten treibt, und perfekte Knospen sprechen über ihren »Wunsch nach Vertrautheit«.

Der Intimitätsfaktor

Sie sind nicht die einzigen Frauen, die sich Sex in einer intimen Partnerschaft wünschen, aber sie artikulieren diesen Wunsch am deutlichsten – und betonen am nachdrücklichsten, daß sie im anderen Fall lieber auf den Sex verzichten.

»Ich brauche Intimität«, ist die Art der modernen Frau, zu sagen, daß sie keinen Sex ohne »Liebe« wünscht. Liebe, so werden wir schon seit langem belehrt, ist für das Erblühen der weiblichen Sexualität unerläßlich. Perfekte Knospen glauben mehr als alle anderen Frauen an die Wahrheit dieser Aussage. »Ich kann keinen Sex haben ohne wirkliche Intimität«, sagt Shyla, eine Sechsundzwanzigjährige aus dem Süden der USA. »Zu viele Leute haben zu früh sexuellen Umgang, weil sie ihn benutzen, um gegenseitige Intimität zu vermeiden.«

Und eine achtunddreißigjährige New Yorkerin sagt: »Guter Sex ist nur in einer intimen Beziehung möglich. Zu einem intimen Verhältnis ist mehr nötig als zwei nackte Menschen. Es braucht Zeit und Vertrauen und Aufmerksamkeit.«

Melanie, eine fünfundvierzigjährige Lehrerin, sagt: »Ich hatte einige wenige Male Geschlechtsverkehr mit Männern, mit denen ich mich nicht intim verbunden fühlte. Und ich weinte während des Verkehrs und danach. Es war so leer. Für mich ist Sex mehr als eine rein körperliche Erfahrung. Ich muß mich in meinem ganzen Sein mit dem Partner vereint fühlen, nicht nur mit den Genitalien verbunden.«

Es ist aufschlußreich, daß nur vierundsiebzig Prozent der perfekten Knospen Ehebruch akzeptabel fanden – in der gesamten Studiengruppe waren es einundachtzig Prozent. Die meisten der perfekten Knospen relativierten diese Aussage durch die Einschränkung »unter gewissen Umständen«. Das bedeutete fast immer, wie eine Frau es ausdrückte: »Wenn die Intimität in der Ehe gestorben ist«.

Eine vierunddreißigjährige Bostoner Mutter dreier Kinder, eine ganz typische perfekte Knospe, sagte: »Ehebruch ist nur akzeptabel, wenn die Intimität der Ehe unwiederbringlich verloren ist, wenn auch andere Faktoren erfordern, daß man das legale Eheverhältnis aufrechterhält.«

Zu den typischen Antworten der perfekten Knospen auf die Frage: »Ist Ehebruch falsch?« gehören:

»Er ist akzeptabel, wenn die Ehe aus finanziellen Gründen bestehen bleiben muß, die eigenen Bedürfnisse aber nicht länger erfüllt werden.«

»Wenn er impotent ist, und man selbst noch sexuell ansprechbar ist.«

»Es ist sicherlich verständlich, wenn ein Partner viel mehr Sex braucht, als der andere geben kann, und eine Affäre so handhaben kann, daß sie die Ehe nicht zerstört. Wer derjenige ist, der mehr braucht, spielt dabei keine Rolle.«

Was perfekte Knospen uns über Sex lehren können

Wie auch immer ihre Ansichten über Sexualität und Moral lauten mögen, perfekte Knospen sprechen sie nachdrücklicher als andere Frauen aus. Dieses selbstsichere Vertrauen in die Richtigkeit ihrer eigenen sexuellen Entscheidungen gehört zu ihren auffallendsten Eigenschaften. Ich habe mich häufig bei dem Wunsch ertappt, daß es bei allen Frauen so wäre.

Die perfekten Knospen machen weniger als ein Viertel meiner Untersuchungsgruppe aus, aber sie repräsentieren das stereotype Ideal der weiblichen Sexualität, und ihre Art der Entwicklung ist es, an der die meisten Frauen gemessen werden. Zu ihren sehr positiven Verhaltensweisen gehören:

* *Akzeptanz ihrer eigenen Sexualität.* Es stimmt, daß sie die gesellschaftliche Billigung auf ihrer Seite haben. Aber wir alle können denselben Grad an Sicherheit einfach dadurch erreichen, daß wir uns selbst erlauben, unsere sexuellen Wünsche und Bedürfnisse zu akzeptieren.

* *Eine starke Betonung der Intimität.* Für sie ist der Reiz der Intimität größer als oder ebenso groß wie der sexuelle Trieb, zumindest bis sie weit in den Dreißigern sind. Weil sie sich den Sex für Beziehungen aufsparen, die das Versprechen von Intimität beinhalten, verschaffen sie sich bessere Bedingungen, ihre Sexualität auszudrücken und zu genießen, als viele andere Frauen. Sie finden die emotionelle Sicherheit, die sie brauchen, um sexuell zu werden.

* *Ein ausgeprägter Sinn für ihren eigenen Wert in sexueller und in anderer Hinsicht.* Vielleicht rührt diese Haltung unter anderem daher, daß der Körper der perfekten Knospe hormonell in Einklang mit dem gesellschaftlichen Konzept ist,

wie und wann eine Frau sexuell ansprechbar zu sein hat. Das scheint ihr die zu einer guten Partnerwahl nötige Sicherheit zu verleihen. Sie hat in Sachen Sexualität und Liebe jene angeborene Sicherheit, die reiche Frauen beim Kauf von Kaschmirkleidung und Perlen an den Tag legen; gleichgültig wie diese Dinge nominell in der sozioökonomischen Werteskala rangieren. Das gibt ein gutes Gefühl – das wir alle haben können, wenn wir von unserem Wert als Frau überzeugt sind.

Der Sinn für Richtigkeit

»In der Schule hatte ich das Gefühl, daß die anderen Mädchen an solchen wie mir gemessen wurden«, schreibt eine fünfundvierzigjährige Ehefrau und Mutter aus Wisconsin. »Deshalb war es meine Pflicht, mich anständig zu benehmen. Ich empfand es nicht als schwierig. Ich fand es auch nicht schwierig, mehr als fünfundzwanzig Jahre lang eine treue und tugendhafte Frau zu sein.

Wenn man erkennt, daß Sexualität ein zwar vergnüglicher, aber nur kleiner Teil des Lebens ist, läßt man nicht zu, daß einen die Leidenschaften überrumpeln.«

Diese Erkenntnis über die Sexualität fällt leichter, wenn sie tatsächlich zutrifft. Für einige Frauen machen die »Leidenschaften« einen größeren Teil des Lebens aus als für andere. Bei vielen perfekten Knospen lodert die sexuelle Leidenschaft höher, wenn sie Dreißig bis Anfang Vierzig geworden sind – üblicherweise die aktivsten Jahre einer Frau. Nicht alle Frauen aus dieser Kategorie würden der Hausfrau aus Wisconsin zustimmen. Und einige von ihnen scheinen wirklich hart gearbeitet zu haben, um ihre sexuelle Entwicklung in einem angemessen stetigen Rhythmus verlaufen zu lassen.

»Als ich mit zweiundzwanzig heiratete, war ich eine jungfräuliche Braut«, schreibt eine vierundvierzigjährige leitende Angestellte aus Seattle. »Ich war mit einem anderen Mann verlobt, bevor ich mich mit meinem jetzigen Mann verlobte. Ich hätte mit ihm geschlafen, weil ich so sicher war, daß wir heiraten würden. Aber er bestand darauf, daß ich meine Jungfräulichkeit bewahrte, für den Fall, daß es nicht klappte. Er kannte mich gut genug, um zu wissen, daß ich als ›beschädigtes Gut‹ nicht in eine Ehe eintreten wollen würde. Er hatte recht. Das wurde mir später klar.

Ich ließ meinen Mann *in spe* einmal pro Woche anal mit mir verkehren. Es tat höllisch weh. Ich litt unter Verstopfung. Ich weinte jede Woche. Aber als ich an meinem Hochzeitstag ganz in Weiß das Kirchenschiff entlang schritt, fühlte ich, daß ich berechtigt war, Weiß zu tragen. Ich frohlockte. Ich fühlte mich als richtige Frau – vollständig – zum ersten Mal in meinem Leben.

Der Sex in meiner Ehe war nach einem schwierigen Beginn gut. Ich bekam eine Flitterwochen-Blasenentzündung, und dann wurde ich im ersten Jahr schwanger. Aber nachdem ich mich von dem Baby erholt hatte, klappte es sexuell sehr gut zwischen uns beiden. Wir kamen uns nahe, so nahe, wie zwei Menschen einander nur kommen können. Bis er vor drei Jahren plötzlich anfing, sich von mit zurückzuziehen.

Ich will Sie nicht mit den Einzelheiten aus unserer Ehe langweilen, aber ich habe jetzt eine Affäre. Es steht mir nicht frei, mich scheiden zu lassen, aber ich bin völlig intim in dieser Beziehung.

Der Sex ist besser als alles, was ich bisher gekannt habe. Ich bin mit ihm auf mehr Arten orgasmisch, als ich jemals mit meinem Mann gewesen war. Er ist ein ausgesprochener Sexathlet. Er hat Ausdauer, erholt sich rasch und besitzt eine großartige Zungenmuskulatur. Er ist ebenso orgasmisch wie ich,

73

wir liebkosen uns viel und probieren eine Menge Stellungen aus. Es ist eine totale Erfahrung, mit viel Nähe, Gesprächen und Umarmungen. Mit ihm machte ich tiefere Erfahrungen, als ich es je für möglich gehalten hätte.

Es ist richtig; ich bedaure es nicht und schäme mich nicht.«

Kapitel 5 **Späterblühte**

»Mein Mann machte einmal Cunnilingus bei mir. Er sagte,
der Geschmack sage ihm nicht zu. Ich fühlte mich schrecklich
erniedrigt. Nach meiner Scheidung vor zwei Jahren versuchte ein
anderer Mann, mich zu Cunnilingus zu überreden. Ich ließ ihn
nicht. Ich fürchte mich davor, es noch einmal zu versuchen.« –
Leslie, neununddreißig Jahre alt, geschieden und selten orgasmisch.

Ich stelle mir Aschenputtel nach dem Ball vor. Jahre sind
vergangen, und der Prinz mit dem kleinen gläsernen Schuh,
der auf ihren kleinen Fuß paßt, ist immer noch nicht gekommen. Der Ball liegt schon so lange zurück, ihre Füße sind von
der Belastung des Bodenaufwischens angeschwollen. Es
kommt ihr so vor, als seien seit dem Ball Jahrzehnte vergangen.
So fühlen sich viele Späterblühte.
Oder in der Metaphorik dieses Buchs ausgedrückt: Sie fürchten, daß ihre Knospen erfroren sind, bevor sie Gelegenheit
hatten, zu blühen.
»Ich hatte meinen ersten Orgasmus mit fünfunddreißig Jahren«, sagte Candice, eine Werbefachfrau aus dem Mittelwesten.
»Es machte mich verrückt. Ich fragte mich, was mit mir nicht
in Ordnung war. Ich war sicher, man könnte es mir vom
Gesicht ablesen – durch meine Körpersprache –, daß ich nie
einen Orgasmus gehabt hatte.
Ich war zweimal geschieden. Ich hatte mit einem Mann zusammengelebt und mich wieder von ihm getrennt. Ich hatte
mehr als zwölf Jahre meines Lebens damit verbracht, jede

Nacht neben einem Mann im Bett zu liegen. Und die ganze Zeit über hatte ich nie einen Orgasmus.

Ich wußte nicht, wie man einen Orgasmus bekam, weil ich nie masturbiert hatte. Allein die Vorstellung stieß mich ab. Vielleicht könnte ich meiner Mutter die Schuld geben. Sie stellte es als schreckliche Angewohnheit hin. Seltsamerweise ermahnte sie mich, mich nie selbst zu berühren – besonders nicht in der Badewanne –, sprach aber andererseits nie über Menstruation oder Schwangerschaft oder eine der anderen Dinge, die Frauen betreffen. Als ich meine erste Periode bekam, glaubte ich, verbluten zu müssen. Ich versteckte sechs blutgetränkte Unterhosen im Wäschekorb und blieb den ganzen Tag über im Zimmer. Sie sah, wie ich mir die letzte Unterhose holte, und sagte mir, was los war.

Aber ich nehme an, es ist nicht fair, zu behaupten, sie hätte mich derart eingeschüchtert, daß ich mich vor meinem fünfunddreißigsten Lebensjahr nicht berühren konnte. Ich tat es einfach nicht. Ich stellte keine Verbindung her zwischen dieser Aktivität und dem Orgasmus.

Ich glaubte an Liebe, an die Macht der Liebe, so wie man es in den Romanen liest. Ich lebte stark in Phantasien. Ich wurde sehr erregt, wenn ich mir den Mann vorstellte, den ich liebte. Als ich dann mit ihm ins Bett ging, schaffte er es nie, mich zum Orgasmus zu bringen. Keiner meiner drei Männer berührte mich dort unten; nicht so, wie man als Frau berührt werden muß, um einen Orgasmus zu bekommen.

Ich stellte mir die Liebe vor, fühlte sie, aber das Gefühl wurde nie ins Sexuelle übertragen. Schließlich begann ich, an einen anderen Mann zu denken. Ich abonnierte einige Zeitschriften. Sobald ich einen Mann geheiratet hatte und es nicht geschah, begann ich, an einen anderen zu denken. Es war sexuelle Enttäuschung, aber damals wußte ich das nicht. In meinen beiden Ehen fand jahrelang kein Geschlechtsverkehr statt, bis wir uns

endlich scheiden ließen. Mein erster Ehemann vermutete Nebenbuhler, aber ich ahnte es nicht. Mein zweiter Mann hatte andere Frauen.«

Irgendwie sah Candice nicht den Zusammenhang zwischen Orgasmen und klitoraler Stimulierung, bis sie fünfunddreißig Jahre alt war und ein Exemplar des Buchs von Marc und Judith Meshorer *Ultimate Pleasure: Secrets of Easily Orgasmic Women* von der Literary Guild erstand. Sie wäre, wie sie sagte, zu gehemmt gewesen, um es in einem Buchladen zu kaufen.

»Ich war erstaunt«, sagt sie. »Ich probierte es aus, berührte mich selbst. Ich masturbierte. Was für ein häßliches Wort! Aber es funktionierte. Dann traf ich einen Mann, den es nicht störte, wenn ich mich selbst berührte, während wir uns liebten. Alle diese Jahre hatte ich Orgasmen vorgetäuscht – und plötzlich erlebte ich sie! Es war wundervoll. Als es zum ersten Mal geschah, während ich mit ihm zusammen war, stieß ich viele kleine Schreie aus. Er sagte, es klinge wie eine Katze, deren Schwanz in einer Tür eingeklemmt wird.

All diese Jahre! Was für eine Verschwendung!«

Wer ist sie?

Späterblühte machten 23,2 Prozent der Studiengruppe aus. Sie sind Frauen, die folgendes gemeinsam haben:

* *Sie begannen – wenn überhaupt – erst nach ihrem einundzwanzigsten Lebensjahr zu masturbieren.* Zehn Prozent dieser Gruppe haben niemals und weitere zwanzig Prozent »selten« masturbiert.

* *Sie wurden erst Ende Zwanzig oder später orgasmisch – wobei mehr als die Hälfte erst nach ihrem dreißigsten Lebensjahr Orgasmen hatten.*

77

Ein auffallender Unterschied zwischen Späterblühte und anderen Frauen ist ihre überwiegend negative Reaktion auf erste sexuelle Erfahrungen. Ihre Kommentare reichen von »im besten
Fall nicht erwähnenswert« bis »katastrophal«. Ein weiterer Unterschied ist die hohe Anzahl (über sechzig Prozent) der Frauen,
die von einem unbefriedigenden sexuellen Leben berichteten.
Und sie sind in weit höherem Maß in Liebesphantasien befangen als jede andere Gruppe von Frauen. Das könnte teilweise
ihre ständige Enttäuschung beim real erlebten Sex erklären.

Späterblühte bezeichneten ihre Familien häufiger als »sehr religiös« oder »sehr konservativ«, und sie schienen das Sexualleben anderer Frauen kritischer zu betrachten oder schärfer zu
verurteilen als die anderen Frauen der Untersuchung. Aber sie
berichteten nicht von auffallend weniger Sexualpartner als andere Frauen ihrer Altersgruppe. Viele von ihnen hatten mehrere Partner – sogar zwei oder drei Ehen –, ohne orgasmisch
zu sein. Und viele berichteten über lange Perioden ohne Geschlechtsverkehr in ihren Ehen oder Verhältnissen.

»In meinen beiden Ehen starb der Sex schon früh«, schreibt
eine vierzigjährige Frau, die ihren ersten Orgasmus mit Neununddreißig hatte. »Im ersten Fall hörten wir nach zwei Jahren
auf, uns zu lieben, aber wir blieben noch fünf Jahre lang verheiratet. Wir schliefen zusammengekuschelt im selben Bett. Es
war zärtlich.

In meiner zweiten Ehe war es ein wenig anders. Er achtete
sorgsam darauf, mich im Bett nicht zu berühren. Er kuschelte
sich kaum jemals an mich. Ich weiß nicht, was schiefgegangen
ist. Ich hielt es für einen großen Betrug.«

Die Vorstellungswelt der Späterblühte

So erfahren sie auch in anderen Dingen sein mögen, viele der Spätblüherinnen, mit denen ich sprach, kamen mir wie Frauen vor, die in der sexuell unschuldigen Phase steckengeblieben waren. Sie sprachen über Liebe, nicht über Sexualität. Ihr Phantasieleben war aktiver als ihre sexuelle Wirklichkeit, und ihre Phantasien handelten häufiger von Liebe als von Sex. Selbst nachdem sie orgasmisch geworden waren, äußerten viele von ihnen – darunter auch Candice – Bedenken, daß es einen Mann vertreiben könnte, wenn sie sich während des Beischlafs selbst berührten.

Einen Mann zu haben, Teil einer Beziehung zu sein – und sei sie auch noch so schlecht –, ist wichtiger als sexuelle Lust. Aber der Mann wurde kaum in realistischen Begriffen geschildert. Er wurde idealisiert, wie auch der Sex idealisiert wurde. Es überrascht kaum, daß Späterblühte schlechtere Partnerwahlen trafen als alle übrigen Gruppen in meiner Studie, mit Ausnahme der Wildblumen.

Eine Frau beschrieb einige wenige kurze Begegnungen mit einem Mann, der höchstwahrscheinlich verheiratet war, als »die beste Beziehung in [ihrem] Leben«. Sie konnte ihn nicht zu Hause anrufen; er rief sie ausschließlich vom Büro aus an. Sie unternahmen einen Wochenendtrip auf ihre Kreditkarten, weil er seine Kreditkarten storniert hatte. Er entschädigte sie nie für seinen Anteil an den Kosten. Sie rationalisierte diese und viele andere entlarvende Details; sie weigerte sich, das Offensichtliche zu sehen.

Vielleicht treffen einige Späterblühte wie diese Frau eine schlechte Wahl, weil sie sich den Mann, den sie erwählen, nicht genau anschauen. Statt dessen halten sie nach Männern Ausschau, die zum Drehbuch ihrer Phantasie passen. Wenn der wirkliche Mann verfehlt, der Rolle zu entsprechen, und nicht den richtigen Text spricht, paßt er nicht länger in die Phantasie.

Was sieht sie in ihm?

Diese Frage stellt sich bei den Späterblühte häufiger als bei allen anderen Frauen, mit denen ich sprach. Sie hatten öfter homosexuelle und alkoholsüchtige Männer; sie berichteten öfter von körperlichem, psychischem oder sexuellem Mißbrauch in ihrer Beziehung; sie wurden häufiger mit Eintrittskarten in der Hand oder vor dem Altar versetzt. Selbst wenn sie vorgaben, eine glückliche und wundervolle Beziehung zu haben, beschrieben sie wie die oben zitierte Frau Situationen mit Männern, die eindeutig alles andere als »wundervoll« waren. Eine Frau sagte zum Beispiel über ihren wundervollen Mann: »Er mußte mich manchmal schlagen, und es machte ihm keinen Spaß«. Die sexuellen Beziehungen, über die sie berichteten, waren oft ausbeutend oder erniedrigend.

»Meine zweite Ehe ist gut bis auf den Sex«, sagte Claudia, eine einundvierzigjährige Unternehmerin aus Seattle. »Mein Mann macht keinen Sex. Ich muß ihm einen blasen. Ich glaube, sein Bedürfnis danach ist ein Machttrip. Als wir das erste Mal versuchten, Sex zu haben, konnte er nicht. Ich bin sicher, es lag daran, daß der Sex meine Idee war. Ich war nervös, weil ich nicht wußte, wann es zu geschehen hatte. Ich kam ihm bei unserer dritten Verabredung an der Tür im Negligé entgegen. Ich sagte: ›Die Sache macht mich nervös. Wir wollen es hinter uns bringen.‹ Er bemühte sich, aber er konnte ihn nicht lange genug oben behalten.

Das nächste Mal konnte er wieder nicht. Also blies ich ihm einen. Danach war er im Bett in Ordnung. Er hatte sich der Kontrolle in unserer Beziehung versichert, weil ich ihm einen blasen mußte. Wenn er ein Problem hat, muß ich auf den Knien vor ihm liegen, den Mund offen.

Er gibt mir die Schuld. Er sagt, ich wäre nicht sexy. Mag sein, daß er recht hat. Ich habe erst masturbiert, als ich über Dreißig

war. Ich unternahm viele Versuche, bevor ich einen Orgasmus hatte. Ich habe immer noch nicht gerade oft Orgasmen; ob ich masturbiere oder mit ihm zusammen bin. Ich träume davon, mit einem Mann zusammenzusein, der mich sexuell wirklich erregt. Ich möchte eine Affäre haben, aber ich möchte mich nicht vor einem anderen Mann ausziehen.

Meine Freundinnen sagen: ›Weshalb verläßt du ihn nicht?‹ weil er ein so arroganter Kerl ist.«

Andere Späterblühte berichten ähnliches. Sie sind aus dem einen oder anderen Grund in Beziehungen verstrickt, die weit davon entfernt sind, sexuell befriedigend zu sein. Entweder sind sie gar nicht oder kaum orgasmisch. Aber einige wenige der Späterblühte in meiner Studie haben sich über die Orgasmusfähigkeit hinaus dahingehend entwickelt, daß sie ihre Sexualität voll genießen können. Dieser kleine Prozentsatz versetzt mich in Erstaunen: Wieso hat der Orgasmus – wenn er sich endlich nach langer und angstvoll durchlebter Zeit einstellt – nicht für eine dramatische Befreiung von früheren Hemmungen gesorgt?

Der Sex-Appeal-Faktor

Viele Frauen fügten ihrer Antwort auf die Fragen »Wie häufig haben Sie Geschlechtsverkehr?« und »Ist er befriedigend?« selbstherabsetzende Kommentare hinzu. Oft schienen sie es für nötig zu halten, ihren Mangel an sexuellen Aktivitäten durch ihren persönlichen Mangel an Sex-Appeal zu erklären. »Wer würde mich mehrmals haben wollen?« schreibt eine Frau. Andere verteidigten ihre geringe sexuelle Aktivität auf aggressive Art.

»Ich bin sexuell nicht sehr aktiv«, schreibt eine einunddreißig Jahre alte Sekretärin aus Florida. »Sex hat bei mir keinen hohen

Stellenwert. Ich mag meinen Mann und meine Ehe. Mir gefällt es, verheiratet zu sein. Aber einmal wöchentlich Geschlechtsverkehr reicht, ob ich einen Orgasmus habe oder nicht. Für mich ist es ein großer Aufwand, zu kommen. Ich kann es ebensogut vortäuschen und es hinter mich bringen. Ich möchte nicht soviel Energie darauf verschwenden.«

»Ich bin an Sex nicht so sehr interessiert. Ein- oder zweimal im Monat reicht«, schreibt eine Neunundzwanzigjährige.

»Ich weiß nicht, wie oft wir Geschlechtsverkehr haben«, schreibt eine zweiundvierzigjährige Frau aus Philadelphia, die niemals masturbierte und ihren ersten Orgasmus mit siebenunddreißig hatte. »Das letzte Mal war ... lassen Sie mich nachdenken ...« Sie fügt hinzu: »Es ist ziemlich befriedigend, so selten es auch sein mag.«

Ist der sexuelle Trieb dieser Frauen geringer als bei anderen? Es ist gewiß nichts Falsches daran, weniger Sex als andere haben zu wollen oder zu brauchen. Weniger oft miteinander zu schlafen macht aus einer Frau gewiß keine weniger gute Liebhaberin.

Aber diese Frauen glauben trotzdem manchmal, daß mit ihnen etwas nicht stimmt, weil sie nicht so leicht und nicht so häufig erregt sind, wie es ihrer Meinung nach bei anderen Frauen der Fall ist. Späterblühte scheinen weniger Zutrauen zu sich selbst als Liebespartnerinnen – und als »sexy« Frauen – zu haben als die Frauen der anderen Kategorien dieser Untersuchung.

»Ich weiß, daß ich hübsch bin«, schreibt eine Sechsundzwanzigjährige, »aber ich bin nicht sexy. Wenn ein Mann vor allem Sex will, bin nicht ich es, die er will.«

Andere Frauen äußerten sich ähnlich. Sie deuteten an, daß sich ihr geringes sexuelles Selbstvertrauen nicht auf andere Bereiche in ihrem Leben erstreckte. Einige Frauen, darunter die meisten der Späterblühte, die wirklich erblühten, gaben an, sie hätten

sich vor ihrem Erblühen bewußt entschieden, andere Dinge dem Sex vorzuziehen. Am häufigsten waren diese »anderen Dinge« die Erledigung von Familienangelegenheiten. Frauen zwischen dreißig und vierzig Jahren strebten oft anspruchsvolle Karrieren an. Einige wenige Frauen über Fünfundfünfzig schrieben, sie hätten ihre Sexualität vernachlässigt, um für ihre betagten Eltern, behinderten Kinder oder nicht mehr arbeitsfähigen Ehemänner sorgen zu können.

»Man kann sich entschließen, nicht sexy zu sein«, schreibt eine neununddreißig Jahre alte New Yorkerin. »Ich habe das jahrelang getan. Ich war eine Karrierefrau. Ich war sehr fleißig. Wo hätte der Sex in diese Gleichung gepaßt? Daß ich darüber hinaus frigide war, fiel mir erst auf, als ich eine Affäre mit einem viel jüngeren Mann hatte. Kein Mann hatte je zuvor Cunnilingus bei mir gemacht. Nach dieser Entdeckung war ich wie verwandelt. Jetzt bin ich sexy!«

Der orale Faktor

Keine Frau aus einer der übrigen Kategorien in meiner Studie hatte eine derart negative Meinung über Cunnilingus. Viele von ihnen schienen mehr darüber zu sagen zu haben, als ihre begrenzte Erfahrung rechtfertigte. Weniger als zwanzig Prozent dieser Frauen berichteten davon, bei Cunnilingus orgasmisch zu sein, verglichen mit neunzig Prozent aller Teilnehmerinnen an meiner Studie. Die meisten waren weit eher bereit, Fellatio bei ihren Partner auszuüben, als Cunnilingus an sich selbst ausführen zu lassen.

»Ich habe es nie gemocht«, schreibt eine achtunddreißig Jahre alte geschiedene Mutter zweier Kinder. »Ich habe ganz bestimmt nie einen Mann getroffen, der es richtig gemacht hat. Der Mann, mit dem ich mich jetzt treffe, war sehr verletzt, weil ich

nicht wollte, daß er es tat. Ich erzählte ihm von meinen Erfahrungen, damit er mich verstand. Ein Mann hatte mich gebissen, daß ich blutete. Jetzt, so erklärte ich, kann ich mich nicht entspannen und es genießen. Er verstand es. Nun, weshalb sollte er auch nicht? Meine Geschichte war überzeugend.

Ich überlegte, ob ich ihm erzählen sollte, daß mein erster Ehemann mich traumatisiert hatte, indem er sagte, ich röche dort unten nach Fisch, aber ich ließ es bleiben, weil ich annahm, er würde erwarten, daß ich das inzwischen überwunden hätte.«

Eine andere achtunddreißig Jahre alte Frau schreibt: »Es macht mir nichts aus, es zu tun, aber ich verabscheue es, wenn man es bei mir macht. Männer sind sauberer. Wir können nichts dafür, aber wir sind es nicht.«

Und eine Neunundzwanzigjährige schreibt: »Ich glaube, daß Cunnilingus überbewertet wird. Ich habe es erst zweimal erlebt. Beide Male war ich befangen und fühlte mich unwohl. Vielleicht bin ich nicht dazu eingerichtet, aber ich hatte beide Male das Gefühl, als würde der Mann mich mit seinem Kinn betrügen, und seine Zunge machte mich nicht wild. Nie wieder!«

Eine Frau aus Maryland behauptete, sie würde gern öfter Cunnilingus erleben, aber ihre Strumpfhose behinderte sie. »Mein Mann möchte es tun«, schreibt sie. »Und ich würde ihn wirklich lassen. Es gefällt mir. Aber ich trage bei der täglichen Arbeit Strumpfhosen. Am Ende des Tages fühle ich mich immer verschwitzt und übelriechend.«

Typische Elemente in den Berichten der Späterblühten sind:

* *ihre Unfähigkeit, Liebesphantasien als Erregungshilfen zu verwenden und sich gehenzulassen.* Sie versuchen mehr als andere Frauen, ihre Phantasien in die Realität umzusetzen,

und versagen darin, die Schritte zu tun, die nötig sind, um den gelebten Sex besser werden zu lassen.

* *ihre chronisch schlechte Partnerwahl, die sie häufig rationalisieren und zu rechtfertigen versuchen;*

* *ihr Mangel an sexuellem Selbstvertrauen;*

* *ihre Tendenz, sexlose Ehen und andere langfristige Beziehungen einzugehen;*

* *ihre Abneigung gegenüber Cunnilingus, den andere Teilnehmerinnen an dieser Untersuchung begeistert genießen;*

* *ihre größere Unzufriedenheit mit ihrem sexuellen Leben.*

Wenn Sie eine Späterblühte sind, lassen Sie sich nicht entmutigen. Die Tatsache, daß Sie diesen Text lesen, beweist, daß Sie mehr vom Sex erwarten, und Sie können es bekommen.

Wie einige Späterblühte ihr Leben veränderten

Späterblühte, die heute ein ausgefülltes und befriedigendes Geschlechtsleben führen, sind mehrere Verhaltensänderungen gemeinsam:

Sie haben sich selbst erlaubt, den Sex um seiner selbst willen zu genießen. Sie haben ihre Abhängigkeit von Liebesphantasien zur Erregung verringert.
Für viele Frauen ist es nicht leicht, Liebesphantasien als das erkennen zu lernen, was sie sind. Einige Späterblühte haben gelernt, orgasmischer zu werden, indem sie bei der Masturba-

tion Liebesphantasien durch bildhaftere sexuelle Phantasien ersetzten. Sie haben zu ihrer Überraschung entdeckt, daß sich die Veränderung ihres Phantasielebens in einer veränderten Einstellung gegenüber Männern, Liebe und Sex widerspiegelt. In der Tat verwenden viele Sexualtherapeuten »angeleitete Phantasien«, um Frauen zu helfen, orgasmisch zu werden; entweder überhaupt oder auf regelmäßigerer Basis.

»Ich erlaube mir nicht, in diesen Liebesphantasien zu schwelgen«, schreibt eine siebenunddreißig Jahre alte Späterblühte. Sie hat heute ein befriedigendes Sexualleben, obwohl sie bis vor zwei Jahren unorgasmisch war. »Früher masturbierte ich zu romantischen Szenen und habe immer versucht, meine Tagträume mit Männern zu verwirklichen. Vor einem Jahr kaufte ich ein Buch mit erotischen Geschichten und fing an, mit ihnen als Vorlage zu masturbieren. Heute male ich mir wilde Szenen mit fremden Männern aus. Fort mit den Liebesgeschichten!«

Sie gaben dem oralen Sex eine zweite Chance.

Bei jenen Späterblühten, die mehr als nur orgasmisch wurden, spielte Cunnilingus oft eine fundamentale Rolle im sexuellen Entdeckungsprozeß. Nach Jahren sexueller Aktivität wurden sie häufiger durch orale als durch manuelle Stimulierung fähig zum Orgasmus.

»Daß ich orgasmisch wurde, änderte alles für mich«, schreibt eine achtunddreißigjährige Frau aus Cleveland. »Bevor ich Orgasmen hatte, war ich in bezug auf Gefühle und Sex und Beziehungen naiv. Ich hatte ein unnötiges Geheimnis um den Sex gemacht. Wenige Tage nach meinem dreißigsten Geburtstag erfuhr ich, wie einfach es war. Ein Mann machte sich mit dem Mund dort unten an mir zu schaffen und ließ mich den ersten Orgasmus meines Lebens erleben. Er war nicht die Liebe meines Lebens, aber er erregte mich körperlich, wie mich nie

zuvor jemand erregt hatte. Ich erkannte, daß es nicht von einem bestimmten Mann – oder vielmehr von Mr. Richtig – abhing. Ich beschloß, den Orgasmus bei mir zur Regel zu machen.«

Sie masturbieren regelmäßig.
Durch Masturbation orgasmisch zu sein, nimmt den Druck von der Frau, während des Beischlafs einen Orgasmus haben zu müssen. Sie fühlt sich weniger verzweifelt, wenn sie weiß, daß sie einen Orgasmus haben *kann.* Wenn sie weiß, daß sie Orgasmen regelmäßig haben kann, gewinnt sie allmählich mehr Zutrauen zu sich selbst und fühlt sich *sexy.* Einige Späterblühte sagten, sie nähmen sich regelmäßig die Zeit zum Masturbieren; selbst wenn sie sich nicht sonderlich angeregt fühlten.
Eine Frau schreibt: »Ich traf dreimal wöchentlich mit mir selbst Liebesverabredungen. Ich entzündete Kerzen, zog ein Seidenkleid an, rieb mich mit Öl oder Creme ein und spielte leise Musik. Dann las ich erotische Romane oder schaute mir Videos an, bis ich erregt genug war, um zu masturbieren. Nachdem ich das sechs Monate lang getrieben hatte, war ich voller Zutrauen in meine Fähigkeit, Orgasmen zu haben; zum ersten Mal in meinem Leben hatte ich Zutrauen zu meiner Sexualität.«

Sie treffen gute Partnerwahlen.
Einige Frauen trauen einem Mann zu, daß er ihr sexuelles Leben verändert, und ein guter Mann kann sicherlich einiges im Leben einer Frau verändern. Viele Männer in jedem Alter finden verhältnismäßig unerfahrene Frauen jeden Alters ansprechend, weil sie den erotischen Führer spielen wollen. Aber man braucht nicht einmal einen Mann, der bereit ist, den Lehrer zu spielen. Jeder Mann, der die Grundlagen der Sexualität beherrscht, genügt.

»Ich hatte zwei Kinder und drei Scheidungen, bevor ich vor zwei Jahren meinen ersten Orgasmus erlebte«, schreibt eine sechsunddreißigjährige Frau aus Chicago. »Er war verheiratet. Ich quälte mich monatelang selbst mit dem Gedanken, daß ich ihn liebte, und ich wollte, daß er seine Frau verließ. Ich bat ihn, sie zu verlassen und mich zu heiraten! Ich dachte, keiner sonst würde mir zu einem solchen Orgasmus verhelfen. Er erklärte es mir. Als er sagte, er würde seine Frau nicht verlassen, drohte ich, mich umzubringen. Ich sagte, ich müsse ihn haben, weil nur er mich orgasmisch machte. War das nicht wahre Liebe?

Er erwiderte: ›Schau, alles, was ich tue, ist, deine Klitoris zu reiben, wenn ich dich ficke. Jeder Mann kann das. *Du selbst* kannst es, in Gottes Namen!‹

Ich masturbierte, nachdem er fort war. Er hatte recht. Ich konnte es. Ich kam mir vielleicht dumm vor!«

TEIL 2:

Die verleugnete Lust

Kapitel 6 Die Frau, die keinen Orgasmus »braucht«

»Ich weiß, wie man einen Orgasmus bekommt, aber er ist mir nicht so wichtig. In einer Beziehung sind viele Dinge wichtiger als Sex. Ich will mehr als Sex.« – Eine einunddreißig Jahre alte New Yorkerin.

Als ich mit Männern sprach, bevor ich mein anderes Buch *What Men Really Want** schrieb, bekam ich wiederholt zu hören, daß ein Aspekt des weiblichen sexuellen Verhaltens sie mehr als alle übrigen verwirrte. Frauen, so sagten diese Männern, erwarten mehr vom Sex als nur Sex. Frauen, sagten sie, benutzen den Sex, um zu bekommen, was sie von Männern wollen.

Ein Mann sagte: »Sex ist kein Punkt auf ihrer persönlichen Tagesordnung. Er ist die Kreditkarte, die sie benutzt, um einen Mann dazu zu bekommen, daß er ihre Tagesordnung zu seiner Einkaufsliste macht.«

Harte Worte, aber sie entsprechen dem, was viele ausgenützte und verärgerte Männer sagten. Die sexuelle Revolution und die Frauenbewegung hätten ebensogut nie stattfinden können, denn nach Meinung dieser Männer wollen viele Frauen immer noch den größten Teil ihrer emotionellen und finanziellen Nöte durch Sex beheben. Oft trifft das zu: Einige Frauen benutzen den Sex, um von Männern zu erhalten, was sie sich wünschen. Ihre Einstellung, daß die Männer für die Frauen

---

* dt.: Liebe und Lust der Männer (Knaur TB 4816)

verantwortlich sind, spiegelt einen Mangel an Zutrauen zu ihrer eigenen Fähigkeit wider, für sich selbst zu sorgen. Viele Frauen – insbesondere die Töchter von Müttern aus der Mittel- oder Oberschicht, die nicht außerhalb des Hauses arbeiten – haben niemals eine andere Beziehung zwischen Männern und Frauen kennengelernt.

Daß der traditionelle sexuelle Tauschhandel heute nicht aufgeht, hindert sie nicht daran, zu glauben, daß es so sein sollte, und sich selbst und den Männern Schuld zu geben, wenn es nicht funktioniert.

»Wenn sie sagt, daß sie dich wirklich will, meint sie damit nicht unbedingt, daß sie es nicht erwarten kann, dir in die Hose zu greifen – was du verstehen würdest«, schreibt ein anderer Mann. »Was sie wahrscheinlich meint, ist ihr Wunsch, daß dein Einkommen dem ihren oder dein Sperma ihrem Ei hinzugefügt wird.«

Das trifft sicherlich nicht auf *alle* Frauen zu. Es hört sich vielleicht grausam an, aber bei *einigen* Teilnehmerinnen an meiner Studie aus dieser Gruppe – den Lustverleugnerinnen – stimmt es.

Wer ist sie?

Folgende Eigenschaften sind den Lustverleugnerinnen gemeinsam:

* *Sie sind meistens orgasmisch*, zumindest manchmal und vielleicht ständig, aber der Orgasmus ist nicht ihr wichtigstes sexuelles Ziel.

* *Sie ersehnen auch keine sexuelle Abwechslung*, weder in der Anzahl der Partner noch im Erleben mit demselben Partner. Wenn sie mit sexuellen Spielarten experimentieren, tun sie dies oft, um ihrem Partner zu gefallen.

* *Sie sind nicht frei, sexuelle Lust um ihrer selbst willen zu erleben*, weil sie so vieles in den Sex »investiert« haben.

»Nicht, daß ich den Sex nicht genießen würde«, beteuern sie rasch, »aber . . .«

Was läßt sie ihre eigene Lust verleugnen?

Negative Einstellungen zum Sex.
Einige Frauen werden zum Teil aus Schuldgefühlen zu Lust-verleugnerinnen. Vielleicht glauben sie nicht, daß Frauen Lust am Sex haben sollten. Oder sie waren früher promiskuitiv und glauben, eine gesellschaftliche sowie eine religiöse Erlösung sei von einer Zeit der Enthaltsamkeit abhängig. Die Wirkung der Religion auf die Sexualität ist in unserer Gesellschaft selbst bei nicht Religiösen ungeheuer stark. Unsere negativen sexuellen Einstellungen haben ihre Wurzeln im Puritanismus, wenn sie auch auf andere Art artikuliert werden.

Auf finanzieller und/oder emotionaler Abhängigkeit gegründete Beziehungen.
Vielleicht leben solche Frauen mit Männern in Gemeinschaften zusammen, die weitgehend den Ehegemeinschaften ihrer Mütter und Großmütter gleichen. Um der Beziehung willen räumen sie den Bedürfnissen des Mannes Vorrang ein, versagen sich selbst kleinere Vergnügungen und verhalten sich wie »gute Ehefrauen«, indem sie dem Mann zuliebe auf das letzte Stück Schokoladentorte und auf das beste Stück Fleisch und auf die Lust eines Orgasmus verzichten.

»Ich genieße den Sex«, sagen sie, »aber . . .«

Der Glaube, daß sexuelle Lust weniger wichtig ist als andere Ziele.
Das »aber« leitet den Verleugnungssatz ein, in dem erklärt wird, weshalb andere Ziele der sexuellen Lust vorgezogen werden. Sowohl der Wortlaut ihrer Verleugnungen als auch das gesellschaftliche Klima, in dem sie ausgesprochen werden, verleihen diesen Nebensätzen das Gewicht des Unbestreitbaren. Frauen, die niemals zugeben würden, daß sie eine repressive und auf religiösen Schuldgefühlen gegründete sexuelle Einstellung haben, verwenden eine neue Sprache, in der sie ihre negative Einstellung ausdrücken. Es ist die Sprache der Intimität, die fast schon so überstrapaziert und schal geworden ist wie das Wort »Beziehung«.

Intimität ist schick. Intimität ist warm, gut und richtig, wie Hope Steadman, die gute Ehefrau und Mutter von »Dreißigundnochwas« sagt. Keine Intimität zu haben, heißt, emotionell in einem Neurosenbeet eigener Machart zu zappeln, wie Ellyn, Hopes beste Freundin, bevor sie Billy kennenlernte und heiratete, der ihre neurotische Einsamkeit beendete; und wie Melissa, Michaels einzige Cousine, es taten. Ja, alle drei Frauen könnten guten Sex an jedem Dienstagabend haben, aber was Hope hat – eine Ehe, ein Heim und Kinder –, das ist viel wichtiger.

Und wer vermag das Argument zu widerlegen, daß einige Dinge wichtiger als Sex sind – besonders heute, da die sexuell übertragbaren Krankheiten Hochkonjunktur haben und biologische Uhren heimtückisch ticken?

Da niemand diese Prämisse widerlegen *kann*, ohne wie ein Übriggebliebener der Generation zu klingen, deren Motto lautete: »Tu es, wenn es dir gefällt«, sind Frauen – besonders aus der neuen konservativen Generation der »Zwanzigundnochwasjährigen« und die Baby-boom-Frauen Anfang Dreißig, die sorgsam darauf bedacht sind, Mütter zu werden, fähig, eine altmodische Idee zu verteidigen und ihre Bedürfnisse in sexuel-

len Beziehungen befriedigt zu bekommen – auf durchaus moderne Weise.

Sie belehren über die Gefahren des Gelegenheitssexes. Sie bejammern die Leere des lieblosen Sexes. Eine Beziehung aufbauen, einen Ehemann finden, eine Familie gründen – alles klingt in der neuen Sprache eher wie die löblichen Schritte, die man bei der Suche nach dem heiligen Gral unternehmen muß, statt wie das, was es in Wahrheit ist: dieselben Stufen im Leben, wie sie jede Generation beschritten hat.

Die Lustverleugnerin ist in mancher Hinsicht ein altmodisches Mädchen in der Kleidung der neunziger Jahre, und sie wird durch die gleichen Mächte motiviert, die schon ihre Mutter gegängelt haben. Daß das Streben nach Lust und die Suche nach einer Beziehung unterschiedliche Ziele sein können, fällt ihr nicht ein. Wie wäre das auch möglich, wenn alle sexuellen Botschaften, die ihr im Lauf der Jahre übermittelt wurden, beides miteinander verknüpft haben? Sie möchte ihren Mann erfreuen, und sie ist teilweise deshalb dazu motiviert, weil sie eine Bindung will – und spürt, daß sie sie braucht –, die mehr als guten Sex beinhaltet. Es ist kein Wunder, daß sie darauf besteht, ihre eigene Kette zu schmieden, als würde sie durch das Verleugnen des einen – des Luststrebens – die Wahrscheinlichkeit erhöhen, daß sie das andere – eine Beziehung – erhält. Tatsächlich ist Sex die wichtigste Waffe in ihrem Arsenal weiblicher Listen, wenn ihr das auch wahrscheinlich nicht bewußt ist.

»Wenn man zu früh Sex mit einem Mann hat, geht er keine Beziehung mit einem ein«, sagt sie, und sie schwört es bei der »Third-Date-Regel« (nach der kein Sex vor der dritten Verabredung stattfinden sollte).

Obwohl unübersehbare Beweise für das Gegenteil existieren, glaubt sie, eine Beziehung durch zeitlich gestaffelte Sex-Zuteilungen lenken zu können. Frauenzeitschriften raten: kein ora-

ler Sex vor der dritten Verabredung, oder: Seien Sie auf keinen Fall diejenige, die oralen Sex vorschlägt. In einem Artikel mit der Frage als Überschrift: »Can You be Too Good in Bed?« (Können Sie zu gut im Bett sein?) warnte GLAMOUR seine Leserinnen, wenn sie ihre gesamten erotischen Talente offenbarten, bevor die Beziehung gut gefestigt ist, liefen sie Gefahr, einen Mann abzuschrecken.

So betrachtet ist der Sex nicht länger etwas, das man zum Vergnügen tut, oder auch nur, um der Intimität den Weg zu bereiten. (Kann Intimität – die Überbrückung des emotionalen Abgrunds zwischen zwei Menschen – überhaupt durch derart berechnende Methoden erreicht werden?)

Die lustverleugnenden Frauen auf der Suche nach einer Beziehung sind die Zielgruppe der Bücher übers Heiraten und die Frage, wie man Männer einfängt. Einige der schärferen Kanten des Unterschieds zwischen den Geschlechtern wurden abgeschliffen, aber Frauen suchen ihre Identität immer noch durch Intimität, und Männer durch Erfolg. Intimität ist ein weibliches Ziel; das Wort, um das es in den obengenannten Büchern geht. Wenn eine Methode, ihn zu umgarnen, versagt, gibt sie sich selbst und ihm die Schuld, nicht der Methode und nicht dem Klischee, das diese Methode ersinnt und akzeptiert.

»Ich schaue auf Frauen hinab, die Sex um seiner selbst willen haben«, gestand eine zweiunddreißig Jahre alte Frau aus Philadelphia. »Ihre Werte sind falsch. Ein solches Verhalten zahlt sich heute nicht aus.«

Sie nimmt automatisch an, daß Frauen, die »Sex um seiner selbst willen haben«, es auch wahllos mit zahlreichen Partnern treiben. Viele Frauen setzen Vergnügen mit Promiskuität gleich – besonders wenn eine andere Frau dieses Vergnügen erlebt. Manchmal sind sie fast spürbar auf Frauen wütend, die ihre Fähigkeit zugeben, Sex außerhalb fester Beziehungen zu genießen. Lustverleugnerinnen sehen sexuell unabhängige Frauen

als Bedrohung an – was sie, wenn wir ehrlich sind, auch sein können – und als Beleidigung der etablierten gesellschaftlichen Ordnung, von der die Lustverleugnerinnen eine Belohnung für ihr eigenes gutes Betragen erhoffen.

Viele Frauen haben *freiwillig* vorübergehend auf das Vergnügen verzichtet, während sie sich nach außen hin darauf konzentrieren, *den* Mann zu finden; den Mann, der ihnen alles geben kann. Eine andere Frau, die nicht davon besessen ist, eine Beziehung aufzubauen oder eine bestehende Beziehung zu erhalten beziehungsweise in eine Ehe umzuwandeln, wirkt ebenso bedrohlich wie eine attraktive geschiedene Frau in einem Raum voller müder Ehefrauen. Ihr kann nur vergeben werden, wenn sie ihr Verhalten ändert, indem sie sich selbst durch eine Zeit der sexuellen Enthaltsamkeit bestraft. Dieses Zölibat kann man als Reinigung zur Vorbereitung auf eine Beziehung oder als Buße für ihre »Sünden« auffassen.

Die Lustverleugnerin will, daß andere Frauen ihre Haltung würdigen.

Was noch wichtiger ist: Oft wünscht sie sich so dringend eine Beziehung, daß sie einen der wenigen Männer, die sie kennt, inständig darum bittet. Sie prüft und analysiert jedes Wort, das er sagt, und rationalisiert es schließlich derart, daß es dem entspricht, was sie hören wollte. Dann deutet sie sein Verhalten so lange um, bis es die Worte bestätigt, die sie in ihrem Kopf hört. Sie liest Bedeutungen heraus, wo sie nicht vorhanden sind, und münzt ihre Liebesphantasien in Realitäten um.

Es ist kein Kunststück, sie zu beobachten und zu erkennen, wie sie sich selbst betrügt. Es ist leicht, sie zu kritisieren – sogar überheblich zu behandeln –, solange man nicht selbst in ihrer Lage ist. Viele dieser Frauen leiden Qualen, die ihre Mütter und älteren Schwestern niemals kennenlernten. Vielleicht haben sie zu lange mit dem Heiraten und Kinderbekommen gewartet. Oder sie haben Männer gewählt, die erreichbar wa-

ren, und wollen nicht noch einmal von vorn anfangen – oder sie haben es nur nicht eilig, an den Anfang zurückzugehen. Oder sie müssen sich damit begnügen, mit einem Mann zusammenzuleben, der vor einer Generation glücklich gewesen wäre, sie heiraten zu dürfen. Aus welchem Grund auch immer; sie waren nicht so leicht wie andere Frauen fähig, einen Ehemann und Babys zu bekommen.

»Ich wünsche mir so dringend ein Baby, daß ich es förmlich riechen kann«, schreibt eine achtunddreißig Jahre alte Verlagsleiterin. »Wenn ich das Baby einer anderen im Arm halte, möchte ich weinen, wenn ich den süßen Geruch seines Köpfchens rieche. Ich hätte nie gedacht, daß ich einmal so empfinden würde. Ich habe ein schreckliches Verlangen nach einem eigenen Kind. Der Mann, den ich liebe, könnte mir dieses Kind schenken; er könnte mir alles geben, die Stadtwohnung, das Haus auf dem Land, alles.

Er hat das alles, und er will es nicht teilen. Er sagt, er sei schon einmal verheiratet gewesen und habe sein Kind und wolle das alles nicht noch einmal durchmachen. Ich kann Ihnen nicht sagen, wie verletzt und wütend mich das macht.«

Sie sagt, der Sex mit ihm sei »gut«, aber nicht »der beste«, den sie jemals gehabt hatte.

Wie könnte es anders sein?

Die folgenden Kapitel handeln von drei unterschiedlichen Typen von Lustverleugnerinnen. Sie könnten zu einer dieser Kategorien gehören, oder Sie versagen sich selbst sexuelle Vergnügen, ohne exakt in eine davon zu passen. Auf jeden Fall aber können Sie Hilfe und Trost in den Berichten der Frauen finden, die die Lustverleugnungsphase überwunden haben.

Kapitel 7 Die in eine Jungfrau zurückverwandelte Frau

»Ich traf mich sieben Jahre lang mit Bob – und ich ließ ihn sechs oder sieben Monate lang zappeln. Er blieb bei mir. Ich war diejenige, die sich von ihm trennte. Wenn man will, daß ein Mann bleibt, muß man ihn auf Sex warten lassen.« – Eine achtundzwanzigjährige leitende Angestellte im Einzelhandel, die auf der High School eine Wildblume gewesen war.

Sie nehmen sich den Madonna-Song »Like a Virgin« zu Herzen. Sex mit jedem neuen Mann wird wie »das erste Mal« behandelt. Wenigstens soll *er* das Gefühl haben, daß es für sie wie das erste Mal ist. Unabhängig von ihrem Alter und ihrer sexuellen Vorgeschichte will sie, daß er dir Rolle des erfahreneren Partners übernimmt, und sie glaubt, daß es auch in seinem Sinn ist.

Einige Frauen haben sich bei den Verabredungen, die sie im Lauf ihres Lebens trafen, ein dutzendmal und öfter in eine Jungfrau zurückverwandelt. Sie erwarten nicht wirklich, daß ein Mann sie für eine Jungfrau hält – er soll nur glauben, daß sie nicht viele sexuelle Erfahrungen hatten, besonders in jüngster Zeit. Einige lügen über ihre Vergangenheit. Sie geben einfach gar keine oder nur wenige Einzelheiten preis und überlassen es dem Mann, sich einen Reim auf ihre Vergangenheit zu machen. Ihre Gründe für ihr »jungfräuliches« Verhalten sind verschieden. Einige Frauen werden für eine Weile enthaltsam, um für Zeiten der Promiskuität zu büßen. Andere versagen

sich absichtlich den Sex, um einen Mann zu einer festen Beziehung zu zwingen.

Maggie, eine fünfundvierzig Jahre alte Verlagsleiterin in New York, die sich bereits mehrere Male in eine Jungfrau zurückverwandelte, hat viele Verabredungen, aber sie würde gern heiraten, bevor ihre »biologische Uhr« abgelaufen ist. Maggie hat wie viele New Yorker Frauen eine Zimmergenossin, mit der sie sich die Miete für ein Apartment mit einem Schlafzimmer in einer besseren Wohngegend teilt. In diesem Jahr gehört ihr das Schlafzimmer, und ihre Zimmergenossin – Cheryl, eine Kunstgraphikerin – schläft auf dem Futon. Sie teilen sich das Apartment seit fünf Jahren und tauschen jeden Silvesterabend die Plätze, Schlafzimmer gegen Futon.

»Jedes Jahr verspricht sich eine von uns, daß sie heiraten wird, bevor sie ein weiteres Jahr auf dem Futon verbringen muß«, sagt Maggie. »Und dann ist es wieder Silvester, und wir stoßen miteinander an und tauschen die Wandschränke und Schubladen. Ich mag Cheryl, aber die Situation fängt an, mich ein wenig zu deprimieren.

Vor zwei Jahren kaufte sie dieses Buch, das damals alle lasen: *How to Marry the Man of Your Choice** von Margaret Kent. Beim Kauf des Buchs wurde garantiert, daß man das Geld zurückbekommen würde, wenn man die Ratschläge darin befolgte und nicht innerhalb von zwei Jahren verheiratet war. Kent schrieb, man solle mehrere Verabredungen lang keinen Sex haben. Ich glaube, es waren zwölf. Eine beeindruckende Zahl jedenfalls. Ich las das Buch durch, aber letztes Silvester warfen wir es in den Müll.

Ich sage nicht, daß mich dieses Buch allein zu einer Überprüfung der Art veranlaßte, wie ich mich Männern näherte, aber es trug dazu bei. Cheryl liebte diese Bücher; sie befaßte sich

---

* *Wie Sie den Mann Ihrer Wahl heiraten*

intensiv mit Theorien. Eine Weile sah es so aus, als funktionierte das Konzept bei ihr. Sie hätte fast geheiratet. Also beschloß ich, einen Versuch zu machen. Als ich Matt traf, wußte ich gleich, daß ich ihn heiraten wollte. Ich hatte erst bei der fünften Verabredung Sex mit ihm. Ich scherze nicht … beim *fünften* Mal. Als ich zwanzig war, ging ich mit Männern ins Bett, die ich auf *Partys* kennenlernte; manchmal wenige Stunden, nachdem ich sie getroffen hatte.

Also gab ich der Methode eine Chance. Ich hielt ihn mir vom Leib. Ich gebe zu, daß er fasziniert war. Er sagte: ›Weshalb willst du nicht mit mir schlafen?‹ Und ich erwiderte: ›Nun, ich kann es einfach nicht mit einem Mann, den ich nicht gut kenne. So bin ich nun mal.‹

Stellen Sie sich das einmal vor!«

»Die wichtige Frage ist: Hat Matt es geglaubt?«

»Ja, ich denke schon. Ob er es glaubte oder nicht, ist nicht wichtig. Wir waren etwa sechs Monate lang zusammen. Dann überraschte ich ihn mit einer anderen Frau im Bett – buchstäblich *im Bett*. Es war eine dieser schrecklichen Szenen, wie man sie in Büchern liest. Ich dachte mir schon länger, daß er mich betrog. Er fuhr Mitte der Woche immer allein in seine Wohnung in den Hamptons. Er sagte, er müsse sich von der Stadt und seiner Arbeit erholen. Ich lieh mir einen Wagen und fuhr am Abend zu ihm hinaus, um zu spionieren. Ich sah die beiden gemeinsam ins Haus gehen und platzte hinein, als sie es gerade trieben. Wie in einem Kinofilm

Das war das Ende. Er sagte, es tue ihm leid; sie bedeute ihm nichts; er liebe mich wirklich und wolle mich nicht verlieren – der übliche Müll. Außerdem hatte er sich nicht gerade wie jemand benommen, dem ich sehr viel bedeutete.«

Nach einer Weile fährt sie fort: »Ich glaube, ich weiß, wann ich den ersten Fehler bei ihm machte. Ich ließ ihn auf Sex warten. Das war richtig. Aber beim ersten Mal ließ ich ihn anal mit mir

verkehren. Das war ein großer Fehler. Männer respektieren einen nicht, wenn man das zu leicht zuläßt. Analverkehr sollte ein sehr großes Entgegenkommen von seiten der Frau sein. Sie sollte sagen: ›Oh, ich weiß nicht recht ... aber nur, weil ich dich so sehr liebe!‹ Es klingt lächerlich, aber es ist wahr.

Mir gefällt Analverkehr. Vermutlich gehöre ich damit zu einer Minderheit unter den Frauen. Männer sagen mir immer, daß ihre früheren Partnerinnen es nicht zulassen wollten. Was sind das für Frauen?«

Sie trifft sich jetzt mit einem anderen Mann und folgt »nicht genau, aber in etwa der Methode [einen Mann einzufangen]«. Als in eine Jungfrau zurückverwandelte Frau läßt sie ihn sich wie der reife Liebhaber einer weniger erfahrenen Frau fühlen. Sie ließ ihn warten, aber nicht zu lange. Sie hatten Sex bei der dritten Verabredung, aber sie plant, »den Analverkehr diesmal auf unbestimmte Zeit zu verschieben«. Sie hat schon beim ersten Treffen entschieden, daß sie ihn heiraten wollte; zwei Wochen vor ihrer ersten sexuellen Begegnung.

»Oh, ich weiß immer schon bei der ersten Verabredung, ob ich einen Mann heiraten will oder nicht.«

Maggie hat mit anderen wiedererstandenen Jungfrauen vieles gemeinsam. Eine der wichtigsten Gemeinsamkeiten ist ihre Tendenz, fast vom ersten »Hallo« an an eine Hochzeit in Weiß zu denken.

Wer ist sie?

Fast zwanzig Prozent der Frauen in meiner Untersuchung schrieben, daß sie sich verhielten, als wären sie wieder Jungfrauen. Die Hälfte von ihnen waren reumütige Wildblumen. Über die Hälfte waren Mitte Zwanzig, die meisten der übrigen waren zwischen dreißig und fünfunddreißig Jahre alt. Nur zwei

Frauen über Vierzig berichteten, daß sie sich wie wiedererstandene Jungfrauen aufführten.

Für in Jungfrauen zurückverwandelte Frauen gilt das folgende:

* *Sie lebten bis vor kurzem allein, entweder unverheiratet oder geschieden, und berichteten von Perioden freiwilliger Enthaltsamkeit, die sechs Monate oder länger dauerten.* Sie sind keine Frauen, die bedauernd über ihre längerfristige Unfähigkeit schrieben, Sexualpartner anzuziehen. Sie hatten die Gelegenheiten, sagten aber aus eigenem Entschluß nein.

* *Sie drückten die Überzeugung aus, daß sie es nötig hatten, für ihr promiskuitives Verhalten zu büßen, indem sie sexuell enthaltsam waren.* Fast die Hälfte von ihnen waren nach einer Abtreibung motiviert, ihr sexuelles Verhalten dramatisch zu ändern. Statt sich zu entschließen, nicht wieder sorglos im Umgang mit Verhütungsmitteln zu sein, beschlossen sie, sexuell nicht mehr »wahllos« zu sein.

* *Sie besaßen einen starken Glauben an ihre Fähigkeit, ein Verhältnis zu erzwingen, indem sie den Sex eine Weile unterdrückten oder das sexuelle Verhältnis auf irgendeine Art kontrollierten.*

Sie antworteten fast einstimmig (achtundneunzig Prozent) mit ja auf die Frage: »Riskieren Sie, einen Mann zu verlieren, wenn Sie zu früh Sex mit ihm haben?« Leider antworteten auch erstaunliche einundneunzig Prozent der Gesamtgruppe auf diese Frage mit ja. Obwohl vierundsiebzig Prozent der in Jungfrauen zurückverwandelten Frauen (und siebenundsechzig Prozent der Gesamtgruppe) Sex bei der ersten Verabredung hatten, sagten sie alle wenigstens einmal in ihrem Leben, ein solches

Verhalten sei »falsch«, »töricht«, »ein Beweis für die Unverhei-
ratbarkeit« und »ein böser taktischer Fehler«.

Oder sie verbrämten ihre negativen sexuellen Urteile in Aussagen über Intimität, wie eine achtundzwanzig Jahre alte Frau.
Sie schreibt:

»Zu früher Sex zerstört die zerbrechliche Verbindung zwischen
zwei Menschen und macht wahre Intimität unmöglich. Sex
wird sowohl von Männern als auch von Frauen zu häufig an
die Stelle der Intimität gesetzt, obwohl öfter von Männern.
Wenn man sicher sein will, daß ein Mann nicht zur zweiten
Verabredung erscheint, muß man Sex mit ihm haben.«

Die sofortige Wahl

In Jungfrauen zurückverwandelte Frauen entscheiden schon
früh – oft beim ersten Treffen –, daß dieser Mann der Richtige
ist. Die überwältigende Mehrheit dieser Frauen kann mit einer
Aufzählung der Gründe aufwarten, aus denen sie sofort wußten, daß er der Richtige war. Ihre Aufzählungen lesen sich wie
eine Katalogbeschreibung für »Ehemann, obere Mittelklasse«.
Oft zwingen sie wahrscheinlich den Mann an ihrer Seite, dieser
Liste zu entsprechen, ebenso wie sie eine Übereinstimmung
zwischen Liebe und Sex erzwingen wollen.

»Ich hatte mit dem Mann, mit dem ich mich jetzt treffe, erst
bei unserer vierten Verabredung Sex«, schreibt eine sechsundzwanzigjährige, wieder zur Jungfrau gewordene Frau, »weil ich
ihn heiraten will. Er entspricht genau dem Ehemann, wie ich
ihn mir vorstelle: Er hat eine gute Arbeit, er ist groß und
gutaussehend und hat Sinn für Humor. Ich werde nicht denselben Fehler wie andere Frauen in meinem Büro machen und
zu lange abwarten, ehe ich mich zur Ruhe setze. Für sie ist
keiner mehr übrig. Es ist traurig.«

Andere Frauen bezeichnen ihre ins Auge gefaßten Gefährten als sensibel oder freundlich, intelligent oder verständnisvoll. Wie wissen sie, daß ein Mann diese Eigenschaften aufweist – und noch dazu bereits beim ersten Treffen –, und rechtzeitig genug, um zu erkennen, daß sie den Sex hinauszögern müssen, um den Mann in eine Beziehung mit der Möglichkeit einer späteren Eheschließung zu drängen? Wie können sie entscheiden, daß dies der Mann ist, den sie heiraten wollen, bevor sie Sex mit ihm hatten?

»Diese Dinge weiß man einfach«, behauptet Maggie. »Und wenn man erst weiß, daß man ihn haben will, weiß man auch, daß man ihn nicht bekommen wird, wenn er einen für sexuell erfahren oder leicht zu haben hält.«

Niemand ist zielorientierter als die wiedererstandene Jungfrau. Sooft sie die Methode auch erprobt haben mag, ohne daß sich eine Ehe ergeben hätte – sie glaubt daran. Und der Schlüssel zu der Methode liegt auf der Hand. Man kann sich nicht in eine Jungfrau zurückverwandeln, wenn man beim ersten Treffen mit ihm ins Bett gegangen ist. Deshalb muß man sich – wenn man der Logik folgt – rasch entscheiden.

»Ich habe den Fehler gemacht, mit einem großartigen Mann gleich beim ersten Treffen ins Bett zu gehen«, schreibt eine Siebenundzwanzigjährige. »Und ich habe den Boden, den ich an ihn verlor, nie wiedergewonnen. Ich würde es nie wieder so machen! Ich treffe am nächsten Wochenende einen tollen Mann, und ich bin sicher, daß er der Richtige für mich ist. Diesmal gibt es einige Wochen lang keinen Sex. Ich habe mir meine Strategie schon zurechtgelegt.«

Wiedererstandene Jungfrauen mögen keine Erfolgsgeschichten vorweisen können, aber sie glauben an die Strategie und hören möglicherweise nicht auf, an sie zu glauben, bis sie endgültig versagt hat.

»Ich habe meinen sexuellen Trieb beim Flirten sublimiert«, schreibt eine frisch geschiedene Achtundzwanzigjährige aus Florida. »Ich habe das ganze traditionelle Hochzeitsgetue mitgemacht und Porzellan ausgesucht. Nachdem wir verheiratet waren, erhob die Realität ihr häßliches Haupt.

Bevor ich ihn heiratete, hatte ich ein paar wilde Affären. Sobald ich ihn traf, wurde ich eine vestalische Jungfrau. Ich nehme jetzt an einem Psychologiekurs teil, und ich denke mir, ich lebte den Madonna-Huren-Komplex aus. Ich war eine Hure gewesen, also wurde ich eine Madonna, um geheiratet zu werden.

Wissen Sie, wie ich ihn dazu brachte, mich zu heiraten? Ich bat ihn eines Tages, mich zu heiraten, nachdem wir uns geliebt hatten. Er sagte zu. Weshalb habe ich einen Mann geheiratet, den ich, wie sich herausstellt, nicht ausstehen kann? Ich weiß es nicht. Ich dachte, er wäre ein guter Ehemann. Ich hätte nicht geglaubt, daß er mich schlagen würde.

Ich hätte es bei unserer dritten Verabredung ahnen müssen. Damals wurde er so wütend auf mich, weil so ein Kerl mit mir flirtete, daß er mich gegen die Wagentür schleuderte. Aber da hatte ich mir schon vorgenommen, ihn zu heiraten. Er ist Anwalt.«

Viele in Jungfrauen zurückverwandelte Frauen erzählten ähnliche Geschichten. Aber sie berichteten häufig von Mißbrauch – körperlich, psychisch und finanziell – in Beziehungen, nicht in Ehen. Und ihre Entschlossenheit, den Mann entsprechend dem Mythos zurechtzustutzen, ist so stark, daß die Realität sie nicht von dem Wunsch abhält, ihn zu heiraten. Leider ist dieses Verhalten nicht nur auf solche Frauen beschränkt.

In der Februar/März-Ausgabe 1991 von MODERN BRIDE war eine Untersuchung von fünfhundert Leserinnen veröffentlicht. Einundsechzig Prozent waren Collegeabsolventinnen, die in

akademischen Berufen oder leitenden Funktionen tätig waren. Davon berichteten neunundzwanzig Prozent von größeren persönlichen Schwächen ihrer ins Auge gefaßten Ehemänner wie zum Beispiel Eifersucht, Wutanfällen und der Weigerung, über Probleme zu sprechen. Das waren in der Tat *größere* Schwächen der Art, die nicht selten zu Schlägen und Scheidungen führen. Trotzdem marschieren die künftigen Bräute bereitwillig mit Scheuklappen zum Altar.

Vielleicht glauben sie wirklich, die Ehe würde ihre Männer zum Besseren wandeln. Oder – und das leuchtet mir eher ein – sie denken gar nicht; sie haben in dem Augenblick aufgehört, das tatsächliche Verhalten eines Mannes zu analysieren, in dem sie den Entschluß faßten, ihn zu heiraten – beim ersten oder zweiten Stelldichein. Nachdem sie frühzeitig ihre Wahl getroffen und beim ersten Anblick entschieden hatten, diesen Mann zu heiraten, erlaubten sie sich selbst nicht, nochmals über die Sache nachzudenken.

Außerdem gestatten sich diese wiedererstandenen Jungfrauen keine echte Sinnlichkeit. Über die Hälfte der Frauen dieser Gruppe berichtete über unbefriedigende Sexualität mit ihrem Partner – demselben Partner, den sie immer noch zu heiraten hofften. Weshalb hören sie nicht auf die Alarmglocken, die von späteren ehelichen und sexuellen Problemen künden?

»So vieles ist wichtiger als Sex«, schreibt eine dreiunddreißigjährige Frau aus Alabama. »Ich wünsche mir ein Leben, das ich mir allein nicht leisten kann.«

Der Sex mit ihrem Freund – dem Mann, den sie heiraten will – ist, wie sie zugibt, »nicht sehr gut«. Sie beschreibt eine sexuelle Beziehung, in der seine Bedürfnisse erfüllt werden, aber nicht die ihren.

»Er mag sich nicht mit meinem Unterleib abgeben, und er mag es auch nicht, wenn ich mich selbst dort berühre. Er sagt: ›Weshalb machst du das? Keine andere Frau, mit der ich zu-

sammen war, hat es getan.‹ Also mache ich es hübsch auf seine Art.

Ich habe es ihm am besten mit dem Mund besorgt; jedenfalls sagt er das. Eines Tages wird sich mein Blasen sehr bezahlt machen.«

Der Wunsch, Beziehungen durch die Sexualität zu kontrollieren

Die in eine Jungfrau zurückverwandelte Frau glaubt, daß sie eine Beziehung kontrollieren kann, indem sie sich »richtig« verhält. Sie mag glauben, daß sie nicht bekommt, was sie will, wenn sie nicht ihren Mann, seine Gefühle und besonders seinen Penis wirksam kontrolliert. Und sie kann den Mann *nicht* kontrollieren, wenn sie nicht ihre eigenen sexuellen Wünsche kontrollieren kann – was sie tut, indem sie sie freiwillig hintanstellt.

Die Kontrolle weitet sich über das *Wann* auf das *Wie* ihres sexuellen Verkehrs aus. Jeder Schritt in der sexuellen Beziehung wurde sorgfältig vorausgeplant.

»Beim ersten Mal ist es die Missionarsstellung«, schreibt eine sechsunddreißigjährige wiedererstandene Jungfrau. »Oder sie glauben, es gefalle einem zu gut, Sex mit einem neuen Partner zu haben. Nichts Orales bis zum dritten Mal. Auch kein Analverkehr und Fesseln und solche Dinge – das kommt viel, viel später. Man muß ihn glauben machen, daß man solche Sachen nie zuvor gemacht hat, bis er des Wegs kam.«

Siebenundsiebzig Prozent dieser Frauen beteuern, die Missionarsstellung sei die einzige akzeptable Stellung beim ersten Mal! Aber noch aufschlußreicher als ihre Verpflichtung dem Konzept gegenüber, daß der Mann auf der Frau liegen und dominieren muß, ist ihre Einstellung zur Geburtenkontrolle.

Wieder in Jungfrauen verwandelte Frauen benutzen bei über der Hälfte ihrer sexuellen Begegnungen kein Verhütungsmittel. Vorzeitiges Herausziehen (coitus interruptus) ist die bevorzugte Methode bei mehr als dreißig Prozent der Frauen dieser Kategorie – »bis eine Beziehung gefestigt ist«.

Mit anderen Worten, sie schützen sich bei den ersten Begegnungen mit einem Mann nicht vor Empfängnis oder vor Krankheiten, obwohl er ihnen noch nicht versicherte, daß er keine sexuellen Beziehungen mit anderen Frauen hat. Ohne die Gewißheit einer monogamen Beziehung oder auch nur eine Andeutung oder ein Versprechen von seiner Seite zu haben, riskieren sie ihre Gesundheit. Weshalb? Sie möchten nicht den Anschein erwecken, sexuell »bereitwillig« zu sein, weil sie wollen, daß der Mann glaubt, sie seien von seiner Person überwältigt.

»Der ganze Komplex der Verhütung von Schwangerschaft und Infektionen ist so heikel«, schreibt eine vierunddreißig Jahre alte Managementberaterin. »Man wirkt wie eine Hure, wenn man ein Päckchen Kondome in seinem Nachtschränkchen hat. Man kann nicht die Pille oder ein Diaphragma benutzen, wenn man nicht vorher ein Stelldichein hatte. Was tut man mit den Verhütungsmitteln, wenn man nicht vom Gewerbe ist?

Ich sage Ihnen, was man tun muß. Man hält sich den Mann vom Leib, bis man beschließt, Sex zu haben, dann besteht man auf Verhütung. Wenn er nichts bei sich hat, soll er ihn herausziehen, bevor er kommt. Ich gebe zu, daß ich es nicht schaffte, es auszusprechen; und wenn ich es aussprach, tat der Mann nicht immer, was ich wollte. Aber ich habe bisher Glück gehabt.«

Die Angst, »bereitwillig« oder »leicht zu haben« zu erscheinen, überfällt sogar Frauen, die insgeheim die Pille nehmen. Viele von ihnen benutzen keine Kondome zur Verhütung von Infektionen. Die Realität der Schutzmaßnahmen kollidiert mit

der romantischen sexuellen Botschaft, die sie auszusenden sich bemühen: »Ich bin verletzlich. Ich bin sexuell ungeschickt und unerfahren. Sei behutsam bei mir.«

Aber gelegentlich läßt die Lust jedermann die Kontrolle verlieren. Sie gibt ihren Schutz auf, und er achtet auch nicht auf ihren Schutz. Die resultierende Schwangerschaft oder Infektion versetzt sowohl ihrer Beziehung als auch ihrem Körper einen Schlag.

»Ich hatte Angst, im ersten Monat, in dem wir Sex hatten, schwanger geworden zu sein«, schreibt eine siebenundzwanzig Jahre alte Jurastudentin, die sich mit einem zwei Jahre jüngeren Studienkollegen trifft. »Das wäre furchtbar gewesen! Ein Baby kommt zu diesem Zeitpunkt nicht in Frage, aber eine Abtreibung hätte die Beziehung beendet.

Ich hatte meine wilde Zeit. Aber damals war es eine andere Geschichte. Dieser Mann könnte mein Ehemann und echter Lebenspartner werden. Ich stelle mir vor, daß wir gemeinsam eine Praxis aufmachen, unsere Kinder aufziehen und die Babys mit ins Büro nehmen, damit ich sie stillen kann.«

Eine andere Siebenundzwanzigjährige schreibt: »Ich treffe mich jetzt seit zwei Monaten mit ihm, aber ich werde keinen Sex mit ihm haben, bis ich das Gefühl habe, daß es ihm ernst mit mir ist. Sex ist nicht die Hauptsache. Er weiß nicht, daß ich die Pille nehme. Ich habe zwei Abtreibungen hinter mir und möchte das nicht noch einmal durchmachen. Beide Male habe ich mich hinterher schrecklich gefühlt, und es beendete die Beziehung.

Nach so vielen schlechten Erfahrungen möchte ich, daß diese Beziehung perfekt wird. Wenn wir schließlich Sex haben, wird es wie ein Neubeginn sein.«

Eine andere Frau Ende Zwanzig schreibt: »Ich weiß, was ich will, und ich werde mein eigenes sexuelles Vergnügen verschieben, um es zu bekommen. Man kann keinen Mann gewinnen,

wenn man ihm alles zu früh gibt, und man kann ihn nicht gewinnen, wenn er den Eindruck hat, daß man allzu erfahren ist. Ich weiß, daß ich ein Risiko auf mich nehme, aber ich werde ihn nicht auffordern, Kondome zu benutzen. Eine Frau kann diesen Punkt nicht zur Sprache bringen, ohne erfahren zu wirken.

Ich weiß, das klingt wie etwas, was meine Mutter sagen würde, aber es ist wahr. Männer heiraten lieber weniger erfahrene Frauen oder Frauen, die sie für weniger erfahren halten.«

Ich weiß nicht, was ihre Mutter sagen würde, aber für mich klingen ihre Worte wie die Philosophie der fünfziger Jahre, die Frauen in ein Dilemma brachte, indem sie ihnen weismachte, sie könnten und sollten ihre sexuellen Wünsche kontrollieren, aber ihnen keine Rückversicherung offenließ, wenn sie es nicht konnten und taten.

Die Berichte der wiedererstandenen Jungfrauen weisen gemeinsame Elemente auf, die den Frauen mit Fünfzig durchweg vertraut sind. Dazu gehören:

* *ihre Anerkennung populärer Meinungen, die bestimmen, wann Sex erlaubt ist – und wie er ausgeführt zu werden hat;*

* *das Syndrom der »sofortigen Erwählung«, bei dem sehr früh entschieden wird, daß ein bestimmter Mann der »Richtige« ist;*

* *die Unterlassung des Schutzes vor unerwünschter Schwangerschaft und vor Krankheiten, weil die betreffenden Frauen nicht in sexuellen Dingen erfahren oder zum Sex bereit erscheinen wollen.*

111

Sexuelles Schuldgefühl

Ist es allein auf Manipulation ausgerichtete Logik, oder verwandeln sich viele dieser Frauen unter anderem deshalb in Jungfrauen zurück, um sich selbst für frühere sexuelle »Sünden« zu bestrafen? Fast achtzig Prozent der Frauen in dieser Kategorie beschreiben ihre früheren promiskuitiven Perioden in Form einer Anklage gegen sich selbst. Sie bestrafen sich für ihr Verhalten.

»Ich war wild und zügellos«, schreibt eine dreißigjährige Frau. »Ich bin froh, daß mir nichts Schlimmes widerfahren ist, denn ich habe es herausgefordert. Ich habe das Schicksal herausgefordert.

In meiner wilden Zeit nahm ich fremde Männer aus Clubs mit. Ich ließ sie mich mit Seidentüchern fesseln. Ich hatte Sex in Badezimmern auf Partys, in Häusern und Wohnungen von Leuten, die ich kaum kannte. Ich war unmoralisch. Letztes Wochenende machte ich einen Aids-Test, er war negativ. Es ist ein neuer Abschnitt in meinem Leben, und ich werde keinen wahllosen Sex mehr haben.«

Einige Frauen gaben sich sogar selbst die Schuld daran, daß sie bei einer Verabredung vergewaltigt wurden.

»Ich hatte getrunken«, schreibt eine Vierundzwanzigjährige. »Männer haben keinen Respekt vor Frauen, die trinken. Er nutzte die Gelegenheit aus. Es war schrecklich, aber es wäre vielleicht nicht geschehen, wenn ich nicht zuviel Wein getrunken hätte; wenn ich nicht den Anschein erweckt hätte, sexuell leicht verführbar zu sein.«

Sicherlich spielt ein unerkanntes sexuelles Schuldgefühl eine Rolle bei der Entscheidung einiger Frauen, sich in eine Jungfrau zurückzuverwandeln, besonders bei Frauen, die ihre Vergangenheit auf diese negative und selbstanklägerische Art beschreiben.

»Ich habe in meinem letzten Collegejahr mit vierzehn Jungen geschlafen«, schreibt eine Fünfundzwanzigjährige. »Ich begann damit, daß ich gegen den Jungen, mit dem ich mich traf, aufbegehrte. Ich sagte mir einfach: ›Scheiß drauf, ich werde mit einem anderen schlafen. Ich werde es ihm zeigen.‹

Als ich schwanger wurde, hatte ich keine Ahnung, wer der Vater war. Ich habe es keinem meiner Liebhaber gesagt; nicht, daß einer von ihnen danach gefragt hätte. Ich habe es niemandem gesagt. Ich beschloß, abtreiben zu lassen. Es war komisch – man kann nicht sagen, daß es weh getan hätte. Sie waren nett zu mir im Krankenhaus. Aber sie fragten mich dauernd, ob ich weinen möchte, und ich tat es nicht.

Nach der Abtreibung machte ich reinen Tisch. Ich hatte fast zwei Jahre lang keinen Sex. Heute ist mir Sex allein nicht genug. Ich könnte es ständig tun, aber ich werde es nicht tun. Ich könnte mit dem Mann, mit dem ich mich treffe, Sex auf dem Küchentisch, auf dem Fußboden oder im Garten haben, aber ich werde es nicht tun.

Er wird mich heiraten, und ich will alles richtig machen. Eines Tages werde ich ein Baby haben. Danach erzähle ich ihm vielleicht von der Abtreibung oder auch nicht. Es ist meine private Sache; nicht seine.«

Viele wiedererstandene Jungfrauen tragen »private Sachen« dieser Art mit sich herum. Die schwere Last bedrückt sie sexuell und macht sie sich selbst und anderen Frauen gegenüber überkritisch.

Wie man das Verhalten einer wiedererstanden Jungfrau überwinden kann.

Wenn Sie beschlossen haben, eine Weile sexuell enthaltsam zu leben, weil Sie emotionalen Raum für positive Zwecke brauchen – gut für Sie. Aber wenn Ihr Verhalten durch den Wunsch motiviert ist, zu büßen oder eine Beziehung zu kontrollieren, betrügen Sie sich selbst um Ihr sexuelles Vergnügen. Der beste Rat bezüglich einer Weiterentwicklung kommt von Frauen, die es getan haben – frühere wiedererstandene Jungfrauen.

Hören Sie auf, Magazinartikel und Bücher zu lesen, die Ratschläge bezüglich der richtigen Zeit für Sex erteilen.
»Ich hörte auf, all die Artikel über das *Neue Zölibat* zu lesen«, schreibt eine Neunundzwanzigjährige aus Atlanta. »Wenn man dieses Zeug liest, könnte man meinen, daß niemand Sex hätte oder haben sollte, weil es zu gefährlich ist. Die Autoren wollen einen glauben machen, daß sich alles in einer Beziehung zum besten wendet, wenn man nur zur richtigen Zeit Sex hat. Wenn man nach einer Beziehung sucht oder wie ich aus einer zerbrochenen Beziehung kommt, ist man verzweifelt genug, um alles zu glauben. Ich habe versucht, den Sex hinauszuzögern, aber es hat zu keiner großartigen Beziehung geführt. Ich habe jetzt eine großartige Beziehung. Wir hatten schon beim ersten Rendezvous Sex, und seitdem ist er verrückt nach mir. So ist das mit den Vorstellungen.«

Binden Sie sich nicht zu früh.
»Ich dachte immer, wenn man gar keinen Sex bis zum dritten Treffen und dann nur noch Sex mit ihm hat, wäre alles gut«, schreibt eine dreißigjährige leitende Angestellte im Einzelhandel aus dem Nordosten der USA. »Also hatte ich die meiste Zeit zwischen zwanzig und dreißig zwei Arten von Beziehun-

gen: mit Männern, die mir untreu waren, und mit Männern, die genauso dachten wie ich, so daß wir beide uns zu früh banden. Beim letzten Mal sagte ich: ›Ich werde nicht versprechen, daß ich mit keinem anderen schlafe‹, und ich blieb sechs Monate lang dabei. Wir werden nächste Woche heiraten. Er ist wundervoll.«

Seien Sie verantwortungsvoll bei der Verhütung von unerwünschter Schwangerschaft und Krankheiten – denn sich nicht schützen zeugt oft von unbewußten sexuellen Schuldgefühlen.
»Wie ich in der Therapie erfuhr, habe ich mich selbst für meine Sexualität bestraft, indem ich körperliche Risiken auf mich nahm«, schreibt eine sechsundzwanzigjährige New Yorkerin. »Jetzt nehme ich die Pille und benutze Kondome. Ich fühle mich innerlich viel freier. Mein sexuelles Leben hat sich verbessert, und ich bin nicht länger verzweifelt genug, um mich zu binden.«
Wenn ich die Briefe der wiedererstandenen Jungfrauen lese, wünsche ich, ihnen zurufen zu können: »Kopf hoch!« Diese glücklich verheiratete leitende Angestellte in einer Sendeanstalt Mitte Dreißig hat es gesagt: »Mein Mann und ich hatten Sex beim ersten Rendezvous. Sechs Monate später war er derjenige, der heiraten wollte, während ich mich noch wehrte. Ich bin froh, daß ich mich überreden ließ. Er hat oft gesagt – und ich glaube, es stimmt –, daß Männer die Entscheidung, ob sie eine Frau heiraten wollen, nicht davon abhängig machen, wann sie mit ihr zum ersten Mal Sex hatten. Für Männer sind der Wunsch nach Sex und nach einer Heirat zwei verschiedene Dinge.
Sie fragen: ›Riskiert es eine Frau, einen Mann zu verlieren, wenn sie zu früh Sex mit ihm hat?‹ Ich sage nein, denn die Sorte Männer, die eine Frau fallenlassen, sobald sie ihm zu Willen war, tun es auf jeden Fall, ob sie beim ersten oder beim

sechsten Treffen Sex haben; sobald sie eben ihr Ziel erreicht haben.

Weshalb fragen Sie nicht, ob ein Mann riskiert, eine Frau zu verlieren, wenn er zu früh Sex mit ihr hatte? Es wäre immerhin möglich. Was ist, wenn er beim ersten Mal vorzeitig ejakuliert? Sie könnte entscheiden, daß er die Mühe nicht wert ist, und *ihm* keine zweite Chance geben.«

Kapitel 8 **Zusammenlebende**

»Als wir zusammengezogen waren, hatten wir die erste Zeit ständig Sex. Jetzt ist es keine so große Sache mehr.« Eine Sechsundzwanzigjährige, die mit einem Mann zusammenlebt.

Vor zwanzig Jahren war es ein Wagnis, unverheiratet zusammenzuleben, aber das hat sich geändert. Wenn man mit einem Mann zusammenlebt, ohne mit ihm verheiratet zu sein, wird man heute nicht mehr unbedingt aus der Familie verstoßen. Aber es könnte Sie aus der Gemeinschaft der verheirateten Paare und aus der Kirche verbannen und Ihrer Mutter mißfallen. Vielleicht überrascht es Sie jedoch, daß ein solches Arrangement keine Garantie für die Befriedigung Ihrer sexuellen Bedürfnisse darstellt.

Laut mehreren Ende der achtziger Jahre ausgeführten Studien waren Frauen, die in eheähnlichen Verhältnissen lebten, mit größerer Wahrscheinlichkeit sowohl Opfer von häuslicher Gewalt als auch Objekte von unerwünschtem Sex als alleinstehende oder verheiratete Frauen. Einige Fachleute machen soziale Isolation für die Gewalt verantwortlich. Sie erklären, daß solche Paare in gewissem Umfang der sozialen Kontrolle durch Familie und Kirche entzogen sind, weil ihr Verhältnis weder von der Kirche noch vom Staat sanktioniert wird. Andere Fachleute nennen das sowohl ökonomisch als auch in anderer Hinsicht ungesicherte Verhältnis der Frau in der Beziehung die Quelle der ungleichen Machtverteilung, die einem solchen Verhalten zugrunde liegt. Frauen leben oft mit Männern zusammen, die mehr Geld als sie verdienen und weniger stark

117

als sie an einer Eheschließung interessiert sind. Manche Frauen verstärken dieses ungleiche Machtverhältnis, indem sie sich der Illusion hingeben, die Beziehung durch Sex statt durch finanzielle Gleichheit »kontrollieren« zu können. Wenn sie ihm gibt, was er sich in sexueller Hinsicht von ihr wünscht – so überlegt sie –, wird er ihr geben, was sie außerhalb des Schlafzimmers braucht.

Viele Frauen leben in fröhlich-egalitären Verhältnissen mit Männern. Sie wählen diese Form des Zusammenlebens vor allem wegen der Lusterwartung. Offensichtlich sind sie keine Lustverleugnerinnen – die Frauen, um die es in diesem Teil des Buchs eigentlich geht. Deshalb sollen die Frauen, über die wir hier sprechen, nicht als repräsentativ für *alle* Teilnehmerinnen an der Untersuchung, die mit Männern zusammenleben, betrachtet werden.

»Ich lebe seit zwei Jahren mit Kevin zusammen«, schreibt eine achtundzwanzigjährige Akademikerin aus Chicago. Die Themen von Ausnutzung und Mißbrauch in ihrem schockierenden Bericht wurden in den Geschichten mehrerer anderer Frauen variiert. »Von Anfang an vermutete ich, daß er mich betrog, aber ich hatte keine Beweise. Er bemüht sich nicht mehr so sehr um Sex, wie er es getan hatte, als wir noch nicht zusammenwohnten. Unser Sex ist nicht weniger häufig geworden, aber Kevin wirkt weniger daran interessiert. Er muß nicht mehr anrufen oder Pläne machen; ich bin immer da.

Manchmal wird es wirklich schlimm zwischen uns. Vor ein paar Wochen gingen wir auf eine Party. Er trank zuviel. In einem Raum wurden Pornos vorgeführt. Er bestand darauf, hier Sex zu haben, wo uns andere sehen konnten. Ich wollte nicht. Meine Gefühle schienen ihn nicht zu kümmern. Ich sagte nicht nein, aber ich hoffte, er würde merken, daß ich von der Idee nicht begeistert war. Ich weinte die ganze Zeit über.

Er hat den Hinweis nicht bemerkt.«

Aber weshalb sagte sie nicht einfach nein? Sie wollte, daß er es für sie tat. Obwohl er ihre Gefühle offensichtlich überhaupt nicht respektierte, schwieg sie – in der Hoffnung, er würde ihre Not erkennen und sich entsprechend verhalten. Er sollte sich wegen ihr sorgen, nicht wegen sich selbst.

Mehrere Frauen in ähnlichen Situationen meinen, die Option, nein zu sagen, bestehe entweder gar nicht, oder sie müsse mit großer Umsicht genutzt werden. Es ist zwecklos, darüber zu diskutieren, ob das wahr ist. Viele Frauen, die dieses Buch lesen, würden über diesen Punkt gern streiten, aber wenn die Frauen in solchen Beziehungen es für wahr halten, wird es in dem Moment wahr, in dem sie ihre Macht an den Mann abtreten. Sie fürchten, sich um eine neue Gemeinschaft mit einem Mann bemühen zu müssen, wenn sie ihre Option nutzen, und viele von ihnen sitzen sowohl finanziell als auch emotional in einer Falle.

Wer ist sie?

14,4 Prozent aller Frauen in der Untersuchungsgruppe lebten mit Männern zusammen. Frauen von Anfang bis Mitte Zwanzig waren zu 67,2 und Frauen im dritten Lebensjahrzehnt zu dreißig Prozent in dieser Kategorie vertreten. Die übrigen 2,8 Prozent waren um die Vierzig. Die Kriterien zu ihrer Erkennung sind offensichtlich und einfach:

Sie leben mit Männern zusammen, mit denen sie nicht verheiratet sind und eine geschlechtliche Beziehung haben.

Ein wenig mehr als die Hälfte von ihnen wollten ihre Liebhaber heiraten. Weitere zwanzig Prozent waren unentschlossen.

Die übrigen – hauptsächlich Frauen über Dreißig – wünschten nicht, den Mann zu heiraten, mit dem sie zusammenlebten. Daß die mit Männern zusammenlebenden Frauen in meiner Studie etwas weniger zur Ehe neigten als Frauen in eheähnlichen Verhältnissen in anderen Untersuchungen – von denen in der Regel drei Viertel heiraten möchten –, läßt sich vielleicht durch zwei Faktoren erklären: Ein unverhältnismäßig großer Anteil der Frauen in meiner Studie lebt in großen Städten, wo der Heiratsdruck weniger ausgeprägt ist, während die Motivation, eine Zimmergenossin zu finden, mit der man sich die Miete teilen kann, weit größer als in anderen Gegenden des Landes ist. Zudem waren mehr als dreißig Prozent meiner Gruppe mit über dreißig Jahren älter als die typischen Teilnehmerinnen im Collegealter, und häufig geschieden. Möglicherweise neigt die ältere, geschiedene Frau weniger zur Ehe als eine jüngere, die nie verheiratet war.

Weshalb Frauen mit Männern zusammenleben

Laut mehreren Studien mit Paaren Mitte Zwanzig leben Männer aus sexuellen Erwägungen mit Frauen zusammen, während Frauen diese Form des Zusammenlebens der Beziehung zuliebe wählen. Sie hoffen, daß dieses Arrangement entgegen aller Wahrscheinlichkeit zu einer Ehe führt. Eine Studie an der Columbia University von 1985 ergab, daß nur neunzehn Prozent der Männer in eheähnlichen Verhältnissen ihre Partnerinnen heiraten. Eine 1988 im Auftrag des The National Bureau of Economic Research in Cambridge, Massachusetts, durchgeführte Untersuchung kam zu dem Ergebnis, daß Ehen von Paaren, die zuvor zusammenlebten, mit um achtzig Prozent größerer Wahrscheinlichkeit wieder geschieden werden als Ehen zwischen Männern und Frauen,

die vorher nicht zusammengelebt haben. (Die Autoren der Studie räumten ein, daß sie dem Konzept der Ehe vielleicht weniger verpflichtet waren.)

Aber die mit Männern zusammenlebenden Frauen in meiner Untersuchung nannten »finanzielle Zwänge« und »vernünftige Erwägungen« ebensooft wie Liebe oder die Hoffnung auf eine Ehe als Motiv für ihre Entscheidung. Besonders Frauen über Fünfunddreißig geben an, sie seien es einfach müde geworden, frische Unterwäsche und Make-up in ihren Handtaschen herumzutragen. Sie zogen zu ihm, weil das einfacher war, als ständig zwischen zwei Wohnungen hin und her zu pendeln.

»Ich war es leid, meinen Kram jeden Abend und jeden Morgen quer durch die Stadt zu schleppen«, schreibt eine siebenunddreißig Jahre alte Angestellte einer Hypothekenbank. »Es war anstrengend, und ich war fast immer diejenige, die es schleppen mußte. Er hatte unzählige Entschuldigungen. Aber der wichtigste Grund war, daß sein Apartment besser war.«

Eine Dreiunddreißigjährige schreibt: »Ich kann es mir nicht leisten, allein zu leben, nicht einmal in einem Einzimmerapartment. Ich hatte eine Wohnung mit zwei Frauen und einem Mann geteilt, dem Freund einer der Frauen. Es war einfach zuviel. Keine Privatsphäre. Ich wollte in einem Schaumbad liegen und Krimis lesen, ohne daß dauernd jemand an die Tür hämmerte – und ich wollte kein Liebesgestöhne aus dem angrenzenden Zimmer hören.«

Die meisten dieser Frauen verdienen weniger Geld als der Mann. Einige Frauen sind klug genug, darin die Ursache für das Ungleichgewicht in ihrer Beziehung zu erkennen – ein Ungleichgewicht, das sich bis ins Sexuelle hinein auswirkt.

Häufigkeit des Geschlechtsverkehrs und
sexuelle Sicherheit

Eine vom National Center for Health Statistics ausgeführte Studie kommt zu dem Ergebnis, daß unverheiratete Paare, die zusammenleben, mehr Sex als verheiratete Paare und Singles haben. Andere Untersuchungen bestätigen dieses Ergebnis. Eine größere Studie über Frauen in den Vereinigten Staaten, die nie verheiratet waren und mit Männern zusammenlebten, erschien 1987 in der August-Ausgabe des JOURNAL OF MARRIAGE AND THE FAMILY. Ihr zufolge hatten diese Frauen häufiger Geschlechtsverkehr als andere Frauen. Das trifft auch für die Frauen in meiner Untersuchung zu. Frauen, die mit Männern zusammenlebten, berichteten von Beischlafhäufigkeit und anderen sexuellen Aktivitäten durchschnittlich vier- bis sechsmal im Vergleich zu zwei- bis dreimal pro Woche bei Verheirateten und ein- oder zweimal bei Alleinlebenden.

Frauen in eheähnlichen Verhältnissen scheinen ihre Beziehungen für noch mehr sexuell bestimmt zu halten, als sie es tatsächlich sind, weil dem Ausdruck »Zusammenleben« der Geruch gesellschaftlich nicht sanktionierter Lust der wildesten Art anhaftet. Oder sie fühlen sich gedrängt, den Mittelwert der Häufigkeit des Beischlafs zu überbieten – den sie höher einschätzen, als er es in Wahrheit ist –, weil sie befürchten, daß der Partner anderenfalls das Interesse an ihnen verliert. Aus welchen Gründen auch immer, die Frauen dieser Gruppe sorgten sich mehr darüber, ob sie oft genug Sex hatten, als jede andere Gruppe – mit Ausnahme der Frauen, die wußten, daß ihre Ehemänner Affären hatten oder gehabt hatten. Selbst wenn sie angaben, der Sex sei gut, klingen sie nicht überzeugt.

»Wir hatten großartigen Sex«, schreibt eine sechsunddreißig Jahre alte Frau, die mit einem Mann zusammenlebt. »Aber ich

fürchte, ich bin in dieser Hinsicht zu selbstsicher. Mit jemandem zusammenzuleben, das ist immer wie ein Verhältnis auf Probe. Ich war zehn Jahre lang verheiratet, und ich habe mich in der Ehe in sexueller Hinsicht sicherer gefühlt. Ich hatte nicht das Gefühl, daß er mich verlassen würde, wenn er im Schlafzimmer einen vorübergehenden Durchhänger hatte. Aber es war eine trügerische Sicherheit. Er verließ mich – wegen einer Affäre mit einer anderen Frau. Dann kam er zurück, aber ich verließ ihn. Also ist es schwer, zu sagen, ob ich mir jetzt Sorgen mache, weil ich nicht verheiratet bin, oder weil es mir schon einmal widerfahren ist.«

Eine Untersuchung des Magazins NEW WOMAN von 1986 ergab, daß Frauen, die mit Männern zusammenleben, unsicherer in ihrer Liebesbeziehung sind als andere Frauen. Vielleicht fühlen sie sich, wie die oben zitierte Frau, wie in einer Beziehung »auf Probe« oder leicht verfügbar, weil sie nicht verheiratet sind. Sie mögen gute Gründe dafür haben, nicht allzu selbstsicher zu sein. Studien – wieder größtenteils mit Frauen im Collegealter durchgeführt – zeigen, daß Männer in eheähnlichen Verhältnissen mehr »herumschlafen« als verheiratete Männer. Sie schlagen auch schneller eine Trennung vor als Frauen, wohingegen es in einer Ehe umgekehrt ist, und die Frauen eher auf Scheidungen drängen.

Alle Indizien sprechen für eine Situation, in der meistens der Mann dominiert. Dadurch ist die Frau gezwungen, auf den einzigen Trumpf zu setzen, den sie zu haben glaubt: den Sex. »Ich lebe seit fünfeinhalb Jahren mit meinem Freund zusammen«, schreibt eine siebenundzwanzigjährige Frau aus Seattle. »Und ich weiß, weshalb er bei mir bleibt. Ich mache fast jedesmal, wenn wir Sex haben, Fellatio bei ihm. Täte ich es nicht, wäre er bereits gegangen, glauben Sie mir!«

Sexuelle Nötigung

Zu den wahrhaft schockierenden statistischen Daten über zusammenlebende Paar gehören Fälle von Gewalt gegen die Frauen.

In einem Artikel mit dem Titel »Swinging – and Ducking – Singles«*, der am 5. September 1988 in der TIME erschien, wurden Paare, die vor der Heirat zusammenleben, als die Paare »mit der höchsten Gewaltrate« bezeichnet. Unter anderen Quellen zitierte der Artikel eine Studie der University of Hampshire, die ergab, daß die Aggressionsrate bei zusammenlebenden Paaren höher war als bei Paaren, die sich verabredeten, oder bei Eheleuten. Die Gewalt gegen Frauen in eheähnlichen Verhältnissen reichte von Schlägen bis zur Vergewaltigung. TIME schlußfolgerte: »Verhältnisse des Zusammenlebens, die nicht die Norm darstellen, üben zusätzliche Zwänge auf die Paare aus.«

Noch verbreiteter als »unbeschwert leben und sich ducken« ist sexuelle Nötigung. Vierzig Prozent der Frauen, die mit Männern zusammenlebten, berichteten in einer Untersuchung 1985 durch NEW WOMAN, eine Art der Sexualität erduldet zu haben, die sie nicht wollten oder nicht genossen. Andere Untersuchungen und Forschungsstudien erbrachten ähnliche Ergebnisse. Manchmal war der »erduldete« Sex schmerzhaft. Und wiederum gehörte Vergewaltigung dazu.

Auch die Frauen in meiner Untersuchung, die mit Männern zusammenlebten, berichteten oft von Nötigung. Ihre häufigsten Klagen waren, daß sie öfter gezwungen wurden oder sich genötigt fühlten, Fellatio auszuüben, als sie bereit waren, oder Sperma zu schlucken, was sie inakzeptabel fanden, oder sich zum Analverkehr zur Verfügung zu stellen, was sie ekelhaft

* unbeschwert lebende – und sich duckende – Singles

oder schmerzhaft fanden. Zehn Prozent dieser Frauen wurden von ihren Partnern vergewaltigt. Einige gaben an, sie seien durch Schläge »bestraft« worden oder hätten bei sadomasochistischen Spielen mitmachen müssen. Insgesamt nahm von diesen Frauen ein höherer Prozentsatz als bei den Frauen aller anderen Gruppen an sadomasochistischen Praktiken teil – manchmal allerdings freiwillig.

Das Leitthema, das sich durch viele ihrer Berichte zog, war die sexuelle Ohnmacht.

Eine achtundvierzig Jahre alte Schriftstellerin aus Baltimore erinnerte sich an ihr eheähnliches Verhältnis, das sie mit Vierzig hatte. »Ich blicke auf diese Zeit zurück und erlebe wieder dasselbe Gefühl, das ich als junge Frau hatte, als ein Mann, mit dem ich mich traf, buchstäblich meinen Kopf nach unten zwang, damit ich Fellatio machte. Als es das erste Mal geschah, saßen wir in seinem Wagen auf der Zufahrt meiner Eltern. Ich war neunzehn und in den Sommerferien vom College zu Hause. Ich weiß heute nicht mehr, weshalb ich ihn weiterhin getroffen habe, aber ich tat es – über zwei Jahre lang.

Wenn ich nicht schnell genug begriff, daß ich Fellatio ausführen sollte, zwang er meinen Kopf nach unten. Einmal hatte ich von seinen Fingern Quetschwunden im Nacken.

Zwanzig Jahre später lebte ich mit einem Mann zusammen, der denselben Druck auf mich ausübte; nur nicht körperlich, sondern psychisch. Er drückte nie tatsächlich mit den Händen meinen Kopf nach unten, aber seine Herrschaft über mich – über den Sex in unserer Beziehung – war so vollkommen, daß es genauso war, als hätte er die Hände benutzt.

Ich lebte nur ein Jahr lang mit ihm zusammen. Es war ein schweres Jahr für mich. Ich verlor meine Eltern, meinen Job, meine Wohnung und meine Katze. Sobald mein Selbstvertrauen wiederhergestellt war, verließ ich ihn.«

Viele Frauen, die mit Männern zusammenleben, haben ein

geringes Selbstvertrauen. Entweder glauben sie, es finanziell oder emotionell nicht allein schaffen zu können, oder sie fürchten, keinen anderen Mann mit den von ihnen gewünschten Eigenschaften erobern zu können. Sie scheinen die Männer für wertvoller als sich selbst zu halten. Sie hoffen auf eine Heirat und fühlen sich vielleicht wertlos, weil der Mann sie ihnen nicht anbietet.

»Ich weiß, daß eine moderne Frau nicht so denken sollte«, schreibt eine fünfundzwanzigjährige Frau, die mit einem Mann zusammenlebt, »aber ich hätte mehr Zutrauen in mich selbst, wenn er mich heiraten wollte. Ich frage mich, ob etwas mit mir nicht stimmt, daß er es nicht will. Möglicherweise hat meine Erziehung in einer katholischen Schule letzten Endes doch noch gewirkt.«

Andere Frauen kämpfen darum, eine Periode in ihrem Leben zu überstehen, die durch das Arrangement des Zusammenlebens eigentlich hätte erleichtert werden sollen. Einige von ihnen nennen Angst vor Krankheit als Grund dafür, daß sie geblieben sind. Unter den Frauen über Fünfunddreißig lautete der wichtigste Grund zu bleiben: »Wo hätte ich denn hingehen können? Alle Männer sind schwul, verheiratet oder Ausschuß.« Ihre Einstellung lautet: »Es geht mir so gut, wie ich es verdient habe.«

Die meisten Frauen halten selbst dann noch Sex für ihre Währung im Austausch gegen eine Beziehung, wenn ihnen der Mann eindeutig die sexuelle Kontrolle aus der Hand genommen und ihre Währung entwertet hat.

»Ich habe zwei Jahre lang mit Mark zusammengelebt«, schreibt eine vierundzwanzigjährige Frau. »Anfangs schien es eine großartige Idee, weil es meine einzige Möglichkeit war, außerhalb des Campus zu leben. Ich haßte Schlafräume dort. Meine Zimmergenossin war eine atemberaubende Schönheit aus Südamerika ... reich, reich, reich. Ihre Eltern bestanden darauf, daß

sie in der Wohnung blieb, weil sie es dort für sicherer hielten. Es war wirklich nicht angenehm, mit ihr den Platz teilen zu müssen. Dann kam Mark.

Ich gab mir wirklich Mühe, ihn im Bett zu befriedigen, aber er forderte immer mehr; vor allem Analverkehr. Wieso treffe ich immer Männer, die das wollen? Als wir anderthalb Jahre lang zusammengelebt hatten, vergewaltigte er mich. Er war betrunken, aber das entschuldigt nicht, was er tat. Er hat mich ernsthaft verletzt. Ich wollte ihn verlassen, aber ich konnte es nicht. Es war mein letztes Collegejahr. Ich hatte kein Geld und wußte nicht, wohin ich sollte. Ich blieb nach dem Vorfall noch sechs Monate lang bei ihm. Zum Glück traf ich in dieser Zeit einen anderen Mann und verbrachte die meisten Nächte in seinem Apartment.«

Sie berichtet, daß sie jetzt mit ihrem zweiten Mann zusammenlebt. Er mißbraucht sie zwar nicht, aber er befriedigt auch nicht ihre sexuellen Bedürfnisse. Er leidet unter vorzeitigem Samenerguß. Sie hat nie mit ihm darüber gesprochen, aus Angst, »seine Gefühle zu verletzten«.

»Ich möchte bei ihm bleiben«, sagt sie. »Ich möchte eine richtige Beziehung mit ihm haben, aber im Augenblick kann ich nicht erwarten, daß sich etwas ändert. Ich möchte ihn heiraten, aber er will nicht. Unter diesen Umständen werde ich ihn nicht mit sexuellen Problemen belasten.

Ich habe nicht jedesmal einen Orgasmus, aber das weiß er nicht. Ich täusche ihn vor. Er hält sich für einen großen Liebhaber, und ich lasse ihn in dem Glauben. Für mich hat er ein sexuelles Problem, wenn es auch vermutlich für ihn selbst keines ist. Ich glaube, daß er vorzeitig ejakuliert. Ich mag es, wenn ein Akt länger dauert.

Aber ich habe nichts gesagt oder unternommen. Ich möchte seine Gefühle nicht verletzen und sein Ego nicht verwirren. Ich möchte, daß er mich heiratet.«

Selbst Frauen in einem eheähnlichen Verhältnis, die nicht heiraten wollen, fühlen sich oft unfähig, sexuell für sich selbst zu sprechen. Einige von ihnen werden möglicherweise in diese Beziehung hineingezogen, weil ihre Unterwürfigkeit sie für dominante Männer attraktiv macht. Aber wer könnte sagen, ob die Beziehung für diese Frauen tatsächlich befriedigend ist?

Die Berichte der Frauen, die mit Männern zusammenleben, weisen gemeinsame Elemente auf. Zum Beispiel:

* *ihren unterlegenen finanziellen Status in der Beziehung.* Besonders die jüngeren Frauen verdienen fast immer weniger als ihre Liebhaber.

* *ihren Glauben an die Macht der Sexualität, ihn zu halten.* Vielleicht sind sie deswegen weniger als andere Frauen geneigt, sexuell für sich selbst zu sprechen, weil sie fürchten, ihn in diesem Fall zu verlieren.

* *eine höhere Rate der sexuellen Aktivität als andere Frauen;*

* *ihre Unsicherheit in der Beziehung;*

* *die Wahrscheinlichkeit, sexueller Nötigung ausgesetzt zu sein.*

Die Grundeinstellung

Gewiß dulden einige Frauen, die mit Männern zusammenleben, die sexuelle Nötigung, weil sie finanziell schlechter als ihre Partner gestellt sind.

»Man muß im Leben Kompromisse machen«, erklärt eine fünf-

unddreißigjährige Journalistin. Sie lebt mit einem dreiundvierzigjährigen leitenden Angestellten zusammen, den sie nicht heiraten möchte. »Ich kann mir seinen Lebensstil nicht leisten. Ich liebe ihn und genieße die Vergünstigungen, die mir sein Einkommen ermöglicht. Er ist nicht der beste Liebhaber, den ich je hatte, aber man kann nicht alles haben.

Ich traf ihn sechs Monate nach seiner Scheidung. Er war zwanzig Jahre lang verheiratet. Sie ließ ihn vernachlässigt herumlaufen. Er bemüht sich im Bett nicht so sehr wie andere Männern, die ich kennengelernt habe. Also bemühe ich mich für uns beide.

Er hatte immer Analverkehr mit ihr haben wollen, aber sie wollte nicht. Ich sagte, ich sei dazu bereit, obwohl ich es – ob Sie es glauben oder nicht – erst einmal getan hatte, als ich noch sehr jung war. Sie kennen den Scherz über Analverkehr. Jede Frau machte es zweimal; einmal, um zu erfahren, wie es ist, und dann, um zu sehen, ob es wirklich so schlimm ist, wie sie es in Erinnerung hatte. Sie können sich vorstellen, wie schlimm mein erster Versuch nach über fünfzehn Jahren war!

Er hat keinen großen Penis, aber er ist etwas größer als normal. Wir benutzten Gleitmittel, aber beim ersten Mal tat es trotzdem weh. Er rammte ihn mir hinein, härter als beim regulären Verkehr. Mag sein, daß es sich nur härter anfühlt. Aber ich habe mich daran gewöhnt, und ich würde ihm nie sagen, daß es mir manchmal weh tut. Warum sollte ich ihm den Spaß verderben? Wir machen es einmal pro Woche auf diese Weise. Ich trinke ein Glas Wein und sorge dafür, daß ich wirklich in Stimmung bin, bevor wir zur Tat schreiten. Ich kann beim Analverkehr sogar einen Orgasmus haben, wenn ich vorher in Stimmung war und meine Klitoris reibe, während er zugange ist.

Schauen Sie, wer das Geld und die Wohnung hat, bestimmt.«

Solange die Frauen glauben, die Antwort auf geringeres Einkommen bestünde darin, mit Männern zusammenzuziehen, bleibt es wohl so.

Wie Sie größere sexuelle Befriedigung finden können

Sie leben mit einem Mann zusammen, verzichten auf Ihre eigene Lust, um einen Mann festzuhalten oder eine Beziehung zu erzwingen, oder aus einem Gefühl der Ungleichheit heraus, das sich auf Unterschiede im Einkommen gründet. Sind Sie in einer sexuellen Routine gefangen? Nein, andere Frauen haben ihr sexuelles Leben verbessert, und Sie können das auch. Sie können

* *auf Ihrem Recht auf sexuelle Lust bestehen.* Teilen Sie ihm Ihre sexuellen Bedürfnisse und Wünsche mit. Sie werden vielleicht angenehm überrascht und entdecken, daß Ihr Vergnügen auch seine Lust erhöht.

* *sich weigern, sich durch Einschüchterung zu sexuellen Praktiken überreden zu lassen, die Sie nicht erregend oder befriedigend finden.* Sie müssen nicht sein Sperma schlucken, Analverkehr dulden, sich fesseln lassen oder zulassen, daß er Sie schlägt. Einige Frauen genießen solche Dinge. Wenn es bei Ihnen nicht so ist, sagen Sie es ihm.

* *der Beziehung ein zeitliches Limit setzen, wenn die Ehe für Sie wichtig ist – aber nicht für ihn.* Setzen Sie nicht übereilt ein Ultimatum fest. Er läßt sich nur einhalten, wenn Sie es durchstehen. Aber setzen Sie für sich selbst eine Frist fest, nach deren Ablauf Sie nach anderen Arrangements des Zusammenlebens Ausschau halten, wenn er bis dahin keinen Hochzeitstermin genannt hat.

* *auf finanzielle Gleichstellung hinarbeiten, wenn Geld der Grund ist, weshalb Sie mit ihm zusammenleben.* Einige Frauen berichteten, daß sich ihre Beziehung verbesserte, nachdem sie besser bezahlte Jobs angenommen oder einen größeren Anteil an den Lebenshaltungskosten übernommen hatten. Wenn er für mehr als die Hälfte aufkommt, fühlt er sich möglicherweise unbewußt übervorteilt.

Kapitel 9 **Die Uhr-Frau**

»Ich brach mit einem wundervollen Mann. Der Sex war gut, aber er wollte nicht heiraten. Er war schon einmal verheiratet und hat ein Kind. Ich kann es mir nicht leisten, meine Zeit mit ihm zu verschwenden.« – Ein achtunddreißig Jahre altes Opfer der tikkenden biologischen Uhr.

Ob verheiratet oder alleinstehend, sie will schwanger werden, bevor ihre biologische Uhr abgelaufen ist. Ihr sexuelles Leben wird von ihrer Biologie bestimmt. Wenn sie allein lebt, setzt sie sich selbst und die Männer, mit denen sie sich trifft, unter erheblichen Druck, schnell eine Verbindung einzugehen. Ist sie verheiratet, bestimmt der Kalender ihren Sex. Sexuelle Lust ist ein Hindernis in der zielgerichteten Kampagne, ihre Gebärmutter zu füllen.

Da ich bereits mit einundzwanzig Mutter wurde, habe ich nie erfahren, was es heißt, sich nach einem Kind zu sehnen. Mein Sohn war da, ehe ich Zeit hatte, viel darüber nachzudenken, wie es sein würde, eine Mutter zu sein, oder wie es sein würde, keine Mutter zu sein. Die Uhr-Frau hingegen hat das Nachdenken über die Mutterschaft vielleicht vor sich hergeschoben und eines Tages plötzlich entdeckt, daß sie kaum noch an etwas anderes denken konnte.

»Ich habe nie zuvor ein Kind gewollt, und ich bin erstaunt, wie sehr ich mir jetzt eines wünsche«, berichtet eine siebenunddreißig Jahre alte Akademikerin. Sie hat fünf Abtreibungen hinter sich; die letzte vor vier Jahren. »Ich wünschte, ich hätte damals gewußt, was ich heute weiß. Ich hätte die letzte Ab-

treibung nicht machen lassen. Ich hatte nach dem richtigen Mann Ausschau gehalten, weil ich alles haben wollte – eine perfekte kleine Familie. Ich war sehr wählerisch. Alles mußte perfekt sein, vielleicht als Ausgleich für die Hölle meiner eigenen Kindheit. Mein Vater hat meine Mutter mißbraucht. Uns Kinder schlug er nicht wirklich, aber die meiste Zeit über waren wir zu Tode eingeschüchtert.

Also hielt ich nach der Bilderbuchbeziehung Ausschau oder – wie es mein Freund ausdrückte – nach einer Heirat wie in einer Kaffeereklamesendung im Fernsehen. Es schien immer noch genügend Zeit zu sein, mit einem anderen von vorn anzufangen und diesmal alles richtig zu machen. Aber mittlerweile bin ich bereit, über das Leben einer alleinstehenden Mutter nachzudenken. Wenn sich im Lauf des nächsten Jahres nichts ergibt, werde ich mich von einem Mann mit akzeptablen genetischen Anlagen schwängern lassen. Ich weiß, daß ich fruchtbar bin.

Kürzlich habe ich mit dem Mann gebrochen, den ich liebe, und der mich liebt. Aber er will nicht heiraten und noch ein Kind bekommen. Er hat zwei Kinder aus seiner früheren Ehe, und er sagt, er sei nicht bereit, noch einmal die Verantwortung zu übernehmen. Ich mache ihn nicht verantwortlich; wirklich nicht. Er hat jetzt zwei Kinder durch das College zu begleiten. Der Sex in dieser Beziehung war gut, er gehörte mit zum besten, was ich jemals gehabt hatte. Wir hatten Spaß beim Sex. Er ist verspielt, und ich bin es auch. Mit zu seinen besten Eigenschaften gehörte, daß er nicht wütend wurde, wenn ich tat, was ich tun mußte, um zu kommen; sei es, daß ich meine Hand benutzte oder mich um sein Bein klammerte und mich an ihm rieb, nachdem er gekommen war. Er war großartig. Aber es kam eine Zeit, da weinte ich nach dem Verkehr. Ich war traurig, daß er mich nicht heiraten und kein Kind haben wollte.

Wir führten diese entsetzlichen Gespräche. Und ich weinte und weinte. Ich mußte aufhören, mich mit ihm zu treffen. Ich konnte so nicht weitermachen.

Ironischerweise war es genau die Art einer sexuellen Beziehung, nach der ich mich mit Zwanzig gesehnt hatte, als ich nicht wußte, wie ich erreichen konnte, was ich im Bett brauchte. Ich machte eine Therapie. Ich lernte, wie ich dafür sorgen konnte, daß meine Bedürfnisse erfüllt wurden. Und in den Jahren um die Dreißig entfernte ich mich davon zugunsten eines Versuchs, meine Gebärmutter füllen zu lassen.«

Wer ist sie?

Ich habe die Uhr-Frau wie folgt definiert:

> *Sie ist eine kinderlose alleinstehende oder verheiratete Frau über Dreißig, die ängstlich darauf bedacht ist, so bald wie möglich schwanger zu werden.*

Fast vierzig Prozent der Teilnehmerinnen an meiner Untersuchung sind Anfang bis Mitte Dreißig, und ein wenig mehr als die Hälfte der Frauen in dieser Gruppe sind kinderlos. Aber verheiratet oder alleinstehend – es sind weniger von ihnen bemüht, ein Kind zu bekommen, als ich geglaubt hatte. Ironischerweise sind die Singles begieriger darauf als die verheirateten Frauen. Nur ein Viertel der verheirateten und kinderlosen Frauen bezeichnen sich als »verzweifelt« daran interessiert, zu empfangen. Obwohl die unfruchtbaren Paare, über die in den Medien berichtet wird, zu der Annahme verleiten könnten, daß die Schlafzimmer für die Amerikanerin über Dreißig wenig mehr als die Schauplätze versuchter Schwängerungen darstellen, schreibt nur eine Handvoll verheirateter

134

Frauen über lange und fruchtlose Bemühungen, schwanger zu werden. Vielleicht stellen sich Frauen, die auf ihre biologische Uhr fixiert sind, nicht so leicht für eine Befragung über Sexualität zur Verfügung wie andere Frauen. Immerhin ist Sex nicht ihr wichtigstes Ziel.

Da die Frau, deren biologische Uhr abläuft, in den letzten Jahren Gegenstand zahlloser Zeitungs- und Magazinartikel war, wurde sie zu einem Symbol der Karrierefrau Mitte oder Ende Dreißig. Nach diesem Klischee ist eine solche Frau eine hart arbeitende leitende Angestellte, die nicht daran denkt, Kinder zu bekommen, bis sie alles andere erledigt hat, und dann plötzlich erkennt, daß ihre biologische Uhr fast abgelaufen ist. Auf Kaffeekannen, Grußkarten und T-Shirts stehen Versionen ihres Epigramms: »O nein, jetzt habe ich die Kinder vergessen!«

Weshalb hat sie so lange gewartet?

Viele Frauen, die Kinder bekamen, ob sie es sich leisten konnten oder nicht, sehen in ihr eine selbstsüchtige und protzige Konsumentin von Luxusartikeln, die jetzt ein Baby haben will, weil Mutterschaft der einzige Orden ist, den sie noch nicht auf ihr mit Verdienstabzeichen gefülltes Revers geheftet hat. Andere Frauen halten sie für naiv, weil sie glaubt, daß Mr. perfekter Vater sich im richtigen Augenblick zeigt und ihr Mutterleib auf ebenso magische Art mit seinem perfekten Samen gefüllt wird. Sie klären sie mit Vergnügen auf: »Niemand bekommt wirklich alles.«

Aber in Wahrheit hatten viele Uhr-Frauen keinen großen Erfolg. Einige von ihnen wären gern alleinstehende Mütter, können sich aber bei ihrem Gehalt das Leben auch ohne Kind kaum leisten. Einige haben Ehe und Schwangerschaft auf spä-

ter verschoben, weil sie auf schwierigen persönlichen Entdeckungsfahrten waren und sich erst durch die psychischen Probleme hindurcharbeiten wollten, die durch ihren Mißbrauch in der Kindheit entstanden waren. Andere waren verheiratet – mit Alkoholikern, mit Männern, die sie mißbrauchten, oder einfach mit Männern, die nicht zu ihnen paßten. Aus welchen Gründen auch immer hielten sie es für keine gute Idee, in einer solchen Ehe ein Kind zu bekommen. Wieder andere fanden keinen Mann, den sie heiraten wollten, bis sie über dreißig Jahre alt waren.

Auf welche Weise auch immer sie ihr fünfunddreißigstes Jahr überschritten und ohne Kinder blieben, wahrscheinlich haben sie nicht geplant, bis zum letztmöglichen Augenblick mit der Empfängnis zu warten.

»Ich dachte, ich hätte Zeit«, erklärte eine achtunddreißig Jahre alte Büroleiterin, die zwei Scheidungen hinter sich hat und kinderlos ist. Beide Male war sie mit Alkoholikern verheiratet gewesen, die sie körperlich mißbrauchten. »Ich wollte ein Kind, aber ich wollte es richtig machen. Meine beiden Ehen waren Katastrophen, wie man sie keinem Kind zumuten sollte. Und ich war bis vor kurzem nicht fähig, die Mutter zu spielen. Jetzt weiß ich, daß ich eine gute Mutter wäre. Ich habe bis heute gebraucht, um mein Leben in Ordnung zu bringen.«

Biologische Treffen

»Meine beste Freundin nennt es ›biologische Fallenstellerei‹, aber ich versuche, von einem Mann schwanger zu werden, ohne daß er es erfährt«, schreibt eine neunundzwanzigjährige Collegeprofessorin. »Er ist verheiratet. Ich treffe mich seit zwei Jahren mit ihm, und ich weiß, daß er seine Frau niemals verlassen wird, diese Hoffnung habe ich aufgegeben. Ich will

nur dieses Kind. Ich möchte nicht, daß er auf irgendeine Art hilft.

In den letzten sechs Monaten habe ich dafür gesorgt, daß er während meiner fruchtbaren Tage bei mir ist. Der Sex ist wundervoll. Ich habe nie zuvor Sex ohne Schutz genossen, und es gefällt mir sehr. Ich fühle mich so verletzlich, so weiblich. Ich tue alles für ihn, einschließlich Fellatio. Das einzige Problem ist, sicherzustellen, daß er nicht in meinem Mund kommt und sein Sperma verschwendet.

Er mag die Art, wie ich jetzt Sex mache. Ich tue Dinge, die er sich von mir gewünscht hat. Gestern haben wir uns in einem Sessel auf dem Balkon meiner Wohnung geliebt. Ich setzte mich einfach auf ihn. Es war ein seltsames Gefühl, direkt auf seinem Penis zu sitzen. Ich fühlte ihn tief in mich eindringen, und ich dachte: ›Vielleicht hilft mir das, schwanger zu werden.‹«

Mehrere Frauen haben mir erzählt, daß sie andere Frauen kennen, die versuchen, ohne Wissen oder Einverständnis ihres Partners schwanger zu werden. Viele dieser Partner sind verheiratete Männern. Die hinter vorgehaltener Hand erzählten Betrugsgeschichten würden sich in einem Filmdrehbuch komisch ausnehmen, aber im realen Leben sind sie weniger amüsant. Eine Frau holt weiterhin ihre Antibabypillen auf Rezept, bewahrt sie im Medizinschränkchen auf und befördert Morgen für Morgen eine von ihnen in die Toilette, damit ihr Liebhaber keinen Verdacht schöpft. Eine andere – sie ist Bezirksverkaufsleiterin – verlegt ihre Reisen vor ihre fruchtbare Periode, damit ihr Liebhaber zur richtigen Zeit an Sex interessiert ist.

Nicht alle diese Frauen finden den Versuch, heimlich schwanger zu werden, so befreiend, daß sie hemmungslos werden.

»Spontaneität ist etwas aus meiner Vergangenheit«, schreibt eine siebenunddreißigjährige Frau, die »lieber schwanger als

orgasmisch« sein möchte. Sie trifft sich mit zwei Männern, und um die Sache noch komplizierter zu machen, mit beiden nicht »sehr regelmäßig«.

»Mein ganzes Leben dreht sich um meinen Fruchtbarkeitszyklus. Wenn meine Temperatur stimmt, sage ich sämtliche Verabredungen mit Freunden und sogar Geschäftspartnern ab und versuche, einen dieser Männern in mein Bett zu bekommen.

Ich bin in meinen Methoden, sie herzulocken, sehr erfinderisch geworden. Aber das ist nicht dasselbe wie spontan, nicht auf lange Sicht. Ich habe noch nie in meinem Leben so viele Täuschungsmanöver ausgeführt.«

Wie andere Frauen in ihrer Lage vertraut sie ihr Geheimnis nur wenigen engen Freundinnen an, die ihre Methode meistens nicht gutheißen.

»Ich wette, die Hälfte der Frauen über dreißig, die in ihrer Mittagspause in Victoria's Secret einkaufen, werden von der Lust auf ein Baby getrieben, nicht von sexueller Lust«, sagte eine »glücklich verheiratete Mutter«, deren beide engsten Freundinnen versuchen, ohne Wissen oder Einverständnis des potentiellen Vaters schwanger zu werden. »Früher sprachen sie über ihre Orgasmen. Heute sprechen sie über ihre fruchtbaren Tage. Die Angst, die sie heute befällt, wenn ihre Periode einsetzt, ist so schlimm wie der Streß, den sie früher hatten, wenn ein Mann nicht zurückrief.

Ich persönlich halte es nicht für richtig, was sie hinter dem Rücken der Männer treiben. Es ist nicht fair dem Kind gegenüber, das auf diese Art empfangen wurde. Aber ich halte den Mund. Es ist ohnehin unwahrscheinlich, daß sie so spät in ihrem Leben noch schwanger werden.«

Wahrscheinlich hat sie recht. Die Chancen einer Frau, schwanger zu werden, fallen nach Meinung verschiedener Mediziner – darunter Spezialisten für Unfruchtbarkeit – zwischen dem

einundzwanzigsten und dem neununddreißigsten Lebensjahr um fünfundsiebzig Prozent. Diese Zahlen nehmen einer Frau, die verzweifelt zu empfangen wünscht, den Spaß am Sex – selbst wenn sie verheiratet ist und ihr Ehemann ihren Wunsch teilt.

Sex zum Zweck der Fortpflanzung

»Wir haben so ziemlich die menschenunwürdigsten Erfahrungen hinter uns, die ein Paar machen kann«, schreibt eine vierzig Jahre alte Frau aus dem Mittelwesten. »Mein Mann wurde in eine Kabine geschickt, wo er in ein Teströhrchen ejakulieren sollte. Ich wurde gestochen und untersucht. Ich habe so viel Zeit in liegender Position mit gespreizten Beinen verbracht, daß ich mir wie ein bratfertig gemachtes Hühnchen vorkam. Der Versuch, schwanger zu werden, hat unser sexuelles Leben ruiniert, und ich bin *nicht* schwanger!

Ich weiß, daß ich mich von diesem Wunsch lösen sollte. Wir werden einander verlieren, wenn mir dies nicht gelingt, aber bisher habe ich es nicht geschafft.«

Wie andere Frauen in ihrer Lage hat sie erst nach ihrem fünfunddreißigsten Lebensjahr versucht, schwanger zu werden. Wie sie ihr Leben beschreibt, ist sie die typischste Uhr-Frau, mit der ich jemals gesprochen habe. Und doch ist es leicht zu begreifen, weshalb sie so lange gewartet hat. Als eine Spätblüherin heiratete sie nicht vor ihrem dreißigsten Lebensjahr. Sie und ihr Ehemann arbeiteten und gingen aufs College. Bis sie beide graduiert waren und das Geld für eine Anzahlung auf ein Haus gespart hatten, war sie sechsunddreißig.

»Ich habe erwartet, daß es so kommen würde«, schreibt sie. »Genau so. Ich weiß nicht, weshalb ich so naiv war. Wir hätten alle Vorsicht in den Wind schlagen und schon vor Jahren ver-

suchen sollen, ein Baby zu bekommen, ehe wir es uns leisten konnten. Mittlerweile glaube ich, daß wir zwanghaft sparsame anale Charaktere waren – um es vorsichtig auszudrücken.«

Vom Glauben der Zeitgenossen des Babybooms an ewige Jugend eingelullt – jedenfalls *unsere* ewige Jugend – und durch neuere Berichte über späte Mutterschaft ermutigt, schoben viele Frauen die Gründung einer Familie vor sich her, bis alles andere »stimmte«. Ironischerweise hat der biologische Zwang ihren sexuellen Antrieb genau an dem Punkt eingeschränkt, als sie ihre sexuell aktivsten Jahre hätten genießen sollen.

»Ich las über Frauen, die multiple Orgasmen und sexuelle Höhenflüge erlebten«, schreibt eine neununddreißigjährige Frau aus Michigan. »Ich habe das alles nicht. Ich erlebe nur Gipfel in den Temperaturmessungen – gefolgt von depressiven Tälern, wenn meine Periode einsetzt. Ich hasse Menstruationsblut!«

Eine andere Frau schickt auf die Frage: »Haben Sie Sex während der Periode?« die in Großbuchstaben geschriebene Antwort: »NEIN! ICH WEINE WÄHREND MEINER PERIODE. SEX WÄHREND DER PERIODE IST ETWAS FÜR LEUTE, DIE NOCH WISSEN, WIE MAN SPASS IM BETT HAT.«

Aber auch Erfolg in Form einer späten Schwangerschaft kann die Lust töten.

»Ich bin achtunddreißig Jahre alt und schwanger«, schreibt eine New Yorkerin. »Ich kann nur noch an meinen Körper und an die Frage denken, was in ihm passiert. Ich bin von Staunen und Ehrfurcht, von Triumphgefühl und ein wenig Furcht erfüllt. Was ist, wenn etwas schiefläuft?

Was mich nicht erfüllt, ist Lust. Meinem Mann gefällt das nicht. Er hat schon ein Kind; und er hat dem neuen Baby zugestimmt, um mir eine Freude zu machen. Ich denke nicht mehr an Sex. Ich habe aufgehört, daran zu denken, seit ich weiß, daß ich schwanger bin. Die längste Zeit der letzten vier

Monate habe ich heute abend an Sex gedacht, während ich Ihren Fragebogen ausfüllte.

Kein Wunder, daß Männer während der Schwangerschaft ihrer Frauen traditionellerweise auf sexuelle Wanderschaft gehen. Ich kann es jetzt verstehen. Aber wenn meiner es tut, bringe ich ihn um.«

Sex von Fortpflanzung zu trennen mag die schwierigste Hürde sein, die eine Frau nehmen muß. Aber sie kann es tun. Im folgenden Kapitel werden wir von anderen Frauen hören, wie sie es geschafft haben.

Kapitel 10 Weshalb die Lust opfern?

»Mein Mann und ich kamen nicht weiter. Wir hatten uns so sehr
bemüht, ein Kind zu bekommen. Die Spannung zwischen uns
war fast handgreiflich. Eines Monats hatte er während meiner
fruchtbaren Tage geschäftlich außerhalb der Stadt zu tun. Ich war
enttäuscht und wütend, daß er die Reise nicht verschoben hatte.
Dann rief er von unterwegs an. Erst klang er müde, dann erotisch.
Er fragte mich, ob ich heute masturbiert hätte, und mir wurde
klar, daß er onanierte, während wir miteinander telefonierten.
Also begann ich, mich selbst zu streicheln. Wir sprachen miteinander bis zum Orgasmus, und die negative Spannung zwischen
uns war verschwunden. Von diesem Tag an liebten wir uns wie
Liebhaber, nicht wie Fortpflanzungsmaschinen. Ich würde immer
noch gern schwanger werden, und ich bin es immer noch nicht,
aber wir haben aufgehört, diesem Ziel unsere Liebe und Lust zu
opfern.« – Eine siebenunddreißigjährige Akademikerin.

Frauen in der Lustverleugnungsphase betonen immer wieder: *Andere Dinge sind wichtiger als Sex.*
Hinter diesen glatten und selbstgefälligen Worten verbirgt sich
der erotische Handel, den sie mit Gott oder dem Schicksal
oder wem auch immer abschließen wollen. Was sie in Wirklichkeit meinen, ist: *Ich versage mir selbst sexuelle Lust, bis ich
bekomme, was immer ich sonst will.*
Eine fünfzehn Jahre dauernde Studie mit liierten College-Pär-
chen im Bereich um Boston über die Frage, weshalb sie heiraten oder nicht, verdeutlichte einen der Unterschiede zwischen den Geschlechtern. Männer heirateten nicht nur wegen

der guten Sexualität, aber sie heirateten nicht, wenn sie in der Beziehung keine starke sexuelle Befriedigung fanden. Frauen hingegen machten ihre Heiratsentscheidung weniger von einer starken sexuellen Befriedigung abhängig.

Frauen – so schlußfolgerte die Studie – sind bereit, »sexuelle Befriedigung gegen eine feste Beziehung einzutauschen«.

Leider sind viel zu viele Frauen zu diesem Tausch bereit, obwohl er nicht möglich ist. Sexuelle Lust gegen Bindung ist wie ein Tausch von Äpfeln gegen Birnen. Frauen wurden zu dem Glauben ermutigt, sie könnten die Ziele einer festen Beziehung, Heirat und Mutterschaft, erreichen, indem sie die Wichtigkeit der sexuellen Lust einschränken – als schlössen Lustgenuß und die Befriedigung anderer Bedürfnisse einander aus. Frauen werden bewußt oder unbewußt durch die zweihundertjährige Geschichte unserer Kultur in Amerika geprägt, in der die Verleugnung der Lust besonders bei *Frauen* als Mittel zur Erlangung von Erlösung gilt. Es ist unser felsenfester amerikanischer Glauben, daß Sex nur unter bestimmten Bedingungen gut ist, und daß die Verleugnung immer die beste Methode darstellt, mit unseren sexuellen Wünschen umzugehen.

Lustverleugnerinnen schränken das Maß der sinnlichen Lust, die sie sich selbst zugestehen, ein, als garantiere ihnen das erotische Büßergewand auf eine mystische oder religiöse Art die Erfüllung anderer Wünsche. Aber diese Buße ist nicht nötig. Sex zu genießen und schwanger zu werden oder eine Beziehung aufzubauen sind keine unvereinbaren Ziele.

Anders als eine Frau, die ihre Lustfähigkeit durch ein traumatisches Erlebnis wie eine Vergewaltigung, Infektion oder sexuelle Zurückweisung durch den Ehemann oder einen Liebhaber verloren hat (über die wir in einem späteren Kapitel sprechen werden), ist die Lustverleugnerin in einigen oder sogar den meisten ihrer sexuellen Begegnungen immer noch orgasmisch. Gewiß aber schließt sie sexuelle Beziehungen nicht

aus, wie die traumatisierten Frauen es tun. Sie verzichtet nicht auf Sex, aber sie beeilt sich, zu versichern, beim Beischlaf einen Orgasmus zu haben, das sei nicht wirklich wichtig. Vielmehr *benutzt* sie den Sex als Mittel zu dem Zweck, aus einer sexuellen Beziehung weit mehr als nur erotisches Vergnügen zu ziehen. Ihre nichtsexuellen Bedürfnisse unterdrücken ihre sexuelle Ansprechbarkeit.

Viele Frauen – besonders zwischen vierzig und fünfzig Jahren – berichteten mir von ihrem Bedauern darüber, sich nicht erlaubt zu haben, den Sex mehr zu genießen. Wie Sie es beschrieben, waren sie immer »gute Mädchen« gewesen und hatten ihre persönliche sexuelle Befriedigung ganz unten auf die Liste ihrer Bedürfnisse gesetzt oder sich darauf konzentriert, einen Mann zu bekommen, zu heiraten und unter Ausschluß jeglicher sexueller Lust schwanger zu werden – bis etwas geschah, was sie erkennen ließ, daß sie ohne vernünftigen Grund einen wichtigen Teil des Lebens versäumt hatten. Es machte sie wütend auf sich selbst oder auf die Männer in ihrem Leben. Aber die meisten von ihnen wollten jüngeren Frauen die Botschaft zukommen lassen: Genießen Sie *jetzt.*

»Ich habe die Jahre Ende Dreißig mit dem Versuch verbracht, zwei Männer dazu zu bringen, daß sie mich heirateten und/oder schwängerten«, schreibt eine einundvierzigjährige leitende Angestellte der Fernsehindustrie. »Ich war besessen zielorientiert. Können Sie mir glauben, daß ich beide Männer tatsächlich bat, mich zu heiraten, und falls sie dies nicht tun wollten, mich zu ihnen ziehen zu lassen? Ich plante, sie zur Vaterschaft zu überlisten, indem ich ›zufällig‹ schwanger wurde. Ich dachte, sie gäben ›gute‹ Ehemänner und Väter ab. Wo war mein Verstand? Wie kann ein Mann, den man um sich tretend und schreiend zum Altar schleppen und durch Tricks in die Vaterschaft zwingen muß, ein ›guter‹ Ehemann und Vater werden?

Der Sex war mit beiden mittelmäßig. Im nachhinein gebe ich mir selbst die Schuld daran. Ich habe ihnen nicht gesagt, was ich sexuell wünschte, weil ich fürchtete, sie zu vergraulen. Ich dachte, ich müsse ihnen gefallen, damit sie mich heirateten, und ich glaubte, ihnen zu gefallen, hieße, über meine eigenen Bedürfnisse zu schweigen. Ich wurde sexuell weniger ansprechbar. Als ich in beiden Beziehungen den Punkt erreicht hatte, an dem ich den Mann anbettelte, mich zu heiraten, bekam ich keine Orgasmen mehr mit ihm. Heute denke ich, daß ich verrückt gewesen war. Damals glaubte ich, schwanger zu werden sei wichtiger, als einen Orgasmus zu haben.

Aber etwas geschah, das mich wieder mit der Sinnlichkeit verband. Ich erlebte eine Zeit, wie man sie nur einmal im Leben erlebt – ein unvergessenes sexuelles Erlebnis mit einem ehemaligen Liebhaber, der aus geschäftlichen Gründen in der Stadt war. Vielleicht war die Chemie zwischen uns für das Feuerwerk verantwortlich, aber ich bin sicher, daß der Sex zumindest teilweise deshalb so gut war, weil ich nicht versuchte, eine feste Beziehung mit ihm einzugehen. Ich ging mit ihm ins Bett, weil mir im Augenblick danach war. Ich dachte nicht über das Danach nach. Diese Nacht öffnete mir die Augen. Ich lasse mich mit keinem Mann mehr ein, mit dem ich keinen Sex haben möchte. Ich schere mich nicht mehr um die Frage, was für Kinder er produzieren könnte. Ich bin es leid, die Männer in meinem Leben als Werkzeuge für die Fortpflanzung zu betrachten.

Ich verleugne meine sexuellen Bedürfnisse nicht mehr.«

Nein, bisher hat sie weder geheiratet noch ist sie schwanger geworden. Vielleicht wird beides niemals passieren. Sie wurde auch in den fünf Jahren nicht geheiratet oder schwanger, in denen sie in bezug auf Männer »besessen zielorientiert« war. Aber mittlerweile genießt sie ihre Sexualität, und damals war es nicht so. Sie opferte ihr Vergnügen – und gewann nichts.

Weshalb Sex gut für Sie ist

Der folgende Brief zeigt, wie schön Sex zwischen einem Mann und einer Frau sein kann.

»Ich habe vor kurzem eine sechsjährige Beziehung beendet, weil er nicht heiraten möchte, und ich es will«, schreibt eine dreiundvierzigjährige Kalifornierin. »Wir wünschten uns zwar nicht dieselben Dinge, aber der Sex war sehr gut. Aus welchen Gründen auch immer er mich nicht heiraten will, er liebt mich. Wir waren sexuell ungezwungen miteinander. Wir haben gemeinsam viele schöne Erlebnisse gehabt, auch das letzte Mal, als wir uns trafen. Ein überwältigendes Gefühl von Wärme und Süße überschwemmte uns beide, als es vorbei war. Dieses Nachglühen hält immer noch an und wird mir immer in Erinnerung bleiben.

Was ich mir auch vom Sex wünschte, ich erlebte es mit ihm. Orgasmen. Die Freiheit zu forschen und Neues auszuprobieren. Ich glaube wirklich, daß sowohl Männer als auch Frauen im Sex eine tiefe Bestätigung ihrer selbst und des Lebens suchen. Wir fanden beides miteinander.«

Ich war von der Schönheit ihrer Worte getroffen; sie waren so anders als die Gefühle, die eine Frau ausdrückte, als sie über ihre »verschwendeten« Jahre mit dem Mann schreibt, der sie nicht heiraten wollte.

»Es führte nirgendwohin«, schreibt diese Frau, die eine Liebesaffäre wie eine schlechte Investition auf dem Aktienmarkt darstellte. »Ich kann nicht glauben, daß ich all diese Jahre mit ihm verschwendet und nichts dafür erhalten habe. Er hat mir nicht einmal Schmuck gekauft.«

Ich hoffe, die Kalifornierin findet den Ehemann, den sie sucht. Aber wenn nicht, wird sie zweifellos eine andere erfüllende sexuelle Beziehung haben, weil sie Lust am Sex hat. Sie verknüpft ihre Sexualität nicht mir dem Wunsch, zu heiraten, wie es ziel-

orientierte Frauen tun. Ich bin sicher, man muß ihr nicht extra sagen, daß Sex physisch und psychisch gut für uns ist. Einige Frauen müssen darauf hingewiesen werden, daß wir Menschen zu sexueller Erfüllung berechtigt sind, wie wir auch zur Erfüllung all unserer anderen Bedürfnisse berechtigt sind.

Neuere Forschungen über Hormone haben dem regelmäßigen Geschlechtsverkehr – besonders, wenn er mit einem Orgasmus endet – alle möglichen Wirkungen von der Regulierung der menstruellen Zyklen und der Linderung prämenstrueller sowie klimakterischer Symptome bis zur Verbesserung des Hauttonus und der Gesunderhaltung der Knochen und des kardiovaskulären Systems zugeschrieben. Viele dieser wohltuenden Wirkungen sind Folgen der durch geschlechtliche Aktivität angeregten Östrogen-Produktionssteigerung. Zusätzlich lindert die durch den Orgasmus ausgelöste Freisetzung von Endorphinen im Gehirn geringere Schmerzen und hebt die Stimmung. Endorphine spielen eine wichtige Rolle bei der Aufrechterhaltung des emotionalen Gleichgewichts. Sie machen uns weniger leicht erregbar, entspannter und erleichtern das Einschlafen.

Sex *ist* gut für uns.

Wie man aufhört, sich selbst zu beschränken

Der beste Rat, wie man sich selbst aus der Verleugnungsphase löst, stammt von den vielen Frauen in meiner Untersuchung, die genau dies getan haben. Einige dieser Frauen lebten in eheähnlichen Verhältnissen, in denen sie sexuell unterdrückt wurden. Sie lernten entweder, wie man den Männern mitteilt, was man braucht, oder sie verließen sie. Andere – die so entschlossen gewesen waren, »Beziehungen« oder Ehemänner zu finden, daß sie den Sex als Falle benutzten – gaben letzten

147

Endes zu, daß dieser Betrug nicht funktioniert. Und wieder andere – die ihre Bedürfnisse den Erfordernissen eines rigorosen Empfängnisprogramms geopfert hatten – entdeckten die erotische Leidenschaft, die sie für ihre Liebhaber empfanden. Ob sie ihre Ziele erreichten oder nicht, ist hier nicht die Frage. Einige dieser Frauen fanden den Mann und wurden schwanger. Andere nicht. Aber sie alle erkannten schließlich, daß sexuelle Lust ein eigenständiger Weg zum Glück ist.

Ihre Berichte wiesen folgende Gemeinsamkeiten auf:

Die Offenbarung.

Fast alle Frauen beschrieben ein sexuelles Erlebnis, das ihnen so überwältigend wie ihr erster Orgasmus vorkam. Eine Frau nannte es »eine Vertiefung meiner orgasmischen Reaktion« und beteuerte, sie könne nach dieser Erfahrung nie wieder sagen, Sex sei unwichtig. Für diese Frauen war die Offenbarung eine um so bemerkenswerte Erfahrung, als sie sich während einer sexuell wenig bemerkenswerten Phase ereignete.

»Ich hatte eben mit einem Mann gebrochen, mit dem ich mich seit drei Jahren getroffen hatte«, schreibt eine vierunddreißig Jahre alte Akademikerin aus Connecticut. »Ich hatte bei diesem Mann alles getan, was in den Büchern empfohlen wird, aber er machte mir keinen Heiratsantrag. Und es hatte in den drei Jahren keinen guten Fick gegeben. Ich wollte einen Monat Urlaub machen, aber mein Geld reichte nur für fünf Tage in der Karibik. Dort traf ich diesen brasilianischen Bankier, der Portugiesisch mit mir sprach, während wir uns liebten. Ich verstand kein Wort. Es war der beste Sex meines Lebens; wild und völlig hemmungslos.

Als ich wieder nach Hause fuhr, versprach ich mir, nie wieder drei Jahre meines Lebens damit zu verschwenden, alles zu tun, wie es in einem Buch stand, und Orgasmen vorzutäuschen.«

Eine Ehefrau aus Cleveland hatte ein prosaischeres, aber nicht weniger persönliches Erlebnis:

»Mein Mann und ich hatten seit einem Jahr versucht, ein Baby zu bekommen«, schreibt sie. »Unser Sexleben war den Bach hinunter gegangen. Wir stritten ständig. An diesem Abend wollten wir auf eine Dinnerparty gehen, zu der uns ein Freund eingeladen hatte. Es wurde spät. Er stand unten an der Treppe und rief ständig nach mir. Ich war fast fertig, als er die Treppe hochkam. ›O toll‹, dachte ich bei mir, ›eine Lektion über meine Unpünktlichkeit.‹

Aber er sah mich mit diesem seltsamen Gesichtsausdruck an und fragte, ob ich ein neues Kleid hätte. Ich bestätigte es. Er sagte, daß es ihm gefiele. Das nächste, das mir bewußt wurde, war, daß er vor mir kniete und Cunnilingus ausführte, bis ich schwache Knie bekam. Ich werde nie vergessen, wie es sich anfühlte, als ich dort auf meinen hohen Absätzen stand, das Kleid um die Taille hochgeschoben, das Höschen bis unter die Knie hinabgezogen, während er mich bis zum Orgasmus leckte und saugte.

In dieser Nacht brachten wir unser Sexualleben wieder in Ordnung.«

Andere Offenbarungen manifestieren sich selbst an einem Wendepunkt im sexuellen Leben einiger Frauen.

»Ich lebte schon seit zwei Jahren mit einem Jungen zusammen, als ich die Masturbation entdeckte«, schreibt eine sechsundzwanzigjährige Frau. »Der Sex war in Ordnung. Ich hatte meistens einen Orgasmus, wenn wir miteinander schliefen. Trotzdem war der Sex hauptsächlich für ihn gedacht, weil ich Angst hatte, ihn sexuell zu enttäuschen. Ich fürchtete, ihn zu verlieren, wenn ich ihn nicht sexuell befriedigte, und diesen Gedanken konnte ich nicht ertragen.

Die Orgasmen, die ich hatte, wenn ich masturbierte, waren Offenbarungen. Sie inspirierten mich. Ich sagte zu ihm, ich

wollte für ihn masturbieren. Er war fassungslos. Ich glaube, er wollte nicht, daß ich sexuell so bestimmend wurde. Aber ich war an diesem Abend mutiger als jemals zuvor. Statt mit meiner süßesten Stimme zu sagen ›Ja, ist gut, Liebling‹, tat ich es trotzdem. Er war völlig weg. Wir hatten unglaublichen Sex. Ich versprach mir selbst, daß ich aufhören würde, Fräulein Anstand zu spielen, und ich habe mein Versprechen gehalten. Ich fordere jetzt, was ich mir wünsche, statt mir Gedanken darüber zu machen, ob die Frau, die er heiraten würde, diese Dinge möchte. Wenn es ihn verschreckt, hat er Pech gehabt. Aber die Wahrheit ist, daß es ihm gefällt.«

Und noch ein Brief:

»Ich bin jetzt freier«, schreibt eine achtunddreißig Jahre alte graphische Designerin. »Sechs Monate vor meinem fünfunddreißigsten Geburtstag bekam ich die Panik, allein zu bleiben. Zwei Jahre lang war ich von der Idee besessen, zu heiraten, bevor es zu spät für eine Schwangerschaft wäre. Ich hatte drei unselige Beziehungen mit Männern hinter mir, die nicht heiraten oder noch mehr Kinder bekommen wollten. Eine dieser Beziehungen kostete mich Tausende von Dollar, weil ich meine Ersparnisse darauf verwandte, sein Geschäft zu sanieren. Ich werde das Geld nie wiedersehen. Ich hätte es nicht investiert, wenn ich nicht überzeugt gewesen wäre, daß der Junge mein Richtiger sein würde, sobald seine Probleme überstanden waren.

Und das schlimmste war, daß ich bei ihm nicht einmal fähig war, mich sexuell so gehenzulassen, wie ich es kann. Ich war zu sehr darauf bedacht, ihn zu befriedigen. Ich gab ihm mein Geld und blies ihm täglich einen. Endlich gab er mir den Laufpaß. Er sagte, ich sei ›steif‹ im Bett.

Kurz nach meinem siebenunddreißigsten Geburtstag sagte ich zu mir selbst: ›Jetzt reicht es!‹ Ich hatte eine wundervolle kurze und heftige Affäre mit einem unpassenden Mann. Er war drei-

undzwanzig und als Ehemann natürlich untauglich. Es war mir egal. Ich wollte nur Sex. An einem Wochenende bekam er acht Orgasmen. Ich habe keine Ahnung, wie viele ich bekommen hatte. Er war Experte im Cunnilingus. Er konnte mich sogar kommen lassen, indem er nur meine Klitoris mit seiner Nasenspitze anstieß.

Ich mag Sex. Ich mochte ihn immer, außer in jenen zwei Jahren meines Lebens, in denen ich zu heiraten versuchte. Ich weiß nicht, wie ich mich damals in bezug auf Sex fühlte, aber ich hatte ihn nicht der Lust wegen.«

Die Entscheidung, die Lust zu einem persönlichen Ziel zu machen.
Seltsamerweise sagten die meisten Frauen, sie hätten diese Erfahrungen niemals ihren Freundinnen mitgeteilt – weder die Einzelheiten noch die Veränderungen in ihren Einstellungen nach diesen Erfahrungen. Bedenkt man, wie bereitwillig Frauen intime Geheimnisse austauschen, überrascht dieses Verhalten. Weshalb haben sie darüber geschwiegen? Sie gaben an, ihre Freundinnen »würden es nicht verstehen«, sie würden sie »für sexbesessen halten« oder sie »kritisieren«.

Eine alleinstehende Frau Mitte Dreißig schreibt:
»Wenn man seinen Freundinnen erzählt, daß man sich sexuell auslebt, erklären sie einen für sexsüchtig. Niemand trinkt mehr als ein oder höchstens zwei Gläser Weißwein, weil er fürchtet, sonst für einen Alkoholiker gehalten zu werden. Und niemand treibt Sex aus Spaß.«

Andere Frauen – alleinstehend oder verheiratet – machten ähnliche Aussagen über die Moral ihrer Schwestern.

»Wenn man glaubt, was sie sagen, hat niemand mehr Sex – außer aus gutem Grund«, schreibt eine vierunddreißigjährige Frau aus dem Mittelwesten der USA. »Heute ist nicht die Zeit, über seine heißesten Bettgeschichten zu sprechen. Im letzten Jahr hatte ich eines dieser Erlebnisse mit einem fremden Mann.

Es katapultierte mich förmlich aus meiner lauen Beziehung mit einem Mann, den ich nach allgemeiner Ansicht heiraten würde.

Aber ich habe meinen Freundinnen nie davon erzählt, nicht einmal meiner engsten Vertrauten. Ich sagte, ich würde ihn verlassen, weil ich eine Phobie vor einer zu engen Bindung hätte. Das verstehen sie. Wüßten sie von meiner sexuellen Eskapade, würden sie denken, daß ich verrückt geworden bin. Ich würde niemals zugeben, daß ich ihn verlassen habe, weil ich diese Art Sex nicht mehr ertrage.

Heutzutage verläßt man niemanden und bleibt bei niemandem wegen Sex. Er ist zweitrangig.«

Heute sprechen viele Frauen in der Sprache der »Intimität« über ihre »Beziehung«. Auf diese Art werden gesellschaftlich akzeptierte Einstellungen zur Sexualität mitgeteilt.

»Wenn man eine andere Meinung über Sex hat, kommt man sich ein wenig seltsam vor«, schreibt eine Dreiundzwanzigjährige, die mit ihrem jetzigen Freund schon beim ersten Treffen Sex hatte. »Ich erzähle niemandem, daß ich schon so bald mit ihm geschlafen habe. Ich wette, ich bin nicht die einzige, aber niemand spricht darüber.«

Sogar verheiratete Frauen sagen nur das, was man von ihnen erwartet. Mehrere der Ehefrauen, die darüber schrieben, wie das Streben nach Empfängnis ihr sexuelles Leben verkrüppelt hatte, beeilten sich, mir zu versichern, anderen Frauen in ihrer Lage ginge es ebenso. Der Spruch »schwanger werden ist wichtiger als Sex« wurde ständig wiederholt. Und keine Frau aus dieser verhältnismäßig gebildeten Gruppe erkannte, wie hinderlich eine solche Einstellung sein kann.

»Es ist in Ordnung, zu sagen, daß man den Sex nicht mehr genießt, weil man sich so sehr bemüht, schwanger zu werden«, erklärte eine von ihnen. »Aber es ist nicht in Ordnung, in seine Frauengruppe zu gehen, wo alle Probleme damit haben, schwan-

ger zu werden, und auszuposaunen, daß man sexuelle Wonnen mit seinem Ehemann erlebt. Absolut nicht in Ordnung. Frauen, die schon geboren haben, erzählen ausführlich ihre Horrorgeschichten. Wir versichern einander, daß wir viel zu angespannt sind, um den Sex noch genießen zu können.« Die weibliche Solidarität hinter einer negativen sexuellen Einstellung, die in vielen Berichten der Früherblühten erkennbar wurde, hält viele Frauen davon ab, aufrichtig über ihre sexuellen Erfahrungen und Meinungen zu sprechen. Die reinste Ironie, wenn man bedenkt, wie oft wir Männer wegen ihrer Unfähigkeit schelten, »offen« zu kommunizieren. Aber ich würde jungen Frauen gewiß empfehlen, mit sich selbst zu Rate zu gehen. Weshalb sollte man jemanden dazu einladen, einen zu kritisieren?

Das mentale »Sichgehenlassen«.
Nach ihren sexuellen Offenbarungen und der häufig damit verbundenen Entscheidung, ihre sexuellen Einstellungen für sich zu behalten, berichteten Frauen von einem mentalen »Sichgehenlassen« – einem befreienden Abschütteln von Hemmungen und sexuellen Schuldgefühlen.
»Ich habe ein Problem mit den Männern gelöst«, schreibt eine siebenunddreißigjährige leitende Bankangestellte aus Philadelphia. Sie hat kürzlich aufgehört, sich auf die Suche nach einem Ehemann zu versteifen. Nach ihrer Offenbarung erkannte sie: »Sex muß eine ›Ich‹-Entscheidung sein. Ich kann sexuellen Verkehr aus keinem anderen Grund haben oder unterlassen, als dem, daß ich ihn will. Jetzt, wo ich meine Sexualität von allen anderen Erwägungen getrennt habe, kann ich ihn auf eine Art genießen, wie ich es nie zuvor geschafft habe. Kürzlich habe ich auf dem Sofa mit einem Mann geschmust. Ich wollte keinen Sex mit ihm. Das hatte nichts mit dem Timing zu tun, ich wollte eben keinen Geschlechtsverkehr.

Aber ich wollte schmusen. Es erregte mich sehr. Wir zogen unsere Hemden aus und küßten uns, streichelten und rieben uns aneinander. Ich sorgte dafür, daß ich einen Orgasmus bekam, weil ich ihn haben wollte. Ich fühlte mich nicht verpflichtet, dafür zu sorgen, daß auch er einen bekam. In meiner promiskuitiven Vergangenheit hätte ich mich verpflichtet gefühlt, auch ihm einen Orgasmus zu verschaffen; sei es durch Beischlaf oder Fellatio.

In meiner jüngeren Vergangenheit, als ich versuchte, einen Ehemann zu finden, hätte ich meine sexuellen Reaktionen sehr sorgfältig beobachtet und die Sache kurz vor einem Orgasmus abgeblockt. Ich hätte mir gesagt, die zweite Verabredung sei zu früh für Sex.

Jetzt lasse ich mich gehen. Ich trage Kondome in meiner Handtasche, um vorbereitet zu sein, wenn mir nach Beischlaf zumute ist. Wenn nicht, lasse ich mich genau soweit tragen, wie ich möchte.«

Einige Frauen sagen, dieses mentale Sichgehenlassen erlaube ihnen, eine Ebene der sexuellen Befriedigung zu erreichen, die ihnen zuvor unerreichbar war. Sie haben stärkere Orgasmen oder häufiger multiple Orgasmen. Plötzlich stellen sie fest, daß sie ihre Partner um mehr Streicheln, Liebkosen, Küssen und Umarmen oder um mehr oralen Sex bitten – ohne zu erröten. Eine Frau, die immer einmal erfahren wollte, wie es ist, gefesselt zu werden, aber zu gehemmt war, darum zu bitten, gab ihrem Freund seidene Tücher und sagte ihm, was sie wollte.

»Mein sexuelles Leben war noch nie so gut«, schreibt eine neunundzwanzigjährige Frau, »wie es ist, seit ich den Versuch aufgegeben habe, meinen Freund dazu zu bringen, daß er mich heiratet. Ich fühle mich sexuell befreit! Wenn wir Sex haben, ist außer Sex nichts in meinem Kopf.

Ich habe ihm endlich gesagt, daß ich mehr Cunnilingus wollte. Er sagte, er sei froh, das zu wissen, weil er es mochte, aber nie

sicher war, ob es mir gefiel oder ob er es richtig machte. Am letzten Abend, als wir uns liebten, hielt ich seinen Kopf mit den Händen, während er mich ausleckte, und ich bewegte ihn dorthin, wo ich es haben wollte. Ich bestimmte sogar seine Geschwindigkeit, bis ich so abhob, daß ich nicht mehr tun konnte als mich ergießen. Er hob ebenfalls ab!«

Als ich den Steve-Martin-Film *L. A. Story* sah, dachte ich an die Berichte dieser Frauen, als die Schrift über den Bildschirm huschte: »Laß deinen Geist frei schweifen ... Und dein Körper wird folgen«. Das stimmt.

TEIL 3:

Orgasmen

Kapitel 11 Einige Beobachtungen
anhand der Untersuchung

*»Es hat einige Male gegeben, bei denen sich die Erde bewegte,
alles in Ordnung war für uns ... aber ich glaube nicht, daß ich
jemals ein ›bestes‹ sexuelles Erlebnis hatte. Dies wäre ein Vaginal-
orgasmus. Einmal bin ich ihm wirklich nahegekommen. Ich
möchte wenigstens einmal in meinem Leben einen haben.«* – Eine
achtunddreißigjährige Fernsehproduzentin,

Mein geheimer Wunsch ist, daß – wenn die Befürworter
der Reinkarnationslehre recht haben – Sigmund Freud
in alle Ewigkeit dazu verdammt ist, immer wieder als Frau auf
die Erde zurückzukehren, die an ihrer Unfähigkeit leidet, die
»richtige Art« von Orgasmus zu haben – den »vaginalen« Orgasmus, versteht sich.

Wäre ich für die Zuweisungen der neuen Inkarnationen zuständig, würde er niemals zu der Minderheit unter den Frauen
gehören, die beim gewöhnlichen Geschlechtsverkehr Orgasmen haben. Er wäre auf eine direkte – und massive! – Stimulierung der Klitoris angewiesen, aber er würde sich zu sehr
schämen, um während des Beischlafs seine Hände zu benutzen.
Und er würde immer wieder Männer treffen, die der weiblichen Sexualität gegenüber so ignorant sind, wie er es während
seiner Herrschaft als der große Psychiater war.

Freuds Leistungen als Gründervater des psychoanalytischen
Prozesses sollen hier nicht bestritten werden, aber sein Ver-
mächtnis an die Frauen ist eine sexuelle Hölle. In seiner Ab-

handlung *Die Umgestaltung der Pubertät* (1905) schreibt er, bei der reifen Frau werde der klitorale Orgasmus, den sie in der Pubertät durch Masturbation erlebte, auf einen vaginalen Orgasmus »übertragen«, der sich beim Beischlaf einstellt:

> Die Klitoris behält auch dann die Rolle, wenn sie beim endlich zugelassenen Sexualakt selbst erregt wird, diese Erregung an die benachbarten weiblichen Teile weiterzuleiten, etwa wie ein Span Kienholz dazu benutzt werden kann, das härtere Brennholz in Brand zu setzen … Ist die Übertragung der erogenen Reizbarkeit von der Klitoris auf den Scheideneingang gelungen, so hat damit das Weib seine für die spätere Sexualbetätigung leitende Zone gewechselt …*

Er bezeichnete die Frauen, die niemals einen Orgasmus ohne direkte klitorale Stimulierung erreichten, als unreif und/oder sexuell anästhetisch. Diese abwertenden Bezeichnungen richten selbst heute noch Schaden an, obwohl Alfred Kinsey, Masters und Johnson, Shere Hite, Helen Singer Kaplan und andere belegt haben, daß die meisten Frauen – wenigstens sechsundsechzig Prozent – eine direkte klitorale Stimulierung brauchen, um einen Orgasmus zu erreichen. Kaplan schätzt die Zahl eher auf achtzig Prozent.

Und doch schelten sich gebildete und intelligente Frauen selbst, weil sie nicht zu einem Orgasmus ohne manuelle oder orale Stimulierung der Klitoris fähig sind. Nach einer kürzlich in THE ARCHIVES OF SEXUAL BEHAVIOR veröffentlichten Studie waren über die Hälfte der dreißig Teilnehmerinnen an der Untersuchung mit ihren Orgasmen unzufrieden, weil sie nicht

---

* *Drei Abhandlungen zur Sexualtheorie*, S. Freud, Ges. Werke Bd. V, Frankfurt a. M. 6. Aufl. 1981, S. 122 f. (Anm. d. Übers.)

durch den Geschlechtsakt allein ermöglicht wurden. Aus einer anderen im JOURNAL OF SEX AND MARITAL THERAPY erschienenen Untersuchung ging hervor, daß Männer wie Frauen solche Frauen, die zur Erlangung des Orgasmus auf manuelle Stimulierung angewiesen waren, als »weniger funktionell« und »weniger reif« ansahen. Die Autoren der Untersuchung fühlten sich immerhin veranlaßt, hinzuzufügen, daß Frauen, die einer zusätzlichen Stimulation bedurften, von den meisten Teilnehmerinnen nur als »leicht dysfunktional« bezeichnet wurden.

Das überraschendste Untersuchungsergebnis

Die in diesem Buch zitierten Frauen hatten im allgemeinen ein befriedigendes Sexualleben, idealisierten aber trotzdem die »vaginalen« Orgasmen.

* *Über siebzig Prozent der Teilnehmerinnen an meiner Studie waren nicht ausschließlich durch den Geschlechtsakt orgasmisch.*

* *Für über die Hälfte von ihnen spielte der »vaginale« Orgasmus eine zentrale Rolle bei einem idealen sexuellen Erlebnis.*

* *Während Sexualtherapeuten Masturbation als den sichersten »Lehrpfad« zum Orgasmus betrachten, haben zehn Prozent der Spätblüherinnen – der Frauen, für die der Orgasmus am schwierigsten erreichbar ist – überhaupt niemals und zwanzig Prozent »selten« masturbiert.*

Leider scheinen die Frauen sich selbst für sexuelle Enttäuschungen vorzuprogrammieren, indem sie erwarten, daß ihr Körper anders reagiert, als es tatsächlich der Fall ist.

Die Wahrheit über Orgasmen

Ein Orgasmus ist ein Orgasmus, gleichgültig, wo sein Ursprung gelegen zu haben scheint. Die meisten Sexologen – darunter auch Masters und Johnson – glauben, daß alle weiblichen Orgasmen durch die Klitoris ausgelöst werden. Aber einige Frauen haben Orgasmen, die sie als »vaginal« bezeichnen, weil sie während des Geschlechtsakts ohne manuelle Stimulierung stattfinden. Die Klitoris könnte bei diesen Frauen größer oder ein wenig anders gelagert sein, so daß sie beim Geschlechtsverkehr wirksamer stimuliert wird als die Klitoris anderer Frauen. Oder diese Frauen haben gelernt, sich auf eine bestimmte Art in einer bestimmten Position zu bewegen, in der die Klitoris genügend direkte Stimulierung erfährt, um einen Orgasmus auszulösen. Oder sie haben gelernt, den Akt zu verzögern, bis sie kurz vor einem Orgasmus sind. (Oder sie sind leicht orgasmisch durch viele verschiedene Formen der Stimulierung, die Nervenenden in der Klitoris sogar dann stimulieren, wenn der Reiz so weit entfernt stattfindet wie etwa in den Brüsten, am Hals oder an den Ohrläppchen. Ein kleiner Prozentsatz der Frauen ist entlang dieser Nervenbahnen orgasmisch.)

Diese Frauen sind weder mehr sexy noch reifer oder verliebter als Frauen, die ohne direkte klitorale Stimulierung keinen Orgasmus haben können. Um orgasmisch zu werden oder um mit ihrer Fähigkeit zum Orgasmus zufriedener zu sein, muß eine Frau die Realität der weiblichen Biologie akzeptieren. Das Streben nach dem perfekten vaginalen Orgasmus wird sie nur enttäuschen.

»Frauen sollten sich selbst von diesem Denken befreien«, schreibt eine dreiundzwanzig Jahre alte Studentin der New York University. »Können Sie sich vorstellen, daß ein Mann sich darüber den Kopf zerbricht, ob sein Orgasmus auch an

der richtigen Stelle ausgelöst wird? Wir machen es uns selbst schwer, nicht wahr?«

In der Tat, aber wir können damit aufhören. Gemäß den Frauen, die in diesem Buch zu Wort kommen, ist orgasmisch sein wirklich so einfach wie bis drei zählen.

Schritt Eins: Legen Sie Ihre Schuldgefühle ab

Sexuelle Schuldgefühle durchziehen einen Teil des Denkens einer Frau über weibliche Sexualität. Dazu gehört die spezifische Frage, wo Orgasmen entstehen oder entstehen »sollten«.

»Ich habe von Freud und dieser Sache mit den vaginalen Orgasmen erst gehört, als ich vor zehn Jahren aufs College zurückging«, schreibt eine fünfundvierzig Jahre alte Krankenpflegerin aus dem Mittelwesten. »Als ich in einem Psychologieseminar von ihm und seiner Theorie erfuhr, dachte ich: ›Dieser Mann war verrückt! Wieso hat das niemand gemerkt?‹ Heute hat man es begriffen. Es hat sich gezeigt, daß er wahrscheinlich wahre Berichte über sexuellen Mißbrauch, die kleine Mädchen ihm erzählten, als erotische Phantasien abtat. Freud verstand die Frauen nicht.

Auf jeden Fall hatte ich nichts über Freud gehört, als ich mit dreizehn Jahren zu masturbieren anfing. Ich nahm natürlich an, das sexuell Richtige für mich zu tun, weil es funktionierte, und ich brachte es meinen Partnern ebenfalls bei.«

Andererseits wurden viele Frauen, die nichts von Freud gehört hatten, indirekt von seinen Theorien beeinflußt. Wenn eine Frau beim Geschlechtsakt keinen Orgasmus hat, glauben viele Frauen und Männer, daß mit ihr oder mit ihrem Partner etwas nicht stimmt – ohne zu wissen, wieso. Sie meinen, der Penis müsse genügen, um beiden Ekstase zu bringen.

Wenn es nicht so ist, machen sie einander oder sich selbst oder den Penis dafür verantwortlich. Diese Art zu denken führt bei Frauen und manchmal auch bei Männern zu sexuellen Schuldgefühlen: zu dem Gefühl, nicht gut zu sein oder nicht genug zu lieben.

»Ich dachte, es sei etwas mit mir nicht in Ordnung, weil ich keinen Orgasmus beim Geschlechtsakt hatte«, schreibt eine neunundzwanzigjährige geschiedene Frau aus Florida. »Mein Mann dachte ebenso. Ich täuschte Orgasmen beim Sex vor und bekam sie auch, wenn ich heimlich masturbierte. Das erzeugte ein Schuldgefühl bei mir.

Ich dachte, mit meiner Ehe sei etwas nicht in Ordnung. Ich erinnere mich, daß ich auf dem Bett lag und weinte, nachdem ich masturbiert hatte, und mir selbst sagte: Ich muß einen Mann finden, der das für mich tun kann!

Vielleicht hätte die Ehe funktioniert, wenn wir mehr über die Sexualität gewußt hätten. Ich hatte keine Ahnung, daß ich normal war – daß Frauen sexuell so sind –, bis letztes Jahr.«

Mehrere Frauen schrieben über den Augenblick ihrer Erkenntnis, als sie endlich begriffen, daß ihr Bedürfnis nach direkter klitoraler Stimulierung eine sexualbiologische Tatsache ist, und keine Anklage gegen sie und ihre Beziehung oder ein Hinweis auf ihre Unfähigkeit, gut oder auf die richtige Art zu lieben.

»Es war eine sexuelle Offenbarung«, schreibt eine Zweiundvierzigjährige. »Ich hatte zwei Kinder geboren, bevor ich beim Liebesspiel orgasmisch wurde. Ich kam nie auf die Idee, daß auch beim Geschlechtsverkehr das geschehen mußte, was ich tat, wenn ich masturbierte. Das eröffnete uns eine neue Welt. Wir begannen oral, manuell und auf jede erdenkliche Art zu experimentieren.«

Eine andere Frau sagte einfach: »Es befreite mich.«

Sie wurde – wie viele andere Frauen – »befreit«, indem sie *For Yourself* las, das Buch der Sexualtherapeutin und Autorin Lonnie Barbach, die Freuds Theorie über Orgasmen auf klare, knappe und ermutigende Art zur letzten Ruhe bettet. Es ist eines der beiden Bücher, das jede Frau lesen sollte.

Schritt Zwei: Benutzen Sie die Hand

Auch Barbachs Buch ermutigt dazu, die Masturbation als Weg zum Erlernen des Orgasmus zu verwenden. Die meisten Frauen in meiner Untersuchung (neunundsechzig Prozent) waren zum ersten Mal durch Masturbation orgasmisch und lernten beim Liebesspiel, orgasmisch zu sein, indem sie ihren Partnern zeigten, wie sie während des Beischlafs stimuliert werden mußten, oder indem sie sich selbst berührten. In den meisten Fällen ging die Masturbation der ersten sexuellen Erfahrung voraus, aber nicht immer.

»Ich war mehrere Jahre, bevor ich masturbierte, sexuell aktiv«, schreibt eine Buchhalterin aus Virginia. »Aber ich bekam keinen Orgasmus, bevor ich masturbiert hatte. Danach fiel es mir leicht, Orgasmen beim Liebesspiel zu bekommen. Ich war sicher, daß ich sie bekommen konnte. Ich wurde nicht mehr nervös, wenn Männer mich oral oder manuell stimulierten, deshalb konnte ich orgasmisch sein.

Bevor ich bis zum Orgasmus masturbiert hatte, unterbrach ich ihre Aktivitäten, ehe ich zu erregt wurde. Ich hatte Angst, die Kontrolle zu verlieren. Ich wußte nicht, was geschehen würde. Ich dachte, ich könnte auf die Männer urinieren oder etwas in der Art. Heute klingt das dumm, aber wenn man in der Situation ist, ist es nicht dumm.«

Eine andere Frau schreibt: »Ich konnte mich nicht dazu bringen, zum Vergnügen zu masturbieren. Schließlich tat ich es,

um zu lernen, einen Orgasmus zu haben. Es war die Idee meines Mannes. Er kaufte mir ein Buch und einen Vibrator, damit ich es ausprobieren konnte. Ich tat es.«

Viele Frauen schrieben über ihre Erfahrungen mit dem Vibrator. Einige von ihnen behaupteten, daß sie ohne die intensiveren Vibrationen dieser Geräte niemals orgasmisch geworden wären. Andere gaben an, es fiele ihnen schwer, sich dieser Intensität zu entwöhnen und zu manueller oder oraler Stimulierung überzugehen.

»Ich bekam keinen Orgasmus, was wir auch unternahmen«, schreibt eine sechzig Jahre alte Ehefrau und Mutter. »Wir waren in einer Sexualtherapie, als dies noch ein ganz neues Konzept war. Unser Therapeut war am Masters and Johnson Institute geschult. Er schlug einen Vibrator vor. Es klappte, aber ich hatte Schwierigkeiten, mir das Ding wieder abzugewöhnen. Schließlich war ich fähig, beim Sex in den meisten Fällen einen Orgasmus zu bekommen, wenn ich zusätzlich stimuliert wurde. Das war eine Erleichterung!

Ich habe mich oft gefragt, ob es auch für die jüngere Generation so schwierig ist. Ich hoffe nicht. Es sollte für niemanden so schwierig sein.«

Leider ist es doch so. Viele Frauen unter dreißig haben selbst dann noch Probleme, beim Liebesspiel einen Orgasmus zu erreichen, wenn sie gelernt haben, ihn durch Masturbieren herbeizuführen. Sie wollen einen Geschlechtsverkehr ohne Zuhilfenahme der Hände.

»Ich hatte in den ersten drei Jahren unserer Ehe keinen Orgasmus beim Sex«, schreibt eine siebenundzwanzigjährige Frau aus Louisiana. »Ich brauchte sogar beim Masturbieren lange bis zum Orgasmus. Ich fand es nicht richtig, meinen Mann zu bitten, mich zu masturbieren. Unser Sex funktionierte nicht gut, bis ich kürzlich eine Idee hatte.

Bevor wir Sex haben, gehe ich allein ins Schlafzimmer und

masturbierte bis fast zum Orgasmus. Dann rufe ich ihn, und wir lieben uns. Gewöhnlich komme ich auf diese Art. Es mag verrückt klingen, aber es ist die einzige Möglichkeit, zu erreichen, daß wir guten Sex haben.«

Schritt Drei: Setzen Sie Ihre Phantasie ein

Sexualtherapeuten behaupten, fast alle Menschen hätten Phantasien. Masters und Johnson vermuten, daß eine durchschnittliche Person acht sexuelle Phantasien pro Stunde vom flüchtigen Gedanken bis zur vollständigen Begegnung hat. Überraschenderweise gaben dreißig Prozent der Frauen in meiner Studie an, keine Phantasien zu haben. Die meisten von ihnen waren Spätblüherinnen; also Frauen, deren Leben durch romantische Liebesphantasien beherrscht wird.

Andere beschrieben solche Lieblingsphantasien:

»Ich liebe meinen Freund am Meer, und alles ist perfekt.«

»Ich überrasche meinen Mann unter der Dusche, und wir lieben uns im Stehen.«

»Mein Freund schläft. Ich schleiche mich auf Zehenspitzen ins Schlafzimmer, ziehe die Decke von seinem nackten Körper, lege mich auf ihn und vergnüge mich mit ihm.«

Die Mehrheit jedoch beschrieb Varianten der Phantasien, die Masters und Johnson als die gewöhnlichsten bezeichnen: idyllischer Sex mit einem Fremden; Gruppensex; homosexuelle Begegnungen; Fesseln oder erzwungener Sex. Möglicherweise verleugnen viele Frauen ihre Phantasien, weil sie

fürchten, eine Phantasie sei ein geheimer Wunsch. Das ist sie nicht.

Eine Vergewaltigungsphantasie zum Beispiel deutet nicht darauf hin, daß die betreffende Frau vergewaltigt werden möchte. Sie signalisiert nur ihren Wunsch, Sex zu haben, ohne sich schuldig zu fühlen oder von der Angst gehemmt zu sein, wie sie während des Aktes aussehen, sich anhören oder riechen mag. In ihrer Phantasie befreit sie sich von allen Hemmungen, indem sie sich vorstellt, zu ihrer Lust gezwungen zu werden. Sie ist machtlos dagegen – und unschuldig daran. (Auch Männer phantasieren, zum Sex gezwungen zu werden – aus denselben Gründen.)

Eine kreative Frau schreibt: »Ich habe zwei Lieblingsphantasien. In der einen werde ich von einem Stammeshäuptling in einer Höhle vergewaltigt, während der ganze Stamm zuschaut. In der anderen treibe ich es auf einem Stehplatz in einem überfüllten Footballstadion. Das sind meine üblichen Phantasien beim Masturbieren, und manchmal lasse ich sie im Kopf ablaufen, wenn ich beim Liebesspiel nicht ganz bei der Sache bin.«

Die meisten Frauen verwenden Phantasien, um sich beim Masturbieren anzuregen, und gelegentlich auch beim Geschlechtsverkehr. Eine brutale Sexphantasie oder eine romantischere Liebesphantasie beim Liebesspiel bedeutet nicht, daß mit Ihnen oder ihm etwas nicht stimmt oder daß Ihre Gefühle für ihn zu wünschen übriglassen. Einige Frauen verwenden auch Phantasien, um sich vor dem Liebesspiel anzuregen. Marc und Judith Meshorer, die Autoren von *Ultimate Pleasures* – des anderen Buchs, das jede Frau lesen sollte –, nennen diese Verwendung der Phantasie einen »Warmstart«. Es gehört zu den Geheimnissen der Frauen, die leicht Orgasmen bekommen.

»Ich führe ein aktives Phantasieleben«, schreibt eine Frau aus Michigan. »Ich denke vor der Schlafenszeit viel an Sex, so daß

ich in Stimmung bin, wenn mein Mann mich berührt. Manchmal lese ich erotische Bücher und Magazine oder schaue mir allein ein Video für Erwachsene zu Hause an. Das bringt mich richtig auf Touren. Die Phantasie ist meine Methode, den Körper auf den Übergang vom Alltag zum Liebesspiel vorzubereiten.«

Frauen, die ihre Phantasie als Erregungshilfe einsetzen, ihren Bedarf an klitoraler Stimulierung anerkennen und sich selbst beibringen können, durch Masturbation orgasmisch zu werden, haben – wenn sie nicht bereits mit ihren Partnern orgasmisch sind – die erste Entwicklungsstufe der weiblichen Sexualität erreicht: die Entdeckung der Lust. Sie wissen, was sexuelle Lust ist und wie sie erreicht werden kann.

Auf dieser Stufe hört die Weiterentwicklung für einige Frauen auf, während andere nicht einmal bis hierhin gekommen sind. Aber für Sie fängt es hier erst an.

TEIL 4:

Lustforderinnen

Kapitel 12 Wie Lustforderinnen bessere Orgasmen bekommen

»Sollte Sex nur ein Ausdruck von Liebe sein? Nein! Er kann sowohl zärtlich als auch animalisch sein – oder auch nur animalisch. Ich liebe meinen Mann. Manchmal lieben wir uns wie Tiere. Meine Liebhaber habe ich nie geliebt. Sex ist mit ihnen allen gut.« – Eine neununddreißig Jahre alte Ehebrecherin.

Lustforderinnen können verheiratet oder Singles sein, monogam oder nicht, aber Sex ist ihnen *wichtig*. Orgasmen spielen eine Rolle. Sie sagen nicht sehr oft: »Mir ist es gleichgültig, ob ich einen Orgasmus habe oder nicht.«

Aber auch *einen* Orgasmus zu haben, ist ihnen nicht immer genug. Sie wollen – und haben – oft multiple Orgasmen oder genießen ausgedehnte Liebesspiele, die in intensiven Orgasmen münden. Oder sie sind auf vielerlei Arten orgasmisch, darunter durch Cunnilingus, die bevorzugte Methode der Lustforderinnen. Sie haben ihren eigenen Körper und den ihres Partners ausgiebig erkundet, und das Wissen, das sie dadurch gewannen, verleiht ihnen sexuelle Macht. Ob monogam oder promiskuitiv, sie schätzen sexuelles Experimentieren. Sind sie einem Mann treu, dann nur aus eigener Entscheidung, nicht aus Furcht vor den Folgen eines Betrugs. Sie treffen aktive statt passive Entscheidungen.

Bei einigen Frauen blüht die Sexualität reicher innerhalb der Grenzen einer emotional stabilen monogamen Beziehung, für andere hört sich diese Beschreibung wie eine erotische

Zwangsjacke an. Frauen, die innerlich beschlossen haben, ihre sexuelle Lust einzufordern, wissen, was sie brauchen, und sie verschaffen es sich. Sie lassen sich nicht so leicht von Anti-Sex-Botschaften beeinflussen – die sie vor allem von anderen Frauen hören –, sind aber auch selten Rebellen. Sie brüsten sich nicht in der Öffentlichkeit mit ihrem Verhalten. Oft klafft zwischen ihrem privaten Ich und ihrer öffentlich sichtbaren Fassade ein beachtlicher Riß, besonders wenn sie in kleineren Ortschaften leben, wo ihr sexuelles Verhalten von anderen beobachtet wird, oder wenn sie in konservativen Berufen oder Firmen tätig sind.

Profil der Lustforderinnen

Mehr als siebzig Prozent der Frauen in meiner Untersuchung waren Lustforderinnen. Als ich sie unter den vier größeren Kategorien aufteilte, fand ich unter ihnen

* *56,7 Prozent Früherblühte*

* *15,2 Prozent Wildblumen*

* *20,1 Prozent perfekte Knospen*

* *9 Prozent Späterblühte.*

Ich definierte sie wie folgt:

* *Sie masturbieren und haben keine Probleme damit, um manuelle Stimulierung beim Geschlechtsakt zu bitten oder es selbst zu tun.*

* *Sie berichten, bei fast allen ihren sexuellen Begegnungen orgasmisch zu sein.*

174

* *Sie erreichen in ihrer Sexualität einen hohen Grad an Befriedigung.*

* *Sie antworten auf die Frage nach der grundsätzlichen Einstellung: »Sind Sie der Ansicht, daß Sex nur der Ausdruck von Liebe sein sollte?« mit »Nein«.*

Lustforderinnen erleben oft durch mehr Arten sexueller Reize Orgasmen als andere Frauen. Viele von ihnen haben Orgasmen, wenn sie träumen oder phantasieren. Einige erleben allein durch Stimulierung ihrer Brüste Orgasmen. Lustforderinnen berichten auch von multiplen Orgasmen (vierzig Prozent erleben gelegentlich oder häufig multiple Orgasmen). Allgemein schätzt man, daß weniger als zwölf Prozent der Frauen multiple Orgasmen haben. Jene Lustforderinnen, die sie haben, gaben an, zuerst multiple Orgasmen beim Masturbieren gehabt und dann gelernt zu haben, wie man sie während des Liebesspiels durch unterschiedliche Stimulierung bekommen kann.

»Wenn ich multiple Orgasmen haben will, erreiche ich sie fast immer«, schreibt eine siebenunddreißigjährige monogame Ehefrau. »Ich bekomme meinen ersten Orgasmus beim Cunnilingus. Dann haben wir Geschlechtsverkehr, wobei wir die Stellungen und die Intensität der Stoßbewegungen variieren. Gewöhnlich komme ich beim Geschlechtsakt ein- oder zweimal, manchmal mit zusätzlicher manueller Stimulierung. Nachdem mein Mann einen Erguß hatte, kann ich mehrere weitere Orgasmen haben, wenn er mich weiterhin manuell stimuliert oder ich selbst es tue, während er mich leidenschaftlich küßt und umarmt. An diesem Punkt kommen die Orgasmen einer nach dem anderen, da ich so erregt bin, daß schon eine sehr geringe Reizung genügt, um mich wieder auf den Gipfel zu bringen. Wenn er nach dem Sex ermattet ist, masturbiere ich manchmal, während er zuschaut.«

Viele Frauen beschreiben die Liebesstunde, während derer sie multiple Orgasmen haben, ähnlich. Eine abwechslungsreiche Stimulierung ist ein wichtiges Element ihrer Liebestechnik. Einige dieser Frauen wenden dieselbe Technik an, um den Orgasmus zu verzögern und die Erregungsphase zu verlängern, indem sie eine Form der Stimulierung kurz vor dem Orgasmus abbrechen, und so später einen heftigeren Orgasmus erleben. Nicht alle sexuell selbstsicheren und zufriedenen Frauen haben multiple Orgasmen oder fragen auch nur danach. Aber die Lustforderinnen suchen nach intensiveren sexuellen Erlebnissen, als sie sie in ihrer sexuellen Entdeckungsphase hatten.

Interessant ist, daß nur wenige Lustforderinnen Spätblüherinnen waren. Das läßt – zumindest bei den Teilnehmerinnen an meiner Studie – einen Zusammenhang zwischen einem frühen Beginn der Masturbation und einem späteren befriedigenden sexuellen Leben vermuten.

Eine bemerkenswerte Ausnahme – eine dreiunddreißigjährige Kellnerin aus St. Louis – schreibt: »Da ich zu einer frommen Katholikin erzogen wurde, hatte ich keinen Sex vor der Ehe, und ich kann mich nicht entsinnen, wann ich zum ersten Mal masturbiert habe. Sehen Sie, ich habe es aus meinem Gedächtnis getilgt! Ich hatte Glück bei der Wahl meines Ehemanns. Er ist sensibel und sexuell selbstlos. Ich halte es auch für ein Glück, daß ich erst verhältnismäßig spät – Anfang Zwanzig – Sex hatte, als ich bereits genug gelesen und gehört hatte, um zu wissen, was zu tun war, und nicht gleich ein Trauma davontrug, wenn es beim ersten Mal nicht richtig klappte. Zwei Jahre lang hatte ich keinen Orgasmus. Aber jetzt habe ich multiple Orgasmen.«

Ob verheiratet oder ein Single, die Lustforderin besitzt ein reiches Phantasieleben, das ihr wirkliches Leben nicht gefährdet, eine gesunde, positive Einstellung zum Sex. Und sie besitzt die drei folgenden wichtigen Eigenschaften:

* *Sexuelles Selbstvertrauen; Vertrauen in ihre Fähigkeit, einen Mann zu erobern und zu befriedigen – und in ihre Fähigkeit, orgasmisch zu sein.*

* *Ein Mitteilungsvermögen, das sie befähigt, ihrem Partner unbefangen zu sagen und zu zeigen, was sie im Bett braucht – ohne ihm das Gefühl zu geben, bedroht oder »belehrt« zu werden.*

* *Die Fähigkeit, Sex von ihren übrigen emotionellen und ökonomischen Sicherheitsbedürfnissen zu trennen; sogar von der Liebe.*

* *Die Bereitschaft, mit ihrem Partner sexuelle Experimente zu machen.*

Wie sie ihre Lust erlebte

1. *Sie erlaubte es sich selbst.*

Sex – besonders guter Sex – beginnt mit dem Denken. »Man muß die richtige Einstellung haben, um Erfüllung zu erlangen«, schreibt eine neunundzwanzig Jahre alte Yogalehrerin aus dem Nordwesten. »Eine ideale Welt würde jungen Mädchen ein besseres Gespür für ihre sexuellen Fähigkeiten statt Schuldgefühle vermitteln. Sex würde nicht wie etwas Schmutziges behandelt. Aber dies ist keine ideale Welt, oder? Ich kann Ihnen nicht einmal sagen, wann ich mir mein Grundwissen über die Sexualität erworben habe. Mir kommt es so vor, als hätte ich schon immer darüber verfügt. Schon als junges Mädchen hatte ich ins Detail gehende Phantasien. Andererseits lerne ich sexuell immer noch dazu, und das wird sich nie ändern.

Hier sind die richtigen Einstellungen: Erkenne und respektiere die ungeheure Kapazität deines Körpers zu sexueller Lust. Kritisiere deinen Körper nicht, weil er so beschaffen ist, oder deinen Geist, weil er gewillt ist, deinem Körper zu folgen. Sei für neue Wege der Erfahrung und der Lust offen.«

Es ist ein Klischee, aber eines der wenigen, die es wert sind, daß man sie wiederholt: *Sex findet vor allem im Kopf statt.* Keine Frau wird ein angenehmes Sexualleben haben, wenn sie sich selbst nicht gestattet, den Sex zu genießen. Viele Lustforderinnen – darunter die oben zitierte Yogalehrerin – stammen aus Familien, die sie als prüde, puritanisch oder streng bezeichnen. Aber irgendwie haben sie ihre eigenen Einstellungen entwickelt – nicht selten unter dem Schutz des Schweigens, das ihre Familien über sexuelle Themen bewahrten.

»Was mich vermutlich vor der negativen Einstellung meiner Mutter sexuellen Dingen gegenüber bewahrte«, schreibt eine sechsunddreißigjährige Computerprogrammiererin, »ist der Umstand, daß sie die Peinlichkeit scheute, mir viel über dieses Thema zu erzählen. Ich bekam ihre negative Haltung mit, aber nicht in Form vieler Worte.«

Eine andere Frau schreibt: »Wenigstens mußte ich nicht eine Menge negativer Belehrungen über Sex überwinden, die mir meine Familie zuteil werden ließ. Nicht, daß sie keine negativen Einstellungen gehabt hätten! Sie sprachen nur nie über Sex. Meine Mutter sagte stets: ›Sprich nicht über Religion, Politik oder Sexualität.‹ Ich wurde von den anderen Kindern im Viertel über Sex aufgeklärt. Als ich Dreizehn war, glaubte ich, Sex sei, wenn ein Mann und eine Frau ihre intimen Teile zusammensteckten und einer in den anderen urinierte. Ich masturbierte bereits, aber ich wußte nicht, was ich tat. Ich sah keinen Zusammenhang zwischen dem, was ich tat, und ›Sex‹.«

Nur wenige Lustforderinnen wuchsen in Familien auf, in denen sexuelles Wissen auf unbelastete Art ohne Verurteilung

oder Strafandrohung vermittelt wurde, aber sie benutzten ihre Herkunft nicht als Entschuldigung dafür, in negativen sexuellen Geleisen steckengeblieben zu sein.

»Man ist selbst für sein Leben zuständig«, schreibt eine fünfzigjährige katholische Mutter, deren Eltern wollten, daß sie Nonne würde. »Es war mir peinlich, meiner Mutter von meiner Schwangerschaft zu erzählen – nachdem ich ein Jahr lang verheiratet gewesen war –, weil sie dann wissen würde, daß ich sexuellen Verkehr gehabt hatte! Wir verwendeten das Wort ›schwanger‹ nie, wenn wir miteinander redeten. Ich sagte ihr, ich sei ›in Hoffnung‹, und sie gab die Information an meinen Vater weiter, der im angrenzenden Zimmer wartete. Es war für mich unvorstellbar, *ihm* eine derart intime Nachricht zukommen zu lassen! Sie sagte zu ihm: ›Deine Tochter wird bald eine Familie haben.‹

Irgendwann – nach einem Baby oder zwei – dachte ich: Diese Sache sollte eigentlich mehr Spaß machen. Babys zu machen war wundervoll, aber ich wollte auch außerhalb der Zeit, in der wir Babys machten, Spaß haben.«

2. *Sie fand ihre sexuellen Bedürfnisse heraus.*

Nachdem sie entschieden hatte, daß Sex gut und ihr Recht war, entwarf die Lustforderin eine mentale Liste ihrer eigenen sexuellen Bedürfnisse, die mit dem gewöhnlichen Orgasmus begann. Aber er war nur der Anfang.

»Ich weiß, was ich in sexueller Hinsicht brauche«, schreibt eine einunddreißigjährige New Yorker Designerin. »Viel orale und manuelle Stimulierung. Meine Vorstellung von einem ›Vorspiel‹ ist ein oral oder manuell stimulierter Orgasmus vor dem Geschlechtsverkehr.«

»Ich brauche sexuell viel Abwechslung«, schreibt eine leitende Angestellte einer Fernsehanstalt von der Westküste. »Und ich schäme mich dessen nicht. Ich kann monogam sein, aber nicht

mit einem Mann, der nichts von Experimenten hält. Ich bin sehr oral. Vor meiner Periode habe ich leichte Schmerzen. Ich mag es dann, geschlagen und in den Arsch gefickt zu werden. Ich weiß, was mir wann und wie gefällt, und ich lasse nicht zu, daß irgend jemandes Vorstellung davon, was sich gehört, mich beeinflußt.«

Eine andere, glücklich verheiratete Frau schreibt: »Ich brauche emotionale Sicherheit, um Sex genießen zu können. Ich könnte mich bei einem völlig Fremden nicht gehenlassen. Vertrauen ist wichtig für mich. Ich kann mit meinem Mann alles tun. Aber ich könnte diese Dinge niemals mit jemandem tun, der mich nicht liebt und achtet.«

Die Lustforderin erkennt ihre Bedürfnisse. Sie kennt die Bedingungen, unter denen sie sich »gehenlassen« kann, und weiß, wie sie erregt und zum Orgasmus gebracht werden kann. Das mag sich selbstverständlich anhören, aber viele Frauen wissen nicht, was sie in sexueller Hinsicht brauchen. Ihre Phantasien handeln von Liebe und Romantik, und sie erwarten, daß der Mann ihres Lebens wie ein romantischer Held genau weiß, was er für sie tun muß. Sie glauben, Männer könnten *es* geschehen lassen, obwohl sie selbst nicht ganz sicher sind, was »es« überhaupt ist.

»Als ich mit neunzehn Jahren verheiratet wurde, dachte ich, mein Mann würde es schaffen, daß die Erde bebt«, schreibt eine zweiundfünfzigjährige Börsenanalytikerin. »Oder wenigstens das Bett. Als er es nicht schaffte, war ich enttäuscht. Ich zog mich mehrere Monate lang von ihm zurück und gestattete ihm höchstens gelegentlich eine ›schnelle Nummer‹. Dann entdeckte ich die Masturbation, die mich lehrte, mein Bett selbst erbeben zu lassen. An diesem Punkt wurde ich eine vollwertige Sexualpartnerin in meiner Ehe. War ich erleichtert!«

3. *Sie ließ nicht zu, daß sie von der Befriedigung ihrer Bedürfnisse abgehalten wurde.*

Viele dieser Frauen schüchterten ihre Männer oder Freunde anfangs ein, als sie ihre sexuellen Wünsche äußerten. Diese neue Bestimmtheit signalisierte eine Veränderung, die oft sogar dann Angst einflößte, wenn beide Parteien sie als positiv erkannten. Andere Frauen handelten sich heftige Kritik seitens ihrer Freundinnen ein, als sie rein sexuelle Beziehungen eingingen. Einige Frauen wurden sogar von Ärzten, Pfarrern, Priestern oder Rabbis – die entweder ihre Fragen über die Sexualität nicht beantworteten oder ihnen moralische und moralisierende oder empörend chauvinistische Ratschläge gaben und ihnen nahelegten, von ihrem Streben nach sexueller Lust abzulassen –, für kürzere oder längere Zeit zu Rückzügen gezwungen.

»Als ich vor fünfundzwanzig Jahren heiratete, fragte ich meinen Gynäkologen, was mit mir nicht stimmte, weil ich keine Orgasmen bekommen konnte, wenn ich mit meinem Mann schlief«, schreibt eine vierundvierzig Jahre alte Werbefachfrau aus Michigan. »Ich schämte mich zu sehr, um zuzugeben, daß ich sie beim Masturbieren haben konnte, und er fragte nicht danach. Er sagte, ich müsse mich entspannen und mich meinem Mann ohne Rückhalt hingeben! Zehn Jahre später stellte ich einem anderen Gynäkologen die gleiche Frage. Aber diesmal bekannte ich mich zum Masturbieren, und er sagte: ›Weshalb täuschen Sie nicht einfach bei Ihrem Mann weiterhin Orgasmen vor und masturbieren zu Ihrer Entspannung, wenn er schläft? Sie werden dadurch wahrscheinlich Ihre Ehe retten!‹ Zu dieser Zeit waren Masters und Johnson bereits vertraute Namen. Er hätte es besser wissen müssen. Zu meinem Glück war ich über seinen Rat empört. Ich kaufte mir ein paar Bücher und entdeckte Dinge, über die kein Arzt jemals mit mir gesprochen hatte. Vor allem, daß es in Ordnung ist, wenn man

beim Geschlechtsakt dasselbe tut, was ansonsten masturbieren genannt wird. Niemals hatte mir jemals gesagt, daß die meisten Frauen auf eine direkte klitorale Stimulierung angewiesen sind, um während des Beischlafs einen Orgasmus zu bekommen. Zehn Jahre lang hatte ich geglaubt, meinen Mann nicht genug zu lieben!«

Und eine einundfünfzigjährige Grundschullehrerin aus dem Mittelwesten schreibt: »Mein Mann und ich haben uns einige richtige Schlafzimmerschlachten geliefert, als ich anfing, mich in sexueller Hinsicht zu behaupten. Er war davon überzeugt, daß ich heimlich einen Liebhaber gehabt hatte, denn, so fragte er, von wem sonst hätte ich dieses ›Zeugs‹ erfahren können? Er mochte keine Veränderungen. Als ich ihn nach oralem Sex fragte – bedenken Sie, das war vor dreißig Jahren, und niemand, den wir kannten, hatte je das Wort ›Cunnilingus‹ gehört –, erwiderte er: ›Du willst, daß ich deine Dose küsse? Nur Lesben und Homos tun das!‹ Sie sehen, wogegen ich zu kämpfen hatte.

Ich ließ nicht locker, weil ich erkannte, wie erschrocken er war. Er hackte immer auf ›Schwulen‹ und ›Tunten‹ herum, wenn er sehr erschrocken ist. Außerdem hatte ich die Ehe mit vorgetäuschten Orgasmen eingeläutet. Als ich sie nicht länger vortäuschte und anfing, nach dem zu fragen, was ich wollte, warf ihn das um.

Aber er lernte. Und wie er lernte! Wir hatten ein wundervolles Geschlechtsleben – und wir haben es heute noch.«

4. *Sie hat auf sich selbst gehört.*

Die Kritik der Freundinnen und der Familienmitglieder und sogar die zersetzende negative Einstellung zur Sexualität der Kreuzzugdamen vom rechten Flügel, die in den Talk Shows der späten achtziger Jahre das Sagen zu haben schienen, hielten viele Frauen davon ab, ihre Sexualität eingehender zu erfor-

schen. Sie waren gewiß keine Lustforderinnen – denn die fragen nicht ihre Freundinnen um sexuellen Rat.

»Ich machte den Fehler, meiner besten Freundin von meiner ersten außerehelichen Affäre zu erzählen«, schreibt eine neunundzwanzigjährige Ehefrau aus Philadelphia. »Sie hielt mir eine richtige Strafpredigt – natürlich nur aus Liebe zu mir und ›zu meinem eigenen Besten‹. Am Tag nach meinem weinseligen ›Bekenntnis‹ rief sie mich im Büro an. Sie sagte, sie habe aus Sorgen um mich die ganze Nacht nicht schlafen können.

›Du wirst deine Ehe zerstören‹, sagte sie. ›Ich wäre nicht deine Freundin, wenn ich dir nicht sagen würde, was ich davon halte, und wenn ich nicht versuchen würde, dir diese schreckliche Geschichte auszureden.‹

Sie deutete an, daß sie sich verpflichtet fühlte, meinem Mann von der Sache zu erzählen, wenn ich nicht zugab, daß es Wahnsinn war, diesen Mann zu treffen. Ich gab es zu. Ich war vor Schreck wie gelähmt. Ich sah den betreffenden Mann nicht wieder, aber ein paar Monate später kam ein anderer des Wegs. Und ich erzählte meiner besten Freundin nichts davon. Bis zum heutigen Tag ist sie davon überzeugt, meine Ehe gerettet zu haben. Sie würde sterben, wenn sie wüßte, daß ich seitdem immer wieder fremdgegangen bin.«

Der Druck in Richtung sexueller Konformität ist auch auf alleinstehende Frauen stark, die mit Ratschlägen ihrer Freundinnen und ihrer Lieblingsmagazine überschüttet werden, wie sie sich *nicht* verhalten dürfen, wenn sie einen Mann kennenlernen oder festhalten wollen.

»Alle sagen: ›Du sollst keinen Sex außerhalb einer Beziehung haben!‹« schreibt eine sechsundzwanzigjährige New Yorkerin. »Es ist eine so repressive Denkart. Die Angst vor Krankheiten ist nur eine Entschuldigung dafür, daß wir uns wieder unseren puritanischen Ursprüngen zuwenden. Wenn tatsächlich jedermann an Ansteckung dächte, würde jedermann Kondome be-

nutzen, und das ist nicht der Fall. Frauen können einfach den Gedanken nicht ertragen, daß andere Frauen Vergnügen im Bett haben.

Ich erzähle den meisten meiner Freundinnen nicht die Wahrheit über mein Geschlechtsleben. Einige wenige von ihnen sind offen, die meisten sind es nicht.«

Lustforderinnen vertrauen auf ihre eigenen sexuellen Entscheidungen. Sie unterwerfen sich keiner kritischen Überprüfung ihres Intimlebens. Sie brauchen keine Absegnung. Leider sind viele andere Frauen darauf angewiesen, aber im gesellschaftlichen Klima der Gegenwart werden sie sie kaum erhalten.

Was sie im Bett tut

Es überrascht nicht, daß die Lustforderinnen eher über die sexuellen Grundkenntnisse hinaus experimentieren als andere Frauen. Viele von ihnen sind sexuelle Forscherinnen, jene Frauen, die willige und bereitwillige Partnerinnen für sexuelle Spielarten sind.

Aus Berichten von Lustforderinnen ergibt sich folgende Statistik:

* *Über neunzig Prozent erleben regelmäßig Cunnilingus und waren auf diese Art orgasmisch.* Der gleiche Prozentsatz führte Fellatio aus, und drei Viertel von ihnen fanden Gefallen daran, aber die Mehrheit gab an, in ihrer Beziehung mehr oralen Sex bekommen als gegeben zu haben.

* *Die meisten haben wenigstens einmal Analverkehr ausprobiert,* und fast die Hälfte davon genoß ihn zumindest gelegentlich.

* *Mehr als sechzig Prozent haben Erfahrungen mit Fesseln gemacht – sowohl als der gefesselte als auch der »fesselnde« Teil –,* und die meisten genossen es.

* *Fast vierzig Prozent haben an Prügeln und anderen gemäßigteren sadomasochistischen Praktiken teilgenommen,* meistens auf eigene Anregung hin.

* *Über achtzig Prozent haben Videos für Erwachsene angeschaut,* und in drei Viertel der Fälle waren sie diejenigen, die sie ausgeliehen hatten.

* *Über achtzig Prozent haben schon einmal einen Vibrator oder ein anderes sexuelles Hilfsgerät verwendet.*

* *Fast sechzig Prozent masturbieren durchschnittlich einmal pro Woche.*

* *Die meisten von ihnen berichten von bildhafteren und häufigeren sexuellen Phantasien als andere Frauen.*

* *Sie lieben sich auch außerhalb des Schlafzimmers und nehmen andere Positionen als die Missionarsstellung ein – fast die Hälfte genoß wenigstens einmal außerhalb des Hauses Liebe.*

* *Anders als die Mehrheit der Frauen in Erhebungen bei Magazinleserinnen und in anderen Untersuchungen lassen sie sich nicht durch Unzufriedenheit mit ihrem Körper daran hindern, positiv sexuell zu sein.*

»Ich bin nicht mehr so mager, wie ich einmal war, und manchmal habe ich das Gefühl, nicht mehr ganz so sexy auszusehen, besonders für fremde Männer«, schreibt eine zweiunddreißig

Jahre alte Journalistin aus Kalifornien. »Aber mein Mann ist immer noch wild auf mich. Und im Bett bin ich eine weit heißere Nummer, als ich es vor zehn Jahren war.

Ich glaube, ich könnte jeden Mann verführen, wenn ich das wollte. Ich habe volle Hüften und mehr. Und wenn ich ihn erst einmal im Bett gehabt hätte, würde er wiederkommen.«

Die Lustforderin wirkt auf Männer anziehend. Sie schauen ihr in die Augen und wissen, daß sie ihren Spaß hätten, wenn sie beschließen würde, sie mit in ihr Bett zu nehmen.

Kapitel 13 Was weiß sie über Sex, was Sie nicht wissen?

»Die Qualität des Sexes in unserer Ehe hat mich lange Zeit ent-täuscht. Ich zog mich hübsch an und lud meinen Mann zum Essen in ein Restaurant ein. Dort sagte ich zu ihm: ›Schau, von jetzt an wird es Sex für uns beide geben, nicht länger nur für dich.‹ Ich war auf eine negative Reaktion gefaßt. Aber er war erfreut: ›Ich war schon enttäuscht, daß du nicht mehr Interesse am Sex hattest‹, erwiderte er.« – Eine vierzig Jahre alte Ehefrau aus Kanada.

Irgendwann nach ihrer sexuellen Offenbarung beginnt die Lustforderin, sich zu ihrer Sexualität zu bekennen. Auch wenn sie niemals eine Verleugnungsphase durchgemacht hat, gelangt sie an einen Punkt, an dem sie in sexueller Hinsicht mehr haben will als das Wissen, daß sie bei den meisten ihrer sexuellen Begegnungen orgasmisch sein kann und wird. Sie erklimmt eine höhere Stufe des sexuellen Vergnügens, die Stufe der Lustforderung, und ist nicht länger sexuell unentschlossen, unsicher oder naiv – sofern sie es jemals gewesen war.

Sie will ihren Mann erfreuen, aber nicht auf Kosten ihres ei-genen Vergnügens. Daß er meistens über diese veränderte Ein-stellung – die sie eine aktivere Rolle im Sex übernehmen läßt – glücklich ist, überrascht sie unnötigerweise.

Was sie über männliche Sexualität weiß

Zahlreiche Untersuchungen haben gezeigt, daß Männer mehr durch die Erregung ihrer Partnerin als durch ihr erotisches Geschick erregt werden. Je älter sie werden und je länger die Beziehung besteht, desto größer ist ihr Bedürfnis nach aktiver Teilnahme der Partnerin. Nur wenige Dinge bereiten einem Mann, gleichgültig welchen Alters, mehr Lust, als eine Frau zum Orgasmus zu bringen; vorzugsweise öfter als einmal.

Lustforderinnen wissen die beiden wichtigsten Dinge über Männer und Sex:

* *Der weibliche Orgasmus ist der neue Leistungsanzeiger des Mannes.* Die Orgasmenzahl ersetzt die Kerben im Bettpfosten als Beweis seiner Männlichkeit.

* *Männer wissen weniger über weibliche Sexualität, als Frauen glauben.* Frauen, die erwarten, daß Männer von sich aus wissen, wie sie Frauen befriedigen müssen, erwarten zuviel.

Was sie über sexuelles Selbstbewußtsein weiß

Erhebungen unter Lesern von Männermagazinen und anderen Quellen zufolge würden sich die meisten Männer für eine sexuell selbstsichere Partnerin entscheiden. Sexuell selbstsichere Frauen sind sexuell ansprechbarer und leichter orgasmisch als andere Frauen. Die meisten Frauen dieser Art sind über dreißig, in dem Alter, in dem die weibliche Biologie für einen Anstieg des sexuellen Antriebs sorgt. Ob sie multiple Orgasmen haben oder nicht, sie sind bei den meisten ihrer Begegnungen orgasmisch. Natürlich sind sie Lustforderinnen.

Die Lustforderin ist häufig besser über die weibliche wie auch über die männliche Sexualität unterrichtet als ihr Partner, und sie erwartet nicht, daß er einen Orgasmus »macht«. Vielmehr hilft sie ihm, sie zum Orgasmus zu bringen, indem sie ihm zeigt und sagt, was sie braucht. Sie benutzt auch ihre Hand, um, wenn nötig, ihre Klitoris beim Beischlaf zu stimulieren. Einige Frauen – besonders Früherblühte – erreichen das Stadium, in dem sie ihr volles sexuelles Vergnügen fordern, vor ihrem dreißigsten Lebensjahr. Andere Frauen erreichen es leider niemals.

Eine Frau braucht ein gewisses Maß an Vertrauen in die Fähigkeit ihres Körpers, erregt zu werden und mit einem Orgasmus zu reagieren, bevor sie sexuell für sich selbst das Wort ergreifen kann. Wenn sie sich darum sorgt, ob sie einen Orgasmus haben kann, wird sie wahrscheinlich nicht viel mehr vom Sex haben als eben diesen Orgasmus. Sie ist nicht frei genug, sich ihrer eigenen Sexualität hinzugeben – ihren Geist zu entspannen, damit ihr Körper folgen kann.

Was sie über sexuelle Kommunikation weiß

Mit dem Vertrauen stellt sich eine Erleichterung in der sexuellen Kommunikation ein. Viele der Frauen, die an meiner Studie beteiligt waren, erinnerten sich an das erste Mal, als sie mit ihrem Partner über ihre sexuellen Bedürfnisse sprachen. Es war nicht leicht.

»Ich war zweiunddreißig Jahre alt und geschieden«, schreibt eine Frau, »und ich fühlte, daß ich bei diesem Mann nichts zu verlieren hatte. Ich hielt noch nicht nach einem neuen Ehemann Ausschau. Also bat ich ihn, mich dort zu berühren, wo ich es mir wünschte. Der Sex war der beste, den ich je gehabt hatte. Das war mir eine wichtige Lektion: Bitte dar-

um! Männer mögen es! Wenn ich an all die Jahre zurückdenke, die ich damit verschwendet habe, meinem Mann mentale Signale zu übermitteln, die er nie empfing...«

Eine andere Frau schreibt: »Als ich das erste Mal einen Mann bat, Cunnilingus bei mir auszuführen, wäre ich vor Verlegenheit fast gestorben. Aber er belebte mich rasch und freudig.«

Nur wenige Frauen berichteten über negative Reaktionen ihrer Partner auf ihre unverhüllt geäußerten sexuellen Wünsche. Eine Frau befolgte den Rat eines Magazinartikels, der lautete: »Diskutieren Sie im Schlafzimmer nicht über Sex«. Sie teilte ihrem Mann beim Frühstück mit, daß sie beim Geschlechtsverkehr nicht die klitorale Stimulierung bekam, die sie brauchte. Er klagte sie an, seine Sexualität zu »kritisieren«. Ich weiß nicht, weshalb einige Fachleute den Rat erteilen, nur vollständig angekleidet und nicht im Schlafzimmer über Sex zu sprechen. Die Männer, die an meiner Untersuchung beteiligt waren, gaben an, sie wünschten sich, daß die Frau ihnen im Bett beim Liebesspiel sagen würde, was sie braucht, und nicht, während sie die Wäsche zusammenlegten oder zum Essen zu seiner Mutter fuhren.

Lustforderinnen können ihre Wünsche aussprechen, ohne fordernd oder kritisierend zu klingen. Und sie können den Sex von anderen Aspekten einer Beziehung trennen, etwa von der Liebe – auch wenn man uns lehrte, daß Frauen das nicht können. (Wie sie das machen, wird ausführlicher im nächsten Kapitel besprochen.) Sex hat bei ihnen Priorität. Sie hören nicht auf, Sex zu wollen, weil der Ehemann seinen Anteil an der Hausarbeit nicht erfüllt oder der Freund sich nicht binden will. Die Berichte der Lustforderinnen in den drei folgenden Kapiteln werden Ihnen zeigen, *wie* sie es tun.

»Mein Mann und ich haben unsichtbare Linien um das Bett gezogen«, schreibt eine zwanzigjährige monogame Frau. »Unser übriges Leben bleibt außerhalb dieser Linie.«

Eine glückliche Singlefrau schreibt: »Es ist fast so, als wäre es ein heiliges Sakrament, daß Frauen ohne Liebe keinen Sex haben können. Ich bin die Sentimentalität und die Heuchelei leid. Nicht jeder Geschlechtsakt ist eine heilige Weihe der Liebe; nicht einmal zwischen Eheleuten.«

Lustforderinnen haben vermutlich ein besseres Sexualleben als andere Frauen. Oft haben sie auch bessere Beziehungen, weil sie nicht erwarten, daß alle ihre Bedürfnisse durch Sex erfüllt werden. Sie benutzen den Sex nicht als Mittel zu anderen Zwecken. Und sie betrachten sexuelle Lust nicht als etwas, was ihnen »widerfährt«, das heißt, als etwas, was Männer bei ihnen geschehen lassen.

Ohne Rechtfertigung und ohne auf Zustimmung zu warten, beanspruchten sie ihre eigene Lust. Sie können es ebenso halten; ob Sie nun verheiratet sind oder allein leben.

Kapitel 14 Monogame Frauen

»Mein Mann und ich verbringen viermal jährlich ein Wochenende ohne die Kinder, selbst wenn wir uns nur ein billiges Hotel leisten können. Eines unserer erotischsten Hotelwochenenden erlebten wir, als ich sechs Wochen vor der Entbindung unseres letzten Kindes war und keinen Sex mehr haben konnte. Er badete mich und massierte Lotion in jede meiner Hautfalten. Er wusch mir die Haare und leckte meine Zehen trocken.« – Eine sechsunddreißigjährige Hausfrau aus Maryland.

Je nach Untersuchung haben oder hatten zwischen dreißig und über fünfzig Prozent der verheirateten Frauen außereheliche Affären. Die Untreuestatistiken weichen voneinander ab, aber die Experten stimmen weitgehend darin überein, daß sich das sexuelle Verhalten der Frau im allgemeinen und besonders in diesem Bereich seit den frühen fünfziger Jahren – als Kinsey als erster die Sexualität in Amerika untersuchte – mehr als das der Männer gewandelt hat. In den letzten Jahren wurden wir von Geschichten über Ehefrauen, die fremdgehen, und von Theorien über dessen Ursachen überschwemmt. Bei der Lektüre dieser zahlreichen Berichte hat man zuweilen den Eindruck, daß die treuen Frauen eine sexuell weniger lustvolle Minderheit darstellen.

Einige Frauen bleiben aus Glaubensgründen, aufgrund familiärer oder gesellschaftlicher Zwänge, aus Angst vor den Folgen, wenn sie ertappt werden, oder einfach deshalb monogam, weil sie nur ein geringes Interesse am Sex haben. Aber andere Frauen bleiben im Ehebett, weil der Sex dort gut ist.

»Ich habe keine moralischen Bedenken gegen Ehebruch«, schreibt Nan, eine vierzigjährige Computerprogrammiererin, die seit neunzehn Jahren verheiratet ist. »Eine meiner Freundinnen würde ihren Mann aus finanziellen Gründen nicht verlassen, aber die beiden hatten seit zwei Jahren keinen Sex mehr miteinander. Wenn es in meiner Ehe keinen Sex gäbe – aus welchen Gründen auch immer –, würde ich ihn anderswo suchen. Ich kann mir ein Leben ohne Sex nicht vorstellen!

Zum Glück haben wir – und hatten wir fast immer – eine gute sexuelle Beziehung. Jede länger bestehende Beziehung macht verschiedene Stadien des Verlangens durch, und auch wir hatten einige Tiefpunkte. Zum Beispiel beide Male, als ich schwanger war, und dann, nachdem die Babys geboren waren, und als Jeff vor ein paar Jahren seine Arbeit verlor. In diesen Zeiten waren wir so sehr mit anderen Dingen befaßt, daß wir nicht viel an Sex dachten. Oder zumindest, daß *einer* von uns nicht so sehr an Sex dachte.

Aber wir gewinnen ihn immer wieder zurück. Der Sex funktioniert aus zwei Gründen gut bei uns. Erstens finden wir einer den anderen sogar nach neunzehn Ehejahren noch körperlich attraktiv. Zweitens sind wir beide bereit, zu experimentieren und sogar Dummheiten zu machen. Vor ein paar Jahren, als unsere Erstgeborene erst neun Monate alt war, hatten wir Sex in ihrem Planschbecken. Wir hatten beide unser ganzes Leben lang im Mittelwesten gelebt – fernab von jedem größeren Gewässer –, und Liebe im Wasser war eine Phantasie, die wir gemeinsam hatten. Am späten Abend saßen wir im Garten hinterm Haus, nippten an einem Glas Wein und sprachen unter anderem über diese Phantasie, als einer von uns – ich erinnere mich nicht mehr, wer es war – sagte: ›Da ist das Wasser!‹ Also taten wir es.

Ich glaube, viele Ehemänner haben das sexuelle Interesse an ihren Frauen verloren, weil die Frauen in eingefahrenen Ge-

leisen steckengeblieben sind. Sie weichen kaum von der Missionarsstellung ab und glauben, daß das Schlafzimmer der richtige Ort für Sex ist. Die Kinder müssen eingeschlafen und alles übrige muß erledigt sein, man muß sich glücklich mit seinem Mann fühlen, die Lampen müssen ausgeschaltet sein. Was diese Frauen nicht begreifen, ist, wie sehr man sein Leben verschönern kann, wenn man für den sexuellen Augenblick offen ist. Manchmal hatten wir großartigen Sex, obwohl wir in anderer Hinsicht nicht besonders glücklich miteinander waren.

Sex hängt für mich nicht davon ab, ob der Mann daran gedacht hat, auf dem Nachhauseweg am Markt anzuhalten.«

Wer ist sie?

Verheiratete Frauen machten 34,2 Prozent der gesamten Gruppe in meiner Studie aus. Nan war – wie zweiundsechzig Prozent dieser Ehefrauen oder knapp zwanzig Prozent der gesamten Gruppe – während ihrer ganzen Ehe monogam und ist mit ihrer Beziehung zufrieden. Ich habe die glücklichen monogamen Ehefrauen anhand der folgenden Kriterien definiert:

* *Sie sind verheiratet.*

* *Sie haben oder hatten keine außerehelichen Affären.*

* *Sie geben an, mit ihrem Sexualleben zufrieden zu sein.*

Ich hatte erwartet, einige deutliche Unterschiede in den Verhältnissen der monogamen Frauen und der Frauen zu finden, die außereheliche Affären haben oder hatten. Aber ich fand nur einen Bereich, in dem sich diese beiden Gruppen deutlich unterschieden.

194

Wie erwartet hatten die glücklichen monogamen Ehefrauen vor ihrer Ehe weniger Partner als die meisten unter den Ehebrecherinnen gehabt. Nahezu die Hälfte der monogamen Ehefrauen hatten niemals einen anderen Sexualpartner, obwohl sie sich vor der Ehe mit anderen Männern getroffen und – in einigen wenigen Fällen – mit ihren künftigen Ehemännern geschlafen hatten. Glückliche monogame Ehefrauen waren aber auch *seltener* jungfräuliche Bräute gewesen. Sechs Prozent der Frauen mit Affären waren an ihrem Hochzeitstag Jungfrauen; bei den glücklichen monogamen Ehefrauen waren es vier Prozent.

Die eigentliche Überraschung – wenigstens für mich – aber war, daß die glücklichen monogamen Ehefrauen *weit weniger karriereorientiert als die anderen Ehefrauen* waren – *weniger als zehn Prozent von ihnen waren leitende Angestellte oder Akademikerinnen.* Etwas mehr als zwei Drittel der Frauen in dieser Gruppe arbeiteten oder hatten irgendwann in ihrer Ehe gearbeitet, aber es handelte sich häufiger um Jobs als um Angestelltenverhältnisse. Mehrere von ihnen führten ihre glückliche Ehe zum Teil darauf zurück, daß ihre eigenen beruflichen Absichten mit den ehrgeizigeren Plänen ihrer Ehemänner vereinbar waren.

Ihre gemeinsamen Verhaltensweisen

Ihre zweitrangige ökonomische Stellung überträgt sich aber nicht ins Schlafzimmer. Wie andere Lustforderinnen haben sie im allgemeinen dem Geschlechtlichen gegenüber eine gesunde, positive Einstellung. Folgende Eigenschaften sind ihnen gemeinsam:

* *die Fähigkeit, Sex von den übrigen Aspekten der Ehe zu trennen;*

* *sexuelles Selbstvertrauen;*

* *die Bereitschaft, ihrem Partner ihre Bedürfnisse und Wünsche mitzuteilen.* Sie scheinen sogar in noch größerem Maß als andere sex-bejahende Frauen, die ich befragt habe, bereit zu sein, die Verantwortung für guten Sex für beide Teile zu übernehmen.

Außerdem finden sich in den Briefen der monogamen Frauen, die berichten, daß sie in etwa der Hälfte aller Fälle die sexuelle Initiative ergreifen, folgende Ansichten:

* *Sie räumen dem Sex eine »Priorität« in ihrer Ehe ein.* Sie waren von Anfang an entschlossen, sowohl die Ehe als auch den Sex zu fördern.

* *Sie erkennen die natürlichen Zyklen des Verlangens an, ohne sich durch vorübergehende Phasen geringerer Lust bedroht zu fühlen.*

* *Sie legen großen Wert darauf, bei ihren Partnern sexuell frei zu sein.* Mit anderen Worten, sie sind bereit, verschiedene Sexpraktiken, Stellungen und Orte des Geschehens auszuprobieren. Die monogamen Ehefrauen berichteten ebensooft von Sex an ungewöhnlichen Orten wie die Singles, und oft waren sie diejenigen, von denen der Vorschlag zu diesen Experimenten kam.

Die Rolle des sexuellen Initiators

Für viele Frauen bedeutet »initiieren« den ersten Schritt zur sexuellen Begegnung zu tun. Aber viele der monogamen Ehefrauen schrieben, daß sie nicht nur die sexuellen Begegnungen mit ihren Männern zur Hälfte oder überwiegend initiierten,

sondern auch die sexuellen Spielarten in ihre Ehen eingeführt hätten, mit denen sich das betreffende Paar vergnügte. Viele gaben an, ihren Männern beigebracht zu haben, wie man sich liebt.

Die Frauen dieser Kategorie können uns anderen eine wichtige Botschaft übermitteln: *Warten Sie nicht darauf, daß er großartigen Sex »geschehen läßt«. Lassen Sie selbst ihn geschehen.*

»Als wir seit fast zwei Jahren verheiratet waren, stellte sich ein Problem ein«, schreibt Alice, achtunddreißig Jahre alt und Mutter zweier Söhne im Teenageralter. »Und ich beschloß, dieses Problem selbst zu lösen, statt zu warten, daß er sich der Sache annahm. Wir waren in die typische Gewohnheit Verheirateter verfallen, nur einmal pro Woche Sex zu haben, und zwar regelmäßig am Samstagabend, in Missionarsstellung und in Rekordzeit – jedenfalls kam es mir so vor. Für mich dauerte es nicht lange genug, und ich hatte keine Orgasmen. Aber ich täuschte sie vor. Ich wußte, wenn ich jetzt nicht für eine Änderung sorgte, würden wir ernsthafte Schwierigkeiten bekommen. Vom Ausbleiben des Orgasmus abgesehen, war es auch noch langweilig.

Ich habe mir ein paar Bücher über Sex gekauft. Es gab damals nicht so viele Bücher über dieses Thema wie heute, und sie befaßten sich eher mit den Grundlagen als mit Einzelheiten. Aber ich erfuhr genug, um zu begreifen, was uns fehlte. Es war eine Menge! Und ich entdeckte, daß der Sex bei uns nur wie durch ein Wunder überhaupt klappte. Wir machten alles falsch.

Wir hatten während der Zeit der Werbung – die bei uns einige Monate dauerte – folgendes Muster entwickelt, das wir später in unsere Ehe übernahmen. Wir liebkosten einander – hauptsächlich oberhalb der Taille –, weil wir damals zu schüchtern waren, einander an den Genitalien zu berühren. Wenn ich genügend erregt war, hatten wir Geschlechts-

verkehr. Wenn er ejakulierte, hatte mich all die Reiberei reichlich aufgeheizt, aber natürlich hatte ich keinen Orgasmus, weil weder er noch ich selbst mich berührte. Aber weil er jung und enthusiastisch war, liebkosten wir uns, bis er eine neue Erektion hatte, und hatten noch einmal Verkehr. Diesmal hatte ich meistens einen Orgasmus, weil ich so erregt war, daß nicht mehr viel stimuliert werden mußte. Aber die Zeit wurde knapp. Wenn er beim zweiten Mal kam, bevor ich einmal kam, täuschte ich einen Orgasmus vor, und wir hörten auf.

Natürlich war er nach ein paar Ehemonaten nicht mehr fähig, zweimal hintereinander mit mir zu verkehren. Also hatte ich keine Orgasmen mehr und täuschte sie jedesmal vor. So standen die Dinge, als ich mich unseres Geschlechtslebens annahm.

Ich wußte, daß er am Boden zerstört sein würde, wenn ich ihm sagen würde, daß ich meine Orgasmen vortäuschte. Also ließ ich es. Als wir uns das nächste Mal liebten, teilte ich ihm mit, daß ich nicht gekommen war. Er war überrascht, tat es aber mit einem Schulterzucken ab. Beim nächsten Mal ließ ich ihn wieder wissen, daß ich nicht gekommen war. Nach einigen Malen war er besorgt. Ich hatte seine Aufmerksamkeit geweckt. Er fragte mich dauernd, was nicht in Ordnung sei.

Ich holte die Bücher hervor und las ihm die Abschnitte über die klitorale Stimulierung vor. Ich sagte, daß ich meiner Meinung nach jetzt mehr Stimulierung als in unserer ersten Zeit brauchte, weil sich mein Körper wahrscheinlich geändert hatte und mehr verlangte. Er akzeptierte es. Und er nahm die Bücher und begann selbst darin zu lesen.

Das änderte unser Eheleben. Es hört sich so einfach an, aber keiner von uns beiden hatte gewußt, daß ich in dem Bereich um meine Klitoris stimuliert werden muß. Bis ich diese Bücher

las, hatte ich nicht einmal das Wort gekannt. Ich mußte im Lexikon nachschauen, um zu erfahren, wie man es betont. Ich habe uns beide mit meiner Klitoris bekannt gemacht. Im Lauf der folgenden Jahre war ich immer wieder diejenige, die etwas Neues einführte. Ich bin vermutlich die einzige Frau in unserem Viertel, die ihrem Ehemann Videos für Erwachsene mitbrachte!«

Einige der Frauen, die ähnliches berichteten, verfügten, als sie heirateten, über mehr sexuelle Erfahrungen als ihre Männer, aber die meisten nicht. Wie Nan, die ihre Kenntnisse aus Büchern oder Fernseh-Talk-Shows bezog. Mehrere Frauen schrieben, sie hätten durch die Sendungen Donahue oder Sally Jesse Raphael oder Ophra mehr als von ihren Müttern, Altersgenossinnen oder Frauenärzten erfahren. Vielleicht wurden diese Frauen die Sexualkundelehrerinnen in ihren Ehen, weil sie tagsüber zu Hause waren.

»Er wußte einfach nicht, wie er mich berühren mußte«, schreibt eine Frau über ihren Mann. »Ich hatte erwartet, daß er alles wüßte, und wurde enttäuscht. Dann begann ich, tagsüber fernzusehen, und erfuhr, daß er nicht der einzige Ehemann war, der nicht wußte, wie Frauen berührt werden müssen. Offenbar muß einer es dem anderen lehren. Also brachte ich es ihm bei. Ich bin eine gute Lehrerin.«

Sie erwarben ihr Wissen auch aus Magazinartikeln, Filmen, Videos für Erwachsene und vertraulichen Mitteilungen von Freundinnen. Und sie alle berücksichtigten die Gefühle ihrer Männer, wenn sie die neuen Ideen ins Ehebett brachten.

»Mein erster Mann war mißtrauisch«, schreibt eine Ehefrau aus Chicago. »Ich begann, ihm Magazinartikel vorzulesen, damit er wußte, woher ich meine Ideen hatte. Ihm gefiel es!«

Wie man Zeit für Sex gewinnt

Wenn beide Ehepartner arbeiten, lautet die typische Beschwerde: Wir haben keine Zeit für Sex. Monogame Ehefrauen glauben, daß einer sich dem Stundenplan des anderen anpassen muß, und es gefällt ihnen, diejenige zu sein, die sich anpaßt. »In jeder Ehe will zu jeder Zeit ein Partner mehr Sex als der andere«, schreibt Rachel, eine vierundfünfzig Jahre alte Mutter von vier Kindern. »Es ist lange her, daß er mehr Sex wollte als ich! Meistens fange ich an, aber er beklagt sich nicht darüber.

Als die Kinder geboren wurden, gefiel es ihm manchmal nicht, daß er mich mit ihnen teilen mußte. Die schwierigsten Jahre in unserem Eheleben war die Zeit, als die Kinder klein waren, und später, als einer unserer Söhne ein Drogenproblem hatte. Aber ich nahm mir nur für meinen Mann Zeit. Manchmal war ich so müde, daß ich einschlief, bevor er es tat, und ich sagte ihm, er solle mich zum Sex wecken. Er machte oft von diesem Angebot Gebrauch. Ich sagte immer, ich wäre nie zu müde für Sex. Weck mich wegen nichts sonst, aber zum Sex.

An jedem Samstag- und Sonntagmorgen hängten wir ein Schild mit der Aufschrift ›Nicht stören!‹ an die Tür und liebten uns, während sich die Kinder Cartoons anschauten. Sie begriffen, daß sie uns nicht belästigen sollten, und meistens hielten sie sich daran. Wenn sie uns riefen, um in einem Streit zu vermitteln, hörten wir nicht hin.

Wann immer es möglich war, fuhren wir an den Wochenenden fort. Wir behandelten einander völlig anders als in Gegenwart der Kinder. Jetzt, da die Kinder erwachsen sind, gehe ich mit ihm auf Geschäftsreisen. Die Frauen anderer Männer können das nicht, weil sie ihren eigenen Beruf haben. Manchmal fragen mich Frauen, ob ich es nicht bedaure, keine Karriere ge-

macht zu haben. Als ich ihn heiratete, habe ich entschieden, daß unsere Beziehung wichtiger ist.

Vor einigen Jahren hatte ich ein Problem mit dem Herzen. Nach der Diagnose sagte Sam, er mache sich Sorgen, daß ich einen Herzanfall bekommen könnte, weil ich so viele Orgasmen hatte. Ich sagte zu ihm: ›Ich kann mir keinen schöneren Tod vorstellen.‹ Ich werde nicht aufhören, Sex und multiple Orgasmen zu haben, um mein Herz zu schonen!«

Die übrigen glücklichen monogamen Ehefrauen in meiner Untersuchung waren wie Rachel der Ansicht, sich Zeit für den Sex und die romantischen Vorspiele zu nehmen, gehöre zu den wichtigsten Dingen in ihrer Ehe. Man könnte einwenden, sie hätten mehr Zeit als berufstätige Frauen, aber auch viele der Karrierefrauen in meiner Studie fanden sogar dann irgendwie die Zeit für Affären, wenn sie sich darüber beklagten, die Zeitknappheit beeinträchtige ihr Eheleben. Man könnte auch geltend machen, monogame Ehefrauen opferten mehr Zeit und Energie für den Sex, um ihre Partner – von denen sie finanziell abhängig sind – im Zustand der Zufriedenheit zu halten. Aber bei unseren Unterhaltungen hatte ich nicht den Eindruck, daß sie ihre Situation für unsicher hielten. Sie schienen darauf zu vertrauen, daß ihre Männer sie liebten.

Die Fähigkeit, Sex von anderen Dingen zu trennen

Männer werden Ihnen sagen – wie sie es mir gesagt haben –, daß das Schicksal der Sexualität in dem Augenblick in einer Ehe besiegelt ist, in dem sie sagt: ›Nicht heute abend, Lieber‹ – unmittelbar nach einer offensichtlichen nicht sexuellen Verfehlung seinerseits. (Eine Frau könnte begreiflicherweise auf die Nachricht seiner Untreue reagieren, indem sie sich sexuell entzieht.) Aber die Frau sollte sich ihm nicht zur Strafe sexuell

entziehen, wenn er die Abfalleimer nicht an dem Tag hinausbringt, an dem die Müllabfuhr kommt. Aber da wir in der traditionellen weiblichen Sehweise gefangen sind, in der die Sexualität ein Glied in einer Kette aus Liebe und Pflicht ist, tun Frauen oft genau das.

Die Frauen in dieser Gruppe reagierten nicht so.

»Ich nehme nichts sonst mit in unser Bett«, sagte Beth, dreiundvierzig Jahre alt, Mutter zweier Kinder, und seit dreiundzwanzig Jahren verheiratet. »Es hat Zeiten gegeben, in denen mich Dan mit Dingen verrückt machte, die er tun oder nicht tun wollte, aber ich ließ sie in der Sexualität niemals zwischen uns kommen.

Ich erzähle Ihnen ein Beispiel. Drei Jahre lang konnten wir keinen Wagen in unserer für zwei Wagen geplanten Garage parken, weil sie voller Teile eines Oldtimers war, den er wieder zusammenbaute. Diese Teile lagen über den Boden verstreut, und ich durfte nichts anrühren. Drei Winter lang kratzte ich morgens um sieben Uhr dreißig Eis von der Windschutzscheibe, weil ich die Kinder zur Schule fahren mußte. Meine Mutter meinte: ›Du solltest ihm sagen, daß er keinen Sex bekommt, bis er die Garage aufgeräumt hat.‹

Es fiel mir niemals ein, so etwas zu tun. ›Mutter‹, sagte ich, ›ich mag Sex. Es ist die Unordnung in der Garage, die ich hasse.‹ Endlich wollte jemand den Wagen kaufen, und er baute ihn zusammen und verkaufte ihn.«

Beth war wie Rachel der Ansicht, daß Kinder die größte Gefahr für den Sex darstellen. »Es ist nicht nur ihre körperliche Anwesenheit«, sagte sie, »sie kommen auch auf andere Art dazwischen. Keine zwei Eltern stimmen jemals vollständig darin überein, wie Kinder erzogen werden sollten. Und oft hat ein Elternteil einen persönlichen Konflikt mit einem Kind, während der andere keine Probleme mit ihm hat. Das ist in unserer Familie passiert. Danny – unser ältester Sohn – hat

mir nie wirklichen Kummer gemacht, aber mit Dan hatte er ständig Reibereien, seit er sprechen konnte.

Ich habe vor Jahren eine Entscheidung getroffen. So sehr ich den Jungen auch liebe, ich würde nie zulassen, daß die Probleme mit ihm unsere Sexualität stören. Ich will damit nicht sagen, daß Dan körperlich gewalttätig war, denn er war es nicht. Ich hätte es nicht toleriert, wenn er solche Neigungen gehabt hätte. Oft wünschte ich mir, er würde seine Ansprüche an den Jungen, an seine Leistungen in der Schule und im Sport herunterschrauben. Ich habe ihm das auch gesagt. Aber ich habe mich niemals wegen der Probleme, die er mit Danny ausfocht, sexuell von ihm abgewandt.«

Glückliche monogame Ehefrauen entscheiden sich schon früh in ihrer Ehe, den Sex von den übrigen Aspekten des Zusammenlebens getrennt zu halten. Und sie scheinen die Früchte dieser Entscheidung zu ernten.

»Ich gebe nichts darum, was irgendwer sagt«, gesteht Beth. »Sex macht alles besser, was zwischen zwei Menschen abläuft. Man hat natürlich die übrigen Probleme nicht gelöst, indem man die Schlafzimmertür verschließt und sich eine Stunde lang liebt. Aber man fühlt sich besser miteinander. Man ist sanfter und freundlicher zueinander und Schwächen und Macken gegenüber toleranter. Der Sex rundet die Ecken ab. Er bindet zwei Menschen enger zusammen.

Würden die Probleme verschwinden, wenn man keinen Sex hätte? Nein! Aber beide Partner sind gelassener, wenn sie später versuchen, sich der Probleme anzunehmen.«

Diese Frauen trennen nicht nur den Sex von dem Ehealltag, sie wissen auch die Wirklichkeit von der Phantasie zu unterscheiden. Viele Frauen lassen zu, daß Liebesphantasien eine größere Rolle in ihrem Leben spielen als die Ehe selbst. Aber nicht die Frauen in dieser Gruppe! Sie benutzen ihre Phantasien und lassen sie im richtigen Augenblick wieder los.

Die Phantasiebeziehung

Um es noch einmal zu sagen: Die Fähigkeit, Phantasien als Erregungshilfen zu benutzen, unterscheidet die Lustforderin von der Lustverleugnerin. Rachel zum Beispiel gab zu, daß sie gelegentlich von anderen Männern phantasierte, während sie und ihr Ehemann sich liebten, um ihre Erregung zu steigern. Rachel hat den Verdacht, daß ihre Mutter ähnliche Phantasien gehabt und damit zugelassen hatte, daß sie die Sexualität ihrer Ehe zerstörte.

»Meine Mutter erzählte mir einmal voller Stolz, daß sie sich nach ihrer Heirat in einen anderen Mann verliebt, aber niemals etwas in dieser Richtung unternommen hatte«, sagt Rachel. »Er war ein Freund von Freunden, und sie hatte ihn bei jemandem zu Hause kennengelernt. Sie hatten sich einige Male kurz getroffen, immer im Kreis gemeinsamer Freunde. Das war alles. Er arbeitet bei der Post. Sie sagte, als sie erkannt habe, daß sie ihn liebte, sei sie nie wieder in das Postamt gegangen, in dem er arbeitete. Sie erzählte mir diese Geschichte in einem Ton, als erwarte sie ein Ehrenabzeichen von mir.

Ich kenne die Wahrheit nicht und werde sie niemals kennenlernen, da meine Mutter sie mir niemals erzählen würde, aber ich bezweifle, daß sie jemals einen Orgasmus hatte. Sie hatte vermutlich eine sexuelle Phantasie, die um diesen Mann kreiste und sie erschreckte. Es ärgert mich, daß sie den Postbeamten zwischen sich und meinen Vater schob.«

Rachel hat wahrscheinlich recht. Von allen unangenehmen Details gereinigt, war die erotische Sehnsucht ihrer Mutter nicht nur akzeptabel, sondern auch voller Edelmut, weil sie sich die Erfüllung zum Wohl ihrer Familie versagte. Die Liebesphantasie bot ihr eine Entschuldigung, sich sexuell von ihrem Mann zurückzuziehen.

Einer kanadischen Studie über die Beziehung zwischen sexuel-

len Schuldgefühlen und weiblichen Phantasien zufolge, an der Frauen zwischen achtzehn und vierzig Jahren teilgenommen hatten und deren Ergebnisse in THE JOURNAL OF SEX RESEARCH veröffentlicht wurden, ist ein großes sexuelles Schuldgefühl der wichtigste Hinweis darauf, daß diese Frauen weniger abwechslungsreiche und weit weniger detaillierte sexuelle Phantasien haben. Frauen, die unter (häufig unbewußten) sexuellen Schuldgefühlen leiden, haben mit größerer Wahrscheinlichkeit öfter Liebesphantasien als rein sexuelle Phantasien. Wie viele dieser Frauen liegen Nacht für Nacht neben ihren Ehemännern, fühlen sich sexuell unbefriedigt und träumen von anderen Männern?

Der Sex ist nicht gut, also kommen sie zu dem Schluß, daß sie den falschen Mann geheiratet haben. Sie machen Mangel an Liebe statt Unwissenheit und Schuldgefühle für die Kälte zwischen ihnen verantwortlich. Sie täuschen Orgasmen vor, weil man sie von Ehefrauen erwartet. Sie stimulieren sich nicht selbst beim Beischlaf, weil Liebe und der richtige Penis sie auf den Gipfel der Ekstase tragen sollten, und sie sind davon überzeugt, daß dieser Mann – dieser Penis neben ihnen – die falsche Wahl war. Aber ein anderer Mann, Mr. Richtig, der in ihrem Kopf lebt, knapp außerhalb ihrer Reichweite, könnte alles geschehen lassen, wenn sie nur nicht gefangen wären – oder zu gut oder zu edelmütig, um zu ihm überzulaufen.

Glückliche monogame Ehefrauen geraten nicht in die Falle der Liebesphantasien. Sie benutzen ihre darüber hinaus plastischeren und abwechslungsreicheren Phantasien als Erregungshilfen beim Masturbieren oder während des Beischlafs. Und sie halten die Liebesphantasien nicht mehr für den Ausdruck ihrer wahren Sehnsüchte als etwa eine Vergewaltigungsphantasie. Sie sehen diese Tagträume als das, was sie sind: eine willkommene Ablenkung von der Realität – nicht die Realität selbst.

»Nachdem mein erstes Kind geboren war, überschwemmten

mich wahre Katarakte sexueller Phantasien«, schreibt eine Frau. »In den ersten drei oder vier Monaten wollte ich nicht meinen Mann, ich wollte Paul Newman. Oder den Postboten. Aber ich wußte, daß das vorübergehen würde. Sobald ich fähig war, Sex zu haben, nahm ich die Phantasien mit in unser Bett. Mein Mann und ich hatten eine gute Zeit. Er mußte nicht wissen, daß Paul Newman und der Postbote bei uns weilten.«

Eine andere Ehefrau, eine fünfundvierzigjährige Mutter dreier Kinder aus Atlanta, schreibt: »Ich glaube, Männer sind im allgemeinen in bezug auf ihre Phantasien sich selbst gegenüber aufrichtiger als Frauen. Ein Mann schaut einer anderen Frau nach und denkt daran, was er tun würde, wenn er bei ihr eine Chance bekäme, aber er weiß, daß diese Phantasie nichts bedeutet. Eine Frau, die einem Mann hinterherschaut, führt gewisse Bedingungen in ihre Phantasie ein. Sie muß glauben, daß sie die Dinge, an die sie denkt, nur dann tun würde, wenn sie in den Mann in ihrer Phantasie verliebt wäre – oder wenn sie nicht in den Ehemann in ihrem Bett verliebt wäre.

Ich bin seit zwanzig Jahren verheiratet. Ich hatte in dieser Zeit oft sexuelle Gedanken, bei denen andere Männer eine Rolle spielten, aber ich habe diese durch meinen Kopf huschenden Bilder nie mit der Wirklichkeit verwechselt. Meine Freundinnen taten es. Ich habe Ehen an dem zerbrechen sehen, was wir in der High School eine Schwärmerei nannten.«

Die glücklichen monogamen Ehefrauen jagen ihren Tagträumen nicht nach. Sie benutzen sie, um ihr Leben reichhaltiger zu gestalten.

Kapitel 15 Unabhängige Frauen

»Ich liebe das Leben einer alleinlebenden Frau! Das schmutzige kleine Geheimnis, das uns umwittert, besteht darin, daß wir besseren Sex als verheiratete Frauen haben. Ich war kurz verheiratet. Welch ein Irrtum! Masturbation ist besser als Sex in der Ehe.« – Eine sechsunddreißig Jahre alte Sekretärin aus Buffalo, New York.

Um die allgegenwärtigen Virginia-Slims-Anzeigen abzuwandeln: Wenn du wissen willst, wie *wenig* weit wir gekommen sind, Baby, mußt du dir nur unsere Einstellung zu alleinlebenden Frauen anschauen. Unverheiratete Männer werden immer noch als soziale Aktivposten geführt, während wir unverheiratete Frauen abschreiben – besonders, wenn sie über fünfunddreißig sind. Die Selbsthilfe- und Psychologieabteilungen der Buchhandlungen sind voller Anleitungen für die Männerjagd. Aber Sie werden kein Buch in diesen Abteilungen finden, in dem Männer darüber belehrt werden, wie man eine Frau einfängt. Die Annahme, die dieser Tatsache zugrunde liegt, lautet: Frauen wollen eher als Männer heiraten, deshalb müssen Männer umschmeichelt, erpreßt, manipuliert und eingefangen werden. Ein alleinlebender Mann ist ein Junggeselle, dessen Lebensstil akzeptabel, verständlich, ja sogar beneidenswert ist. Eine alleinlebende Frau hingegen – besonders wenn sie nur wenig oder gar kein Interesse an einer Heirat hat – ist nach wie vor Gegenstand der Besorgnis, des Mitleids oder der Verwunderung seitens ihrer verheirateten wie auch ihrer alleinlebenden Freundinnen.

Die Gesellschaft mag nicht mehr offen sexistisch wie vor zwanzig oder dreißig Jahren sein, aber sie ist verdeckt sexistisch, besonders in der Einstellung gegenüber alleinlebenden Frauen. Und doch geht aus vielen Studien hervor, daß die meisten weiblichen Singles mit ihrem Leben glücklich sind. Das übliche Medienklischee – die verzweifelte alleinlebende Frau – ist nicht die Norm. Die »Verzweiflung« mag eine vorübergehende Phase im Leben einer Frau sein, die oft mit der plötzlichen Erkenntnis einsetzt, daß die Zeit, in der sie schwanger werden kann, begrenzt ist, aber sie ist nicht der lebenslängliche Gemütszustand der unverheirateten Frau.

Viele weibliche Singles würden sich wünschen, daß ihre Freundinnen das akzeptieren.

»Wenn man jenseits der Vierzig und unverheiratet ist, denken einige Bekannte, daß man lesbisch ist«, sagte Janice, Dreiundvierzig, Verwaltungsangestellte der Regierung. Sie ist nicht verheiratet und hat auch keine Kinder geboren. »Und andere halten einen für frigid. Der Satz: ›Ich wette, sie hatte nie einen guten Fick!‹ wird hinter einem her geflüstert.

Ständig psychoanalysieren mich Freundinnen wie Fremde. Immer wenn ich einen Artikel in einer Frauenzeitschrift über eine Frau lese, die sich vor Beziehungen fürchtet, weil sie als Kind sexuell mißbraucht wurde, weiß ich, daß eine meiner Freundinnen ihn ebenfalls liest und versuchen wird, mich über einen Mißbrauch auszufragen, von dem sie sicher ist, daß er sich in meiner Vergangenheit verbirgt. Eine unverheiratete Frau ist Freiwild für die Interpretation durch jedermann. Bei einer verheirateten Frau ist das anders. Die beiden mögen das neurotischste Paar sein, das Sie kennen, aber das geht in Ordnung. Hauptsache, sie ist verheiratet.

Die meisten meiner Freundinnen sind Singles und fünf bis zehn Jahre jünger als ich. Einige von ihnen – nicht alle – sind davon besessen, den richtigen Mann zu finden. Ich bin über

dieses Stadium hinaus. Meine biologische Uhr ist lautlos abgelaufen, und die Ruhe ist wundervoll. Ein paar Jahre Ende Dreißig war auch ich in Panik. Ich meldete mich auf persönliche Anzeigen und machte bei der Männerjagd mit, wie sie in Buchhandlungen und in Seifenopern propagiert wurde. Es klappte nicht. Ein Teil von mir wünschte sich auch nicht wirklich, daß es funktionieren würde. Ich bin glücklich, so zu leben, wie ich lebe.

Ich hatte vermutlich hundert Sexualpartner, seit ich mit Sechzehn meine Jungfräulichkeit verlor. Ich mag Sex und bedaure meine promiskuitiven Tage kein bißchen. Sicher, ich habe in den letzten zehn Jahren stark gebremst. Wer hat das nicht? Ich bin heute vorsichtiger. Ich benutze Kondome. Ich würde nicht mehr mit einem Mann ins Bett gehen, den ich auf einer Party getroffen habe, wie ich es getan habe, als ich einundzwanzig war. Mit Vierzig hat man ohnehin nicht mehr so viel Auswahl wie mit Zwanzig. Auch ich hatte meine einsamen Nächte mit Mr. Vibrator. Aber wenn man wirklich jemanden haben will oder braucht, findet er sich immer.

Jetzt treffe ich mich mit einem Mann, der fünfzehn Jahre jünger und von anderer Rasse als ich ist. Ihn nur nackt anzuschauen, erregt mich. Wenn wir einander nicht mehr gefallen, werden wir ohne Bedauern auseinandergehen.«

Im Gegensatz zu dem, was viele über Frauen in Janices Alter glauben, ist sie eine glückliche und sexuell aktive Singlefrau. Sie betrachtet ihr Leben als ausgefüllt – voller Freunde und befriedigender Arbeit – mit genügend Zeit für Hobbys und Passionen – und für Männer.

Wer ist sie?

Die Singles (unverheiratet und ohne eheähnliches Verhältnis) machen 18,9 Prozent aller Frauen in meiner Untersuchung aus. Die geschiedenen Frauen (nicht wieder verheiratet und nicht in einem eheähnlichen Verhältnis) stellen weitere 32,5 Prozent dar. Das macht insgesamt 51,4 Prozent unverheiratete Frauen, die allein oder mit Zimmergenossinnen zusammen leben. Etwa siebzig Prozent von ihnen – oder fast vierzig Prozent der Gesamtzahl – qualifizieren sich als unabhängige Frauen, also Frauen, die

* *entweder niemals heirateten, oder geschieden wurden und nicht wieder heirateten;*

* *sowohl sexuell aktiv als auch mit ihrem sexuellen Leben zufrieden sind;*

* *sich über ihr Leben im allgemeinen zufrieden äußern.*

Ich suchte nach Gemeinsamkeiten in den sozioökonomischen und religiösen Verhältnissen, und wieder einmal fand ich keine auffälligen Unterschiede zwischen den Glücklichen und den Unglücklichen. Aber unter den unabhängigen Frauen waren verhältnismäßig viele – fast die Hälfte – Früherblühte. Als Gruppe gesehen war ihre religiöse Erziehung unabhängig von der Konfession eher locker als streng. Ob man katholisch (22,5 Prozent, protestantisch (47 Prozent) oder jüdisch (25,6 Prozent) erzogen wurde, scheint weniger wichtig zu sein als die Frage, wie streng die jeweiligen religiösen Sexuallehren in der Familie ausgelegt und mit welchem Nachdruck sie beachtet wurden.

Die unabhängigen Frauen in dieser Untersuchung berichteten

häufiger über größere sexuelle Aktivitäten – einschließlich Masturbation – als alleinlebende Frauen in anderen Studien. In den neuesten Untersuchungen in COSMOPOLITAN und NEW WOMAN zum Beispiel waren weibliche Singles durchschnittlich einmal pro Woche sexuell aktiv. Die unabhängigen Frauen in meiner Studie berichteten über eine mittlere Beischlafhäufigkeit von zweimal und Masturbation dreimal wöchentlich. Und wenn sie eine Klage über ihr Geschlechtsleben äußerten, dann war es der Wunsch nach mehr Sex.

Das ist nicht die Frau in dem als Treffpunkt für Singles bekannten lokalen Supermarkt, die an der Salattheke herumhängt, bis sie *den* Mann trifft und ihre Hände sich über den Bohnensprossen berühren. Sie werden sie nicht beim Cappuccino sagen hören: »Ich bin es leid, abends allein ins Bett zu steigen«. Chronisten der Post-Aids-Gesellschaft versäumen es meistens, sie zu interviewen, wenn sie eine Story über »die neue weibliche Single« vorbereiten, weil sie nicht in ihre Theorie paßt, daß jede Frau die Hälfte eines Paars sein möchte; oder genauer gesagt, eines jener Paare, die man »Eltern« nennt.

Aus der kleineren Gruppe der unverheirateten Frauen – der fünfundzwanzig Prozent, die über Unzufriedenheit mit ihrem Sexualleben im besonderen und ihrem Leben im allgemeinen berichteten – schrieben einige Frauen bitter über die leeren Kissen neben ihren Köpfen oder den berauschenden Geruch frischgepuderter Babys. Von dieser unglücklichen Gruppe waren siebzig Prozent über dreißig Jahre alt, nur zwanzig Prozent waren verheiratet, und weniger als acht Prozent waren Mütter.

Aber nur wenige der unverheirateten Teilnehmerinnen an meiner Studie (seltsamerweise waren sie fast alle im Süden der USA aufgewachsen) schienen dem Profil der verzweifelten alleinlebenden Frauen zu entsprechen. Eine Frau aus Alabama hatte zwei traumatisierende Ehen überlebt, die in schmerzli-

chen Scheidungen geendet hatten. Sie bestand darauf, »nur als Ehefrau« glücklich sein zu können. Eine andere, zweimal geschiedene Frau aus South Carolina behauptete, man könne nicht allein leben und glücklich sein. Wenn sie nur die richtige Auswahl unter den Männern getroffen oder die richtigen Männer auf die richtige Art manipuliert hätten, so beteuerte sie, wäre ihr Leben eine einzige Wonne geworden.

Um eine glückliche Singlefrau zu sein, braucht eine Frau einen sehr befriedigenden Lebensstil, den diese unglücklichen Frauen nicht haben, die unabhängigen aber sehr wohl.

Worin besteht ihr Geheimnis?

Es ist eine Frage der Einstellungen. Unabhängige Frauen haben unter anderem folgende Einstellungen gemeinsam:

* *Sie besitzen Selbstvertrauen.* Sie vertrauen auf ihre Fähigkeit, nicht nur in finanzieller und emotioneller Hinsicht, sondern auch sexuell auf sich selbst aufzupassen. (Vielleicht sind die Frauen aus dem Süden mehr als die in anderen Gruppen so erzogen worden, daß sie sich dessen nicht für fähig halten.)

* *Sie stehen der Ehe und Mutterschaft ambivalent gegenüber.* Diese Frauen haben entweder Kinder oder nicht, aber sie sehnen sich nicht danach oder geben die Hoffnung auf, und sie betrachten die Ehe als einen Zustand, den sie eines Tages anstreben werden oder auch nicht. Unabhängige Frauen sagten mir wiederholt, daß sie »vielleicht eines Tages« den Wunsch haben könnten, zu heiraten, ohne daß ihren Worten Dringlichkeit anzumerken gewesen wäre.

* *Sie betrachten Sex als Priorität bei der Partnerwahl.* Der Eignungsfaktor tritt für sie hinter die sexuelle Anziehung zurück.

* *Sie trennen Liebe von Sex.* Sie suchen definitiv nicht nach »dem Mann«, auch wenn sie es vielleicht früher einmal getan haben.

»Das dreißigste Lebensjahr ist für die Singlefrau ein gefährliches Alter«, schreibt eine achtunddreißig Jahre alte Verlegerin aus Philadelphia. »Ein paar Jahre lang war ich von dem Gedanken besessen, zu heiraten. Ich dachte: ›Es muß jetzt passieren. Es muß passieren, bevor meine Zeit vorbei ist.‹ Jeder halbwegs passable Mann war der Richtige.
Jetzt bin ich darüber hinweg. Frauen in diesem Stadium tun alles, um einen Mann zu bekommen. Sie opfern sogar ihr wahres Selbst.«

Die vielen, nicht »der Eine«

»Ich habe so viele Frauen sagen hören: ›Ich gebe ihm sechs Monate, wenn er sich bis dahin nicht binden will, suche ich mir einen anderen‹«, erzählt Monica, eine zweiunddreißig Jahre alte Journalistin. »Immer wenn ich das höre, denke ich, der Bursche, der sich an sie bindet, hat ein Leben in gestärkten Jockey-Unterhosen vor sich. Es macht mich verrückt! Als könne eine Beziehung zwischen zwei Menschen auf diese Art funktionieren! Alle diese Frauen, die ihren biologischen Kalender für das Sechs-Monate-Geschwätz über ›die Entwicklung dieser Beziehung‹ verantwortlich machen, betonen immer wieder, daß sie so handeln müssen, weil ihnen die Zeit davonläuft. Aber die Jahre vergehen weiterhin, und sie sind immer noch

213

allein. Man sollte eigentlich annehmen, sie merken, daß es so nicht funktioniert, oder?

Ich denke anders. Eine Heirat gehört nicht zu meinen Zielen. Ich will damit nicht sagen, daß ich die Möglichkeit ausschließe, später irgendwann heiraten zu wollen. Mag sein, daß es einmal jemanden gibt, den ich heiraten möchte. Dann ist es in Ordnung. Vielleicht heirate ich aber auch nie, und das ist auch in Ordnung.

Ich mag Männer, und ich mag Sex. Ich habe großartige Beziehungen gehabt. Wenn sie aus dem einen oder anderen Grund zu Ende gehen, schaue ich voller Zärtlichkeit zurück. Mein einziges Ziel in einer Beziehung ist es, am Ende fähig zu sein, ohne Zorn oder Bedauern zurückschauen zu können. Sex spielt eine wichtige Rolle bei meiner Partnerwahl. Für verheiratete Frauen ist Sex sekundär. Eine Beziehung käme für mich nicht in Frage, wenn der Sex nicht gut – und reichlich wäre. Wenn ich von einem Mann angezogen werde, singt mein Körper. Mein Herz schlägt schneller. Meine Temperatur steigt. Ich weiß nach wenigen Malen im Bett mit ihm, ob eine Beziehung daraus wird oder nicht.

Orale Stimulierung ist der Schlüssel. Ich will mindestens in der Hälfte aller Fälle oralen Sex haben. Ich hatte meinen ersten Orgasmus mit einem Mann durch Cunnilingus. Er war so gut darin; ich fühlte mich wie von Schmetterlingen geküßt. Wir lebten zwei Jahre lang zusammen. Dann wurde er nach Kalifornien versetzt, und ich hatte hier meine Arbeit. Es war eine schwere Entscheidung, die ich aber nicht bereut habe. Meine Mutter weihte ihr Leben meinem Vater. Als er dann Anfang Fünfzig starb, blieb sie hilflos zurück. Sie hatte nichts Eigenes; keine inneren Ressourcen, auf die sie hätte zurückgreifen können. Mein Bruder und ich fühlten uns verantwortlich für sie. Wenn sie nicht glücklich ist – was nie der Fall ist –, fühlen wir uns schuldig.

Meine Sexualgeschichte ist in der Hauptsache eine Reihe von monogamen Beziehungen. Ich halte mich selbst nicht für promiskuitiv. Ich hatte vermutlich nicht mehr Sexualpartner als die Frauen, die eine Ehe suchen. Aber ich wette, ich habe mehr davon gehabt!«

Viele der unabhängigen Frauen in meiner Studie erzählten wie Monica, die sexuelle Anziehung spiele eine größere Rolle bei ihrer Partnerwahl als viele andere Qualitäten, insbesondere die »Eignungsfaktoren« wie der sozioökonomische Status des Mannes und sein genetisches Material. Sie waren eher als andere Frauen fähig, die »Komparativregel« zu brechen: Der Mann muß älter, größer, reicher, klüger, gebildeter und erfolgreicher als die Frau sein. Sie gingen Beziehungen ein, die vor allem auf sexuelle Vereinbarkeit gegründet waren, und es überrascht kaum, daß sie den Verlust des Verlangens nach dem Partner als den passendsten Anlaß betrachteten, die Beziehung zu beenden.

Einige von ihnen hatten – wie viele andere alleinlebende Frauen – Affären mit verheirateten Männern. Verschiedene Studien kommen zu dem Ergebnis, daß zwischen fünfundzwanzig und vierzig Prozent der weiblichen Singles mit einem verheirateten Mann liiert waren – und gut die Hälfte bis drei Viertel dieser Frauen wollten ihn heiraten. Unabhängige Frauen haben wenig oder gar kein Interesse daran, ihre Liebhaber zu heiraten.

»Es macht meine Freundinnen ärgerlich, die Feministinnen und auch die Möchtegern-Ehefrauen«, schreibt eine einunddreißig Jahre alte Managementassistentin, »aber ich bin recht froh, eine Affäre mit einem verheirateten Mann zu haben, und ich bin nicht so dumm, ihm zu vertrauen. Der Sex ist großartig; so wie er in Kitschromanen beschrieben wird. Manchmal haben wir ein solches Verlangen nacheinander, daß wir es im Stehen an die Tür des Hotelzimmers gelehnt treiben. Meine Hände zittern, wenn ich die Schnalle seines Gürtels und die

Hemdknöpfe öffne. Wenn er mir mit dem Finger übers Handgelenk streicht, werden meine Brustwarzen steif. Würde es auch so sein, wenn wir verheiratet wären? Oder wenn mich ständig die Frage beschäftigen würde, ob er mich vielleicht heiraten wird?«

Eine andere Frau schreibt: »Ich treffe mich seit fünf Jahren mit einem verheirateten Mann. Ich weiß, daß er mich nie heiraten wird. Kein Mann hat mich jemals sexuell in solche Höhen wie er geführt. Wahrscheinlich ist der Sex so gut, weil keine Aussicht darauf besteht, daß er zu einer ständigen Einrichtung wird.«

Die unabhängigen Frauen sind nicht nur eher bereit, sich mit Männern zu treffen, die sich nicht an sie binden können oder wollen, sie berichteten auch weniger häufig darüber, in unglückliche Beziehungen verstrickt worden zu sein als die Frauen, die auf der Suche nach *dem* Mann sind.

»Ich bleibe nicht in einer Beziehung, wenn der Sex nicht gut ist«, schreibt eine achtunddreißig Jahre alte Managementassistentin aus dem Mittelwesten. »Einige meiner Freundinnen bleiben bei Männern, die sie schlecht behandeln. Sie halten mich für verrückt. Eine meiner besten Freundinnen trifft sich mit einem Typ, der ihr noch nicht einmal Blumen zum Geburtstag schenkt. Sie bezahlt für alles. Er verspricht ihr regelmäßig, zum Essen zu kommen, und läßt sich nicht blicken. Sie betet eine ganze Litanei seiner ›Missetaten‹ herunter. Unter anderem sagt sie, daß er es nicht mag, wenn sie sich beim Geschlechtsverkehr selbst berührt. Sie schließt mit: ›Aber ich liebe ihn.‹

Keine Selbstachtung. Sie hat keine Selbstachtung. Aber ich habe sie.«

Das sexuelle Selbstvertrauen, das ihnen mit anderen Lustforderinnen gemeinsam ist, mag zu ihrer Fähigkeit beitragen, eine kluge Partnerwahl zu treffen und eine Beziehung zu beenden,

die ihnen nichts einbringt. Andere Frauen finden sich möglicherweise deshalb damit ab, von ihren Männern schlecht behandelt zu werden, weil sie kein Zutrauen in ihre Fähigkeit haben, einen neuen Partner zu finden, oder nachdem sie ihn gefunden haben, den Sex mit ihm zu genießen. Die unabhängigen Frauen können – wie andere Lustforderinnen – ihre sexuellen Bedürfnisse mitteilen und den Sex von den anderen Aspekten einer Beziehung trennen.

Ihre Fähigkeit, Liebe von Sex zu trennen, ist tatsächlich so gut entwickelt, daß sie – wie eine Frau es ausdrückte – »in sexueller Hinsicht wie die Männer« denken.

Die schmale Grenzlinie zwischen Liebe und Sex

»In den fünfziger Jahren verlobte sich meine Mutter jedesmal, wenn sie Sex mit einem Mann wollte«, erzählt Laura, eine dreißig Jahre alte Lehrerin aus dem Mittelwesten. »Sie war dreimal verlobt, bevor sie mit zwanzig Jahren meinen Vater heiratete. Ich fragte sie einmal, ob sie tatsächlich vorgehabt hatte, alle diese Männer zu heiraten. Sie bejahte es. Aber mich überzeugt das alles nicht. Ihr Verhaltenscode bestimmte, daß sie verlobt sein mußte, um Sex zu haben. Also verlobte sie sich. Meine Freundinnen verlieben sich, weil sie glauben, sie müßten verliebt sein, um Sex zu haben.

Sie halten mich für unmoralisch. Man sagt, die Frauen hätten in den letzten Jahrzehnten Fortschritte gemacht. Welchen Fortschritt haben wir denn gemacht, wenn wir uns selbst keine Bedenkzeit zugestehen, ehe wir uns an einen Mann binden? Wenn Sex nur mit Scheuklappen möglich ist, sind wir nicht sehr weit gekommen.

Ich entscheide mich dafür, Sex mit einem Mann zu haben, wenn ich ihn attraktiv finde. Wenn der Sex mit ihm gut ist,

entscheide ich mich dafür, ihn zu wiederholen. Aber ich will nicht gleich mein Leben mit ihm verbringen, nur weil wir Sex miteinander haben.

Einige meiner besten Liebhaber waren Männer, die ich aus verschiedenen Gründen nicht heiraten würde. Der Mann, mit dem ich mich jetzt treffe, ist geschieden und hat zwei Kinder. Er arbeitet sehr viel. Wir passen in mancherlei Hinsicht nicht zueinander. Er ist im Bett Dynamit. Er ist mein erster Mann mit dem sprichwörtlichen Gehänge eines Pferdes. Es ist eine neue Erfahrung. Ich genieße es.«

Die Fähigkeit, Liebe von Sex zu trennen, entwickelt sich durch eine gesunde und positive Einstellung zur Sexualität. Die unabhängigen Frauen sehen keine Schuld darin, daß sie Bedürfnisse und Wünsche haben und sich nach ihnen richten, und sie machen die Männer nicht für *deren* sexuelle Vorlieben und Lebensweisen verantwortlich. Das heißt nicht, daß sie den Wert der Liebe nicht zu schätzen wüßten und sich keine liebende und fürsorgliche Beziehung wünschten, aber sie sind so realistisch, sich einzugestehen, daß nicht jede sexuelle Beziehung das Potential einer emotionell befriedigenden Bindung in sich birgt. Sie glauben, daß am Sex um seiner selbst willen nichts falsch ist – trotzdem ist die Anzahl ihrer Partner im Durchschnitt nicht höher als die einer beliebigen weiblichen Single in ihrer Altersgruppe. Es ist ihr Verhältnis zur Sexualität – nicht die Häufigkeit des Beischlafs oder die Anzahl der Partner –, das unabhängige Frauen von anderen unterscheidet.

»Als Ideal wünsche ich mir, daß Sex jedesmal eine Liebeserfahrung wäre«, schreibt eine neununddreißigjährige geschiedene Mutter zweier Kinder. »Aber wir leben in keiner idealen Welt. Und ich bin eine abgehärtete Frau. Ich habe lieber Sex ohne Liebe als überhaupt keinen Sex. Ich bin ehrlich genug, es zuzugeben. Indem ich mir selbst gegenüber so ehrlich bin, halte

ich mir jedesmal, wenn ich in eine weniger als ideale sexuelle Beziehung eintrete, alle meine Optionen offen.«

Diese Gruppe von Frauen ist in sexueller Hinsicht pragmatischer als viele andere, und die Vernunft dieserFrauen bestimmt, wie sie ihre Phantasien einsetzen.

Die Liebesphantasie

»Ich habe zwei Arten sexueller Phantasien«, schreibt eine Immobilienmaklerin aus Kalifornien. »Die eine Art würde ich als ›pornographisch‹ bezeichnen. Sie handeln von Sex. Ich stelle mir vor, daß Frauen mit großen Brüsten Cunnilingus an mir vollziehen, während ich bei einem großen Mann Fellatio mache. Oder ich stelle mir vor, daß ich in einem großen Haus lebe, wo ich sexuell von einer Reihe schöner, muskulöser und sehr harter Männer bedient werde. Diese Phantasien sind bildhaft und sehr detailliert – bis hin zu den Schweißtropfen an den Körpern.

In den Phantasien der zweiten Art erschaffe ich mir ein romantisches Szenarium um einen Mann, den ich sehe. Der Sex ist sanft und idyllisch. Wir lieben uns im Mondschein an einem einsamen Strand oder auf einer wunderschönen Lichtung. Ich beschwöre diese Bilder herauf, kurz bevor ich mich mit einem Liebhaber treffe, und manchmal auch beim Vorspiel. Sie lockern mich sexuell auf. Aber sie funktionieren nur als eine Art frühes Vorspiel. Im übrigen halte ich es bei den meisten dieser Männer für dumm, sie derart zu romantisieren, und ich unterlasse es.«

Sie nennt sie zwar nicht so, aber die zweite Art ihrer Phantasien sind Liebesphantasien. Wie so viele andere unabhängige Frauen ist sie darin erfahren, eine erotische Stimmung um einen Mann zu erschaffen, den sie nicht liebt – und sie wieder aufzugeben,

wenn die sexuelle Begegnung vorbei ist. Vielleicht hilft ihr die Liebesphantasie, die Reste sexueller Schuldgefühle, die sie möglicherweise hat, zu unterdrücken. Möglicherweise hilft sie ihr auch, den gesellschaftlichen Moralvorstellungen Genüge zu tun, ohne den Preis dafür zu bezahlen – wie es einige dieser Frauen tun. Es ist ihre Art, den Mann zu lieben, mit dem sie zusammen ist.

Aus welchem Grund auch immer, sie aktiviert bewußt die Liebesphantasien.

»Ich habe eine Menge Phantasien zur Verfügung«, schreibt eine einunddreißig Jahre alte medizinische Technikerin. »Ich rufe sie herbei, wenn ich sie brauche. Sie sind sozusagen meine Geister aus der Flasche. Zu meinen Lieblingsphantasien gehören sehr wilde Vorstellungen – zum Beispiel, daß ich mit einem großen Hund koitiere, während Männer und Frauen zuschauen und sich selbst befriedigen – bis hin zu sanften und romantischen Tagträumen, in denen ich meinen Freund am Strand von Malibu küsse und liebkose. Ich benutze die sanften Phantasien, um mich in Stimmung zu bringen, um mir zu helfen, mich erotisch auf einen Mann einzustimmen, von dem ich weiß, daß ich mich bald mit ihm lieben werde. Die wilden Vorstellungen dienen mir ausschließlich als Masturbationsphantasien, außer wenn ich sie brauche, um mich beim Liebesspiel mehr zu erregen.«

Die unabhängigen Frauen beschwören ihre Phantasien nur herauf, wenn sie sie brauchen. Diese Kontrolle über ihr Phantasieleben erlaubt ihnen, die Liebesszenarien wieder zu verbannen, wenn sie ihren Zweck erfüllt haben.

Sexuelle Verantwortlichkeit

Sie berichteten seltener über Abtreibungen und Infektionen mit sexuell übertragbaren Krankheiten als die unglücklichen Singles in meiner Untersuchung. Sie haben offensichtlich einen wachen Sinn für Empfängnisverhütung und Schutz vor Ansteckung. Fast alle nicht monogamen, alleinlebenden und verheirateten Frauen in meiner Studie gaben an, sich gegen sexuell übertragbare Krankheiten zu schützen. Aber nur die unabhängigen Frauen berichteten von überdurchschnittlicher Kondombenutzung – fast siebzig Prozent. Außer »weniger Partner« zu haben, war das Kondom ihre wichtigste Methode, mit der höheren Risikorate umzugehen.

Die unglücklichen Singles in meiner Untersuchung gaben wie die alleinlebenden Frauen in Magazinumfragen häufiger »weniger Partner« und »sorgfältigere Partnerauswahl« als ihre wichtigsten Methoden an, Ansteckungen zu vermeiden. Die letztere Aussage ist ein Beispiel für gefährlich romantisches Denken. So gern wir auch alle glauben möchten, »nette« Jungs seien »sauber«, oder sexuell übertragbare Krankheiten würden »nette« Menschen verschonen, oder Liebe sei ein Schutz vor Bakterien – diese Logik ist irreführend.

»Meine ein wenig zur Kritik an den sexuellen Gewohnheiten anderer Leute neigenden Freundinnen hatten mehr Probleme mit sexuell übertragbaren Krankheiten als ich«, schreibt eine dreißigjährige Bostoner Lehrerin. »Ich bin in sexuellen Dingen offener und freier als alle meine Bekannten, aber ich bin auch vorsichtig. Für mich gehört das eine zum anderen.

So viele Frauen sagen, sie hätten Hemmungen, einen Mann zu bitten, daß er ein Kondom benutzt. Ich habe keine Probleme damit. Ich sage nur: ›Bitte, wir müssen das hier benutzen.‹ Ich stelle es ihnen nicht frei.«

Andere unabhängige Frauen geben an, daß sie Wert auf die

Infektionsverhütung legen. »Kondome sind nicht so schlimm«, schreibt eine Journalistin aus Philadelphia. »Ich beziehe sie beim Liebesspiel mit meinen Partnern mit ein. Ich mache Fellatio bei ihnen, sobald sie ein Kondom übergezogen haben. Ich sorge dafür, daß diese Form mit Lust verbunden ist. Ich glaube, wenn Frauen sagen, daß sie keine Kondome verwenden wollen, handelt es sich weniger um einen ästhetischen Einwand als vielmehr um eine Rationalisierung ihrer Weigerung, die Verantwortung für ihr Liebesleben zu übernehmen. Wenn man Kondome benutzt, gibt man dadurch zu verstehen, daß man die Kontrolle hat.

Und wenn sie vorgeben, Männer mögen keine Kondome, weiß ich, daß sie in Wirklichkeit gegen Frauen aufbegehren, die in Liebesdingen verantwortlich handeln.«

Eine Frau, die Kondome benutzt, übernimmt die Verantwortung für ihr Sexualleben, vor der sich viele Frauen immer noch fürchten.

Kapitel 16 **Frauen, die Affären haben**

»Am besten ist der Sex immer mit einem neuen Partner. Ich habe das gerade gestern wieder feststellen müssen. Der Penis meines Mannes ist eher klein. Mein neuer Liebhaber ist Puertorikaner, und er hat einen großen Penis. Er stimulierte mich erst oral, dann haben wir gefickt. Mir kam es so vor, als verlöre ich wieder einmal meine Jungfräulichkeit. Die Kombination aus Schmerz, Lust und dem Tabu des geschlechtlichen Umgangs einer Weißen mit einem Puertorikaner in Verbindung mit der Tatsache, daß er mich bedingungslos anbetet (zum Teil deshalb, weil ich eine Weiße bin), führte zu einer gewaltigen Explosion. Ich glaube, ich kam sechsmal, und er kam tatsächlich zweimal.« – Eine siebenunddreißigjährige New Yorkerin.

Schon lange bevor Nathaniel Hawthorne *The Scarlet Letter* schrieb*, hatte das Wort *ehebrecherisch* eine negative Bedeutung. Die Gesellschaft verurteilt eine Ehebrecherin härter als einen Mann, der die Ehe bricht.

Zum Beispiel sorgte 1990 ein Paar, das sich in den USA scheiden ließ, für Schlagzeilen in den nationalen Nachrichten, als der Mann die Frau gerichtlich des Ehebruchs anklagte. In Wisconsin wie auch in anderen Staaten – darunter New York – gibt es immer noch Gesetze gegen den Ehebruch, wenn sie auch kaum in Anspruch genommen werden. (Wenn Ehebruchgesetze in den letzten zehn Jahren zitiert wurden, dann immer gegen Frauen, nicht gegen Männer.) Der Ehemann, der so

---

* Dt.: *Der scharlachrote Buchstabe*. Zürich, Manesse. (Anm. d. Übers.)

umsichtig gewesen war, seine außerehelichen Affären im benachbarten Illinois zu haben, wo Ehebruch keine strafbare Handlung ist, wurde von einer nationalen Organisation rechtsgerichteter Frauen gedeckt; der Concerned Woman for America. Eine Sprecherin der Concerned Woman, die es gern gesehen hätte, wenn die bestehenden Gesetze gegen Ehebruch durchgesetzt worden wären, sprach laut aus, was vermutlich viele Frauen hinter dem Rücken ihrer Geschlechtsgenossinen flüstern, die Verhaltensregeln brechen: »Er tat es nur einmal, aber sie hurte in der ganzen Stadt herum«. Trotzdem gewann *sie* die erbitterte Moralschlacht, obwohl sie bei der Anklage wegen Ehebruch auf »schuldig« bekannte und einen sozialen Arbeitseinsatz als Buße akzeptierte.

Die Moral liegt auf der Hand: In der Hölle selbst gibt es keine Wut, die dem Zorn einer »tugendhaften« Frau gegen eine andere gleicht, die weniger ehrsam als sie ist.

Angeblich haben Frauen aus emotionellen Gründen Affären, während Männer öfter aus sexuellen Gründen Sex außerhalb der Ehe suchen. Dank der Hüter der öffentlichen Doppelmoral sind Frauen vielleicht zu eingeschüchtert oder zu ängstlich, um rein sexuelle Motive für ihren Ehebruch anzugeben. Magazinumfragen wie auch psychologische Studien bestätigen in der Regel die Meinung, daß Frauen nach Liebe, Zuneigung und Romantik suchen statt nach Sex. In ihrer großangelegten Umfrage von 1986 gelangte die Zeitschrift New Woman zu dem Schluß, daß Frauen weit häufiger wegen der »emotionellen Kicks« als aus sexuellen Gründen Affären haben.

Die Autoren einer Untersuchung bei dreihundert weißen Akademikerinnen der Mittelklasse mit dem Altersdurchschnitt von sechsunddreißig Jahren sagten in The Journal of Sex and Marital Therapy: »Die traditionellen Geschlechterrollen, die den Ausdruck der Sexualität und Emotionalität in vorehelichen

und ehelichen Beziehungen bestimmen, scheinen auch in außerehelichen Verhältnissen gültig zu sein.«

Aber einige Frauen sind anders. Sie suchen nicht nach romantischem Balsam für ihre durch eheliche Vernachlässigung geschlagenen Wunden. Sie behaupten wie der typische Ehemann, der eine Affäre hat, daß sie ihre Ehepartner lieben und ihre Affäre keine Bedrohung der Ehe darstellt. Weshalb haben sie Affären? Wegen dem Sex.

»Ich bin sehr glücklich mit meinem Mann«, sagt Katherine, eine vierunddreißig Jahre alte Journalistin, die seit zwei Jahren mit ihrem zweiten Mann verheiratet ist. »Aber für mich ist sexuelle Abwechslung ebenso wichtig wie für viele Männer. Ich lebe seit meinem achtzehnten Lebensjahr mit Ehemännern und Liebhabern zusammen, aber nie ganz monogam. Ich sage ihnen nicht, daß ich sie betrüge. Weshalb sollten sie es wissen?

Ich stelle ihnen auch nicht zu viele Fragen. Als ich mich mit dem Mann traf, mit dem ich jetzt verheiratet bin, habe ich ihm meine Ehephilosophie erklärt: Außerhalb der Ehe mit jemandem ›unsafen‹ Sex zu haben, ist dem Ehepartner gegenüber wirklich unfair. Sex aus anderen Gründen als aus Vergnügen zu haben, ist gefährlich. Keine körperlichen Risiken. Keine emotionellen Risiken.

Ich bin aus beruflichen Gründen viel unterwegs. Ich habe keine Affären, sondern das, was ich ›Eskapaden‹ nenne. Wenn sie von kurzer Dauer sind und nicht wiederholt werden, sind es Eskapaden. Sie bereichern mein Leben mit meinen Ehemännern, weil sie meine sexuelle Energie auf einem hohen Level halten. Ich will und brauche eine Menge Sex.

Vor zwei Wochen hatte ich eine Eskapade in Südkalifornien. Ich war aus beruflichen Gründen dort. Ich traf den Mann in der Hotelbar, nannte ihm einen falschen Namen, nahm ihn nach dem Essen mit auf mein Zimmer und verbrachte eine

wunderbare Zeit mit ihm. Er wollte ans Bett gefesselt werden, und ich kam seinem Wunsch nach. Bei meinem Mann bin ich anders. Aber Fremde fordern mich oft auf, aggressiv oder dominant zu sein, und ich finde das anregend. Wirklich verrückte Sachen lehne ich ab.«

Katherine ist nicht typisch für Frauen, die betrügen. Sie ist nicht einmal für die verheirateten Frauen in meiner Studie typisch, die Affären hatten oder noch haben. Einige dieser Frauen gaben offen zu, daß sie Affären hatten, weil sie der Kinder wegen oder aus finanziellen Gründen an eine Ehe gebunden waren. Aber sie ist auch kein »einsames Cowgirl«.

Wer ist sie?

Die Statistiken weichen je nach der herangezogenen Quelle voneinander ab, aber die Schlußfolgerung ist unausweichlich: Untreue ist in Amerika nicht länger eine Domäne der Männer, wie sie es bisher war. 1953 berichtete Kinsey in *Sexual Behavior in the Human Female*, sechs bis vierundzwanzig Prozent der verheirateten Frauen in seiner Untersuchung hätten eine außereheliche Affäre gehabt. Die meisten Untersuchungen zwischen Kinseys Zeit und Mitte der siebziger Jahre bestätigten diese Zahlen. Danach ergab sich plötzlich ein neues Bild. Um 1980 hatten vierundfünfzig der verheirateten Leserinnen des Magazins COSMOPOLITAN Seitensprünge gemacht. Die meisten Fachleute, von Dr. Joyce Brothers bis Masters und Johnson, sind der Ansicht, daß die realistische Schätzung für Männer wie für Frauen bei etwa fünfzig Prozent liegt.

Die verheirateten Frauen machen in meiner Untersuchung 34,2 Prozent aus. Weitere 32,5 Prozent sind geschiedene Frauen. Annähernd vierzig Prozent der Frauen in beiden

Gruppen haben oder hatten außereheliche Affären. Diese Frauen sind

* *verheiratet und sind oder waren in eine außereheliche Affäre verwickelt;*

* *nicht mehr verheiratet, hatten aber während ihrer Ehe eine oder mehrere Affären.*

Die Ehefrauen, die Affären hatten, bildeten zwei Gruppen: Die einen fühlten sich schuldig, die anderen nicht. Über die Hälfte, nämlich sechsundfünfzig Prozent – hauptsächlich Frauen zwischen zwanzig und dreißig –, gaben an, sich schuldig zu fühlen. Es ist interessant, daß ihre Motive für eine Affäre häufiger emotioneller als körperlicher Art waren. Aber erstaunlich viele – vierundvierzig Prozent – Ehefrauen mit Affären nannten eher sexuelle als emotionelle Gründe, und sie gaben weniger oder gar keine Schuldgefühle wegen ihres Verhaltens zu. Frauen mit höherem Einkommen hatten seltener Sex um des Sexes willen und gaben häufiger an, eine Affäre festige ihre Ehe oder habe keinen Einfluß auf sie, als Frauen, die weniger verdienten.

»Wenn Männer es tun können, wieso dann nicht auch Frauen?« fragt Katherine. »Wir haben gelernt, ohne übermäßige emotionelle Beteiligung zu arbeiten. Wieso können wir dann nicht auch lernen, auf dieselbe unbeteiligte Art zu ficken?«

Frauen, die sich schuldig fühlen, wenn sie betrügen – und weshalb sie es trotzdem tun

Man kann natürlich nicht ausschließen, daß sich die Ehefrauen, die starke Schuldgefühle wegen ihrer Affären zugeben und hauptsächlich emotionelle Motive für sie angeben, auf ihre emotionellen Bedürfnisse verweisen, die angeblich in ihrer Ehe

nicht befriedigt werden, um ein Verhalten zu rechtfertigen, das sie als gesellschaftlich nicht akzeptabel erachten. Bestimmt bedeutet eine sexuelle Beziehung ohne Liebe für einige dieser Frauen eine ebenso große »Sünde« wie der Bruch des Ehegelöbnisses. Wie auch immer ihre wirklichen Gründe aussehen mögen, sie führen emotionelle Motive für ihre Untreue an, darunter:

Sie wurden in ihren ehelichen Beziehungen emotional vernachlässigt.
»Ich hungerte nach romantischer Aufmerksamkeit in meiner Ehe«, schreibt eine Frau aus dem Mittelwesten. »Ich war seit zehn Jahren verheiratet, und ich wünschte mir Blumen, Liebesbriefe, Anrufe. Mein Mann ist ein guter Mensch, ein wundervoller Versorger, ein guter Vater; aber er hat keinen Sinn für Romantik. Meine Affäre mit einem Mitarbeiter wirkte wie ein Frühlingsregen auf ausgetrockneten Boden.
Wir hatten monatelang keinen Geschlechtsverkehr gehabt. Unsere Beziehung baute sich langsam, köstlich und romantisch auf. Bevor wir die Beziehung perfekt machten, gingen wir zweimal in ein Hotel. Ich zog mich ganz aus, aber er ließ die Unterhose an. Er befriedigte mich. Es endete, weil ich Angst hatte, daß die Sache zu wichtig würde. Aber ich hatte es gebraucht; ich hatte es wirklich gebraucht.«

Sie fühlten sich von ihren Männern sexuell nicht begehrt.
Entweder zeigten ihre Ehemänner nicht gerade oft Interesse daran, sie zu lieben, oder sie liebten sie auf eine abrupte und mechanische Art. »Ich mußte mir beweisen, daß ich noch immer eine leidenschaftliche Reaktion bei einem Mann hervorrufen konnte«, erklärte eine Frau. »Ich war mit meinem Mann an einem Punkt der Beziehung angelangt, wo er beim Akt kaum noch schwitzte. Ich kam mir wie ein Onaniergerät vor,

und nicht wie eine begehrenswerte Frau. Sex mit ihm wurde seelenlos.«

Sie hatten keine echte Kommunikation mit ihren Ehemännern.
Viele Frauen sagten, sie wären in eine Affäre getrieben worden, weil ihre Männer nicht mehr mit ihnen »sprachen«. Eine siebenundzwanzigjährige Frau aus Kalifornien schreibt: »Mein Mann und ich unterhalten uns nicht über wichtige Dinge. Mein Liebhaber spricht mit mir und hört mir zu. Ich treffe ihn ebenso gern, um mit ihm zu reden, wie aus sexuellen Gründen. Mit das beste am Sex ist die Zeit danach, wenn wir uns zusammenkuscheln und reden. Ich war danach ausgehungert. Mein Mann bringt es im Bett rasch hinter sich, und dann schläft er ein. Ich habe Orgasmen, aber ich bin emotional nicht befriedigt.«

Sie wollen mit ihm gleichziehen, wenn er Affären hatte.
Rache ist ein emotionelles Motiv; eine Methode, mittels derer sich die verschmähte Frau vergewissert, daß sie noch begehrenswert ist, und dem Mann, der sie zurückgewiesen hat, alles heimzahlen kann. »Ich habe ihn mit einer anderen Frau ertappt, also muß ich es ihm zurückzahlen«, schreibt eine dreißigjährige Frau. »Ich hätte nie eine Affäre angefangen, wenn er nicht der erste gewesen wäre. Es entspricht weder meinem wahren Ich noch der Ehe, von der ich immer geträumt habe. Er verdient es, aber ich fühle mich immer noch unwohl dabei.« Frauen, die außerhalb der Ehe emotionelle Erfüllung suchen, finden häufig auch nur Verwirrung, Schmerz und noch größeres Unglücklichsein.
»Ich bin wie zerrissen«, schreibt eine Ernährungsberaterin aus Texas. »Ich komme mir vor wie auf einer Achterbahn. In einer Minute fühle ich mich schuldig, dann wieder beschwingt vor Liebe, dann traurig, weil ich nicht mit dem zusammensein

kann, den ich liebe, dann wütend auf meinen Mann, auf mich
selbst, auf meinen Liebhaber und das Durcheinander, das wir
geschaffen haben. Aber manchmal finde ich das, was ich getan
habe, sehr klug. Es ist verrückt. Ich werde sie noch beide
verlieren.«

Viele Frauen, die unter Schuldgefühlen leiden, sprechen von
ihrer Angst, »beide zu verlieren«. Möglicherweise haben sie das
Gefühl, auf irgendeine Art für ihre Affären bezahlen zu müssen.

Frauen, die sich nicht schuldig fühlen

Die Ehebrecherinnen, die sich nicht schuldig fühlen, nennen
andere Motive für ihre Affären und erwähnen nur selten die
Angst, den Mann oder den Liebhaber zu verlieren. Sie scheinen
ihre Situation unter Kontrolle zu haben oder das jedenfalls zu
glauben. Es überrascht kaum, daß wir in dieser Gruppe vorwiegend Frauen zwischen dreißig und vierzig Jahren finden,
also in einem Alter, in dem sie ihre Sexualbiologie besser befähigt, Liebe von Sex zu trennen und ihre Lust auszuleben.
Ihre Motive für Affären sind vor allem sexueller Art. Sie haben
unter anderem aus folgenden Gründen Affären:

*Um der Häufigkeit ihres Verlangens Rechnung zu tragen, die weit
größer als die ihrer Ehemänner ist.*
Die meisten ehebrecherischen Frauen – ob mit oder ohne
Schuldgefühl – geben an, zu Hause »nicht genug Sex« oder
»nicht genug Sex der gewünschten Art« zu bekommen. Die
Frauen mit Schuldgefühlen spielten die sexuellen Motive für
ihre Affären herab und bezeichneten sie als sekundär. In einigen wenigen Fällen hatten die Frauen keine sexuelle Beziehung
zu ihren Männern. Zwei Frauen in meiner Studie berichteten

230

von ehelichen »Eiszeiten«, die bereits bis zu fünf Jahren dauerten (ihre Geschichten werden im vierten Teil dieses Buchs erzählt).

»Ich liebe meinen Mann, und der Sex ist gut, aber nicht so häufig, wie ich es gern hätte«, schreibt eine neununddreißig Jahre alte Geschäftsführerin im Einzelhandel. »Ich bin in dieser Hinsicht der gierigere Teil in unserer Partnerschaft, aber ich habe nicht die Absicht, eine Affäre zu rechtfertigen, indem ich der Ehe die Schuld gebe. Ich wollte nur zusätzlich jemanden haben. Es mag sich undankbar anhören, aber es ist die Wahrheit.«

»Mein Mann ist sieben Jahre älter als ich«, schreibt eine achtunddreißigjährige Frau. »Unsere Zyklen sind verschieden. Er ist großartig im Bett, aber ich wünsche es mir öfter als einmal die Woche – deshalb habe ich einen Liebhaber.«

Eine sechsundzwanzigjährige Frau aus dem Mittelwesten schreibt: »Mein Mann ist in der beruflichen Aufbauphase. Er ist noch jung. Er sollte viril sein, aber er steckt alle Energie in sein Büro. Mein Liebhaber ist ein Künstler. Ist es nicht immer so?«

Eine neunundfünfzigjährige Geschäftsführerin aus New York sagt: »Im letzten Jahr hat es wegen des Gesundheitszustands meines Mannes und anderer Probleme in meiner Ehe keinen Sex gegeben. Aber ich betrachte meine Ehe aus vielen anderen Gründen als lebensfähig. Ich habe die Situation ziemlich gut gelöst. Ich habe Affären, aber ich bin verschwiegen. Meiner Ansicht nach wäre Indiskretion eine Entehrung meines Mannes, und das trifft auf Sex mit einem anderen sicherlich nicht zu.«

Auffallend ist, daß Frauen, die sich schuldig fühlen, den Mangel an Sex oft auf emotionelle Ursachen wie zum Beispiel den »Tod der Liebe« zurückführen, während Frauen, die sich für unschuldig halten, körperliche Gründe anführen, vor allem das

Alter, den Gesundheitszustand oder die zeit- und energieaufwendige Berufsbesessenheit ihres Mannes.

»Mein Mann und ich haben kaum noch Sex«, schreibt eine siebenunddreißigjährige, seit siebzehn Jahren verheiratete Frau, die über ihre Affäre beunruhigt ist. »Etwas in unserer Beziehung ist gestorben. Ich bin meinem Mann immer noch sehr zugetan, und er mir ebenfalls, aber die Leidenschaft ist dahin. Wir leben jetzt eine andere Art von Liebe. Ich bin zwischen zwei Wünschen hin und her gerissen. Einmal möchte ich wegen der Sicherheit, daß meine Ehe bestehen bleibt, dann wieder möchte ich frei sein, damit ich meinen Liebhaber öfter treffen kann.

Er ist ebenfalls verheiratet. Ich glaube, wenn ich frei wäre, würde er sich scheiden lassen und mich heiraten. Wir haben nicht darüber gesprochen, aber ich glaube, daß es so kommen würde. Ich habe nie zuvor Orgasmen erlebt wie mit ihm.«

Mehrere Frauen gaben an, ihre Männer in der Hoffnung verlassen zu haben, ihre Liebhaber auf diese Art zu zwingen, sich an sie zu binden. Aber keine von ihnen hatte den gewünschten Erfolg, und sie kehrten zu ihren Männern zurück. Die anderen, die sich hatten scheiden lassen, betrachteten ihre Affären im nachhinein als den Anlaß, den sie noch gebraucht hatten, um eine unglückliche Ehe aufzulösen.

Um die sexuelle Vielfalt zu erhalten, die sie ersehnen.

Manchmal ist es eine sexuelle Eigenart, aber meistens ist es Cunnilingus, was im ehelichen Sex fehlt. Viele Frauen gaben an, von ihren Liebhabern etwas zu bekommen, was ihre Männer ihnen nicht geben konnten oder wollten. Eine Frau nannte ihre Affären eine »nötige Zusatzversorgung zur häuslichen Erdnußbutter-und-Obstsaft-Diät«. Ebenso wie viele Männer behaupteten, sie hätten Affären, weil ihre Frauen keine Fellatio machen wollen, führen viele Frauen an, ihre

Männer übten im Gegensatz zu ihren Liebhabern keinen Cunnilingus aus.

»Der Sex mit meinem Mann ist langweilig«, schreibt eine vierunddreißigjährige Frau aus dem Süden, die sich zu ihrer Affäre berechtigt fühlt. »Er ist sehr konservativ. Er übt keinen oralen Sex an mir aus und genießt es nicht besonders, wenn ich es bei ihm tue.

Seine Vorstellung von Sex ist: Küsse und Umarmungen, gefolgt von der mit vielsagendem Augenzwinkern begleiteten Frage: ›Bist du müde?‹ Im Bett küßt er noch mehr und spielt ein paar Minuten lang mit meinen Brüsten, dann mit meiner Muschi und fragt: ›Bist du schon bereit?‹ Er dringt in mich ein, und fünf Minuten später ist er fertig. Nochmals fünf Minuten, und er schläft.

Vor einigen Jahren hätte diese Art der Sexualität beinahe zur Scheidung geführt. Ich weinte und bat und bettelte nach mehr Sex und mehr Abwechslung. Er bemühte sich ernsthaft, aber es ist ihm nicht gegeben, der Liebhaber zu sein, den ich mir wünsche. Also hatte ich die Wahl, die Ehe – die mir sehr gefällt – aufzugeben oder außerhalb der Ehe Sex zu bekommen. Ich entschied, die Ehe zu retten und mir mein sexuelles Vergnügen anderswo zu suchen.

Mein erster Liebhaber hatte eine Frau, die nur schwer einen Orgasmus bekam. Hätte ich das gleiche Problem gehabt, wäre ich bei meinem Mann nie gekommen! Jedenfalls war er in Cunnilingus sehr erfahren, denn so befriedigte er seine Frau. Es war himmlisch! Das erste Mal hatte ich durch Cunnilingus einen Orgasmus mit ihm.

Mein jetziger Liebhaber ist in allem sehr gut. Er ist neun Jahre jünger als ich und der härteste Mann, den ich jemals kennengelernt habe. Wir machen alles, über das man in Sexmagazinen und erotischen Romanen lesen kann. Er brachte mir den Analverkehr bei, etwas, von dem ich gedacht hatte, daß es mir

niemals gefallen würde. Mit ihm gefällt es mir. Als er zum ersten Mal in mich eindrang, tat es höllisch weh. Aber ihn in mir zu haben, das war sehr erregend. Es gibt jedesmal einen gewissen Widerstand, ein wenig Schmerz, aber die Erregung ist größer als der Schmerz. Ich habe auf diese Art intensive Orgasmen.

Ich glaube nicht, daß mein Mann Verdacht geschöpft hat. Ich glaube, er ist der Meinung, ich wäre endlich ruhiger und genau die Ehefrau geworden, die er hatte haben wollen. Wir sind glücklich zusammen.«

Die meisten der Frauen mit Affären ohne Schuldgefühle geben ausschließlich sexuelle Gründe für ihre außerehelichen Beziehungen an. Sie haben keine Illusionen darüber, was sie tun und wohin es führen könnte, wohingegen die Frauen mit Schuldgefühlen häufig Liebesphantasien um ihre Liebhaber spinnen und davon träumen, ihren Mann zu verlassen, um den Liebhaber zu heiraten. Paradoxerweise scheint es die emotionelle Sicherheit der Ehe glücklichen ehebrecherischen Frauen leichter zu machen, Sex außerhalb der Ehe zu haben, ohne daß sie eine emotionelle Bindung riskieren.

»Ich will keine emotionelle Bindung zu jemand anderem«, schreibt eine sechsunddreißig Jahre alte leitende Firmenangestellte. »Ich habe eine intensive körperliche Beziehung zu meinem Liebhaber, und das ist genau das, was ich von ihm will – mehr nicht. Manchmal will man mit dem anderen Kram nicht belästigt werden. Eine Ehe ist schon Drama genug! Mein ganzes Leben lang – bis jetzt – hatte ich emotionelle Bindungen in jeder sexuellen Beziehung. Ich habe nie zuvor jemanden geliebt, ohne zu denken, daß eine dauerhafte Beziehung daraus entstehen würde. Das hier ist neu für mich, und es gefällt mir!«

Wie sich Betrug auf die Ehe auswirkt

Auch hier scheint vieles davon abzuhängen, ob sich die Ehefrau wegen ihrer Affäre schuldig fühlt oder nicht.

Frauen mit Schuldgefühlen neigen dazu, ihren Fehltritt zuzugeben, um ihre Schuld zu lindern. Andere Frauen halten ihre Affären geheim. Frauen mit Schuldgefühlen scheinen auch eher emotionelle Bande zu ihren Liebhabern zu knüpfen und somit ihre Ehen aufs Spiel zu setzen. Und sie nehmen größere Risiken auf sich, die oft zur Folge haben, daß sie ertappt werden. »Ich bin in dieser Ehe treu, aber in meiner ersten Ehe hatte ich eine Affäre«, schreibt Peggy, vierundvierzig Jahre alt und seit sechs Jahren zum zweiten Mal verheiratet. »Mein erster Mann war nicht sehr am Sex interessiert. Ich unternahm alles mögliche, um ihn anzuheizen. Glauben Sie mir, ich fiel einer Menge Männer auf, nur ihm nicht.

Aber ich habe ihn erst betrogen, als wir zehn Jahre verheiratet waren. Ich war streng katholisch erzogen worden, und ich hatte große Gewissensbisse. Ich verliebte mich in einen Jungen, der nebenan wohnte. Ich war dreißig, und er erst zwanzig. Wir versuchten, es geheim zu halten, aber wir waren so ineinander verliebt, daß es uns nicht gelang. Meine Freundinnen und meine Familie waren schockiert. Seine Mutter drohte, mich umzubringen, als sie es herausfand. Wir nahmen immer größere und größere Risiken auf uns, weil es uns zueinander hinzog.

Endlich ertappte uns mein Exmann beim Geschlechtsverkehr. Mein Liebhaber kletterte oft über die Bäume zwischen unseren Häusern auf unser Dach und durch das Badezimmerfenster im ersten Stock ins Haus. Ich erwartete ihn im Bad, und wir liebten uns auf dem Boden. Es war verrückt, denn mein Mann und die Kinder schliefen in dem Haus. Es war nur eine Frage der Zeit, bis wir erwischt würden. Schließlich war es dann soweit.

Ich dachte, nach der Scheidung würde mich mein Liebhaber heiraten, aber er ging statt dessen aufs College. Heute sehe ich ein, daß es so am besten gewesen ist. Ich bin in meiner zweiten Ehe glücklicher, und ich betrüge meinen Mann nicht. Ich halte Ehebruch für nicht richtig – vielleicht in manchen Fällen verständlich, aber nicht richtig.«

Mehrere geschiedene Frauen gaben an, ihre Affären hätten ihre Ehen beendet. In jedem Fall hatte ihr Verhalten beinahe garantiert, daß sie ertappt würden. Eine Frau hatte Sex mit einem Liebhaber in einem Bad während einer Party, bei der auch ihr Mann anwesend war. Eine andere hatte eine Affäre mit dem Bruder ihres Mannes – und erzählte seiner Schwester davon.

»Es war mir damals nicht klar, aber ich wollte die Ehe durch eine Affäre beenden«, schreibt eine Frau, die für viele sprechen könnte. »Ich machte es so auffällig. Mein Liebhaber kam tagsüber in unser Haus. Mein Mann, der nur Boxer-Shorts trug, fand einen Slip meines Liebhabers in einer Ecke des Schlafzimmers. Ich meine, was hätte ich erwarten können?«

In unserer Gesellschaft herrscht die Meinung vor, daß eine Affäre nicht gut für die Ehe sein kann. Und doch beteuern einige Frauen, daß ihre Ehen durch ihren Seitensprung nicht gelitten hätten.

Frauen, die von geringen oder gar keinen Schuldgefühlen wegen ihrer Affären berichten, sind der Ansicht, daß ihre Affären entweder keine Wirkung auf ihre Ehen hatten oder sie sogar bereicherten.

»Seit ich einen Liebhaber habe, bin ich mit meinem Mann viel erotischer«, schreibt eine dreiunddreißig Jahre alte Frau. »Ich mache sogar öfter Fellatio bei ihm, weil ich nicht will, daß er einen Verdacht schöpft.« Viele Frauen gaben an, ihre Affären hätten dazu geführt, daß sie sich sexuell bei ihren

236

Männern »mehr Mühe« gaben. »Bevor ich anfing, mich mit einem anderen Mann zu treffen, war ich meinem Mann gegenüber sexuell gleichgültig«, schreibt eine dreiundvierzigjährige Frau aus Seattle. »Jetzt erregt er mich mehr. Vielleicht spielen meine Schuldgefühle eine Rolle dabei, und ich gehe mehr auf ihn ein, damit er nicht auf die Idee kommt, daß ich hinter einem anderen her bin. Ich denke jetzt mehr über Sex nach als früher. Ihm gefällt mein neues Selbstbewußtsein. Ich habe mehrere Bücher über Sex gekauft, damit er sich nicht fragt, wie ich auf die neuen Ideen komme. Er findet es toll.«

Eine seit zehn Jahren verheiratete Frau Mitte Dreißig, die »ein Dutzend oder so« Affären gehabt hatte, schreibt: »Meine früheren Affären hatten meiner Meinung nach keine Auswirkung auf meine Ehe; sie machten sie nicht besser und nicht schlechter. Aber meine letzte Affäre hat meine Ehe besser gemacht. Ich hatte sexuell immer Wünsche; nie bekam ich von einem Mann genug von dem, was ich brauchte, und nie habe ich genau gewußt, was es war, was ich brauchte. Dieser Mann hat mir viel über meine Sexualität beigebracht. Ich fühlte mich sowohl energiegeladener als auch ruhiger. Es hat sich in jeder Hinsicht wohltuend auf die Ehe ausgewirkt.«

Die Folgerung ist legal, daß weniger verheiratete Frauen als Männer fähig sind, Affären des Typs »Sex um des Sexes willen« zu haben, ohne Schuldgefühle zu entwickeln. Die Gesellschaft hat uns so erzogen, und die Beschuldigungen, die gegen untreue Ehefrauen vorgebracht werden, halten zwar nicht alle Frauen vom Ehebruch ab, aber sie erzeugen bei ihnen mehr Angst davor als bei Männern. Aber einige Frauen können die Ehe brechen, weil ihre Fähigkeit, Liebe und Sex zu trennen, gut entwickelt ist.

Frauen, die Liebe und Sex vollständig trennen können

Wie machen sie dies? Es überrascht kaum, daß verheiratete Frauen, die über gar keine oder nur geringe Schuldgefühle wegen ihrer Affären berichteten, unabhängiger als andere Frauen wirkten. Darüber hinaus waren ihnen verschiedene Charakteristika gemeinsam, darunter:

* *Sie waren in sexueller Hinsicht weit pragmatischer als andere Frauen.*

* *Sie glaubten, ihr Leben zu kontrollieren; sexuell und auch in anderer Hinsicht.*

* *Sie waren eher in Angestelltenverhältnissen als in Arbeitsstellen zu finden und betrachteten ihre persönlichen Leistungen, ihre Interessen und ihre Zeit als ebenso wertvoll wie die ihrer Männer.*

* *Sie berichteten über starke sexuelle Lust, geringe sexuelle Hemmungen und eine große Bereitschaft zu sexuellen Experimenten.*

* *Sie benutzten ihre Phantasien, um die Erregung und/oder den Orgasmus beim Masturbieren und beim Beischlaf zu erleichtern.*

* *Sie umgaben ihre Liebhaber selten mit Liebesphantasien.*

Wenn sie Liebesphantasien hatten, waren sich diese Frauen der Selbsttäuschung bewußt. Viele von ihnen gaben an, daß sie ihre Ehemänner zum Mittelpunkt ihrer Phantasien machten – möglicherweise, um die zentrale Beziehung ihres Lebens at-

traktiver zu gestalten. »Bevor ich heiratete, habe ich die Männer in meinem Leben immer mit romantischen Phantasien verwoben«, schreibt eine neununddreißigjährige, seit fünf Jahren verheiratete Künstlerin aus New York. »Als ich heiratete, wußte ich, daß ich mich vor diesen Phantasien hüten mußte. Sie können zu Problemen führen. Ich umgebe meine Liebhaber nicht mehr mit einem romantischen Glorienschein. Wenn mein Denken in Richtung Blumen und Kerzenschimmer abdriftet, schalte ich auf einen anderen Kanal. Ich möchte verheiratet bleiben. Aber ich möchte nicht unbedingt treu bleiben, denn meine eigenen Motive haben nichts mit etwaigen Mängeln meines Mannes zu tun.«

Eine vierzigjährige Ehefrau und Mutter aus Ohio schreibt: »Ich bin in der Lage, meine Ehe und meine Affäre getrennt zu halten, weil ich nicht zulasse, daß ich romantisch für den ›anderen Mann‹ schwärme. Ich verbanne solche Gedanken! Sie sind ohnehin nur das Produkt eines romantisch-romanhaften Denkens.«

Eine andere vierzigjährige Frau, eine Fotografin aus New York City, erzählt: »Wenn sich diese romantischen Phantasien über meinen Liebhaber bei mir einstellen, mache ich mich ans Redigieren. Ich schneide ihn heraus und ersetze ihn durch meinen Mann. Ich glaube, daß wir unsere Phantasien kontrollieren können. Sie können nützlich und hilfreich sein, oder schädlich. Es hängt davon ab, was wir mit ihnen machen.«

Die Frau, die Liebe und Sex vollständig trennt, kann nicht jeden Aspekt ihres Lebens kontrollieren, selbst dann nicht, wenn sie es glaubt – aber sie beherrscht bestimmt einen wichtigen Teil ihres Gefühlslebens: die Phantasien.

TEIL 5:

---

*Frauen, die ihre Lust
verloren haben –
und wie sie sie
zurückgewinnen*

Kapitel 17 **Die Saboteurinnen der Lust**

»Der Sex ist für mich vorbei. Herpes beendete ihn. Wie könnte ich das jemals einem Mann erklären? Und selbst wenn es mir gelänge, würde er mich nicht zurückweisen? Natürlich würde er das!« – Ein vierzig Jahre altes Herpesopfer.

Sie glaubt, sie könne sich davor schützen, jemals wieder durch einen Mann – durch *Sex* – verletzt zu werden, indem sie ihre eigene Sexualität verdrängt. Bei der Herpesbehandlung hat es Fortschritte gegeben. Man kann die Heftigkeit und Hartnäckigkeit der Symptome lindern. Die Mediziner sind zuversichtlich, daß einer oder beide der zur Zeit getesteten Impfstoffe in drei bis fünf Jahren marktreif sind. Herpes mag schmerzhaft sein, aber es ist keine Verurteilung zu lebenslänglicher Enthaltsamkeit. Zu diesem Schicksal hat sich die obenzitierte Frau selbst verdammt.

Wie viele andere Frauen, denen »die Lust vergangen« ist, setzt sie Sex mit Schmerz gleich, und sie glaubt, allen zukünftigen Schmerz vermeiden zu können, indem sie den Sex aus ihrem Leben verbannt. Sie hat sich selbst der Lust beraubt oder zugelassen, daß sie ihr geraubt wurde. Sie hat sich aus welchen Gründen auch immer sexuell zurückgezogen. Sie hat eine negative Einstellung zu Männern, Sex, anderen Frauen, die Sex genießen, und besonders zu sich selbst als einem sexuellen Wesen entwickelt.

Ihr Sexualleben wird durch die kritischen und strafandrohenden Richter in ihrem Kopf bestimmt, wenn sie auch darauf beharrt, daß äußere Mächte – die Saboteure – für ihren Rückzug von der Lust verantwortlich sind.

Zu den Saboteuren der Lust gehören:

* *sexuell übertragbare Krankheiten, insbesondere Herpes, der behandelt, aber nicht ausgeheilt werden kann und deshalb ein bleibendes Stigma darstellt;*

* *Vergewaltigung und andere Formen sexuellen Mißbrauchs;*

* *eine Abtreibung, wenn sie Schuldgefühle hinterläßt;*

* *gynäkologische Probleme, die für eine längere Zeit die natürlichen sexuellen Funktionen beeinträchtigen;*

* *wiederholte sexuelle Enttäuschungen mit einem Partner, insbesondere wenn eine Frau unfähig ist, einen Orgasmus zu haben, oder wenn der Mann keine Erektion haben oder beibehalten kann;*

* *sexuelle Zurückweisung, besonders durch den Ehemann;*

* *überwältigende Schuldgefühle aufgrund früheren sexuellen Verhaltens.*

Viele Frauen gehen ohne Schaden aus derartigen Erfahrungen mit ihrer Sexualität hervor. Oft gelingt es ihnen mit Hilfe von Therapeuten und/oder Liebhabern, Ehemännern und Freundinnen, das Geschehene in die richtige Perspektive zu rücken und sich selbst keine zusätzlichen Qualen aufzuerlegen. Aber andere Frauen – diejenigen, denen die Lust vergangen ist – können sich anscheinend nicht von ihrer Opferrolle trennen. Sie setzen Sexualität mit Krankheit gleich, mit tiefer und vernichtender Enttäuschung, mit Zurückweisung – und vor allem mit Schmerz.

Wer ist sie?

Ich persönlich zweifle daran, daß eine religiöse Erziehung oder die Familiengeschichte allein verantwortlich ist, aber Frauen, denen die Lust abhanden kam, berichteten häufiger von einer Unterdrückung des Geschlechtlichen aus religiösen und anderen Motiven in ihren Familien als andere Frauen in meiner Studie. Viele Frauen haben ihre Fähigkeit, sich am Sex zu erfreuen, nach sexuellen Zurückweisungen oder durch Schuldgefühle wegen früherer sexueller Praktiken verloren. Vielleicht verbinden sie Sex mit frühen Kindheitsgefühlen; mit Furcht vor Entdeckung und Erinnerungen an Bestrafungen, wenn sie ertappt wurden, wenn sie onanierten, mit einem Jungen auf der Couch verbotene Spiele spielten oder auch nur »schmutzige« Wörter aussprachen. Dieselben Frauen schrieben über Väter, die sie als Kinder nicht beachteten oder verließen oder sie züchtigten, weil sie etwas taten, was für Kinder normal ist, zum Beispiel nackt durchs Haus laufen oder Fragen über sexuelle Dinge stellen. Einige von ihnen gaben an, sich ihren Vätern emotionell oder auch körperlich »fern« gefühlt zu haben – besonders während der Pubertät und als Heranwachsende. Mehrere Frauen bezeichneten ihre Väter und gelegentlich auch beide Eltern als »kalt, kritisch und abweisend«.

Frauen, denen die Lust vergangen ist, sind oft erstgeborene Töchter. Das ist nicht besonders überraschend, denn als die ältesten Töchter haben sie sich wahrscheinlich mehr negative sexuelle Botschaften aus vielen Richtungen zu eigen gemacht als die später in der Familie geborenen Kinder. Einige von ihnen haben auch die Verantwortung nicht nur für ihr eigenes Verhalten, sondern auch für schlechtes Betragen ihrer Geschwister übernommen. Psychologen, die sich mit der Auswirkung der Geburtsfolge auf die Entwicklung des Individuums beschäftigten, haben festgestellt, daß erstgeborene Töchter oft zu

unterwürfigen und gewissenhaften Frauen werden, die sich vor den Folgen von Regelverstößen fürchten. Sie lassen sich von den Meinungen anderer beeinflussen, besonders wenn die anderen Autorität in ihrem privaten oder öffentlichen Leben zeigen. Sie scheinen viel Vertrauen in die Macht des Gehorsams zu haben. Die logische Folgerung aus diesem Glauben ist, daß sie selbst schuld sein müssen, wenn ihnen etwas Böses zustößt. Sie machen ihr eigenes Versagen beim Gehorsam dafür verantwortlich, daß sie mutlos sind.

Ein neununddreißigjähriges Herpesopfer (eine erstgeborene Tochter) aus dem Mittelwesten schreibt: »Es ist jetzt fast fünf Jahre her, seit ich mir Herpes zugezogen habe, und ich bin deswegen immer noch erschrocken und beschämt. Ich habe seit damals keinen sexuellen Kontakt mehr gehabt. Ich kann mir auch nicht vorstellen, jemals wieder Sex mit jemandem haben zu wollen. Aber wer würde mich auch noch haben wollen? Ich bin verdorben. Es ist eine solche Ironie, daß ausgerechnet mir das passieren mußte. Ich habe immer versucht, alles richtig zu machen.

Ich habe fünfzehn Jahre lang in einem Warenhaus in einem Einkaufscenter gearbeitet. Es gab eine Regel, nach der die Beschäftigten einen besonderen Eingang des Centers benutzen und ihre Taschen überprüfen lassen sollten, und zwar auch dann, wenn sie an ihren freien Tagen hier einkauften. Andere Angestellte halten sich nicht daran. Sie sagen, es sei zu umständlich, den Eingang am anderen Ende des Centers zu benutzen, und sie sollten sich an ihren freien Tagen wie jeder andere Besucher verhalten können. Nun, ich habe diesen Eingang fünfzehn Jahre lang benutzt, wenn ich an meinen freien Tagen einkaufen ging. Ich wußte, daß ich erwischt würde, wenn ich es nicht täte.

Es ist wichtig für mich, alles richtig zu machen. Sie können sich vorstellen, wie ich mich gefühlt habe, als ich entdeckte,

daß mich ein Mann, mit dem ich mich seit kurzem traf, mit Herpes angesteckt hatte. Ich habe mich immer wieder gefragt, weshalb ich mich mit ihm einließ. Ich hatte ihn nicht gut genug gekannt, und ich hätte es nicht tun sollen.«

Schuldgefühle ziehen sich als Leitmotiv durch ihren Brief. Sie scheint ein sexuell enthaltsames Leben als Strafe dafür anzusehen, daß sie Sex mit einem Mann hatte, den sie nicht »gut genug« kannte. Viele der Frauen, die ihre sexuelle Lust verloren haben, teilen dieses Gefühl der persönlichen Schuld. Andere, die in ihrer Beziehung keine Orgasmen erlebten oder von ihren Liebhabern oder Ehemännern zurückgewiesen wurden, gaben an, unfähig zu sein, einen Mann an sich zu binden oder sexuell attraktiv zu sein.

Anders als Frauen, die ein durch Vergewaltigung, Ansteckung mit Herpes, sexuellen Mißbrauch oder eine körperliche Krankheit verursachtes Trauma verarbeiten, fahren sie fort, sich selbst für ihr Schicksal schuldig zu fühlen. Viele Opfer – männlich oder weiblich – machen eine Zeit der Selbstvorwürfe durch, und wenn sie sich auch nur anklagen, zur falschen Zeit am falschen Ort gewesen zu sein. Für die Frauen, die ihre Lust verloren haben, hören die Selbstvorwürfe niemals auf.

Kapitel 18 Opfer sexuellen Mißbrauchs

»Ich bin emotionell wie auch sexuell in einem komatösen Zustand, seit ich vor vier Jahren das Opfer einer Vergewaltigung bei einer Verabredung geworden bin. Ich hatte dem Mann vertraut. Ich hatte gedacht, er wäre mein Freund. Nun, ich werde keinem Mann mehr trauen. Ich hatte keine Verabredung mehr, seit diese Sache passiert ist, und ich habe auch nicht die Absicht, in absehbarer Zukunft eine Verabredung zu treffen. Sie haben nach meinem sexuellen Leben gefragt. Ich habe zur Zeit kein sexuelles Leben. Ich masturbiere nicht einmal, weil ich nicht an Sex denken will. Ich fülle Ihren Fragebogen aus, um andere Frauen wissen zu lassen, welche Gefahren die Sexualität birgt.« – Sandra, eine neunundzwanzig Jahre alte Produktionsassistentin aus San Francisco.

Wie viele andere der Frauen, die sich für meine Studie zur Verfügung stellten, schrieb Sandra als Reaktion auf meine Bitte um ein persönliches Interview ihre Telefonnummer unten auf die letzte Seite meines Fragebogens, und ich rief sie an. Im Verlauf von drei Anrufen – deren jeder länger als zwei Stunden dauerte – erzählte sie mir ihre Geschichte. Es begann mit sexuellen Belästigungen in ihrer Kindheit. Sie glaubte, das, was ihr widerfahren war, gehöre zu den »typischen sexuellen Erfahrungen der Frauen«.

Von ihrem fünften Lebensjahr an bis einige Tage nach ihrem neunten Geburtstag hatte sich ihr Vater regelmäßig nachts zu ihr ins Bett gelegt und ihr »ein geheimes Spiel« beigebracht. »Er sagte, es müsse ein Geheimnis zwischen mir und ihm

248

bleiben, weil Mammi es nicht verstehen würde«, sagt sie. »Unser geheimes Spiel lief darauf hinaus, daß ich ihn masturbierte. Er führte meine kleinen Hände an seinen Penis, dann legte er seine Hände über meine und fing an. In den letzten Jahren mußte ich seinen Penis küssen. Als er wollte, daß ich ihn in den Mund nahm, war ich schon klüger. Ich brachte mich selbst zum Würgen und erbrach über sein kostbares Ding. Danach verlor er das Interesse an mir.

Erst vor fünf Jahren – kurz vor der Vergewaltigung – faßte ich endlich den Mut, ihn auf das anzusprechen, was er mir angetan hatte. Er stritt ab, daß etwas an dem, was zwischen uns geschehen war, nicht in Ordnung gewesen sei. Wie er sich erinnerte, war er ›gelegentlich‹ in mein Bett gekommen, um mich zu ›beruhigen‹, wenn ich schlecht geträumt hatte. Einmal, so sagte er, hätten meine Hände zufällig seinen Penis ergriffen, der aus seinen Boxershorts hervorlugte. Ich konnte es nicht glauben!

Meine Mutter lauschte unserer Unterhaltung, während ihr die Tränen das Gesicht hinabliefen. Er sagte zu mir: ›Schau nur, was du deiner Mutter antust!‹ Von dem, was er mir die ganzen Jahre über angetan hatte, während sie in ihrem Bett schlief und ihr Mann in meinem Bett war, war nicht mehr die Rede. Schließlich forderten beide mich auf, das Haus zu verlassen. Ich bin niemals mehr zurückgegangen. Mein Bruder hält zu ihnen. Er glaubt nicht, daß mir etwas geschehen ist. Nun, er kann es sich nicht leisten, mir zu glauben, wenn er sich nicht mit ihnen überwerfen will.

Keiner von ihnen weiß, daß ich vergewaltigt wurde, und wenn sie es wüßten, würden sie es nicht glauben oder es für meine Schuld halten.«

Sandra wurde von einem Mann vergewaltigt, mit dem sie sich seit drei Wochen traf. Sie hatten schon vorher Sex gehabt, aber diesmal hatte sie nein gesagt.

»Er war betrunken«, sagt sie. »Ich hatte schon zuvor Sex mit ihm gehabt, wenn er betrunken war, und ich mochte es nicht. Sex war nie leicht für mich. Ich brauche lange, um zu kommen. Bei diesem Mann verlangsamte der Alkohol die Reaktionen nicht sonderlich, aber es machte ihn brutaler. Ich sagte nein, weil ich nicht grob behandelt werden wollte. Er behandelte mich trotzdem so, und zwar noch schlimmer, als wenn ich ihn einfach hätte gewähren lassen.

Er schlug mich ins Gesicht, und während ich noch unter dem Schlag schwankte, warf er mich über die Rückenlehne meines Sofas. Die Lehne war niedrig, also war ich genau in der Position, in der er mich haben wollte. Er schob meinen Rock hoch und zog mein Höschen so grob hinab, daß er Löcher hineinriß. Dann fickte er mich; zuerst in die Vagina, dann so hart in den Hintern, daß ich blutete. Der Bastard brauchte an jenem Abend länger als je zuvor – jedenfalls schien es mir so.«

Sie rief nicht die Polizei, weil sie in einem Artikel in einer Zeitung gelesen hatte, Fälle von Vergewaltigungen bei einer Verabredung seien so gut wie unmöglich zu verfolgen.

»Ich weinte die ganze Nacht über, bis es mir selbst auf die Nerven ging«, fuhr sie fort. »Dann duschte ich, zog mich an, setzte eine Sonnenbrille auf und ging in den Drug Store, wo ich Tucks – diese kleinen imprägnierten Tampons – für meinen After kaufte. Ich rief meine beste Freundin an. Sie kam und blieb fünf Tage lang bei mir. Dann ging es mir wieder besser. Ich hatte bereits entschieden, daß ich nie wieder etwas mit einem Mann zu tun haben wollte.«

Fachleute für die Anwendung von Gesetzen schätzen, daß Vergewaltigung bei einer Verabredung – vielleicht das Gewaltverbrechen mit der geringsten Melderate – achtzig Prozent aller Fälle von Vergewaltigung ausmacht. Sie betonen, daß es sich um eine Schätzung handelt, weil die überwältigende Mehrheit dieser Verbrechen nicht gemeldet wird und von den gemelde-

ten nur wenige tatsächlich angezeigt werden. Privat geben Ankläger zu, daß sie – wenn der Angreifer dem Opfer persönlich bekannt ist und besonders, wenn das Opfer früher mit ihm sexuellen Umgang hatte – nur selten den Verdacht der Jury oder des Richters zerstreuen können, daß das Opfer die Vergewaltigung provozierte oder – schlimmer noch – anfangs mit dem sexuellen Verkehr einverstanden war und sich später anders besann.

Leider hat eine Frau – ob sie von ihrem Liebhaber, ihrem Ehemann oder einem Fremden vergewaltigt wird – einen langen, schmerzhaften und mit Enttäuschungen gepflasterten Weg vor sich, wenn sie gesetzliche Bestrafung erreichen will. *Falls* sie überhaupt jemals das Vergnügen hat, ihren Peiniger eingesperrt, überführt oder bestraft zu sehen. Wenn sie das Opfer einer sexuellen Belästigung am Arbeitsplatz ist, muß sie befürchten, daß ihr die Anzeige beruflich schadet. Gewiß trägt diese unvorteilhafte juristische Situation zu den Problemen eines Vergewaltigungsopfers bei der psychischen Gesundung bei. Zum Glück wenden sich viele Frauen nach Vergewaltigungen um Hilfe an Fachleute in Beratungszentren oder an andere Therapeuten. Mit dieser Hilfe können sie die Angst, die Wut, den Haß und sogar die Schuldgefühle als Folge der Vergewaltigung überwinden.

Sandra erhielt keine Hilfe. Sie ging mit dieser neuen Wut ebenso um wie mit ihrer alten Wut auf ihren Vater: Sie verbarg sie in ihrem Inneren. Ihre Überlebensmethode war, sich von Männern und Sex abzuschneiden. Andere Sexualopfer – Frauen, denen die Lust vergangen ist – wenden die gleiche Selbstbestrafungsmethode an, indem sie sich der Wärme, Intimität und Leidenschaft einer sexuellen Beziehung versagen.

Der beste Rat für eine Frau, die einer Vergewaltigung zum Opfer fiel, ist: Verschaffen Sie sich professionelle Hilfe. Sie würden einen gebrochenen Arm nicht selbst behandeln, und Sie sollten es

auch bei einem psychischen Trauma nicht tun. Viele Stellen bieten kostenlose Hilfe an. Jede größere Stadt hat Beratungsstellen für Vergewaltigungsopfer. Gehen Sie in Ihr Krankenhaus, in ein Frauengesundheitscenter oder zu einer Stelle für psychische Krisenhilfe.

Wer ist sie?

Nach einigen Quellenangaben wird eine von vier Frauen vergewaltigt, aber die meisten Untersuchungen gaben die Wahrscheinlichkeit eher mit einem von zehn Fällen an. In meiner Studie ergab sich folgendes Bild:

* *Weniger als zehn Prozent berichteten davon, vergewaltigt worden zu sein.*

* *Weniger als fünf Prozent gaben an, Opfer von Inzest oder anderen Formen sexuellen Mißbrauchs in ihrer Kindheit geworden zu sein.*

* *Fast fünfundzwanzig Prozent sagten aus, am Arbeitsplatz mehr oder weniger stark sexuell belästigt worden zu sein.*

Ich betrachte sie erst dann als Sexopfer, *wenn sie sich aufgrund ihrer negativen Erfahrungen – zu denen auch sexuell übertragbare Krankheiten, Abtreibungen und andere Traumen gehörten – sexuell zurückgezogen hatten.*
Viele der Sexopfer in meiner Untersuchung haben ihre negativen Erfahrungen überwunden und Lust gefordert. (Siehe die näheren Angaben in Kapitel 21.) Aber zuerst mußten sie ihre »Opfermentalität« überwinden.

Die Opfermentalität

»Ich habe acht Abtreibungen und drei Infektionen hinter mir, wurde zweimal vergewaltigt – das erste Mal war mein erstes sexuelles Erlebnis – und an zwei Arbeitsstellen sexuell belästigt«, schreibt eine einunddreißigjährige leitende Angestellte. »Männer sind Scheißkerle. Frauen sind Opfer. Letztlich haben die Männer die Macht.«

Diese Briefschreiberin zeigt das klassische Opferdenken. Das Bewußtsein ihrer sexuellen Machtlosigkeit ist in dem zwölf Seiten langen Brief spürbar, den sie dem Fragebogen beigelegt hat und in dem sie Vergewaltigung, Belästigung und die traurigen Folgen ihres Versäumnisses beschrieb, sich vor unerwünschter Schwangerschaft und vor Ansteckungen zu schützen. Wie viele andere Sexopfer gab sie an, ihre Erfahrungen mitzuteilen, um andere Frauen – insbesondere Jüngere – vor den Gefahren des Sex zu »warnen«. Seltsamerweise fügte keine der Frauen, die wiederholt Infektionen und Abtreibungen hatten, die Warnung hinzu: Benutzen Sie Empfängnisverhütungsmittel und Kondome! Ihr Rat besteht meistens in Enthaltsamkeit. Selbst Opfer, die ihre sexuellen Beziehungen zu Männern nicht völlig abgebrochen haben, scheinen keine Freude oder Lust zu erwarten oder sich dafür berechtigt zu fühlen. Wie die Frau, deren erstes sexuelles Erlebnis eine Vergewaltigung war, fühlen sie sich machtlos.

Nach mehreren Untersuchungen, die mit als Kinder sexuell mißbrauchten Frauen ausgeführt wurden, läßt sich bei Mißbrauch in der Kindheit mit großer Gewißheit vorhersagen, daß die betroffenen Frauen häufig Opfer von Vergewaltigungen bei Verabredungen werden. Die Studien waren umstritten, weil einige Leute fürchten, sie würden für den Nachweis verwendet werden, daß die Schuld beim Opfer einer Vergewaltigung durch einen Bekannten liegt. Diesen Verdacht zu erzeugen, ist

weder meine Absicht, wenn ich die Studien zitiere, noch meiner Überzeugung nach die Absicht der Autoren dieser Studien, wenn sie ihre Ergebnisse veröffentlichen. Bei einer Vergewaltigung, ob durch einen Bekannten oder einen Fremden, liegt die Schuld ausschließlich beim Vergewaltiger und nicht beim Opfer.

Zu den Autoren dieser Untersuchungen – hoch respektierte Männer und Frauen, die sich auf dieses Gebiet spezialisiert haben – gehört Diana Russell, eine Soziologin und Autorin aus Kalifornien, die für ihre Studien über Vergewaltigungs- und Inzestopfer bekannt ist. Dr. Russell zögerte mit der Veröffentlichung der Ergebnisse ihrer eigenen Studien bei zufällig ausgewählten Frauen. Sie hatte festgestellt, daß knapp siebzig Prozent der Frauen, die als Kinder Inzestopfer geworden waren, in ihrem späteren Leben bei Verabredungen vergewaltigt wurden. Sie befürchtete, diese Ergebnisse würden falsch interpretiert und mißbraucht werden, um dem Opfer noch mehr zu schaden.

Sie sagt: »Eine der Folgen des Kindesmißbrauchs könnte sein, daß das Kind nicht mehr weiß, wem es vertrauen kann. Wir machen uns nicht bewußt, wie wichtig es für eine Frau ist, den Ted Bundys dieser Welt nicht zu trauen.«

Einige Fachleute glauben, daß Frauen, die als Kinder mißbraucht wurden, nicht begreifen, daß sie in sexuellen Beziehungen Rechte haben – auch das Recht, nein zu sagen. Sie fühlen sich in Beziehungen zu Männern und ihrer eigenen Sexualität gegenüber machtlos und leiden unter einem geringen Selbstvertrauen. Vielleicht verhalten sie sich angesichts bedrohlicher sexueller Situationen genauso, wie sie sich als Kinder verhalten hatten: passiv. Ihre Kindheitserfahrungen haben sie größeren Risiken als jede andere Frau in unserer gewalttätigen Gesellschaft ausgesetzt, indem sie ihnen das Gefühl der Machtlosigkeit vermittelten und sie ohne die Macht und das Selbstvertrauen zurück-

ließen, bei der Partnerwahl klug zu sein oder auch nein sagen zu können.

Möglicherweise versteht das Opfer, das sich sexuell zurückzieht, diesen Sachverhalt und betrachtet den Rückzug als die einzige Möglichkeit, auf festen Grund zu gelangen. Aber Frauen, die ihre traumatischen Erlebnisse des sexuellen Mißbrauchs in der Kindheit und der Vergewaltigung überwunden haben, lehnen das Opferbewußtsein ab.

Der unterlassene Selbstschutz

Einige Sexopfer leiden an Herpes oder einer anderen sexuell übertragbaren Krankheit. Sie haben möglicherweise mehrere Abtreibungen hinter sich, aber sie wurden nicht vergewaltigt oder sexuell belästigt. Ihre Berichte mögen weniger erschütternd als die vergewaltigter Frauen sein, aber ihr Schmerz und ihre Gefühle der Machtlosigkeit sind real.

»Ich bekam Chlamydia* durch meinen Freund; vermutlich gleich bei unserem ersten Beischlaf«, schreibt eine neununddreißig Jahre alte Designberaterin aus dem Süden, die bis Ende Zwanzig vier Abtreibungen hatte und sich drei verschiedene, sexuell übertragbare Krankheiten zuzog. »Aber ich ahnte nichts davon. Ich hatte keine Symptome, außer einer wiederkehrenden Infektion des Urinaltrakts, die mein Arzt aber nicht mit einer Chlamydia in Verbindung brachte. Deshalb machte er keinen entsprechenden Test. Nach fast einem Jahr entschied er, daß ich zu viele Infektionen im Urinaltrakt hatte, und machte den Test. Ich hatte Chlamydia.

Ich sagte meinem Freund, er müsse sich behandeln lassen,

---

* Chlamydia, auch lymphogranuloma venereum. Erreger: chlamydia trachomatis (Anm. d. Übers.)

damit die Infektionen aufhörten. Er stimmte zu, und ich dachte, alles wäre in Ordnung. Ich wollte nicht, daß er Kondome benutzte, weil ich von ihm schwanger werden wollte. Natürlich wußte er das nicht. Er mochte ohnehin keine Kondome, und ich hatte noch nie Glück dabei gehabt, Männer zu überreden, sie zu benutzen.

Dann fingen diese Infektionen wieder an. Schließlich bekam ich eine Unterleibsentzündung. Ich war ziemlich krank und hatte Schmerzen. Die Entzündung machte mich unfruchtbar. Dann fand ich heraus, daß er sich die ganze Zeit über mit zwei anderen Frauen getroffen hatte. Eine davon will er bald heiraten.

Ich werde nie wieder einem Mann trauen. Dieses Erlebnis hat mich niedergeschmettert. Ich habe seit unserer Trennung vor fast achtzehn Monaten keinen Sex mehr mit einem Mann gehabt.«

Opfer vertrauen oft blindlings. Die Frau, die den Opferstatus ablehnt, benutzt Empfängnisverhütungsmittel und Kondome (es sei denn in einer »festen« monogamen Beziehung) und hat die Verantwortung für ihr Sexualleben übernommen. Sie kann immer noch eine Beziehung haben, in der sie der Mann ansteckt, aber sie verringert das Risiko, durch ihr Verhalten zum Opfer zu werden. Und sie trifft eine bessere Partnerwahl als die Frauen mit Opferbewußtsein, die Sex »geschehen« lassen.

Einige Frauen bestanden selbst dann nicht darauf, daß ihre Partner Kondome benutzten, nachdem sie wegen einer oder mehrerer sexuell übertragbarer Krankheiten behandelt worden waren oder eine oder mehrere Abtreibungen hinter sich hatten. Sie zählten folgende Entschuldigungen auf:

»Kondome und Pessare rauben dem Sex die Romantik und die Spontaneität.«

256

»Männer mögen diese Dinger nicht benutzen.«

»Es gehört zu den Pflichten des Mannes, für solche Dinge zu sorgen. Wenn er nichts bei sich hat, aber die Frau schon, dann wirkt sie wie eine Nutte.«

»Ich habe nicht mehr so häufig Sex, so daß ich nie vorbereitet bin, wenn es geschieht.«

Und der unverwüstliche Spruch: »Ich schäme mich zu sehr, um sie zu kaufen.«

Ich fing an, nach jeder dieser Ausreden den stummen Refrain zu hören: *Ich bin hier nicht verantwortlich.* Solche Aussagen sind nur ein Deckmantel für die wahren Gründe, weshalb einige Frauen keine Verhütungsmittel benutzen. So haben Untersuchungen einen direkten Zusammenhang zwischen der Unterlassung einer wirksamen Empfängnisverhütung und negativen Einstellungen zur Sexualität hergestellt. Zu diesen Einstellungen gehören:

* *Sex ist schmutzig.*

* *Frauen haben keine starken sexuellen Bedürfnisse oder sollten sie zumindest nicht haben – und besonders sollten sie diese Bedürfnisse nicht außerhalb einer Beziehung zeigen.*

* *Männer sind dafür verantwortlich, Frauen vor den negativen Folgen der Sexualität zu beschützen.*

Gewiß ermutigt unsere sexuell repressive Kultur die Frauen wenigstens bis zu einem gewissen Grad dazu, sich wie Opfer zu verhalten. Bedenken sie die folgenden statistischen Angaben (des U.S. Government Census Bureau) über die entmutigenden Folgen negativer Einstellungen in sexuellen Dingen:

* *Die Vereinigten Staaten haben die zweithöchste Rate an un-*
  geplanten Schwangerschaften und die dritthöchste Rate an Ab-
  treibungen unter den Industrienationen.

* *Fünfzig Prozent aller Schwangerschaften in den Vereinigten*
  Staaten sind ungeplant – und dreißig Prozent aller Schwan-
  gerschaften enden mit Abtreibung.

* *Nach »Planned Parenthood« benutzen weniger als die Hälfte*
  der unverheirateten sexuell aktiven Frauen zwischen zwanzig
  und neunundzwanzig Jahren Empfängnisverhütungsmittel.

* *Am erschreckendsten: Nach dem »Alan Guttmacher Institute«*
  benutzen nur sechzehn Prozent der sexuell aktiven amerika-
  nischen Frauen Kondome.

Und doch sind sexuell übertragbare Krankheiten, außer Aids, fast so geschlechtsspezifisch wie die Schwangerschaft. Sie verlaufen bei Frauen weitgehend unentdeckt und/oder symptomfrei, aber ihre Auswirkungen sind verheerend. Sie können eine Frau unfruchtbar machen, ihr Risiko zum Gebärmutterhalskrebs vergrößern und Geburtsdefekte sowie andere medizinische Probleme für sie und ihr Baby während der Schwangerschaft mit sich bringen. Amerika fängt langsam an, Aids ernst zu nehmen. Andere sexuell übertragbare Krankheiten, die Frauen befallen können, verlangen ebenfalls unsere Aufmerksamkeit und Sorge.

Frauen haben gute Aussichten, sich eine von mindestens fünfundzwanzig weiteren sexuell übertragbaren Krankheiten zuzuziehen – den häufigsten Infektionskrankheiten nach dem gewöhnlichen Schnupfen oder einem grippalen Infekt –, wenn sie Sex ohne Schutz praktizieren. Vier Millionen Amerikaner werden in diesem Jahr an Chlamydia erkranken. Bis zu zwei

Millionen ziehen sich eine neue Variante der Gonorrhöe zu. Etwa dreißig Millionen Amerikaner haben bereits Herpes, und jährlich treten 800 000 neue Fälle auf.

Kondome sind zwar kein hundertprozentiger Schutz, aber das beste verfügbare Mittel, um die Ausbreitung der sexuell übertragbaren Krankheiten zu stoppen, besonders wenn sie mit Nonoxydyl 9 behandelt wurden. (Früherkennung ist für eine wirksame Behandlung wichtig, aber nur wenige Frauen scheinen zu wissen, daß sie ihre Ärzte *bitten* müssen, sie auf sexuell übertragbare Krankheiten zu untersuchen, die bei den einmal jährlichen Abstrichen nicht erkennbar werden.) Kondome sind weitaus verläßlicher als ein Abstinenzgelöbnis, das durch eine kräftige romantische Woge hinweggeschwemmt werden kann. Trotzdem fehlte in den Briefen vieler Sexopfer, die Warnungen an andere Frauen beinhalten, jeder Hinweis auf Kondome.

Sie empfahlen statt dessen sexuelle Enthaltsamkeit. Im Gegensatz dazu werden Ihnen Frauen, die es geschafft haben, ihre negativen sexuellen Erfahrungen zu überwinden, niemals Enthaltsamkeit nahelegen.

Die Gefühle hinter den Worten: Wut und Schuld

Viele Opfer sind auf Männer wütend. Sie wissen, daß sie es sind, und sie gestehen ihre Gefühle bereitwillig ein. Sie erkennen hingegen nicht, daß sich ihr Zorn eigentlich gegen sie selbst richtet und sie ihre eigene Sexualität ablehnen. Und nur wenige Frauen sind fähig, ihre sexuellen Schuldgefühle zu identifizieren, die ihrem Verhalten nach Ansicht von Experten zugrunde liegen.

Eine dreißig Jahre alte Frau aus Maryland wuchs in einer orthodoxen jüdischen Familie auf, in der Sex »zu furchtbar, zu

schmutzig« war, um ein Gesprächsgegenstand zu sein. Sie sagte: »Ich habe kaum noch Sex, aber das ist in Ordnung. Die meisten Männer wissen nicht, wie man liebt. Ihre Berührungen sind alle falsch. Manchmal ist es schwierig, zwischen einem Liebhaber und einem Vergewaltiger zu unterscheiden.

Ich wurde von meinem ersten Arbeitgeber sexuell belästigt, als ich einundzwanzig Jahre alt war. Ich hatte einen Ganztagsjob und studierte nachts fürs College. Es war eine kirchliche Arbeit. Ich brauchte sie. Er verlangte von Anfang an sexuelle Zuwendungen von mir. Zu Beginn wollte er meine Brüste berühren; und schließlich sollte ich Fellatio bei ihm ausführen. Er rief mich nachts zu Hause an und wollte, daß ich ihm beschrieb, was ich im Bett anhatte. Ich glaube, er masturbierte, wenn ich es ihm erzählte. Er sagte, wenn ich nicht kooperieren wollte, könne er jemand anderen anstellen. Ich war damals sehr unsicher. Heute weiß ich, daß ich es nicht hätte zulassen dürfen.

Zwei Jahre später heiratete ich einen Mann, der mich weitgehend genauso wie mein früherer Arbeitgeber behandelte – als Sexualobjekt; etwas, worauf er ein Recht hatte. Der Sex war nie besonders gut. Nach einer Weile sagte ich ihm, daß ich keinen Sex mehr wolle. Anfangs war er einverstanden. Dann vergewaltigte er mich mehrere Male. Schließlich wurden wir geschieden.

Er sieht Sex anders als ich. Er sagt, ich sei kalt und frigid, er habe mich nie vergewaltigt. Er irrt sich, wenn er mich als frigid bezeichnet. Ich hatte einmal guten Sex mit einem Mann. Er war die große Liebe meines Lebens, wenn wir auch nicht lange zusammen waren. Wir verbrachten ein Wochenende im Bett. Ich konnte nicht genug Sex mit ihm haben. Er wußte, wie man einer Frau einen Orgasmus verschafft. Ich war glücklich bis zum Delirium.

Aber er steckte mich mit Gonorrhöe an. So endete mein

›schönstes‹ sexuelles Erlebnis. Heute habe ich nur dann Sex mit einem Mann, wenn wir uns schon seit einer Weile treffen und mir kein vernünftiges Gegenargument mehr einfällt. Ich nehme an, Sie könnten sagen, daß ich Wut auf die Männer habe. Ich traue ihnen nicht. Wenn Sie mich fragen würden, weshalb ich mich überhaupt verabrede, wüßte ich keine gute Antwort. Ich verabrede mich nicht oft, aber wenn man sich nie mit einem Mann trifft, haben die anderen den Verdacht, daß man lesbisch ist.«

Die Details ihrer Berichte variieren, aber der Tenor der Sexopfer klingt unvermeidlich gleich:

Sie fühlen sich unfähig, ihr Sexualleben zu kontrollieren, und sie sind sehr wütend darüber.

Sie glauben, nicht die Kraft zu haben, sexuelle Ansprüche eines zudringlichen Arbeitgebers, eines stürmischen Liebhabers oder Ehemannes oder auch nur eines Mannes zurückzuweisen, mit dem sie sich unverbindlich trafen. Und sie übernehmen keine Verantwortung für den Ausgang des geschlechtlichen Kontaktes, indem sie Kondome oder andere Methoden anwenden, um eine Empfängnis oder eine Infektion zu verhüten. Sie sind sehr wütend auf Männer, weil sie ihre sexuellen Rechte nicht respektieren oder »zulassen«, daß ihnen unangenehme Dinge widerfahren.

Sie machen sich selbst moralisch für die negativen Auswirkungen des Geschlechtsverkehrs verantwortlich.

Sie betrachten eine unerwünschte Schwangerschaft oder eine Infektion mit einer sexuell übertragbaren Krankheit nicht als das vorhersagbare Ergebnis der Nichtbenutzung von Verhütungsmitteln. Sie sehen darin vielmehr den Beweis für ihr *moralisches* Versagen (»brave Mädchen bekommen keine Krankheiten«). Die Gesellschaft bekräftigt dieses negative Werturteil.

Wenn Frauen sexuelle Vergnügungen als ihr Recht ansehen würden, wären sie weit eher geneigt, Maßnahmen zum Selbstschutz zu ergreifen.

Sie sind nicht bereit, Männern zu vertrauen, wegen dem, was ihnen ein Mann oder mehrere Männer früher antaten.
Indem sie sich sexuell vollständig oder weitgehend von Männern fernhalten, schotten sie sich freiwillig selbst sexuell ab. Indem sie Männern mißtrauen, gestehen sie auch ein vollständiges Fehlen an Zutrauen zu ihrer eigenen Fähigkeit ein, anderen zu vertrauen und bei Beziehungen mit Männern auf sich selbst aufzupassen. Sie riskieren, immer wieder durch neue Männer enttäuscht oder verletzt zu werden, denen sie trotz fehlender Vertrauenswürdigkeit vertrauen.

Das ultimative Opfer

Ende der achtziger Jahre wurde die *Sexabhängigkeit* das neueste Kind der überpublizierten und überdiagnostizierten Familie der sogenannten »Prozeßabhängigkeitskrankheiten« (process addiction diseases). Im ganzen Land entstanden Behandlungszentren und Selbsthilfegruppen, die auf dem Zwölf-Stufen-Programm der Anonymen Alkoholiker basierten. Aber gemäß einer wachsenden Anzahl von Fachleuten stellen diese »Krankheiten« nur den jüngsten Wiederbelebungsversuch des amerikanischen Puritanismus dar.
Die sexabhängige Frau ist das ultimative Opfer; ohnmächtig ihrem eigenen sexuellen Verlangen gegenüber. (In den fünfziger Jahren wurde sie als nymphoman bezeichnet.) Sie kann nicht nein sagen. In Selbsthilfegruppen ermutigt man sie, zu erkennen, daß diese Unfähigkeit das Symptom einer unheilbaren Krankheit ist. Man lehrt sie, die Krankheit zu kontrollieren,

indem sie enthaltsam bleibt, bis sie in einer festen Beziehung lebt. Das ganze Konzept der Sexabhängigkeit verstärkt den Glauben des Opfers an seine sexuelle Machtlosigkeit.

Außerdem verstärken diese Programme das Schuldgefühl, indem sie die Verbindung zwischen Sex und Liebe überbetonen.

»Ich war immer leichtsinnig, und dieser Leichtsinn hat mich manchmal in Affären verstrickt, an die ich mich nur mit Bestürzung zurückerinnern kann«, sagt Charlene, eine sechsundzwanzigjährige Diätetikerin, die nach einer kurzen, aber heftigen sadomasochistischen Episode vorübergehend einer Selbsthilfegruppe beitrat. »Eine dieser Beziehungen erschreckte mich. Sie wurde so verrückt, daß ich ausstieg.

Ich verbrachte ein ganzes Wochenende nur mit einem Hundehalsband, Lederriemen und Schuhen mit extrem hohen Absätzen bekleidet. Einmal mußte ich mich rückwärts über den Küchentisch beugen, und er fesselte meine Handgelenke an den Knöcheln. Er befestigte Wäscheklammern bogenförmig von den Armen bis zu den Brustwarzen an mir. Dann steckte er mir einen Knebel in den Mund und ging ins Wohnzimmer fernsehen. Nach einer Weile kam er wieder und fickte mich, und während er mich fickte, nahm er mir die Wäscheklammern eine nach der anderen ab.

Es tat weh, aber ... bei Gott, es war aufregend. Danach bekam ich Angst davor, nicht mehr kontrollieren zu können, wie weit ich ihn noch gehen lassen würde. Ich war meiner selbst unsicher geworden. Ich ging zu einem Treffen der Sex and Love Addicts Anonymous. Es waren zehn Frauen und ein Mann. Sie trafen sich in einer Kirche. Sie erzählten einer nach dem anderen ihre Geschichten, und die übrigen hörten zu und nickten.

Die Geschichten waren weniger lasziv, als ich angenommen hatte. Eine der Frauen hatte Telefonsex mit dem Inhaber einer falsch gewählten Nummer. Der Mann brach zusammen und

berichtete schluchzend, daß er den Wunsch hatte, jetzt und hier zu masturbieren, und sich dafür verabscheute. Wie die Geschichte auch lauten mochte, die Zuhörer sagten am Schluß immer: ›Ja, Sie sind sexabhängig.‹ Sie gratulierten einander, ›für einen Tag‹ sexuell abstinent gewesen zu sein.

Sie behaupteten, sie seien dem Sex gegenüber ›machtlos‹, und ich dachte: ›Das ist lächerlich.‹ Ich konnte es kaum erwarten, zu gehen.«

Wäre Charlene sich selbst gegenüber noch unsicherer gewesen, wäre sie vielleicht in der Gruppe geblieben. Aber Sexabhängigkeit ist nach Ansicht der genannten Fachleute ein Mythos; ein strafandrohender Mythos, der aus der negativen Einstellung unserer Kultur gegenüber Sexualität und Lust entstanden ist. Nach Martin Levine und Richard Troiden, den Autoren der hochgeschätzten, in THE JOURNAL OF SEX RESEARCH erschienenen Arbeit über den Mythos des sexuellen Zwangs (»The Myth of Sexual Compulsivity«), sind Sexabhängige nicht »wirklich abhängig«, sondern zeigen nur »Verhaltensmuster, die heute durch unsere Gesellschaft gebrandmarkt werden«.

Dr. Martin Klein, Autor und prominenter kalifornischer Sexualtherapeut, sagt: »Nach den Antworten auf den Prüfungstests der Selbsthilfegruppen zu urteilen, wäre jede Durchschnittsperson sexabhängig. Promiskuitiv oder auch ›überspannt‹ zu sein, das macht einen noch nicht sexabhängig. Die überwältigende Mehrheit der Sexologen lehnen ein solches Denken als unwissenschaftlich und moralisierend ab.«

Tatsächlich ist es schwierig, einen nicht in die Behandlung der Sexabhängigkeit verstrickten Angehörigen der helfenden Berufe zu finden, der Sexabhängigkeit nicht als Krankheit, sondern als gesellschaftliches Phänomen betrachtet. Das soziale Klima war in den späten achtziger Jahren für diese Art sexueller Stigmatisierung reif: Die Menschen fürchteten sich vor Aids; nicht mehr ganz junge Frauen wollten während des Babybooms Be-

ziehungen und Babys haben; Gesundheit stand hoch im Kurs, und sie wurde mit dem Vermeiden von Exzessen gleichgesetzt; die Religiosität hatte sich wieder erhoben. Alle Zeichen deuteten auf eine neue Sexualphilosophie hin, und im Amerika des ausgehenden Zwanzigsten Jahrhunderts wird die Pop-Psychologie als Philosophie vermarktet.

Dieses Denken betrifft Frauen mehr als Männer. Wir werden durch negative sexuelle Botschaften immer noch am meisten beeinflußt. Für viele Frauen ist es nach wie vor schwierig, die Last ihrer eigenen Sexualität zu tragen. Wir wollen der Moral der Gesellschaft entsprechend leben, weil wir glauben, ein solches »Braves-Mädchen«-Verhalten brächte uns Liebe und Anerkennung ein. Es fällt uns ohnehin schwer, unsere eigene sexuelle Wahl zu treffen, und das Konzept der Sexabhängigkeit macht es uns noch schwerer.

»Sexabhängige« und Frauen, die ihrer Fähigkeit, sich am Sex zu erfreuen, durch Vergewaltigung oder Inzest, sexuelle Belästigung oder Mißbrauch, Infektionen oder Abtreibungen beraubt wurden, sehen sich als Opfer. Bedauerlicherweise hat die Opfermentalität in der amerikanischen Gesellschaft seit den frühen achtziger Jahren überhand genommen; besonders bei den Frauen. Die sexuelle Revolution wurde durch eine »Opfer-Revolution« ersetzt, in der jeder Machtlosigkeit für sich zu beanspruchen scheint. Sexopfer meiden den Sex, weil sie sich Männern und ihrer eigenen Sexualität gegenüber machtlos fühlen. Sie glauben nicht, daß sie bekommen können, was sie sich in sexueller Hinsicht wünschen. Oder sie ziehen ihre eigenen Grenzen und achten auf deren Einhaltung. Wie andere Opfer haben sie ihre Macht abgegeben. Und nur sie selbst können sie sich zurückholen.

Kapitel 19 Sexuell unbefriedigte Frauen

»Sexuelle Anziehung spielte bei der Auswahl meiner Partner eine wichtige Rolle, bis ich die Dreißig überschritten hatte. Dann zählte sie überhaupt nicht mehr. Kurz nach meinem vierunddreißigsten Geburtstag heiratete ich einen Mann, weil er ebenfalls ein Kind wollte. Er ist ein wundervoller Vater und ein sehr guter Mann. Wir haben nicht viel gemeinsam, besonders nicht auf dem Gebiet der Sexualität. Ich habe mich vor kurzem gefragt, ob ich die Ehe bedaure, aber das ist nicht der Fall. Was ich bedaure, ist, daß ich fast Vierzig werden mußte, bevor sich meine Hormone zu Wort meldeten. Ich hätte mich mit Zwanzig so fühlen müssen, als ich noch Spaß daran gehabt hätte. Jetzt ist es zu spät.« – Eine New Yorker Anwältin.

Sie scheint alles zu haben – einen Beruf, eine Ehe, einen noblen und erfolgreichen Mann und Kinder. Aber hinter der Fassade ist sie eine sexuell unbefriedigte Ehefrau. Sie will aus vielen Gründen in der Ehe bleiben, obwohl sie diese sexuell nicht befriedigend findet. Sie fühlt sich bei der Vorstellung nicht wohl, eine Affäre zu haben. Was bleibt ihr noch?

»Ich sitze in der Falle«, sagt sie.

Dieser Satz ist von Frauen dieser Kategorie oft zu hören. Die Falle ist ein Zustand sexueller Frustration, zu dem sich einige Frauen selbst verdammt haben, weil sie auf der einen Seite glauben, daß der Sex in ihrer Ehe nicht verbessert werden kann, und andererseits, daß außerehelicher Sex nicht richtig

für sie ist. Ihre Gründe, verheiratet zu bleiben, sind sicherheitsorientiert. Einige Beispiele:

* *»Ich komme finanziell nicht allein zurecht; wenigstens nicht, wenn ich den Lebensstil beibehalte, an den meine Kinder gewöhnt sind.«*

* *»Ich mag die Vorzüge einer Ehe: die Mitgliedschaft in einem Country Club, die Freiheit, meine Vollzeitarbeit zu kündigen und einen Teilzeitjob anzunehmen, wann immer ich es möchte; ein großes Haus; Reisen nach Europa. Auf mich selbst gestellt, wäre ich nur eine über vierzigjährige, ehemals verheiratete Frau in einem kleinen Raum mit Pappwänden.«*

* *»Ich bin emotionell von meinem Ehemann abhängig – von der Ehe.«*

* *»Ich mag meinen Mann. Ich mag unser Leben als Familie. Nur den Sex mag ich nicht.«*

Sie bleiben, so sagen sie, wegen der Kinder, des Hauses, des Lebensstils, des Komforts und der Bequemlichkeit der Partnerschaft – manchmal sogar aus Angst, seine oder ihre Eltern zu enttäuschen, wenn sie die Ehe lösen würden. Und sie gehen nicht fremd, weil Ehebruch ihren religiösen oder moralischen Kodex verletzen würde, oder weil sie – wenn sie erwischt würden – Gefahr liefen, alles zu verlieren, was sie schätzen.

Wer ist sie?

Die unbefriedigten Ehefrauen machen nur neunzehn Prozent der verheirateten (oder ehemals verheirateten) Teilnehmerinnen an meiner Untersuchung aus. Sie sind Frauen, die

* *monogam verheiratet sind oder waren.* Einige der geschiedenen Frauen beendeten ihre Ehe wegen des Sexes, aber häufiger wurden sie wegen anderer Frauen von ihren Männern
verlassen;

* *ihr sexuelles Leben als unbefriedigend bezeichnen.*

Die meisten Frauen in dieser Gruppe waren Spätblüherinnen,
fast die Hälfte von ihnen hatten nach ihrem achtundzwanzig-
sten Lebensjahr geheiratet. Es scheint keine Garantie dafür zu
geben, daß eine spätere Heirat Glück mit sich bringt – oder
daß sich das verflixte siebte Jahr nicht bereits früher einstellen
kann. Tatsächlich haben mehrere neuere Studien gezeigt, daß
das eheliche Unbefriedigtsein eher bereits im vierten als im
siebten Jahr beginnt.

Die unbefriedigte Frau ist die Frau, die ein paar Jahre zuvor
auf ihrem Weg zur Lustverleugnung keinen Orgasmus brauchte. Jetzt leidet sie unter den sexuellen Restriktionen, die sie
sich selbst auferlegt hat – als sie entschied, daß es wichtigere
Ziele als den Orgasmus gäbe. Vielleicht hat sie den Sex ganz
aufgegeben. Sie ist nicht wie das Sexopfer durch die Notwendigkeit motiviert, sich selbst vor Schmerz zu bewahren, aber
sie leidet oft unter Ängsten. Zum Beispiel Angst vor Intimität
oder vor der Erforschung ihrer eigenen Sexualität.

Da sie den Männern den Großteil der Verantwortung für sexuelle Dinge zuspricht, macht sie ihren Mann auch für ihr
Unbefriedigtsein verantwortlich.

»Er sagt, er sei zu müde«, schreibt Ginny, die vierunddreißig
Jahre alte Ehefrau eines zehn Jahre älteren Vizepräsidenten ei-
ner Firma, »oder der Zeitpunkt sei schlecht gewählt. Oder er
sagt, ich dränge ihn zu sehr. Er ist die männliche Version der
Ehefrau, die sagt: ›Nicht heute abend, Schatz. Ich habe solche
Kopfschmerzen.‹ Ich könnte ihn in Strapsen, schwarzen

Strümpfen und hochhackigen Schuhen an der Tür empfangen, und er würde fragen: ›Was gibt's zum Essen?‹

Wenn wir einmal im Monat Sex haben, ist es ein guter Monat. Ich weiß nicht, weshalb ich mich damit befasse. Ich verbringe weitaus mehr Zeit damit, mir sexuelle Begegnungen vorzustellen und auszumalen, als ich sie tatsächlich habe. In dieser Hinsicht geht es mir ähnlich wie den Jungs von der High School.«

Shere Hite zog mit ihrem 1987 erschienenen Buch *Woman and Love: A Cultural Revolution in Progress* das Feuer der Kritik und der Medien auf sich. Sie erklärte darin, die meisten der von ihr untersuchten 4500 Frauen seien mit Männern sexuell oder in anderer Hinsicht nicht glücklich. Die meisten Fachleute fanden das Bild, das sie den Frauen und ihren Liebesbeziehungen zeichnete, zu negativ. Leider haben einige Fachleute diese Meinungsverschiedenheiten zum Anlaß genommen, ihre früheren Werke in Mißkredit zu bringen – *The Hite Report* und *The Hite Report on Men* – die ich für ausgezeichnete Untersuchungen und weitaus zutreffender als ihr jüngstes Buch halte.

Ich habe keinen hohen Prozentsatz unbefriedigter Frauen gefunden. Aber die unbefriedigten Ehefrauen waren in hohem Maß unbefriedigt, und ihre Misere dauerte in der Regel schon zu lange an, um sich als vorübergehende Phase abtun zu lassen. Sie bezeichnen ihr sexuelles Leben als »nicht befriedigend« oder schlimmer. Sie schätzen die Fähigkeiten ihrer Ehemänner beim Liebesspiel geringer als andere verheiratete Frauen ein. Annähernd fünfzehn Prozent berichten, daß sie beim Liebesspiel *niemals* einen Orgasmus hatten, durch welche Art der Stimulierung auch immer. Fast die Hälfte von ihnen sagen, es habe längere Perioden – von einem Monat bis zu fünf Jahren – ohne jeden Sex gegeben.

Sie masturbieren jedoch seltener als die glücklichen monogamen Ehefrauen und als Frauen, die Affären haben.

»Die Vorstellung zu masturbieren bereitet mir Unbehagen«, war eine häufige Antwort. Beinahe ebensooft sagten sie: »Ich würde mich nicht wohlfühlen, wenn ich eine Affäre hätte.« Auffallend ist, daß weniger als fünf Prozent von ihnen in einer Sexualtherapie waren (oder sind), obwohl viele die Teilnahme an einer Therapie vorschlugen, wie sie sagten, ihre Ehemänner jedoch ablehnten.

Was nach ihren Aussagen mit dem Sex nicht stimmt

Sie machen drei fundamentale Probleme für ihre sexuelle Frustration verantwortlich:

* *einen Mangel an Chemie, den sie häufig als flüchtige Empfindungen definierten; zum Beispiel »ein Flimmern der Luft, wenn zwei Menschen sich treffen«;*

* *einen Mangel ihres Partners an Geschick beim Liebesspiel – und seine fehlende Bereitschaft, bestimmte sexuelle Handlungen auszuführen, zum Beispiel Cunnilingus;*

* *unterschiedliche Grade des Verlangens, wie sie sich in Diskussionen über das »Timing« oder die Häufigkeit des Geschlechtsverkehrs ausdrücken.*

Die meisten dieser Frauen betrachten ihre Situation als unwiderruflich. Sie glauben nicht, daß sich die Chemie wiederbeleben läßt oder daß ungeschickte Ehemänner das Liebesspiel erlernen können oder wollen. Oder daß ihre Männer jemals dieselbe Art Sex wie sie zur selben Zeit und mit derselben Häufigkeit haben wollen.

270

Sein Mangel an Geschick oder Bereitschaft zu bestimmten Praktiken

»Wie häufig bekomme ich Cunnilingus? Nur, wenn ich darum bitte«, schreibt eine siebenunddreißig Jahre alte, seit fünf Jahren verheiratete Frau aus Cleveland. »Und ich verabscheue es, bitten zu müssen. Somit bekomme ich es etwa jedes vierte oder fünfte Mal, wenn wir Sex haben. Damit ergeben sich rund zwei Gelegenheiten im Jahr, bei denen ich Cunnilingus bekomme. Ob das befriedigend ist?

Nichts an meinem sexuellen Leben ist befriedigend; danke für die Nachfrage.«

Sie hatte »ungefähr fünfundzwanzig« Partner, bevor sie heiratete. Auf die Frage: »Wie würden Sie Männer als Liebhaber verändern?« antwortet sie: »Ich würde fast alles an ihnen verändern. Sie sensibler in ihren Berührungen machen. Und selbst weniger leicht durch Berührung ansprechbar. Eher bereit, sich emotionell zu öffnen und sexuell zu experimentieren. Ich würde ihnen Titten geben, damit sie nicht immer nach unseren verlangen.«

Sie ist zwar orgasmisch durch Masturbation, schreibt aber: »Ich masturbiere kaum noch. Seltsamerweise habe ich mehr masturbiert, als mein Sexleben aktiver war.«

Fast zwei Drittel der unbefriedigten Frauen gaben an, beim Liebesspiel »kaum orgasmisch« zu sein, obwohl die meisten von ihnen durch Masturbation orgasmisch waren. Viele von ihnen begreifen nicht die Notwendigkeit der unmittelbaren klitoralen Stimulierung beim Beischlaf. Sie klagen sehr oft über das Fehlen von Cunnilingus im Repertoire ihres Mannes oder seiner Bereitschaft zu manueller Stimulierung oder zu einem verlängerten Vorspiel. Viele dieser Frauen sagen, ihre Ehemänner verlangten regelmäßig Fellatio – ohne aber bereit zu sein, als Gegenleistung Cunnilingus anzubieten.

»Ich weiß, daß Sex kein Tauschgeschäft sein sollte«, schreibt eine neunundzwanzigjährige, seit vier Jahren verheiratete Frau. »Aber man fängt an, in solchen Kategorien zu denken, wenn man nie bekommt, was man will, und er immer verlangt und meistens auch bekommt, was er will. Jetzt sage ich, nachdem ich zwei- oder dreimal Fellatio ausgeführt habe: ›Erst wieder, wenn ich's auf die gleiche Art bekommen habe!‹ Ich hasse das. Es macht mich wütend, immer fragen zu müssen.«

Diese Frauen machten jedoch ihren Partnern keine Vorwürfe, weil sie unfähig waren, sie allein durch Geschlechtsverkehr zum Orgasmus zu bringen. Aber viele andere äußerten diesen schwerwiegenden Vorwurf. Sie gaben unter anderem folgende Erklärungen ab:

»Keine Frau könnte gleichzeitig mit meinem Mann kommen. Er ist in zwei Minuten fertig.«

»Seine Berührungen sind alle nicht richtig. Er ist so ungeschickt. Ich habe versucht, es ihm zu erklären, aber er hört nicht zu. Ich habe irgendwo gelesen, daß man seinem Mann sagen sollte, wie man es mag. Es klappt nicht!«

»Ich nenne ihn den ›Rein-Raus-Was-Das-Zeug-Hält-Mann‹. Er macht sich nicht die Mühe, danke zu sagen. Weshalb auch? Ich bin seine Frau.«

»Er versteht nicht, was ich brauche, um einen Orgasmus zu haben. Er ist beim Vorspiel immer noch so ungeschickt wie vor acht Jahren, als ich ihn heiratete.«

»Männer sind lausige Liebhaber. Das einzige gute Erlebnis im Bett hatte ich mit einer Frau. Aber ich bin nicht wirklich lesbisch, deshalb bleibe ich bei den Männern.«

Solche Kritiken an Männern zeugen von einer erheblichen Unkenntnis der eigenen Sexualität bei den Frauen, die sie äußern, sowie von ihrer Unfähigkeit, ihre Bedürfnisse mitzuteilen, ohne ihren Partner einzuschüchtern. Es mag wünschenswert sein, daß der Geschlechtsakt länger als ein paar Minuten dauert, aber es ist nicht *nötig*, daß die Frau in seinem Verlauf befriedigt wird. Sie kann einen Orgasmus vor oder nach dem Beischlaf manuell und/oder oral erreichen. Die Dauer des Geschlechtsakts ist nicht das Problem. Ihre Unfähigkeit, zu erkennen und mitzuteilen, welche Stimulation sie braucht – *das* ist das Problem.

Die unbefriedigte Frau leidet – ebenso wie ihr Ehemann – unter dem Mythos vom Penis als dem alleinigen »Beglücker«. Führt der Geschlechtsakt nicht zu einem Orgasmus der Frau, macht sie ihn und seinen Penis dafür verantwortlich. Und er schließt sich ihrer Meinung häufig an. Beide scheinen der Meinung zu sein, ihr Bedürfnis nach zusätzlicher Stimulierung deute darauf hin, daß ihnen etwas fehlt.

Unterschiedliche Grade des Verlangens

Ein Drittel der unbefriedigten Frauen, die beim Liebesspiel »oft« oder »fast jedesmal« orgasmisch waren, bezeichnen das Problem als quantitativ, nicht qualitativ. Sie geben den schwachen sexuellen Antrieb des Mannes – nicht sein fehlendes Geschick beim Liebesspiel – als Grund für ihr Unbefriedigtsein an.

Sexualtherapeuten nennen »unterschiedliche Grade des Verlangens« als die Ursache vieler ehelicher Streitigkeiten über sexuelle Fragen. Sie behaupten, in den letzten Jahren beklagten sich die Frauen ebenso häufig wie ihre Männer über »nicht genügend Sex«. Sie raten dem unbefriedigten Partner, sich öfter

selbst zu befriedigen und den anderen zu bitten, ihn gelegentlich auch dann zu befriedigen, wenn er selbst nicht daran interessiert ist; oder – falls es der Mann ist –, wenn er unfähig ist, eine Erektion zu haben oder zu ejakulieren. Beide Lösungen sind für die unbefriedigte Ehefrau nicht annehmbar.

»Mein Mann sagt, daß er Sex mag, aber er hat eine Million Entschuldigungen dafür, daß er ihn ›gerade jetzt‹ nicht will«, schreibt eine fünfunddreißig Jahre alte Künstlerin. »Er ist zehn Jahre älter als ich, und ich glaube, es liegt zum Teil daran, daß wir nicht synchron sind. Sein Interesse am Sex hat genau an dem Punkt abgenommen, an dem meine Lust auf natürliche Weise zunahm. Er sagt, es mache ihm nichts aus, mich gelegentlich manuell zu befriedigen – aber mir macht es etwas aus. Die einzige Alternative ist, daß ich masturbiere, und das gefällt mir auch nicht. Was ist der Sinn der Ehe, wenn man sich selbst um Entspannung kümmern muß? Ich habe es ohnehin nie gemocht, zu masturbieren.«

Eine vierundvierzigjährige Hausfrau aus Maryland sagt: »Er weiß, daß ich nicht viel von Selbstbefriedigung halte, aber er empfiehlt es mir jedesmal, wenn ich es nötig habe und er nicht interessiert ist. Er sagt, er könne es nicht ändern, daß er inzwischen seltener an Sex denkt als ich.

Aber ich glaube, daß sich hinter seinem Desinteresse etwas anderes verbirgt. Der Sex ist fast ein Machtkampf zwischen uns geworden. Wer ihn am meisten will – gewöhnlich ich –, versucht, den anderen zur Kapitulation zu bringen.«

Vielleicht hat sie recht. Die Taktik der Vorenthaltung ist nicht auf Frauen beschränkt. Es ist auch möglich, daß die Schwächung der Libido ihres Mannes eine Nebenwirkung eines Medikaments gegen eine der Unpäßlichkeiten ist, die bei Männern im mittleren Alter üblich sind. Aber worin auch immer die Ursachen für das erotische Ungleichgewicht in ihrer Ehe bestehen mögen, sie ist unzufrieden – und das ist verständlich.

Das unbestimmbare »Prickeln«

Fast siebzig Prozent der unbefriedigten Ehefrauen glauben, daß das Prickeln in ihrer Ehe verlorenging. Sie mögen erhebliche Schwierigkeiten haben, dieses »Prickeln« zu definieren, aber sie sind sicher, daß sie verlorenging. Einige dieser Frauen geben an, das Prickeln hätte von vornherein gefehlt.

Wie unbefriedigte Frauen das Prickeln definieren, erlaubt eine gewisse Einsicht in ihr Unglücklichsein. Es folgen ein paar exemplarische Definitionen:

»Es ist eine mystische Gefühlsaura, die zwei Menschen umhüllt.«

»Das undefinierbare Etwas, daß dir sagt, ob dein sexueller Geschmack auf Gegenliebe stoßen wird oder nicht.«

»Dieser Begriff ist nicht anwendbar. Ich habe nie etwas Derartiges bei irgend jemandem, den ich kenne, gespürt.«

»Die Fähigkeit eines Mannes und einer Frau, gleichzeitig zu wissen, wie sie einander im Bett erfreuen können.«

Als Kontrast zitiere ich ein paar Definitionen von Frauen, die mit ihrem sexuellen Leben zufrieden sind:

»Eine fast animalische körperliche Anziehung. Sie setzt sich aus Liebe, Gefühl und Verstand zusammen. Manchmal ist sie intensiv, manchmal gedämpft wie eine Maschine im niedrigen Gang.«

»Hitze zwischen einem Mann und einer Frau.«

»Zu Beginn ist es das Verlangen, ihm die Kleider vom Leib zu reißen, sobald er in der Tür erscheint ... später ist es die Erinnerung, daß man einmal so fühlte – und das Wissen, daß man es wieder könnte.«

Wenn wir über das Prickeln zwischen zwei Menschen sprechen, reden wir in Wirklichkeit über ihr sexuelles Verlangen zueinander. Das Verlangen ist sowohl biologisch als auch emotionell. Anders als Erregung kann man Verlangen leichter als die Anziehungskraft verstehen, die der Erregung zugrunde liegt. Fehlt die Basis, findet der Geschlechtsakt weniger häufig statt, denn er ist in diesem Fall davon abhängig, daß die beiden Partner ungefähr gleichzeitig erregt sind.

Nach Ansicht von Forschern und Psychiatern leiden einige Menschen, die angeben, kein »Prickeln« bei ihren Partnern zu spüren, in Wahrheit an einem durch hormonelle Schwankungen, psychische Probleme oder nichtsexuelle Konflikte in ihren Beziehungen verursachten Mangel an erotischem Antrieb oder Verlangen. In den achtziger Jahren wandten sich viele Paare, die über ein neuartiges Leiden klagten – Mangel an Verlangen – an Sexualtherapeuten. Bald wurde dieser Mangel als ein Syndrom bezeichnet – das Libidohemmungs-Syndrom (inhibited desire syndrome) –, und war Gegenstand wissenschaftlicher Abhandlungen und Bücher für Fachleute und Laien.

Die Biochemie ist in einigen Fällen beteiligt, aber *die häufigste Ursache des Libidohemmungs-Syndroms sind eheliche Konflikte.* Der Verlust an Verlangen – eine versteckte Form des Zorns – ist häufig ein unbewußtes Machtspiel, in dem es dem einen Partner um die Kontrolle über den anderen geht. Gelegentlich sind die wahren Motive hinter der sexuellen Erstarrung so gut verborgen, daß keiner der beiden Partner das Vorhandensein von Zorn in der Ehe erkennt. Sie mögen sogar stolz darauf sein, als ein Paar zu gelten, das »nie« streitet.

Außer dem Zorn gelten Langeweile angesichts des Partners und der sexuellen Routine und Depression als Hauptursachen des Libidohemmungs-Syndroms. Einige Frauen erleben den Verlust des Prickelns, sobald sie den Partner in- und auswendig kennen, denn sie haben ihn – wie die Therapeuten sagen –

zuvor idealisiert. Hält nun die Wirklichkeit mit ihren Mängeln Einzug in das romantische Universum, das sie um den Partner gesponnen haben, zieht sich das Verlangen zurück. Männer leiden öfter unter dem »Heilige-und-Hure«-Komplex, und Frauen sind häufiger Opfer sexueller Idealisierungen. Sie machen Prinzen aus gewöhnlichen Männern, um sie dann in Männer zurückzuverwandeln.

Die Einstellungen hinter den Enttäuschungen

Die meisten Frauen geben ihren Ehemännern die Schuld daran, daß sie unbefriedigt sind.

»Es ist sein Fehler«, schreibt eine einunddreißigjährige verheiratete Frau aus dem Süden. »Ich bin attraktiv, bereit und fähig. Er ist nicht sehr oft daran interessiert, Liebe zu machen, und wenn er es ist, nimmt er sich nicht die Zeit, es richtig zu machen. Sie kennen gewiß das alte Sprichwort: ›Was wert ist, getan zu werden, ist es auch wert, richtig getan zu werden‹.«

Als Gruppe sind diesen Frauen zwei grundsätzliche Annahmen in bezug auf Männer gemeinsam:

1. *Er sollte wissen, wie ich befriedigt werden muß.*

Mehrere Frauen gebrauchten eine Variante des Satzes vom »selbstverständlichen Wissen, wie man eine Frau befriedigt« als Teil ihrer Definition der sexuellen Chemie. Unbefriedigte Frauen wissen weniger gut über die sexuellen Mechanismen und die biosexuellen Unterschiede zwischen Männern und Frauen Bescheid und sind auch weniger mitteilungsfreudig in bezug auf sexuelle Dinge als andere Frauen. Sie erwarten, daß der Mann weiß, was sie beim Liebesspiel wünschen und brauchen, und wenn er es nicht weiß, sind sie enttäuscht.

2. Man kann einem Mann nicht beibringen, wie man liebt.

Wenner nicht von sich aus weiß, wie er sie befriedigen muß, sagen sie: »Er weiß nicht, wie man liebt.« Diese Klage hört man recht häufig, und oft von Frauen, die schon seit vielen Jahren verheiratet sind. Weshalb haben sie es ihm nicht beigebracht, wie es viele glückliche monogame Frauen getan haben? Es bereitet ihnen offenbar Unbehagen, in erotischen Dingen den Ton anzugeben. Sie sind weniger geneigt, die sexuelle Begegnung zu initiieren oder neue Ideen beim Liebesspiel einzuführen als andere Frauen, und sie sind fehlendem Geschick ihres Ehemannes gegenüber kritischer.

Aber wenn sie nichts wissen und ihm nichts beibringen – wohin führt sie das?

Abgesehen von diesen Grundannahmen sind sie sexuelle Idealistinnen, die sich selbst vermutlich für »romantisch« halten – ein eher schmeichelhafter Begriff. Sie glauben, daß Sex spontan sein sollte. Daß Leidenschaften durch den glühenden Blick des Liebhabers entfacht werden sollten. Es sollte nicht erforderlich sein, daß sich eine Hand zwischen die Körper drängt, um den weiblichen Orgasmus auszulösen. Und wenn es sich nicht auf diese Art ergibt, glauben sie, daß etwas mit dem Sex falsch ist – nicht mit der Ehe.

»Die Ehe ist großartig«, schreibt eine fünfundvierzig Jahre alte, politisch tätige Ehefrau aus Chicago, die in drei Jahren kein einziges Mal Sex mit ihrem Mann hatte. »Aber der Sex ist gestorben. Ich schreibe Ihnen, um Sie wissen zu lassen, daß eine Ehe auch ohne Sex gedeihen kann; auch wenn – wie bei uns – der Sex zu Beginn recht lustvoll war.«

Ehen ohne Sexualität

Das schmutzige kleine Geheimnis in vielen amerikanischen Ehen lautet, daß seit Wochen, Monaten oder sogar Jahren kein Sex im Ehebett stattgefunden hat.

Mehrere neuere Studien haben sich mit dem befaßt, was in ehelichen Schlafzimmern *nicht* stattfindet. Nach einer dieser Untersuchungen lebte ein Drittel von 365 Ehepaaren im Mittel für einen Zeitraum von acht Wochen sexuell abstinent. Einer anderen Studie zufolge hören zwanzig bis fünfzig Prozent der Ehepaare während einer Periode ihrer Ehe auf, Sex zu haben. Einige hören ganz auf.

Viele weichen dem Sex einfach aus, oft nach einer gegenseitigen stillschweigenden Übereinkunft. Die häufigsten Tricks bestehen darin, daß man zu verschiedenen Zeiten zu Bett geht und sich in ein Buch, eine TV-Show oder sogar in ein Telefongespräch vertieft, wenn es eigentlich an der Zeit wäre, zu Bett zu gehen.

»Mein Mann und ich sprechen niemals über Sex«, schreibt eine neununddreißigjährige Ehefrau und Mutter aus Florida. Sie hatte seit fast zwei Jahren keinen Sex mehr mit ihrem Mann. »Wir richten es so ein, daß wir nicht zur selben Zeit ins Bett gehen. Er steht früher auf als ich, also geht er um zehn Uhr dreißig schlafen. Wenn wir nichts vorhaben, auch am Wochenende. Und er verträgt kein Geräusch oder Licht, wenn er schläft, also bleibe ich im Parterre und lese noch oder sehe fern.

Wenn wir zusammen ausgegangen waren, gehe ich in der Regel zuerst ins Bett. Seine Ausrede lautet, er sei noch ›zu aufgekratzt‹, um schlafen zu können. Also bleibt er unten, bis ich eingeschlafen bin. Wenn ich nicht schlafe, tue ich so als ob. Das muß sich für Sie sehr töricht anhören.«

Bevor sie aufhörten, Sex zu haben, hatten sie nach ihren eige-

nen Worten eine »langweilige, routinemäßige sexuelle Beziehung, in der [sie] nie über das stümperhafte Stadium hinauskamen«. Sie war beim Liebesspiel kaum jemals orgasmisch, und jetzt masturbiert sie auch nur selten. Weil Sex für sie »nicht das Wichtigste« ist, fügt sie hinzu, hält sie ihre Ehe trotzdem für gut.

»Wir sind sehr glücklich. Ich gebe zu, daß ich mich manchmal frage, ob wir jemals wieder Sex haben werden. Aber ich nehme an, wir werden wieder damit anfangen, wenn Zeit und Umstände günstig sind.«

Trotz solcher Beschwörungen des Bildes einer glücklichen Ehe fanden Forscher eheliche Zwietracht als die häufigste Ursache für eine sexlose Ehe heraus. Weniger als sechs bis zehn Prozent der Ehepaare in sieben Studien führten Streß im Beruf oder Erschöpfung an. Unausgesprochener Zorn und Ärger über Dinge, die nichts mit Sex zu tun hatten, trieben die meisten von ihnen dazu, dem Ehepartner den Sex als eine Form der Bestrafung zu verweigern, oder um eine Veränderung im Verhalten oder im Wesen des anderen zu erzwingen.

Bei fast zehn Prozent der untersuchten Ehepaare hielten sich Partner sexuell zurück, weil sie Furcht vor der Wiederholung früherer Fälle von Versagen hatten. Zu den sexuellen Fehlfunktionen – wie sie sich nach Ansicht der Experten bei etwa zehn Prozent aller Paare einstellen – gehören die Unfähigkeit der Frau, einen Orgasmus zu haben, und beim Mann der vorzeitige Samenerguß oder ein anderes Problem mit dem Samenerguß, als Ejakulationshemmung (retarded ejaculation) bekannt. Obwohl solche Funktionsstörungen beseitigt werden können – die *ejaculatio praecox* (vorzeitiger Samenerguß) ist sogar leicht zu beheben –, ziehen es viele Paare vor, keinen sexuellen Verkehr mehr zu haben, statt sich der Gefahr eines neuerlichen Versagens auszusetzen.

»Mein Mann und ich haben den Sex aufgegeben«, schreibt

eine zweiunddreißigjährige Ehefrau aus Ohio, die seit fast einem Jahr keinen Geschlechtsverkehr mit ihrem Mann hatte und kaum jemals masturbiert. »Wir haben vor fünf Jahren nach zweiwöchigem Flirten geheiratet. Er kann beim Liebesakt kaum ejakulieren. Das ist für uns beide störend. Ich weiß nicht, wie ich damit umgehen soll.

Zu Beginn unserer Ehe habe ich das verlängerte Liebesspiel genossen. Aber er wachte oft morgens auf, legte sich auf mich und ejakulierte nach wenigen Minuten. Es war für mich kein reines Vergnügen, jemanden um sechs Uhr morgens auf mir liegen zu haben, der allein für seine Lust drauflosfickte. Aber ich dachte mir, es sei nur fair.

Schließlich klappte auch das nicht mehr. Heute wollen wir beide mit Sex nichts mehr zu tun haben.«

Andere Frauen und Männer meiden den Sex, weil sie Angst vor Intimität haben. Frucht vor Intimität ist – wie einige Ehetherapeuten sagen – oft für zwei Menschen, die scheinbar nicht zusammenpassen, das Motiv, zu heiraten. Beide finden gefühlsmäßige Distanz auf unbewußter Ebene sicherer als Nähe, deshalb erwählen sie einander als Partner. Viele Paare dieser Art führen ein Leben der fast vollständigen Fremdheit in einer Ehe, in der ein geheimes Einverständnis besteht. Beide verstärken die Barrieren zwischen sich, und einer gibt dem anderen die Schuld an dem, was er für falsch hält.

Unbefriedigte Frauen machen ihre Ehemänner für den traurigen Zustand ihres Sexuallebens verantwortlich, und die Ehemänner geben vielleicht *ihnen* die Schuld, weil sie nicht sexy genug sind, um sie zu erregen. Aber die Situation ist nicht hoffnungslos. Wenn Sie möchten, daß die Ehe bestehen bleibt, können Sie dafür sorgen, daß der Sex wieder funktioniert.

Hilfe für die unbefriedigte Frau

»Man kann es nicht ändern, aber man muß die Verantwortung auf sich nehmen«, schreibt eine vierundvierzig Jahre alte Ehefrau aus Maryland. »Unser sexuelles Leben war vor zwei Jahren so langweilig, wie man es sich nur vorstellen kann. Wir hätten von unseren Liebesspielen Videos aufnehmen und als Schlafmittel verkaufen können. Ich erzählte allen, er sei schuld – hinter seinem Rücken. Ich beschwerte mich immer bei meinen Freundinnen über ihn. Eine von ihnen schenkte mir zum Geburtstag einen Vibrator und ein Buch über Masturbation. Es war mir peinlich, und ich versteckte beides einen Monat lang in einer Schublade.

Eines Nachmittags holte ich es hervor. Ich begann, regelmäßig zu masturbieren, ohne meinem Mann davon zu erzählen. Dann – eines Abends – beichtete ich ihm mein kleines Geheimnis. Es regte ihn stark an. Er wollte den Vibrator bei mir anwenden, und ich ließ ihn. Von da an verbesserte sich die Situation. Er brachte ein paar Ratgeber mit. Er lieh einige Videos aus. Unser Leben veränderte sich.

Einer von beiden muß einfach den Mut haben, seine Verlegenheit zu überwinden und etwas anderes auszuprobieren.«

Sie hat recht. Es folgen einige Tips, wie Sie Ihr Sexualleben verbessern können:

* *Masturbieren Sie häufiger.* Masturbation lindert den sexuellen Druck, weil Sie nicht darauf warten müssen, daß er Ihnen einen Orgasmus »schenkt«. Wenn Sie mehr Orgasmen haben, fühlen Sie sich auch sexuell attraktiver und erhöhen die Wahrscheinlichkeit, daß er mehr Sex mit Ihnen haben will.

* *Geben Sie Ihre alte Meinung auf.* Selbst eine Ehefrau seit zwanzig oder mehr Jahren kann neue Tricks erlernen. Kau-

fen Sie ein paar Bücher und Videos. Stellen Sie sie nicht als Lehrmaterial hin. Sagen Sie Ihrem Mann statt dessen, Sie möchten lernen, eine bessere Liebhaberin zu sein, und Sie brauchten seine Hilfe dabei.

* *Seien Sie zu Experimenten bereit.* Viele unbefriedigte Frauen sind nicht bereit, die Wünsche ihres Mannes zu erfüllen. Sexuelle Kompromisse sind für den Bestand einer monogamen Beziehung nötig. Wenn es nicht weh tut, was kann es dann schaden, es auszuprobieren?

Kapitel 20 Verlassene Frauen

»*Mein ganzes Leben wurde grau, als mein Mann mich verlassen hatte. Ich lebte völlig ohne Sex. Ich masturbierte nicht; ich hatte keine sexuellen Träume. Für mich hatte Sex mit meinem Mann auf sehr hoher Ebene stattgefunden. Ich konnte mir nicht vorstellen, Sex mit jemand anderem zu haben.*« – Eine fünfundvierzigjährige leitende Angestellte in der Werbung.

Das stereotype Bild von der verlassenen Ehefrau ist die *Hausfrau**, in die Breite gegangen dank der genossenen Plätzchen und Kochsherrys, und blankäugig durch die Jahre des Lebens, die auf dem Fernsehbildschirm vorbeigezogen sind. Ihr Mann hat sie verständlicherweise zugunsten der erregenden Stunden verlassen, die eine Frau verspricht, deren Hüften schmaler als vierzigundnochwas Zentimeter sind und deren Gehirn besser als das einer wandelnden Komatösen funktioniert. In Wahrheit dürfte es schwierig sein, in der Warteschlange vor der Supermarktkasse die verlassene von der attraktiven Frau zu unterscheiden.

»Aber die Leute glauben immer noch, daß etwas mit einem nicht stimmt, wenn einen der Mann verläßt«, sagt Lynne, eine achtunddreißig Jahre alte zierliche Rothaarige, die eher wie Annie Potts in »Designing Women« als wie eine Hausfrau aussieht, die von einem Mann verlassen wurde, dem es nicht mehr gelang, sexuelle Lust heraufzubeschwören – nicht einmal mit Hilfe seiner Phantasie –, wenn er auf ihr lag. »Alte

* Deutsch im Original. (Anm. d. Übers.)

284

Einstellungen sterben nur schwer. Wenn man gut aussieht, aber keinen Job hat, sagen sie, daß sie einen verlassen, weil man geistig abbaut. Sieht man gut aus und hat einen Job, sagen sie, daß sie einen verlassen, weil man nicht gut im Bett ist.

Welche Frau will schon glauben, daß ein Mann eine Frau verlassen könnte, die gut aussieht, Gehaltsschecks mit nach Hause bringt und auch noch Orgasmen hat?«

Nicht viele Frauen wollen das glauben. Es würde logischerweise bedeuten, daß auch sie eines Tages verlassen werden könnten.

»Als er mich verlassen hatte, fühlte ich mich, als hätte ich eine ansteckende Krankheit«, sagte Lynne. »Alle die Frauen in meiner Gehobene-Mittelklasse-Nachbarschaft, die ich für meine Freundinnen gehalten hatte, mieden mich. Ich war kaltgestellt. Einige ihrer Ehemänner sprachen noch mit mir. Und sie sagten, was Ehemänner bei solchen Gelegenheiten immer sagen: ›Du mußt einsam sein. Und du hast bestimmt noch Bedürfnisse. Ich könnte dir helfen. Niemand muß es erfahren.‹ Igitt!

Vielleicht hat das dazu beigetragen, daß ich den Sex abstellte. Als er mich verlassen hatte, fühlte ich mich kalt. Monatelang fröstelte ich. Ich konnte nicht warm werden. Ich stellte den Thermostat höher, aber es half nichts. Sex war das letzte, an das ich dachte. Ich schaffte es nicht einmal, meinen Körper auf eine angenehme Temperatur zu bringen – wie sollte ich unter diesen Bedingungen an Sex denken?«

Wer ist sie?

Verlassene Frauen machen in meiner Untersuchung nur neun Prozent aus. Sie sind Frauen, auf die eines der folgenden Kriterien zutrifft:

* *Sie wurden von ihren Männern verlassen – und beschreiben ihre Scheidung auf diese Art.* Die glücklichen geschiedenen Frauen erwähnen oft nicht, ob sie oder ihre Männer die Scheidung gewollt hatten.

* *Sie sind noch immer mit Männern verheiratet, die eine lang dauernde Affäre oder wiederholt Affären haben.* Anders als andere Frauen ehebrecherischer Männer beschreiben sie sich selbst als durch sein Betragen »vernichtet«.

* *Sie führen sexlose Ehen, und zwar nicht aufgrund einer gegenseitigen stillschweigenden Übereinkunft.* Bevor die Qual ihrer Situation sie zwang, sich sexuell zu verschließen, hatten diese Frauen eine sexuelle Beziehung gewollt – und haben früher ihre Männer »angebettelt«, sie zu lieben.

* *Sie haben aufgrund der Tatsache, daß sie verlassen wurden, aufgehört, Sex zu haben – sogar zu masturbieren.*

Verlassene Frauen fühlen sich abgewiesen; so tief und schmerzlich abgewiesen, daß sie nicht länger auf ihre sexuellen Impulse hören. Sie masturbieren nicht und haben weder mit ihrem Ehemann noch mit anderen Männern sexuellen Umgang. Wenn sich die überstrapazierte Phrase vom geringen Selbstwertgefühl auf eine Gruppe von Frauen anwenden läßt, dann auf sie. Andererseits haben sie untereinander weniger Gemeinsamkeiten, als man annehmen könnte. Es existiert kein allge-

mein gültiges Porträt der Frau, die von ihrem Ehemann verlassen wird.

In den oberen Einkommensschichten ist die Wahrscheinlichkeit, daß verlassene Frauen arbeiten, geringer als in anderen (über sechzig Prozent der verlassenen Frauen, deren Ehemänner 100 000 Dollar und mehr im Jahr verdienen, arbeiten nicht außerhalb des Zuhauses.) Und wenn sie arbeiten, betrachten sie ihre Arbeit eher als einen Job, nicht als einen Beruf. Aber sie sind nicht unansehnlicher, ungebildeter oder unorgasmischer als andere Frauen. Tatsächlich sieht eine Frau der oberen Mittelklasse vielleicht ungewöhnlich gut aus. Das Interesse am Sex, das sie laut ihren Berichten vor der Zurückweisung hatten, war ebensogroß wie das von anderen Teilnehmerinnen an meiner Studie. Und sie haben sich höchstens zu stark bemüht, ihre Männer zu befriedigen – auf keinen Fall zu wenig.

»Ich habe in sexueller Hinsicht alles für meinen Mann getan«, schreibt eine zweiundvierzigjährige Kalifornierin, deren Mann sie vor zwei Jahren wegen einer anderen Frau – einer Kollegin – verließ. »Er kann nicht behaupten, daß er mich wegen jemandem verließ, der Dinge tun würde, die ich abgelehnt habe. Ich habe Fellatio ausgeführt, wann immer er es wünschte. Er mochte es besonders, während er den Wagen fuhr. Ich hatte entsetzliche Angst, aber ich tat es. Ich schluckte es hinunter. Ich ließ mich auch von hinten ficken, obwohl ich es nicht mochte. Wenn er mich an die Dusche fesseln und von hinten ficken wollte, während das Wasser vorn auf mich trommelte, sagte ich nicht nein. Und meistens habe ich alles durchaus genossen.

Ich kann mich nicht erinnern, jemals nein gesagt zu haben, obwohl ich es in zwanzig Ehejahren einige Male getan haben muß.«

Der idealisierte Mann

Die einzige Gemeinsamkeit dieser Frauen – abgesehen von ihrem geringen Selbstwertgefühl – scheint ihr Hang zu sein, sowohl ihren Ehemann als auch ihre sexuelle Beziehung zu idealisieren. Vor dem Verlust seiner Zuneigung bedeutete er alles für sie. Sie schätzten seine Bedürfnisse höher als ihre eigenen ein und richteten ihr Leben nach ihm aus. Der Sex, den sie mit ihm hatten, war leidenschaftlich.

»Sie können nicht nachfühlen, wie ich für meinen Mann empfunden habe, wenn Sie diese reine Liebe und Leidenschaft für einen Mann niemals erlebt haben«, schreibt eine fünfzig Jahre alte Marketingdirektorin aus dem Mittelwesten. »Für mich gab es nur ihn. Ich war mit meinen einundzwanzig Jahren eine jungfräuliche Braut; das Produkt des repressiven und religiösen Milieus einer Kleinstadt. Nicht, daß ich keine sexuellen Anwandlungen gehabt hätte, bevor ich ihn traf. Ich habe sie aber unterdrückt, weil ich mich davor scheute, herumzutändeln.

Aber mit ihm erlebte ich eine Leidenschaft, wie sie die meisten Frauen nie kennenlernen. Ich konnte nicht glauben, daß er hinter anderen Frauen herschaute, denn ich hätte niemals einem anderen Mann nachschauen können. Ich glaubte, wir hätten eine perfekte Beziehung, bis ich herausfand, daß er sich mit einer anderen traf.

Als ich ihn zur Rede stellte, weinte er. Er sagte, er würde damit aufhören, aber ich glaubte ihm nicht. Ich hörte ihn buchstäblich nicht. Erst mehrere Jahre später – als ich einmal allein in einem Wagen fuhr – erinnerte ich mich, daß er mich gebeten hatte, ihm zu verzeihen und ihn nicht zu verlassen. Als ich herausfand, was er getan hatte, wurde ich taub, stumm und blind. Ich wollte nichts von dem hören, was er sagte, nachdem er mir eröffnet hatte: ›Ja, ich habe eine Affäre …‹«

Wie viele andere verlassene Frauen wußte sie nicht, was sie für ihren Mann empfinden sollte, nachdem sein Anspruch auf das Podest verwirkt war, das sie ihm errichtet hatte. Angeblich ist die Errichtung von Podesten eine Spezialität der Männer. Aber ich stellte fest, daß diese Frauen Podeste errichtet hatten. Ihre Männer waren überlebensgroß – bis sie den Eheschwur brachen.

Diese Frauen sind (oder waren), wie es eine Frau bei ihrer Selbstdarstellung ausdrückt, »in bezug auf Männer und Sex extrem unrealistisch und romantisch«.

Was geschah, und wie es geschah

»Er richtete sich ein neues Leben ein, und ich hatte keine Ahnung davon«, schreibt Carrie, eine vierzigjährige Bostoner »heimatlose Person der oberen Mittelklasse«. Sie wohnt jetzt – zwei Jahre nach einer schmerzlichen Scheidung – bei Freunden und bemüht sich immer noch, ihr Leben wieder zusammenzusetzen. »Ich bereitete Feinschmeckermahlzeiten vor, und er verschwieg seinen Aktivposten. Ich sammelte Stoffe, um das Schlafzimmer neu zu dekorieren, und er schaute sich mit seiner Geliebten Apartments an. Als er alles arrangiert hatte und nur noch seine Kleider zusammenpacken und seinem Anwalt das Startsignal geben mußte – erst dann teilte er mir mit, daß er eine andere liebte und die Scheidung wollte, um sie heiraten zu können.

Später erfuhr ich von anderen Frauen, die ich in einer Selbsthilfegruppe kennenlernte, daß Männer oft so vorgehen. Sie beschließen, einen zu verlassen, arrangieren alle Einzelheiten und sagen es *dann* ihren Frauen. Ich war am Boden zerstört, als er mich verließ. Ich hatte keine warnenden Vorzeichen bemerkt.

Wir hatten bis zum Schluß Sex, wenn auch nicht so häufig wie früher. Aber ich ahnte nicht, daß etwas nicht in Ordnung war. Ich war sexuell immer für ihn dagewesen. Er konnte auf diesem Gebiet keinen Anlaß zu Klagen gehabt haben.«

Carries Beschreibung des Endes ihrer Ehe gleicht den Geschichten vieler anderer Frauen. Diese Berichte lassen sich grob in drei Stadien unterteilen:

Die glückselige Ahnungslosigkeit. Die Frau entdeckt keine Hinweise auf das Unglücklichsein bei ihrem Ehemann. Sie schildert die Zeit vor ihrer Zurückweisung durch ihn als »gut«, »wundervoll« oder sogar »vollkommen«. Je besser es der betreffenden Frau finanziell geht, desto blinder scheint sie für das zu sein, was hinter ihrem Rücken vorgeht.

Die Ankündigung des Ehemannes. Sie wird fast immer anfangs mit ungläubigem Schweigen entgegengenommen. Später folgen Tränen und Beschuldigungen, und schließlich entsetzte Akzeptanz.

Die lähmenden Nachwirkungen. Hat die Frau seine Ablehnung akzeptiert, ist sie durch Kummer, Zorn und den völligen Verlust ihres sexuellen Verlangens wie eingefroren.

Diese Reaktionen sind verlassenen Frauen gemeinsam, deren Mann noch mit ihnen zusammenlebt. Wenn sich ihre Lebensgeschichten auch in den Einzelheiten von jenen der geschiedenen Frauen unterscheiden, sind die Muster ähnlich. Ob die Männer sie im körperlichen Sinn oder gefühlsmäßig und sexuell verlassen, indem sie in außereheliche Affären ausweichen – sie scheinen das Abschiednehmen oft »über die Bühne zu bringen«, ohne ihre Frauen zu alarmieren, bis der Schritt des Verlassens buchstäblich vollständig ausgeführt ist. Dann rea-

gieren die Frauen angesichts einer Realität, der sie nicht entkommen können, auf dieselbe Art: anfangs mit bestürztem
Schweigen und schließlich allzuoft mit sexuellem Rückzug. Sie
übernehmen die Verantwortung dafür, daß ihre Männer das
Interesse an ihnen verloren haben.

»Er sagte, es sei mein Fehler, daß er mich betrog, und ich
nahm diesen Vorwurf fünfzehn Jahre lang auf mich«, schreibt
eine dreiundfünfzigjährige Frau, die ihren untreuen Ehemann
erst kürzlich verließ. »Ich stellte keine Fragen. Ich fand ihn so
begehrenswert. Es mußte an mir liegen. Ich mußte diejenige
sein, die es nicht wert war, daß man ihr treu blieb.«

»Wir haben keinen Sex mehr«, schreibt eine vierundfünfzig
Jahre alte Großmutter aus Chicago. »Wir haben seit drei Jahren
keinen Sex mehr, weil mein Mann mich nicht mehr will. Als
wir mehrere Monate lang keinen Sex mehr gehabt hatten, obwohl ich ihn darum bat, teilte er mir endlich den Grund mit.
Er sagte, ein älterer Körper könne ihn nicht erregen. Er sagte,
mein hängender Busen und Hintern seien schuld daran, daß
er schlaff blieb. Nein, in Wahrheit sagte er ›impotent‹. Er sagte,
ich hätte ihn impotent gemacht, und dieses Wort bohrte sich
wie ein Messer in meine Brust. Ich verschloß mich sexuell von
dem Moment an, in dem er es ausgesprochen hatte. Jetzt stößt
mich der Anblick meines Körpers ab.

Ich brauchte noch fast ein Jahr, um die naheliegende Frage zu
stellen. Als ich ihn schließlich fragte, ob er Sex mit anderen
Frauen hätte, wechselte er das Thema. Er sagte, ich solle wissen, daß er diese Frage nie beantworten würde.

Ich habe seit dem Tag, an dem er mir sagte, daß ich ihn
impotent machte, nicht einmal mehr masturbiert. Viele Jahre
lang hatten wir die wundervollste sexuelle Beziehung, die
sich eine Frau nur wünschen kann. Ich verlangte mit meinem
ganzen Sein nach ihm. Ich verehrte diesen Mann. Jetzt ist
das alles kaputt, und auch der Sex ist für mich vorbei.«

Und eine vierundvierzigjährige Frau, deren Mann fünf Jahre lang eine Affäre mit einer Nachbarin hatte, schreibt: »Ich habe bis vor einem Jahr nicht geahnt, was vor sich ging. Ich bin so dumm. Ich hatte geglaubt, wir wären ein perfektes Paar. Eine andere Nachbarin erzählte es mir. Als ich ihn fragte, erwartete ich, daß er es leugnen würde, aber er gab es zu. Er will keine Scheidung; wahrscheinlich, weil sie ihn nicht heiraten will. Seit dem Abend, an dem er sein Geständnis ablegte, haben wir keinen Sex mehr gehabt. Gelegentlich unternimmt er einen Versuch, aber ich wende mich ab. Ich habe seit damals keinen einzigen sexuellen Gedanken mehr gehabt. Ich komme mir vor wie jemand, der sich daran erinnert, wie es war, bevor die Bombe fiel und die Welt für alle Zeiten veränderte.«

Das Ende der Sexualität

»Ich masturbiere nicht einmal mehr«, ist der entlarvendste Satz im Sprachgebrauch der verlassenen Frauen. Er ist der Ausdruck jener Selbstverleugnung, die diese Frauen von anderen geschiedenen Frauen unterscheidet, die sich niemals als verlassen betrachtet haben – unabhängig davon, ob ihre Männer die Scheidung wollten oder nicht. Wenn sie mit impotenten oder ehebrecherischen Männern verheiratet sind, unterscheidet dieser Satz sie von anderen Frauen in ähnlichen Situationen, die nicht wegen der Aktivitäten oder Unterlassungen ihrer Männer ihre sexuellen Gefühle unterdrückt haben.

»Ich bin in einer asexuellen Phase«, schreibt eine fünfundvierzigjährige Schriftstellerin aus Philadelphia, deren Mann ihr vor einem Jahr nach mehreren Monaten der Impotenz mitteilte, er könne nur bei einer anderen Frau eine Erektion haben. »Mein Körper ist ein erotisches Ödland. In sexueller Hinsicht regt sich nichts in mir. Es ist unheimlich. Bevor das geschah,

sagte ich den Leuten, meine Vierziger wären im Begriff, meine erotischsten Jahre zu werden. Ich dachte, alles wäre so gut zwischen uns. Und ich freute mich darauf, mit ihm alt zu werden und bis in unsere neunziger Jahre Sex zu haben.«

Sie sagt mir wie viele andere Frauen auch, daß sie erotische Gedanken nicht unterdrückt – sie hat einfach keine solchen Gedanken mehr.

Kathleen, eine leitende Angestellte aus St. Louis Mitte Fünfzig, sagt: »Nachdem mein Mann mich wegen einer anderen Frau verlassen hatte, schaltete ich mich sexuell ab. Ich hatte sieben Jahre lang keine sexuellen Gedanken mehr. Ich hatte eine so außerordentliche Leidenschaft empfunden – und plötzlich war jedes erotische Gefühl verschwunden; in meinem Inneren versiegt. Sieben Jahre lang war ich so asexuell, wie man es nur sein kann.

Nachdem er mich verlassen hatte, spürte ich lange Zeit eine körperliche Kälte. Ich konnte nicht warm werden. Ich erinnere mich, daß ich mich auf den Boden legte, wenn die Sonne durchs Fenster schien, um warm zu werden. Nichts half. Jeden Winter war es mir so kalt, daß ich glaubte, es nicht durchstehen zu können. Ich habe in all diesen Jahren nie an Sex gedacht. Ich verstand nicht einmal Witze über Sex. Man mußte mir sagen – meine Kinder mußten mir sagen –, daß es ein sexueller Witz war. Ich verstand es nicht.«

So vollständig ist die Verleugnung. Aber bei einigen Frauen ist sie kein permanenter Zustand.

Der Funke

»Nach sieben Jahren geschah etwas mit mir«, fährt Kathleen fort. »Es war nichts Großartiges oder Dramatisches. Ich arbeitete an einem Projekt eng mit einem Klienten zusammen. Wir hatten Papiere und Karten und Zeichnungen auf einen Kon-

ferenztisch ausgebreitet. Er wies mich auf etwas hin und berührte dabei zufällig meine Hand.

Meine Haut prickelte von seiner Berührung. Ich fand ihn nicht attraktiv, aber seine Berührung entzündete mich sexuell aufs neue. Ich hatte ein Gefühl, als wäre mein Kontrollämpchen wieder angegangen, und ich spürte plötzlich wieder diese elektrische Spannung in mir. Ich war sexuell nicht mehr tot. Danach nahm ich Männer wieder auf sexuelle Weise wahr.

Ein paar Monate später hatte ich eine Beziehung. Es war eine leidenschaftliche Affäre. Letztlich verließ auch er mich, aber danach machte ich keine neue asexuelle Phase durch. Nein, ich bekam, was ich das ›Fick-die-Welt-Syndrom‹ nenne. Ich wollte eine Menge Männer haben. Ich war nach dieser zweiten Beziehung reichlich promiskuitiv.«

Die meisten Frauen, die ihre asexuelle Periode überwanden, beschreiben ähnliche Augenblicke, in denen sie buchstäblich fühlten, wie der Funken tief in ihnen neu entzündet wurde.

»Nachdem mich mein Mann verlassen hatte, habe ich fast zwei Jahre lang weder masturbiert noch Sex mit einem Mann gehabt«, schreibt eine Frau Mitte Dreißig aus Denver. »Eines Tages legte mir der Mann meiner Freundin den Arm um die Schulter, als er mich nach einem Essen in ihrem Haus zu meinem Wagen hinausbegleitete. Es war eine freundschaftliche Geste ohne sexuelle Bedeutung, und ich faßte sie auch nicht anders auf. Aber das Gewicht seines Arms auf meiner Schulter bewirkte, daß etwas in mir wieder zurechtgerückt wurde. An jenem Abend masturbierte ich. Ich brauchte fünfundzwanzig Minuten bis zum Orgasmus, und als er sich endlich einstellte, weinte ich mir das Herz aus dem Leib. Danach ging es mir besser.«

Die meisten Frauen berichten, daß der Funke bei einer zufälligen Berührung durch einen Bekannten oder einen Fremden oder durch eine Geste der Zuneigung eines Freundes über-

sprang. Aber einige Frauen sagten, daß es durch eine plötzliche oder unerwartete körperliche Berührung durch den Ehemann oder Ex-Ehemann geschah.

»Als er mich verlassen hatte, war ich ein Jahr lang sexuell tot«, schreibt eine Bostoner Lehrerin. »Eines Tages – er holte die Kinder ab – berührte er meinen Arm und sagte, ich sähe müde aus. Es war als zärtliche Geste gemeint, aber es fühlte sich sexuell an. Seine Hand auf meiner Haut ließ mich wieder Lust empfinden. Ich wußte, daß er nicht mehr in Frage kam, also begann ich, mich umzuschauen.«

Einige wenige Frauen berichten, daß der Funke bei der Berührung mit einer anderen Frau übersprang. Manchmal führte das zu einer lesbischen Erfahrung.

»Ich hatte mich selbst nicht als lesbisch oder bisexuell betrachtet, bis zwei Jahre, nachdem mich mein Mann verlassen hatte«, schreibt eine achtunddreißig Jahre alte Frau aus dem Süden, die jetzt sexuelle Beziehungen mit Männern und Frauen hat. »An einem heißen, trägen Nachmittag auf dem Land saß ich mit einer Freundin unter einem Baum. Die Kinder spielten in der Nähe. Sie sprach angeregt auf mich ein und ergriff an einem Punkt ihrer Erzählung meine Hand. Das genügte. Mein ganzer Körper erhitzte sich. Als sich mein Gesicht rötete, ließ sie meine Hand verwirrt los.

Zwei Wochen später lag ich mit einer anderen Frau im Bett – zum ersten Mal in meinem Leben.«

Wie auch immer es geschah, und wohin es auch führte, der Funke veranlaßte diese Frauen, zu masturbieren und sich dann wieder sexuell für Männer oder manchmal auch für Frauen zu öffnen. Es war eine sexuelle Neubelebung für sie.

Kapitel 21 **Die Ablehnung überwinden**

»Es begann mit Zorn. Ich war bereits seit zwei Jahren geschieden, als mich die Wut wegen dem packte, was er mir angetan hatte. Ich war taub, sexuell tot – und dann wurde ich wütend auf ihn. Die Kinder erzählten mir, er und seine neue Frau schlössen das Schlafzimmer ab und machten ›komische Geräusche‹ darin. Ich stellte mir mit allen wollüstigen Details vor, wie er Sex mit ihr hatte – und geriet in Wut. Innerhalb einer Woche ging ich mit einem Fremden ins Bett, um mit ihm gleichzuziehen. Ich machte eine Weile so weiter, bis ich mich wieder gesund zu fühlen begann. Ich glaube, der Zorn hat mich auf eine verdrehte Art gerettet. Hätte ich nicht eine solche Wut auf ihn gehabt, wäre ich vielleicht sexuell tot geblieben.« – Eine achtunddreißig Jahre alte Fernsehproduzentin.

Bei dieser Frau sprang der Funke, der sie sexuell wieder entzündete, nicht bei einer zufälligen Berührung durch eine andere Person über: Es war ihr Zorn, der Hitzewellen aussandte und Funken sprühen ließ, wie eine Wunderkerze an Heiligabend. Er entflammte ihre Haut und erweckte die Enden ihrer sexuellen Nerven zu neuem Leben. Ihre Erfahrung ist nicht ungewöhnlich. Viele Frauen berichten von einem sexuellen Neuerwachen, nachdem sie zornig geworden waren. Oft richtet sich ihr Zorn nicht gegen den Mann oder Exmann, sondern gegen sich selbst, weil sie zugelassen hatten, daß seine Ablehnung sie lähmte.

»Nachdem ich herausgefunden hatte, daß mein Mann seit etwa elf Jahren mit seiner Schwägerin schlief, wandelte ich in einer

Art schützendem Nebel umher. Ich fühlte fast ein Jahr lang nichts, insbesondere keine sexuelle Erregung«, schreibt eine Managementberaterin aus Maryland. »Ich war nicht wütend. Ich war nicht eifersüchtig. Ich war nur betäubt; in diesem entsetzlichen Zustand des Wissens gefangen, daß ich nicht begehrenswert war.

Er hatte mir so etwas schon immer in einem gewissen Umfang antun können. Die sexuelle Verweigerung war sein wichtigstes Kontrollinstrument über mich. Es ist die häßlichste Form der Kontrolle, weil sie einen an seiner Fähigkeit zweifeln läßt, den anderen zu erregen. Es gibt keine erniedrigendere Ablehnung als die sexuelle Zurückweisung.

Als ich von der Affäre der beiden erfuhr, war die Ablehnung vollständig. Ich war sexuell nicht ansprechbar. Ich konnte keine sexuellen Gedanken denken.

Ich werde Ihnen sagen, was mich schließlich herausriß. Ich wurde wütend auf mich selbst, weil ich so nett zu ihm gewesen war; weil ich mich seinem Tagesablauf und seinen persönlichen Bedürfnissen derart anpaßte, während er nicht im geringsten darüber besorgt war, daß ich mich in Stein verwandelt hatte. Ich wurde so wütend, daß ich ihm sagte, ich wünschte die Scheidung. Ich dachte damals nicht an Sex oder daran, sexuell wieder aktiv zu werden.

Nein. Ich wußte nur, daß ich nicht bei jemandem bleiben konnte, der mich nicht mehr wollte. Ich verabscheute mich selbst, weil ich nachts im selben Bett wie er schlief. Als ich Schritte unternahm, um die Ehe aufzulösen, begann ich, mich besser zu fühlen. Aber sexuell wurde ich erst wieder einige Monate nach der Scheidung lebendig.

Ich begleitete die Jungen der Klasse meines Sohnes als Betreuerin bei einem Schulausflug. Ich saß im Bus neben einem der Väter, ebenfalls ein Betreuer. Er war einer jener lebhaften Redner, die einen an der Hand oder am Arm berühren, wenn sie

etwas besonders betonen wollen. Aber am Ende des Ausflugs fühlte ich mich sexuell angeregt. An jenem Abend masturbierte ich zum ersten Mal, seit ich von der Affäre meines Mannes erfahren hatte.«

Zorn – vielleicht das Gefühl, das auszudrücken Frauen am schwersten fällt – hat viele Frauen die positiven, gesunden Veränderungen vornehmen lassen, die nötig waren, damit sie wieder sexuell lebendig wurden.

Nach den Zündfunken

Ob der Funken durch Zorn oder eine plötzliche, unerwartete und elektrisierende Berührung erzeugt wird, er erweckt die Schläferin ebenso sicher zu neuem sexuellen Leben wie der sanfte Kuß des Prinzen auf Schneeweißchens leuchtend rote Lippen. Aber anders als die Märchenheldin wartet diese wiedererweckte Frau nicht mit feucht schimmernden Augen und vor Erwartung bebend darauf, daß der Prinz in seiner Huld ihr alle Wünsche erfüllt. Diesmal ist sie klüger.

Gemäß dem traditionellen Mythos der romantischen Liebe glaubt eine Frau, daß sie ihr Leben mit dem Mann als Mittelpunkt einrichten muß, der sie sexuell anzieht – besonders wenn sie sehr von ihm angetan ist. Der Mythos macht viele Frauen zu Opfern. Am ausgeprägtesten trifft das auf die Frauen zu, die ihre sexuelle Lust verlieren, wenn »der eine« sie zurückweist – der eine, von dem sie geglaubt hatte, daß er sie für den Rest des Lebens lieben würde. Einige Frauen sind durch den Verlust so vollständig aus der Bahn geworfen, daß sie niemals wieder sexuell aktiv werden. Diejenigen, die zu einem neuen sexuellen Leben erwacht sind, sagen, daß sie auch den Sex mit neuen Augen sehen – als wesentlichen Bestandteil ihres Lebens, und nicht mehr als eine mysteriöse Macht der Männer.

»Ich lasse den Sex nicht länger meine Entscheidungen darüber bestimmen, wie ich leben will«, erklärt eine zweiundvierzig Jahre alte Kellnerin und Autorin unveröffentlichter Geschichten aus Texas. Als ihr Ehemann sie verlassen hatte, hatte sie fünf Jahre lang keine sexuellen Bedürfnisse mehr. »Ich heiratete ihn mit siebzehn Jahren. Die Leidenschaft, die ich für ihn empfand, war etwas Besonderes. Sie besaß die Macht des Gotteswortes über mein Leben. Ich wäre ihm überallhin gefolgt, ich hätte alles getan, was er von mir verlangt hätte. Ich habe nie einen anderen Mann angeschaut.

Als er mich verließ, fühlte ich mich, als würde ich nicht mehr existieren.«

Ihr sexuelles Wiedererwachen begann, als ein Stammkunde sie umarmte. Diese »einfache Umarmung« erinnerte sie daran, daß sie ein sexuelles Lebewesen war, und bewirkte, daß sie sich wieder für die »sexuellen Vibrationen« öffnete, die von den Männern in ihrer Umgebung ausgingen. Und ihre erste Beziehung nach der Scheidung war voller Überraschungen und eine Offenbarung für sie.

»Mit neununddreißig Jahren hatte ich zum ersten Mal in meinem Leben Sex mit einem Mann, ohne zu denken: ›Das ist die Liebe meines Lebens‹«, sagt sie. »Die Entdeckung, daß ich großartigen Sex mit einem Mann haben konnte, ohne ihn gleich zum Mittelpunkt meines Lebens zu machen, krempelte mein Denken um.

Und der Sex *war* großartig. Er machte Sachen, die mein Mann nie getan hätte. Ich hatte meinen ersten Orgasmus mit ihm. Als er sagte: ›Ich möchte dich aussaugen‹, wußte ich nicht, wovon er redete. Aber ich sagte ja, damit er nicht glaubte, ich wäre naiv. Als er mit seiner Zunge meine Klitoris umspielte, wurde ich fast verrückt.

Aber ich redete mir nie außerhalb des Schlafzimmers ein, wir wären ein Paar, das der Himmel zusammengeführt hatte. Das

bedeutete einen wirklichen Fortschritt für mich. Ich wünschte mir nur, ich hätte das früher begriffen.«

Sie war eine Früherblühte, die schon mit zehn Jahren masturbiert hatte und bei ihrem Mann vor dem Geschlechtsakt orgasmisch gewesen war. Trotzdem hatte sie zugelassen, daß der romantische Mythos sie neununddreißig Jahre lang gefangenhielt.

Wer ist sie?

Die wiedererweckten Frauen in meiner Untersuchung kommen eher aus den oberen Einkommensgruppen als aus den mittleren oder unteren. Vielleicht ist der sozioökonomische Status bei vielen dieser Frauen schuld daran, daß sie dem romantischen Mythos treu bleiben, den andere ablegen, sobald sie eine gewisse Erfahrung in dieser Welt gemacht haben. Finanzielle Abhängigkeit kann Frauen in einem kindhaften Zustand halten, in dem die Glaubwürdigkeit von Märchen nicht ernsthaft in Frage gestellt wird.

Die wiedererweckten Frauen machen sieben Prozent aller Frauen in meiner Studie aus. Folgende Eigenschaften sind ihnen gemeinsam:

* *Sie hatten das Verlangen nach Sexualität nach einer verheerenden Zurückweisung durch ihren Ehemann oder den Liebhaber, mit dem sie zusammenlebten, für mindestens ein Jahr verloren.*

* *Sie haben es geschafft, diese Lust zurückzugewinnen.*

Die meisten waren älter als neununddreißig Jahre, als der Funke sie sexuell wiedererweckte. Das spricht dafür, daß diese Wie-

300

dererweckung durch die Sexualbiologie unterstützt wird. Nach dem fünfunddreißigsten Lebensjahr nimmt die Produktionsrate des für den sexuellen Trieb bei beiden Geschlechtern verantwortlichen Testosterons im Frauenkörper gegenüber den weiblichen Hormonen zu und verstärkt ihr Lustempfinden. Vielleicht schafft die Sexualbiologie ein günstigeres Klima, in dem der Funke leichter ein Feuer entfachen kann, und fördert die Entwicklung einer freizügigeren Einstellung. Aber viele, vorher finanziell abhängige Frauen schreiben ihr gesteigertes Selbstvertrauen – das sich auch in sexueller Hinsicht auswirkt – einer Arbeitsstelle zu. Worin die Gründe auch bestehen mögen, sie geben an, daß sie anders denken als in den Tagen glückseligen Nichtwissens, bevor das Veralten ihrer Ehemänner ihr Leben veränderte.

Ihre neue Einstellung

Sex ist gut.
Ihr Credo als Ehefrauen hatte gelautet: »Sex ist nur gut, *wenn* ...« Die wichtigsten Bedingungen waren gewesen: »... wenn du wirklich liebst« und »... wenn du verheiratet bist«. In der Rückschau erkennen sie oft, daß sie sehr rasch bereit gewesen waren, über andere Frauen zu urteilen, die nicht ihrem strengen Moralkodex gemäß lebten. Einige von ihnen waren Mitglieder in konservativen Frauengruppen wie den Right to Life und den Concerned Women für America. »In meiner puritanischen, privilegierten Vergangenheit habe ich meine Zunge an vielen unkeuschen Frauen gewetzt«, schreibt eine fünfundvierzig Jahre alte Frau aus dem Mittelwesten, die in den siebzehn Jahren ihrer Ehe mit einem reichen Anwalt »keinen Finger krumm« machte und heute einen Markt für Gärtnereibedarf leitet. »Damals war alles schwarz

oder weiß. Ich war eine romantische Idealistin, die kein Verständnis dafür hatte, wie eine Frau Sex haben konnte, ohne irrsinnig verliebt zu sein, oder wie sie wünschen konnte, ein Kind abzutreiben – wurden nicht alle Kinder in einer fast heiligen Leidenschaft gezeugt?

Habe ich mich verändert! Als mein Mann mich wegen seiner Praxisteilhaberin verließ – die übrigens fünf Jahre älter war als er; soviel zum Mythos der jüngeren Frau! –, fühlte ich mich wie jene Prinzessin, die von ihrem Stapel Federkernmatratzen hinunter auf den Steinboden geworfen worden war. Und ich hatte geglaubt, eine gelegentliche Erbse unter meinen Matratzen stelle eine Härte dar! Was für ein Schreck. Er betäubte mich sexuell anderthalb Jahre lang.

Als ich in der wirklichen Welt zu mir kam, erfuhr ich endlich, daß Sex etwas ist, was wir brauchen. Er kommt nicht nur in einem Paket zusammen mit Hochzeitsglockengeläut. Er ist nicht immer ein Sakrament.«

Ich habe Anspruch auf sexuelle Lust

Als verlassene Frauen hatten sie geglaubt, keine sexuelle Lust zu verdienen. Schon zuvor – während der Ehe – hatten sich viele von ihnen schuldig gefühlt, weil sie eigene Lust empfanden. Daß ihr Mann sie verließ, verstärkte ihr sexuelles Schuldgefühl und bestätigte ihre negative Meinung über sie selbst. Weil ihre Männer sie nicht länger begehrten, fühlten sie sich nicht begehrenswert.

»Ich fühlte mich nie berechtigt, Sex zu genießen, bis vor einem Jahr«, schreibt eine kürzlich neuerweckte Frau von einundvierzig Jahren. »Das bedeutet nicht, daß ich den Sex in meiner Ehe nicht genossen hätte. Ich genoß ihn! Ich fühlte mich von meinem Mann stark angezogen, selbst dann noch, als er mir sagte, daß er mich nicht mehr wollte. Aber ich dachte nie weiter, als daß Lust etwas war, was er mir gab. Und da

302

er sie gab, konnte er sie mir auch wieder nehmen. Und er tat es.

Ich hatte kein angeborenes Recht, mich wohlzufühlen, wie meine Mutter meinte, wenn sie überhaupt von solchen Dingen sprach. Den Schmerz des Verlassenseins durchzustehen und aus eigener Kraft neu anzufangen, veränderte mich. Wenn ich das überleben konnte, war ich ein wertvoller Mensch. Jetzt trete ich für das ein, was mir gehört.

Ich habe ein Recht auf ein gutes sexuelles Leben.«

Sex muß nicht mit Bedingungen verknüpft sein.

Dies bedeutet eine größere Veränderung in der Einstellung. Solche Frauen sind ebenso schockiert, zu entdecken, daß Sex eine wilde, lustvolle Erfüllung sein kann – selbst dann, wenn er eindeutig nirgendwohin »führt«. Während die meisten anderen Frauen immer noch glauben, Sex sei in einer vertrauten und intimen Beziehung am erstrebenswertesten und erfüllendsten, sind sie jetzt realistisch genug, zu erkennen, daß nicht jede sexuelle Beziehung diese Kriterien erfüllt. Die Wahl lautet nicht: alles oder nichts. Sie haben es nicht mehr nötig, vorzugeben, daß sie alles wählen, wenn sich ihre Sexualität bemerkbar macht. Sie müssen nicht jeden Mann, der sie erregt, zum Prinzen machen.

»Ich hätte es früher nie für möglich gehalten, daß ich Ihre Frage: Sollte Sex nur ein Ausdruck der Liebe sein? mit ›NEIN!‹ beantworten würde«, schreibt eine achtunddreißig Jahre alte, wiedererweckte Frau, die die Sexualität vier Jahre nach einer Scheidung, die sie sexuell abgestumpft zurückließ, neu entdeckte. »Als ich noch verheiratet war, hätte ich Ihnen geantwortet – und noch dazu recht selbstzufrieden –, daß Sex ohne Liebe unerträglich leer sein müsse.

Als ich nach zehn Ehejahren herausfand, daß mein Mann noch während der Flitterwochen angefangen hatte, mich zu

betrügen, änderte sich mein Leben – endlich zum Besseren. Ich bin nicht mehr hochmütig. Ich verstehe eine Menge mehr als früher über menschliche Bedürfnisse und Gefühle und darüber, wie ein Mann und eine Frau zusammenkommen können, um einander erotischen Trost zu spenden, ohne daß sie gleich Pläne für ihr späteres gemeinsames Glück schmieden müssen.«

Viele Frauen schreiben darüber, wieviel mehr sie den Sex genossen, seit sie ihre romantischen Idealvorstellungen aufgaben. Die Männer, so sagen sie, wurden von machtvollen Götzenbildern zu realen Menschen, nachdem sie nicht mehr in die Rolle des idealen Helden gedrängt wurden. Und über die Hälfte dieser Frauen berichten, daß sie diese neue sexuelle Einstellung in den Armen eines ganz und gar »unpassenden« Mannes gewannen.

Der gute Liebhaber

Nur wenige Geschichten des sexuellen Wiedererwachens enden mit der Wiederentdeckung – oder, in einigen Fällen, der *Entdeckung* der Masturbation. Hat der Funke erst die lange für tot gehaltene Leidenschaftlichkeit entzündet, sucht die wiedererweckte Frau eine sexuelle Beziehung mit einem Mann, einer Frau oder beidem; zumindest aber ist sie offen für eine solche Beziehung. Die Wahl des geeigneten Partners für die Rückkehr der Erotik ist vielleicht nicht gerade kritisch für ihre künftige Sexualität, aber doch wichtig. Die überwältigende Mehrheit dieser Frauen berichten, daß sie einen guten Liebhaber fanden, als sie ihn brauchten. Oder eine Liebhaberin. Achtzehn Prozent wandten sich zuerst an eine Frau.

»Als ich sexuell wiedergeboren wurde, war mein erster Partner eine Frau«, schreibt eine Frau aus dem Mittelwesten. »Es war

meine erste und einzige homosexuelle Erfahrung. Es begann eines Nachmittags, als wir zuviel Wein getrunken hatten, mit gegenseitigem Masturbieren. Später gestand sie mir, daß sie bisexuell ist.

Beim nächsten Mal fing es mit einer Umarmung an. Wir waren vollständig angekleidet, und aus dem ›freundschaftlichen Arm um die Schultern‹ wurde bald eine leidenschaftliche Umarmung. Eine drängte mit dem Knie zwischen die Beine der anderen. Plötzlich war sie auf den Knien, zog mein Höschen herunter und leckte meine Klitoris. Sie wußte genau, wo ihre Zunge und die Finger gefragt waren.

Sie machte, daß ich mich wieder lebendig fühlte.«

Eine New Yorker Chiropraktikerin schrieb: »Mein erstes Erlebnis, nachdem ich sexuell wieder lebendig geworden war, hatte ich mit einem Fensterputzer. Ja, lachen Sie nicht – ein Fensterputzer! Er war natürlich für die Fenster meines Büros zuständig. Eines Tages hielt er, als er vor meinem Fenster hing, ein Schild hoch, auf dem er mich um meine Telefonnummer bat. Ich schrieb sie ihm auf, und er rief an.

Ich erzählte meinen Freundinnen nichts davon, aber ich traf ihn ein paar Monate lang. Er war phantastisch im Bett; sehr aufmerksam meinen Bedürfnissen gegenüber und von meinem Körper begeistert. Ich hatte mich nie zuvor so sexy gefühlt, so sexuell gefeiert.

Er lehrte mich Dinge über meinen Körper. Während er Cunnilingus bei mir vollzog, führte er oft einen Finger in meinen Anus ein. Ich hatte nie auch nur geahnt, daß dort sexuelle Gefühle beheimatet waren.«

Diese Berichte weisen unter anderen folgende Gemeinsamkeiten auf:

* *Zum ersten Mal in ihrem Leben wählten sie ihre Liebhaber aus sexuellen Gründen ohne weitere Perspektive.*

* *Meistens hielten sie ihre Affären vor ihren Freundinnen geheim. Sie fürchteten, ihre Freundinnen würden sofort auf die Frage zu sprechen kommen, ob ihr Liebhaber auch zu ihnen paßte, und ihnen gegebenenfalls abraten, ihn zu treffen.*

* *Sie wurden auffallend stark zu Männern hingezogen, die auch sie wollten; eine Umkehrung der Erfahrungen der Vergangenheit, wo sie einem uninteressierten Ehemann erotisch nachgestellt hatten.*

* *Cunnilingus spielte – nachdem der Funke sie neu entflammt hatte – eine größere Rolle in ihrem sexuellen Leben als zur Zeit ihrer Ehe.*

Sie beschrieben ihre Liebhaber als warm, zärtlich, besorgt, leidenschaftlich und sexuell geschickt – Eigenschaften, die sie bei ihren Männern vermißt hatten, jedenfalls gegen Ende ihrer Ehe.

»Ich habe verschiedene Qualitäten bei Männern schätzen gelernt«, schreibt eine neununddreißigjährige Texanerin. »Ich habe aufgehört, nach der Liebe Ausschau zu halten, die wie ein Blitz einschlägt, nach der dicken Geldbörse und dem eindrucksvollen Titel. Die Ironie ist, daß es dort draußen immer noch eine Menge guter Männer gibt – sogar für eine Frau meines Alters –, die aber übersehen werden, weil sie nicht die tollen Jobs haben und nicht die tollen Wagen fahren.

Der Mann, mit dem ich mich jetzt treffe, lehrt in der High School. Ich bewundere ihn sehr, und er ist ein Genie in oralem Sex.

Gute Männer sind nicht so schwer zu finden. Reiche Männer dagegen sind rar.«

Die wiedergewonnene Lust

Kapitel 22 Die »Wenn«-Jägerinnen

*»Ich habe den besten Sex meines Lebens mit einem leidenschaft-
lichen Latino, der zwölf Jahre jünger ist als ich. Es kümmert mich
nicht, was die Leute sagen. Vor zehn Jahren hätte ich mir Gedanken darum gemacht und wäre deshalb um diese wundervolle Erfahrung ärmer geblieben. Mit dem Alter stellen sich mehr Weisheit
– und größere Geilheit ein.«* – Eine zweiundvierzig Jahre alte
Physiotherapeutin.

Und leider auch weniger Gelegenheiten.
Nur wenige Frauen haben im Alter von etwa Mitte
Zwanzig sexuelle Befriedigung gefordert – oder *wieder*bean-
sprucht. Die Frau, die letztlich die Verantwortung für ihr sexuelles Leben übernimmt, ist in der Regel wenigstens Anfang
Dreißig. Sie mußte einige negative Erfahrungen überwinden,
um sexuell empfänglich, erfahren und selbstsicher zu werden
und sich nicht länger durch das beeinflussen zu lassen, was sie
in ihrem eigenen Bett zu tun hatte. Sie befindet sich wahrhaft
in ihrer Blütezeit.
Aber die Blütezeit für Frauen in einer Kultur, die Jugend ver-
ehrt und Sexappeal mit jungen, vollen Lippen und hohen,
kecken Brüsten gleichsetzt, kann nicht ohne Rückschläge verlaufen. Die sexuellen Probleme, mit denen Frauen über fünfunddreißig Jahren konfrontiert werden, sind erschöpfend do-
kumentiert worden, seit die Baby-boom-Generation vor etwa
fünfzehn Jahren mit Dreißig ihren Gipfel erreichte. Plötzlich
stellten viele Frauen dieselben Fragen. Wie kann sie mit ihrer
sich noch entwickelnden Sexualität umgehen, ohne einen Part-

ner einzuschüchtern, dessen Libido nachläßt? Oder wie kann sie auf dem ›sexuellen Markt‹ gegen die jüngeren Frauen bestehen und einen neuen Partner finden? Die Knappheit an Partnern – besonders an »passenden« Partnern, die den Anforderungen an Alter, das Vermögen, den Nettowert und die soziale Klasse entsprechen – beginnt Anfang der mittleren Jahre, oft vor dem fünfunddreißigsten Lebensjahr, wenn Frauen die ersten Probleme bezüglich ihres Aussehens bekommen.

Ob sie die Lust beanspruchte oder wiederbeansprucht hat, die Frau über Fünfunddreißig muß noch weitere Hürden überwinden. Sie ziehen sich wie Zäune aus riesigen Geburtstagskerzen über den vor kurzem noch klar erkennbaren Weg. Manchmal zögern sogar sehr selbstbewußte Frauen, sie zu überspringen.

»Als ich nach meiner Scheidung wieder sexuell aktiv wurde, war es für mich am schwierigsten, meine Kleider auszuziehen«, schreibt eine vierzig Jahre alte Fotografin. »Ich weiß nur zu genau, an welchen Stellen mein Körper darin versagt – oder sollte ich sagen, versackt? – den Anforderungen zu genügen, die ich früher gestellt habe. Ich folgte einem Rat aus dem Magazin Cosmo und kaufte phantastische Dessous, Mieder, Bodystockings, Strapse und Strümpfe, die ich beim Geschlechtsakt anbehielt. Es war für mein Selbstvertrauen von unschätzbarem Wert.«

Manche jüngere Frauen sehen diesem Augenblick der Enthüllung mit demselben Bangen entgegen, weil sie übergewichtig sind oder kleine Brüste haben oder schwere Hüften oder alles zusammen. Unser Körper – sein biologisches Alter, seine sexuelle Anlage, seine Größe, Form und Farbe – schränkt unsere Chancen ein, zumindest bis zu einem gewissen Ausmaß.

Die Frau, die die »Wenns« ignoriert und die »Regeln« gebrochen hat, weiß das alles, aber sie weiß auch, wie sie diese Beschränkungen umgeht. Sie kennt ihre individuellen Bedürf-

nisse, und sie ist viel geschickter darin, den Partner zu finden, der diese Bedürfnisse befriedigen kann, als sie es in ihrer sexuell naiven Phase war. Wie die Fotografin, die sich vor ihrem ersten Stelldichein nach ihrer Scheidung einer Kauforgie hingab, weiß sie, wie sie sich helfen kann, und sie zögert nicht, es zu tun. Die Bedenken anderer Frauen hinsichtlich ihrer sexuellen »Bewährung« sind ihr meistens fremd.

»Ich weiß, daß ich eine gute Liebhaberin bin«, schreibt eine dreiunddreißig Jahre alte Büroleiterin aus Seattle. »Wenn man sich keine Sorgen darüber macht, ob man kommen kann oder nicht oder ob man dem Mann alles recht macht oder was die Nachbarn denken, kann man den Partner viel besser nach den eigenen Vorstellungen aussuchen. Man ist entspannt und sorgt für sich selbst – nicht nur, indem man Orgasmen hat, sondern auch, indem man Kondome benutzt und das Tempo und den Ton der Beziehung angibt, damit sie den eigenen Bedürfnissen entspricht.«

Man erkennt die Frau, die die volle Verantwortung für ihr sexuelles Leben übernommen hat, an folgenden Eigenschaften:

* *sexuelles Selbstvertrauen; Vertrauen in ihre Fähigkeit, orgasmisch zu sein und einen Mann befriedigen zu können;*

* *eine positive, nicht strafandrohende und nicht kritisierende Einstellung dem Sexuellen gegenüber;*

* *die Bereitschaft, die Verantwortung für ihre eigene Lust zu übernehmen – und für ihren eigenen Schutz vor unerwünschter Schwangerschaft oder Ansteckung;*

* *die Fähigkeit zum sexuellen Dialog;*

* *die Fähigkeit, Sex von allem anderen zu trennen.*

311

Außerdem läßt sich folgendes über sie sagen:

* *Sie entscheidet, wann, wo und mit wem sie Sex hat. Sie ist hauptsächlich auf ihre eigenen Bedürfnisse und Wünsche und weniger darauf bedacht, den Partner zu befriedigen.* Sie ist für ein breites Spektrum an Möglichkeiten in der Wahl ihrer Sexualpartner und manchmal auch der sexuellen Praktiken offen. Für viele Frauen bedeutet diese neue Freiheit auch, zum ersten Mal in ihrem Leben nein zum Sex sagen zu können, ohne sich dabei unwohl zu fühlen.

* *Sie ist nicht mehr im geringsten darauf angewiesen, daß andere ihrer sexuellen Lebensweise zustimmen.* Sie berät sich weder mit Freundinnen über den Sinn ihrer Partnerwahl, noch verbringt sie lange Stunden am Telefon, um sich ihre romantischen Rationalisierungen in bezug auf Männer bestätigen zu lassen. Gesellschaftliche Ächtungen von Lesbierinnen oder Bisexuellen, von Sex zwischen Weißen und Farbigen oder Sex mit jüngeren Männern halten sie nicht davon ab, ihren eigenen erotischen Weg zu gehen. Diese Frau hat es nicht nötig, mit ihrem Verhalten anzugeben, fühlt sich aber auch nicht bemüßigt, es zu verheimlichen.

* *Sie hat eine positive Einstellung gegenüber Sexualität und Alter.* Sie glaubt nicht, daß Sex mit der Menopause beendet ist. Sie übersieht zwar nicht, daß ein fünfzigjähriger Körper nicht mehr so straff wie ein zwanzigjähriger ist, aber sie weiß auch, wieviel erfahrener und empfänglicher sie geworden ist. Sie weiß ihre eigene sexuelle Entwicklung zu schätzen.

* *Sie ist den romantischen Illusionen entwachsen, die sie so oft sexuell eingeschränkt hatten.* Sie ist darin erfahren, erotische

Phantasien zu erschaffen und zur Förderung der Erregung und des Orgasmus einzusetzen, aber sie ist gleichermaßen geschickt darin, die Phantasie zu entlassen, wenn der Sex vorbei ist. Sie weiß, daß reale Männer besser als die Prinzen sind, die sie in ihrer Phantasie entworfen hat. Aber am wichtigsten ist ihre Erfahrung, daß Sex erregender und erfüllender ist, wenn er zwischen zwei Erwachsenen stattfindet.

»Ich betrachte mich als sexuelle Überlebende«, schreibt eine fünfundvierzigjährige Tagungsplanerin aus Boston. »Ich habe die meisten der Prüfungen meiner Sexualität bestanden, die einem eine unterdrückte Gesellschaft und ein weiblicher Körper auferlegen können: eine katholische Kindheit in Italien; sexuelle Belästigungen am Arbeitsplatz, die begannen, als ich mit sechzehn Jahren in der Bäckerei des Viertels arbeitete, deren Besitzer mir in den Hintern kniff; eine jungfräuliche Ehe; vier vollendete Schwangerschaften und zwei Fehlgeburten; ein Verlassenwerden wegen einer Frau meines Alters und der Hälfte meines Körpergewichts.

Heute bin ich zum zweitenmal verheiratet, mit einem wundervollen jüdischen Mann, der zehn Jahre jünger ist als ich. Der Sex, meine Lieben, ist der beste, den ich je hatte.«

Selbst Frauen, die ihre Lust nicht verloren haben, kommen an einen Punkt, wo sie die Gefahr wittern, daß sie ihnen durch einen alternden Körper oder eine Gesellschaft geraubt wird, in der die Menschen immer noch Schwierigkeiten haben, sich vorzustellen, daß ältere Frauen sexuell aktiv sind. Die Jagd auf die »Wenns« ist deshalb für uns alle wichtig.

Kapitel 23 Sexuelle Forscherinnen

»Meine Kinder sind entsetzt. Sie sagen, daß er mir intellektuell nicht entspricht. Sie fragen: ›Worüber unterhältst du dich mit einem Klempner?‹ Ich bedaure ihre Verlegenheit, weil Mom sich mit einem Klempner trifft, aber ich kann mein Leben nicht so leben, daß es ihnen gefällt. Er ist freundlich, nachdenklich und rücksichtsvoll, und er bringt mich zum Lachen; sogar im Bett. Ich hatte noch nie in meinem Leben soviel Spaß. Und ich war noch nie sexuell so angeregt. Es liegt zum Teil an mir, zum Teil an ihm. Ich genieße diese Zeit.« – Eine achtundvierzigjährige New Yorker Anwältin.

Die sexuelle Forscherin bricht die für das Sexualverhalten gültigen Regeln der Gesellschaft. Sie hat vielleicht mehrere Partner, probiert Spielarten aus, sammelt bisexuelle oder lesbische Erfahrungen oder wählt ihre Partner außerhalb des sozial akzeptierten Kreises der angeblich passenden Männer. Manchmal ist Panik ihr Motiv – »Das ist meine letzte Chance für eine Affäre, bevor mein Körper es vereitelt« –, oder die von Euphorie begleitete Erkenntnis, daß sie endlich von ihrer inneren mahnenden Stimme befreit ist. Sie kann die Regeln auf dramatische Art brechen wie eine Frau aus Florida Mitte Vierzig, die über ihre Affäre mit einem schwarzen graduierten Studenten Anfang Zwanzig erzählt. Manchmal ist die sexuelle Forscherin sehr jung – eine von ihrer eigenen Lust motivierte Wildblume –, aber meistens ist sie über dreißig Jahre alt.

»Die eigene Sexualität bis an die Grenzen zu erforschen – in allen ihren Aspekten –, erfordert Mut«, schreibt eine sechsund-

vierzig Jahre alte Professorin aus dem Nordosten. »Ich hatte diesen Mut nicht, bis ich Vierzig war und aus den konventionellen Grenzen ausbrechen konnte.

Ich hatte mir schon lange gewünscht, meine unterwürfige Seite zu erforschen. In der konventionellen Beziehung, die ich hatte, ging das nicht. Aber kurz nach meinem vierzigsten Geburtstag meldete ich mich auf eine Privatanzeige in einem Stadtmagazin. Ein ›dominierender Mann‹ versprach dort, meine ›verborgenen Phantasien‹ zu erfüllen. In einer Reihe sorgsam gestalteter Treffen, in denen das Dramatische den Schmerz überwog, taten wir genau das.

Nichts hat mich jemals so erregt, wie die Augen verbunden zu bekommen, geknebelt und gefesselt und an den Handgelenken an eine Stange gehängt zu werden und den Peitschenhieben entgegenzusehen. Ich habe diese Szenen in Gedanken immer wieder durchgespielt und dabei masturbiert.

Er half mir, diese Unterwürfigkeit anzuerkennen und mich nicht mehr zu schämen wegen meines dominierenden Wesenszugs, der dies alles genießt.«

Bei anderen Frauen sind es vielleicht die dominanten Eigenschaften, die zu befreien sie sich fürchteten, oder die homosexuellen Gelüste, die sie unterdrückt haben. Da wir konditioniert worden sind, Sex mit Liebe und Heirat zu verbinden, bedeutet es einen Bruch der Regeln für viele Frauen, Sex mit einem Partner zu haben, den sie sich nicht als Ehemann wünschen würden. Fast siebzig Prozent der Frauen in meiner Untersuchung hatten Sex mit Partnern, die zu heiraten für sie nicht in Betracht kam. Die große Ausnahme waren die Spätblüherinnen, von denen nur zwanzig Prozent Sex mit einem solchen Mann hatten. Aber sie täuschten sich möglicherweise selbst bezüglich ihrer Heiratsabsichten.

»Ich bin seit zehn Jahren geschieden und hatte in diesen Jahren mehrere Beziehungen«, schreibt eine vierzigjährige Versiche-

rungsangestellte in Philadelphia. »Aber ich habe immer einen gewissen Anspruch gewahrt. Ich fragte mich immer, ob ich diese Männer heiraten könnte oder würde. Obwohl ich kein wirkliches Bedürfnis hatte, wieder zu heiraten, mußte ich mir selbst einreden, daß ich sie heiraten könnte und würde – weil ich wußte, daß ich es tun *sollte*.

Am letzten Samstag wachte ich neben meinem neuen Liebhaber auf, der erst siebenundzwanzig Jahre alt ist, und da begriff ich es. Ich habe nicht die geringste Absicht, diesen Jungen zu heiraten – und er würde mich nicht heiraten. Ich mache mir nichts mehr vor! Noch vor wenigen Jahren hätte ich es nicht fertiggebracht, mich mit ihm zu vergnügen, weil mich das mit einem Problem in meiner Art zu denken konfrontiert hätte: Ich hätte mich nicht über meine Absichten täuschen können, wäre aber auch nicht bereit gewesen, zu akzeptieren, daß ich Sex um seiner selbst willen hatte.

Ich kann nicht entscheiden, ob es an meiner freieren Einstellung oder an seinem Alter liegt, aber ich fühlte mich gut bei ihm. Und ich hatte nie Probleme mit dem Sex. Als wir uns das erste Mal liebten, überraschte er mich mit seiner Behendigkeit und seinem Geschick. Er sprang im Bett umher wie ein Äffchen. Ich wog etwa zehn Kilo mehr als er, aber wen kümmert das?

Er kniete auf dem Bett vor mir und vollführte Cunnilingus, dann drehte er sich plötzlich so, daß sein Penis genau über meinem Mund hing, ohne daß er sein Lecken unterbrochen hätte. Welch eine Wohltat, einfach den Mund aufzumachen und saugen zu können, ohne über das Wie nachdenken zu müssen. Die Stellung Neunundsechzig ergab sich an jenem Abend mühelos!«

Einige sexuelle Forscherinnen heiraten ihre Partner – aber die Ehe war nicht das Ziel, das sie durch Sex zu erreichen hofften.

316

Wer ist sie?

Die sexuellen Forscherinnen machen 26,8 Prozent meiner untersuchten Gruppe aus. Es sind Frauen mit folgenden Merkmalen:

* *Sie haben Verhältnisse mit Männern, die fünf oder mehr Jahre jünger sind;*

* *oder mit Männern einer anderen Hautfarbe* (17 Prozent der Gruppe);

* *oder mit Männern aus einer anderen sozioökonomischen Klasse;*

* *oder mit Frauen* (nur sieben Prozent bezeichnen sich als bisexuell, und weitere sechs Prozent sind lesbisch, fast ein Drittel der Gruppe berichtet, wenigstens einmal eine sexuelle Erfahrung mit einer Frau gehabt zu haben).

* *Sie probieren alle sexuelle Spielarten aus, darunter Analverkehr, Fesseln und sadomasochistische Praktiken.*

»Ich war immer wilder als meine Freundinnen«, schreibt eine fünfundvierzigjährige Chicagoer Künstlerin, die mit einem zwanzig Jahre jüngeren Mann zusammenlebt. »Ich wollte alles ausprobieren, wenigstens einmal, und ich bin froh, daß ich jung war, bevor die Aids-Panik die sexuellen Gewohnheiten veränderte. In den letzten zehn Jahren hatte ich nur mit jüngeren Männern Verhältnisse; sie waren wenigstens zehn Jahre jünger. Ich suche sie mir nicht aus. Sie kommen zu mir.
Ich weiß nicht, weshalb ich keine Männer meines Alters oder ältere anziehe. Vielleicht spüren sie, daß ich sexuell zu viel

erwarte. Jüngere Männer sind wilder. Einmal wegen ihres Alters, und außerdem, wie ich vermute, weil sie in einer Frau meines Alters keine potentielle Ehefrau sehen und sicherlich nicht die Mutter ihrer Kinder. Somit ist alles möglich. Sie legen an mich keine konservativen Maßstäbe an, die bei ihrer Frau und der Mutter ihrer Kinder Gültigkeit hätten.

Ich mag es, wenn der Sex die ganze Skala von zärtlich bis hart durchläuft. Wenn ich in der passenden Stimmung bin, will ich, daß mein Liebhaber mir die Hände hinter dem Rücken fesselt, mich übers Knie legt und kräftig schlägt. Jeder Schlag reibt meine Klitoris an seiner Hüfte und erregt mich ungeheuer. Dann legt er mich aufs Bett, zerrt mich auf die Knie und den Hintern in die Höhe und fickt mich nach Hundeart.

Ich kann niemandem erklären, wie gut es sich anfühlt, vollständig unterwürfig zu sein. Er bestimmt über meinen Orgasmus, da meine Hände gefesselt sind, und ich bin darauf angewiesen, daß er meine Klitoris streichelt, während er mich fickt.

Zu anderen Zeiten lieben wir uns wie zwei Jungfrauen im Teenageralter; mit flüchtigen Küssen und Berührungen wie von Engelsschwingen.«

Zusätzlich zu den gemeinsamen Zügen aller Lustforderinnen haben die sexuellen Forscherinnen folgende Einstellungen gemeinsam:

* *Sie betrachten die sexuelle Anziehung als wichtiges Element einer Beziehung.* Wenn sie sagen, das Alter, die Hautfarbe oder die soziale Schicht seien »nicht so wichtig«, meinen sie es auch. Sex ist wichtig.

* *Sie sind nicht auf die Heirat fixiert, schließen aber eine spätere Ehe nicht aus.* Die Mehrheit – über achtzig Prozent – gibt

an, sie könnte einen Mann einer anderen Hautfarbe oder Schicht oder einen viel jüngeren Mann heiraten. Aber Ehe und Sex sind für sie zwei völlig getrennte Ziele.

* *Sie finden nichts dabei, den ersten Schritt zu tun.* Viele Frauen in einem »gewissen Alter« glauben, daß die Männer sie übersehen, wenn sie nicht selbst etwas unternehmen, um Aufmerksamkeit zu erregen. Sie sind eher direkt als scheu. »Wenn man über Vierzig ist, reicht es nicht mehr, mit den Augendeckeln zu klappern«, schreibt eine Frau. »Man muß lächeln, sich durch den Raum bewegen, dem Mann die Hand reichen, sich vorstellen und sagen: ›Ich habe Sie aus der Ferne bewundert.‹«

* *Sie haben ein ausgeprägtes Gefühl für ihre eigene Identität.* Sie sind nicht davon abhängig, daß Männer ihnen eine Identität geben, sie bekräftigen oder bestätigen.

Sex zwischen verschiedenen Rassen

Ich habe drei weiße und zwei schwarze Frauen interviewt, die *nur* an Partnern der jeweils anderen Rasse interessiert waren, eine Weiße, die *nur* Sex mit Spaniern hatte, und eine Asiatin, die sich *nur* auf weiße Männer beschränkte. Es überrascht kaum, daß diese Frauen nicht die allgemeinen Charakteristika echter sexueller Forscherinnen oder der Lustforderinnen aufwiesen, ihre Partner eher romantisierten und idealisierten und ihre Beziehungen öfter phantasierten und rationalisierten als die anderen Frauen, mit denen ich gesprochen habe. Sicherlich aber neigten sie eher zu diesen Einschätzungen als andere Frauen ihres Alters.

Eine sexuelle Forscherin, die mit einem Mann einer anderen

Rasse liiert war, hatte ihn nicht *wegen* seiner Rasse erwählt. 80,4 Prozent aller Frauen in meiner Untersuchung sind weiß, 12,1 Prozent schwarz, 7 Prozent Spanierinnen und 2,5 Prozent anderer, hauptsächlich asiatischer Herkunft. Nur 15 Prozent haben oder hatten ein Verhältnis mit einem Mann einer anderen Rasse, und fast alle, die eine solche Affäre haben oder hatten, leben in großen Städten an beiden Küsten der Vereinigten Staaten, wo die Wahrscheinlichkeit sozialer Interaktionen zwischen verschiedenen Rassen vielleicht ein wenig höher ist als anderswo.

»Ich habe mich im letzten Jahr mit einem weißen Mann getroffen«, schreibt Jonelle, eine neununddreißig Jahre alte schwarze Unternehmerin aus dem Nordosten. »Wir trafen uns bei einer Geschäftskonferenz und verabredeten uns sofort. Die sexuelle Anziehung wirkte fast explosiv. Ich habe mich im Lauf der Jahre gelegentlich mit weißen Männern getroffen und immer empfunden, daß ich meine Brüder damit beleidigte. Heute kümmert mich das nicht mehr. Ich bin schließlich nicht nur eine Schwarze.

Für meinen jetzigen Partner bin ich die erste schwarze Freundin. Er war mit einer Weißen verheiratet und lebte zwei Jahre lang mit einer Mexikanerin zusammen, als er in Mexico City arbeitete. Ich halte ihn für einen der wenigen nicht die Spur rassistischen Menschen auf dieser Welt.

Ich liebe die Art, wie unsere Körper zusammen aussehen; das Spiel der Hautfarben, wenn er mich aussaugt und seine lange, weiße Nase gegen mein schwarzes Schambein stößt. Aber ich denke nicht jedesmal, wenn wir uns lieben: ›O Herr im Himmel – ich treibe es mit einem Weißen!‹ Es ist nur eine Sache zwischen ihm und mir.«

Und eine achtunddreißig Jahre alte, weiße Frau aus einer kleinen Stadt im Mittelwesten schreibt: »Mein Liebhaber ist ein Schwarzer, der erste für mich, obwohl ich schon einmal eine

Affäre mit einem Spanier hatte. Wir begegneten uns zwischen den Regalen einer öffentlichen Bücherei. Nachdem wir einige Male auf der Suche nach Krimis zusammengestoßen waren, lud er mich zu einem Kaffee ein. Ich war von ihm angetan, deshalb sagte ich ja.

Wir hatten Sex beim ersten Treffen. Es ergab sich ganz natürlich. Ich wußte von dem Augenblick an, als er seine Hand an meine Hüfte legte, daß es bei uns gefunkt hatte. Ich weiß immer, wenn ich die Hand eines Mannes spüre, ob sich etwas ergibt.

Die Rasse hat gar nichts damit zu tun. Es funkt. Wer fragt nach der Rasse, wenn man es tut?«

Der jüngere Mann

Die sexuelle Beziehung zwischen einer älteren Frau und einem jüngeren Mann wurde im vergangenen Jahrzehnt als Trend zur späten Mutterschaft definiert. In Wirklichkeit ist es für die durchschnittliche Frau schwierig, nach ihrem fünfunddreißigsten Lebensjahr zu empfangen. Aber die Attraktivität der sexuellen Forscherin überwindet die Grenzen von Alter, Hautfarbe und sozialer Schicht.

»Ich ziehe jüngere Männer an«, schreibt Jayne, eine zweiundvierzigjährige New Yorker Illustratorin. »Aber die Männer waren schon immer von mir angetan. Sie haben mich oft jüngeren und hübscheren Frauen vorgezogen.

Weshalb? Ich bin sexy. Ich bin gut im Bett. Ich mag Männer. Ich bin sehr entspannt beim Sex, das zieht jüngere Männer an. Sie waren mit jungen Frauen zusammen, die beim Sex sehr verkrampft sind oder Heirat und feste Bindung erwarten und lange brauchen, um einen Orgasmus zu erreichen. Ich bin eine Art erotische Verschnaufpause für sie.«

Jayne ist der Meinung, daß sich jeder Mann zu einem guten Liebhaber erziehen läßt, und jüngere Männer nicht mehr – vielleicht sogar weniger – Unterrichtsstunden als ältere brauchen.

»Man muß jedem Mann zeigen, was man will, weil jede Frau anders ist. Er fängt mit dem an, was er mit seiner letzten Partnerin getan hat, und das man vielleicht ganz und gar nicht mag. Jüngere Männer sind nicht so verhärtet, daß sie genau zu wissen glauben, was einem gefällt, bevor sie es ausprobiert haben.

Aus einem ähnlichem Grund will ich, daß mir der Mann sagt, ob er Fellatio mag, bevor ich damit anfange. Sie würden nicht glauben, wie erregt ein Mann werden kann, wenn er beschreibt, was ihm gefällt. Ich nehme seinen Penis in die Hand und sage: ›Sag mir, wie du es gern hättest‹, und senke langsam den Kopf.«

Die Situation ist vielleicht nicht ganz so schlimm, wie wir einmal gedacht haben, als man uns Frauen erklärte, wir würden eher von einem Terroristen angegriffen, als daß man uns mit vierzig Jahren einen Heiratsantrag machte. Aber es *existiert* eine Verknappung der Männer, die für Frauen über Fünfunddreißig verfügbar sind. Das heißt, es gibt dann eine Verknappung, wenn die Frau darauf beharrt, sich auf Männer ihres Alters oder ältere zu beschränken. Die Statistiken der Regierung der Vereinigten Staaten weisen mehr alleinstehende Männer als Frauen in der Generation der über Zwanzigjährigen auf.

Sexuelle Forscherinnen schlagen der Wahrscheinlichkeit eher ein Schnippchen und finden einen Partner für den Sex, die Ehe oder beides als die durchschnittliche Frau.

Klassenunterschiede

Wir tun gern so, als gäbe es in den Vereinigten Staaten keine sozialen Klassenunterschiede, aber wenn es tatsächlich so wäre, wie könnten dann die Kinder einer Anwältin schockiert darüber sein, daß sie ein Verhältnis mit einem Klempner hat? Vor ein paar Jahren schrieb ich für das Magazin COSMOPOLITAN einen Bericht über Frauen, die nach »unten« heiraten. Damit waren Frauen gemeint, die einen Mann heiraten, der jünger oder ärmer oder ungebildeter ist oder aus einem anderen Grund als gesellschaftlich weniger wert betrachtet wird. Ich erhalte immer noch Anrufe von Talkshow-Produzenten, denen ich die Telefonnummern der in meinem Bericht zitierten Leute geben soll, die als Gäste in ihren Programmen über ungewöhnliche Ehen in Frage kommen. Das läßt mich glauben, daß es nicht leicht ist, Beispiele für unübliche Ehen zu finden. Aber unübliche Affären gibt es im Überfluß.

»Ich habe oft Affären mit Männern, die weniger verdienen als ich, denn ich mache unanständig viel Geld«, schreibt eine vierzigjährige Geschäftsführerin von der Westküste. »Bis vor kurzem waren es immer kreative Typen – Autoren, Künstler, Fotografen und Filmemacher. Bei solchen Männern ist es okay, daß sie weniger verdienen. Sie mögen keine großen Gehälter beziehen, aber sie haben Prestige.

Aber jetzt treffe ich mich mit jemandem, der kein großes Gehalt bekommt – obwohl er mehr als ein durchschnittlicher Autor verdient – und über kein soziales Prestige verfügt. Über Bauarbeiter macht man in meiner Welt Witze – und er ist Bauarbeiter. Er jobbt in seiner Freizeit als Lehrer an einer Sportschule, wo ich ihn kennenlernte. Er hatte die Aerobic-Klasse für ein Mädchen übernommen, das erkrankt war. Ich war von seinem Hintern und von der Schüchternheit angetan, mit der er den Kurs führte.

323

Ich hatte eine sexuelle Durststrecke hinter mir, und ich war geil. Ich stellte mich ihm nach dem Unterricht vor und bat ihn mehr oder weniger direkt um ein Rendezvous. Er war so in die Enge getrieben, daß er akzeptierte. Später gestand er mir, daß er um ein Haar nicht gekommen wäre, weil er dachte, ich sei eine Hure.

Wir kamen großartig miteinander aus, besonders sexuell. Er war mehr für geradlinigen Sex, als mir lieb war, aber ich lockerte ihn auf. Ich bringe ihm Spiele bei. Letzte Woche habe ich ihn mit gespreizten Armen und Beinen auf dem Bett festgebunden und oral gereizt, bis er mich darum bat, ihn kommen zu lassen. Ich spiele gern sexuelle Machtspielchen, bei denen es darum geht, den Orgasmus hinauszuzögern, bis der Drang nach Entladung unerträglich ist.«

Eine andere Frau – zufällig ebenfalls eine vierzigjährige Geschäftsführerin aus Kalifornien – sagt: »Ich habe die beste sexuelle Zeit meines Lebens mit einem Arbeiter. Er verbringt viel Zeit am Meer, deshalb ist er braun und durchtrainiert und in weit besserer Verfassung als ich. In dieser Beziehung bin ich diejenige, die den Körper des anderen auf sklavische Art bewundert. Ich liebe seinen Penis so sehr, daß ich Gedichte auf ihn schreiben könnte, wenn ich Zeit dazu hätte.

Aber ich bin realistisch. Abgesehen davon, daß wir uns lieben, zusammen Wein trinken und dem Sonnenuntergang über dem Ozean zuschauen, haben wir nicht viel gemeinsam. Ich würde ihn nie heiraten.«

Frauen und Frauen

Viele Frauen verleugnen ihre homosexuellen Wünsche, bis sie über fünfunddreißig Jahre alt sind und vielleicht genug Selbstvertrauen haben, um verkraften zu können, daß sie von der gesellschaftlichen Norm abweichen. Es trifft auch zu, daß lesbische Frauen oft heiraten, Kinder haben und sich scheiden lassen, bevor sie erkennen, daß sie nur von anderen Frauen sexuell erregt werden. Für homosexuelle Frauen ist es in mancher Hinsicht leichter, in einer »homophobischen« Gesellschaft zu existieren, als für schwule Männer. Zum Beispiel erregen zwei Frauen, die sich ein Apartment teilen, nicht denselben Argwohn wie zwei männliche Zimmergenossen. Aber Lesbierinnen sind ebenso wie heterosexuelle Frauen eher geneigt, sich negative sexuelle Botschaften anzueignen, als Männer. Deshalb kann es ihnen schwerfallen, sich selbst als lesbisch zu akzeptieren.

»Ich bin achtunddreißig Jahre alt, und Sex hat bis vor einem Jahr nie eine große Rolle in meinem Leben gespielt«, schreibt eine Lehrerin aus Atlanta. »Ich nahm an, daß ich heterosexuell mit einem schwachen sexuellen Trieb war. Meine Großmutter war eine anerkannte Schönheit aus dem Süden gewesen. Wie konnte ich eine Lesbierin sein? Ich war zwei Jahre lang verheiratet und habe in meinem Leben insgesamt neun Affären gehabt. Der Sex war nie besonders aufregend, aber ich führte das darauf zurück, daß ich nicht den richtigen Mann gefunden hatte. Ich war immer begierig darauf, Sex mit einem neuen Mann zu haben, weil ich wollte, daß er mich mochte, mich als seine Frau akzeptierte.

Im letzten Jahr wurde mir plötzlich klar, daß ich lesbisch bin, und alles in meinem Leben änderte sich. Eine Frau hatte mich verführt. Sie tat es so beiläufig, daß ich nicht wußte, was geschah, bis ihr Mund meinen Mund küßte und mein Herz

schneller zu schlagen begann, als es jemals ein Mann zum Schlagen gebracht hatte. Sie brachte mich zum ersten Mal zum Orgasmus, als wir vollständig angezogen auf dem Boden lagen und uns umarmten.

Danach war ich ehrlich und aufrichtig am Sex interessiert. Ich erkannte außerdem, daß ich jahrelang deprimiert gewesen war; zweifellos ein Nebeneffekt der Unterdrückung meines natürlichen Verlangens. Deprimierte Leute sind nicht sexy. Heute bin ich so sexy wie der Teufel!«

Eine bisexuelle Frau aus St. Louis beschreibt ihre sexuelle Erweckung: »Mein Mann hatte mich so lange gebeten, an einem Dreier teilzunehmen, bis ich mich einverstanden erklärte. Ich überredete meine beste Freundin, mitzumachen. Mein Mann hätte ebensogut nicht dabei sein können. Als sie den Mund auf meine Muschi drückte, schmolz ich dahin. Sie war von mir gleichermaßen entzückt. Ich bin heute von ihm geschieden, aber mit ihr treffe ich mich immer noch regelmäßig.

Ich treffe mich auch mit Männern. Mir gefällt es mit beiden Geschlechtern. Ich nehme an, ich sollte dem selbstsüchtigen Bastard dankbar sein, weil er mir geholfen hat, zu mir selbst zu finden.«

War sie immer so frei?

Kaum. Mit Ausnahme einiger Wildblumen ist eine sexuelle Forscherin eine Frau, die eine Weile gebraucht hat, um über die Forderung der Lust hinaus zu ihrer sexuellen Integrität zu gelangen. Sie hat vielleicht sexuelle Enttäuschungen überwunden, kleinere gynäkologische und kosmetische Probleme bis hin zur Zurückweisung durch den Ehemann oder einen Liebhaber.

Man kann seine Erotik in einer repressiven Gesellschaft nur dann selbst bestimmen, wenn man ein ungewöhnlich großes Selbstvertrauen hat. Die meisten Frauen brechen die Regeln nicht, und wenn sie es doch tun, dann nur auf völlig oder weitgehend akzeptable Arten. So kann eine verheiratete Frau zum Beispiel eine diskrete Affäre haben. Einige Frauen beschreiten den umgekehrten Weg und geben auf empörende Art mit ihrem Regelbruch an, um Aufmerksamkeit zu erlangen.

Die sexuelle Forscherin hingegen verfügt über Selbstvertrauen und innere Stärke. Sie ist nicht darauf angewiesen, wahrgenommen oder akzeptiert zu werden.

Und sie weiß etwas, was andere Frauen nicht wissen. Frauen beschuldigen häufig die Männer im allgemeinen oder die Männer in ihrem Leben, sie sexuell und auch sonst zu unterdrücken. Die Wahrheit aber ist in den meisten Fällen, daß wir uns selbst unterdrücken.

Joanne Woodward spielte in dem Film *Mr. and Mrs. Bridge* nach dem Romanen von Evan Connell über Ehen vierzig- und fünfzigjähriger Menschen eine sexuell (und auch ansonsten) unterdrückte Frau. Sie sagte in einem Gespräch mit India Bridge über diesen Charakter: »Sie wird beherrscht, nicht von ihm [Mr. Bridge], sondern von der Gesellschaft, die ihr sagt, daß sie von ihm beherrscht werden muß. Sie glaubt, auf eine bestimmte Art handeln zu müssen ...«

Frauen glauben immer noch, auf eine bestimmte Art handeln zu müssen, obwohl sich der Begriff der »bestimmten« Art im Lauf der Jahre um einiges geändert hat. Andere Frauen haben immer noch als scharfäugige Schiedsrichterinnen furchtbare Gewalt über unser Leben. Wir ermahnen einander, den strengen Verhaltensnormen zu entsprechen, und überantworten dadurch den Männern mehr Macht, als sie beanspruchen oder sich oft auch nur wünschen würden. In Wirklichkeit geben

wir unsere Macht während der meisten Zeit unseres Lebens ab. Sie wird uns nicht geraubt.

Die sexuelle Forscherin weiß das, und sie gibt ihre Macht nicht preis; sie erlaubt weder den Männern in ihrem Leben noch den allgegenwärtigen Frauen, ihr zu sagen, was akzeptabel ist und was nicht.

Kapitel 24 **Die Durststrecken überstehen**

»Wie das Älterwerden mein Leben verändert hat? Nur darin, daß es jetzt weniger Partner als früher gibt. Was ich an Männern als Liebhaber ändern würde? Ich würde sie leichter auffindbar machen!« – Eine achtunddreißig Jahre alte Washingtoner Lobbyistin.

Alleinlebende Frauen, die nicht aus dem einen oder anderen Grund eine sexuelle Dürrezeit erlebt haben, sind selten. In Jungfrauen zurückverwandelte Frauen mögen Enthaltsamkeit wählen, aber es steht ihnen frei, ihre Meinung zu ändern, und sie haben einen Mann, der sie genau darum bittet. Irgendwie lindert das die negative psychische Wirkung, die eine Durststrecke auf das Ego haben kann. Frauen Ende Dreißig und Anfang Vierzig finden die erste wirkliche Dürrezeit so erschreckend wie einen Sprung in kaltes Wasser, aber nicht annähernd so erfrischend. Frauen mit fünfzig und mehr Jahren sagen: »Man kann sich daran gewöhnen, aber man lernt nie, es zu mögen.« Sogar verheiratete Frauen erleben sexuelle Durststrecken. Da heißt es, mit unbeschädigtem sexuellem Selbstvertrauen zu überleben.

Viele Frauen begreifen nur allmählich, daß sie tatsächlich eine Dürrezeit durchmachen.

»Als ich jünger war, warfen mir die Männer anerkennende Blicke zu, gleichgültig, was ich trug – sogar wenn ich Jeans und ein Sweatshirt anhatte«, schreibt eine fünfundvierzig Jahre

alte geschiedene Frau aus Philadelphia. »In den letzten fünf Jahren fiel mir auf, daß ich nur wahrgenommen werde, wenn ich herausgeputzt bin, vorzugsweise in einem Rock, der über dem Knie endet, schwarzen Strümpfen und Schuhen mit hohen Absätzen. Ich sehe immer noch gut in Kleidern aus, aber der Witz ist, daß ich die *richtigen* Sachen anhaben muß, um männliche Aufmerksamkeit zu erregen.

Kürzlich habe ich zu meinem Kummer außerdem festgestellt, daß ich auch auf größeren Gesellschaften nicht mehr in der ersten Angriffslinie bin. Sie wissen, wovon ich spreche. Die Männer streben zuerst zu den attraktiven Frauen – nur nicht zu den atemberaubenden Schönheiten, die gewöhnlich übersehen werden, weil sie so einschüchternd sind. Aber wie viele solcher Frauen gibt es denn außer denen in Kinofilmen und TV-Shows? Dann schwärmen die Männer zur zweiten Linie aus. Heute gehöre ich zur zweiten Linie. Zumindest hoffe ich, daß es die zweite ist.

Vor ein paar Wochen kam ich von einem großen Empfang ohne eine einzige Visitenkarte von einem Mann, der sich mit mir treffen wollte, nach Hause. Das war mir noch nie zuvor passiert. Ich erinnere mich an Tage, an denen ich mit einem halben Dutzend Karten nach Hause gekommen war und alle in den Müll geworfen hatte. Wie verschwenderisch ich damals war! Diesmal hatte ich fünf oder sechs Karten von interessanten Frauen, die sich mit mir treffen wollten. Überall, wohin ich gehe, sind großartige Frauen – aber wo sind die Männer?

Ich muß zugeben, daß ich nun schon seit über einem Jahr keinen Sexpartner hatte, weil sich die Männer nicht mehr so wie früher für mich interessieren. Mir selbst und meinen Freundinnen habe ich eingeredet, ich sei ›wählerisch‹. Aber in Wirklichkeit hat mich niemand gefragt.«

Wie lange dauert eine Durststrecke?

Für manche Frauen sind sechs Wochen schon eine sehr lange
Dürrezeit. Andere nehmen kaum wahr, daß in ihrem Leben
der Sex fehlt, bis ihr Antibabypillenrezept längst abgelaufen ist.
Es ist weniger eine meßbare Zeitspanne als ein Eindruck, der
wiedergibt, wie man das Vergehen der Zeit empfindet.
Deshalb war die Antwort auf meine Frage: »Wie häufig haben
Sie Sex?« weniger aufschlußreich als die auf die folgende Frage:
»Ist das befriedigend?«

✳ *Fast ein Drittel aller Teilnehmerinnen an meiner Studie wollte
mehr Sex, als sie hatten,* selbst wenn es ebensoviel oder mehr
als beim Durchschnitt aller Frauen ihres Alters und Fami-
lienstands war.

✳ *Mehr als achtzig Prozent der Frauen, die in Perioden von zwei
Monaten bis zu mehreren Jahren keinen Sex hatten – etwa elf
Prozent – ,waren mit diesem Ausbleiben der sexuellen Aktivität unzufrieden.* Viele Frauen schrieben: »NEIN! Es ist
überhaupt nicht befriedigend!« Oft war diese Feststellung
unterstrichen.

Für Frauen, außer wieder zu Jungfrauen gewordenen und solchen mit gynäkologischen Problemen, ist eine sexuelle Durststrecke nur selten eine selbstgewählte Periode der Enthaltsamkeit, angesichts der Auswahl an möglichen Partnern. Und
wenn wir älter werden, ist eine solche Zeit auch weniger oft
das Ergebnis unserer hohen Ansprüche. Sie ist vielmehr die
Folge der Tatsache, daß wir nicht erwählt werden – ein Schicksal, vor dem auch Regelbrecherinnen nicht sicher sind.
»Ich hatte im letzten Jahr keinen Sexpartner«, schreibt eine
fünfzig Jahre alte New Yorkerin. »Ich bin ganz und gar nicht

glücklich darüber. Ich vermisse den Sex. Ich vermisse es, hinterher umarmt zu werden. Menschen sind nicht für ein Leben ohne körperlichen Kontakt geschaffen.

In den letzten zehn Jahren hatte ich eine Beziehung mit einem jüngeren verheirateten Mann, der mich während der zunehmend längeren Zeitspannen zwischen meinen Affären tröstete. Er ist mit seiner Frau nach Europa gezogen, so daß er für mich so gut wie aus der Welt ist. Ich bin jetzt in einem Alter, in dem Sex immer schwerer zu bekommen ist, und ich bedaure das.

Es stimmt mich traurig, aber ich werde es überleben. Ich masturbiere. Ich sorge dafür, daß ich in Form bleibe, und halte die Augen offen.«

Ihre Überlebensstrategie spricht von einer guten Einstellung zum Sex und zu ihrer eigenen Attraktivität. Sie begreift, daß das Überleben einer Dürrezeit hauptsächlich eine Frage der Einstellung ist.

Die falsche Einstellung

»Ich finde mich körperlich nicht mehr attraktiv«, schreibt eine neunundvierzig Jahre alte geschiedene Sekretärin aus dem Mittelwesten. Sie hat seit vier Jahren keine sexuelle Beziehung mehr gehabt. »Ich bin nicht dick und einigermaßen fit, weil ich regelmäßig spazierengehe und radfahre. Aber ich habe den Körper einer guterhaltenen Frau über Vierzig, der nicht mit dem guterhaltenen Körper einer Frau mit Zwanzig oder Dreißig vergleichbar ist. Ich kann mir keine plastische Chirurgie leisten, um wie Cher auszusehen.

Ich fühle mich nicht attraktiv. Das schreckt mich ab, und ich bin sicher, daß es auf die Männer ebenso wirkt. Weshalb sollten sie mir einen zweiten Blick zuwerfen? Meine Zeit ist vorbei.«

Eine kleine, verbittert klingende Minderheit der Teilnehmerinnen an meiner Untersuchung drückt ähnliche Ansichten über die Folgen des Älterwerdens. Sie glauben, mit Vierzig sei der Sex für alle Frauen, außer in Liebesehen oder langfristigen Verhältnissen, vorbei. Ihre Einstellung läßt sich etwa wie folgt ausdrücken: Kein Mann kann eine ältere Frau begehrenswert finden, es sei denn, er ist vor Liebe blind oder ein Sklave der Gewohnheit. Eine sexuelle Durststrecke verstärkt ihre negative Einstellung zum Sex und zum Älterwerden.

Aber eine Dürrezeit kann denselben Effekt auch auf jüngere Frauen haben.

»Ich war schon seit der High School immer das Mädchen, das bei den wichtigen Ereignissen keine Verabredung hatte«, schreibt eine fünfunddreißigjährige Krankenschwester aus St. Louis. »Ich hatte nicht einmal eine Verabredung bei meiner eigenen Sweet-Sixteen-Party, was meine Mutter, eine zierliche kleine Person, die heute noch eine Schönheit ist, vernichtet hat. Sie wäre vor Scham fast gestorben.

Ich mag Sex, aber ich habe nicht oft Gelegenheit dazu. Ich hatte zwei lange Beziehungen mit ebenso langen Durststrecken dazwischen. Ich fühle mich nicht richtig lebendig, wenn ich keine sexuelle Beziehung mit einem Mann habe. Also fühle ich mich die meiste Zeit meines Lebens über nicht richtig lebendig.«

An dieser Stelle können Sie ihr nach Art einer sexuellen Cheerleaderin alle Redensarten ins Ohr brüllen, die Sie gern zitieren. Wenn man sich sexy fühlt, ist man auch sexy. Wie man in den Wald ruft, so schallt es heraus. Man muß selbst erregt sein, um einen anderen zu erregen. Würde sie an diese Sprüche glauben, wären ihre Durststrecken kürzer und bestimmt weniger schmerzlich. Wenn sie nur verstehen würde, daß die Statistiken einfach nicht günstig für sie sind, würde sie sich vielleicht für die langen Durststrecken zwischen ihren Partnern

nicht selbst verantwortlich machen. Obwohl es immer noch Dürrezeiten gäbe.

Das Wissen, wie sie damit umzugehen hat, gehört zu den wichtigsten erotischen Fähigkeiten einer Frau.

Die richtige Einstellung

»Wie kann man der unfreiwilligen Enthaltsamkeit die Stirn bieten, ohne an sich selbst zu zweifeln?« schreibt eine fünfzig Jahre alte Geschäftsführerin aus Kalifornien. »Ich glaube eigentlich nicht, daß ich ohne einen Mann nichts wert bin, aber manchmal, wenn ich längere Zeit ohne Mann war, frage ich mich, ob ich nicht weniger als die Person bin – eine aufregende Person! –, die ich meiner Meinung nach einmal war.

Wie bleibt man sexy, wenn man keinen Sex hat?«

»Sexy« ist eine Einstellung. Über Frauen, die sexy sind, läßt sich sagen:

Sie haben den Tatsachen ins Gesicht gesehen.

Die meisten alleinstehenden Frauen haben – besonders wenn sie über Fünfunddreißig sind – keine Möglichkeit, gelegentliche sexuelle Durststrecken zu vermeiden. Frauen, die damit vernünftig umgehen, akzeptieren sie als unvermeidlich – und machen sich nicht selbst dafür verantwortlich.

»Ich nehme zur Kenntnis, daß die Chancen gegen mich sind«, schreibt eine vierzigjährige Managementberaterin aus Ohio. »Um Mick Jagger sinngemäß zu zitieren: Die Zeit ist nicht länger auf meiner Seite. Mein sexuelles Leben ist nicht vorbei, aber es ist auch keine durchgehende erotische Party mehr. Ich schlafe oft gegen meinen Wunsch allein. Aber mit mir selbst ist alles in Ordnung!

Ich bin eine gute Liebhaberin. Ich muß vielleicht länger als

früher warten, bis ein Mann anbeißt, aber wenn er einmal angebissen hat, hängt er am Haken.«

Sie haben ihr Denken und ihre Herzen den verschiedensten Männern geöffnet.
Sie sollten vielleicht Männer in Betracht ziehen, die früher Luft für Sie waren, ohne sich so vorzukommen, als wären Sie verzweifelt oder zu rasch bereit. Weniger wählerisch zu sein, ist gut, wenn man oberflächliche Kriterien zugunsten einer besseren Werteskala beiseite läßt. Eine wirklich freie Frau ist niemals so verzweifelt, daß sie eine Verbindung mit *jedem beliebigen* Mann eingeht, nur weil er zu haben ist.
»Vor fünf Jahren, als ich den Gipfel meiner körperlichen Attraktivität erreicht hatte, gab ich eine Anzeige [in einem Stadtmagazin] auf, daß ich einen Mann kennenlernen wollte. Bedingung war, daß er über 100 000 Dollar im Jahr verdiente«, schreibt eine achtunddreißig Jahre alte Verlegerin. »Ich erhielt ein halbes Dutzend Antworten. Ich glaube, bis auf zwei übertrieben alle Männer, die sich meldeten, ihre Einkünfte und ihr Vermögen. Sie waren alle arrogant, aber ich war es schließlich auch.
Derjenige, auf den ich mich einließ, betrog mich in sechs Monaten um 10 000 Dollar. Endlich wurde ich klug, und er verließ mich. Er hätte mich vermutlich ohnehin verlassen, weil ich inzwischen pleite war.
Heute scharen die Männer sich nicht um mich, wie sie es einmal getan haben, aber die Männer, die ich kennenlerne, sind netter. Vielleicht haben sich meine Wertmaßstäbe in dem Maß verändert, in dem sich Falten um meine Augen gebildet haben und ich um die Taille fülliger geworden bin. Ich denke wirklich, daß sich meine Situation verbessert hat. Und ich muß überhaupt nicht mit Verlierern vorliebnehmen. Nein, ich habe mich vielmehr vor fünf Jahren durch eigene Schuld mit Ver-

lierern abgegeben. Jetzt lerne ich die stillen Gewinner kennen, die reich an Qualitäten sind, gleichgültig, wieviel Geld sie verdienen.«

Sie haben ihr Leben mit Menschen und Aktivitäten erfüllt.
Ja, es ist der übliche Rat der Frauenzeitschriften zur Überbrückung der scheinbar endlosen Folge einsamer Nächte. Aber es ist trotzdem ein guter Rat.

Sie haben gelernt, die »mageren Zeiten« gewinnbringend privat zu nutzen.
Ebenfalls ein guter Rat der Frauenzeitschriften. Frauen, die Vertrauen in ihre Sexualität und in ihre Attraktivität haben, verbringen ihre sexuellen Durststrecken nicht damit, daß sie darüber brüten, wie und wo sie den nächsten Mann kennenlernen. Sie stöbern nicht die Freizeitbeilagen der Zeitungen auf der Suche nach Aktivitäten durch, die sie in Kontakt mit unbeweibten Männern bringen könnten. Statt der männlichen Moschusspur zu folgen, gehen sie ihren privaten Interessen nach. Sie widmen sich selbst mehr Zeit und Energie. Sie lernen Französisch, verbessern ihren Muskeltonus oder lesen. Wie eine achtundfünfzigjährige Frau es ausdrückte, ist die Zeit »ein Geschenk, keine Strafe«.

Der Faktor Masturbation

Und vor allem masturbieren sie.
Bis auf zehn Prozent masturbieren alle Frauen, die über Unbefriedigtsein aus Partnermangel berichten, wenigstens einmal wöchentlich. Die wenigen, die es nicht tun, sind am meisten über ihre Situation betrübt und haben die geringste Hoffnung auf Änderung in der Zukunft. Sie scheinen zu glauben, das

Gefühl, »sexy« zu sein, werde von außen durch männliche Aufmerksamkeit statt von innen erzeugt. Die übrigen neunzig Prozent wissen es besser.

»Ich bin über das derzeitige Fehlen eines Partners nicht glücklich«, schreibt eine vierzig Jahre alte leitende Angestellte aus Chicago. »Aber wenn mich auch niemand liebt, liebe ich mich immer noch selbst. Ich liebe mich lieber selbst, als mit jemandem ins Bett zu gehen, den ich nicht besonders attraktiv finde – nur um sagen zu können, ich hätte letzte Nacht nicht allein geschlafen.

Masturbation ist gut. Ich stelle mir alle möglichen wilden Sachen vor, die ich in Wirklichkeit nicht tun würde, wie Sex in einem Wagen oder im Taxi, auf einer Orgie oder mit Bryan Brown auf der Bühne während des Kulissenwechsels. Ich denke mir, daß wir es nach Hundeart tun, denn meine Brüste sehen großartig aus, wenn sie frei hängen, weil ich Implantationen vornehmen ließ. Wenn ich masturbiere, lasse ich meiner Phantasie völlige Freiheit.«

Eine fünfzig Jahre alte Regierungsangestellte sagt: »Der Finger ist der beste Freund einer Frau nach dem vierzigsten Lebensjahr. Vergessen Sie die Diamanten. Sie würden sich ohnehin nur verletzen, wenn sie nicht daran denken, den Ring vorher zu entfernen.«

Seit Masters und Johnson betonen die Sexualforscher immer wieder, daß Masturbation der Schlüssel ist, um während der Durststrecken sexuell lebendig zu bleiben. »Use it or lose it« ist mehr als ein witziger Slogan auf Autoaufklebern für ältere Bürger. Es ist die Wahrheit. Frauen, die nicht sexuell aktiv sind – und Masturbation ist eine Form sexueller Aktivität –, verlieren mit zunehmendem Alter die Elastizität der Scheidenmuskulatur und die Fähigkeit, Gleitflüssigkeit zu bilden.

»Wenn ich nicht masturbierte, würde ich wahrscheinlich durchdrehen«, schreibt Carolyn, eine fünfundvierzig Jahre alte

Journalistin. »Ich wäre so geil, daß ich die Pförtner des Zeitungsgebäudes anspringen würde. Es wäre peinlich. Ich möchte gar nicht darüber nachdenken, was ich täte, wenn ich mich nicht irgendwie sexuell erleichtern könnte.

Tatsächlich habe ich beim Masturbieren oft die stärksten Orgasmen. Es gehört immer dazu, sogar wenn ich mit einem Mann zusammen bin.

Meine wichtigste Masturbationsphantasie kreist um den Analverkehr, etwas, was ich nur selten getan haben, aber sehr erregend finde, wenn alle Umstände stimmen. In meiner Phantasie habe ich eine Affäre mit einem Mann, der ein wenig grob ist. Manchmal schlägt er mich. Er schätzt es, mich in den Hintern zu ficken.

Ich stelle mir vor, wie ich mich in eine für das Eindringen günstige Position bringe, auf Knien und Ellbogen. Er steckt mir den eingecremten Finger in den Anus, um mich vorzubereiten, und mein Hintern steht in Flammen. Mein Magen flattert in angstvoller Erregung. Ich will es. Ich fürchte es.

Er dringt nie so in mich ein, wie es in dem Buch *Joy of Sex* angeraten wird, langsam und nur über die Eichel. Nein. Er stellt sich so in Position, daß sein großer Schwanz gegen meine kleine Afteröffnung drückt, packt mit beiden Händen meine Hüften und stößt zu. Hart. Immer wieder. Es fühlt sich an, als werde erbarmungslos eine dicke glühende Eisenstange in mich gestoßen, und ich will es, fürchte es, liebe es, hasse es. Der Orgasmus ist phantastisch.

Wissen Sie, im wirklichen Leben würde das höllisch weh tun.«

Phantasie ist nicht das wirkliche Leben, aber als Hilfe beim Masturbieren (oder zur Erregung und zum Erleichtern des Orgasmus beim Geschlechtsverkehr) verwendet, verschönert sie das wirkliche Leben, besonders während der sexuellen Durststrecken.

Kapitel 25 Frauen, die ihre zweite Chance nutzen

»Nach meiner ersten Ehe wußte ich, daß ich nicht wieder heiraten würde, wenn der Sex nicht großartig wäre. ›Er müßte ein sehr guter Liebhaber sein‹, sagte ich zu allen. Und er ist es. Auf einer Skala von Eins bis Zehn hätte der erste null Komma fünf bekommen. Der zweite ist eine Neun.« – Eine neununddreißigjährige Autorin aus New Jersey.

Jane, eine Washingtoner Autorin, ist mit ihrem dritten Mann verheiratet. Ihre erste Ehe endete durch Scheidung, die zweite durch den Tod ihres Mannes nach langem Kampf gegen den Krebs. Ich habe weder ihren ersten noch ihren zweiten Mann gekannt, aber Wesley, der dritte, ist so gut, wie man ihn sich nur wünschen kann. Jane – eine unabhängige Frau – gibt vor, nicht zu wissen, weshalb sie dreimal geheiratet hat, während so viele Frauen über ihre Unfähigkeit klagen, einmal zu heiraten. Ich vermute folgende Gründe: Sie ist gern verheiratet, sie mag Männer, und sie ist sehr gut im Bett.

Die wiederverheirateten Frauen in meiner Untersuchung, die bereit sind, über das Wie und Weshalb zu sprechen, lassen sich in zwei Gruppen einteilen:

Frauen, die ihre zweite Chance nutzen – die Mehrheit. Sie mögen Männer, die Ehe und den Sex und geben an, ihren erotischen Fähigkeiten zu vertrauen.

Frauen, die zum zweiten Mal verlieren – die Minderheit, weniger als zwanzig Prozent. Sie geben an, dieses Mal ebenso unglücklich wie beim ersten Mal zu sein. Wie es scheint, mögen sie weder ihre Männer, noch ihre Ehen oder den Sex.

Sex scheint in der zweiten Ehe noch wichtiger als in der ersten zu sein. Vielleicht liegt das daran, daß er zu den Problemen mit dem ersten Ehemann gehörte, oder daran, daß die Frau älter geworden ist (wie wir wissen, gelangen Frauen über Dreißig und in noch stärkerem Maß über Fünfunddreißig sowohl aus psychischen als auch aus körperlichen Gründen leichter zum Orgasmus).

»Meine zweite Ehe ist viel besser als die erste, sexuell und auch in anderer Hinsicht«, schreibt eine achtunddreißig Jahre alte Sekretärin aus Florida. »Beim ersten Mal war ich neunzehn und schwanger. Beides habe ich ohne Orgasmus erreicht! Ein schrecklicher Anfang, meinen Sie nicht auch?

Wir waren beide in sexuellen Dingen unerfahren. Fünf Jahre später hatte ich zwei Kinder und immer noch keinen Orgasmus gehabt, und ich war wieder auf mich selbst gestellt. Ich wäre in eine weitere orgasmuslose Ehe hineingeschlittert – ich war verzweifelt, allein und ständig pleite –, aber meine Mutter, gesegnet soll sie sein, trat dazwischen.

Sie sagte: ›Ginny Sue, heirate keinen anderen Mann, bis du dieses besondere Gefühl dort unten hast, wenn du mit ihm zusammen bist.‹ Ich wußte nicht, wovon sie sprach. Sie konnte das Wort ›Orgasmus‹ nicht aussprechen. Aber schließlich stellte ich mir vor, was sie meinte. Ich war mit zwei weiteren Männern zusammen, ohne mich stark von ihnen angezogen zu fühlen. Ich habe sie beide nicht geheiratet. Daddy unterstützte mich finanziell einige Jahre lang. Dann traf ich meinen jetzigen Ehemann.

Das Warten hatte sich gelohnt! Er betätigte den Schalter in

mir schon am ersten Abend, als wir uns trafen. Er nahm meine Hand, und da hatte es gefunkt!

Ich mag es, geküßt zu werden. Er küßt mich auf den Hals, den Rücken, die Stirn, den Hintern, überall. Mein Exmann war kein großer Küsser gewesen. Er saugte mir an den Lippen, bis sie weh taten, und rammte mir die Zunge in den Mund. Aber mein jetziger Mann braucht mich meistens nur zu küssen, und ich bin bereit. Er brachte mir auch bei, einen Orgasmus beim Beischlaf zu haben, indem einer von uns die Hand benutzt, oder wenn wir seitlich liegen und sein Schenkel meine Klitoris drückt.

Ich bin verrückt vor Liebe zu diesem Mann!«

Wer ist sie?

Frauen, die ihre zweite Chance nutzen, machen 12,5 Prozent aller Frauen in meiner Untersuchung aus. Sie sind:

* *Frauen, die wieder heirateten, und*

* *von großer sexueller Befriedigung in dieser Ehe berichten.*

Nach dem National Center for Health Statistics sind über vierzig Prozent aller Ehen Wiederverheiratungen, das heißt, einer oder beide Partner waren schon einmal verheiratet. Die Hälfte aller geschiedenen Männer heiraten innerhalb von drei Jahren wieder, bei der Hälfte der geschiedenen Frauen sind es dreieinhalb Jahre. Die Wahrscheinlichkeit, daß die zweite Ehe hält, ist nicht größer als bei der ersten, aber die Chancen nehmen jenseits der Vier-Jahres-Grenze zu. Wie Sie schon vermutet haben, beweist die Statistik, daß Männer beim zweiten Mal wesentlich jüngere Frauen heiraten. Der mittlere Altersunter-

schied zwischen Braut und Bräutigam ist bei der zweiten Eheschließung doppelt so groß wie beim ersten Mal. Für jüngere geschiedene Frauen sind die Chancen für eine Wiederverheiratung größer.

Mehrere Untersuchungen – darunter eine von der University of Wisconsin ausgeführte nationale Studie – ergaben, daß annähernd vierzig Prozent der Frauen, die etwa Mitte Dreißig geschieden wurden, nicht wieder heiraten. Bei geschiedenen Frauen von vierzig und mehr Jahren sind es siebzig Prozent.

Diese Zahlen scheinen zu besagen, daß ältere Frauen als Bräute nicht begehrt sind; aber oft sind es die Frauen, die diese Rolle ablehnen. Viele ältere Frauen wollen nicht noch einmal heiraten. Auch wenn sie sich in langfristigen monogamen Beziehungen engagieren, lehnen sie die Ehe mit ihrem Partner ab. Mehr als die Hälfte der geschiedenen Frauen in meiner Untersuchung halten eine solche Beziehung aufrecht – einige von ihnen leben mit ihren Partnern zusammen, andere nicht –, und sie berichten, daß sie mit diesem Arrangement zufrieden sind.

Der Soziologe Andrew Cherlin, Dr. Ph., schrieb in seinem Buch *Marriage, Divorce, Remarriage*, daß Frauen mit geringerer Bildung, jüngeren Kindern und schlechter bezahlten Jobs rascher wieder heiraten als andere Frauen, weil ihr eigenes Überleben und das ihrer Kinder vom Einkommen eines Ehemannes abhängt. Die Mehrzahl der Frauen in meiner Studie, die mit ihrer zweiten Ehe unzufrieden waren, hatten in jüngeren Jahren und offenbar aufgrund ökonomischer Zwänge wieder geheiratet. Die unglücklichen Wiederverheirateten waren eher Arbeiterinnen als Angestellte, besaßen einen geringeren Bildungsgrad und verdienten weniger Geld als die glücklichen Wiederverheirateten – die Frauen, die ihre zweite Chance nutzten.

Andererseits lebten auch glückliche monogame Frauen – die Partnerinnen in lange bestehenden Ehen – eher in Arbeits- als in Angestelltenverhältnissen, wenn sie überhaupt arbeiteten. Weshalb sollte finanzielle Abhängigkeit in einer ersten Ehe glücklich machen, während sie in einer zweiten Ehe fürs Unglücklichsein sorgt? Vielleicht sind Kinder ein Aspekt der Erklärung. Die finanziellen Beanspruchungen der Elternschaft müssen für einen Stiefvater eine größere Last als für den Vater der Kinder sein. Die Unfähigkeit der Mutter, allein für diese Kinder zu sorgen, belastet ihn und damit auch die Ehe.

Wo auch immer die Ursache liegen mag, finanzielle Abhängigkeit – nur zu oft ein Anreiz der Wiederverheiratung – scheint sich nachteilig für die Frauen auszuwirken.

Aber was ist mit dem Sex?

Es überrascht kaum, daß Frauen, die ihre zweite Ehe als allgemein unbefriedigend bezeichnen, auch mit dem Sex unzufrieden sind. Aber Frauen, die ihre zweite Chance nutzen, berichten, daß der Sex in der zweiten Ehe weit besser ist. Die meisten von ihnen sind über den Unterschied tatsächlich hoch erfreut.

»Ich hätte nicht wieder geheiratet, wenn der Sex mit ihm nicht großartig gewesen wäre«, schreibt eine vierzigjährige leitende Angestellte aus Chicago. Sie berichtet, wie die meisten der Frauen, die ihre zweite Chance nutzen, die gute Sexualität, nicht sein gutes Gehalt, habe bei ihrer Wahl des Ehemanns den Ausschlag gegeben. »Er [der Sex] war mit meinem ersten Mann niemals gut. Ich glaube, viele Frauen heiraten das erste Mal – wie ich – aus Gründen der emotionellen und finanziellen Sicherheit. Wir wurden in dem Glauben erzogen, daß wir

uns in einen gutaussehenden Mann verlieben würden, der für uns zu sorgen fähig wäre – und der Sex würde folgen. Aber das muß nicht so sein. Ich mache weder mich selbst noch ihn für die Scheidung verantwortlich. Sie stempelt mich auch nicht zu einer Versagerin. Wir waren nicht glücklich zusammen; das ist alles.

Diesmal habe ich klug gewählt. Der Sex ist phantastisch. Wir gehen sehr intensiv und verspielt miteinander um. Wenn ich in erotischer Stimmung bin, kann ich allein durch die Reibung unserer Körper aneinander meinen ersten Orgasmus beim Vorspiel haben. Er erregt mich sehr stark. Und er ist recht geschickt. Er findet Stellen mit der Zunge, von denen ich gar nicht wußte, daß es sie gibt.«

Weshalb ist der Sex bei Frauen, die ihre zweite Chance nutzen, besser?

Sie sind bessere Lustforderinnen.
Viele dieser Frauen erfuhren eine sexuelle Wiedererweckung, die dazu führte, daß sie eine Ehe beendeten, in der ihre sexuellen Bedürfnisse nicht erfüllt wurden. Sie idealisieren ihre Partner nicht und romantisieren die Ehe nicht, wie sie es vielleicht beim ersten Mal taten. Viele von ihnen haben erst nach ihrer Scheidung ihre Lust ausgelebt.

Ihre Wünsche bezüglich Häufigkeit und Abwechslung in Sachen Geschlechtsverkehr werden in dieser Ehe eher als in ihren früheren sexuellen Beziehungen erfüllt.
Frauen, die mit ihren Ehen in sexueller Hinsicht unzufrieden sind, berichten, daß sie nicht genug oder nicht die Art von Sex bekommen, die sie sich wünschen. Das scheinen die beiden wichtigsten Punkte in den meisten Ehen und langfristigen Beziehungen zu sein.

Sex ist ihnen wichtiger als den Frauen, die in ihren zweiten Ehen unglücklich sind.

Achtzig Prozent dieser Frauen geben an, daß der Sex eine wichtige Rolle bei ihrer Entscheidung für eine Wiederverheiratung gespielt hat. Bei den unglücklichen Frauen waren es nur dreißig Prozent. Und über sechzig Prozent der Frauen, die ihre zweite Chance nutzen, geben an, der Sex sei ein Faktor bei ihrer Scheidung gewesen.

»Ich habe mit neunzehn Jahren geheiratet«, schreibt eine fünfzig Jahre alte Bostoner Journalistin. »Ich wußte gar nichts. Und das gilt auch für ihn. Es war eine Katastrophe, weil er nie seine katholische Erziehung überwinden konnte. Ich ging weg, weil ich mehr wollte, und fand eine gute Sexualität im Bett meines zweiten Mannes.«

Sie hatten sexuelle Beziehungen zwischen den Ehen.

Viele der Frauen, die in ihrer zweiten Ehe unglücklich waren, hatten nach der Scheidung gleich wieder geheiratet. Frauen, die ihre zweite Chance nutzten, haben ihre Sexualität erforscht und als alleinlebende Frauen sexuelles Vertrauen zu sich selbst entwickelt. Sie warten durchschnittlich vier Jahre lang, bis sie wieder heiraten.

»Beinahe hätte ich den ersten Mann geheiratet, mit dem ich nach meiner Scheidung geschlafen habe«, schreibt eine sechsunddreißig Jahre alte Buchhalterin aus Minneapolis. »Es wäre ein weiterer Fehler gewesen, weil ich noch nicht gelernt hatte, daß man einen Mann nicht nur deshalb heiratet, weil man Sex mit ihm hatte. Fünf Jahre später heiratete ich diesen Mann, weil der Sex wundervoll ist, weil ich ihn anbete – nicht weil es unter Berücksichtigung der Umstände das richtige war.«

Sie sind fähig, Meinungsverschiedenheiten in bezug auf die Kinder
– seine, ihre und manchmal ihrer beider Kinder – aus dem Schlaf-
zimmer fernzuhalten.

Zugegebenermaßen verleiht ihnen ein größeres Einkommen
mehr Macht in der Ehe. Und ihre Kinder sind oft älter als die
der unglücklichen Frauen. Einige Frauen, die ihre zweite
Chance nutzten, geben an, die Heirat hinausgeschoben zu haben, bis ihre Kinder erwachsen geworden waren, um Loyali-
tätskonflikte zu vermeiden.

»Ich habe immer gewußt, daß ich wieder heiraten will«,
schreibt eine sechsundvierzigjährige Investmentbankangestellte
aus dem Nordosten der USA. »Ich bin gern verheiratet. Aber
ich blieb nach meiner Scheidung sieben Jahre lang allein, weil
ich mich meiner Arbeit und meinen Kindern widmen wollte.
Ich wußte, daß ich mit dem in zweiten Ehen häufig bestehenden Zug in drei verschiedene Richtungen – zwischen den Kindern, der Arbeit und dem Mann – nicht würde umgehen können. Außerdem gehen der Mann und die Kinder jedesmal
aufeinander los, wenn ich mich nur umdrehe. Ich habe ein
paar meiner Freundinnen bei dem Versuch beobachtet, mit
drei Bällen zu jonglieren. Das erfordert mehr Energie, als ich
jemals zur Verfügung hatte. Diese Freundinnen haben wirklich
keine Zeit für Sex.

Als meine Tochter in ihrem ersten High-School-Jahr war, lernte
ich einen wunderbaren Mann kennen. Wir hatten alles – großartigen Sex, die gleichen Ansichten und Interessen. Und ich
nahm die Gefahr auf mich, ihn zu verlieren, indem ich ihn
bat, noch ein Jahr lang mit der Ehe zu warten. Aber er hat es
getan. Wir sind sehr glücklich miteinander.«

346

Die Frage der Monogamie

Neigen Frauen, die in ihrer ersten Ehe nicht treu waren, auch in ihrer zweiten Ehe zur Untreue?

Frauen, die ihre zweite Chance nutzen, berichten von größerer Treue. Während fünfzig Prozent von ihnen in ihrer ersten Ehe Affären hatten, sind es in der zweiten Ehe nur zwanzig Prozent. Und weniger als zehn Prozent von ihnen glauben, daß ihre Männer Affären haben.

»In meiner ersten Ehe hatte ich Affären, weil sie Freude in mein schwung- und lustloses Liebesleben brachten«, schreibt eine siebenunddreißig Jahre alte Unternehmerin aus Cleveland. »Ob Ehebruch moralisch falsch ist oder nicht, hängt vom Gewissen des einzelnen ab. Ich habe nie das Gefühl gehabt, daß er moralisch falsch ist – ich habe es immer noch nicht. Aber in dieser Ehe ist er nicht nötig.

Die Freude ist vorhanden. Ich finde gelegentlich immer noch andere Männer attraktiv – ich halte das für normal –, aber ich handele nicht danach. Mir gefällt meine Ehe. Weshalb sollte ich eine gute Sache zerstören?«

Und eine Künstlerin aus Kalifornien schreibt: »In meiner ersten Ehe hatte ich Affären, um mit ihm gleichzuziehen. Er betrog mich ständig, und so zahlte ich es ihm heim. Nach sechs Jahren kam ich mir lächerlich vor, und ich stieg aus.

Für mich ist Treue wichtig, obwohl ich meinen Mann nicht verließe, wenn ich entdecken würde, daß er eine Indiskretion oder zwei begangen hätte. Für mich hängt viel davon ab, ob es sich um eine fortgesetzte Affäre oder ein Abenteuer für eine Nacht handelt. Wenn es etwas Längerdauerndes ist, wird es schwierig. Er reist viel, und manchmal frage ich mich, ob er Sex mit jemandem hat, den er unterwegs trifft. Ich hoffe, es ist nicht so; und wenn doch, hoffe ich, daß er vorsichtig ist. Aber ich würde ihn wegen so etwas nicht verlassen.

Mein erster Mann und ich hatten eine Menge Affären – eine nach der anderen. Wir versuchten, es einander mitzuteilen, ohne darüber zu reden. So sollte eine Ehe nicht sein. Eine Ehe sollte eine besondere Verbindung sein, die zwei Menschen miteinander eingehen.«

Die Frauen, die ihre zweite Chance nutzen, sind diesmal weit monogamer, aber die überwältigende Mehrheit von ihnen – etwa achtzig Prozent – halten Ehebruch für akzeptabel und ·verständlich, wenn der eheliche Sex nicht zufriedenstellend ist. »Absolut. Jeder wird einen Betrug verstehen, wenn der Sex in der Ehe nicht gut ist!« schreibt eine Boutiquebesitzerin aus Miami. Sie ist in ihrer dritten und »diesmal sexuell glücklichen« Ehe verheiratet. »Es sprechen viele gute Gründe dafür, in einer Ehe auszuharren, obwohl der Sex nicht gut ist – aber es gibt keinen einzigen guten Grund, in einem virtuellen Zölibat zu leben.

Mein erster Mann war dreißig Jahre älter als ich. Ich war erst siebzehn, als wir heirateten. Ich tat es, um ein Zuhause zu haben. Seine Vorstellung von Sex war ein Quickie einmal die Woche. Nach einem Jahr oder zwei fing ich an, fremdzugehen. Er ließ sich scheiden. Mein Ehemann Nummer Zwei war zwanzig Jahre älter als ich. Er war ebenfalls nicht gut im Bett. Aber zum Glück schickte er mich auf die Schule, so daß ich [nach der Scheidung] für mich selbst sorgen konnte. Als ich zehn Jahre später zum dritten Mal heiratete – und diesmal einen zehn Jahre jüngeren Mann –, traf ich eine gute Wahl. Diese Ehe basierte auf sexueller Verträglichkeit, und nicht auf dem Wunsch nach einem Zuhause.«

Frauen, die ihre zweite Chance nutzen, genießen es wie glückliche monogame Frauen, verheiratet zu sein. Wie sie sagen, führt die Ehe mit der größten Wahrscheinlichkeit zu sexueller Erfüllung.

Schlußfolgerung: **Ihr sexueller Wendepunkt?**

»Als ich Dreißig war, verbrachte ich eine wilde Nacht im Bett mit einem Mann, den ich kaum kannte. Diese Nacht war leidenschaftlicher, zärtlicher und erregender als alles, was ich jemals zuvor erlebt hatte – und ich knüpfte keine Erwartungen daran. Es war ein wirklicher Wendepunkt für mich, zu akzeptieren, daß ich den Mann nie wiedersehen würde. Als ich das Hotelzimmer am nächsten Morgen verließ, kam ich mir unbeschreiblich weltgewandt vor, weil ich getan hatte, was Männer leichten Sinnes tun. Ich hatte Liebe von Sex getrennt. Danach genoß ich den Sex mehr, und ich achtete viel sorgfältiger darauf, wen ich liebte.« – Eine fünfzig Jahre alte Psychologin.

Wenn wir unsere sexuellen Werdegänge auf Millimeterpapier aufzeichneten, würde die Linie bei jeder Frau einen anderen Verlauf nehmen. Zwar stellen viele individuelle Meilensteine allgemein geteilte Erfahrungen dar – erste Orgasmen, Verlust der Jungfernschaft und Menopause sind die ersten Beispiele, die einem in den Sinn kommen –, aber auch sie können an sehr unterschiedlichen Punkten der persönlichen Entwicklungskurve verzeichnet sein. Wir sind nicht alle perfekte Knospen, die fest geschlossen bleiben, bis die Mädchenjahre beinahe vergangen sind, um sich dann unter der liebenden Berührung des richtigen Mannes allmählich zu öffnen und sich im Verlauf unseres dritten Lebensjahrzehnts stetig und

vollständig zu öffnen und in den späten mittleren Jahren allmählich zu verblühen.

Mit anderen Worten, es existiert keine Standardkurve der sexuellen Entwicklung der Frau, die allmählich bis zum Höhepunkt aufsteigt und dann ebenso allmählich wieder abfällt. Und doch ist sie die Richtlinie, anhand derer die meisten von uns ihre Erfahrungen und Reaktionen überprüfen. Im wirklichen Leben steigen einige Kurven steil in die Höhe, während andere nach der sogenannten Knospung jahrelang flach zu verlaufen scheinen; andere folgen zahlreichen Höhen und Tiefen; wieder andere bleiben für lange, lange Strecken auf hohem Niveau. Aber in der sexuellen Entwicklung jeder Frau gibt es Meilensteine, außer den bekannten biologischen Stufen: die Schlüsselerlebnisse, die eine Frau in der Rückschau als Wendepunkte erkennen kann, an denen sich ihr Verhalten oder ihre Gefühle gegenüber Sex und Liebe geändert haben.

Unsere persönliche sexuelle Entwicklung wird zudem durch gesellschaftliche Trends und die vorherrschenden Mythen unserer Zeit beeinflußt, durch religiöse und familiäre Erziehung und durch böse Erfahrungen wie Kindesmißbrauch, Vergewaltigung, Abtreibungen und sexuell übertragbare Krankheiten – sogar durch die Erinnerung daran, daß man uns als Kind die Hand von den Genitalien weggezogen und kräftig draufgeschlagen hat. Die biochemische Entwicklung einer Frau und ihre ersten Erfahrungen mit einem Partner haben Einfluß darauf, wie sie sich sexuell entwickelt. Ob eine Frau auf einer kritischen Entwicklungsstufe den richtigen Partner hat, kann in der Tat manchmal bestimmen, ob sie an diesem Punkt Lust erlebt.

Ein Mann kann hilfreich sein, aber wir können deshalb die Männer nicht verantwortlich machen, wenn wir keine sexuelle Erfüllung erreichen. Allzuoft sagen wir ihnen nicht, was wir in sexueller Hinsicht wünschen und brauchen, und dann wer-

fen wir ihnen vor, daß sie es uns nicht gegeben haben. Zu oft überantworten wir unsere Macht an Männer und geben ihnen dann die Schuld, sie mißbraucht zu haben. Lustforderinnen erwarten nicht, daß ihnen die Männer Lust verschaffen, und sie geben ihre Macht nicht ab – und sie treffen die besten Partnerwahlen.

Ich zögere, allgemeingültige Gesetze in der sexuellen Entwicklung der Frau aus einer Untersuchung von Frauen abzuleiten, die nicht nur durch ihre Teilnahmebereitschaft eine überdurchschnittliche Offenheit in sexuellen Dingen bewiesen haben, sondern darüber hinaus höhere Einkommen und Bildungsgrade (viele sind Journalistinnen, Verlegerinnen, leitende Angestellte beim Fernsehen oder im Anzeigen- und Werbegeschäft tätig) als eine zufällige Auswahl an Frauen aufweisen würden. Aber trotz dieser Fehlerquellen werden die Ergebnisse meiner Studie durch viele ähnliche Untersuchungen bestätigt, die durch Sexualforscher, Soziologen, Psychologen und andere Wissenschaftler durchgeführt wurden. Zudem sind die Erfahrungen dieser Frauen für alle Frauen interessant; unabhängig von Beruf und Bildung.

Dennoch werde ich keine Schlüsse ziehen, sondern nur die folgenden Beobachtungen zusammenstellen:

Die Knospentheorie der weiblichen Sexualität trifft weder auf alle noch auch nur auf die meisten Frauen zu.

Perfekte Knospen stellten nur 23,3 Prozent aller Frauen in meiner Untersuchung. Bei allen Frauen dasselbe Muster in der sexuellen Entwicklung vorauszusetzen, entspräche dem Versuch, alle Frauen in Kleider der Größe achtunddreißig zu stecken. Es funktioniert nicht. Aber das Muster der *Entdeckung* der Lust einer Frau scheint mit der sexuellen Befriedigung in ihrem späteren Leben zusammenzuhängen.

Perfekte Knospen zum Beispiel erreichen einen hohen Grad an

sexueller Befriedigung – besonders in der Ehe – und sind mit größerer Wahrscheinlichkeit als die Frauen jeder anderen Gruppe glückliche monogame Ehefrauen. Möglicherweise ist das so, weil sie über einen Sinn für die »Korrektheit« ihrer sexuellen Entwicklung verfügen, der ihnen das erforderliche Selbstvertrauen verschafft, ihre sexuellen Bedürfnisse auszusprechen, und ihnen hilft, eine gute Wahl des Ehemanns zu treffen.

Früherblühte berichten ebenfalls über einen hohen Grad an sexueller Befriedigung, aber sie sind eher glückliche Singles als glückliche Ehefrauen, und öfter als jede andere Gruppe mit Ausnahme der Wildblüten sexuelle Forscherinnen. Vielleicht wird ihre starke Tendenz zur Unabhängigkeit durch den Glauben gestützt, daß ihre sexuelle Entwicklung nicht ganz »normal« verlaufen ist.

Wildblüten kokettieren häufig mit ihrem unkonventionellen Sexualverhalten, um sich gleich darauf selbst dafür zu bestrafen. Vielleicht ist ihr schwankendes Verhaltensmuster die äußere Ausprägung eines inneren Kampfes zwischen ihrer Leidenschaft und ihrem Wunsch, dem traditionellen Bild von der weiblichen Sexualität zu entsprechen. Aber Wildblüten in späteren Jahren berichten von großer sexueller Befriedigung, und sie sind jenseits ihres fünfunddreißigsten Lebensjahres pragmatischer in ihrer Partnerwahl. Oft führen sie gute späte oder zweite Ehe.

Späterblühte jeden Alters berichten in der Regel über die geringste sexuelle Befriedigung. Und sie sind die am wenigsten pragmatische Gruppe: Sie hängen noch an den Liebesphantasien, die andere Frauen schon seit Jahren als romantische Illusionen verworfen haben. Möglicherweise haben die Frauen in dieser Gruppe die negativen sexuellen Botschaften, die sie in der Kindheit empfingen, am tiefsten verinnerlicht. Aber wenn Späterblühte die Hindernisse auf ihrem Weg überwinden, blü-

hen sie *strahlend*. Einige der bewegendsten und erotischsten sexuellen Offenbarungs- und Wiedererweckungsgeschichten handeln von Späterblühten.

Frauen übermitteln ihren Geschlechtsgenossinnen mehr negative sexuelle Botschaften als Männer.
Wenn Sie jemals gesellschaftlich von einer Frauengruppe ausgeschlossen wurden, weil sich Ihr sexuelles Verhalten von dem unterschied, das sie zur Schau trugen, wissen Sie um die Wahrheit des Mottos von LADIES HOME JOURNAL: *Unterschätzen sie nie die Macht einer Frau*. Die schonungslose Propagierung der Gruppenmoral beginnt in der Junior High School, und sie hört niemals wirklich auf. Die rechtsgerichtete christliche Ehefrau und Mutter und die linksgerichtete Feministin haben eines gemeinsam: Sie verurteilen und kritisieren andere Frauen, die sich nicht ihren sexuellen Moralvorstellungen gemäß verhalten. Ihre Mutter hat Sie ermahnt, auf die Ehe hinzuarbeiten, und Ihre Freundin rät Ihnen: »Wenn du zu früh Sex mit einem Mann hast, verlierst du ihn.« Wer braucht noch Feinde, wenn er solche Geschlechtsgenossinnen hat?

Es sind mehr Frauen zu Sex ohne Liebe fähig, als wir ahnen.
Die Mehrzahl der Frauen, die zugeben, daß sie Liebe von Sex trennen können und es auch praktizieren, sagen auch, daß sie den vorherrschenden Moralvorstellungen ein Lippenbekenntnis zollen. Sie versichern ihren Freundinnen, Sex ohne Liebe sei »leer und inhaltslos«, das *mea culpa* der modernen Frau. Und die sexuell aktiveren Frauen sagen, daß sie über das Ausmaß ihrer sexuellen Aktivitäten lügen; oft sogar ihren besten Freundinnen gegenüber.
Die Fähigkeit, Liebe von Sex zu trennen, verbessert auch das sexuelle Leben von Frauen in monogamen Ehen und lange bestehenden Verhältnissen. Frauen, die den Sex nicht als Strafe

verweigern oder als Belohnung einsetzen, haben ein besseres Sexualleben – und bessere Beziehungen.

Das in unserer Gesellschaft allgegenwärtige Bild von der Frau als Opfer beeinflußt auch die Sexualität der Frau.
Von überall her – von der Frauenbewegung bis hin zu den überreichlich vorhandenen, vorwiegend von Frauen getragenen Hilfsgruppen für die Partner von Abhängigen – ertönen Botschaften, in denen die Anfälligkeit und Machtlosigkeit der Frauen in der Welt betont wird. Angesichts der wenigen positiven sexuellen Frauenbilder ist es kein Wunder, daß so viele Frauen den Sex als eine weitere Sache ansehen, die von Männern kontrolliert wird. Wir haben nur wenige weibliche sexuelle Rollenmodelle, und die wenigen, die es gibt – wie Madonna, eine unabhängige Frau, die in allen Aspekten der weiblichen Sexualität schwelgt –, werden von Feministinnen oft ignoriert oder verdammt. Madonna hat uns gezeigt, daß eine starke Frau aus freiem Entschluß eine unterwürfige oder auch dominierende Rolle bei der Sexualität wählen kann.

Liebesphantasien behindern uns; nicht nur bei dem Erleben der Lust, sondern auch bei einer guten Partnerwahl.
Die am meisten in ihren romantischen Phantasien befangenen Frauen haben auch die größten Schwierigkeiten dabei, einen Orgasmus zu erreichen und Kontakte mit guten Männern herzustellen. Sie idealisieren und romantisieren den Sex, statt die Schritte zu unternehmen, die nötig sind, um guten Sex sicherzustellen, zum Beispiel sich beim Geschlechtsakt selbst berühren, dem Mann mitteilen, welche Stimulierungen sie brauchen, und das nötige tun, um sich vor unerwünschter Schwangerschaft und Krankheiten zu schützen. Indem sie Männer idealisieren und mit Attributen versehen, die ihrer Phantasie entsprungen sind, erschaffen sie Märchenprinzen aus gewöhnli-

chen Männern und machen sich selbst für die Wahrheit über die Männer in ihrem Leben blind. Und sie stellen sicher, daß sie in einer realen Beziehung – die sich niemals mit ihren Phantasien messen können wird – enttäuscht werden.

Frauen, die sexuelle Lust erleben, haben bessere Beziehungen zu Männern.

Lust zu fordern ist etwas, was Sie nur für sich selbst tun können, Sie können dies nicht von einem Mann erwarten – aber zum Glück reagieren die meisten Männer positiv auf Frauen, die sexuell sicher und empfänglich sind; Frauen die nicht ihnen allein die Verantwortung beim Sex aufbürden; Frauen, die nicht in sexuellem Unbefriedigtsein und Unwillen befangen sind.

Eine dreiundvierzigjährige Spätblüherin aus Chicago schrieb, daß die Lustforderung ihre Suche nach Männern erleichterte: »Ich hatte erst mit Dreißig meine ersten Orgasmen, und sie stellten sich regelmäßig ein, als ich fünfunddreißig war. Ich weiß nicht, weshalb ich so lange gewartet habe. Ich nehme an, ich war ein gutes katholisches Mädchen. Die Entdeckung der Freuden meines eigenen Körpers veränderte mich. Als ich noch nicht orgasmisch war, war ich voller Haß auf die Männer, bemühte mich aber trotzdem, einen von ihnen zu ›bekommen‹, ihn für mich einzufangen. Ich wußte nicht genau, wofür ich ihn brauchte – war ich auf die Heirat aus oder nur auf einen festen Freund? Ich wußte, daß ich einen Mann haben sollte, und ich war zornig auf die Männer, weil sie mich nicht erwählten. Ich war eine von den Frauen, die immer über ›die Männer‹ schimpften.

Ungefähr sechs Monate, nachdem ich zu masturbieren angefangen hatte, sah ich mich in einem Spiegel, als ich eine Rolltreppe im Kaufhaus hinunterfuhr. Ich erschrak vor der sexy und lässig aussehenden Frau, die mir entgegenblickte. Ich lä-

chelte mich an und begann, Männer anzulächeln. Ich haßte sie nicht mehr. Ich versuchte nicht mehr, einen von ihnen zu ›bekommen‹. Einige Männer erreichten, daß ich mich innerlich weich und warm fühlte. Ich verzieh ihnen ihre kleinen Schwächen, weil sich ihre Haut auf meiner so gut anfühlte.

Ich habe einen wundervollen Mann getroffen, und der Sex ist ebenfalls wundervoll. Ich bin immer noch zu sehr das gute katholische Mädchen, um ihn Ihnen zu beschreiben.«

Wenn Sie eine solche Veränderung noch nicht erlebt haben, *kann* sie noch geschehen.

Eine Notiz, die eine fünfzig Jahre alte Frau oben auf den Rand des Fragebogens schrieb, lautet: »Rufen Sie mich an, wenn Sie Ermutigungen für ältere Frauen oder Ratschläge für die jungen brauchen! Ich muß jetzt zu meinem Mann gehen. Ich habe die Freuden des oralen Sexes erst spät in meinem Leben entdeckt, das Geben und Empfangen. Ich liebe ihn, liebe ihn, liebe ihn!«

Bibliographie

Allgemeine Hintergrundliteratur und statistische Daten

HITE, SHERE, *The Hite Report: A Nationwide Study of Female Sexuality.*
New York: Dell, 1976. – Dt., *Hite-Report.* München: Goldmann,
1985.

KINSEY, ALFRED, *Sexual Behavior in the Human Female.* W. B. Saunders
Co., 1953. – Dt., *Das sexuelle Verhalten der Frau.* Frankfurt a. M.:
Fischer, 1970.

»Kinsey Revised, Teil I: Comparisons of the Sexual Socialization and
Sexual Behavior of the White Women Over Thirty-three Years«,
Archives of Sexual Behavior, Bd. 17, 3 (1988).

»Kinsey Revised, Teil II: Comparisons of the Sexual Socialization and
Sexual Behavior of the Black Women Over Thirty-three Years«,
Archives of Sexual Behavior, Bd. 17, 4 (1988).

MASTERS, WILLIAM H., M. D. und VIRGINIA JOHNSON, *Human Sexual
Inadequacy.* Boston: Little Brown, 1970. – Dt., *Impotenz und An-
orgasmie.* Frankfurt a. M.: Goverts/Krüger/Stahlberg, 1973.

MASTERS, WILLIAM H., M. D. und VIRGINIA JOHNSON, *Human Sexual
Response.* Boston: Little Brown, 1966 – Dt., *Die sexuelle Reaktion.*
Reinbek bei Hamburg: Rowohlt, 1985.

Allgemeine Hintergrundstudien über Frauen, sexuelle Einstellungen und sexuelle Phantasien

»An Analysis of Experimental Effects on Responses to a Sex Question-
naire«, *Archives of Sexual Behavior,* Bd. 17, 3 (1988).

»Perceptions of Responsibility and Irresponsible Models of Sexuality: A
Correlational Study«, *The Journal of Sex Research,* Bd. 3, 1 (Feb.
1987), S. 70–84.

»The Pinney Sexual Satisfaction Inventory«, *The Journal of Sex Research,*
Bd. 23, 2 (Mai 1987), S. 233–251.

»Premarital Sexual Behavior and Attitudes Toward Marriage and Divorce Among Young Women as a Function of Their Mother's Marital Status«, *Journal of Marriage and the Familiy*, 48 (Nov. 1986), S. 757–765.

»Proceptive and Rejective Strategies of U.S. and Canadian College Women«, *The Journal of Sex Research*, Bd. 23, 4 (Nov. 1987), S. 455–480.

»The Relationship of Age, Sex Guilt, and Sexual Experience with Female Sexual Fantasies«, *The Journal of Sex Research, Bd. 24*, 2 (Nov. 1988), S. 250–256.

»Sexual Fantasies and Sexual Satisfaction: An Empirical Analysis of Erotic Thoughts«, *The Journal of Sex Research*, Bd. 22, 2 (Mai 1986), S. 184–205.

»A Survey Instrument for Assessing the Cognitive Association of Sex, Love, and Marriage«, *The Journal of Sex Research*, Bd. 22, 2 (Mai 1986), S. 206–220.

»Volunteer Bias in the Psychophysiological Study of Female Sexuality«, *The Journal of Sex Research*, Bd. 22, 1 (Feb. 1986), S. 35–51.

»Women's Attitudes Toward and Experience With Sexually Explicit Materials«, *The Journal of Sex Research*, Bd. 24, 3 (April 1988), S. 161–169.

Teil 1: Wer sind Sie?

»The Sexually Experienced Woman: Multiple Sex Partners and Sexual Satisfaction«, *The Journal of Sex Research*, Bd. 24, 3 (April 1988), S. 141–154.

»Sexual Motivation«, *The Journal of Sex Research*, Bd. 23, 4 (Nov. 1987), S. 110–119.

Teil 2: Die verleugnete Lust

»Dating Couples' Disagreements Over the Desired Level of Sexual Intimacy«, *The Journal of Sex Research*, Bd. 24, 1 (Feb. 1988), S. 15–29.

»Desired and Experienced Levels of Premarital Affection and Sexual Intercourse During Dating«, *The Journal of Sex Research*, Bd. 23, 1 (Feb. 1987), S. 23–33.

»The Dimensionality of Perspectives on Premarital Sex: A Comparison of Guttman and INDSCAL Dimensionality«, *The Journal of Sex Research*, Bd. 22, 1 (Feb. 1986), S. 94–107.

»Extrapremarital Intercourse: Attitudes Toward A Neglected Sexual Behavior«, *The Journal of Sex Research*, Bd. 24, 1 (Jan. 1988), S. 291–299.

»An Initial Investigation Into a Continuum of Premarital Sexual Pressure«, *The Journal of Sex Research*, Bd. 25, 2 (Mai 1988), S. 255–256.

»Patterns of Premarital Cohabitation Among Never-Married Women in the United States«, *The Journal of Marriage and the Familiy*, 49, 3 (Aug. 1987), S. 483–497.

»Sexual Behavior of Cohabitors: A Comparison of Three Independent Samples«, *The Journal of Sex Research*, Bd. 22, 4 (Nov. 1986), S. 492–513.

Teil 3: Orgasmen

BARBACH, LONNIE, *For Yourself: The Fulfilment of Female Sexuality*. New York: Doubleday, 1975.

»Female Orgasmic Experience: A Subjective Study«, *Archives of Sexual Behavior*, Bd. 13, 2 (1984), S. 155–174.

»Female Orgasm via Penile Stimulation: A Criterion of Adequate Sexual Functioning?« *Journal of Sex and Marital Therapy*, Bd. 12, 1 (Frühj. 1986), S. 60–64.

»The ›G-Spot‹ and ›Female Ejaculation‹: A Current Appraisal«, *Journal of Sex and Marital Therapy*, Bd. 12, 3 (Herbst 1986), S. 79–91.

MESHORER, MARC, and JUDITH MESHORER, *Ultimate Pleasures: The Secrets of Easily Orgasmic Women*. New York: St. Martins Press, 1986. – Dt., *Schöner als fliegen*. München: Heyne, 1990.

»Orgasm in Women in the Laboratory: Quantitative Studies on Duration, Intensity, Latency, and Vaginal Blood Flow«, *Archives of Sexual Behavior*, Bd. 14, 5 (1985), S. 439–448.

»Patterns of Female Sexual Arousal During Sleep and Waking: Vaginal Thermo-Conductance Studies«, *Archives of Sexual Behavior*, Bd. 12, 2 (1983), S. 97–122.

Teil 4: Lustforderinnen

»Effects of Sex Guilt, Repression, Sexual ›Arousability‹ and Sexual Experience on Female Sexual Arousal During Erotica and Fantasy«, *Journal of Personality and Social Psychology*, Bd. 49, 1 (1985), S. 177–187.

»Sex Role Orientation and Intimacy Status in Men and Women«, *Sex Roles*, Bd. 11, 5/6 (1984), S. 112–121.

»Social Desiderability in the Bedroom: Role of Approval Motivation in Sexual Relationships«, *Sex Roles*, Bd. 11, 3/4, (1984), S. 303–313.

Teil 5: Frauen, die ihre Lust verloren haben

»Endocrine and Metabolic Changes of Menopause«, *Medical Aspects of Human Sexuality*, Bd. 22, 1 (Feb. 1988), S. 74–81.

»Gynecology and Sexuality in Middle-aged Women«, *Women and Health*, Bd. 13 (1987–88), S. 67–80.

Anhang: Der Fragebogen

Ich arbeite an einem Buch über das sexuelle Leben amerikanischer Frauen, und ich bitte Sie, mir zu helfen, indem Sie einige Fragen beantworten.

Mein Name ist Susan Crain Bakos. Ich schreibe häufig in COSMOPOLITAN, WOMAN, NEW WOMAN und anderen Magazinen über Sexualität und Beziehungen. Außerdem war ich Mitherausgeberin und Anzeigenkolumnistin bei dem Magazin PENTHOUSE FORUM, und ich bin die Autorin des Buchs *Dear Superlady of Sex: Men Talk About Their Hidden Desires, Secret Fears, and Number-One Sex Needs,* das im Oktober 1991 bei St. Martin's Press erscheinen wird. Die Ergebnisse dieses Fragebogens werden in ein Buch über Frauen und Sex aufgenommen, daß 1992 ebenfalls bei St. Martin's erscheinen wird. Ihre Antworten werden von unschätzbarem Wert sein. (Falls nötig, verwenden Sie die Rückseiten der Blätter für Ihre Antworten.) Ich wünsche mir so viele Antworten wie möglich von Frauen jeden Alters und aus allen Teilen des Landes. Bitte, kopieren Sie den Fragebogen und verteilen Sie ihn unter Ihren Freundinnen. Fügen Sie Ihren Namen und die Telefonnummer bei, wenn Sie längere Zeit am Telefon interviewt werden möchten. Danke für Ihre Hilfe!

Der Fragebogen

Hintergrundinformationen:

Alter
Wo leben Sie?
Ehe(und/oder Partnerschafts)verhältnis
Religiöse Mitgliedschaft
Rasse
Einkommen (persönlich und/oder Familie)
Berufliche Tätigkeit
Anzahl der Schwangerschaften mit dem Ergebnis:
Lebendgeburten   Fehlgeburten   Abtreibungen
Anzahl der Sexualpartner
Bildungsweg
Waren Sie jemals ein Opfer von Vergewaltigung?
Von Inzest?
Von einem anderem Mißbrauch in der Kindheit?
Sexueller Belästigung am Arbeitsplatz?
Mißbrauch als Ehefrau?
Bitte um nähere Ausführung auf der Rückseite, wenn Sie das wollen.

Erste Erfahrungen:

In welchem Alter haben Sie zum ersten Mal masturbiert?
Masturbieren Sie zur Zeit?
Wie oft?
Erreichen Sie Orgasmen durch Masturbation?
In welchem Alter wurden Sie sexuell aufgeklärt?
Und wie?
Wie steht Ihre Familie hauptsächlich zum Sex?
In welchem Alter verloren Sie Ihre Jungfräulichkeit?
Hatten Sie Ihren ersten Orgasmus?
Mit einem Partner oder durch Masturbation?

362

Erzählen Sie mir von dieser ersten Erfahrung.
Sind Sie bisexuell, oder hatten Sie ein lesbisches Erlebnis?
Sind Sie zur Zeit sexuell aktiv?
Mit einem Partner, durch Masturbation oder beides?
Wie häufig haben Sie sexuellen Umgang?
Ist er sexuell befriedigend?

Anziehung:

Was ist sexuelle Anziehungskraft?
Wie oft merken Sie, ob sie vorhanden ist?
Was zieht Sie bei einem Mann an?
Was veranlaßt Sie, Sex mit einem Mann zu haben?
Würden Sie sagen, daß Ihre Motive häufiger körperlich oder emotioneller Art sind?
Wie groß ist die Rolle, die Sex in ihrer Wahl eines Partners spielt?

Vorspiel:

Was betrachten Sie als ausreichendes Vorspiel?
Bekommen Sie das gewöhnlich von Ihrem Partner (von Ihren Partnern)?
Wenn nicht, weshalb nicht?

Geschlechtsverkehr:

Wie lange dauert er?
Ist er befriedigend?
Erreichen Sie währenddessen einen Orgasmus?
Ist eine bestimmte Position befriedigender für Sie?
Welche?
Gehören mehrere Stellungen zu Ihrem Liebesspiel?
Wer initiiert den Sex gewöhnlich?
Wie oft initiieren Sie ungefähr, wenn es in der Regel Ihr Partner tut?
Was gefällt Ihnen am besten am Geschlechtsakt?

Oraler Sex:

Wie oft führen Ihr Partner oder Ihre Partner Cunnilingus aus?
Ist es befriedigend?
Sind Sie auf diese Art orgasmisch?
Wie oft führen Sie Fellatio aus?
Erreicht er auf diese Art einen Orgasmus?
Gefällt es Ihnen, Fellatio auszuführen?
Nehmen Sie an Analverkehr teil?
Wie oft?
Sind Sie auf diese Art orgasmisch?
Nehmen Sie an anderen sexuellen Spielarten teil, darunter Schlagen, Fesseln oder sadomasochistische Praktiken?
Falls ja, bitte beschreiben Sie es.
Benutzen Sie einen Vibrator oder ein anderes sexuelles Hilfsmittel?
Schauen Sie sich Videos für Erwachsene an?
Bitte beschreiben Sie Ihre bevorzugten oder häufigsten sexuellen Phantasien.
Sind sie bei Ihren Phantasien orgasmisch?
Hatten Sie jemals einen Orgasmus im Traum?

Negative Folgen des Sexes:

Hatten Sie jemals eine sexuell übertragbare Krankheit?
Falls ja, bitte ich um nähere Bezeichnung.
Sind Sie wegen sexuell übertragbarer Krankheiten besorgt? Wie wirkt sich diese Besorgnis auf Ihr Sexualverhalten aus?
Haben Sie weniger Partner?
Suchen Sie sich Ihre Partner sorgfältiger aus?
Enthalten Sie sich sexuell?
Benutzen Sie Kondome?
Einen anderen Schutz?
Welche Form der Verhütung wenden Sie an?
Benutzen Sie sie regelmäßig?
Falls sich eine Abtreibung, sexuell übertragbare Krankheit, eine Vergewaltigung oder eine andere Erfahrung negativ auf Ihre Sexualität ausgewirkt hat, beschreiben Sie es bitte.

Alleinlebende Frauen:

Haben Sie zur Zeit eine Beziehung?
Wenn nicht, hatten Sie im vergangenen Jahr Schwierigkeiten, Sexualpartner zu finden?
Haben Sie eine Beziehung beendet, weil er sich nicht binden wollte?
Wünschen Sie sich eine feste Beziehung?
Wie schnell gehen Sie mit einem neuen Mann ins Bett?
Ist der Sex im allgemeinen befriedigend für Sie?
Wenn nicht, weshalb nicht?

Frauen in eheänlichen Verhältnissen:

Wollen Sie heiraten?
Will er es?
Ist der Sex befriedigend?
Wenn nicht, weshalb nicht?
Ist es eine monogame Beziehung?
Hat er Sie jemals zum Sex gezwungen oder Sie körperlich verletzt?

Verheiratete Frauen

Hat einer von Ihnen beiden eine Affäre gehabt?
Wenn Sie eine Affäre hatten, weshalb?
Wie hat sich die Affäre auf die Ehe ausgewirkt?
Sind Sie mit dem ehelichen Sex zufrieden?
Wenn nicht, weshalb nicht?
Was unternehmen Sie, damit der Sex anregend bleibt?
Waren Sie jemals in einer Sexualtherapie?

Zweite Ehen

Wie unterscheidet sich diese Ehe sexuell von der ersten?

Technische Fragen:

Hatten Sie jemals Probleme damit, Orgasmen zu erreichen?
Sind Sie multipel orgasmisch?

Hat Ihr Partner jemals mit Impotenz, vorzeitigem Samenerguß, gehemmter Ejakulation oder anderen Problemen zu tun gehabt?
Wie sind Sie damit umgegangen?

Einstellungen

Halten Sie Sex für falsch, wenn Sie nicht verliebt sind?
Oder nicht verheiratet?
Oder nicht verlobt?
Ist Ehebruch falsch?
Unter bestimmten Umständen akzeptabel oder verständlich?
Zum Beispiel wann?
Ist Sex bei der ersten Verabredung okay?
Hatten Sie jemals Sex bei der ersten Verabredung?
Riskieren Sie es, den Mann zu verlieren, wenn Sie zu früh Sex mit ihm haben?
Sollte Sex allein ein Ausdruck der Liebe sein?
Oder können Sie Sex allein um der körperlichen Lust willen genießen?
Könnten Sie Sex mit jemandem haben, den Sie als ungeeignet betrachten würden, sich mit ihm zu verloben?
Mit einem viel jüngeren Mann?
Mit einem Mann einer anderen Rasse?
Mit einem weniger gebildeten oder wohlhabenden Mann?
Könnten Sie einen dieser Männer heiraten?
Glauben Sie, daß Frauen in einem bestimmten Alter das Interesse am Sex verlieren?
In welchem Alter?
Was wollen Männer Ihrer Meinung nach vom Sex?
Was würden Sie bei Männern als Liebhaber ändern?
Wirken sich Gefühle bezüglich Ihres Körpers auf das sexuelle Verlangen aus?
Haben Sie Sex während der Menstruation?
Haben eine Hysterektomie, die Menopause oder andere gynäkologische Probleme oder Eingriffe Ihre Sexualität beeinflußt?
Auf welche Art?
Wie hat das Älterwerden Ihr sexuelles Leben beeinflußt?
Wie würden Sie ihre »beste« sexuelle Erfahrung beschreiben?

Weitere Kommentare: